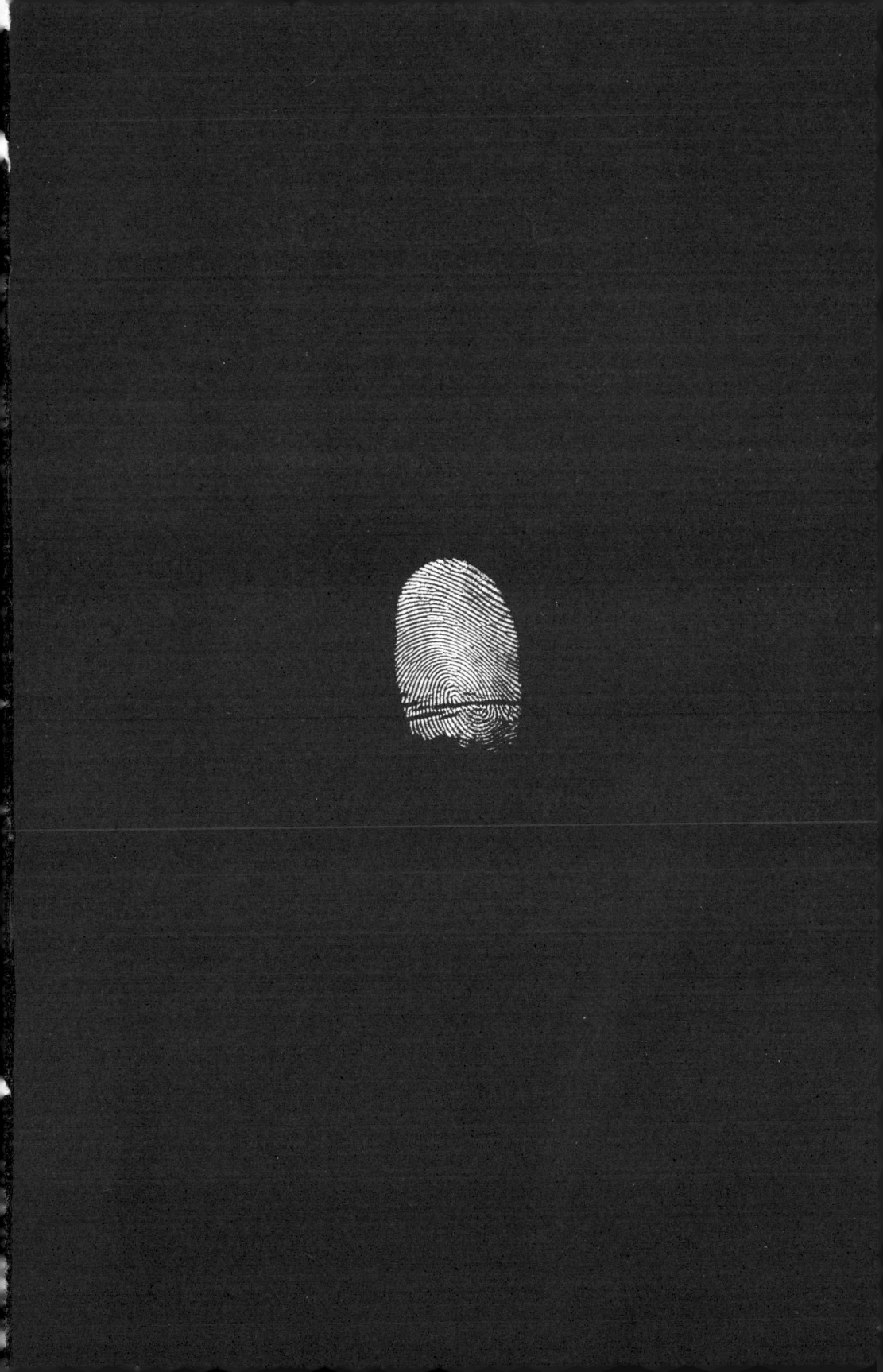

CRIME SCENE
DARKSIDE

Copyright © 2003 by Harold Schechter

Tradução para a língua portuguesa
© Lucas Magdiel, 2013

Through arrangement with the Ballantine Books, an imprint of The Random House Publishing Group, a division of Random House, Inc. All rights reserved.

Tradução autorizada da edição original através de acordo com Ballantine Books, uma editora da The Random House Publishing Group, uma divisão da Random House, Inc. Todos os direitos reservados.

Diretor Editorial
Christiano Menezes

Diretor Comercial
Chico de Assis

Diretor de Novos Negócios
Marcel Souto Maior

Diretora de Estratégia Editorial
Raquel Moritz

Gerente de Marca
Arthur Moraes

Editor
Bruno Dorigatti

Capa e Projeto Gráfico
Retina 78

Coordenador de Diagramação
Sergio Chaves

Designer Assistente
Guilherme Costa

Textos e Pesquisas Complementares
Bruno Dorigatti
Felipe Pontes
Gustavo Leitão
Marlon Magno

Revisão
Marlon Magno
Retina Conteúdo

Finalização
Sandro Tagliamento

Marketing Estratégico
Ag. Mandíbula

Impressão e Acabamento
Gráfica Geográfica

DADOS INTERNACIONAIS DE CATALOGAÇÃO NA PUBLICAÇÃO (CIP)
Angélica Ilacqua CRB-8/7057

Schechter, Harold
  Serial killers, anatomia do mal / Harold Schechter; tradução de Lucas Magdiel. — Rio de Janeiro : DarkSide Books, 2013.
  480 p. : 16x23cm.

  Tradução de: The serial killer files: the who, what, where, how, and why of the world's most terrifying murderers
  ISBN: 978-85-66636-12-3
         978-85-66636-55-0 (Bloody Edition)

1. Psicopatas 2. Homicidas em série - histórias 3. Relatos policiais I. Título II. Magdiel, Lucas

13-0415   CDD 364.1523

Índices para catálogo sistemático:
1. Homicidas em série - histórias

[2013, 2024]
Todos os direitos desta edição reservados à
DarkSide® Entretenimento LTDA.
Rua General Roca, 935/504 — Tijuca
20521-071 — Rio de Janeiro — RJ — Brasil
www.darksidebooks.com

HAROLD SCHECHTER

SERIAL KILLERS
ANATOMIA DO MAL

TRADUZIDO POR
LUCAS MAGDIEL

DARKSIDE
CRIME SCENE®

HAROLD SCHECHTER
SUMÁRIO
DARKSIDE

009 | **INTRODUÇÃO**

CAPÍTULO 1
O QUE SIGNIFICA

013 | Origem do Termo
016 | Definições
018 | Categorias de Assassinato: Em Série/Em Massa/Relâmpago
027 | Psicopata vs. Psicótico
032 | Além da Loucura

CAPÍTULO 2
QUEM SÃO ELES

035 | Dez Traços Característicos de Serial Killers
039 | Sinais de Perigo
042 | Quão Inteligentes Eles São?
044 | Homens e Mulheres
055 | Preto e Branco
063 | Jovens e Velhos
067 | Héteros e Homossexuais
074 | "Bi" Sanguinários
076 | Parceiros no Crime
081 | Folie à Deux
084 | Casais Assassinos
093 | Família que Mata Unida Permanece Unida
097 | Pais de Família
101 | Barbas Azuis
109 | Trabalho e Lazer
110 | Servidores Incivilizados
113 | Policiais Assassinos
117 | Médicos e Monstros
124 | Apelidos
131 | Serial Killers no Mundo

CAPÍTULO 3
UMA HISTÓRIA DO ASSASSINATO EM SÉRIE

149 | Assassinato em Série: Antigo como o Pecado
151 | Contos de Fadas Macabros
157 | Matança em Série Através dos Tempos

CAPÍTULO 4
O SEXO E OS ASSASSINOS EM SÉRIE

202 | Perversões
203 | Sadismo
216 | Dominação
217 | Fetichismo
220 | Travestismo
224 | Vampirismo
229 | Canibalismo
235 | Necrofilia
240 | Pedofilia
243 | Gerontofilia
247 | O Pior Pervertido do Mundo

CAPÍTULO 5
POR QUE ELES MATAM

252 | Atavismo
254 | Danos Cerebrais
255 | Abuso Infantil
258 | Ódio da Mãe
260 | Semente do Mal
261 | Genes Ruins
262 | Adoção
263 | Fantasia
266 | Livros do Mal, Filmes Malignos, Vídeos Infames
270 | Pornografia

272 | Lucro
277 | Celebridade
280 | Imitadores
284 | A Culpa é do Diabo

CAPÍTULO 6
O MAL EM AÇÃO

285 | Fatores Desencadeantes
287 | Áreas de Caça
292 | Presa
294 | Alvos de Ocasião
298 | Armadilhas
300 | "Procura-se Homem de Grande Porte para Abate"
303 | Assinatura, Ritual, *Modus Operandi*
305 | Métodos
331 | Provocações
338 | Escalada
340 | Tortura
343 | Troféus
345 | Eliminação

CAPÍTULO 7
GALERIA DO MAL
DEZ MONSTROS AMERICANOS

355 | Lydia Sherman
359 | Belle Gunness
363 | H.H. Holmes
367 | Albert Fish
371 | Earle Leonard Nelson
375 | Edward Gein
379 | Harvey Murray Glatman
383 | John Wayne Gacy
387 | Gary Heidnik
391 | Jeffrey Dahmer

CAPÍTULO 8
COMO TERMINA

396 | Perfis Criminais
404 | Captura
407 | Videntes
409 | Suicídio
411 | Punição
414 | Inocente por Alegação de Insanidade Mental
415 | Casos sem Solução

CAPÍTULO 9
O SERIAL KILLER
NA CULTURA POP

426 | Matando o Tempo com Serial Killers
428 | Arte
446 | Música
448 | Literatura
452 | Filmes
463 | Assassinos em "Séries"
465 | Humor
466 | Murderbilia
468 | Pontos Turísticos
471 | Tietes
472 | Recursos da Internet

474 | **BIBLIOGRAFIA LETAL:**
Histórias reais, Assassinos reais

ESTUDOS DE CASO:
34 ANÁLISES

020, 024, 030, 036, 046, 059, 064,
072, 098, 106, 111, 114, 122, 128,
160, 178, 197, 206, 210, 214, 218,
221, 226, 232, 238, 274, 282, 290,
293, 296, 308, 312, 318 e 325

"De todas as criaturas já feitas, o homem é a mais detestável. De toda a criação, ele é o único, o único que possui malícia. São os mais básicos de todos os instintos, paixões, vícios – os mais detestáveis. Ele é a única criatura que causa dor por esporte, com consciência de que isso é dor."

MARK TWAIN

INTRODUÇÃO

Há pessoas que de fato acreditam que serial killers são um fenômeno estritamente contemporâneo, um sintoma de algo terrivelmente fora de lugar no tecido moral da sociedade moderna, especialmente no caso dos Estados Unidos. A intensa fascinação do público norte-americano por crimes escandalosos (demostrada de forma dramática em outubro de 2002, quando as rádios e TVs cobriam incansavelmente os chamados Ataques a Tiro em Washington, D.C.) tem sido vista como uma prova deprimente dessa suposta decadência cultural.

Uma vez que o objetivo deste livro é fornecer as informações mais precisas sobre o tema serial killers, vamos começar considerando duas imagens que devem ajudar a desfazer esses equívocos comuns.

A primeira, na página à esquerda, mostra um sequestrador de crianças que acabou de decapitar uma pequena vítima após atacá-la em uma floresta. A imagem vem de uma publicação londrina do século XIX chamada *Illustrated Police News*. Tal como os tabloides sensacionalistas de hoje, essa publicação semanal trazia histórias sobre todo tipo de fenômenos bizarros – de aparições fantasmagóricas a encontros com serpentes marinhas. Sua verdadeira especialidade, entretanto, eram crimes verídicos macabros – descrições realistas de assassinatos atrozes, acompanhados de vívidas ilustrações. Em grande parte devido à ênfase no *gore*,[1] o *Illustrated Police News* tinha mais circulação que qualquer outra publicação da Inglaterra vitoriana.

A segunda imagem, na página 11, é do famoso artista mexicano José Guadalupe Posada (1852-1913). Ela mostra um maníaco homicida chamado Francisco Guerrero, o "degolador de mulheres", cometendo uma atrocidade com uma vítima não identificada em

---

[1] "Sangue coagulado", em tradução literal. Refere-se à presença deliberada de imagens de violência gráfica, com sangue e mutilações. O termo também designa um subgênero do cinema de terror com as mesmas características. [Nota do Tradutor, de agora em diante NT]

1887. Esta ilustração foi uma das milhares que Posada produziu para reprodução em massa em um formato semelhante ao do panfleto – descrições de uma página de casos chocantes e de grande repercussão, em sua maioria crimes terrivelmente violentos.

Embora Posada tenha sido há muito reconhecido como um artista importante, nem esta última ilustração nem aquela anônima da *Illustrade Police News* foram feitas com grandes pretensões artísticas. Foram criadas estritamente para fins comerciais: vender jornais apelando para o gosto do público pelo horror macabro. Sem dúvida, eles não pretendiam ser de forma alguma educativos. No entanto, há várias lições que podemos tirar deles:

Serial killers sempre existiram. Eles apenas não eram chamados de serial killers antigamente. Quando essas duas ilustrações foram publicadas pela primeira vez, por exemplo, os jornais frequentemente descreviam tais criminosos em termos sobrenaturais: "demônios assassinos", "monstros sanguinários" ou "diabos em forma humana".

Além dos assassinos lendários de que todos já ouvimos falar, como Jack, o Estripador (contemporâneo dos assassinos nestas ilustrações, relegados ao esquecimento), existem muitos serial killers que, por qualquer razão, nunca alcançaram uma fama duradoura. Muitos deles, no entanto, cometem crimes tão horrendos como aqueles perpetrados pelos assassinos mais infames.

Assassinos em série não se limitam aos Estados Unidos. Eles podem ser encontrados na Inglaterra, no México – na verdade, no mundo todo.

O interesse em assassinatos em série não é nenhuma novidade. As pessoas sempre foram fascinadas pelo assunto. Elas querem cada detalhezinho macabro, de preferência acompanhado de imagens. Hoje temos canais transmitindo notícias 24 horas por dia para satisfazer essa necessidade. Cem anos atrás, quando a impressão barata produzida em massa era a última palavra em tecnologia, havia tabloides ilustrados. Apenas a tecnologia mudou. O apetite do público por histórias verídicas de crimes chocantes continua exatamente o mesmo.

Este último ponto dá no que pensar. Considerando o quão profundamente perturbador é o tema do assassinato em série, é legítimo perguntar *por que* ele sempre possuiu tanto apelo popular. Por que tanta gente quer ver fotos, ouvir histórias e ler livros (como este) sobre assuntos tão mórbidos?

Uma pista para esse mistério é sugerida pela grande poeta norte-americana do século XIX Emily Dickinson. Embora no imaginário popular a "Bela de Amherst" seja uma empertigada solteirona vitoriana, Dickinson foi, na verdade, uma pessoa de senso prático com uma queda pelo jornalismo sensacionalista (em uma de suas cartas ela confessa seu gosto por notícias sobre acidentes fatais de trem ou em fábricas onde "cavalheiros têm as cabeças decepadas sem nenhuma cerimônia"). Um dos mais memoráveis poemas de Dickinson, *One need not be a Chamber – to be Haunted* ("Não é preciso ser uma Alcova – para ser Mal-assombrado", em tradução livre), explora o fato de que todos, mesmo as pessoas mais certinhas, possuem um lado oculto que é fascinado pelo proibido. Uma estrofe do poema diz assim:

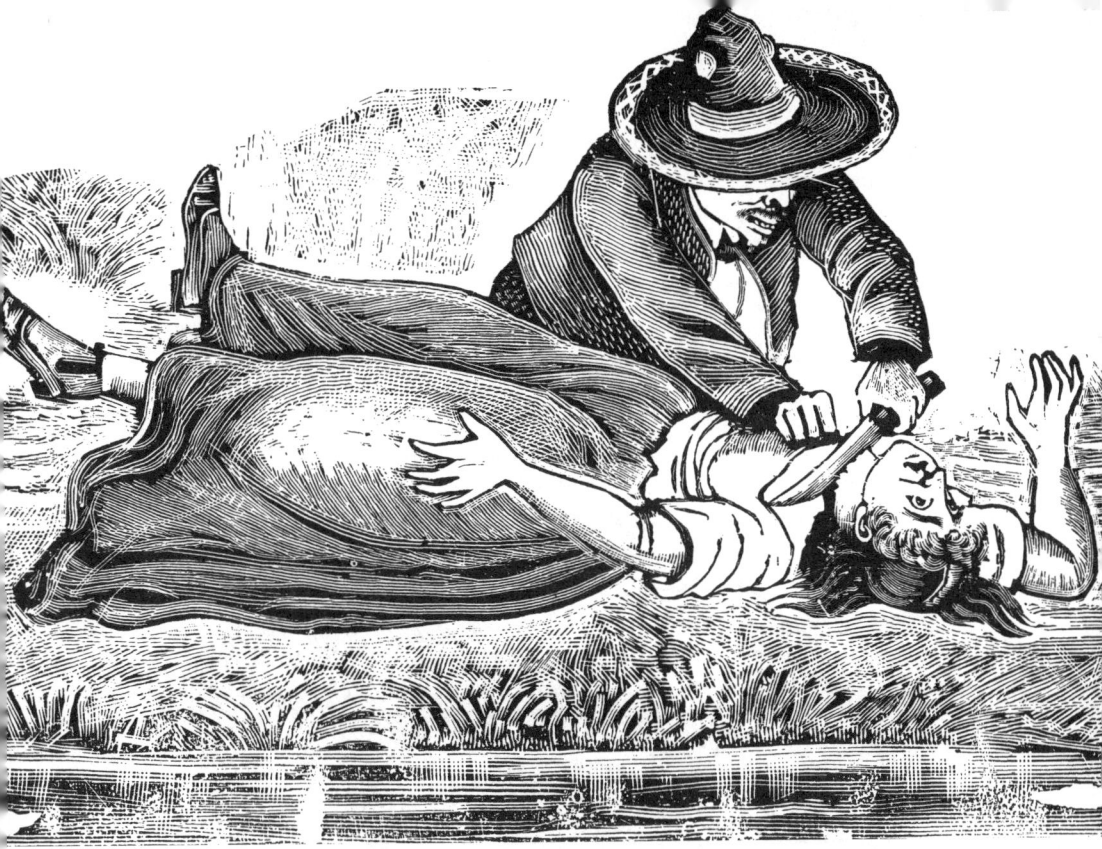

O "eu", por trás de nós oculto,
É muito mais assustador,
E um assassino escondido em nosso quarto
Dentre os horrores é o menor.[2]

Dickinson refere-se à parte da personalidade humana que os psicólogos chamam de "a sombra": o bestial mr. Hyde que se esconde por trás do devido verniz de civilidade dos indivíduos e que adora sonhar sobre todo tipo de experiências tabu.

É claro, dizer que todos nós temos um lado sombrio que se deleita com fantasias anárquicas não significa que todo mundo é um serial killer em potencial. Há um mundo de diferença entre pensamento e ação, entre sonhar e fazer. Na verdade, uma das características distintivas dos serial killers é precisamente a disposição de cruzar essa linha e transformar suas fantasias distorcidas em apavorante realidade. Platão ressaltou esse fato há milhares de anos atrás, quando escreveu: "Os bons homens se limitam a sonhar aquilo que os maus praticam".

As ações desses seres humanos perversos que chamamos de serial killers – e os pesadelos que inspiram no restante de nós – são o tema deste livro.

[2] "Ourself behind ourself concealed– /Should startle most– /Assassin hid in our Apartment /Be Horror's least". Poemas escolhidos. Trad. de Ivo Bender. Porto Alegre: L&PM, 2007. p. 57. [NT]

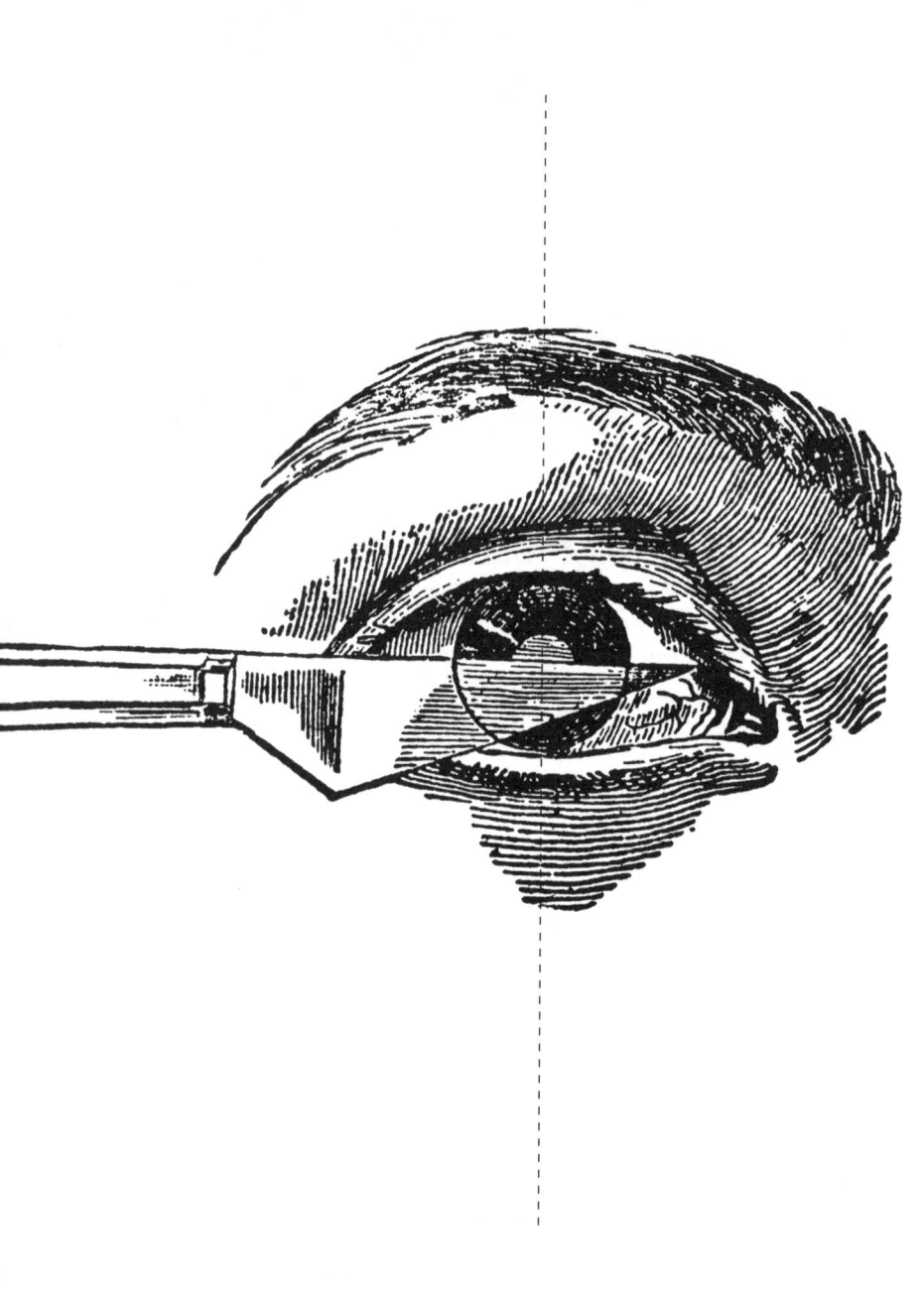

CAPÍTULO 1

O QUE SIGNIFICA

ORIGEM DO TERMO

Uma razão que leva as pessoas a achar que o assassinato em série é um fenômeno novo e alarmante é que, até cerca de vinte anos atrás, ninguém jamais tinha ouvido falar do assunto. Durante a maior parte do século XX, a mídia nunca fez referência a assassinos em série. Mas isso não é porque ==psicopatas homicidas== não existiram no passado.

Na verdade, um dos serial killers norte-americanos mais infames de todos os tempos, Albert Fish, cometeu suas atrocidades na época da Grande Depressão. Depois de sua prisão, seus abomináveis crimes foram amplamente cobertos pelos jornais. Em nenhum lugar, entretanto, Fish é descrito como um serial killer. A razão é simples: ==a expressão não tinha sido inventada ainda==. Naquela época, o tipo de crime que hoje definimos como assassinato em série era simplesmente agrupado sob a categoria geral de "homicídio em massa".

O crédito por cunhar a expressão "serial killer" é comumente atribuído ao então agente especial do Federal Bureau of Investigation (FBI) Robert Ressler, um dos membros fundadores da chamada Unidade de Ciência Comportamental, também conhecida como "Caçadores de Mentes" ou "Esquadrão Psíquico". Juntamente com seu colega John Douglas, Ressler serviu de modelo para o personagem Jack Crawford na trilogia de ==Hannibal Lecter== criada por Thomas Harris.

MASS MURDERS LAID TO BUDD GIRL'S SLAYER

By JACK ALEXANDER.

MASS MURDER in the ghostly boudoirs of a deserted Westchester mansion—comparable in horror to the loathsome butchery of Fritz Haarmann, post-war German werewolf, in his stuffy Hanover garret—was attributed last night to Albert H. Fish, 65, the mousey, soft-spoken man who has confessed murdering and dismembering Grace Budd.

SÁBADO, 15 DE DEZEMBRO DE 1934 — HOMICÍDIOS EM MASSA SÃO ATRIBUIDOS AO ASSASSINO DA MENINA BUDD — Por Jack Alexander — Assassinato em massa nos fantasmagóricos closets de uma mansão deserta de Westchester – comparável em horror à nefasta carnificina promovida por Fritz Haarmann, lobisomem do pós-guerra, em seu abafado sótão em Hanôver – foi atribuído na noite passada a Albert H. Fish, 65, o homem tímido e afável que confessou ter assassinado e esquartejado Grace Budd.

Em sua autobiografia *Whoever Fights Monsters* (*Aquele que Luta com Monstros*), publicada em 1992, Ressler conta que no início dos anos 1970, enquanto participava de uma conferência na academia britânica de polícia, ouviu um colega fazer alusão a "crimes em série", no sentido de "uma série de estupros, roubos, incêndios criminosos ou assassinatos". Ressler ficou tão impressionado com a frase que, ao retornar a Quantico, começou a usar o termo "serial killer" em suas próprias palestras para descrever "o comportamento homicida daqueles que praticam um assassinato, depois outro e mais outro de forma bastante repetitiva".

Ao inventar o termo, Ressler diz que também tinha em mente os cinesseriados (*movie serials*, em inglês) de aventura que assistia nas matinês quando garoto: *Spy Smasher* (*O Terror dos Espiões*, em tradução livre), *Flash Gordon*, *The Masked Marvel* (*O Maravilhoso Mascarado*, em tradução livre) etc. Como uma criança que aguarda ansiosa o próximo capítulo do seu seriado de aventuras preferido, o serial killer mal pode esperar para cometer sua próxima atrocidade.

Essa é a versão de Ressler de como acabou inventando a expressão que hoje se tornou uma parte tão vital da cultura. Só há um problema nessa história. Existem provas documentadas de que a expressão "homicida em série" já existia há pelo menos 12 anos antes de Ressler tê-la supostamente inventado.

De acordo com Jesse Sheidlower, editor da nova versão revisada do *Oxford English Dictionary*, o termo pode ser rastreado até 1961, quando aparece em uma citação do *Merriam-Webster's Third New International Dictionary*. A citação, atribuída ao crítico alemão Siegfried Kracauer, diz:

[Ele] nega que seja o homicida em série procurado.

— Primeiro uso documentado do termo "homicida em série", como aparece no *Merriam-Webster's Third New International Dictionary* —

Em meados da década de 1960, o termo "homicida em série" já era tão popular, pelo menos no exterior, que foi usado reiteradamente no livro *The Meaning of Murder* (*O Significado de Assassinato*), de 1966, escrito pelo britânico John Brophy:

Jack, o Estripador, que nunca foi identificado e tornou-se o mais famoso de todos os homicidas em série, não condizia com o arquétipo esperado. O típico assassino em série mata com frequência demais e é pego.
— *The Meaning of Murder* (Nova York: Thomas Y. Crowell, 1966), p. 189 —

É possível que, durante sua visita à Inglaterra (onde o livro de Brophy foi originalmente publicado), Ressler tenha incorporado o termo, talvez de forma subliminar. Para dar crédito a quem merece, evidentemente foi Ressler quem alterou a expressão "*homicida* em série" (*serial murderer*) para a ligeiramente mais incisiva "*assassino* em série" (*serial killer*).

Em todo caso, mesmo que não possa ser de fato creditado por cunhar a expressão, Ressler certamente ajudou a introduzi-la na cultura norte-americana e, por tabela, no resto do mundo. Surpreendentemente ela não entrou em uso comum até há pouco tempo. O exemplo mais antigo já publicado da expressão "serial killer" que os editores do dicionário de inglês *Oxford* conseguiram encontrar data de apenas algumas décadas atrás. Trata-se do artigo "Leading the Hunt in Atlanta's Murders" ("Liderando a Caçada aos Assassinos de Atlanta"),[1] escrito por M.A. Farber e publicado em 3 de maio de 1981 pela revista do *New York Times*.

Aqui está, reproduzido pela primeira vez, o trecho contendo o primeiro uso conhecido do termo "serial killer" em uma publicação:

Alguém, levantando uma questão que persegue Brown[2] de fórum em fórum, pergunta sobre o aspecto racial dos assassinatos. Alguns cidadãos de Atlanta temem sofrer violência racial caso se descubra que um dos assassinos "em série" é branco.

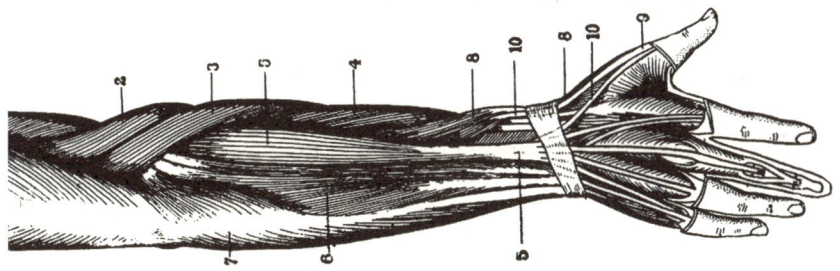

[1] O artigo refere-se aos repercutidos assassinatos de 28 crianças e adolescentes negros entre 1979 e 1981 na cidade americana de Atlanta. [NT]
[2] Lee Patrick Brown, comissário de polícia envolvido nas investigações. [NT]

DEFINIÇÕES

Uma vez que o termo "serial killer" foi inventado para descrever um tipo específico de criminoso, era de se esperar que a definição fosse clara e direta. Não é o caso, entretanto, e o termo é cercado de confusão. Nem os especialistas estão de acordo. Vamos começar com a definição oficial do FBI:

> Três ou mais eventos separados em três ou mais locais distintos com um período de "calmaria" entre os homicídios.
> — FBI, *Crime Classification Manual (Manual de Classificação de Crimes)*, 1992 —

ESSA DEFINIÇÃO ENFATIZA TRÊS ELEMENTOS	
QUANTIDADE	Tem de haver pelo menos três homicídios.
LUGAR	Os assassinatos têm que ocorrer em locais diferentes.
TEMPO	Tem de haver um "período de calmaria" – um intervalo entre os assassinatos que pode durar de algumas horas a vários anos.

As duas últimas características servem para diferenciar o assassinato em série do *assassinato em massa*, em que um indivíduo suicida, tomado de fúria, extermina um grupo de pessoas de uma só vez: um funcionário insatisfeito, por exemplo, que aparece no escritório em que trabalha com uma arma automática e manda pelos ares meia dúzia de colegas antes de atirar em si mesmo.

Há vários problemas com a definição do FBI. Por um lado é *ampla* demais, já que pode se aplicar a tipos homicidas que não são serial killers: os matadores de aluguel, por exemplo, ou os fora da lei do Velho Oeste, como William Bonney, o "Billy the Kid", que, segundo se diz, matou 21 homens antes de alcançar 21 anos de idade. "Terroristas loucos" como Ted Kaczynski[3] também se encaixam nos critérios do FBI. Mas nenhum desses tipos corresponde à concepção comum de serial killer.

Por outro lado, a definição do FBI é *estreita* demais, já que especifica que um serial killer tem que cometer seus crimes "em três ou mais locais distintos". Sem dúvida, alguns serial killers vão longe em busca de vítimas. Ted Bundy, por exemplo, assassinou mulheres em sete estados diferentes. Outros, no entanto, preferem fazer seu trabalho sujo em um só lugar. John Wayne Gacy, por exemplo, transformou o porão de sua casa no subúrbio em uma câmara privada de torturas e chegou a se desfazer dos restos mortais de suas vítimas escondendo-as sob o piso da casa – até ficar sem espaço.

---

[3] Matemático, escritor e ativista norte-americano conhecido pelo codinome "Unabomber", condenado à prisão perpétua por uma série de atentados com bomba entre 1978 e 1995. [NT]

A maior falha na definição do FBI, no entanto, é o que está faltando nela – ou seja, qualquer noção da *natureza* específica dos crimes. Quando Siegfried Kracauer usou pela primeira vez o termo "homicida em série" falava do personagem interpretado por Peter Lorre <mark>no clássico filme de Fritz Lang, *M, O Vampiro de Düsseldorf*</mark> (1931), um pervertido repulsivo de cara redonda que atacava menininhas. Alguns anos mais tarde, John Brophy usou-o para descrever assassinos como Jack, o Estripador, e Earle Leonard Nelson, o infame "Gorila Assassino" da década de 1920, que estrangulou e estuprou dezenas de mulheres nos Estados Unidos e no Canadá. Quando Robert Ressler e seus colegas na Unidade de Ciência Comportamental do FBI adotaram o termo na década de 1970, aplicaram-no a psicopatas homicidas como Ted Bundy, John Wayne Gacy e Edmund Kemper. <mark>Em todos esses casos, havia um ponto em comum: um forte componente de sexualidade depravada.</mark>

Reconhecendo esse fato, alguns especialistas enfatizam as motivações sexuais por trás do assassinato em série, definindo-o como um ato praticado por depravados ultraviolentos, que obtêm prazer ao submeter suas vítimas a dores extremas e que continuarão a cometer suas atrocidades até que sejam detidos.

Claro, existem criminosos que correspondem a esse perfil, mas que não podem ser considerados serial killers por uma simples razão: são capturados após cometer um único homicídio. Um exemplo é James Lawson, descrito no livro *The Evil That Men Do* (*O Mal que os Homens Fazem*, em tradução literal, de 1999), de autoria de Stephen Michaud e do antigo agente especial do FBI Roy Hazelwood, outro membro da equipe original de <mark>Caçadores de Mentes do FBI.</mark>

Estuprador condenado, Lawson foi enviado a uma instituição psiquiátrica no estado da Califórnia onde iniciou uma amizade com um colega interno, James Odom. Os dois homens começaram a compartilhar suas fantasias de estupro e assassinato, encorajando os impulsos mais doentios um do outro e formando um laço baseado na mútua depravação. Tão logo foram liberados decidiram transformar seus sonhos em realidade. Raptaram uma balconista de 25 anos em uma loja de conveniência e a levaram de carro a um local isolado. Primeiro Odom a estuprou no banco de trás enquanto Lawson assistia. Depois Lawson atacou-a com sua faca.

> Eu queria cortar o corpo dela para que ela não parecesse uma pessoa, e destruí-la de modo que ela não existisse. Comecei a cortar o corpo da mulher. Lembro-me de cortar seus seios fora. Depois disso só me lembro de continuar cortando o corpo dela.
> — JAMES LAWSON —

Felizmente, os dois homens foram localizados e presos em pouco tempo. Entretanto, o caso de Lawson levanta uma interessante questão. Não há dúvida de que ele tinha a mentalidade de um serial killer; <mark>sua confissão deixa isso claro.</mark> Quantas mulheres ele teria que ter assassinado antes de poder receber esse rótulo? "Três ou mais", de acordo com a definição do FBI. Mas esse número parece arbitrário. Vamos supor que, ao longo de várias semanas, a polícia de uma pequena cidade da Califórnia tenha encontrado restos mortais de *duas* vítimas do sexo feminino, mortas e mutiladas da mesma forma. Não teriam motivos para suspeitar que um serial killer estivesse à solta?

Essas falhas na definição do FBI são corrigidas em outra, mais flexível, formulada pelo Instituto Nacional de Justiça (National Institutes of Justice, NIJ) dos Estados Unidos, que muitas autoridades consideram uma descrição mais precisa:

> Uma série de dois ou mais assassinatos cometidos como eventos separados, geralmente, mas nem sempre, por um criminoso atuando sozinho. Os crimes podem ocorrer durante um período de tempo que varia de horas a anos. Muitas vezes o motivo é o psicológico e o comportamento do criminoso e as provas materiais observadas nas cenas dos crimes refletem nuanças sádicas e sexuais.
> — National Institutes of Justice —

CATEGORIAS DE ASSASSINATO: EM SÉRIE | EM MASSA | RELÂMPAGO

EM SÉRIE

Embora as pessoas às vezes confundam os termos e tendam a usá-los como sinônimos, existem importantes diferenças entre homicídio em série e os outros principais tipos de homicídio múltiplo, como *assassinato em massa* e *assassinato relâmpago* (do inglês *spree killing*, também traduzido como assassinato "em sequência" ou "por impulso").

De modo geral, o homicídio em série é um crime sexual, fato que justifica suas características distintivas. O padrão clássico do assassinato em série é uma caricatura grotesca do funcionamento sexual normal.

A maioria das pessoas, quando não pratica sexo por algum tempo, começa a ficar mais ansiosa. Elas fantasiam sobre sexo. Em termos vulgares, ficam cada vez mais excitadas. Caso estejam solteiras, acabam encontrando um parceiro disponível. Uma vez que tenham satisfeito seus impulsos sexuais, a necessidade cessa por algum tempo.

De forma análoga, o serial killer passa seu tempo fantasiando sobre dominação, tortura e assassinato. Consequentemente, ele fica excitado por sangue. Quando seus desejos distorcidos tornam-se fortes demais para resistir, sai em busca de vítimas incautas. Sua excitação atinge o clímax com o sofrimento e a morte da vítima. Depois, ele experimenta um período de "calmaria". (Este é um termo um tanto inapropriado, já que é durante essa calmaria entre os crimes que a sede de matar do assassino começa a crescer novamente. Seria mais exato descrever esse intervalo como um período de "calmaria/aquecimento".) Durante esse tempo, ele pode fazer uso de "troféus" que extraiu da cena do crime para revivê-lo mentalmente, saboreando a lembrança do sofrimento da vítima.

Em suma, os atos abomináveis que pratica são a fonte suprema de prazer do serial killer, que alcança o mais alto grau de excitação – chegando ao ponto do orgasmo – ao submeter outros seres humanos a sofrimentos terríveis. Como isso os faz se sentir muito bem, serial killers tentam não ser capturados, de modo que possam continuar a se deleitar com suas atrocidades pelo maior tempo possível.

ASSASSINATO EM MASSA

Tirando o fato de que ambos envolvem homicídios múltiplos, homicídio em massa e assassinato em série não têm quase nada em comum.

Enquanto o assassino em série é frequentemente descrito como um predador, o assassino em massa é estereotipicamente ==definido como uma "bomba-relógio humana"==. Embora tenha havido alguns homicidas em massa do sexo feminino, a grande maioria é de homens. Em geral, ==o assassino em massa== é alguém cuja vida saiu dos trilhos – alguém que foi largado pela mulher, despedido do emprego ou que sofreu algum revés humilhante que o fez perder o controle. Tomado de uma fúria aniquiladora contra tudo que culpa pelo seu fracasso, ==explode em um surto de violência devastadora== que manda pelos ares quem estiver por perto (um fenômeno que nos EUA deu origem à expressão "*go postal*", um mórbido tributo ao grande número de carteiros que já cometeram atos do tipo sob a influência do estresse).

Se assassinato em série é, essencialmente, um crime sexual, o assassinato em massa é quase sempre um ato suicida. Em fúria cega, apocalíptica, o assassino em massa quer causar grande impacto ao morrer e levar o maior número possível de pessoas com ele. Quase sempre quando o banho de sangue acaba, ou o assassino põe fim à própria vida, ou provoca um tiroteio fatal com a polícia (o que se conhece como "suicídio por intervenção da polícia").

> Um dia, antes de eu me matar,
> levarei algumas pessoas comigo.
> — SYLVIA SEEGRIST, assassina em massa —

Como sua intenção é acabar com o maior número possível de pessoas, o assassino em massa quase sempre usa armas de fogo. Isso está em nítido contraste com a maioria dos assassinos em série, que – com notáveis exceções, como David Berkowitz, o "Filho de Sam", e o Assassino do Zodíaco – prefere o prazer perverso de usar as próprias mãos para esfaquear, estrangular, espancar e mutilar.

Um elemento-chave do homicídio em massa é que, por definição, ele ocorre em um único local. Aliás, é este fator que contribui, mais que qualquer outra coisa, para a natureza devastadora do crime. O assassino em massa é alguém que – como um homem-bomba – ==explode sem aviso em um restaurante, playground, sala de aula==, escritório ou até mesmo (como no caso de Larry Gene Ashbrook, em 1999) em uma igreja, transformando um ambiente seguro e familiar em cenário de chacina, com cadáveres espalhados por todos os lados.

Embora os assassinos em massa não exerçam o mesmo fascínio mórbido que os serial killers – basicamente porque seus crimes são menos escandalosamente macabros e sexualmente pervertidos –, eles costumam fazer um número substancial de vítimas fatais. Charles Whitman, por exemplo – o atirador da Torre do Texas que em 1º de agosto de 1966 se entrincheirou no mirante de observação da Universidade do Texas e abriu fogo contra pessoas aleatórias –, fez 14 vítimas fatais no decurso do massacre. Mas até esse sinistro somatório foi superado pelo caso de James Huberty, um dos piores episódios de assassinato em massa dos últimos tempos.

ESTUDO DE CASO - Nº 01
ASSASSINATO EM MASSA

JAMES HUBERTY
MASSACRE DO MCDONALD'S

1942-1984

Crime(s)
Assassinato
em massa

Morto
pela
polícia

O local do crime é significativo: uma filial suburbana do McDonald's. Esse típico símbolo norte-americano da família feliz e da satisfação material representava tudo pelo qual James Oliver Huberty tinha lutado tão duramente – e falhado tão miseravelmente – em conseguir.

Sua vida fora complicada desde o início. A mãe, uma fanática religiosa, tornou-se uma missionária e abandonou a família quando James tinha apenas sete anos. Criado por seu pai, ele cresceu solitário e ressentido, um menino cuja única companhia era seu cachorro e cujo único interesse era por armas de fogo.

Sua primeira ambição – trabalhar em uma casa funerária – não se concretizou. Embora tivesse recebido uma licença do Instituto de Ciência Mortuária de Pittsburgh, faltavam-lhe as habilidades pessoais necessárias para ser um agente funerário bem-sucedido. Uma das avaliações profissionais dizia que "ele era um bom embalsamador, mas não sabia relacionar-se com as pessoas".

Ainda assim, ele conseguiu prosperar durante algum tempo. Em 1965, aos 23 anos, casou-se com a namorada, Etna. Alguns anos depois, os dois se mudaram para uma confortável casa em Massillon, Ohio. Por volta do início dos anos 1970, Huberty era pai de duas filhas e tinha um emprego bom e estável como soldador em uma metalúrgica na cidade vizinha de Canton, na Geórgia. Sua existência se resumia à família. Fora Etna e as meninas, ele não tinha nenhuma vida social. Eram constantes os bate-bocas com os vizinhos e Huberty passava a maior parte do tempo livre lendo revistas sobre armas e literatura de sobrevivência. No geral, entretanto, sua vida durante esse período era tão estável e agradável quanto poderia ser.

CASE STUDY CRIME SCENE

A situação degringolou no início dos anos 1980, quando a região foi afetada por uma crise. A fábrica fechou, Huberty perdeu o emprego e – como diria Etna mais tarde – "a vida dele começou a desmoronar". Após quase seis meses de desemprego, conseguiu uma ocupação, mas foi logo despedido outra vez. Ele começou a falar em suicídio. E coisas piores.

De acordo com um conhecido, foi por volta dessa época que Huberty começou a expressar pensamentos assustadores. "Ele dizia que não tinha nenhuma razão para viver, que não tinha emprego nem nada. Dizia que se aquilo fosse o fim da linha e não pudesse mais sustentar a família levaria todo mundo com ele."

No final de 1983, em uma busca desesperada por uma vida melhor, Huberty, com 41 anos, mudou-se com a família para San Ysidro, um subúrbio de San Diego, ao norte da fronteira mexicana. Arranjou emprego como segurança, mas o trabalho não durou. Sua família foi forçada a se mudar repetidas vezes, para apartamentos cada vez mais decadentes. Huberty foi ficando cada vez mais paranoico, desabafando aos quatro ventos sua amargura. Na manhã de 18 de julho de 1984, após sair para pagar uma multa de trânsito, Huberty chegou ao fim da linha. "A sociedade teve sua chance", ele disse à esposa. Horas mais tarde, no quarto do casal, ele vestiu calças camufladas e uma camisa preta. A esposa perguntou-lhe aonde ia.

"Caçar seres humanos", disse ele.

Logo depois ele apareceu no McDonald's mais próximo com um rifle semiautomático, uma pistola 9mm, uma espingarda calibre 12 e um saco de lona cheio de munição. Quase imediatamente abriu fogo. Setenta e cinco minutos depois, 21 pessoas estavam mortas, muitas das quais crianças, e outras 19 estavam feridas. O massacre não parou até um atirador de elite da SWAT disparar um projétil calibre .308 no coração sombrio de James Huberty.

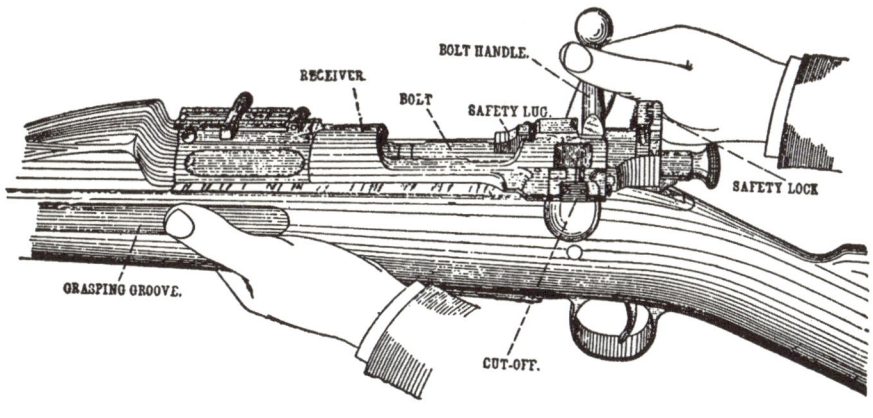

ASSASSINATO RELÂMPAGO

Com uma importante exceção, assassinato relâmpago e em massa são mais ou menos fenômenos idênticos.

Como o assassino em massa, o assassino relâmpago é alguém que se tornou tão profundamente alienado e amargurado que não se sente mais conectado à sociedade humana. Sua vida se resume a nada e a fúria assassina é a maneira que o indivíduo encontra para dar um fim explosivo à sua existência intolerável. A maioria dos assassinos relâmpago prefere morrer a se render; outros se deixam capturar, sabendo que serão executados ou trancafiados em uma cela para sempre. De uma forma ou de outra suas vidas chegaram ao fim.

Dois motivos principais incitam o ato final e repleto de ódio do assassino relâmpago: vingança contra o mundo e um desejo de mostrar – apesar de todas as provas em contrário – que ==ele é alguém que merece consideração==. Atormentado por seu fracasso em conquistar coisas que aos outros parecem vir tão facilmente – um emprego satisfatório, relacionamentos amorosos –, ==ele deseja provar que é especial== em pelo menos um aspecto: seu poder de devastação.

Como o assassino em massa, o assassino relâmpago às vezes visa vítimas específicas: o chefe que o despediu, o professor que o reprovou, o valentão que fez de sua vida na escola um inferno. Mas a aleatoriedade com que ele fulmina todos aqueles que têm o azar de cruzar seu caminho mostra que sua raiva é na verdade dirigida contra a sociedade.

A diferença determinante entre o assassino relâmpago e o assassino em massa tem a ver com *movimento*. Enquanto este mata em um só lugar, o assassino relâmpago se desloca de um lugar a outro matando no percurso. Nesse sentido, o assassinato relâmpago poderia ser mais bem descrito como um *assassino em massa itinerante*.

Em 1949, por exemplo, um ex-soldado americano ==enlouquecido chamado Howard Unruh chocou o país== ao percorrer sua calma vizinhança de Nova Jersey atirando metodicamente em todos que via pelo caminho.

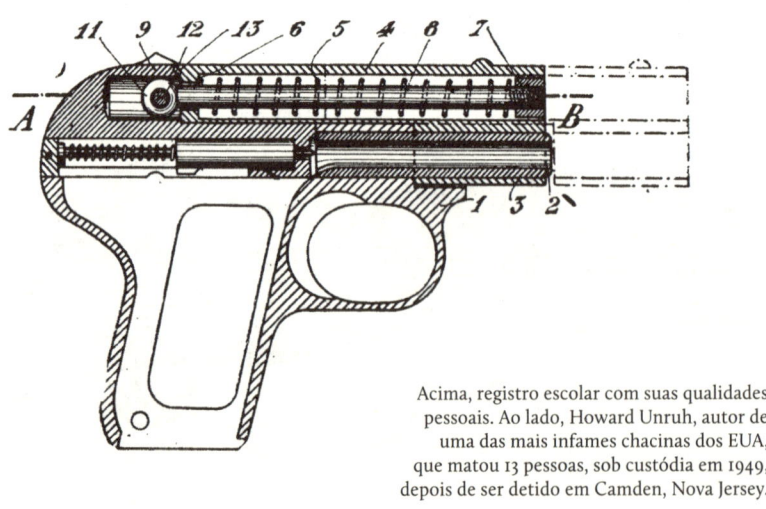

Acima, registro escolar com suas qualidades pessoais. Ao lado, Howard Unruh, autor de uma das mais infames chacinas dos EUA, que matou 13 pessoas, sob custódia em 1949, depois de ser detido em Camden, Nova Jersey.

PERSONAL QUALITIES	
MENTAL ALERTNESS	C
~~ATTENDANCE~~	
Judgment	B
~~LEADERSHIP~~	
CO-OPERATION	B
HEALTH	C
Courtesy	B
~~PHYSICAL DEFECT~~	
INITIATIVE	~~B~~ C
DEPENDABILITY	B
INTELLIGENCE	
Personal Impression	C
COMPOSITE	C

PHONE	CLASS	YEAR
	X	1939

27/107   (1)

enue

ESTUDO DE CASO - Nº 02
ASSASSINATO RELÂMPAGO

HOWARD UNRUH
O RETALIADOR

1921-2009

Crime(s)
Assassinato em massa

Pena
Internação em hospital psiquiátrico

Howard Barton Unruh, o primeiro grande assassino relâmpago surgido após a Segunda Guerra Mundial, se enquadra no perfil clássico desse tipo de homicida. No último trimestre de 1949, ele era um desajustado social de 28 anos, morando sozinho com a mãe em uma decrépita quitinete em East Camden, Nova Jersey. Sua existência vazia e sem propósito não poderia ser mais deprimente. Ele não tinha emprego, amigos ou perspectivas para o futuro. Gay enrustido em uma época intensamente homofóbica, ele manteve uma sórdida vida secreta, viajando para a Filadélfia várias vezes por semana em busca de sexo casual com desconhecidos. De resto, passava a maior parte do tempo brincando com seus trenzinhos de brinquedo ou praticando tiro com pistola em um estande improvisado no porão de casa.

Poucos anos antes, ele se sentira *alguém*. Isso foi no Exército, onde se destacara durante a guerra como artilheiro na 342ª Artilharia Blindada de Campo. Ao voltar para casa ele era um nada: um fracasso total. Tentou fazer uma faculdade; matriculou-se na Escola de Farmacologia da Universidade Temple, valendo-se da G.I. Bill – lei que concedia bolsas de estudo, entre outros benefícios financeiros, aos veteranos de guerra –, mas acabou desistindo depois de apenas três meses.

Convencido de que os vizinhos falavam pelas suas costas, vendo-o com desprezo por viver à custa de sua frágil e idosa mãe, passou a manter um diário com uma lista de queixas contra eles e anotações cifradas ao lado de seus nomes: "Ret.W.T.S." ou "D.N.D.R.". As abreviações queriam dizer "Retaliate When Time Suitable" e "Do Not Delay Retaliation" ("Retaliação No Devido Tempo" e "Não Adiar Retaliação", em tradução literal).

CASE STUDY CRIME SCENE

Na terça-feira 6 de setembro de 1949 chegou o dia da retaliação.

Levantando-se pontualmente às 8h, Howard se lavou, fez a barba e vestiu seu melhor terno de lã tropical, uma camisa branca e gravata borboleta. Foi à cozinha tomar café da manhã, preparado como sempre por sua dedicada mãe, que notou que Howard parecia estranhamente distraído. Depois de devorar os ovos fritos e cereais, desceu ao porão e retornou com um grosso cano de chumbo. Chamando sua mãe à sala de estar, ele ergueu o cano ameaçadoramente, como se fosse atacá-la.

"O que pretende fazer com isso, Howard?", gaguejou a sra. Unruh, que logo recuou em direção à porta, escancarou-a e fugiu aterrorizada de casa.

Howard ficou parado por um instante. Em seguida, sacudindo o torpor, foi até o quarto, pegou sua pistola Luger 9mm, com dois clipes carregados e 33 cartuchos soltos, e saiu para a rua.

Sua primeira parada sangrenta foi a sapataria Pilcharik. O dono, John Pilcharik, estava ajoelhado junto à bancada pregando uma sola em um sapato quando Unruh entrou, às 9h20. Unruh caminhou em direção a Pilcharik e, sem dizer nenhuma palavra, alvejou o sapateiro no rosto e depois atirou de novo em sua cabeça. Deu, então, meia-volta e partiu para o estabelecimento vizinho, a barbearia de Clark Hoover.

Hoover estava ocupado aparando o cabelo de um garotinho de seis anos chamado Orris Smith. "Tenho uma coisa para você, Clarkie", disse Unruh conforme avançava para a cadeira e atirava tanto no barbeiro quanto no garotinho. Quando a mãe da criança, que estava sentada por perto, gritou e correu em direção ao menino agonizante, Unruh saiu indiferente.

Nos dez minutos seguintes Unruh andou calmamente pela vizinhança alvejando vítimas pelo caminho – tanto alvos específicos do seu ódio paranoico como pedestres aleatórios que tiveram o azar de cruzar com ele. Quando ficou sem munição – menos de 15 minutos depois de disparar o primeiro tiro no rosto de Joe Pilcharik –, 13 pessoas jaziam mortas ou agonizavam, e outras três estavam gravemente feridas.

Voltando ao seu apartamento, Unruh jogou-se pesadamente na cama. Momentos depois, cerca de sessenta policiais fortemente armados cercaram a casa. Um tiroteio feroz se seguiu, terminando quando uma bomba de gás lacrimogêneo forçou Unruh a sair de seu quarto.

Enquanto Unruh era algemado, um policial perguntou: "Qual é o seu problema? Você é psicótico ou o quê?"

"Não sou psicótico", respondeu Unruh indignado. "Minha cabeça está ótima."

O Estado discordou. Unruh foi permanentemente confinado em um hospital psiquiátrico de segurança máxima para criminosos insanos.

Enquanto Howard Unruh transformou seu bairro em um campo de batalha mortal durante 13 aterrorizantes minutos, alguns assassinos relâmpago vão bem mais longe, espalhando sua fúria letal de carro ao longo de dias ou até mesmo semanas. Foi isso que ocorreu no final de 1957, quando uma dupla de adolescentes arruaceiros – Charles Starkweather, um aspirante a James Dean, e sua namorada menor de idade Caril Ann Fugate – matou dez pessoas enquanto viajava pelo estado de Nebrasca, ao longo de 26 dias. Em meados de 1997, Andrew Cunanan matou quatro homens enquanto viajava em carros roubados de Mineápolis a Miami em busca de seu alvo final, o famoso estilista italiano Gianni Versace. E, no final de 2002, John Muhammad e seu protegido, Lee Malvo, aterrorizaram Virgínia, Maryland e Washington, D.C., em um Chevrolet Caprice azul após realizarem alguns ataques a tiros em Montgomery, no Alabama. Por uma série de razões – o intervalo entre os ataques, as mensagens zombeteiras para a polícia, o sinistro cartão de visita deixado na cena de um crime –, muitos especialistas presumiram que um serial killer estava à solta enquanto os ataques ocorriam. Quando os alegados autores dos crimes foram capturados, no entanto, ficou claro que Muhammad se encaixava na definição de assassino relâmpago: um homem cuja vida pessoal e profissional era um fracasso, e que descontava sua raiva em uma vingança assassina contra o mundo.

UM TERMO MELHOR?

Como assassinato em massa e relâmpago são essencialmente duas manifestações do mesmo fenômeno psicológico, um novo termo que abarcaria os dois tipos de crime foi proposto recentemente. Em uma série de artigos publicados pouco antes do primeiro aniversário do massacre de Columbine, o jornal *The New York Times* se referiu a figuras como Dylan Klebold, Charles Whitman e outros como "assassinos impulsivos" (*rampage killers*, no original) – uma expressão bastante eloquente que destaca a diferença básica entre esses tipos de criminosos e os serial killers.

PSICOPATA VS. PSICÓTICO

Quando o policial que prendeu Howard Unruh perguntou se ele era "psicótico" estava na verdade usando uma gíria popular nos EUA ("*psycho*", abreviação de psicótico em inglês), hoje em dia mais comumente associada ao título do clássico filme de terror de Hitchcock, *Psicose* (*Psycho*, de 1960). Mas a pergunta do policial é mais complicada do que parece. Há dois tipos diferentes de "*psychos*": *psicopatas* e *psicóticos*. A maioria dos serial killers está incluída na primeira categoria, embora alguns pertençam à última.

> Serial killers têm uma consciência morta.
> Não têm moral, nem escrúpulos, nem consciência.
> — RICHARD RAMÍREZ, o "Perseguidor da Noite" —

PSICOPATAS: A MÁSCARA DE SANIDADE

Tecnicamente, psicopatas não são legalmente insanos. Eles sabem a diferença entre o certo e o errado. São pessoas racionais, muitas vezes altamente inteligentes. Alguns conseguem ser bastante charmosos. Na verdade, o que mais assusta neles é o fato de parecerem tão normais. Suas personalidades agradáveis, no entanto, são apenas uma encenação. Sob suas "máscaras de sanidade" – para usar a famosa frase cunhada pelo psicólogo Hervey Cleckley – eles são indivíduos profundamente perturbados.

A característica mais marcante da personalidade psicopática é sua total falta de empatia. Ele é incapaz de amar, de se importar com alguém, de sentir pena de qualquer pessoa além de si mesmo. Os outros são simplesmente objetos a serem usados e manipulados a seu bel-prazer.

Como diz o criminologista Edward Glover em seu livro *The Roots of Crime* (*As Raízes do Crime*, de 1960), psicopatas são "extraordinariamente egoístas, narcisistas e desonestos". Nada importa a eles a não ser suas próprias necessidades. Nos piores casos, têm sonhos monstruosos de tortura, estupro e assassinato os quais perseguem sem o menor escrúpulo. Tais psicopatas criminosos são predadores ardilosos e de sangue-frio que escondem corações malignos por trás de uma aparência mansa e sedutora.

Como não sentem culpa ou remorso, psicopatas são capazes de manter uma frieza assombrosa em situações que fariam uma pessoa normal suar frio. Por exemplo, quando uma das vítimas de Jeffrey Dahmer, algemada e sangrando, conseguiu fugir e saiu correndo rua afora, Dahmer calmamente persuadiu a polícia a retornar o jovem aos seus cuidados. Em seguida levou-o de volta ao seu covil diabólico e o matou.

HERMAN MELVILLE
ROMANCISTA

1819-1891

Foi um escritor, poeta e ensaísta norte-americano. Embora tenha obtido grande sucesso no início de sua carreira, sua popularidade foi decaindo ao longo dos anos. Faleceu quase completamente esquecido, sem imaginar que sua obra mais importante, o romance *Moby Dick*, alcançaria enorme sucesso no século XX.

MELVILLE E OS PSICOPATAS

Embora o termo "psicopata" só tenha sido inventado em 1891 por um psicólogo alemão chamado Koch, o tipo de personalidade que ele descreve sempre existiu. O grande romancista norte-americano Herman Melville (1819-1891) não só reconheceu esse fato como também criou um poderoso retrato de um criminoso psicopata em sua derradeira obra-prima, *Billy Budd* (1924).

Um dos principais temas de Melville é o mal que se oculta por trás das boas aparências. Em *Billy Budd,* esse tema é encarnado no personagem John Claggart, um homem de aparência amável que possui uma essência maligna.

Em certo momento do romance, o autor faz uma pausa para contemplar a fonte da vilania de Claggart. Como vivia em uma época pré-freudiana, Melville não usa a linguagem clínica da psicologia moderna para explicar o comportamento do personagem, valendo-se, em vez disso, de expressões antiquadas como "depravação natural" e "a mania de uma natureza perversa". Mas sua descrição da personalidade malévola do mestre de armas deixa claro que Claggart é um clássico exemplo do que hoje chamamos de criminoso psicopata:

Embora o temperamento sereno e a conduta judiciosa do homem pareçam indicar um espírito particularmente sujeito à lei da razão, em seu íntimo, não obstante, ele parece atuar em absoluta revelia a essa lei, pouco se servindo da razão senão para empregá-la como um instrumento ambidestro para levar a cabo o irracional. Em outras palavras: para a consumação de um intento que, pela perversidade descomedida, dir-se-ia pertencer ao âmbito da loucura, ele utilizará um discernimento frio, perspicaz, perfeito. Homens assim são loucos, e da espécie mais perigosa, pois sua loucura não é contínua, mas ocasional, evocada por um objetivo específico.

Nessa passagem, Melville aponta com precisão a essência do psicopata: uma pessoa que comete as atrocidades mais terríveis com um discernimento frio e racional.

MELVILLE E A "INSANIDADE MORAL"

Durante a vida de Melville, psiquiatras, tanto nos Estados Unidos como na Europa, enfrentavam o mesmo problema que *Billy Budd:* como explicar a psicologia de criminosos que são racionais e até mesmo inteligentes, mas que têm prazer em cometer assassinatos tão terrivelmente brutais que parecem, para todos os efeitos, produtos da insanidade? O termo que eles inventaram foi "insanidade moral".

No início dos anos 1870, por exemplo, um garoto de 12 anos chamado Jesse Harding Pomeroy atacou e torturou uma série de meninos mais jovens em Boston. Depois de menos de 17 meses em um reformatório, ele foi libertado e acabou mutilando e assassinando duas crianças, um garotinho e uma garotinha. Preso, o "Menino Demônio" (como os jornais o apelidaram) foi examinado por vários psiquiatras, que descobriram que ele tinha uma "inteligência aguçada", "uma boa memória", não sofria "de nenhum tipo de delírio", possuía "um conhecimento teórico do certo e do errado" e tinha uma "capacidade intelectual" acima do normal.

Ao mesmo tempo, ele tinha "uma inquestionável deficiência de ordem moral em um nível muito mais pronunciado que em um criminoso típico. A natureza incomum, atroz e cruel de seus atos criminosos, sua busca do crime pelo crime, sua total insensibilidade ao sofrimento alheio e sua satisfação em torturar vítimas pela mesma razão que um gato tortura um rato antes de matá-lo" indicavam que seus "motivos e sua conduta eram bastante diferentes daqueles do malfeitor comum".

Em suma, os peritos concluíram que embora Pomeroy não tivesse nenhum distúrbio de ordem intelectual ele era *moralmente* insano – ou, como eles também o descreviam, um "degenerado moral", um "deficiente moral" ou um "imbecil moral". Embora esses termos não soem particularmente científicos (ou politicamente corretos), eles designam exatamente o que hoje entendemos por psicopata.

Esses pacientes têm boa memória e discernimento, capacidade de raciocínio e criatividade, muita inteligência e astúcia, e uma aparência geral de racionalidade. Tais características coexistem com um autocontrole muito deficiente; a ausência de senso moral, sentimentos e emoções humanas; instintos pervertidos e brutais; e propensão para a prática de atos criminosos de todo tipo, que podem ser deliberadamente perpetrados e habilmente planejados, ainda que cometidos sem motivo significativo e à revelia das consequências para si mesmos e para os outros.

— Definição do século XIX de "insanidade moral" —

PSICÓTICOS: O PESADELO VIVO

A psicose é definida como um transtorno mental grave, caracterizado por certo grau de deterioração da personalidade. Psicóticos vivem em um mundo de pesadelo criado por eles mesmos. Sofrem de alucinações e delírios – ouvem vozes, têm visões, estão imbuídos de crenças bizarras. Eles perderam o contato com a realidade. Ao contrário dos psicopatas – que parecem ser pessoas normais e racionais mesmo enquanto levam vidas secretas grotescas –, os psicóticos correspondem à concepção geral de loucura. As principais formas de psicose são a esquizofrenia e a paranoia.

Na maioria dos casos, serial killers não são psicóticos. Entretanto, há registros de exceções notáveis – como o paranoico esquizofrênico Herbert Mullin.

CASE STUDY CRIME SCENE

ESTUDO DE CASO - Nº 03
PSICOPATA E PSICÓTICO

HERBERT MULLIN
CANÇÃO DA MORTE

1947

Crime(s)
Mutilação e
assassinato

Pena
Prisão
perpétua

Durante os primeiros vinte anos de sua vida, Herbert Mullin não mostrou sinais da violenta psicose que acabaria se apossando de sua mente e resultaria na morte brutal de 13 vítimas aleatórias.

Nascido em Salinas, na Califórnia, em abril de 1947, ele parece ter tido uma infância normal. Foi escoteiro, jogou beisebol na liga infantil, construiu uma casa da árvore com os amigos.

Anos mais tarde, ele recordaria sua infância de maneira diferente, insistindo que seus pais tinham tentado arruinar sua vida ao enviar mensagens telepáticas para seus colegas de escola, ameaçando matá-los no pós-vida se brincassem com ele. Quando fez essa acusação desvairada, Mullin já estava em um estágio avançado de loucura.

Do primário ao segundo ano do ensino médio ele frequentou uma escola católica, quando então mudou-se com a família para Santa Cruz e foi transferido para San Lorenzo Valley High, onde arranjou uma namorada e se tornou amigo íntimo de um colega chamado Dean.

Após a morte de Dean em um acidente de carro, Mullin começou a manifestar sintomas bizarros, criando em seu quarto uma espécie de santuário em homenagem ao amigo que fitava por horas a fio. Por essa época, Mullin também começou a fumar maconha. É difícil saber quanta importância atribuir a qualquer um dos eventos, no entanto. Afinal, muitas pessoas já passaram por experiências similares – perder entes queridos em acidentes trágicos, experimentar drogas – sem se transformar em assassinos psicóticos.

O primeiro indício de que havia algo de muito errado com Mullin ocorreu em uma reunião familiar para comemorar o aniversário de 29 anos de casados de seus pais em março de 1969. Durante o jantar, Mullin imitou roboticamente cada palavra e gesto de seu cunhado Al. Seu comportamento foi tão bizarro que foi convencido a se internar em um hospital psiquiátrico, no qual se diagnosticou que sofria de uma "reação esquizofrênica".

Embora os psiquiatras considerassem que sua condição mental estava deteriorando e que o "prognóstico era desfavorável", eles não tinham poder para mantê-lo sob custódia. Depois de seis semanas, Mullin deixou o hospital.

Nos anos seguintes ele ficou à deriva, dedicando-se a uma série de "bicos": lavador de pratos, atendente de posto de gasolina e motorista de caminhão para a Goodwill Industries, uma ONG. Por um tempo, ele morou no Havaí. Entrou e saiu de vários hospitais psiquiátricos. Começou, então, a ouvir vozes ordenando-lhe a raspar a cabeça e a queimar seu pênis com um cigarro aceso. Obedeceu a ambas as ordens. Os médicos, percebendo que ele estava sob a influência de uma esquizofrenia paranoide extrema, avisaram que sua condição era "grave". Eles não tinham ideia do quão perigoso Herbert Mullin estava se tornando.

Por volta de outubro de 1972, as vozes diziam-lhe para matar. Ele estava convencido de que fora escolhido por Albert Einstein para sair por aí e assassinar pessoas como uma forma de prevenir um terremoto cataclísmico. Descreveu sua missão como "cantar a canção da morte". Explicou-a a um psiquiatra:

> Veja bem, o que acontece é que as pessoas se juntam, digamos, na Casa Branca. As pessoas gostam de cantar a canção da morte, você sabe, as pessoas gostam de cantar a canção da morte. Se eu sou o presidente da minha turma quando me formo no ensino médio, posso designar dois, talvez três rapazes *Homo sapiens* para morrer. Posso cantar essa canção para eles e eles terão que se matar ou ser mortos – um acidente de carro, uma facada, um tiro. Você me pergunta por quê? E eu digo, bem, eles têm que fazer isso a fim de proteger a todos de um terremoto, porque todas as outras pessoas na comunidade andaram morrendo o ano inteiro, e minha turma, temos que prestar nossa contribuição, por assim dizer, às trevas, temos que morrer também. E as pessoas iam preferir cantar a canção da morte do que assassinar.

Em 13 de outubro de 1972 – pouco depois de uma voz em sua cabeça bradar: "Por que você não me dá nada? Vá matar alguém! Mexa-se!" – Mullin golpeou um andarilho de 55 anos até a morte com um taco de beisebol no acostamento de uma estrada nas montanhas de Santa Cruz. Menos de duas semanas depois ele deu carona a uma jovem de 24 anos, apunhalou-a com uma faca de caça, arrastou seu corpo para o meio do mato e estripou-a. Oito dias depois entrou no confessionário da igreja de Santa Maria, em Los Gatos, e esfaqueou o padre até a morte.

Em meio a essa campanha assassina, Mullin tentou alistar-se na Marinha. Impressionou o oficial de recrutamento, que o considerou "um jovem altamente motivado e inteligente [que] muito provavelmente seria [...] uma fonte de orgulho para a Marinha". No último momento, entretanto, foi rejeitado. Dez dias depois de se alistar, Mullin massacrou cinco pessoas – incluindo dois irmãos, de quatro e nove anos – em uma área remota das montanhas de Santa Cruz. Não muito tempo depois, enquanto caminhava em um parque estadual, topou com quatro rapazes adolescentes em uma cabana improvisada e atirou em todos na cabeça enquanto eles imploravam por suas vidas. Sua última vítima foi um homem de 72 anos, baleado enquanto trabalhava em seu quintal. O carro de Mullin foi avistado escapando a toda velocidade da cena do crime e ele foi rapidamente capturado.

Apesar das esmagadoras evidências de sua extravagante perturbação mental, o júri considerou Mullin "são pelos padrões legais" e condenou-o por oito acusações de homicídio qualificado e duas de homicídio simples. Em 18 de setembro de 1973 foi condenado à prisão perpétua. Ele terá direito a ser ouvido quanto à possibilidade de liberdade condicional em 2020, aos 73 anos de idade.

ALÉM DA LOUCURA

Dado o caráter aterrador dos atos praticados pelos serial killers, alguns especialistas consideram que esses criminosos não se encaixam em nenhuma das categorias clínicas tradicionais de transtorno mental. Para eles, serial killers pertencem a uma classe própria, em algum lugar além dos limites do comportamento humano compreensível.

Em seu livro *The Meaning of Murder* (*O Significado de Assassinato*), por exemplo, John Brophy escreve: "Homens assim são monstros, que vivem não somente além das fronteiras inexploradas da sanidade, mas além das fronteiras da loucura, já que a loucura é algo concebível à maioria das pessoas".

Tal como Brophy – que recorre ao arcaico termo "monstros" para se referir aos serial killers –, alguns especialistas resolveram recentemente abandonar de vez o jargão psicológico e retornar à noção secular de *mal* para descrever tais indivíduos. Em uma reunião da Associação Americana de Psiquiatria, em maio de 2001, o psiquiatra forense Michael Welner, da Escola de Medicina da Universidade de Nova York, definiu mal como "uma tentativa de causar trauma emocional, aterrorizar ou atingir os desamparados, de modo a prolongar o sofrimento e obter satisfação de tudo isso".

Isso basicamente resume o comportamento dos serial killers.

LEITURA RECOMENDADA RONALD TOBIAS. They Shoot to Kill | 1981. GRAHAM CHESTER. Berserk!: Motiveless Random Massacres | 1993. ART CROCKETT. Spree Killers | 1994. BRIAN LANE e WILFRED GREGG. The Encyclopedia of Mass Murder | 1994. NEW YORK TIMES, "RAMPAGE KILLERS", 9-12 abr. 2000. | PAN PANTZIARKA. Lone Wolf: True Stories of Spree Killers | 2000. EDWARD GLOVER. The Roots of Crime | 1960. DONALD LUNDE. Murder and Madness | 1975. HERVEY CLECKLEY. The Mask of Sanity | 1976.

CAPÍTULO 2

QUEM SÃO ELES

Além das características mais óbvias – mentes doentias, desejos perversos e uma compulsão insaciável por matar – é difícil tirar conclusões gerais sobre os serial killers. De acordo com o escritor Stephen Michaud, a única coisa que se pode afirmar com segurança sobre os serial killers "é que uma porcentagem inexplicavelmente alta deles se chama Wayne ou Ricky Lee".

Podemos supor que Michaud está, pelo menos em parte, de brincadeira. (Na verdade, não parece haver tantos Ricky Lees assim no mundo dos serial killers.) Mas a ideia por trás de suas palavras faz sentido. Há tantas exceções para cada regra que falar sobre os traços característicos dos serial killers é incrivelmente complicado.

Por exemplo, costuma-se dizer que a maioria dos serial killers é composta de brancos. Isso certamente é verdade nos Estados Unidos, em que a maior parte da população é caucasiana. Mas esse claramente não é o caso, digamos, na África do Sul, que tem uma quantidade alarmante de serial killers, quase todos negros. Mesmo no caso dos EUA, há uma quantidade significativa de serial killers afro-americanos.

Também faz parte do conhecimento adquirido da criminologia que serial killers são quase sempre do sexo masculino. Mais uma vez, isso é verdade – mas apenas se definirmos "homicídio em série" como um tipo bem específico de crime, ou seja, homicídio sexual brutalmente violento, tal como simbolizado por Jack, o Estripador. Esse tipo particular de assassinato sexual com mutilação é, na verdade, apenas perpetrado por homens. (Como a especialista em estudos culturais Camille Paglia coloca, "não há nenhum Jack, o Estripador, mulher".) Mas, de acordo com as definições mais amplas formuladas pelo FBI e pelo Instituto Nacional de Justiça (National Institutes of Justice, NIJ), um número considerável de mulheres qualifica-se como serial killers.

Ainda assim, se nos limitarmos aos Estados Unidos e àqueles assassinos sexuais psicopatas inicialmente associados ao termo "homicida em série" nas décadas de 1970 e 1980 – Gacy, Bundy, Kemper, Ramírez e o resto daquela turma do mal –, há certas afirmações gerais que se mostram válidas.

O tipo de serial killer que a maioria das pessoas imagina ao ouvir este termo é um homem branco, com idade entre 25 e 35 anos. Ele não é psicótico, mas antes psicopata, e sofre do que hoje em geral chamamos de "Transtorno de Personalidade Antissocial". É muito provável que seja uma pessoa solitária ao extremo – um desajustado social com poucos relacionamentos significativos (se é que possui algum). Excluído do mundo das relações humanas normais, entrega-se a fantasias particularmente intensas e altamente perversas de tortura, dominação e assassinato. Em algum momento, passa do limite e extravasa essas fantasias em vítimas reais. Dependendo de sua orientação sexual – isto é, se é um serial killer gay ou heterossexual –, suas vítimas serão homens ou mulheres.

Embora profundamente perturbado em sua constituição emocional e psicológica, ele não é intelectualmente deficiente. Pelo contrário: ele tem uma inteligência acima da média combinada com uma astúcia criminosa que o permite passar despercebido por tempo suficiente para cometer uma série de atrocidades.

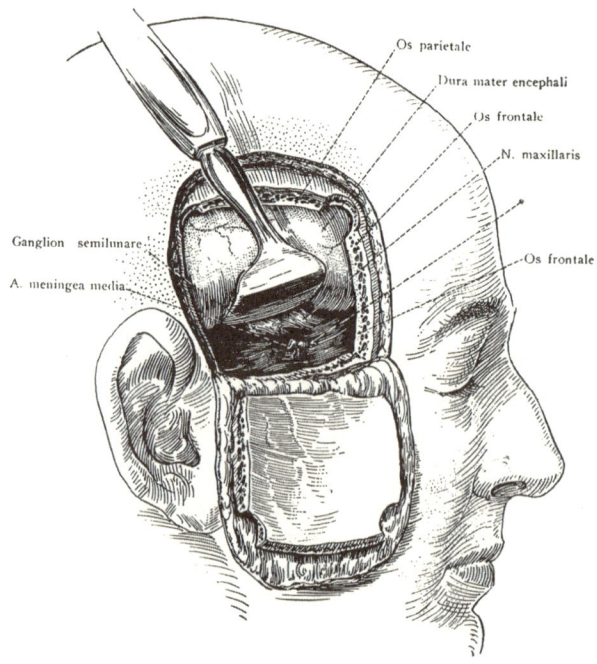

DEZ TRAÇOS CARACTERÍSTICOS DE SERIAL KILLERS

Na décima reunião do encontro trienal da Associação Internacional de Ciências Forenses realizada em Oxford, na Inglaterra, em setembro de 1984, Robert Ressler e John Douglas, da Unidade de Ciência Comportamental do FBI, juntamente com os professores Ann W. Burgess e Ralph D'Agostino, apresentaram um trabalho seminal sobre o homicídio em série, baseado no estudo de 36 criminosos encarcerados, incluindo Edmund Kemper e Herbert Mullin. Em sua apresentação, eles listaram os seguintes traços como "características gerais" desses assassinos:

01.	A maioria é composta de homens brancos solteiros.
02.	Tendem a ser inteligentes, com QI médio de "superdotados".
03.	Apesar da inteligência, eles têm fraco desempenho escolar, histórico de empregos irregulares e acabam se tornando trabalhadores não qualificados.
04.	Vêm de um ambiente familiar conturbado ao extremo. Normalmente foram abandonados quando pequenos por seus pais e cresceram em lares desfeitos e disfuncionais dominados por suas mães.
05.	Há um longo histórico de problemas psiquiátricos, comportamento criminoso e alcoolismo em suas famílias.
06.	Enquanto crianças, sofrem consideráveis abusos – às vezes psicológicos, às vezes físicos, muitas vezes sexuais. Os brutais maus-tratos incutem profundos sentimentos de humilhação e impotência neles.
07.	Devido a ressentimentos em relação a pais distantes, ausentes ou abusivos, possuem dificuldade de lidar com figuras de autoridade masculinas. Dominados por suas mães, nutrem por elas uma forte hostilidade.
08.	Manifestam problemas mentais em uma idade precoce e muitas vezes são internados em instituições psiquiátricas quando crianças.
09.	Extremo isolamento social e ódio generalizado pelo mundo e por todos (incluindo eles mesmos), costumam ter tendência suicida na juventude.
10.	Demonstram interesse precoce e duradouro pela sexualidade degenerada e são obcecados por fetichismo, voyeurismo e pornografia violenta.

É importante lembrar, entretanto, que essas características foram extrapoladas a partir de uma pequena amostra de 36 sádicos assassinos sexuais, todos homens e em sua maioria brancos. Há vários serial killers que possuem características diferentes.

ESTUDO DE CASO - Nº 04
SÍNTESE DO MAL

EDMUND KEMPER
ASSASSINO DE COLEGIAIS

1948

Crime(s)
Necrofilia, canibalismo, assassinato

Pena
Prisão perpétua

Um assassino psicopata que incorpora a maior parte dos traços descritos no pioneiro artigo do FBI sobre homicídio em série – e que, de fato, serviu como uma das fontes entrevistadas para esse famoso estudo – é Edmund Kemper III, também conhecido como o "Assassino de Colegiais".

A criação de Kemper em um lar desfeito foi um pesadelo de contínuo abuso emocional. Corpulento e desajeitado, ele cresceu até se tornar um gigante de dois metros de altura e 135 quilos. Era alvo de chacota constante de sua mãe, que vivia depreciando tanto sua aparência física como seu jeito "esquisitão".

Crescendo nessa atmosfera tóxica de rejeição e humilhação, ele desenvolveu um forte sentimento de inferioridade, acompanhado de um ódio virulento contra sua mãe intimidadora que acabaria se estendendo a todas as mulheres.

Ele começou a dar sinais de extrema perturbação mental ainda no ensino fundamental. Enquanto outros meninos brincavam de ser o Super-Homem ou Davy Crockett,[1] Edmund fingia que era executado em uma câmara de gás. Certa vez, quando alguém descobriu que ele tinha uma queda por sua professora do segundo ano e para provocá-lo perguntou-lhe por que não a beijava, Edmund respondeu: "Para beijá-la, teria que matá-la primeiro" – uma primeira expressão da sua convicção cada vez mais forte de que só não seria rejeitado por uma mulher se ela estivesse morta.

Como é comum entre muitos serial killers, o sadismo de Kemper manifestou-se terrivelmente

---

[1] Político e militar norte-americano (1786-1836), herói nacional e personagem de mais de vinte filmes a seu respeito, foi "redescoberto" após um programa de TV da Disney nos anos 1950. [Nota do Editor, de agora em diante NE]

cedo. No início, ele se contentava em desmembrar as bonecas de sua irmã. Em pouco tempo, entretanto, começou a torturar animais domésticos. Decapitou um gato da família com um facão e enterrou outro vivo. No início da adolescência, ele se entregaria a devaneios masturbatórios de assassinar todos na cidade e fazer sexo com os cadáveres.

Em meados de 1963, Kemper, então com 15 anos, foi enviado para morar com os avós paternos em uma fazenda em North Fork, na Califórnia. Em agosto do mesmo ano, enquanto sua avó Maude sentava à mesa da cozinha, Edmund atirou em sua cabeça com um rifle calibre .22, depois apunhalou-a repetidas vezes e arrastou o corpo para o quarto dela. Quando seu avô voltou da rua pouco depois, Edmund matou-o a tiros enquanto atravessava a porta. Ele então avisou à mãe do ocorrido e sentou-se para aguardar a polícia. Questionado sobre seus motivos, Kemper deu de ombros: "Só queria saber como seria atirar na minha avó". O assassinato de seu avô foi, segundo ele, um ato de misericórdia: uma maneira de poupar o velho da dor de descobrir o que tinha acontecido com a esposa.

Diagnosticado como um esquizofrênico paranoide, Kemper – antes dos 16 anos – foi internado no Hospital Estadual de Atascadero, na Califórnia, e parece ter passado boa parte do seu tempo ouvindo, extasiado, as preciosas reminiscências dos vários estupradores em série que conheceu em sua ala. Suas fantasias se tornaram ainda mais dominadas por cenários de violência sexual. Escondendo sua fervilhante vida interna de seus terapeutas, ele adotou uma máscara de docilidade e convicção religiosa recém-descoberta, obtento liberdade condicional depois de apenas cinco anos. Em um assombroso exemplo de estupidez institucional, o conselho de liberdade condicional – contra a expressa recomendação dos médicos de Kemper e contra sua própria vontade – o liberou aos cuidados de sua mãe.

Kemper não teve nenhum acompanhamento ou tratamento psiquiátrico de qualquer espécie depois de receber alta. Em setembro de 1972, foi examinado por uma junta estadual de psiquiatras designados para determinar seu estado mental. Satisfeito com as respostas de Kemper, eles o consideraram totalmente reabilitado e deram baixa em seus antecedentes criminais. Após a entrevista, Kemper partiu em seu carro para as montanhas de Santa Cruz. No interior do porta-malas estava a cabeça de uma menina de 15 anos que ele matara, estuprara e esquartejara no dia anterior após oferecer-lhe carona.

A terceira vítima do "reabilitado" Edmund Kemper se chamava Aiko Koo. As primeiras foram Mary Ann Pesce e Anita Luchessa, ambas com 18 anos, colegas de quarto na Universidade Estadual de Fresno. Kemper oferecera carona a elas em maio, quando as conduziu a um trecho deserto da estrada, esfaqueou-as até a morte e depois, pondo os corpos sem vida no porta-malas, rumou para casa. Entrando às escondidas com os cadáveres em seu quarto, ele se enteteve com seus "troféus", tirando fotos com uma máquina Polaroid, dissecando os corpos, fazendo sexo com as vísceras. Quando se cansou, enfiou os restos em um saco e se livrou deles, enterrando os corpos das garotas nas montanhas e jogando suas cabeças em um barranco.

Seis jovens teriam o mesmo destino. Ao pôr em prática as fantasias necrófilas que nutria desde a infância, Kemper sentia um particular prazer em violar os cadáveres e especialmente em praticar sexo oral com as cabeças decapitadas. Em pelo menos duas ocasiões ele praticou canibalismo, talhando carne das pernas de suas vítimas para consumir com macarrão ensopado. Ele também guardava dentes, cabelo e pedaços de pele como troféus macabros.

Psiquiatras especulariam mais tarde que todas essas pobres mulheres apenas substituíam o verdadeiro objeto do ódio de Kemper: sua mãe. O fato de seu frenesi homicida atingir o clímax em um horrendo ato de matricídio tende a confirmar essa teoria. Na véspera da Páscoa de 1973, ao amanhecer, Kemper entrou furtivamente no quarto da mãe com uma faca e um martelo, esmagou-lhe a cabeça, cortou-lhe a garganta, degolou-a e violou seu corpo decapitado. Em um dos atos mais simbolicamente expressivos nos anais da depravação criminosa, ele arrancou a laringe da mãe e jogou no triturador de lixo – que imediatamente cuspiu tudo de volta no seu rosto. "Aquilo fazia sentido", diria Kemper mais tarde à polícia, "considerando o quanto ela brigou, gritou e berrou comigo durante todos aqueles anos". Ele também pôs a cabeça da mãe sobre a lareira para atirar dardos nela. Mais tarde, naquele dia, convidou a melhor amiga da mãe para jantar. Quando ela chegou, Kemper a estrangulou com um lenço, levou seu cadáver para a cama e passou a noite molestando o corpo.

Na manhã seguinte, domingo de Páscoa, ele fugiu rumo ao leste, dirigindo sem parar até Pueblo, no Colorado, onde – percebendo que não tinha mais aonde ir – ligou para a polícia de Santa Cruz. No início, ninguém na delegacia acreditou em sua confissão. Como é comum entre serial killers, Kemper era fascinado por crimes e investigações policiais e se tornou amigo de vários membros da polícia local. Mas sua insistência acabou por convencê-los e, sem sair de perto da cabine telefônica, Kemper aguardou pacientemente a chegada das autoridades para prendê-lo.

Ele fez uma confissão completa e doentiamente detalhada. Em seu julgamento foi considerado legalmente são e condenado por oito assassinatos em primeiro grau. Quando o juiz lhe perguntou que castigo achava apropriado pelos seus crimes, Kemper respondeu – não sem razão – "Morte por tortura". Ele foi sentenciado à prisão perpétua, onde permanece até hoje.

SINAIS DE PERIGO

A psicanálise se baseia na crença de que é possível explicar os distúrbios comportamentais de um adulto identificando as causas em suas experiências na infância. Mas como o próprio Freud admitiu, é impossível fazer o inverso, ou seja, analisar as experiências de uma criança e prever exatamente como ela se comportará quando adulta.

Isso certamente se mostra válido no caso dos assassinos em série. Se analisarmos a vida de, digamos, Peter Kürten – que cresceu em um ambiente familiar em que o incesto era corriqueiro e que foi desde cedo introduzido nas alegrias da tortura animal e da bestialidade –, parece inevitável que ele acabasse se tornando um sádico assassino sexual. Por outro lado, se tomarmos outra criança que tenha sido criada por pais perturbados, até mesmo degenerados, não podemos dizer com certeza se ela se tornará um psicopata homicida.

Mesmo assim, na tentativa de identificar as causas básicas do assassinato em série, os pesquisadores identificaram três importantes sinais de perigo comumente encontrados no passado desses criminosos. Essas três bandeiras vermelhas comportamentais – muitas vezes referidas como *tríade* psicopatológica – são a enurese (urinar na cama), piromania (provocar incêndios), e sadismo precoce (geralmente sob a forma de crueldade com animais).

---

1. URINAR NA CAMA Não há nada de extraordinário ou alarmante em relação a tal fenômeno por si só, muito comum entre crianças pequenas. Quando o problema persiste durante a puberdade, no entanto, pode ser um sinal de um distúrbio emocional significativo e até mesmo perigoso. De acordo com as descobertas da Unidade de Ciência Comportamental do FBI, um total de 60% de assassinos sexuais ainda sofria desse distúrbio quando adolescentes – como o serial killer afro-americano Alton Coleman, que molhava as calças com tanta frequência que recebeu o depreciativo apelido de "Mijão".

---

2. ATOS INCENDIÁRIOS Dado seu instinto destrutivo, não é surpresa que, entre outros prazeres distorcidos, muitos assassinos em série adorem provocar incêndios, uma prática que muitas vezes começa ainda na infância. Alguns dos mais notórios assassinos em série dos tempos modernos foram incendiários juvenis. Ottis Toole, por exemplo – o abominável cúmplice de Henry Lee Lucas –, começou a incendiar casas abandonadas quando tinha seis anos. Carl Panzram – possivelmente o mais incorrigível assassino nos anais da criminologia norte-americana – orgulhava-se dos estragos que podia causar com um palito de fósforo, gabando-se de ter (em suas memórias da cadeia), com apenas 12 anos, causado um prejuízo de cem mil dólares ao incendiar um edifício no reformatório. Carlton Gary atacou uma mercearia com uma bomba incendiária ainda na adolescência. E David Berkowitz – que, acabou por confessar mais de quatrocentos atos incendiários – era tão obcecado por incêndios quando garoto que um dos seus colegas de escola o apelidou de "Pyro" (abreviação do inglês *pyromanic*, piromaníaco).

Lançar bombas incendiárias em lojas e incinerar edifícios são, evidentemente, uma intensa expressão patológica de raiva e agressividade. Mas há mais que mera perversidade por trás dos crimes incendiários dos serial killers. De acordo com especialistas na psicologia da perversão, há sempre um motivo erótico na raiz do comportamento piromaníaco. "Não há senão um instinto responsável por gerar o impulso incendiário", escreve Wilhelm Stekel em sua clássica obra sobre comportamento aberrante. "E esse instinto é o sexual, tendo o ato incendiário claros pontos de ligação com o sexo."

Claro, muitas vezes há "motivações secundárias" por trás dos atos de um piromaníaco – vingança, por exemplo, como o desejo de Panzram de dar o troco em seus algozes. Mas, sobretudo (como escreve Stekel), "o incendiário sente-se sexualmente excitado pelas chamas; ele gosta de vê-las queimar". Caso alguém duvide disso, basta ler os escritos de Flora Schreiber sobre Joseph Kallinger, serial killer de Nova Jersey que se via entregue a êxtases orgásticos só de pensar nos incêndios que havia causado.

Em suma, assassinos em série que sentem prazer em provocar incêndios fazem isso pelo mesmo motivo que adoram torturar e matar. Isso os excita.

Oh, que êxtase atear fogo traz ao meu corpo! Que poder sinto ao pensar no fogo [...] Ah, que prazer, que prazer celestial! Vejo as chamas e o fogo já não é mais um devaneio. É a realidade do céu na terra! Amo a empolgação do poder que o fogo me dá [...] A imagem mental é melhor que o sexo!
— JOSEPH KALLINGER —

---

3. TORTURA DE ANIMAIS

O sadismo infantil dirigido às formas de vida inferiores não é nenhuma novidade. Sempre existiram crianças e adolescentes (geralmente do sexo masculino) que gostam de ferir criaturas indefesas. Shakespeare (1564-1616) certamente sabia sobre tais coisas. Em *Rei Lear* (1605), o dramaturgo escreve sobre "meninos travessos", que arrancam as asas das moscas por "esporte". E em *As Aventuras de Huckleberry Finn* (1884), de Mark Twain (1835-1910), o herói vê-se em uma cidadezinha na qual um bando de jovens vagabundos se entretém amarrando uma frigideira no rabo de um vira-lata para vê-lo "se matar de tanto correr".

Mas por mais perturbador que seja tal comportamento não é nada comparado às crueldades perpetradas por serial killers em desenvolvimento. Quando adolescente, Peter Kürten obtinha prazer em manter relações sexuais com vários animais enquanto os esfaqueava ou cortava-lhes a garganta. Aos dez anos, Edmund Kemper enterrou vivo o gato de sua família no quintal dos fundos. Depois, desenterrou a carcaça, levou-a para seu quarto, cortou fora a cabeça do animal e a prendeu em um carretel. Três anos depois, quando sua mãe trouxe um novo gato para casa, Kemper cortou fora a parte de cima de seu crânio com um facão, depois segurou a perna dianteira do bicho conforme ele jorrava sangue.

Além de colecionar animais mortos que encontrava nas estradas, o pequeno Jeffrey Dahmer gostava de pregar sapos vivos em árvores, abrir à faca peixinhos dourados para ver como funcionavam por dentro e fazer cirurgias improvisadas em cães e gatos de rua. Dennis Nilsen – conhecido como o Jeffrey Dahmer britânico – certa vez enforcou um gato só para ver quanto tempo levaria para morrer. Albert DeSalvo gostava de aprisionar animais domésticos em caixotes de madeira e atirar neles com arco e flecha, enquanto Carroll Cole (também conhecido como "Estrangulador Beberrão") se divertia sufocando o cão da família até deixá-lo inconsciente.

Outros psicopatas violentos já estriparam seus bichos de estimação, queimaram-nos vivos, deram-lhes vidro moído para comer e cortaram fora suas patas.

De acordo com a dra. Stephanie LaFarge, terapeuta da Sociedade Protetora dos Animais (American Society for Prevention of Cruelty to Animals, ASPCA), "quem machuca animais tem o potencial de fazer o mesmo com pessoas". Naturalmente, muitos garotos que cometem atos menores de sadismo na infância abandonam tal comportamento e lembram com vergonha de quando explodiram um formigueiro com uma bombinha ou desmembraram uma aranha. Em contrapartida, as crueldades perpetradas por serial killers incipientes tornam-se mais extremas com o passar do tempo, até que passam a visar não animais de rua ou bichos domésticos, mas outros seres humanos.

==Para eles, torturar animais não é uma fase. É um ensaio.==

> Encontrei um cachorro e resolvi abri-lo com uma faca só para ver como era por dentro e por algum motivo achei que seria uma brincadeira divertida enfiar a cabeça dele em uma estaca e deixar à mostra na floresta.
>
> — JEFFREY DAHMER —

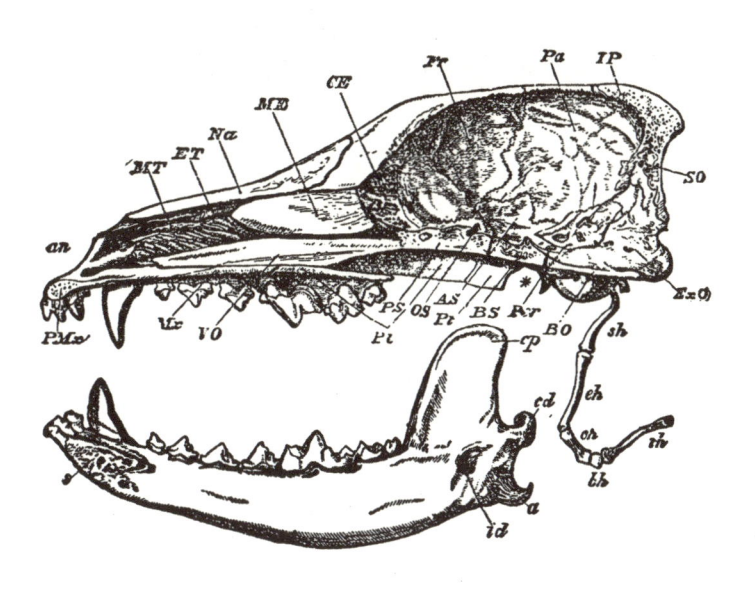

Essas duas cenas de *The Four Stages of Cruelty* (*Os Quatro Estágios da Crueldade*), publicadas pelo gravurista inglês William Hogarth, em 1751, representam a transição da crueldade contra os animais para o assassinato sexual. Na primeira, um moleque de rua chamado Tom Nero tortura um cão. Na segunda, Tom, já adulto, acabou de ser preso depois de cortar a garganta de sua amante grávida.

QUÃO INTELIGENTES ELES SÃO?

Há uma explicação simples para o fato de tantos serial killers terem QI acima da média. De forma geral, é preciso de certo grau de inteligência para escapar impune de repetidos atos de homicídio. Há um monte de criminosos sexuais que cometeram atrocidades envolvendo mutilação e assassinato. Felizmente, muitos deles são tão desleixados ou estúpidos que são apanhados logo de cara e assim nunca têm a chance de se tornar criminosos em série. "Já vi muitos assassinos que poderiam ter se tornado serial killers caso tivessem sido espertos o bastante para não ser presos", afirma a psiquiatra forense Dorothy Otnow Lewis.

Mesmo assim, há uma tendência a exagerar as faculdades mentais dos serial killers, especialmente quando são tão frequentemente retratados pela mídia como prodígios intelectuais à la Hannibal Lecter – um psicopata tão assombrosamente erudito que comete assassinato ao som de Mozart e que sabe Dante de cor no original em italiano. Lecter, entretanto, é uma criação puramente mítica. Ele é um reflexo não da forma como os serial killers realmente *são*, mas de como eles gostam de imaginar a si mesmos. Em seu narcisismo patológico – sua percepção profundamente distorcida da própria superioridade –, ==serial killers gostam de imaginar que são gênios do crime== que podem passar a perna em todo mundo. Assassinos em série com QI de gênio, no entanto, são praticamente inexistentes. Alguns, na verdade, são bastante estúpidos e se valem de truques baratos em vez da inteligência para enganar a polícia. Ottis Toole, por exemplo – cúmplice de Henry Lee Lucas e psicopata supostamente responsável pelo rapto e assassinato do pequeno Adam Walsh –, tinha um QI de 75 pontos. Outros são profundamente psicóticos, perdidos em seus próprios mundos bizarros de delírio paranoide.

Mesmo os serial killers mais brilhantes são muito menos inteligentes do que eles pensam. John George Haigh, o infame "Assassino da Banheira de Ácido", que atuava na Inglaterra na década de 1940, era um homem bastante inteligente e culto. Mesmo com toda sua sofisticação, entretanto, ele acreditava erroneamente que a frase em latim *corpus delicti* – termo legal para o conjunto de provas que indicam a ocorrência de um crime – se referia ao cadáver em si da vítima de homicídio. Essa falsa noção de que uma pessoa não poderia ser indiciada por homicídio se nenhum corpo fosse encontrado acabou por levá-lo à ruína.

Ted Bundy era estudante de direito e uma jovem figura em ascensão no Partido Republicano de Washington. Insistindo em servir como seu próprio advogado de defesa durante seu julgamento por homicídio, transformou o processo em um circo e confirmou o ditado de que um advogado que defende a si mesmo tem um tolo como cliente.

O serial killer gay Randy Kraft tinha um QI de 129 e fez um bom dinheiro como consultor de informática. Ainda assim, acabou sendo preso enquanto dirigia bêbado com um corpo estrangulado no banco do carona.

E quando Gary Heidnik – um gênio das finanças que fez uma fortuna no mercado de ações – foi preso por manter acorrentadas e torturar "escravas sexuais" no porão de sua casa, na Filadélfia, o melhor argumento de defesa que ele conseguiu propor ao ser levado a juízo foi que as mulheres já estavam lá quando ele se mudou para a casa.

HOMENS E MULHERES

Em outubro de 2002, Aileen Wuornos – a prostituta da Flórida que atirou em sete motoristas homens ao longo de um ano – foi executada por seus crimes. Na época da sua prisão ela foi amplamente anunciada pela mídia como a "primeira serial killer mulher da América". Por mais chamativo que fosse, tal título era totalmente impreciso. Já existiram dezenas de serial killers mulheres na história dos Estados Unidos.

A frase "serial killer mulher" evoca a imagem de uma versão feminina de Jack, o Estripador: uma psicopata solitária que persegue e ludibria suas vítimas, assassinando-as e mutilando-as em seguida em um insano furor sexual. Na verdade, não há mulheres que se encaixam nesse perfil em particular – pelo menos não fora das picantes fantasias hollywoodianas como *Instinto Selvagem* (dirigido por Paul Verhoeven e estrelado por Sharon Stone em 1992). Quando a polícia descobre um corpo com a garganta cortada, o torso aberto, as vísceras removidas e os genitais extirpados, tem razão em fazer uma suposição básica: o criminoso era um homem.

Isso não significa que não há serial killers mulheres. Simplesmente significa que homens e mulheres cometem assassinatos em série de diferentes formas.

O tipo de atrocidades perpetradas por serial killers homens – envolvendo estupro, mutilações, esquartejamento – parece conter traços tipicamente masculinos. Mais especificamente, há indiscutíveis paralelos entre esse tipo de violência – fálico-agressiva, penetrativa, predadora e (na medida em que geralmente busca satisfação no corpo de pessoas estranhas) indiscriminadora – e o padrão típico do comportamento sexual masculino. Por essa razão é possível ver o assassinato envolvendo sadismo e mutilação como uma distorção grotesca (ou "intensificação patológica", nas palavras do dr. Richard von Krafft-Ebing) da sexualidade masculina normal.

Mas se esse tipo intensamente selvagem de assassinato em série é exclusivo aos homens – uma expressão monstruosa da sexualidade masculina – qual seria, então, a forma *feminina* equivalente? Evidentemente ela deve refletir a sexualidade feminina. Em termos gerais, serial killers mulheres diferem de suas contrapartes masculinas mais ou menos da mesma forma que as reações sexuais e o comportamento das mulheres tipicamente diferem daqueles dos homens.

Uma analogia útil nesse contexto é a pornografia. É uma verdade universalmente aceita que, enquanto homens ficam excitados por representações cruas de sexo abrupto, anônimo e anatomicamente explícito, as mulheres em geral dão preferência a uma pornografia que envolva pelo menos uma sugestão de intimidade emocional e romance sem pressa. Se tais diferenças de gosto são de ordem biológica ou cultural esta é uma questão em aberto. ==Mas é fato incontestável que as diferenças existem==.

Uma distinção análoga é válida no caso dos assassinos em série. Psicopatas mulheres não são menos depravadas que suas contrapartes masculinas. Via de regra, entretanto, a penetração brutal não é o que as excita. A excitação delas vem não de violar os corpos de estranhos com objetos fálicos, mas de uma grotesca e sádica paródia de intimidade e amor, como administrar remédio envenenado a um paciente sob seus cuidados, por exemplo, ou sufocar uma criança adormecida. Em suma, de ternamente converter um amigo, membro da família ou dependente em um cadáver – a mansamente conduzi-los à morte. (O que tornava Aileen Wuornos diferente era que ela era um raro exemplo, embora de forma alguma isolado, de uma mulher que perseguia e matava suas vítimas no mesmo estilo fálico e agressivo de serial killers homens como David Berkowitz, o "Filho de Sam".)

A maioria das serial killers ao longo da história recorreu a veneno para despachar suas vítimas. Na clássica comédia *Esse Mundo é um Hospício* (dirigido por Frank Capra em 1944), as amáveis e idosas tias do protagonista têm por hábito envenenar velhos solitários para livrá-los de seu suposto sofrimento. Na esteira da ficção, muitas pessoas realmente veem certa aura pitoresca em crimes do gênero, como se matar algumas pessoas envenenando-lhes o ==mingau com arsênico== fosse uma forma particularmente refinada de assassinato. Mas a verdade é que, comparadas às lentas agonias sofridas pela típica vítima de envenenamento, as mortes infligidas por serial killers homens como Jack, o Estripador, o "Filho de Sam" ou o Estrangulador de Boston – execuções rápidas por esfaqueamento, tiro ou estrangulamento – parecem até bem humanas. Em outras palavras, as mulheres envenenadoras da vida real diferem do popular estereótipo da solteirona amalucada que se livra de um hóspede indesejado com um ==gole letal de chocolate quente==. Muitas são sádicas aterrorizantes que extraem um prazer intenso e doentio do sofrimento de suas vítimas.

Não há dúvida de que o assassinato sexual em série perpetrado por homens tende a ser mais escabroso – mais explicitamente violento – do que a variedade feminina. Agora, se é mais *perverso* é outro assunto. Afinal, o que é pior: desmembrar uma prostituta depois de cortar sua garganta ou aconchegar-se ==na cama com um amigo íntimo== que você acabou de envenenar e chegar repetidamente ao clímax enquanto sente o corpo ao seu lado minguar até a morte?

ESTUDO DE CASO - Nº 05
A MENINA ÓRFÃ

JANE TOPPAN
A PSICOPATA JOVIAL

1857-1938

Crime(s)
Envenenamento
e assassinato

Pena
Internação em
hospital psiquiátrico

Como tantos outros assassinos, Jane Toppan foi o produto de uma criação severamente instável. Seu verdadeiro nome era Honora Kelley. Ela nasceu em Boston, filha de um casal pobre de irlandeses. Sua mãe morreu quando ela era bebê, deixando-a aos duvidosos cuidados de seu pai, Peter, um alcoólotra propenso a explosões violentas e descontroladamente excêntrico cujo apelido na vizinhança era "Kelley the Crack" (do inglês *crackpot*, louco).

Em 1863, Kelley – ansioso para se ver livre dos seus encargos familiares – internou Honora e sua irmã mais velha, Delia, no Boston Female Asylum, uma instituição para meninas órfãs e carentes. Ele nunca mais voltou a ver suas filhas.

Menos de dois anos depois, Honora foi "alocada" – cedida como criada em tempo integral – na casa da sra. Abner Toppan, uma viúva de meia-idade de Lowell, em Massachusetts. Embora nunca tenha sido formalmente adotada, ela recebeu o nome de Jane Toppan. Sua posição na família sempre foi ambígua. Por um lado, ela era tratada como um deles. Por outro, nunca deixavam de lembrá-la de suas origens ou do seu lugar como serviçal. Dentro da comunidade, seus traços irlandeses morenos a estigmatizavam como uma permanente intrusa. Depois de uma infância de abusos, rejeição e abandono, ela cresceu em um constante estado de humilhação. Era a receita perfeita para a criação de uma psicopata.

Em nenhum momento de sua vida Jane manifestou comportamentos criminosos ou desequilíbrio mental. Ao contrário: aqueles que a conheciam consideravam-na uma pessoa alegre, extrovertida – "Jane Jovial", era como a chamavam. Como outros de sua laia, entretanto, tinha um eu oculto que estava irremediavelmente transtornado. Era uma mentirosa e fofoqueira contumaz, e vivia espalhando rumores maliciosos sobre as pessoas que invejava. Ela também era – como muitos serial killers em potencial – uma piromaníaca secreta, que extraía intenso prazer dos incêndios que provocava. Simpática por fora, por dentro possuía um profundo e implacável desejo de praticar o mal.

Ela encontrou a válvula de escape perfeita para seus desejos sinistros na enfermagem. Depois de se matricular na escola de formação do Hospital de Cambridge, impressionou muitos dos médicos com sua competência e personalidade agradável. Em segredo, no entanto, ela usava seus pacientes como cobaias, aproveitando a calada da noite para administrar-lhes diversos venenos quando não havia ninguém mais por perto. Com o tempo decidiu-se por uma combinação letal de morfina e atropina como o método mais satisfatório. Não se sabe exatamente quantas vítimas ela matou durante esses anos, embora a suspeita seja de que tenham sido pelo menos uma dúzia. Como confessaria mais tarde, ela ficou viciada em matar. Causar a morte das pessoas a enchia de uma "volúpia sensual". Seu prazer era ainda mais intenso quando deitava na cama com suas vítimas e as apertava contra o corpo enquanto estas sofriam suas derradeiras convulsões.

Não demorou muito até que ela fosse contratada como enfermeira particular. Sua habilidade profissional e charme pessoal a tornaram a favorita entre algumas das famílias mais respeitáveis de Cambridge. Ninguém sabe ao certo quantos pacientes morreram em decorrência de seus cuidados durante esse período de dez anos, embora as estimativas cheguem a cem vítimas. Entre elas estavam sua melhor amiga, Myra Conners, e sua irmã adotiva, Elizabeth.

Assim como ocorre com outros psicopatas dominados por uma compulsão homicida, a frequência de suas matanças aumentou. A ruína de Jane veio no verão de 1901, quando estava de férias em Cape Cod, hospedada no chalé de um velho amigo, Alden Davis. Dentro de um intervalo de seis semanas, Jane assassinou Davis, sua esposa e duas filhas casadas. A morte chocante e repentina da família inteira levantou suspeitas e Jane foi logo presa.

Detida, ela causou surpresa em alguns dos psiquiatras de Boston por admitir que seus assassinatos foram motivados por "um irresistível impulso sexual". Ela dizia ser tomada por uma poderosa carga erótica ao segurar nos braços as vítimas envenenadas enquanto elas morriam. Essa necessidade havia aumentado no ano anterior, e durante o último verão Jane "se deixou levar".

Ela foi diagnosticada como "moralmente insana" – termo vitoriano para designar um criminoso psicopata – e condenada a passar o resto de sua vida em um hospital psiquiátrico. Tão logo seu breve julgamento terminou, ela chocou o país ao confessar 31 assassinatos.

Jane passou os 36 anos restantes de sua vida em um hospital psiquiátrico e morreu em 1938, aos 84 anos. Segundo a lenda, ela ocasionalmente acenava para uma das enfermeiras e, com um sorriso cúmplice, dizia: "Pegue a morfina, querida, e vamos dar um passeio na enfermaria. Será muito divertido vê-los morrer."

ANJOS DA MORTE

Jane Toppan entra em uma categoria comum de assassinas em série: as cuidadoras psicopatas que, em vez de servirem como "Anjos da Misericórdia", atuam como "Anjos da Morte". Os anais do crime estão repletos desse tipo de trabalhadores homicidas da área de saúde.

ANNA MARIE HAHN | 1906-1938   Um exemplo típico do gênero foi Anna Marie Hahn, uma imigrante alemã que se estabeleceu em Cincinnati e começou uma carreira como enfermeira residente, com uma queda especial por velhos solitários com grandes contas bancárias. Depois de pôr a mão no dinheiro de suas vítimas, ela as despachava com várias poções letais, sendo cerveja com arsênico uma de suas favoritas. (Uma vítima em potencial suspeitou quando algumas moscas caíram mortas depois de provar da caneca de bebida que a enfermeira acabara de servi-lo.) Entre 1932 e 1937, ela envenenou um número indeterminado de pacientes idosos, possivelmente mais de 15. Presa em 1937, foi condenada por homicídio qualificado e em 7 de dezembro de 1938 tornou-se a primeira mulher a morrer na cadeira elétrica no estado de Ohio.

GENENE JONES | 1950–   Um "Anjo da Morte" mais recente – e ainda mais prolífico – foi Genene Jones. Jones trocou a carreira de esteticista pela de auxiliar de enfermagem em 1977 para perseguir seu sonho de cuidar de crianças gravemente doentes. Infelizmente, esse sonho não foi motivado por qualquer desejo saudável de ajudar os outros, mas por uma necessidade psicopática de provar que era uma "fazedora de milagres", capaz de resgatar jovens pacientes da beira da morte.

Em 1981, após quatro anos de trabalho em vários hospitais dentro e nos arredores da cidade de San Antonio, no Texas, Jones aceitou um emprego no hospital Bexar County Medical Center. Não demorou até que os administradores notassem um aumento alarmante nas mortes de pacientes crianças. Uma investigação foi rapidamente iniciada e as suspeitas logo recaíram sobre a enfermeira Jones. Como outros assassinos compulsivos que continuam a cometer seus atos abomináveis mesmo quando sob observação das autoridades, a enfermeira Jones não parou.

Após pedir demissão do hospital em março de 1982, ela passou a integrar a equipe da clínica Kerr County. Quase imediatamente, a clínica viu-se assolada por um surto de inexplicáveis emergências médicas envolvendo crianças pequenas, que eram acometidas de violentos ataques respiratórios enquanto submetidas a exames de rotina. Mais uma vez, a ligação entre tais eventos e Genene Jones era impossível de ignorar, especialmente quando uma incriminadora garrafa de relaxante muscular foi encontrada em seu poder.

Depois de indiciada, um júri levou apenas três horas para condená-la por homicídio qualificado. Ela foi sentenciada a 99 anos de prisão. Seus motivos nasceram do característico narcisismo depravado dos psicopatas. Para provar que era uma heroína, ela injetava suas vítimas com medicamentos que causavam falha respiratória ou parada cardíaca, e então corria para socorrê-las. Algumas vezes, ela conseguia, de fato, salvá-las, mas com muita frequência elas não resistiam. Ela é considerada responsável pela morte de pelo menos 46 bebês e crianças pequenas.

> Essas mulheres experimentam grande prazer em fazer uso de seu poder oculto. Ao assistir ao sofrimento e à morte lenta de suas vítimas, sentem-se estimuladas ao extremo. Elas anseiam pelo poder, o que é característico de sua natureza sádica, e obtêm o mesmo através da angústia e do sofrimento de suas vítimas.
> — J. Paul de River, *The Sexual Criminal* (*O Criminoso Sexual*, em tradução livre) —

VIÚVAS NEGRAS

Como os serial killers são vistos como donos de uma maldade quase sobrenatural, não é raro que recebam o mesmo tipo sinistro de apelidos dos supervilões dos quadrinhos. Assim como enfermeiras homicidas são conhecidas como "Anjos da Morte", outro tipo comum de assassinas psicopatas é conhecido como "Viúvas Negras".

Em alusão à aranha fêmea venenosa que devora seu próprio parceiro, esta categoria criminológica refere-se às mulheres que assassinam uma sequência de maridos – bem como qualquer outra pessoa que considerem um obstáculo à própria felicidade, como crianças difíceis, sogros intrometidos, conhecidos inoportunos e afins. Em seu livro *Murder Most Rare* (*Assassinato Mais Raro*, em tradução livre), Michael e C.L. Kelleher identificam as principais características que tornam esse tipo de serial killer particularmente mortal:

> A Viúva Negra é inteligente, manipuladora, extremamente organizada e paciente; ela planeja suas atividades com muito cuidado. Seus crimes são, em geral, postos em prática durante um período de tempo relativamente longo e ela raras vezes é suspeita de assassinato até que a contagem de vítimas tenha se tornado significativa ou o número de mortes entre seus parentes e conhecidos não possa mais ser considerado uma coincidência. Em muitos casos, a Viúva Negra começa a assassinar tarde na vida (muitas vezes depois dos trinta anos) e, em consequência disto, carrega consigo uma boa dose de maturidade e paciência para planejar e executar seus crimes. Ela se apoia em sua capacidade de ganhar a intimidade e a confiança de suas vítimas antes de qualquer ataque. Por essa razão, quase nunca é vista como suspeita, mesmo depois de ter cometido diversos assassinatos. [...] A típica Viúva Negra irá reclamar entre seis e 13 vítimas durante seu período de atividade, o que, em geral, abrange um intervalo de dez a 15 anos.

NANNIE DOSS | 1905–1965 Uma das Viúvas Negras mais famosas dos últimos tempos foi a rechonchuda de óculos Nannie Doss, apelidada de "Vovozinha Risonha" por conta de seu hábito de dar risadinhas de satisfação ao falar sobre seus crimes. Fruto de uma educação dura e abusiva, Doss foi viciada a vida toda por romances de banca de jornal, buscando refúgio de sua existência em fantasias açucaradas de amor eterno. Infelizmente, os homens que ela conheceu e com os quais se casou – geralmente através de classificados de namoro – não tinham nada de príncipes encantados. Quase todos eram alcoólatras mulherengos. Conforme cada novo parceiro se mostrava abaixo das expectativas, Nannie o despachava com uma dose generosa de veneno de rato misturada no uísque, no café ou nas ameixas cozidas. Entre 1929 e 1953, assassinou quatro maridos. Esse número podia ser maior se o médico que tratou de seu último marido não tivesse ficado desconfiado o bastante para solicitar uma autópsia, que revelou arsênico suficiente no corpo da vítima para matar 18 homens.

Presa, ela negou que matasse para auferir lucro – e, de fato, o dinheiro que levantou das poupanças e seguros de vida de seus maridos mal bastou para cobrir-lhes as despesas de funeral. Seu motivo, ela alegou, era amor. "Eu estava em busca do par perfeito, do verdadeiro amor da minha vida", disse aos interrogadores. Claro, isso não explicava por que ela também envenenou dois filhos, um neto, duas irmãs e a mãe.

Em 1955, Doss foi condenada à prisão perpétua, e morreu de leucemia dez anos depois de escrever suas memórias para a revista *Life*.

> Meu falecido marido realmente adorava ameixas secas.
> Preparei uma caixa inteira e ele comeu todas.
> — NANNIE DOSS —

MARIE BESNARD | 1896–1980   Contemporânea da "Vovozinha Risonha" foi a Viúva Negra francesa Marie Besnard, conhecida em seu país como a "Rainha do Veneno". Nascida em 1896, em Loudon, na França, ela recebeu uma rigorosa formação religiosa em um convento local – uma educação que não a impediu de adquirir uma aparentemente bem-merecida reputação de promiscuidade sexual quando adolescente.

Em 1920, com 23 anos, ela se casou com um primo mais velho, Auguste Antigny. O casamento terminou abruptamente sete anos mais tarde, quando seu marido morreu do que os médicos chamaram de "fluido nos pulmões" – o primeiro de uma longa sequência de diagnósticos médicos equivocados que seriam feitos nas vítimas assassinadas por Marie.

Em 1929, ela se casou com seu segundo marido, Leon Besnard. Ao longo dos vinte anos subsequentes, os integrantes da família de Leon seriam eliminados, um por um, em uma série de mortes chocantes e inesperadas que ficaram conhecidas localmente como a "maldição dos Besnard". As primeiras a morrer foram duas tias-avós. Depois morreram o pai de Leon, a mãe, a irmã, dois tios solteirões e, enfim, o próprio Leon. Durante esse tempo, Marie também liquidou seu próprio pai, sua mãe e um casal de idosos do qual ela se tornara amiga. As mortes de suas vítimas foram atribuídas a tudo, de derrames a acidentes bizarros. Duas de suas vítimas morreram, ela alegou, quando comeram por engano de uma tigela de soda cáustica achando que se tratava de uma sobremesa especial.

O fato de a polícia aceitar tais explicações descabidas sugere que a investigação sobre a "maldição dos Besnard" era conduzida pelo inspetor Jacques Clouseau.[2] Depois da décima terceira morte suspeita, as autoridades decidiram realizar uma autópsia em

---

2   O desastrado e incompetente policial francês dos filmes da série *A Pantera Cor-de-Rosa* (1963-2009), imortalizado por Peter Sellers. [NE]

Leon Besnard, cujo corpo, descobriu-se, estava cheio de arsênico. Mais exumações se seguiram, todas com o mesmo resultado.

Presa em 1950, Marie primeiro confessou, depois se retratou e contratou os melhores advogados que o dinheiro podia comprar. Sua equipe legal dos sonhos fez bem o trabalho. Marie foi levada a julgamento três vezes: em 1952, 1954 e 1961. Os dois primeiros processos judiciais foram anulados e no terceiro ela foi absolvida. Na França, o caso dela é tido como o "crime perfeito".

MAIS MORTAIS QUE ELES

"A fêmea das espécies é mais mortal que o macho", sentenciou o escritor inglês Rudyard Kipling (1865-1936). Quem duvida que as psicopatas femininas podem ser tão letais quanto qualquer homem deve considerar os seguintes casos:

MARIE DE BRINVILLIERS | 1630–1676   Filha mimada, sexualmente promíscua de uma proeminente família parisiense, Marie assassinou seu pai, dois irmãos e nada menos que cinquenta outras vítimas com um veneno que testou secretamente em incautos pacientes de um hospital para desabrigados em Paris. Em julho de 1676, ela foi publicamente decapitada por seus crimes na frente da Catedral de Notre Dame.

A execução de Marie de Brinvilliers

ANNA ZANZWIGER | 1760–1811   Nascida em Nuremberg, na Alemanha, Anna se tornou uma mulher completamente sem atrativos e dizia-se que se assemelhava a um sapo. A partir dos 40 anos – depois de ==uma vida de miséria e decepção==, incluindo um casamento infeliz com um homem alcoólatra e violento que terminou quando este se matou de tanto beber – foi empregada doméstica na casa de uma série de homens abastados, na esperança de que algum deles se tornaria tão dependente de seus dotes domésticos que se casaria com ela. Infelizmente, todos os maridos em potencial ou já eram casados, ou estavam noivos. Zanzwiger tentou resolver esse problema assassinando as mulheres com arsênico. Também matou um de seus patrões por despeito e envenenou a comida de pelo menos uma dúzia de outras pessoas – incluindo uma criança a quem deu um ==biscoito mergulhado no leite envenenado== com arsênico. Pela época de sua prisão, em 1811, envenenar já tinha se tornado para Anna uma paixão incontrolável. Ela foi decapitada em julho do mesmo ano. Seu corpo foi então amarrado a uma roda de carroça e exibido em público.

> Talvez seja melhor para a comunidade que eu morra, já que seria impossível para mim parar de envenenar as pessoas.
> — ANNA ZANZWIGER, durante seu julgamento —

GESINA GOTTFRIED | 1798–1828   Nascida em Bremen, na Alemanha, a bela e loira Gesina foi uma clássica psicopata, que se deleitava de prazer ao assistir pessoas morrendo e que tinha, segundo ela própria admitiu, "nascido sem consciência". Durante um período de dez anos, ela envenenou 16 pessoas, incluindo seus três maridos, seus dois filhos ainda crianças, seus pais, um irmão, um velho amigo, e a esposa e os cinco filhos de um patrão chamado Rumf. Presa em março de 1828, depois que Rumf ficou desconfiado, ela não mostrava o menor traço de remorso – pelo contrário: ela se gabava de seus crimes. "Eu nasci sem consciência", ela declarou, "o que me permitiu viver sem medo". Condenada por seis acusações de assassinato, foi decapitada em 1828.

HÉLÈNE JEGADO | 1803–1851   Durante sua carreira de trinta anos como criada doméstica em vilarejos na região da Bretanha, na França, Jegado assassinou nada menos que 27 pessoas sem nenhum motivo que não o puro prazer de matar. Utilizando habilmente o arsênico como arma, envenenou homens, mulheres e crianças. Presa depois de matar outra criada na casa de um professor universitário, ela defendeu ferrenhamente sua inocência, negando toda a responsabilidade pela extensa fila de cadáveres que tinha deixado pelo caminho. Aonde quer que fosse, insistia a mulher aos prantos, as pessoas simplesmente morriam. As provas contra ela, no entanto, eram esmagadoras. Hélène foi executada na guilhotina em 1851.

MARY ANN COTTON | 1832–1873   Uma das mais prolíficas assassinas em série da história inglesa, Mary assassinou pelo menos 23 pessoas em um período de 12 anos. Entre suas vítimas estavam seus três maridos, dez filhos, cinco enteados, uma cunhada e um pretendente indesejado. A maioria das mortes foi atribuída à "febre gástrica", até que uma autópsia no seu enteado de sete anos revelou arsênico suficiente em seu estômago para matar um homem. Ela foi enforcada em 24 de março de 1873 e logo imortalizada em uma canção popular infantil.

> Mariana Algodão[3]
> Morta e carcomida
> Na cama jazia
> Com sua expressão vazia
> Vamos cantar, oh, vamos cantar
> Mariana Algodão foi para longe
> Para onde, para onde?
> Foi para o ar, seu moço,
> com um chouriço no pescoço.
> *Canção infantil inglesa do século XIX*

SARAH JANE ROBINSON | 1839–1905 Uma psicopata assustadoramente sem remorsos que não hesitava em matar seus parentes mais próximos depois de sujeitá-los a agonias terríveis, a irlandesa Sarah Jane emigrou para os EUA depois de ficar órfã aos 14 anos. Sua carreira mortífera começou por volta de 1880, quando envenenou o marido, três dos seus oito filhos (incluindo dois bebês gêmeos) e o velho senhorio a quem devia cinquenta dólares. Sua mania homicida chegou ao auge durante um período de 18 meses, que começou em fevereiro de 1885, quando – em parte por razões mercenárias, em parte por pura perversidade – ela matou a irmã, o cunhado, a sobrinha de um ano, o sobrinho de seis, sua filha de 25 e seu filho de 23. Presa em agosto de 1886, ficou conhecida pela imprensa daquele país como a pior "envenenadora da América". Depois de um julgamento nulo, foi condenada à forca, embora sua sentença tenha sido posteriormente comutada para prisão perpétua. Ela passou o resto de sua vida em uma estreita cela decorada com retratos de suas vítimas recortados dos jornais.

ENRIQUETA MARTI | ????–1912 Esta autoproclamada bruxa raptou, abusou sexualmente e assassinou de maneira ritualística crianças pequenas em Barcelona, na Espanha, no início do século XX. Ao que tudo indica, ela canibalizava as vítimas e depois fervia seus restos para usar como ingrediente nas "poções do amor" que vendia a camponeses locais. Foi presa e executada em 1912, depois que uma jovem vítima chamada Angelita – que tinha sido forçada a comer carne humana enquanto estava em cativeiro – escapou do covil de Enriqueta e alertou a polícia.

3   Nome adaptado para manter a integralidade sonora do poema e sua carga afetiva. No original: Mary Ann Cotton/ She'd dead and she's rotten/ She lies in her bed/ With her eyes wide oppen/ Sing, sing, oh, what can I sing/ Mary Ann Cotton is tied up with a string./ Where, where? Up in the air./ Sellin' black puddens a penny a pair. [NT]

JULIA FAZEKAS | 1865–1929   Parteira na remota aldeia húngara de Nagyrev, Fazekas não só ajudava mães a dar à luz como também realizava abortos ilegais e fornecia veneno para qualquer mulher que quisesse se livrar de um marido indesejado, um filho problemático, um tio rico ou pais idosos. Após encomendar papel mata-moscas em grande quantidade, ela vaporizava a camada de arsênico e a transformava em pó, que vendia aos clientes por oito a quarenta dólares a dose, dependendo do que pudessem pagar. Por duas décadas consecutivas após o término da Primeira Guerra Mundial, inúmeras moradoras locais – que viriam a ficar conhecidas como ==“Fazedoras de Anjos de Nagyrev”== – lançaram mão de seus serviços letais. Quando a polícia finalmente compreendeu o que se passava e foi prendê-la, Fazekas cometeu suicídio com uma de suas próprias poções. Algum tempo depois – em um caso que ganhou notoriedade em todo o mundo –, 34 camponesas, com idades variando entre quarenta e 71 anos, foram levadas a julgamento por assassinar parentes com o veneno de Fazekas. Dezoito foram condenadas, oito executadas e as demais absolvidas.

DOROTHEA PUENTE | 1929–2011   Nascida no México, Puente foi abandonada quando criança e criada em um orfanato. Nos primeiros quarenta anos de sua vida, ela se casou quatro vezes e deu à luz uma filha a quem imediatamente colocou para adoção. Em 1983, com 53 anos, foi presa por drogar homens idosos e roubar-lhes o dinheiro. Libertada em 1985, alugou uma casa decrépita em Sacramento, na Califórnia, e abriu uma pensão para idosos com rendas fixas. Nos dois anos que se seguiram, mais de uma dúzia de hóspedes desapareceu. Em novembro de 1988 – investigando queixas da vizinhança sobre o fedor que emanava da propriedade de Puente – a polícia encontrou o primeiro de sete cadáveres em suas dependências. Puente fugiu, mas acabou sendo presa em Los Angeles. Ela foi acusada de nove assassinatos, embora as autoridades acreditassem que o total fosse de 25 vítimas. Depois de uma maratona de seis meses de julgamento, ela foi condenada e sentenciada à prisão perpétua sem possibilidade de liberdade condicional.

AILEEN WUORNOS | 1956–2002   Com frequência chamada erroneamente de "a primeira serial killer dos EUA", Wuornos teve o tipo de educação que é quase garantia de produzir um criminoso psicopata. Seu pai era um pedófilo de longa data que acabou se enforcando depois de ser preso por molestar uma menina de sete anos. Aos seis meses de idade, Aileen foi ==abandonada pela mãe e deixada aos cuidados dos avós==. Seu avô violento e alcoólatra a ameaçava constantemente de morte. Quando Aileen deu à luz um filho ilegítimo depois de ser estuprada, ele a expulsou de casa. Tinha 14 anos. Daí em diante, passou a viver nas ruas, vendendo o corpo por bebidas, drogas e comida. Aos vinte anos, casou-se com um homem de setenta, união que durou apenas um mês. Dois anos depois, tentou suicídio, atirando na própria barriga. Após se recuperar, roubou uma loja de conveniência e passou pouco mais de um ano presa. Sua raiva contra o mundo – e particularmente contra os homens – atingiu um nível letal no final de 1989, quando matou a tiros um motorista que a apanhara em uma parada de caminhão da Flórida e a levara a um matagal isolado para fazer sexo. Outros seis assassinatos praticamente idênticos ocorreram ao longo do ano seguinte. Wuornos acabaria sendo presa em um bar de motoqueiros, e alegou legítima defesa para todos os sete assassinatos. Em seu julgamento, em 1992, sua amante lésbica colaborou com a promotoria e testemunhou contra ela. Wuornos foi condenada e sentenciada à morte. Dez anos depois, em outubro de 2002, a sentença foi finalmente aplicada.

PRETO E BRANCO

Embora a grande maioria dos serial killers norte-americanos seja branca, não há nenhuma base étnica ou racial para este fato. Ou seja, não há nada de intrinsicamente "branco", "negro" e, no caso, nem asiático, hispânico ou qualquer outra coisa no assassinato em série. Trata-se, pois, de um fenômeno *humano* encontrado ao longo da história e em praticamente todas as culturas, com exceção talvez dos inuítes.[4] Na verdade, um serial killer, William Tahl, *era* esquimó, e cometeu seus homicídios no Texas e na Califórnia, ganhando um lugar na lista de "Mais Procurados" do FBI em 1965.

A preponderância de serial killers brancos nos EUA é simplesmente uma questão demográfica. Na realidade, segundo um artigo publicado pelo *New York Times* em 28 de outubro de 2002, "serial killers negros ocorrem em proporção equivalente – ou mesmo ligeiramente superior – ao número de negros na população". De acordo com estudos recentes, entre 13% e 22% dos serial killers norte-americanos são afro-americanos.

Por que, então, as pessoas ficam tão surpresas de saber que há um número significativo de serial killers negros? Infelizmente, a explicação mais provável tem a ver com o persistente preconceito racial.

Assassinos em série geralmente matam dentro da própria etnia. Serial killers brancos tendem a visar vítimas brancas, e os negros, vítimas negras. E a triste realidade é que a maioria branca não tem especial interesse em crimes envolvendo vítimas de minorias. Como resultado, tais casos obtêm relativamente pouca cobertura da mídia. Esse é o caso não só de assassinatos em série, mas também de outros crimes hediondos. Quando a bela e loira menina mórmon Elizabeth Smart foi raptada de sua casa em Salt Lake City, em junho de 2002, por exemplo, sua foto acabou na capa da *Newsweek*. Por outro lado, quando uma menina afro-americana de quatro anos, Dannariah Finley, de Orange, no Texas, foi raptada de casa e assassinada violentamente apenas um mês depois, os jornais mal reportaram a notícia.

A bem da verdade, alguns serial killers brancos já se aproveitaram deliberadamente dessa circunstância para não serem descobertos. Jeffrey Dahmer, por exemplo, visava principalmente jovens afro-americanos e asiáticos, aparentemente convencido de que a polícia daria menos atenção ao sumiço de vítimas de grupos minoritários. E na década de 1920 o abominável menino assassino e canibal Albert Fish arrebatou um número incontável de crianças negras dos guetos da periferia pelo mesmo motivo.

Em resumo, o fato de que pouco se ouve falar de serial killers norte-americanos negros se deve em grande parte à histórica displicência das autoridades daquele país em perseguir esses criminosos e ao desinteresse da mídia em reportar seus crimes – quer dizer, desde que as vítimas também sejam negras.

---

4   Nação indígena esquimó que habita as regiões árticas
    do Alasca (EUA), Canadá e Groenlândia (Dinamarca). [NE]

JARVIS CATOE | 1905–1943   É significativo que um dos mais notórios serial killers afro-americanos de meados do século XX, Jarvis Catoe, só tenha sido capturado depois de começar a visar mulheres brancas. Em março de 1941, Rose Abramowitz, uma jovem recém-casada de 25 anos, abordou Catoe, que vagava pelas imediações de seu prédio em Washington, D.C. Rose o contratou para encerar o piso de linóleo de sua cozinha. Uma vez dentro da casa, Catoe a estrangulou e estuprou, fugindo em seguida com vinte dólares. Alguns meses mais tarde, Elizabeth Strieff, de 23 anos, entrou em seu carro durante uma tempestade, confundindo-o com um táxi.

Conduzindo-a até uma garagem próxima, Catoe a estuprou e estrangulou, depois largou o corpo nu em outra garagem perto dali. Sua última vítima, também caucasiana, era uma garçonete do Bronx de 26 anos chamada Evelyn Anderson. Um relógio pertencente a Anderson foi recuperado de uma loja de penhores de Nova York, permitindo à polícia localizar Catoe. Detido, o homem confessou ter estrangulado dez mulheres com as próprias mãos e estuprado pelo menos outras quatro durante os três anos anteriores. A maioria de suas vítimas havia sido – como disseram os jornais – "mulheres de cor", um fato que sem dúvida explicava a letargia inicial da polícia em buscar o culpado. Condenado pelo homicídio de Abramowitz, Catoe foi condenado à morte e eletrocutado em 13 de janeiro de 1943.

HENRY LOUIS WALLACE | 1965–   Ao restringir-se a vítimas da própria etnia, Henry Louis Wallace, outro psicopata afro-americano, ==era um serial killer mais arquetípico==, embora tenha se desviado do padrão comum em outro aspecto. Enquanto a maioria dos serial killers homens ataca estranhos, Wallace assassinou uma sequência de pessoas conhecidas. Entre setembro de 1992 e março de 1994, o viciado em crack Wallace estuprou e estrangulou nove jovens negras em Charlotte, na Carolina do Norte, e nas suas imediações. ==Todas elas o conheciam e confiavam nele.== Algumas eram funcionárias da filial da Taco Bell – famosa rede de fast-food especializada em comida mexicana – que ele administrava. Várias trabalhavam com sua namorada. Uma era colega de quarto de sua namorada. Outras conheciam sua irmã. Tal como ocorre com muitos serial killers, o ritmo dos crimes de Wallace se intensificou com o passar do tempo. Os seis primeiros assassinatos cometidos por ele ocorreram em um período de vinte meses; os últimos três, em 72 horas. Finalmente preso em janeiro de 1994, ele prontamente confessou os nove assassinatos e foi condenado à morte. Dada a lentidão em identificar a ligação entre os primeiros assassinatos de Wallace, a polícia de Charlotte foi acusada de racismo: de não levar o caso a sério porque as vítimas eram negras.

CARLTON GARY | 1952–   Carlton Gary, outro notório serial killer negro, tinha particularidades em relação a suas vítimas. Ele não matava pessoas de sua cor, limitando-se a caucasianas do sexo feminino. Também tinha preferência por mulheres idosas.

Abandonado pelo pai e jogado de um lado para o outro no decorrer de uma infância miserável, Gary acumulou, ainda na adolescência, uma extensa folha corrida de roubos, incêndios criminosos e tráfico de drogas. ==Sua lábia, charme e inteligência== excepcional aliados a uma astúcia psicopata tornavam-no especialmente perigoso. Em dado momento, Gary chegou a namorar uma sub-xerife enquanto paralelamente traficava drogas e cometia assassinatos. Preso em maio de 1970 como suspeito do estupro e assassinato de uma mulher de 85 anos que vivia em Albany, Nova York, Gary conseguiu botar a culpa em um conhecido. Por fim, depois de ser posto diversas vezes atrás das grades por acusações menores, ele escapou da prisão e retornou à sua cidade natal, Columbus, na Geórgia. Entre setembro de 1977 e abril de 1978, aquela cidade foi assombrada por uma série de assassinatos cometidos por um misterioso intruso apelidado de "O Estrangulador da Meia". Suas vítimas foram sete mulheres brancas, a mais jovem com 59 anos e a mais velha beirando os noventa. Depois de embarcar em uma sequência de roubos a restaurantes, Gary foi preso por assalto à mão armada em 1978 e condenado a vinte anos de prisão. Quatro anos mais tarde, no entanto, ele escapou. A polícia não voltou a pôr as mãos nele até maio de 1984. Acusado de três assassinatos do "Estrangulador da Meia", ele foi condenado por todas as acusações e sentenciado à cadeira elétrica pelo estado da Geórgia. Outros serial killers afro-americanos incluem:

ALTON COLEMAN | 1955-2002   Durante um período de 53 dias no verão de 1984, Coleman, junto com sua cúmplice Debra Brown, assassinou oito pessoas em cinco estados do Centro-Oeste dos Estados Unidos, começando com Tamika Turks, de sete anos, da cidade de Gary, Indiana. Depois de estuprar a garotinha, Coleman pulou repetidas vezes sobre o peito da vítima até fraturar sua caixa torácica, perfurando-lhe os órgãos vitais. Suas outras vítimas, todas negras, tinham idades que variavam de 15 a 77 anos. Algumas foram estranguladas, outras esfaqueadas, outras mortas a tiros ou pauladas. Além de assassinatos em série, Coleman cometeu pelo menos sete estupros durante esse período, bem como três sequestros e três roubos à mão armada. Preso em julho de 1984, foi julgado e condenado em três diferentes estados: Ohio, Illinois e Indiana. Ele conseguiu adiar a sua execução até 26 de abril de 2002, quando – depois de devorar uma última refeição de filé mignon, frango frito, pão de milho, *biscuits and gravy*,[5] batata frita, brócolis com queijo, salada, anéis de cebola, couve, torta de batata doce com chantilly e sorvete de creme de nozes – foi executado por injeção letal. Parentes de suas muitas vítimas assistiram à execução através de um circuito fechado de TV.

CLEOPHUS PRINCE, JR | 1967–   Ao contrário da maioria dos serial killers negros, Prince atacava exclusivamente vítimas brancas. Entre janeiro e setembro de 1990, ele assassinou brutalmente seis mulheres da comunidade de Clairemont, no condado de San Diego, esfaqueando uma delas mais de cinquenta vezes. Sua "assinatura" consistia de manchas circulares de sangue que deixava nos seios de suas vítimas. Seu *modus operandi* envolvia seguir mulheres desavisadas até em casa, depois entrar à força e assassiná-las com uma faca de cozinha. Assim como Alton Coleman – cujas vítimas incluíam uma mulher de Ohio e sua filha de dez anos –, Prince assassinou uma mãe e sua filha, depois se gabou do duplo assassinato a um amigo e passou a usar o anel de casamento da mulher morta em uma corrente em volta do pescoço. Apelidado de "O Assassino de Clairemont" durante seu reinado de terror de nove meses, foi o alvo da maior perseguição policial na história de San Diego. Preso em setembro de 1991, acabou sendo condenado por seis acusações de homicídio qualificado, vinte de roubo e uma de estupro. Ele permanece no corredor da morte de San Quentin, aguardando sua execução.

5   Espécie de pãezinhos com molho de carne, geralmente servidos no café da manhã, muito populares no sul dos EUA. [NT]

CORAL WATTS | 1953–2007 Diagnosticado como esquizofrênico paranoide, Watts começou a sonhar em matar mulheres na infância. Quando um psiquiatra perguntou se esses sonhos o perturbavam, Watts respondeu: "Não, eu me sinto melhor depois deles". Ele atacou uma mulher pela primeira vez quando tinha 15 anos. Quando questionado sobre os motivos que o levaram a fazer isso, deu de ombros e disse: "Tive vontade de dar uma surra nela". Watts ==começou a transformar seus sonhos homicidas em realidade em 1980,== quando aterrorizou a cidade de Ann Arbor, em Michigan, como o "Assassino do Domingo de Manhã". Tendo levantado suspeitas, o criminoso decidiu mudar-se para Houston, onde pode ter chegado a assassinar quarenta mulheres. Finalmente preso em 1982, fez um acordo com a promotoria, confessando 13 assassinatos em troca de uma condenação por roubo e uma sentença de sessenta anos na prisão. Apesar da indignação pública, ele poderia pleitear a liberdade condicional em 2006, com 58 anos.[6]

> **Ela era má. Dava para ver nos olhos dela.**
> — CORAL WATTS, explicando suas razões para matar uma de suas 13 vítimas confessas —

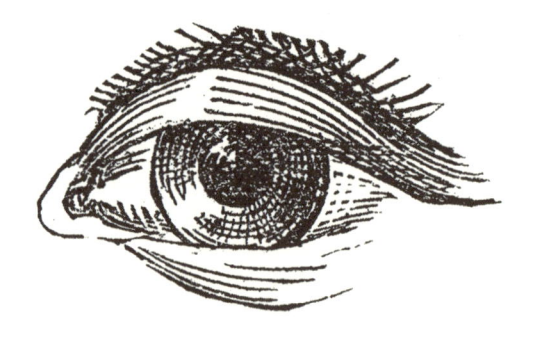

---

6   Entretanto, em 2004, foi condenado por mais dois assassinatos e recebeu prisão perpétua. Três anos depois, morreu de câncer de próstata. [NE]

ESTUDO DE CASO - Nº 06
ASSASSINATOS DE CRIANÇAS EM ATLANTA

Mais de vinte anos depois de o criminoso acusado ter sido declarado culpado e sentenciado à prisão perpétua, perguntas continuam a cercar o caso dos assim chamados Assassinatos de Crianças em Atlanta. A história começou em julho de 1979, quando, ao vasculhar a beira da estrada, uma catadora de lixo encontrou os corpos de dois rapazes afro-americanos, um morto a tiro com uma pistola de calibre .22 e o outro asfixiado. Nos dois anos seguintes, outras 27 vítimas seriam adicionadas à lista oficial de homicídios ligados ao assassino. Durante essa época de medo, o caso provocaria pânico e indignação na comunidade negra de Atlanta, chamaria a atenção da mídia de todo o país (incluindo um artigo na revista do *New York Times* contendo o uso documentado mais antigo do termo "serial killer") e mobilizaria os mais altos escalões do governo, incluindo o presidente. Nem mesmo a prisão e a condenação do principal suspeito puseram fim à polêmica.

Desde o início, as matanças representavam um enorme problema para as autoridades. Não havia nenhuma consistência – nenhum *padrão* identificável – no *modus operandi* do assassino. Muitas das vítimas eram estranguladas, mas algumas eram baleadas e outras esfaqueadas ou mortas a pauladas. E embora a maioria das vítimas fosse do sexo masculino, algumas delas eram garotas jovens. Em 4 de março de 1980, por exemplo, Angel Lenair, de 12 anos, saiu de casa para brincar depois de fazer o dever de casa e nunca mais voltou. Seis dias depois, seu corpo foi encontrado amarrado a uma árvore, com um cabo elétrico preso em volta do pescoço e a calcinha de outra pessoa enfiada na garganta.

Conforme esse reinado de terror continuava, o assassino começou a atacar também vítimas mais

WAYNE WILLIAMS
ASSASSINO DE CRIANÇAS

1958

Crime(s)
Assassinato

Pena
Prisão perpétua

CASE STUDY CRIME SCENE

velhas: Larry Rogers, vinte anos; Eddie Duncan, 21 anos; Michael McIntosh, 23 anos; Nathaniel Cater, 27 anos.

Na primavera de 1980, a comunidade afro-americana da cidade estava indignada com o fracasso da polícia em parar as mortes. Circulavam rumores de que a Ku Klux Klan estava em uma campanha para aniquilar a juventude negra de Atlanta, enquanto Roy Innis – representante de uma organização chamada Congresso da Igualdade Racial (Congress of Racial Equality, CORE)[7] – veio a público com uma teoria de que os assassinatos foram obra de um culto satânico.

Dezenas de caçadores de recompensa – atraídos pela perspectiva de uma bolada de cem mil dólares – afluíram à cidade. Diversas celebridades, de Burt Reynolds a Muhammad Ali, ofereciam ajuda financeira enquanto o presidente Ronald Reagan prometia fundos federais para ajudar a rastrear o assassino. Uma força-tarefa especial – incluindo 35 agentes do FBI – entrevistou vinte mil pessoas pessoalmente e outras 150 mil por telefone.

O caso começou a ganhar definição na madrugada de 22 de maio de 1981, quando policiais que vigiavam a ponte sobre o rio Chattahoochee ouviram uma forte pancada na água e pararam o carro que passava por ali. O motorista era Wayne Williams, um afro-americano de 23 anos.

Certamente não havia nada no histórico de Williams que fosse compatível com o perfil típico de um serial killer. Filho de professores, Williams foi criado em um lar estável e amoroso onde era encorajado a cultivar seus talentos. Um apaixonado por rádio que sonhava fazer sucesso no ramo da música, era um garoto talentoso com um futuro promissor pela frente. Com 16 anos, Williams transmitia música de uma estação de rádio que montara no porão de casa. Além de eletrônica, ele tinha um grande interesse por fotografia e sabia manejar com destreza uma câmera.

No entanto, havia nítidos sinais de que nem tudo estava bem com o jovem empreendedor Williams. Apesar da inteligência e ambição, ele não conseguiu terminar a faculdade, abandonando a Universidade do Estado da Geórgia depois de apenas um ano. Seu sonho de descobrir o próximo Stevie Wonder não deu em nada e ele ganhou fama de convencido e mentiroso – o tipo de pessoa que alega ter contatos importantes e sempre faz grandes promessas que nunca se concretizam. Solitário ao extremo, não tinha nenhuma vida social e aos vinte anos continuava a morar com seus pais. Williams também começou a exibir traços comportamentais preocupantes: gostava de se fazer passar por policiais (uma tendência comum entre serial killers) e tinha um interesse mórbido em cenas

---

[7] Organização norte-americana de direitos civis fundada por James Leonard Farmer em 1943 para promover a igualdade racial. [NT]

CASE STUDY CRIME SCENE

de acidentes – quanto mais sangrentos melhor. Monitorando as transmissões da polícia em seu rádio de ondas curtas, ele seguia desabalado até os locais de acidentes de carro ou até mesmo de avião, filmava e tirava fotos e depois vendia este material à mídia local.

Depois de ser parado na ponte, Williams foi interrogado e liberado. Dois dias depois, no entanto, um cadáver foi retirado do rio, e ele foi levado à delegacia para novo interrogatório. Em seguida – tentando manipular a mídia – Williams encenou uma entrevista coletiva em casa, proclamando aos quatro ventos sua inocência e oferecendo vários álibis que posteriormente provariam estar furados. Enquanto a polícia o vigiava dia e noite, especialistas forenses trabalhavam freneticamente para relacioná-lo aos crimes.

Quando cientistas do FBI conseguiram finalmente ligar as fibras de carpete e pelos de cão encontrados em várias das vítimas com os tapetes do carro, o carpete e a colcha da cama de Williams, a polícia entrou em ação e o prendeu em 21 de junho de 1981.

Em seu julgamento, que durou nove semanas ao todo, a promotoria retratou Williams como um homossexual violento cheio de autoaversão racial e que nutria um desprezo feroz por jovens negros. Foram apresentadas testemunhas que afirmaram ter visto Williams na companhia de várias vítimas. Perto do final do julgamento, a defesa chamou Williams para testemunhar, mas a tática saiu pela culatra quando o réu, provocado, explodiu de raiva, chamou o promotor de "imbecil" e agrediu verbalmente diversos agentes do governo. No fim, apesar de seus apaixonados protestos de inocência, Williams foi condenado por dois assassinatos e recebeu uma pena de prisão perpétua por cada um.

Ainda hoje, muitas pessoas acreditam que Williams foi falsamente incriminado, já que as evidências circunstanciais que levaram à sua condenação eram, na melhor das hipóteses, frágeis e possivelmente fabricadas pelo governo; que informações-chave que poderiam ter ajudado em seu caso foram omitidas; que Williams não teve uma defesa apropriada.

Um fato, no entanto, sugere que os policiais pegaram o homem certo, afinal de contas: tão logo Wayne Williams foi preso, os Assassinatos de Crianças em Atlanta pararam.

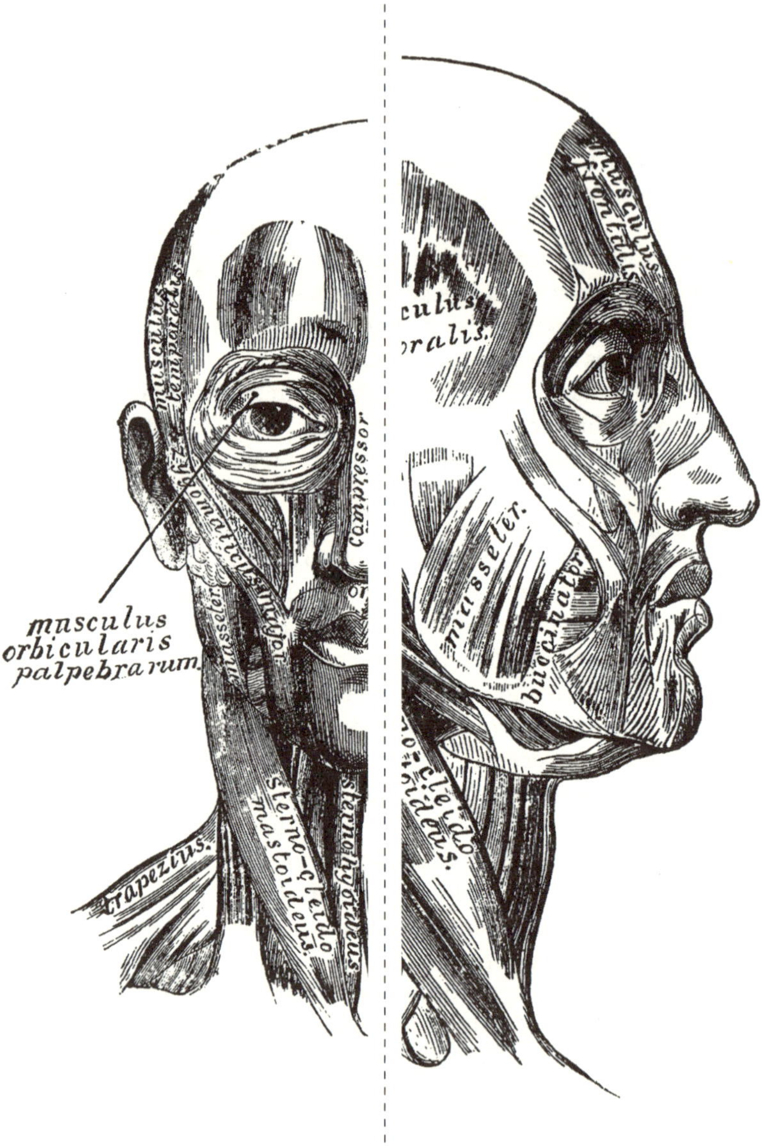

musculus temporalis
compressor
zygomaticus major
masseter
musculus orbicularis palpebrarum
trapezius.
sterno-cleido mastoideus.
sternohyoideus
musculus frontalis
masseter.
buccinator

JOVENS E VELHOS

"Crianças assassinas" que cometem assassinatos em massa se tornaram um fenômeno demasiado comum na sociedade norte-americana. Durante a década de 1990 parecia haver uma verdadeira epidemia delas: Luke Woodham, de Pearl, Mississippi, 16 anos, matou três colegas e feriu sete depois de esfaquear a própria mãe até a morte; Michael Carneal, de West Paducah, Kentucky, 14 anos, matou a tiros três colegas e feriu outras cinco pessoas em uma reunião matinal de oração; Kip Kinkel, de Springfield, Oregon, 15 anos, assassinou os pais e depois atirou em 24 alunos, matando dois; Andrew Golden e Mitchell Johnson, 11 e 13 anos, respectivamente, acionaram um alarme de incêndio na escola para atrair os colegas para fora e então abriram fogo, matando quatro estudantes e um professor. E, claro, os assassinos de Columbine: Dylan Klebold, 17 anos, e Eric Harris, 18, cujo massacre, em abril de 1999, em Littleton, Colorado, matou uma dúzia de alunos e um professor e deixou 23 pessoas feridas.

Em contraposição, o assassinato em série perpetrado por menores é um fenômeno extremamente raro. O caso mais famoso na história norte-americana é o de Jesse Harding Pomeroy, o "Menino Demônio" de Boston, cuja carreira criminosa começou quando tinha 12 anos. Durante um período de terror que teve início em dezembro de 1871, Pomeroy atraía uma série de meninos menores para áreas remotas de Chelsea e South Boston e então os amarrava, espancava e torturava. Preso e enviado para o reformatório, foi liberado depois de menos de 17 meses, cometendo logo em seguida dois crimes chocantes: o assassinato e mutilação de uma menina de dez anos e de um garoto de quatro. Pomeroy tinha apenas 14 anos quando foi julgado, condenado e sentenciado à morte. Imediatamente gerou-se uma controvérsia sobre a moralidade de executar um menor e sua pena acabou sendo comutada para prisão perpétua. Ele viveu até 1932, tendo passado pouco mais de seus quase quarenta anos de reclusão na solitária – o segundo período mais longo na história penal dos Estados Unidos.

Embora Pomeroy tenha começado a torturar crianças aos 12 anos, só veio a cometer homicídio aos 14 – o que torna Craig Price, de Warwick, Rhode Island, o serial killer mais jovem da história dos EUA. No final da década de 1980, com 13 anos de idade, o rapaz negro que fora visto "espiando" uma mulher da vizinhança chamada Rebecca Spencer invadiu a casa desta e a matou com uma faca de cozinha. Dois anos depois matou a facadas outra moradora local, Joan Heaton, e suas duas filhas, de oito e dez anos. Conhecido como "O Assassino de Warwick", Craig Price foi preso quando um detetive notou um extenso corte em sua mão. Depois de confessar voluntariamente os assassinatos, foi enviado para a Prisão Estadual de Cranston e cumprirá pena até 2019, quando poderá ser posto em liberdade condicional.

CASE STUDY CRIME SCENE

ESTUDO DE CASO - Nº 07
A PEQUENA ASSASSINA BRITÂNICA

MARY BELL
A SEMENTE DO MAL

1968

Crime(s)
Assassinato

Pena
Prisão perpétua

Recebeu liberdade condicional em 1984

O assassinato brutal de duas crianças em idade pré-escolar por um assassino psicopata que se regozija com as atrocidades já seria chocante o suficiente. Mas, ao sabermos que esse assassino também é uma criança – e, mais chocante ainda, uma menina de 11 anos com um rosto em forma de coração e grandes olhos azuis –, o crime certamente provoca um explosão de horror, indignação e assombro. Foi exatamente isso que aconteceu no verão de 1968, quando a Grã-Bretanha foi abalada pelo caso de Mary Bell, possivelmente a mais notória psicopata e assassina juvenil do século XX.

Graças a sua pouca idade e aspecto angelical, Mary tem por vezes sido descrita como a "Semente do Mal Britânica", em referência ao filme de 1956, *A Tara Maldita* (*The Bad Seeds*, no original), sobre uma menina colegial de trancinhas cuja aparência encantadora esconde o coração de um monstro psicopata. A comparação só é parcialmente válida, entretanto. A "semente do mal" fictícia foi criada em um lar estável e amoroso por pais dedicados. Sua maldade era inata. Mary Bell, por sua vez, foi *transformada* em um monstro. Filha de uma jovem prostituta mentalmente perturbada, a menina foi supostamente submetida a abusos inimagináveis, subjugada pela mãe enquanto homens estranhos a brutalizavam sexualmente. Tendo em vista os horrores deformadores da alma que sofreu quando pequena, não é de admirar que Mary Bell tenha se tornado uma predadora de sangue-frio.

Durante sua infância aterrorizante, ela manifestou os sintomas clássicos que especialistas veem como um prognóstico de homicídio em série: crueldade com animais, enurese anormalmente prolongada e vandalismo (ainda que não piromania, como ocorre com frequência). Que ela tecnicamente não possa ser classificada como um serial killer – pelo menos de acordo com a definição do FBI – deve-se apenas a que seu número de vítimas é de uma a menos que o mínimo. Entretanto, não há dúvidas de que Bell teria continuado a tirar vidas caso tivesse sido capaz.

Seus ataques violentos contra outras crianças começaram durante a segunda semana de maio de 1968, quando, dentro de um período de 24 horas, ela e sua melhor amiga Norma agrediram quatro crianças conhecidas em Scottswood, uma lúgubre comunidade industrial em depressão econômica no norte da Inglaterra. Dez dias depois, em 25 de maio, o corpo de Martin Brown, de três anos, foi encontrado em uma casa abandonada, com sangue e saliva espumando pela boca. Foi Mary que correu entusiasmada para contar à tia do menino, Rita Finley. Nos dias subsequentes, Mary e Norma foram repetidas vezes à casa da sra. Finley para importuná-la com perguntas torturantes: "Você sente falta do Martin?"; "Você chora por causa dele?" Finalmente perdendo a paciência, a mulher de luto pôs as crianças sorridentes para fora de casa e disse-lhes para nunca mais voltar.

Dois dias depois do corpo de Martin ter sido descoberto, a creche local foi vandalizada por intrusos, que arruinaram o lugar. No meio dos escombros, a polícia encontrou quatro bilhetes zombeteiros escritos em uma letra infantil, incluindo um que dizia: nós / matamos / Martain / brown / Vão se foder / seus bastardos.[8]

Dois meses se passaram. Na quarta-feira de 31 de julho, outro menino de três anos, Brian Howe, de Scottswood, desapareceu. Quando sua irmã mais velha saiu à sua procura, topou com Mary Bell e Norma, que prontamente se ofereceram para ajudá-la a encontrar o garotinho. Mary levou a menina até um terreno baldio onde crianças locais costumavam brincar e onde o corpo de Brian foi descoberto mais tarde entre dois blocos de concreto. O menino tinha sido estrangulado e mutilado sexualmente com uma tesoura quebrada que foi encontrada por perto. A letra "M" tinha sido marcada na barriga nua da vítima com uma navalha.

Não demorou muito até que os investigadores focassem suas suspeitas em Mary e Norma. Durante o funeral de Brian, em 7 de agosto, o inspetor chefe James Dobson ficou de olho em Mary Bell. "Eu a observei diante da casa de Howes enquanto o caixão era trazido para fora", ele explicaria depois. "Foi quando soube que não podia arriscar outro dia. Ela estava lá, rindo, rindo e esfregando as mãos. Pensei: 'Meu Deus, preciso pará-la, senão ela vai fazer de novo'."

Encaminhadas à delegacia para ser interrogadas, Mary e Norma acusaram uma a outra do assassinato de Brian Howe. As duas meninas foram levadas ao tribunal em dezembro. Depois de nove dias de julgamento, Norma foi absolvida, enquanto Mary – rotulada pelos especialistas como uma psicopata ardilosa e sem remorsos – foi condenada à "prisão pelo resto da vida".

---

8   "we did/ murder/ Martain/ brown/ Fuckof/ you Bastard", no original. [NE]

Retrato de Mary Bell por Joe Coleman

Sua vida depois disso foi marcada por constantes polêmicas e indignação pública. No início, foi posta em um reformatório, onde – dentro de dois anos – acusou um superior de abuso sexual. Mais tarde, foi transferida para uma prisão na qual se declarou lésbica e passou a desfilar com uma meia embolada e enfiada por dentro da calça, no meio das pernas. Em 1977, foi transferida para uma instalação menos segura, da qual não demorou a fugir. Embora tenha sido rapidamente capturada, ela ficou foragida por tempo o bastante para perder a virgindade com um rapaz que mais tarde venderia sua história aos tabloides. Pouco antes de obter liberdade condicional, em 1980, foi transferida para um centro de reabilitação onde logo engravidou de um homem casado. Ela abortou essa gravidez, mas se tornou mãe em 1984, após ser libertada da cadeia, e acabou fixando residência em uma pequena cidade, mas foi expulsa por moradores revoltados quando descobriram sua verdadeira identidade. A vida tranquila e anônima que finalmente conseguira construir para ela e seu filho foi destruída em 1998 com a publicação de *Gritos no Vazio: A História de Mary Bell* (*Cries Unheard*, no original),[9] de Gitta Sereny, que provocou uma onda de protestos quando a autora revelou que havia pago à antiga criança assassina pela sua colaboração.

9   Editora Gutenberg, 2002. Trad. de Erick Ramalho. [NE]

==Serial killers de idade avançada são tão raros quanto os juvenis.== Albert Fish – possivelmente a figura mais perversa nos anais do crime dos EUA – foi um autêntico monstro geriátrico. Em 1928, o raquítico velho com aspecto de vovô atraiu uma menina de 12 anos até uma casa abandonada em Westchester, Nova York, e então a estrangulou, despedaçou-lhe o corpo e levou consigo vários quilos de sua carne, com a qual fez um guisado que consumiu em um estado de extrema excitação sexual no decurso de uma semana. Ele foi finalmente capturado depois de enviar uma terrível carta à mãe da garotinha, na qual descrevia com satisfação maligna cada atrocidade que havia perpetrado na criança. Eletrocutado em 1936, com 65 anos, Fish tornou-se o homem mais velho já executado na prisão de Sing Sing.

HÉTEROS E HOMOSSEXUAIS

A vasta maioria dos assassinos sexuais são homens heterossexuais, desabafando seu ódio pelas mulheres em prostitutas, colegiais pedindo carona e outras mulheres vítimas da oportunidade. Gays, no entanto, ==não estão isentos dessa psicopatologia.== Alguns dos serial killers mais infames dos últimos tempos são homossexuais: John Wayne Gacy, Jeffrey Dahmer, Dean Corll, Dennis Nilsen.

Embora os gays constituam apenas uma pequena minoria de serial killers – cerca de 5%, de acordo com as estimativas mais fundamentadas –, eles são ainda mais propensos a "excessos" que suas contrapartes heterossexuais, chegando aos mais terríveis extremos de tortura, mutilação e esquartejamento. Eles também estão entre os serial killers mais prolíficos. A completa promiscuidade de seus crimes é uma espécie de espelho grotesco do estilo libertário de vida sexual adotado por tantos homens gays na era pré-AIDS da década de 1970.

Por que serial killers homossexuais seriam especialmente sádicos é uma pergunta interessante, embora um elemento seja sem dúvida a homofobia predominante da sociedade americana, que faz com que muitos gays cresçam com um profundo sentimento de ódio e rejeição a si mesmos. Quando esses sentimentos se combinam com a psicopatologia de um serial killer, os resultados podem ser particularmente aterradores.

RANDY KRAFT | 1945–1989 Embora menos infame que alguns de seus pares psicopatas, Randy Kraft – também conhecido como o "Assassino do Cartão de Pontos" – cometeu atrocidades tão hediondas como as de John Wayne Gacy ou Dean Corll. E, ao que parece, Kraft teria superado os dois em número de vítimas.

==Um homem de excepcional inteligência==, Kraft cresceu no ultraconservador condado de Orange, na Califórnia, e abraçou a política direitista na adolescência, ingressando no Corpo de Treinamento de Oficiais da Reserva (Reserve Officers Training Corps, ROTC)[10] e mostrando ser a favor da Guerra do Vietnã. Com o avanço dos anos 1960,

---

10 Programa de auxílio financeiro – especialmente popular nos anos 1960 – fornecido pelo Exército, Força Aérea e Marinha dos EUA para custear os estudos universitários de alunos que se comprometiam a participar do serviço militar durante determinado tempo após a formatura. [NT]

entretanto, Kraft promoveu uma reviravolta em sua vida, deixando o cabelo crescer e mudando da orientação política direitista para a esquerdista. Ele também "saiu do armário", revelando-se gay. Foi durante os libertários anos 1970 que Kraft embarcou em uma sinistra vida secreta. Enquanto trabalhava de dia como ==um bem pago consultor de informática==, de noite vagava de carro em busca de jovens caronistas, que iriam, com espantosa regularidade, acabar como cadáveres terrivelmente violados.

Entre outubro de 1971 e sua prisão 12 anos mais tarde, Kraft assassinou um número estimado de 67 homens, na faixa etária de 13 a 30 anos. As vítimas – cujos cadáveres eram geralmente desovados nas margens das vias expressas da Califórnia – tinham tipicamente sido ==submetidas a torturas abomináveis==. Alguns foram castrados; outros tiveram varetas de mexer bebidas ou outros objetos em forma de lápis introduzidos no pênis; outros ainda tinham sido sodomizados com diversos objetos, de escovas de dentes a galhos de árvores. Pelo menos um teve os olhos queimados com um isqueiro. Muitos tiveram os mamilos triturados por dentes.

Na manhã de 14 de maio de 1983, Kraft foi flagrado dirigindo bêbado por dois policiais da Polícia Rodoviária da Califórnia, que ficaram chocados ao descobrir um homem estrangulado no banco do passageiro. Fazendo uma busca no veículo, eles encontraram, escondidas sob um tapete, 47 fotos Polaroid de jovens que pareciam estar mortos ou inconscientes. No interior do porta-malas havia uma pasta de couro contendo uma lista que vinha a ser uma espécie de "cartão de pontos" elaborado por Kraft com um registro meticuloso de vítimas assassinadas. Depois de um julgamento longamente adiado e demorado, Kraft foi condenado por 16 acusações de assassinato e hoje aguarda execução na prisão de San Quentin.

Kraft voltou a aparecer nas manchetes em 1993, quando moveu uma ação de 60 milhões de dólares contra o autor de um livro sobre seu caso, alegando que o escritor o retratara injustamente como um "homem perverso e doentio" e arruinara suas "perspectivas futuras de emprego". Aparentemente o juiz não achou que as chances de emprego do serial killer condenado eram tão promissoras quanto este previa. Sua ação foi indeferida.

> Não há nada de errado com ele, a não ser o fato
> de gostar de matar para se satisfazer sexualmente.
> — Promotor Bryan Brown, referindo-se a RANDY KRAFT —

WILLIAM BONIN | 1947–1996 Durante o mesmo período que Randy Kraft acumulava seu número assombroso de vítimas, William Bonin, outro serial killer gay, encontrava-se foragido no sul da Califórnia.

Bonin vivenciou o típico pesadelo de infância encontrado com tanta frequência nos históricos dos serial killers. Seu pai era um alcoólatra violento que perdeu a casa da família no jogo, tinha o hábito de bater na mulher e nos filhos, e morreu de cirrose no fígado quando Bonin ainda era pequeno. Sua mãe – que passava a maior parte do tempo jogando bingo – negligenciava totalmente os filhos, deixando-os com frequência sob os cuidados do pai dela, que era sabidamente um pedófilo que abusara sexualmente dos filhos enquanto cresciam.

Aos oito anos, Bonin foi preso por roubar placas de automóvel e enviado para um reformatório. Lá, foi molestado sexualmente por outros internos adolescentes, bem como por pelo menos um orientador adulto. A partir daí, de acordo com uma autoridade, ele desenvolveu um "profuso, frequentemente esquizofrênico" interesse em pedofilia. Após ser libertado, voltou para sua casa, em Connecticut, onde logo começou a molestar os irmãos mais novos e outras crianças da vizinhança.

Tendo ingressado na Força Aérea, Bonin serviu como artilheiro aéreo ==no Vietnã, ganhou uma medalha de boa conduta e recebeu uma baixa honrosa.== Sem o conhecimento de seus superiores, seu tempo de serviço incluiu dois incidentes em que agredira sexualmente outros homens sob a mira de uma arma.

Retornando aos Estados Unidos, mudou-se para o sul da Califórnia e quase imediatamente mergulhou em sua vida de depravação. Em 1969, foi preso após sodomizar cinco meninos menores de idade. Considerado um "criminoso sexual mentalmente perturbado", Bonin foi enviado ao Hospital Estadual de Atascadero, onde passou os cinco anos seguintes. Dezesseis meses depois de ser solto, em 1974, foi preso novamente por estuprar um garoto sob a mira de uma arma. Por esse crime Bonin passou mais três anos atrás das grades. Saiu em 1978, mas em menos de um ano foi preso novamente, desta vez por atacar um caroneiro de 17 anos. Por conta de uma confusão burocrática, no entanto, Bonin foi quase imediatamente posto em liberdade.

==" Ninguém jamais irá depor de novo", ele prometeu ao amigo que o levou da prisão para casa. "Isso nunca voltará a acontecer comigo."==

Eu ainda estaria matando. Não conseguia parar de matar. Foi ficando cada vez mais fácil.
— WILLIAM BONIN após ser preso, quando uma repórter perguntou-lhe o que faria se ainda estivesse à solta —

Cumprindo a ameaça, Bonin certificou-se de que nenhuma de suas mais de duas dezenas de vítimas sobrevivesse para identificar seu agressor. O criminoso percorria as rodovias em seu furgão verde-oliva – às vezes sozinho, muitas vezes com um cúmplice –, dava carona a um adolescente, dirigia até um local remoto, sodomizava e matava a vítima, e então largava o corpo junto da estrada. Geralmente, as vítimas eram estranguladas com as próprias camisas, que eram enroladas em volta de seus pescoços e torcidas, como um torniquete, com um ferro de desmontar pneus. Às vezes, os garotos eram submetidos a outras torturas também: picadores de gelo enfiados em seus ouvidos, ácido derramado por suas gargantas ou cabides introduzidos em seus retos. Entre agosto de 1979 e junho de 1980, 21 jovens morreram nas mãos do demônio sádico que a impressa apelidou de "Assassino da Rodovia".

O fim de sua horrenda carreira ocorreu quando um dos seus cúmplices foi preso por outro crime e, como parte de uma barganha, delatou Bonin, que foi posto imediatamente sob vigilância constante. Dentro de 24 horas, a polícia o prendeu por sodomizar um garoto de 15 anos. Bonin acabou confessando os 21 assassinatos e recebeu sentença de morte. Durante os 17 anos que se seguiram, ==o assassino tentou todas as manobras legais possíveis para anular sua sentença==. Ele pintou, leu, escreveu cartas às famílias de suas vítimas e jogou baralho com outros serial killers, incluindo Randy Kraft. Bonin foi finalmente executado por injeção letal em 23 de fevereiro de 1996.

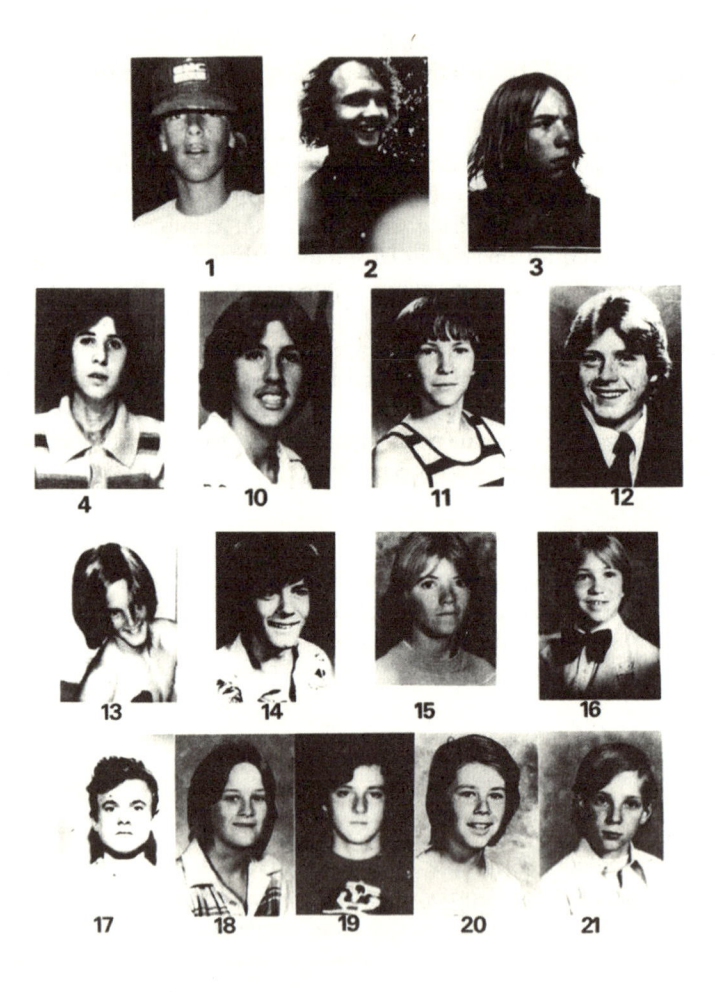

Algumas das vítimas do "Assassino da Rodovia" William George Bonin, durante 1979 e 1980: 2.Marcus Grabs; 3.Donald Hyden; 4.David Murillo; 10.Charles Miranda; 11.James Michael McCabe; 12.Ronald Gatlin; 13.Glen Norman Baker; 14.Russell Duane Rugh; 15.Steven Wood; 16.Darin Lee Kendrick; 17.Lawrence Eugene Sharp; 19.Stephen Jay Wells. Os demais não foram identificados.

LARRY EYLER | 1952–1994   Dois anos depois da captura do "Assassino da Rodovia" no sul da Califórnia, um sádico homicida com um *modus operandi* notavelmente similar desencadeou ondas de choque que repercutiram pelas comunidades gays de toda a região Centro-Oeste dos EUA. Apelidado de "Matador da Autoestrada", seu verdadeiro nome era Larry Eyler. Por quase dois anos, ele percorreu as estradas interestaduais de Illinois, Indiana, Wisconsin e Kentucky parando em bares de pequenas cidades, zonas de prostituição, bares gays e até mesmo em um ou outro bairro nobre residencial. Noite após noite, ele caçava suas presas – homens, geralmente brancos e jovens, e desesperados por alguma coisa: dinheiro, companhia, ou apenas uma carona. Entre o final de 1982 e meados de 1984 – enquanto a polícia local, estadual e agentes do FBI cruzavam dados, perdiam evidências e afundavam investigações –, Eyler cometia suas indescritíveis atrocidades com mais de vinte vítimas, atirava os corpos mutilados bem às margens das rodovias, e então continuava dirigindo.

Seu primeiro ataque foi no outono de 1982, quando assassinou dois jovens e descartou seus restos em Indiana e Illinois. Mais dois corpos foram encontrados em dezembro. Em seu furor homicida, o assassino cortava a garganta e o ventre de suas vítimas, deixando as entranhas à mostra. Ele também deixava uma bizarra "assinatura": meias brancas esportivas, não pertencentes às vítimas, eram encontradas em seus pés.

Ao longo da primavera de 1983, mais corpos esquartejados apareceram nos estados vizinhos. Apesar dos apelos das comunidades gays de Chicago e Indianápolis – que exigiam que algo fosse feito a respeito – a polícia demorou a reconhecer que havia um assassino sexual à solta. Não foi senão em maio de 1983, quando o "Matador da Autoestrada" já havia reclamado dez vítimas – que uma força-tarefa foi organizada para investigar os crimes. O carrasco sem nome era, de acordo com o perfil traçado pelos especialistas, um gay com violenta autoaversão cujas atrocidades eram uma forma de expurgar a homossexualidade que odiava e temia em si mesmo.

Não demorou muito até que Eyler, de 31 anos, fosse identificado como principal suspeito por um rapaz chamado Mark Henry, que, alguns anos antes, fora ameaçado com uma faca e algemado por Eyler após aceitar uma carona, e depois esfaqueado quando tentou escapar. Meses depois da polícia receber essa dica, Eyler foi preso quando um policial estadual de Indiana o viu saindo da floresta com um jovem parcialmente amarrado. Uma busca na caminhonete de Eyler revelou uma porção de provas incriminadoras: esparadrapo, corda de náilon e uma faca de caça manchada de sangue humano. No entanto – em uma dessas decisões legais que deixam enfurecidos os justiceiros de plantão –, a busca foi considerada ilegal e Eyler foi liberado.

Como outros serial killers que acreditam, em sua arrogante prepotência, que irão sempre levar a melhor sobre a lei, Eyler – sabendo muito bem que estava sendo vigiado – continuou a matar. Ele não foi detido de vez até 21 de agosto de 1984, quando o zelador de um prédio de Chicago descobriu as partes do corpo de um homem desmembrado em várias sacolas de lixo e Eyler foi apontado como a pessoa que as despejara ali.

Condenado e sentenciado à morte, Eyler ==tentou barganhar com as autoridades.== Em troca de uma punição mais leve, ==ele confessou vários assassinatos sem solução== e também mencionou outro homem – Robert Little, um professor de biblioteconomia da Universidade de Indiana – como cúmplice em um dos assassinatos acompanhados de mutilação. Little foi julgado e acabou sendo absolvido. Eyler morreu de AIDS em março de 1994, tendo confessado 21 assassinatos.

ESTUDO DE CASO - Nº 08
O MUTILADOR DE SYDNEY

WILLIAM MACDONALD
MATADOR DE HOMOSSEXUAIS

1924

Crime(s)
Mutilação e assassinato

Pena
Prisão perpétua

Em 1926, Allen Ginsberg nascia em Newark, Nova Jersey. Adulto, ele se tornaria uma grande força cultural nos Estados Unidos dos anos 1960, um pioneiro da liberação gay que celebrou sua homossexualidade e escreveu alguns dos poemas mais influentes do final do século XX.

Dois anos antes, outro menino com o mesmo nome nasceu em Liverpool, na Inglaterra. Ele também acabaria nos livros de história – embora não como poeta e certamente não como um ícone de tolerância sexual. Um gay atormentado que odiava e temia a sua orientação sexual, esse outro Allen Ginsberg viria a ser um dos assassinos mais medonhos da história, conhecido como "o Mutilador".

Posteriormente, ele atribuiria seus problemas, muito convenientemente, a um incidente ocorrido em 1943, quando estava no Exército e foi estuprado em um abrigo antiaéreo por um colega soldado. O problema com essa história – não havia nenhuma prova de sua veracidade – é que Ginsberg já tinha sido diagnosticado como esquizofrênico antes desse incidente ter supostamente ocorrido.

Dispensado do Exército em 1947, acabou internado em um hospital psiquiátrico na Escócia, onde passou seis meses aterrorizantes em uma cela fria com lunáticos balbuciantes e submetido a um regime diário de tratamentos de choque. Após sair desse manicômio, Ginsberg deixou a Grã-Bretanha, emigrando primeiro para o Canadá, depois para a Austrália, onde abandonou o nome de nascença e assumiu a identidade de William MacDonald.

Em 1960, enquanto morava em Brisbane, MacDonald, com 36 anos, cometeu seu primeiro assassinato quando deu carona a um alcoólatra de 55 anos chamado Amos Hurst. Conduzindo Hurst a um hotel decrépito, MacDonald o estrangulou enquanto os dois bebiam cerveja sentados em uma cama.

CASE STUDY CRIME SCENE

A experiência foi poderosamente estimulante para MacDonald, que ficou ansioso para repeti-la. No início de 1961, mudou-se para Sydney. De dia, trabalhava nos correios como classificador de correspondência e de noite perambulava por parques e banheiros públicos em busca de parceiros homossexuais.

Seis meses depois de chegar a Sydney, MacDonald foi tomado pela ânsia de matar. Carregando um saco contendo uma faca de lâmina longa e uma capa de chuva de plástico, ele atraiu um sem-teto, de 41 anos, chamado Alfred Reginald Greenfield, para uma piscina deserta e embebedou-o com cerveja até deixá-lo desacordado. Então, depois de vestir a capa de chuva, MacDonald matou o mendigo desmaiado com dezenas de facadas no rosto e no pescoço, rompendo sua jugular. Em seguida despiu Greenfield da cintura para baixo e cortou fora seus genitais, que levou consigo e atirou no porto.

Após outro hiato de seis meses – ou "período de calmaria", no jargão da criminologia – a sede de MacDonald por sangue alcançou outra vez um pico incontrolável. Em novembro de 1961, ele assassinou violentamente outro homem de 41 anos chamado Ernest Cobbin, cortando-lhe a garganta enquanto estava sentado em um banheiro público, castrando-o em seguida e levando consigo o macabro troféu em uma sacola de plástico, que mais tarde jogou no porto de Sydney.

Uma atrocidade quase idêntica se seguiu em março de 1962. Naquela altura, era organizada uma enorme caçada para capturar o maníaco conhecido como "o Mutilador". Pouco depois, tendo sido despejado por seu senhorio e despedido de seu emprego, MacDonald mudou-se para um subúrbio de Sydney, onde adotou um novo nome – Alan Brennan – e abriu uma lanchonete. O serial killer perpetrou seu último ato hediondo em novembro, quando levou James Hackett, um mendigo de 42 anos, ao seu estabelecimento e, depois de embebedá-lo, o matou e mutilou. Em seguida, escondeu o cadáver no porão e, tomado de pânico, fugiu para Brisbane.

Quando o cadáver terrivelmente decomposto foi descoberto mais de um mês depois, foi identificado erroneamente como sendo o do dono da loja, Alan Brennan. A morte foi atribuída à eletrocussão acidental. Se MacDonald tivesse ficado longe, teria continuado livre para matar de novo. Em vez disso, por razões não explicadas, ele retornou a Sydney, onde logo esbarrou com um conhecido chamado John McCarthy, que naturalmente ficou surpreso de ver o supostamente falecido Brennan andando pela rua. Quando MacDonald se virou e fugiu, McCarthy notificou a imprensa. Não demorou muito até que um dos principais jornais publicasse uma matéria com a manchete "O CASO DO CADÁVER AMBULANTE". Ao exumar os restos de "Brennan", as autoridades finalmente concluíram que o homem morto era na verdade James Hackett e que ele fora esfaqueado até a morte e mutilado sexualmente. Com isso, ficaram convencidas de que o verdadeiro Brennan era o famigerado "Mutilador". Em pouco tempo MacDonald foi preso em Melbourne e levado de volta a Sydney. Julgado em 1963, ele foi declarado culpado por quatro assassinatos e recebeu prisão perpétua. Atualmente passa os dias lendo clássicos da literatura e ouvindo Chopin, Liszt, Gilbert e Sullivan.

"BI" SANGUINÁRIOS

Enquanto a maioria dos assassinos sexuais prefere vítimas ou do próprio sexo ou do sexo oposto, alguns podem ser classificados como bissexuais. O sádico e extravagante Albert Fish, por exemplo, extraía tanto prazer de estuprar e castrar rapazes quanto de torturar e canibalizar garotinhas. Trinta anos antes, na década de 1890, um monstro igualmente depravado rondava pelo interior da França atacando vítimas de ambos os sexos. Ele já caiu no esquecimento, mas seus crimes foram ainda mais chocantes que aqueles de seu contemporâneo, Jack, o Estripador. Seu nome era Joseph Vacher.

Em contraste com certos psicopatas, cuja aparência agradável não permite entrever suas mentes perversas – como Ted Bundy ou Jeffrey Dahmer, por exemplo –, a aparência física de Vacher era tão repugnante quanto sua alma. Ele tinha um lado do rosto paralisado, seu olho direito emanava um fluxo constante de pus e seus lábios eram retorcidos e cheios de cicatrizes. Essas deformidades eram o resultado de um ferimento autoinfligido aos 24 anos, quando – depois de atirar em uma mulher que o rejeitara – ele apontou o revólver para si mesmo e disparou contra sua própria cabeça. Sua aparência era inquietante o bastante para fazer com que as pessoas se sobressaltassem ao vê-lo. Vacher, com a autopiedade característica da maioria dos psicopatas, diria mais tarde que fora levado a cometer seus crimes hediondos porque o mundo era perverso com ele – uma afirmação questionável, uma vez que suas tendências sádicas haviam se manifestado muito antes da tentativa fracassada de suicídio que tornara suas feições tão repulsivas.

Nascido em 1869, ele tinha grande prazer em torturar animais quando criança e apresentava um interesse precoce por sexo, típico dos futuros serial killers. Na escola, ele gostava de introduzir seus pequenos colegas a masturbações mútuas. No final da adolescência, ele ingressou em um mosteiro, mas foi logo expulso por encorajar a mesma prática, bem como a sodomia, entre os monges novatos.

Foi após sua passagem pelo Exército – durante a qual aterrorizou seus colegas soldados com explosões imotivadas de raiva quase homicida – que ocorreu o incidente que o deixou desfigurado por toda a vida. Rejeitado por uma moça a quem propôs casamento, ele a alvejou três vezes e depois apontou a arma para si mesmo. A jovem sobreviveu, assim como Vacher, que foi internado em um sanatório e diagnosticado com "mania de perseguição". Por incrível que pareça, foi declarado curado depois de menos de um ano e recebeu alta em abril de 1894.

Um mês mais tarde, embarcava em uma das mais terríveis campanhas homicidas da história. Armado com facas, tesouras e um cutelo, tirou a vida de um mendigo e vagou pelo interior em busca de vítimas para matar.

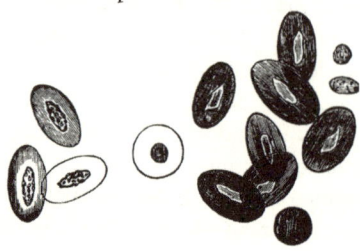

VÍTIMAS E ATROCIDADES DE JOSEPH VACHER

20.03.1894	Estrangula mulher de 21 anos, mutila seu corpo e viola seu cadáver.
10.11.1894	Mata e mutila uma menina de 13 anos.
18.05.1895	Mata e mutila uma menina de 17 anos.
24.07.1895	Estrangula uma viúva de 58 anos e viola o cadáver.
28.07.1895	Mata menina de 16 anos, rasga seu abdome e arranca suas entranhas.
31.07.1895	Estrangula, castra e sodomiza o corpo de um jovem pastor de 17 anos.
29.08.1895	Mata e castra um menino de 15 anos.
10.09.1896	Mata jovem de 19 anos, recém-casada, e em seguida estupra o cadáver.
01.10.1896	Mata jovem pastora de 14 anos, arranca sua vagina e a leva consigo.
27.05.1897	Mata garoto de 14 anos, sodomiza o corpo e depois o atira em um poço.
18.06.1897	Mata menino pastor de 13 anos e sodomiza o cadáver.

Joseph Vacher ataca uma vítima

Em agosto de 1897, Vacher foi finalmente preso depois de atacar uma jovem chamada Marie-Eugenie Plantier, que catava pinhas na floresta. Ao ouvir os gritos, o marido e os filhos de Marie foram correndo socorrê-la. Subjugado, Vacher foi detido e acusado de atentado violento ao pudor. Os policiais não demoraram a perceber que tinham o famigerado "Estripador" nas mãos. Depois de oferecer uma confissão doentiamente detalhada, por escrito, de todos os 11 assassinatos, ele foi levado a julgamento em 1898. Vacher apresentou todas as desculpas possíveis para suas atrocidades, de insanidade temporária a um impulso incontrolável induzido por um caso de raiva na infância. O juiz não se convenceu. Condenado, Vacher foi executado na guilhotina em 31 de dezembro de 1898.

PARCEIROS NO CRIME

No imaginário popular, o típico serial killer é um lobo solitário: um maníaco psicopata que fica isolado em seu covil, remoendo suas fantasias sádicas e doentias até que, movido por uma compulsão irresistível, resolve sair em busca de uma vítima. E há de fato um número considerável de serial killers que se encaixam nesse padrão. Mas nem todos. Uma parcela espantosa deles – algo em torno de 10% a 28%, de acordo com as estimativas mais otimistas – gosta de caçar aos pares.

LAKE E NG Assassinos em grupo (do inglês *team killers*), como geralmente são chamados hoje em dia, perpetraram alguns dos crimes mais hediondos da atualidade. No início dos anos 1980, um autoproclamado sobrevivencialista[11] chamado Leonard Lake – cujo desejo mais ardente era raptar mulheres e mantê-las como escravas sexuais – uniu forças com um simpático e sádico asiático chamado Charles Ng. Juntos – em um bunker de concreto especialmente projetado e equipado, construído em um terreno arborizado nas remotas colinas de Sierra Nevada, no norte da Califórnia – eles puseram em prática suas depravadas fantasias e estupraram, torturaram e mataram uma série de prisioneiras enquanto gravavam as atrocidades em vídeo. As atividades abomináveis da dupla chegaram ao fim em junho de 1985, quando um balconista de uma loja de ferragens viu Ng colocar um torno de bancada roubado no porta-malas do carro de Lake. Quando os policiais chegaram, Ng tinha fugido. Uma checagem no carro de Lake revelou que o veículo pertencia a outra pessoa. A polícia também encontrou um revólver com silenciador no porta-malas. Levado à delegacia para ser interrogado, Lake – percebendo que era o fim da linha – pegou dois comprimidos de cianureto escondidos na lapela da camisa e os engoliu. Ele entrou em coma e morreu quatro dias depois.

Uma busca subsequente na propriedade isolada de Lake revelou uma cama empapada de sangue provida de algemas, ferramentas elétricas com sangue coagulado, vídeos

---

11   Sobrevivencialismo é um movimento de preparação para emergências em caso de possíveis rupturas na ordem política e social, como catástrofes naturais ou provocadas pela humanidade. Para isso, utilizam-se de treinamentos, armazenamento de água e comida, práticas de autodefesa e autossuficiência, além de construir refúgios que os ajudarão a sobreviver. [NE]

pornográficos caseiros mostrando os dois homens abusando de suas prisioneiras, diários manuscritos detalhando tais horrores e, ao redor da propriedade, um impressionante depósito de restos humanos, incluindo os corpos de sete homens, três mulheres e dois bebês. Também havia ==45 quilos de fragmentos de ossos humanos==, sugerindo que chegava a 25 o número de pessoas que morreram nas mãos da dupla de psicopatas.

Um mandado de prisão pelo assassinato de 12 pessoas foi expedido contra Ng, que acabou sendo preso no Canadá por atirar em um segurança durante o roubo de uma loja. Depois de anos de disputas legais, ele foi finalmente extraditado e levado de volta aos EUA, embora tenha conseguido adiar seu julgamento até outubro de 1998 – 13 longos anos após sua captura. Após oito meses de julgamento, Ng foi declarado culpado pelo assassinato de seis homens, três mulheres e dois bebês meninos. Ele foi condenado à morte.

> Deus fez as mulheres para cozinhar, limpar a casa e fazer sexo. Quando não estão em uso, deviam ser trancafiadas.
> — LEONARD LAKE —

BITTAKER E NORRIS A Califórnia também foi o território de caça de Lawrence Bittaker e Roy Norris, ==dois psicopatas prototípicos que se conheceram na prisão,== onde idealizaram um plano monstruoso para sequestrar, torturar e matar adolescentes enquanto gravavam os crimes em fita. Tão logo foram soltos, Bittaker comprou uma van usada que a dupla batizou de "Caminhão da Morte". Depois de alguns ensaios, durante os quais sondavam a região, resolveram pôr o plano maligno em prática. Em 24 de junho de 1979, raptaram uma garota de 16 anos que voltava da igreja e a levaram para uma estrada abandonada, onde a estupraram e depois a estrangularam usando um cabide de arame. Nos meses seguintes, a dupla raptou e assassinou mais cinco garotas, na faixa etária de 13 a 18 anos. As vítimas eram estupradas, mutiladas, espancadas, torturadas com picadores de gelo introduzidos nos ouvidos, esquartejadas e estranguladas. Enquanto isso, seus gritos de agonia e súplicas apavoradas eram gravados em áudio, enquanto Norris ==repetia: "Isso, garota, grite! Grite mais!== Só pare de gritar quando eu mandar!"

Eles foram finalmente capturados depois que Norris vangloriou-se de seus crimes a um amigo, que notificou a polícia. Tendo fechado um acordo com as autoridades, Norris testemunhou contra Bittaker, que foi declarado culpado por cinco acusações de homicídio qualificado e condenado à morte. Norris recebeu uma sentença de 45 anos de prisão.[12] Bittaker passa seu tempo no corredor da morte movendo ações descabidas contra o sistema prisional (incluindo uma em que alegou ter sido submetido a tratamento cruel e injusto ao ser servido com um *cookie* quebrado em sua bandeja de almoço) e desfrutando de partidas diárias de bridge com outros serial killers condenados.

---

12   Ele teve o pedido de liberdade condicional negado em 2009 e poderá recorrer novamente em 2019. [NT]

CORLL E HENLEY   Um caso especialmente pavoroso de assassinato em grupo veio à tona em 8 de agosto de 1973. Na manhã desse dia, a polícia de Pasadena, área suburbana de Houston, recebeu um telefonema urgente de um garoto de 17 anos chamado Elmer Wayne Henley pedindo que fossem ao apartamento de um homem mais velho chamado Dean Corll. Quando os policiais chegaram, encontraram o corpo nu de Corll no chão do quarto, baleado com seis tiros. De imediato ficou claro que coisas bizarras tinham acontecido ali. Um forro de plástico cobria o carpete, como que para protegê-lo de sangue. Itens de aparência sinistra – uma baioneta, um enorme pênis de borracha, um rolo de fita adesiva, um frasco de vaselina e um monte de pipetas de vidro – encontravam-se espalhados pelo chão. Mas o mais alarmante era a enorme mesa de tortura de madeira equipada com amarras.

Foi Henley – que estava lá com outros dois adolescentes, um menino chamado Tim Kerley e uma menina chamada Rhonda – quem narrou a escabrosa história. Corll – cujo trabalho na confeitaria da família lhe rendera o apelido de "Homem dos Doces" – era um gay de 34 anos que gostava de se divertir com homens bem mais novos. Henley era seu amigo. Na noite anterior, Wayne convidara Tim e Rhonda à casa de Corll para cheirar cola. Eventualmente, os três adolescentes desmaiaram. Quando Wayne acordou, viu-se preso à mesa de tortura. Corll – enfurecido porque o rapaz trouxera uma garota – brandia um revólver e ameaçava matá-lo. Desesperado, o garoto implorou por sua vida, prometendo que estupraria Rhonda enquanto Corll "cuidava" de Tim. Quando Corll finalmente cedeu e afrouxou as amarras que prendiam Henley, o último conseguiu alcançar a arma e matar o homem mais velho.

Mas o pior ainda estava por vir. Henley confessou que, durante muitos anos, Corll pagara a ele e a outro rapaz, David Brooks, para lhe levarem jovens vítimas do sexo masculino. Os garotos – adolescentes em sua maioria, embora um deles tivesse apenas nove anos – eram convidados à casa de Corll para festinhas regadas a drogas e bebidas. Lá, eles eram facilmente subjugados pelo "Homem dos Doces" – bem mais velho e forte –, amarrados à mesa e submetidos a terríveis torturas. Alguns eram castrados, outros tinham pipetas do tamanho de um cateter enfiadas em suas uretras e depois trituradas, e pelo menos um teve o pênis mastigado e arrancado com os dentes. Para finalizar, eram assassinados e seus corpos descartados em vários locais, incluindo uma garagem de barcos a vários quilômetros ao sul de Houston.

No início Henley sustentou que apenas fornecia vítimas a Corll – algumas delas, espantosamente, seus próprios amigos e vizinhos. Mais tarde, entretanto, admitiu que participara ativamente das torturas e matanças orgiásticas.

Vinte e sete corpos em estado de decomposição foram recuperados, 17 enterrados na garagem de barcos. Condenado por um assassinato, David Brooks foi sentenciado à prisão perpétua. Henley, condenado pelo envolvimento no assassinato de seis meninos, recebeu seis sentenças consecutivas de 99 anos cada.

AS VIDAS E AS MENTIRAS DE
HENRY LEE LUCAS E OTTIS TOOLE

Tanto separadamente como em conjunto, as vidas de Henry Lee Lucas e seu ocasional comparsa são tão incrivelmente depravadas que parecem um filme de terror dos mais escabrosos e exagerados. E, de fato, é difícil dizer com exatidão o quanto da história é verdade e o quanto é pura e malévola fantasia. Considerado por muito tempo o serial killer mais prolífico dos Estados Unidos, com um número de vítimas estimado na casa das centenas, Lucas acabaria retratando suas confissões, alegando ser inocente de praticamente todos os assassinatos que admitira ter cometido. Tornou-se o único prisioneiro condenado no Texas cuja sentença de morte foi comutada pelo então governador George W. Bush. Mesmo assim, não há dúvida de que Lucas e Toole formavam uma dupla particularmente detestável de réprobos, responsável por uma grande quantidade de crimes hediondos.

É consenso que a infância de Lucas foi o mais puro pesadelo gótico sulista.[13] Nascido em agosto de 1936, ele cresceu em uma cabana de pau a pique de dois cômodos no interior da Virgínia com oito irmãos, um pai alcoólatra, que perdeu ambas as pernas após cair bêbado diante de um trem de carga, e uma mãe degenerada e prostituta chamada Viola, que costumava receber os clientes em casa. De acordo com Henry, Viola obrigava-o a observá-la enquanto ela fazia sexo com seus clientes, forçava-o a se vestir com roupas de menina ao sair para a escola, matava seus bichos de estimação favoritos como uma forma de punição e certa vez bateu tão violentamente em sua cabeça com um pedaço de madeira que ele ficou em coma por 24 horas.

Aos 13 anos, Henry foi introduzido na tortura animal e na bestialidade por um dos fregueses de sua mãe. O que lhe dava mais prazer era prender várias criaturas, cortar suas gargantas e então ter relações sexuais com os cadáveres. Acredita-se que sua primeira vítima humana, morta em 1951, tenha sido uma garota de 17 anos. Quando ela resistiu à tentativa de estupro, ele a estrangulou e enterrou seu corpo na floresta.

Em 1954, Lucas, com 18 anos, recebeu um mandado de seis anos de prisão por roubo e foi solto em setembro de 1959. Seis meses depois, enquanto discutia embriagado com a mãe, esfaqueou-a no pescoço. Ela morreu 48 horas mais tarde. Tendo recebido uma pena de vinte a quarenta anos na prisão por homicídio simples, foi logo transferido para um hospital psiquiátrico estadual para criminosos insanos e posto em liberdade condicional depois de apenas dez anos. Dezoito meses mais tarde, voltou a ser preso por molestar duas meninas adolescentes. Foi liberado em agosto de 1975 e começou a vagar pelo país, segundo se diz, matando vítimas a seu bel-prazer. No final de 1976, cruzou com Ottis Toole.

Um degenerado com dentes encavalados, feições de neandertal e um QI abaixo do normal, Toole teria tido uma infância tão terrível como Lucas. Conforme os relatos oficiais, ele foi abandonado por seu pai beberrão, submetido aos delírios religiosos de sua mãe fanática e abusado sexualmente por uma irmã. Sua avó, uma suposta satanista que preparava feitiços utilizando partes do corpo humano, o teria obrigado

---

13   Em alusão à tradição literária do sul dos EUA conhecida como gótico sulista, entre outras coisas caracterizada pela presença do grotesco. [NT]

a acompanhá-la em suas incursões periódicas aos cemitérios locais, de onde escavava seus ingredientes. Aos seis anos, Toole era um incendiário inveterado e gostava de pôr fogo em casas da vizinhança porque, como mais tarde explicaria, "eu simplesmente odiava vê-las lá, paradas".

Diz-se que o retardado e bissexual Toole cometeu seu primeiro assassinato em 1961, aos 14 anos. Enquanto viajava pedindo carona, foi apanhado na estrada por um vendedor viajante que o levou a um local remoto para molestá-lo. Toole relata que depois disso saltou para dentro do veículo, agarrou o volante e deliberadamente atropelou o homem com o próprio carro. Em 1974, arranjou uma caminhonete velha e pegou a estrada, sem destino certo.

Quando, em 1976, conheceu Lucas em um restaurante popular de Jacksonville, na Flórida, há indícios de que Toole já fosse um serial killer que matara quatro pessoas em um período de seis meses. Identificando-se mutuamente como almas gêmeas na depravação, Lucas e Toole andaram juntos pelos seis anos e meio seguintes. A exata natureza e a quantidade das barbaridades que eles podem ou não ter cometido durante esse período permanecem um mistério. Ao que tudo indica, eles passavam boa parte de seu tempo livre estuprando, matando e mutilando incontáveis vítimas, bem como se dedicando a atos de necrofilia e canibalismo. Durante esse mesmo período, Lucas apaixonou-se pela sobrinha menor de idade de Toole, Becky Powell – que acabaria se tornando mais uma vítima assassinada e esquartejada.

Preso por posse ilegal de armas em 1983, Lucas, aparentemente acometido de uma atípica crise de remorsos, chamou o carcereiro e fez uma confissão desconcertante. Ele tinha apunhalado uma senhora de 82 anos chamada Kate Rich, feito sexo com o cadáver, depois o levara para casa, cortara em pedaços e queimara em um fogão a lenha. E ela era apenas uma das dezenas – ou centenas – de vítimas. Nos 18 meses que se seguiram – conforme os investigadores de vários estados tentavam esclarecer casos não solucionados de assassinato – o número não parava de crescer. Lucas afirmou que havia matado mulheres em 27 estados com uma corda de náilon, cabo de telefone, armas de todos os calibres, facas, vasos, um martelo, um machado e uma viga de madeira. Viajando sob um forte esquema de segurança – com direito a refeições decentes e hospedagem em confortáveis motéis – ele conduziu os detetives a supostas cenas de crimes por todo o país. No final, ele tinha admitido seiscentos assassinatos.

Enquanto isso, Ottis Toole tinha sido condenado por incêndio criminoso e sentenciado a vinte anos de prisão. Implicado por Lucas, Toole enumerou sua própria lista interminável de confissões, alegando, entre outras coisas, que ele e Henry haviam participado de um culto satânico chamado "A Mão da Morte", que sacrificava crianças e praticava rituais de canibalismo. Ele também afirmou ser o criminoso desconhecido que raptara, assassinara e decapitara Adam Walsh, filho do futuro apresentador do programa *America's Most Wanted* (*Os Mais Procurados da América*), uma confissão que desmentiu mais tarde. Há muita gente, entretanto, incluindo John Walsh, que ainda acredita que Toole foi realmente o responsável por aquele abominável crime.

Henry também desmentiria suas declarações, afirmando que suas incontáveis confissões eram um embuste e que ele nunca tinha matado ninguém, insistiu, a não ser sua mãe. Ele estivera simplesmente brincando com a polícia, fazendo-os de bobos enquanto levavam-no para passear pelo país e o papariçavam com bifes e milk-shakes.

Lucas foi condenado por 11 assassinatos, mas recebeu pena de morte por apenas um deles – o assassinato de uma caronista apelidada de "Meias Laranjas" (em alusão à única peça de roupa que vestia quando seu corpo foi descoberto em um bueiro à margem de uma rodovia do Texas, em 1979). Ironicamente, provas convincentes vieram à tona após o julgamento de Henry, indicando que ele não poderia ter cometido o assassinato de "Meias Laranjas". (Entre outras coisas, registros de trabalho mostravam que ele estava na Flórida no dia em que a vítima foi morta.) Parecia que Lucas seria executado por um crime que não cometera. Mas dado o número de homicídios pelos quais ele *era* responsável (algo entre três a 15, de acordo com as estimativas mais otimistas), a maior parte das pessoas não se compadecia de sua situação. Quatro dias antes de ser executado por injeção letal, no entanto, o governador Bush comutou sua sentença. Lucas – a quem a comida da prisão deixara obeso – morreu de ataque cardíaco em março de 2001. Toole morrera cinco anos antes, em setembro de 1996, de falência hepática, evidentemente acelerada pela AIDS.

FOLIE À DEUX

Cunhado em 1877 por dois psicólogos franceses chamados Lasèque e Fabret, o termo *folie à deux* foi traduzido de diversas maneiras: "loucura a dois", "insanidade dupla", "insanidade recíproca", "loucura coletiva". Em seu sentido original, refere-se a um raro fenômeno psicológico em que duas ou mais pessoas intimamente relacionadas – muitas vezes, embora nem sempre, membros da mesma família – compartilham o mesmo distúrbio psicótico. Em um caso bem conhecido na década de 1930, por exemplo, duas irmãs de meia-idade ficaram convencidas de que estavam sendo chantageadas por um famoso artista do rádio que as estaria ameaçando com mensagens codificadas nas canções que apresentava no ar.

Hoje em dia, o termo é usado com mais frequência para descrever algo ligeiramente diferente – não uma fantasia paranoide compartilhada, mas um vínculo pernicioso entre duas pessoas que, juntas, fazem sobressair o pior em cada uma, incitando-se mutuamente a se engajar em atos criminosos que nenhuma das pessoas, individualmente, teria coragem de cometer por conta própria. Na maioria dos casos de *folie à deux*, há uma personalidade dominante que toma a iniciativa de instigar e planejar os crimes e um membro subordinado que atua como um cúmplice entusiasta. Nesse sentido, o termo poderia ser melhor traduzido – conforme sugere o psicólogo Horace B. English com uma pontada de humor – como "matança a dois". Há casos raros envolvendo trios ou até mesmo quartetos (o que poderia ser chamado de *folie à trois* ou *folie à quatre*).

Nem todas as duplas criminosas que caem sob o feitiço de uma *folie à deux* são assassinos em série. Leopold e Loeb, por exemplo – os *thrill killers*[14] da década de 1920 que assassinaram um conhecido de 14 anos apenas para provar que podiam cometer o crime perfeito –, estavam claramente sob o domínio de uma *folie à deux*. O mesmo

---

14 Termo usado para designar assassinos que matam pelo puro "barato" de matar, isto é, sem que possuam motivos ou sejam mentalmente desequilibrados. [NT]

se pode dizer de Pauline Parker e Juliet Hulme, as adolescentes da Nova Zelândia que mataram a mãe da primeira a pauladas em 1954 (e cuja história chocante serviu de base para o filme *Almas Gêmeas*, de 1994, dirigido por Peter Jackson).

O fenômeno da *folie à deux* também foi um fator relevante em outros casos notórios de homicídio, como em 2002, no caso da dupla de assassinos relâmpago conhecida como os "Atiradores de Beltway", e em 1999, no caso dos jovens assassinos em massa Dylan Klebold e Eric Harris, do infame massacre de Columbine.

Deve-se ressaltar que nem todos os psicopatas que se unem para cometer assassinatos em série são exemplos de uma *folie à deux*. Por exemplo, individualmente, Henry Lee Lucas e Ottis Toole já eram serial killers antes de unir forças. A rigor, o termo só se aplica a duas ou mais pessoas que, embora propensas ao crime, nunca mergulhariam de cabeça no assassinato em série se não tivessem sido encorajadas por um parceiro entusiasmado. Lake-Ng e Bittaker-Norris são exemplos clássicos.

BIANCHI E BUONO   Outra dupla que segue o mesmo padrão de depravação são Angelo Buono e Kenneth Bianchi, conhecidos como os "Estranguladores da Colina". Nascido em 1951, filho de uma prostituta alcoólatra que o abandonou ao nascer, Bianchi – tal como um surpreendente número de serial killers – foi adotado ainda criança. Desde pequeno ele já manifestava sintomas de psicopatia. Mentiroso compulsivo e com baixíssimo rendimento escolar, Bianchi tinha acessos violentos de raiva diante da menor frustração. Ele sonhava (mais uma vez, como muitos serial killers) tornar-se policial, mas quando a delegacia local negou-lhe emprego decidiu trabalhar como segurança. Essa posição lhe permitia alimentar o vício de cometer pequenos furtos, o que também fez com que fosse demitido de sucessivos empregos.

Em 1976, mudou-se de Rochester, em Nova York, para Los Angeles e logo se uniu a seu primo Angelo Buono – um cafetão sádico com um longo histórico de violência contra mulheres. Embora Buono tivesse se mostrado capaz de brutalidades ultrajantes (certa vez teria sodomizado a mulher diante dos filhos depois que ela se recusou a fazer sexo com ele), nunca se soube – e o mesmo valia para Bianchi – que tivesse cometido assassinato. Juntos, no entanto, formavam uma combinação monstruosa e no outono de 1977 a dupla embarcou em uma das mais terríveis campanhas homicidas dos últimos tempos.

Fazendo-se passar por policiais, os dois atraíam mulheres desavisadas até seu carro, raptavam-nas e as levavam para a casa de Buono no subúrbio. Depois, os corpos nus e violentados das vítimas eram descartados, com frequência nas colinas arborizadas ao redor da cidade.

A primeira a morrer foi uma prostituta de Hollywood chamada Yolanda Washington. Duas semanas depois, no Dia das Bruxas, o cadáver de uma jovem de 15 anos fugida de casa era desovado em um gramado de Glendale. Nos meses seguintes – enquanto a cidade entrava em estado de pânico –, mais oito corpos seriam encontrados. A faixa etária das vítimas variava entre 12 e 28 anos. Todas tinham sido sexualmente violadas (às vezes com objetos como garrafas de refrigerante), estranguladas e torturadas de diversas formas: com injeções contendo produtos de limpeza, queimadas com um cabo elétrico ou asfixiadas com lenta, quase voluptuosa crueldade.

As mortes pararam repentinamente em fevereiro de 1978. Um ano após o último dos assassinatos de Los Angeles, duas moças foram estupradas e assassinadas em Bellingham, Washington. As suspeitas logo recaíram sobre um rapaz que se mudara para a região no ano anterior e trabalhava como segurança: Kenneth Bianchi.

Ligado por evidências sólidas tanto aos estupros seguidos de assassinato em Bellingham quanto a diversas mortes atribuídas aos "Estranguladores da Colina", Bianchi quase conseguiu convencer as autoridades de que sofria de transtorno de personalidade múltipla e que os crimes tinham sido cometidos por um alter ego maligno chamado "Steve". Quando essa artimanha foi desmascarada por um especialista, Bianchi concordou em confessar-se culpado e testemunhar contra seu primo a fim de evitar a execução. Os dois homens foram sentenciados à prisão perpétua. Bianchi cumpre sua pena na prisão de Walla Walla, em Washington. Em 21 de setembro de 2002, Buono, com 67 anos, foi encontrado morto em sua cela na Prisão Estadual de Calipatria, aparentemente vítima de um ataque cardíaco.

OS ESTRIPADORES DE CHICAGO Desde o final da década de 1960, os EUA foram inundados com rumores acerca de cultistas adoradores do diabo que praticavam terríveis orgias de tortura, estupro e sacrifício humano. Na maioria dos casos, essas histórias se revelam falsas – frutos da fértil imaginação de pessoas que assistiram a *O Bebê de Rosemary* (1968) e *A Profecia* (1976) muitas vezes. Em raras ocasiões, no entanto, vários psicopatas podem se juntar para encobrir suas práticas pervertidas sob o disfarce extravagante de um ritual satânico. Foi isso precisamente o que aconteceu em Chicago durante o início dos anos 1980 com uma turma de jovens delinquentes que ficaram conhecidos como os "Estripadores de Chicago" e servem de exemplo para um caso de *folie à deux* envolvendo mais de dois participantes.

O homem acusado de ser o líder dessa gangue degenerada era Robin Gecht, um eletricista magricela de 28 anos cujo histórico profundamente perturbador incluía acusações de molestar a própria irmã. Ele também já tinha trabalhado para o empreiteiro mais infame da cidade, John Wayne Gacy. Junto com seus cúmplices – Edward Spreitzer e os irmãos Thomas e Andrew Kokoraleis, todos na casa dos vinte anos –, acredita-se que Gecht tenha sequestrado e assassinado nada menos que 18 mulheres ao longo de 18 meses, começando em maio de 1981. Algumas eram prostitutas, outras solteiras de classe média ou donas de casa (incluindo a esposa de um antigo e famoso lançador do time de beisebol Chicago Cubs). Todas as mulheres eram estupradas, torturadas e submetidas a terríveis mutilações. Em particular, os assassinos usavam um garrote para cortar fora os seios de suas vítimas. Esses troféus macabros eram levados então ao sótão de Gecht, transformado em uma capela satânica. Lá, o quarteto de depravados realizaria uma comunhão profana, comendo porções dos seios amputados antes de depositá-los em uma espécie de relicário.

O caso foi finalmente encerrado quando uma das vítimas mutiladas sobreviveu e forneceu informações à polícia que levaram à prisão de Gecht e sua turma. Submetido a interrogatório, Tom Kokoraleis abriu o bico. Os "Estripadores de Chicago" rapidamente se voltaram uns contra os outros.

Gecht sustentou de forma sistemática que, tal como Charles Manson, ele nunca matou ninguém: seus seguidores é que o fizeram. Ele foi levado a julgamento por tentativa de homicídio e estupro e atualmente cumpre uma pena de 120 anos em Illinois. Andrew Kokoraleis foi executado por injeção letal em 1999. Seu irmão, Tom, teve mais sorte: sua condenação por assassinato foi revertida com base em uma tecnicalidade jurídica e recebeu uma sentença reduzida de setenta anos na prisão. Edward Spreitzer foi condenado à morte em 1986, mas sua sentença foi posteriormente comutada para prisão perpétua pelo governador George Ryan.

CASAIS ASSASSINOS

Já é horrível o suficiente imaginar dois camaradas pegando a estrada para cometer assassinatos em série, como algum tipo de paródia depravada de Dean Moriarty e Sal Paradise no livro *On the Road: Pé na Estrada* (1957), de Jack Kerouac. Mas há outro tipo de união psicopata que parece, se é que isso é possível, ainda mais incrivelmente doentio: o casal assassino, marido e esposa ou namorada e namorado engajados em assassinatos sádicos como uma forma de apimentar a vida sexual. Enquanto o parceiro é quase sempre a figura dominante em tais duos depravados, a mulher é geralmente uma participante ativa, não apenas encorajando seu parceiro monstruoso, mas extraindo um prazer íntimo e malévolo das atrocidades compartilhadas.

OS GALLEGO   Foi certamente esse o caso de Gerald e Charlene Gallego, que apreciavam assassinatos em série da mesma forma que outros casais saboreavam uma escapada de fim de semana para uma pousada romântica. Filho de uma prostituta da periferia e de um criminoso de carreira violenta cuja vida terminou na câmara de gás do Mississippi, Gallego, nascido em 1946, levou adiante a tradição sociopata da família. Aos trinta anos, acumulava mais de duas dezenas de prisões por diversos delitos, incluindo incesto e estupro. Possuidor de um charme barato, ele era como um ímã para certos tipos de mulheres e aos 32 anos já tinha se divorciado sete vezes. Em setembro de 1977, finalmente conheceu a mulher dos seus sonhos depravados.

Filha única e mimada de um próspero casal da Califórnia, Charlene Williams era uma violinista prodigiosa, um autêntico gênio com um QI de 160, mas também uma jovem profundamente perturbada, reprovada e dispensada da faculdade depois de apenas um semestre, que teve dois breves e desastrosos casamentos aos vinte e poucos anos, e era vidrada em drogas e sexo bizarro. Ela e Gallego foram morar juntos uma semana depois de se conhecerem em um clube de pôquer de Sacramento. "Eu o achava um sujeito legal e boa-pinta", ela diria de seu amante degenerado.

A vida sexual dos dois era previsivelmente sórdida. Gerald eventualmente trazia para casa uma adolescente que havia largado a família para que fizessem sexo a três e Charlene buscava satisfação com amantes lésbicas ocasionais. Impotente quando se tratava de qualquer coisa que se aproximasse ao sexo normal, Gerald precisava de prazeres cada vez mais perversos para conseguir se excitar. Quem teve primeiro a ideia de arranjar "escravas sexuais descartáveis" é um mistério. O que se sabe com certeza é que, a partir de setembro de 1978, o casal homicida pôs em ação um plano monstruoso.

Seu *modus operandi* era o mesmo desde o início. Dirigindo a van de Gallego, eles saíam à caça de vítimas em locais prováveis: feiras municipais, estacionamentos de lojas, shoppings e bares. Enquanto Gerald se escondia no interior do veículo estacionado com um revólver engatilhado, Charlene abordava as vítimas em potencial – em geral, embora nem sempre, pares de garotas adolescentes – e as atraía para a van, quase sempre com a promessa de distribuir drogas de graça. Uma vez nas garras da dupla depravada, as vítimas eram levadas para um local remoto, abusadas sexualmente, tanto pelo marido quanto pela esposa, e depois assassinadas e descartadas. No total, os Gallego assassinaram dez vítimas, em uma faixa etária de 13 a 34 anos, todas exceto uma do sexo feminino.

Eles foram presos em novembro de 1980, quando uma testemunha anotou a placa do carro enquanto os dois raptavam um jovem casal que acabara de sair de um baile universitário. No fim, Charlene fechou um acordo com os promotores, concordando em testemunhar contra o marido em troca de uma sentença de pouco menos de 17 anos na prisão. Condenado à morte em 1983, Gerald conseguiu adiar a execução valendo-se de diversas manobras legais, mas teve um fim merecidamente desagradável de qualquer jeito, quando – em julho de 2002, com 54 anos – morreu de câncer colorretal.

BERNARDO E HOMOLKA O nível extremo de degeneração sexual demonstrado por casais assassinos é de causar espanto. O jovem bem-sucedido Paul Bernardo e sua bela e loira esposa Karla Homolka são mais um exemplo apropriado desse tipo de criminosos. Considerados o Ken e a Barbie dos serial killers, o mundo os enxergava como o retrato da perfeição. Por baixo dessa bela fachada, no entanto, escondiam-se duas das personalidades mais depravadas que se possa imaginar.

Criado, como tantos outros serial killers, em uma família severamente disfuncional (seu pai era um voyeur e pedófilo que molestava a própria filha, e sua mãe era uma mulher grotescamente obesa e depressiva que vivia confinada no porão), Bernardo tornou-se um psicopata clássico: um homem de charme superficial e aparente normalidade que abrigava impulsos profundamente perversos e que não possuía um pingo sequer de consciência. Enquanto o mundo o via como um contador de sucesso, ele na verdade ganhava dinheiro como um contrabandista de segunda categoria, transportando cigarros através da fronteira em carros com placas roubadas. As mulheres que ele namorava logo se viam não com o jovem sensível que tinham imaginado, mas nas mãos de um sádico perverso que gostava de espancá-las e humilhá-las e cuja atividade sexual favorita era o estupro anal.

Karla Homolka, tão desprovida de faculdades morais como seu amante, acabou se revelando a companheira perfeita para Paul, avidamente satisfazendo – e incentivando – seus mais depravados desejos. Ele gostava de filmá-la enquanto ela se acariciava e dizia como seria divertido arranjar virgens de 13 anos para que ele estuprasse. Quando Paul expressou o desejo de deflorar a irmãzinha dela, Tammy, Karla se dispôs alegremente a ajudar, roubando um pouco de halotano – sedativo usado em animais – da clínica veterinária na qual ela trabalhava. Em 23 de dezembro de 1990 – depois de um alegre jantar de antevéspera de Natal na casa de Homolka –, Paul embebedou a garota de 15 anos com bebidas contendo sonífero. Quando ela desmaiou, Paul a estuprou enquanto Karla segurava um pano embebido de halotano sobre o rosto da irmã para se certificar de que ela continuaria inconsciente. Infelizmente, ela vomitou, morrendo engasgada com o próprio vômito.

Tammy Homolka foi a primeira a morrer nas mãos da dupla pervertida. Entre junho de 1991 e abril de 1992, Bernardo e Homolka sequestraram mais três garotas adolescentes. As vítimas eram submetidas a uma série de degradações e tormentos, com Karla e Paul se revezando para fazer sexo com as prisioneiras enquanto o outro filmava as atrocidades. No final, as garotas eram assassinadas, e seus corpos – às vezes desmembrados, às vezes intactos – eram descartados em um lago ou uma vala.

Enquanto essas mortes horrendas se seguiam, Paul – encorajado por Karla – levava uma carreira independente como estuprador em série em Scarborough, no Canadá. Mas com o tempo, quando começou a bater em Karla, ela voltou-se contra ele. Já sob suspeita de ser o "Estuprador de Scarborough", Bernardo foi preso e indiciado por duas acusações de assassinato qualificado, duas de lesão corporal qualificada, duas de violação sexual, duas de sequestro e uma por atos de indignidade contra o corpo humano. Em troca de sua cooperação total, ==Karla recebeu uma sentença branda. Bernardo, condenado por todas as acusações, recebeu prisão perpétua.==

> Veja bem, tínhamos uma fantasia sexual, então simplesmente a pusemos em prática. Quer dizer, como era uma coisa fácil, divertida e que gostávamos muito de fazer, por que não faríamos?
>
> — CHARLENE GALLEGO, explicando por que ela e seu marido raptaram, estupraram e assassinaram dez pessoas —

OS WEST Fora das páginas do Marquês de Sade, seria difícil encontrar seres humanos tão obscenamente perversos como o casal de psicopatas britânicos Fred e Rose West. Como Karla Homolka – que sacrificou a própria irmã à sádica luxúria de seu parceiro –, os West não tinham escrúpulos em se aproveitar de seus parentes mais próximos. Incesto era apenas uma das inúmeras perversões que os dois apreciavam. Sem dúvida, o casal era ainda mais monstruoso que suas contrapartes canadenses, já que suas vítimas incluíam vários dos seus próprios filhos.

Nascido em 1941, o simiesco ==Fred West era o produto de um lar em que o incesto era corriqueiro.== Aos vinte anos, era um ladrão contumaz e um molestador de crianças condenado que engravidara uma menina de 13 anos ("Todo mundo não faz isso?", disse Fred em sua defesa quando confrontado com tal crime).

Em 1962, casou-se com Catherine "Rena" Costello, uma adolescente problemática e prostituta nas horas vagas que carregava o bebê de outro homem. Pouco tempo depois, ela deu à luz uma menina, Charmaine. Com Fred, que gostava de engravidar suas mulheres quase na mesma proporção que gostava de observá-las fazendo sexo com outros homens, ela logo concebeu de novo. A filha deles, Anna Marie, nasceu em 1962.

Por algum tempo, Fred dirigiu um caminhão de sorvete – um trabalho que oferecia numerosas oportunidades de se aproveitar de garotinhas. Mais tarde, arranjou trabalho em um abatedouro, uma experiência que logo viria a usar para fins terríveis.

Em 1967, farta das perversas exigências sexuais de seu marido, Rena saiu de casa. Tão logo ela partiu, Fred se envolveu com uma amante adolescente chamada Anna McFall e não demorou a engravidá-la. Quando ela começou a pressioná-lo para casar, Fred a matou e esquartejou, guardando seus dedos das mãos e dos pés como recordações – uma grotesca "assinatura" ritualística que ele repetiria em ocasiões futuras.

Depois de voltar a morar com Fred por um breve período, Rena o abandonou de vez, deixando-o com a guarda das filhas, Anna Marie e Charmaine, as quais Fred molestava com frequência. Finalmente, em 1969 – ao completar 28 anos –, Fred conheceu a mulher que se tornaria sua parceira em atrocidades pelo resto de sua vida abominável.

Rosemary Letts, com 16 anos na época, era filha de um pai esquizofrênico e uma mãe depressiva que fora submetida a tratamentos de choque enquanto estava grávida dela. Rose se tornou uma jovem solitária, degenerada e de trato grosseiro, que gostava de deitar na cama com seu irmão mais novo e acariciá-lo sexualmente.

Depois de um ano morando com Fred, ela deu à luz uma filha, Heather. Pouco depois – aparentemente em um acesso de ressentimento – ela matou a enteada de Fred, Charmaine. Fred desfez-se do corpo da menina de sua forma preferida, guardando os dedos das mãos e dos pés para sua coleção macabra. Filha de Fred com Rena, Anna Marie era submetida a constantes torturas sexuais por seu pai e sua nova esposa. Rose segurava a menina de oito anos enquanto Fred a estuprava. Quando Rena apareceu à procura de seus filhos, foi assassinada e descartada da maneira usual: corpo desmembrado, dedos das mãos e dos pés removidos.

Nas duas décadas seguintes, os West levaram uma vida externamente respeitável enquanto se dedicavam a uma existência secreta de inimaginável depravação. Rose trabalhava em casa como prostituta, divulgando seus serviços em revistas dedicadas à prática do suingue (troca de casais). Grávida com frequência, ela deu à luz mais sete filhos, alguns de Fred, outros de clientes. Não satisfeitos com a vida sexual criminosamente pervertida que levavam (entre outras inúmeras bizarrices, Fred costumava levar amigos para casa e observá-los ter relações sexuais com sua filha menor de idade, Anna Marie), os West foram buscar mais emoção no assassinato sádico em série. Pelo menos nove garotas – na faixa etária de 15 a 21 anos – foram atraídas até a casa deles ou raptadas das ruas. Uma vez em cativeiro, elas eram submetidas a prolongadas torturas sexuais (que às vezes chegavam a durar uma semana) antes de serem mortas, esquartejadas e enterradas no porão. Quando o porão ficou superlotado, os West o transformaram em um quarto de bebê para sua prole e começaram a plantar novos cadáveres no quintal dos fundos.

==A última vítima a ser enterrada no quintal do casal foi sua própria filha de 17 anos.==

Em agosto de 1992, alertada por acusações de abuso infantil, a polícia foi até a casa do casal e prendeu Fred e Rose pelo estupro de uma menor. Tomadas sob a tutela do Estado, as crianças revelaram que seus pais as mantinham na linha com uma ameaça de dar arrepios. Se não se comportassem, foram informados, acabariam "debaixo do quintal, como Heather". Escavando o quintal, os investigadores rapidamente descobriram restos humanos. Então voltaram a atenção para o porão, que revelou seu macabro tesouro. Em 1995, no dia de Ano-Novo, após confessar 12 assassinatos, Fred West se enforcou em sua cela com um lençol. Oito meses depois, Rose foi a julgamento e acabou sentenciada à prisão perpétua por dez acusações de assassinato.

Ian Brady e Mira Hindley

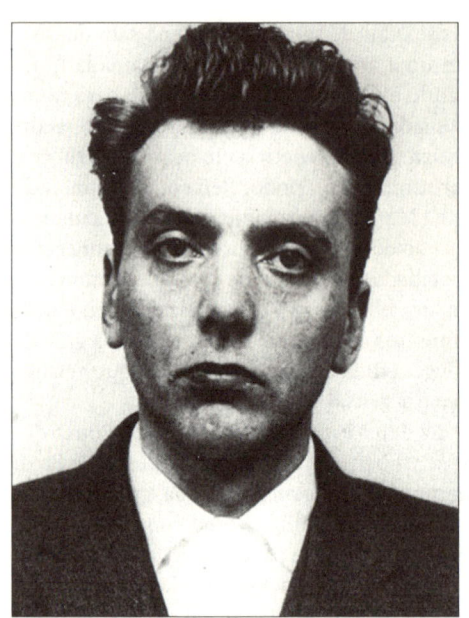

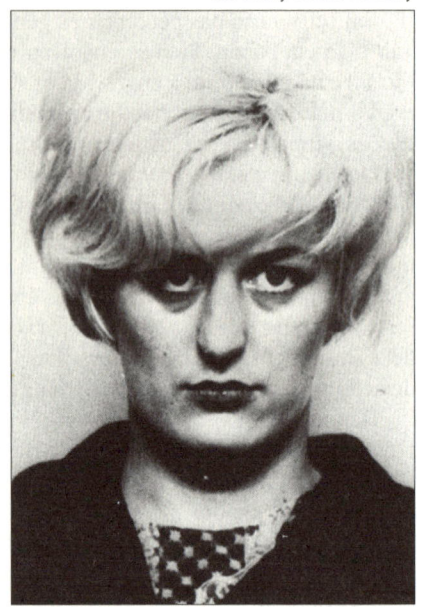

BRADY E HINDLEY   Trinta anos antes das atrocidades dos West virem à luz, outro casal britânico de assassinos, Ian Brady e Myra Hindley – os famigerados "Assassinos do Pântano" – ficaram marcados como os criminosos mais hediondos de sua época.

Filho ilegítimo de uma garçonete de Glasgow que o entregou para ser criado por um casal, Brady exibia sintomas clássicos de psicopatia desde pequeno. Embora fosse excepcionalmente inteligente, tinha fraco desempenho na escola, vivia tendo acessos violentos de raiva e era dado a crueldades extremas com animais: apedrejava cães, decapitava coelhos e, em uma ocasião, enterrou um gato vivo. Brady teve problemas com a lei desde novo e foi preso diversas vezes quando adolescente.

Em 1961, aos 21 anos, enquanto trabalhava como um empregado de estoque, Brady conheceu a datilógrafa Myra Hindley, um loira oxigenada de 18 anos que buscava desesperadamente uma válvula de escape para sua vida tediosa. Sob o feitiço tóxico de Brady, ela cedeu avidamente às fantasias pornográficas deste, posando em trajes de nazista/dominadora e engolindo sem pensar a insipiente "filosofia" sádica de Brady.

Incentivado pela servil devoção de sua amante, Brady se sentia cada vez mais impelido a explorar os limites externos da depravação humana. Entre novembro de 1963 e dezembro de 1964, o monstruoso casal raptou, estuprou e assassinou quatro crianças e em seguida enterrou seus restos nos pântanos. Em geral, era Hindley quem atraía as vítimas ao seu destino fatal. O grau exato de participação dela nos assassinatos em si ainda é uma questão controversa, mas Brady claramente assumiu o papel mais ativo. O último assassinato do casal foi, sob muitos aspectos, o mais terrível. Depois de raptar Lesley Ann Downey, de dez anos, de uma feira local, eles a levaram à casa de Hindley, onde a menina foi despida, amarrada e forçada a posar para fotos pornográficas. Então, antes de matá-la, eles gravaram seus comoventes pedidos de misericórdia em uma fita.

Em outubro de 1965, Brady abordou um rapaz gay de 17 anos chamado Edward Evans, levou-o à casa de Hindley e rachou-lhe a cabeça com um machado bem na frente de uma testemunha, o cunhado de Myra, Dave Smith. Chocado com o crime, Smith informou às autoridades o que vira. Depois de prender Brady e Hindley, os policiais fizeram uma busca na casa de Myra e encontraram um comprovante dobrado dentro de um livro de orações. Isso os levou a um armário na estação de trem local. Dentro do armário, acharam duas malas contendo uma grande quantidade de provas incriminadoras, incluindo a fita onde fora gravada a tortura da pequena Lesley Downey. Quando a fita foi posteriormente reproduzida durante o julgamento do monstruoso casal, pessoas presentes à sala do tribunal – não apenas membros do júri e espectadores, mas também policiais calejados – choraram abertamente. Apenas Brady e Hindley pareciam indiferentes.

Em maio de 1966, ambos os "Assassinos do Pântano" foram condenados à prisão perpétua. Nas décadas seguintes, o repúdio do público pelos dois permaneceu intacto. Quando um retrato de Hindley – pintado em uma espécie de estilo pontilhista a partir de digitais de mãos de crianças – foi exibido em uma mostra de arte em Londres, o fato causou revolta em todo o país. Em 15 de novembro de 2002, Myra morreu de insuficiência respiratória, aos sessenta anos. Brady permanece atrás das grades.

Ele é cruel e egoísta, e eu o amo.
— MYRA HINDLEY, escrevendo sobre IAN BRADY em seu diário —

CLARK E BUNDY É difícil saber que fatores ou influências durante sua infância transformaram Douglas Clark em um monstro. Embora frequentemente desenraizado quando mais novo – seu pai, um capitão de corveta da Marinha, mudava-se constantemente com a família de um posto internacional a outro –, Clark desfrutou de uma educação privilegiada, vivendo no tipo de luxo colonial que um belo salário americano pode proporcionar em lugares como as Ilhas Marshall ou a Índia. Ele tinha empregados a sua disposição e frequentava escolas particulares de elite. É o tipo de vida que costuma produzir indivíduos profundamente egocêntricos que crescem com uma aguçada percepção de direito adquirido e para os quais só importa satisfazer os próprios caprichos. No caso de Clark, produziu algo infinitamente pior – um predador sexual psicopata. Suas brincadeiras maldosas quando adolescente (gravando secretamente suas namoradas durante o sexo, por exemplo, para depois exibir os vídeos aos colegas) foram apenas um aquecimento para algumas das maiores barbaridades da história criminal dos EUA.

As forças que deformaram Carol Bundy são mais fáceis de distinguir. Embora – em seu jeito tipicamente desiludido – ela se lembrasse de sua infância mais tarde em termos idealizados como um tempo caloroso e feliz, ela foi na verdade submetida a abusos terríveis por ambos os pais. A ideia que sua mãe tinha de disciplina era infligir-lhe surras selvagens com um cinto e dizer que ninguém a amava ou a queria em casa. Na noite em que a esposa morreu, o pai alcoólatra de Carol anunciou às suas duas filhas menores de idade – Carol, com 13 anos, e sua irmã, com 11 – que agora era responsabilidade delas assumir o lugar da mãe na cama dele. No ano que se seguiu, até voltar a se casar, ele se revezava para molestar ambas as meninas.

Aos 17 anos, Carol casou-se com um homem de 56 anos para ficar longe do pai (que se enforcou alguns anos mais tarde). Quando seu novo marido tentou forçá-la a se prostituir, ela o deixou por outro, que logo começou a espancá-la. Em 1979, fugiu com os filhos para um abrigo para mulheres vítimas de violência, e depois se instalou em um apartamento em Van Nuys, na Califórnia, onde rapidamente iniciou um obsessivo caso amoroso com o síndico, um homem casado chamado John Murray. Quando ele decidiu largá-la, Carol ficou devastada. Três meses depois, ela conheceu Douglas Clark.

Naquela altura, Clark tinha um longo histórico de exploração sexual de mulheres desesperadas. Em Carol Bundy – uma mulher acima do peso, com miopia severa, cuja vida de abusos lhe tinha roubado qualquer resquício de autoestima e que era patologicamente carente de afeto – ele encontrou um par perfeito: uma mulher que quase poderia ser descrita como sua alma gêmea, embora houvesse pouco nas ações subsequentes de Douglas Clark sugerindo que ele tivesse uma alma humana.

Sob o domínio do novo amante, Carol logo se tornou sua fiel escrava. Quando não estava ocupada trabalhando como enfermeira no Valley Medical Center, em Van Nuys, ela o ajudava a pôr em prática fantasias sexuais cada vez mais depravadas. Começou tirando fotos dele enquanto tinha relações sexuais com várias parceiras menores de idade – uma delas uma criança de apenas 11 anos. Ter a namorada fotografando seus encontros pedófilos, no entanto, não era pervertido o suficiente para Clark, que começara a se entregar a elaborados devaneios de assassinato, mutilação e necrofilia. Em junho de 1980, ele abordou duas adolescentes fugidas de casa, coagiu-as a fazer sexo oral nele sob a mira de um revólver e depois matou as duas com tiros na cabeça. Em seguida, sodomizou os corpos antes de jogá-los em um aterro de estrada. Então foi para casa compartilhar a história de sua atrocidade com Carol.

Não demorou muito até que a sempre submissa Carol começasse a participar ativamente dos crimes bárbaros de Clark. Às vezes, ela o acompanhava em suas incursões à decadente Sunset Strip[15] atrás de jovens prostitutas. Ele convencia as mulheres a entrar no carro e depois as baleava na cabeça enquanto faziam sexo oral nele. Outras vezes – em uma caricatura obscena da amorosa dona de casa que arruma a marmitinha do marido em uma sacola para viagem – ela preparava uma "sacola de matar" para Clark (contendo facas, toalhas de papel, sabonete líquido, sacos plásticos e luvas de borracha) e depois o via sair para sua ronda noturna.

A cumplicidade de Carol nas atrocidades do marido chegou ao ápice da perversidade quando Clark levou para casa a cabeça decapitada da prostituta de rua Exxie Wilson, de vinte anos. Dedicando-se com energia aos "joguinhos" macabros de seu amante, Bundy aplicou cosméticos na cabeça e deu-lhe um belo penteado, após o que Clark a levou para o banheiro para uma sessão necrofílica de sexo oral. "A gente se divertiu muito com ela", Bundy diria mais tarde à polícia. "Eu a maquiei como a Barbie."

Embora devotada a seu amante depravado, Bundy ainda tinha uma forte queda por John Murray e ocasionalmente os dois tinham encontros sexuais furtivos, em um

---

15 Famosa área de lazer e entretenimento que se estende por uma faixa que vai de Hollywood a Beverly Hills, em Los Angeles, Califórnia. [NT]

dos quais a mulher revelou a Murray que seu novo amante, Doug Clark, era o "Assassino de Sunset Strip", cujos crimes estavam em todos os jornais. Dias depois, arrependida de sua indiscrição, Bundy marcou um novo encontro com Murray e então o matou a facadas, cortou-lhe a cabeça e a levou para casa em um saco plástico para descartá-la mais tarde.

Mas aquela vida de horrores seria demais para Bundy, que, tendo um colapso nervoso no trabalho, começou a soluçar, dizendo: "Não aguento mais. Eu deveria salvar vidas, não tirá-las". Pouco tempo depois, ela e Clark foram presos. Condenada, Bundy recebeu duas sentenças consecutivas de 27 e 25 anos de prisão. Clark recebeu a pena capital e ainda está no corredor da morte, trinta anos após sua condenação.

OS BIRNIE Tal como outros casais monstruosos, os australianos David e Catherine Birnie eram dois pervertidos profundamente codependentes que usavam o estupro, a tortura e o assassinato para apimentar sua vida sexual. Como é típico nesses casos, o homem tomava a dianteira, enquanto a parceira era uma cúmplice submissa, que se dedicava de corpo e alma às atrocidades praticadas em conjunto como uma forma de agradar seu homem.

Um sujeito vadio, de feições esquálidas, que cresceu em várias instituições do governo e teve diversas passagens pela polícia ao longo da adolescência, David Birnie conheceu a futura comparsa quando os dois eram crianças. No final da adolescência, os dois se juntaram para realizar uma série de roubos que acabou enviando o casal para a prisão. Catherine, liberada depois de seis meses, foi trabalhar como empregada doméstica em tempo integral e apaixonou-se pelo filho de seu patrão, com quem acabou se casando. Entretanto, quanto mais o relacionamento se deteriorava, nos anos seguintes, mais ela sentia falta de David Birnie. Em 1985, ela abandonou o marido e cinco filhos para morar com Birnie, assumindo seu sobrenome sem se preocupar com as formalidades de um casamento. Não demorou até que o relacionamento tóxico dos dois os levasse a explorar novos extremos de depravação.

Como outros casais assassinos, os Birnies tinham forte predileção por perversões sexuais. Conforme sua ânsia por experiências cada vez mais extremas aumentava, os Birnie começaram a falar abertamente sobre suas fantasias de rapto e estupro. A primeira vez que puseram em prática esses desejos degenerados foi em outubro de 1986, quando atraíram uma colegial de 22 anos até a casa decrépita em que moravam, na periferia de Perth. Sob a ameaça de uma faca, a jovem foi amarrada, amordaçada e acorrentada a uma cama. Birnie a estuprou diversas vezes na frente de Catherine. Em seguida, a depravada dupla levou a vítima a uma área de deserto na qual ela foi estrangulada com uma corda de náilon e enterrada em uma cova rasa.

Três crimes bárbaros praticamente idênticos se seguiram. O último desses crimes foi tão terrível que até Catherine ficou abalada. A vítima – uma garota de vinte anos raptada de um ponto de ônibus – foi levada a uma floresta, estuprada, apunhalada repetidas vezes e, por fim, depositada em uma cova rasa. Conforme Birnie começava a cobrir a vítima de terra, ela recobrou a consciência e se sentou de repente. Birnie, então, a golpeou na cabeça com um machado. Quando nem mesmo esse tremendo golpe a matou, Birnie viu-se forçado a partir a cabeça dela em dois.

Eles levaram para casa outra vítima para ser abusada e assassinada apenas cinco dias depois. Catherine – ainda abalada pelo horrível incidente com a vítima anterior

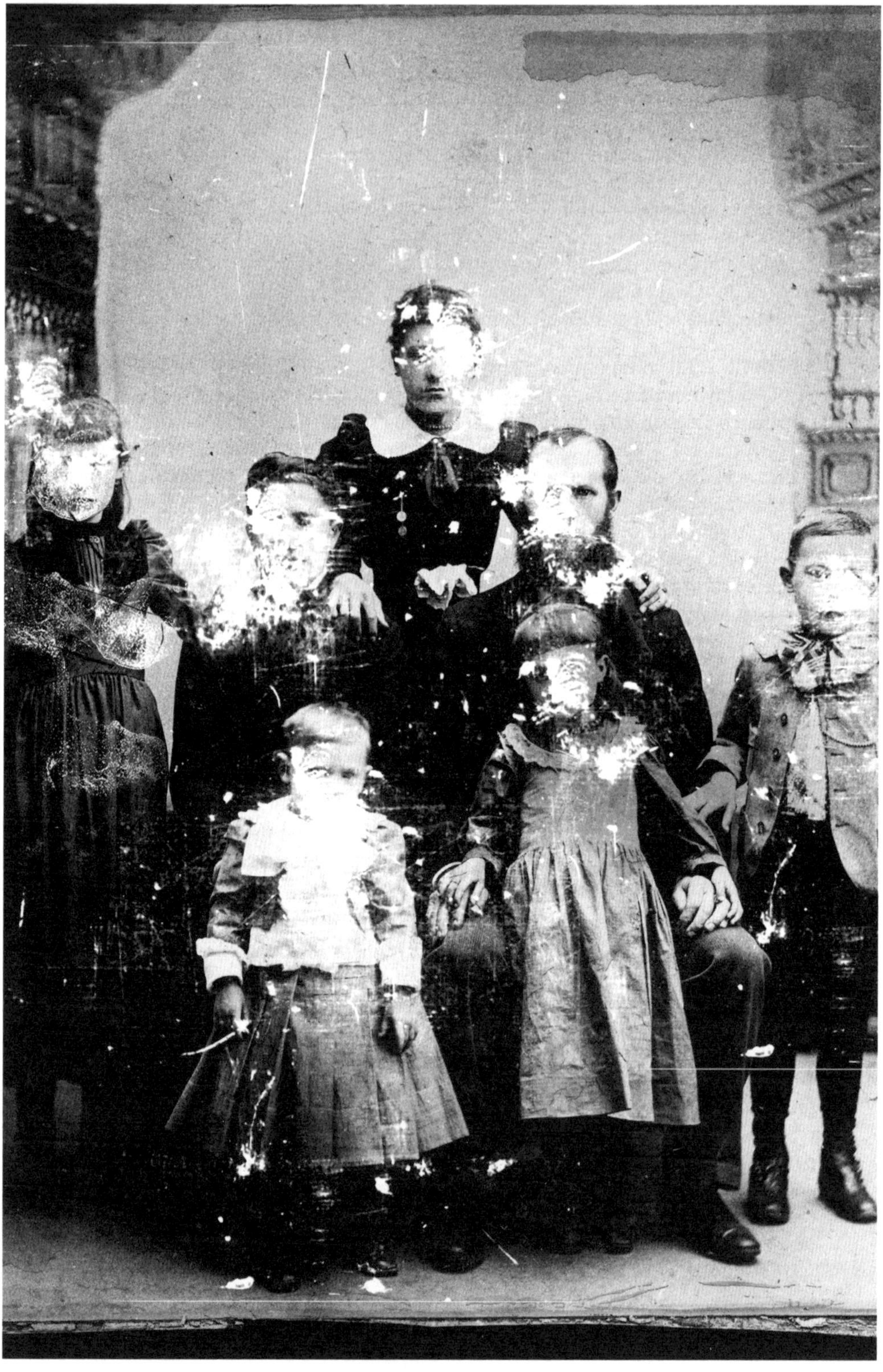

– deixou a garota de 16 anos desamarrada e sozinha no quarto enquanto Birnie trabalhava. A prisioneira conseguiu escapar e forneceu à polícia detalhes completos sobre a identidade de seus algozes.

Detidos, Birnie e sua companheira confessaram ter torturado e assassinado quatro vítimas e conduziram a polícia aos locais em que haviam enterrado os corpos. Julgados em 1987, os dois foram declarados culpados de quatro acusações de assassinato e receberam a pena máxima de prisão perpétua.

FAMÍLIA QUE MATA UNIDA PERMANECE UNIDA

Alguns assassinos em grupo estão ligados não apenas por um vínculo psicológico doentio – ==um interesse mútuo por tortura e assassinato== –, mas por ==laços reais de sangue.== Os Estranguladores da Colina, por exemplo, eram primos. Assim como também o eram uma dupla de psicopatas sanguinários que aterrorizou a fronteira norte-americana há mais de dois séculos.

OS HARP(E)   Seus nomes eram William e Joshua Harpe. Embora muitas vezes referidos como irmãos, eles eram na verdade primos – filhos de dois irmãos escoceses que emigraram de sua terra natal para a Carolina do Norte por volta de 1760.

Quando jovens, durante a Guerra de Independência dos EUA, os jovens Harpe escolheram o lado errado, lutando ao lado dos britânicos. Seus motivos tinham menos a ver com política do que com as oportunidades de estupro, pilhagem e assassinato que o conflito lhes proporcionava. Depois de perder uma batalha na Carolina do Sul, a dupla animalesca desertou dos Casacas Vermelhas e fugiu para o deserto. Dentro em pouco, raptaram duas mulheres e as levaram para o Tennessee, instalando-se perto de Chattanooga. Nos anos seguintes, assaltaram fazendas e roubaram viajantes incautos. Reza a lenda que teriam matado quatro de sua própria prole: bebês indesejados gerados por suas mulheres cativas.

Por volta de 1794, ==os primos assassinos abandonaram o "e" final dos sobrenomes e mudaram seus nomes de batismo para Micajah e Wiley.== Ao longo da fronteira, no entanto, eles ficariam conhecidos simplesmente como Big Harp ("Grande Harp") e Little Harp ("Pequeno Harp") – nomes que inspiravam medo nos habitantes daquela região isolada. Em 1798, os Harp embarcaram no que muitos historiadores criminais ==consideram a primeira onda de assassinatos relâmpago== da história norte-americana. Em um período de nove meses, eles percorreram os estados do Tennessee, Virgínia, Kentucky e Illinois em uma campanha homicida que fez um número estimado de quarenta vítimas em uma época em que o país contava com uma população inferior a seis milhões de pessoas.

Alguns dos seus assassinatos foram especialmente atrozes. Em uma ocasião, eles despiram um homem, amarraram-no a um cavalo, depois vendaram o animal e o fizeram correr em direção a um penhasco. Em outro, Big Harp pegou a própria filha de quatro anos pelo tornozelo e arrebentou sua cabeça contra uma árvore porque temia que o choro da criança pudesse alertar os homens do xerife sobre o paradeiro dos dois. Os Harp também gostavam de abrir suas vítimas com uma faca e encher seus estômagos com pedras antes de jogar os corpos em um rio.

No fim, Big Harp foi baleado e gravemente ferido por um bando de perseguidores perto da atual cidade de Dixon, no Kentucky. Um dos membros do bando, Moses Stegall – cuja esposa e filho foram assassinados pelos Harp –, decapitou o bandido ainda vivo com uma faca de caça e empalou a cabeça em uma árvore, onde deixou-a apodrecer. Até hoje, o local é conhecido como Harp's Head ("Cabeça de Harp").

Little Harp escapou, mudou seu nome para Sutton e se juntou a um bando de piratas do rio Mississippi. Em 1804, no entanto, depois de ser reconhecido em Greenville, Mississippi, foi preso, condenado e enforcado. Assim como ocorreu com seu irmão, sua cabeça foi decepada e exposta em uma estaca para servir de aviso a outros bandidos.

OS KALLINGER Outros assassinos em grupo têm grau ainda maior de parentesco entre si que os primos Harp. Na década de 1970, por exemplo, um sapateiro da Filadélfia chamado ==Joseph Kallinger recrutou seu próprio filho como cúmplice== em uma série de crimes hediondos.

Nascido em 1936, Kallinger foi abandonado quando criança e adotado aos 18 meses de idade por um sádico casal de austríacos que o submetiam a brutais flagelações, o espancavam com um martelo e o convenceram de que seu pênis ficara permanentemente atrofiado depois de uma operação de hérnia a que ele foi forçado a se submeter aos seis anos. Dois anos mais tarde, sob a ameaça de uma faca, ele foi seguidamente estuprado por um bando de garotos mais velhos.

Como era de se esperar, ele cresceu profundamente perturbado. Quando adolescente, gostava de se masturbar enquanto desferia golpes de faca em fotos pornográficas. Era um piromaníaco crônico que provocava incêndios tanto por prazer quanto por lucro. Por um lado, incendiava casas para resgatar o dinheiro do seguro; por outro, pela sensação extasiante de poder que sentia ao ver os prédios ardendo em chamas.

Internado brevemente em hospitais psiquiátricos por duas ocasiões, foi diagnosticado como um esquizofrênico sádico com uma atitude profundamente hostil com relação às mulheres. Na maior parte do tempo, no entanto, conseguia se fazer passar por uma pessoa normal. Casado duas vezes e pai de sete filhos, ele abriu uma loja de conserto de sapatos no distrito de Kensington, na Filadélfia. Para o mundo exterior, ele era um trabalhador autônomo dedicado e um membro respeitável da comunidade.

==Em casa, sua violência sádica era como um vulcão== sempre em erupção. E os filhos foram os primeiros a sofrer as consequências. No início de 1972, três deles registraram queixas de abuso contra o pai, incluindo a filha de 13 anos, Mary Jo, que relatou que, certa vez, como castigo por uma alguma infração leve, ==seu pai marcara sua coxa com a lâmina em brasa de uma espátula.== Kallinger foi condenado, mas solto, sob liberdade condicional, depois de apenas alguns meses atrás das grades.

Em 1974, sua psicose chegou ao auge. Entre outros sintomas, ele começou a ouvir vozes – que brotavam de uma cabeça flutuante invisível chamada "Charlie" – ordenando que matasse e castrasse rapazes. Quando pediu ao filho Michael, de 13 anos, que o ajudasse na absurda missão, este prontamente concordou. Em 7 de julho de 1974, eles atraíram um garoto porto-riquenho até uma fábrica abandonada, tiraram-lhe a roupa, amordaçaram-no com as próprias meias e cortaram fora seu pênis.

A próxima vítima foi o filho de 12 anos de Kallinger, Joey. Kallinger o afogou em um tanque com água parada no porão de uma fábrica abandonada de tapetes enquanto Michael assistia à cena.

A partir de novembro de 1974, Kallinger e seu filho saíram em uma campanha sem precedentes de estupro e roubo, invadindo casas em Nova Jersey, Pensilvânia e Maryland, assaltando as moradoras e fugindo com dinheiro e joias. A onda de crimes da dupla, que já durava nove meses, culminou em um terrível episódio, quando – depois de obter acesso a uma casa em Leonia, Nova Jersey, e amarrar oito pessoas sob a mira de um revólver – Kallinger cortou a garganta de uma mulher de 21 anos por ela se recusar a arrancar o pênis de uma das vítimas com os dentes. Duas semanas depois, Kallinger e seu filho foram presos.

Michael – ==que a Justiça julgou ter agido sob a influência nefasta do pai== – ganhou liberdade condicional depois de ficar um período no reformatório. Kallinger foi sentenciado à prisão perpétua. Na prisão, ==sofreu um progressivo colapso mental==, proclamando ser Deus e declarando seu desejo de matar todas as pessoas do mundo. Também desenvolveu um fascínio obsessivo por suas próprias fezes, que gostava de comer da privada, cheirar em sua pele e enviar a amigos por correspondência. Ele morreu de um ataque epiléptico em 26 de março de 1996, aos 59 anos de idade.

OS PANDY Outro assassino sexual em série que recrutou o próprio filho – no caso, filha – a participar de suas atrocidades foi o pastor belga Andras Pandy. Homem corpulento, sempre de óculos, com um eterno meio sorriso no rosto e um ridículo penteado de Príncipe Valente,[16] o clérigo de meia-idade parecia ser a última pessoa na face da terra capaz de cometer atos de depravação e assassinato. Por baixo dessa fachada inocente, entretanto, escondia-se um psicopata de monstruosas proporções.

Refugiado da Hungria, Pandy fixou-se em Bruxelas em 1956 e se tornou um pastor respeitado e fundador de uma organização humanitária supostamente criada para prestar assistência a crianças órfãs durante a revolução romena que derrubou a ditadura de Ceaucescu. Em casa, no entanto, ele era um perverso predador sexual. Pandy começou a estuprar a filha, Agnes, quando ela contava 13 anos. Psicologicamente escravizada pelo pai degenerado, Agnes foi forçada a ajudá-lo em uma série de crimes horrendos. Entre 1986 e 1992, eles assassinaram um número indeterminado de vítimas – algumas a marretadas, outras a tiros –, que depois esquartejavam e dissolviam em um tonel cheio de um produto para desentupir ralos com alto teor corrosivo que podia ser facilmente encontrado nas lojas. Seis das vítimas eram membros da própria família de Pandy – sua primeira e segunda esposas, vários filhos e enteados. Outras eram aparentemente órfãs recrutadas através de sua instituição de "caridade", juntamente com mulheres que atraía para suas garras por meio dos classificados de namoro de um jornal húngaro.

Em 1997, Agnes – então já com quase quarenta anos – confessou à polícia. Fazendo uma busca na casa de Pandy, os investigadores encontraram provas macabras de suas

16   Famoso personagem de histórias em quadrinhos de temática medieval. [NT]

atrocidades – ossos e dentes humanos no porão, pedaços de carne humana no seu congelador. Preso em 1997, o "Pastor Diabolique" – como foi apelidado pela imprensa local – finalmente foi a julgamento em fevereiro de 2002 e recebeu prisão perpétua por seis acusações de assassinato. Por ajudar seu pai monstruoso, Agnes recebeu uma sentença de 21 anos na prisão.

> Era minha tarefa retirar os órgãos enquanto Pandy
> retalhava os corpos. Eu usava uma faca de cozinha comum.
> Você precisa usar muita força. Não é tão fácil.
> — AGNES PANDY, explicando como estripou uma de suas meias-irmãs —

OS BEANE Entre os crimes mais escandalosos da sangrenta década de 1960 estavam os pavorosos assassinatos perpetrados pelo grupo que ficou conhecido como família Manson. Claro, o bando de lunáticos responsáveis pela carnificina não eram realmente parentes; apenas uma turma de pseudo-hippies psicopatas sob a influência de seu desvairado messias. Mas já houve, sim, alguns casos em que famílias inteiras colaboraram em assassinatos em série.

Um lendário clã de assassinos foi a tribo bárbara liderada por um fora da lei do século XV, Sawney Beane. Nascido durante o reinado de James IV da Escócia, o sanguinário Beane e sua concubina fugiram da sociedade civilizada e encontraram refúgio em uma caverna na costa de Galloway, onde geraram uma família que – através de anos de reprodução incestuosa – chegou a quatro dezenas de membros. O principal componente de sua dieta era carne humana. Atacando viajantes incautos, o clã selvagem não apenas roubava, mas canibalizava as vítimas, "despedaçando-as em sua cova, e depois salgando e conservando a carne para consumo futuro", conforme escreve o historiador Michael Anglo.

Segundo a lenda, centenas de pessoas acabaram como forragem para a família devoradora de homens. O esconderijo dos Beane foi finalmente descoberto quando alguns viajantes avistaram diversos membros da monstruosa família banqueteando-se com a carne de um casal recentemente morto que fora emboscado a caminho de casa, vindo de uma feira. Liderado pelo próprio rei da Escócia, um pequeno exército cercou todo o clã, que foi condenado a uma punição proporcional a seus crimes.

"Os órgãos sexuais dos homens eram cortados e lançados a uma fogueira, e suas mãos e pernas separadas de seus corpos", relata o historiador Anglo. "As mulheres eram forçadas a assistir enquanto eles sangravam até a morte. Finalmente, rogando pragas e xingando palavrões, as mulheres eram jogadas em fogueiras e lentamente queimadas até a morte."

PAIS DE FAMÍLIA

Embora mulheres psicopatas como Karla Homolka, Charlene Gallego e Rosemary West fossem cúmplices ativas das depravações praticadas por seus maridos, nem toda mulher casada com um assassino sádico participa de suas atrocidades. Na verdade algumas delas nem sequer sabem que seus companheiros são serial killers.

Certamente há certo grau de negação em jogo nesses casos. Quando a esposa de Herb Baumeister, Julie, o questionou sobre o esqueleto humano que o filho encontrara semienterrado no quintal, Herb explicou apressadamente que se tratava apenas de um velho espécime de laboratório herdado de seu pai, que era médico. Por mais insólita que fosse essa história, Julie escolheu acreditar nela. Na maioria dos casos, no entanto, o fato de que alguns serial killers são capazes de enganar as próprias famílias põe em relevo um dos traços mais assustadores desses psicopatas: sua habilidade de se fazer passar por normais para ocultar suas monstruosas identidades secretas do resto do mundo, até mesmo daqueles com quem compartilham suas casas.

Peter Kürten, por exemplo, era casado com uma mulher perfeitamente normal e respeitável, que nunca suspeitara que seu marido fosse o infame "Monstro de Düsseldorf", responsável por matar selvagemente 29 vítimas em 1929. Assim como a esposa do maníaco russo Andrei Chikatilo, que não tinha ideia de que estava casada com uma criatura que não só assassinara mais de cinquenta vítimas como também perpetrara atos abomináveis de tortura, mutilação e canibalismo com seus corpos. Peter Sutcliffe – também conhecido como o "Estripador de Yorkshire" – mantinha a fachada de respeitável homem de família enquanto promovia, ao longo de cinco anos, uma onda brutal de assassinatos que custou a vida de 13 mulheres.

É bem verdade que algumas mulheres de serial killers se dão conta de que seus maridos são seriamente perturbados. A primeira mulher de John Wayne Gacy, por exemplo, divorciou-se depois que ficou claro que ele era um molestador inveterado de meninos. Seu segundo casamento terminou por razões similares. E em 1944, a esposa do serial killer de prostitutas Steve Wilson deixou o marido por causa de sua mania de se aproximar furtivamente dela quando estava nua e dar-lhe um talho nas nádegas com uma lâmina de barbear – era a ideia que ele tinha de um gesto carinhoso.

Mesmo em tais casos, no entanto, as mulheres nunca imaginam o alcance da depravação de seus maridos. Claro, os crimes cometidos por uma criatura como Gacy são tão inconcebíveis que é fácil ver por que sua esposa não suspeitaria. Afinal, uma coisa é deixar o marido porque ele prefere fazer sexo com rapazes. O pensamento de que ele também estivesse torturando-os até a morte e escondendo seus corpos no porão simplesmente não ocorreria à maioria das pessoas.

Algumas mulheres casadas com serial killers acabam descobrindo com que tipos de monstros estão vivendo. Infelizmente, para a maioria delas essa descoberta vem tarde demais. Como a esposa do assassino sexual britânico John Reginald Christie – que acabou enterrada sob o piso de sua própria sala de jantar –, essas pobres mulheres estão condenadas a saber da terrível verdade da maneira mais difícil.

CASE STUDY CRIME SCENE

ESTUDO DE CASO - Nº 09
UM HOMEM DE FAMÍLIA

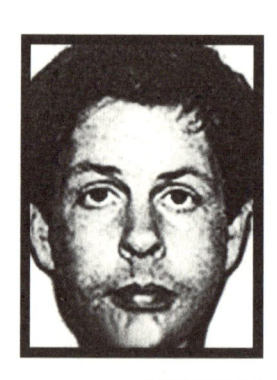

HERB BAUMEISTER
O ESTRANGULADOR DE INDIANA

1947-1996

Crime(s)
Tortura e assassinato

Nunca foi preso; cometeu suicídio

Situada a 32 quilômetros de Indianápolis, capital do estado norte-americano de Indiana, Westfield é uma comunidade que abriga propriedades milionárias, tão seguras e protegidas que os moradores locais se referem a ela como "o gueto de ouro". Mas, no verão de 1996, os residentes desse enclave exclusivo ficaram surpresos ao descobrir que um monstro vivia em seu meio.

O nome dele era Herb Baumeister. Assim como John Wayne Gacy – outro serial killer gay do Meio-Oeste dos EUA que mantinha uma fachada de suburbano recatado –, Baumeister era considerado um pilar da comunidade, um empresário bem-sucedido por esforço próprio, que fazia doações generosas para instituições de caridade e era querido por seus vizinhos. O que o mundo não sabia era que – novamente, como Gacy – Baumeister levava uma vida dupla. Fazia incursões secretas aos pontos de encontro gays de Indianápolis, onde abordava jovens que nunca mais seriam vistos.

Suas vítimas – ao menos 11, provavelmente muito mais – eram atraídas para sua casa de estilo Tudor. Lá, estranguladas durante o sexo, tinham seus corpos descartados no matagal atrás da casa.

O que tornava esses crimes ainda mais chocantes era que, por pelo menos três anos, Baumeister não apenas os cometera dentro dos tranquilos confins de Westfield, mas bem debaixo do nariz de sua própria família. Como, as pessoas imaginavam, alguém com uma mulher e três filhos podia escapar impune de tais atrocidades?

Astúcia psicopata tinha algo a ver com isso. Bem como negação, especialmente por parte da mulher de Herb, Julie. Em 1994, quando ela confrontou o marido sobre um esqueleto que seu filho encontrara semienterrado no quintal, Herb lhe

CASE STUDY CRIME SCENE

contou uma história inverossímil: o esqueleto, ele alegou, era apenas um velho espécime anatômico que herdara de seu pai médico e que resolvera descartar. Julie escolheu acreditar nele. Um dia, no entanto, até mesmo ela seria forçada a encarar a terrível verdade.

Nascido em 1947, Baumeister não mostrou sinais de perturbação mental até o ensino médio, quando seu comportamento cada vez mais errático fez com que seu pai o levasse para fazer exames psicológicos. Embora diagnosticado como esquizofrênico, não há registros de que tenha recebido qualquer tratamento. Após ser reprovado e dispensado da faculdade, pulou de emprego em emprego, embora seus bizarros acessos de raiva – que incluíam urinar na mesa de seu chefe – tornassem impossível que tivesse um trabalho remunerado.

Ele se casou em 1971 e abriu com a esposa uma cadeia de brechós em Indianápolis, negócio que prosperou e lhes permitiu adquirir uma propriedade rural em Westfield: uma casa de quatro quartos com uma piscina coberta e um estábulo em uma área arborizada de 18 hectares. Na aparência, eles estavam vivendo o sonho americano. A realidade, é claro, era um pesadelo do qual ninguém fazia ideia. Quer dizer, com exceção de Herb e dos jovens que caíam em suas garras.

Durante as frequentes saídas noturnas de Julie e das crianças – geralmente para visitar a mãe viúva de Herb em seu condomínio à margem de um lago –, Baumeister dirigia até os bares gays da cidade à caça de vítimas. Quando jovens começaram a desaparecer no início de 1993, a comunidade gay percebeu depressa. Artigos sobre o caso foram publicados em um jornal gay local. A polícia foi notificada. Mas – como geralmente ocorre quando se trata de vítimas gays – as autoridades demoraram a agir.

Foi só em novembro de 1995 que – graças aos esforços de um investigador particular, contratado pela mãe de um dos jovens desaparecidos – Baumeister foi identificado como suspeito. Mais de oito meses se passariam antes que membros do departamento de polícia fizessem uma busca em sua propriedade. Naquela altura, a vida de Baumeister virara de cabeça para baixo: seu negócio falira, sua esposa pedira divórcio e ele fugira em seu Buick 1989. Ao fazer uma busca na mata nos fundos da casa, os investigadores encontraram milhares de fragmentos de ossos humanos: mandíbulas, fêmures, dedos, costelas, vértebras, todos descarnados e limpos pela ação dos animais e do tempo, alguns parcialmente queimados. Especialistas estimaram que, no total, os fragmentos de esqueleto constituíam os restos mortais de 11 jovens do sexo masculino.

Quando a escavação terminou, o próprio Baumeister já estava morto. Tendo fugido para o Canadá, ele cometeu suicídio em um parque de Ontário na noite de 3 de julho de 1996, atirando na própria cabeça com uma Magnum .357 depois de comer um sanduíche de pasta de amendoim. O bilhete que deixou não fazia nenhuma menção às suas atrocidades, e atribuía seu ato unicamente a assuntos pessoais e familiares: seu negócio falido e seu casamento desfeito.

Ilustração do livro *Ma mère l'Oye* de Gustave Doré

BARBAS AZUIS

Um dos mais famosos contos de fadas de todos os tempos, *Barba Azul* foi originalmente registrado pelo escritor francês Charles Perrault em sua clássica coleção, *Contes du Temps Passé* (*Contos do Tempo Passado*), mais comumente conhecido em português como *Contos de Mamãe Gansa*.[17] A história diz respeito a um cavalheiro incrivelmente rico. Apesar da coloração sinistra de sua barba – que afugenta todas as jovens com quem encontra –, ele corteja e conquista uma bela donzela e a leva para uma de suas quintas. Convocado para uma prolongada viagem de negócios, ele dá à sua nova esposa as chaves do castelo e lhe diz que é livre para abrir qualquer porta, exceto uma pequena porta no final da galeria do térreo.

Obviamente, mal o marido sai de casa, a jovem esposa – tomada de curiosidade – se dirige ao quarto proibido. Depois de abrir a porta com as mãos trêmulas, ela entra no aposento. No início, não consegue ver nada, pois as cortinas estão cerradas. Conforme seus olhos se acostumam, ela se depara com uma visão pavorosa: "O assoalho estava pegajoso com sangue coagulado e, pior ainda, naquele sangue se refletiam corpos de mulheres mortas, as antigas esposas do Barba Azul, dependurados nas paredes, degolados e enfileirados em um espetáculo macabro e aterrador",[18] escreve Perrault.

Quando o marido volta para casa e descobre a desobediência da mulher, puxa seu sabre e se prepara para adicioná-la à coleção de ex-esposas assassinadas em seu gabinete. No último minuto ela é resgatada pela chegada oportuna de seus irmãos.

Em criminologia, o nome desse lendário assassino de damas é aplicado a um tipo específico de psicopata: o homem que desposa e depois mata uma série de mulheres. (Neste sentido, o assassino Barba Azul é a contraparte masculina da "Viúva Negra".)

Duas coisas distinguem o Barba Azul de outros tipos de serial killers que atacam vítimas do sexo feminino. Em primeiro lugar, enquanto psicopatas como Ted Bundy/Edmund Kemper/O Estrangulador da Colina visam alvos aleatórios, as vítimas do Barba Azul são suas próprias esposas ou namoradas. Em segundo lugar, enquanto a maioria dos serial killers são motivados primariamente por sadismo sexual, o Barba Azul – embora claramente obtenha satisfação de suas atrocidades – também é motivado pelo lucro. Aqui estão alguns exemplos de infames Barbas Azuis do século XX:

HENRI LANDRU | 1869–1922 Sua barba espetada não era azul, mas em vários outros aspectos Henri Landru possuía uma semelhança impressionante com seu protótipo de conto de fadas. Embora sem atrativos aparentes, o francês de meia-idade, careca e de sobrancelhas grossas não tinha problemas em atrair o sexo oposto. Naturalmente, suas vítimas eram especialmente vulneráveis: mulheres que enviuvaram na desolação da Primeira Guerra Mundial e estavam desesperadas por companhia masculina. Landru era um golpista experiente que já fora preso sete vezes por fraude antes de decidir se dedicar ao assassinato em série.

17 Porto Alegre: L&PM Pocket, 2012. Trad. de Ivone C. Benedetti. [NE]
18 *Contos de Fadas em suas versões originais*. vol. 1. Trad. de Marina Avila e Tamara Queiroz. Curitiba: Alquimia Editorial, 2011. [NT]

Sua carreira homicida começou aos quarenta anos e ele costumava proceder da seguinte forma: publicava um anúncio classificado em um jornal manifestando seu interesse em conhecer mulheres para casar e descrevia a si mesmo como um viúvo endinheirado com dois filhos e um temperamento afetuoso. Quando uma candidata rica o bastante mordia a isca, o charmoso Landru a seduzia e a levava para uma casa de campo alugada nos arredores de Paris. Depois que tivesse assinado papéis cedendo todos os bens materiais a Landru, a mulher nunca mais voltaria a ser vista.

==Até hoje não se sabe exatamente como Landru matava suas vítimas==, embora as evidências mostrem que seus restos mortais eram incinerados em um grande fogão comprado para esse fim específico. Dez mulheres morreram em suas mãos. Todas eram viúvas de meia-idade, exceto uma pobre empregada de 19 anos que Landru conhecera em uma estação de trem. O fato de ela ter tido o mesmo destino de suas outra vítimas reforça a ideia de que – como todos os assassinos Barbas Azuis – ==Landru não era motivado unicamente por ganância==, mas também por sadismo.

Por fim, ele foi pego depois que uma de suas vítimas – uma rica viúva chamada Madame Buisson – desapareceu. Seus parentes logo ficaram desconfiados, porém não conseguiram localizar Landru, já que este usava um nome falso. Em 11 de abril de 1919, a irmã de Buisson avistou Landru entrando em uma louçaria de Paris na companhia de uma mulher jovem e atraente. Ela alertou a polícia, que o confrontou no dia seguinte. No bolso dele, os policiais encontraram um ==pequeno livro negro contendo anotações== sobre todas as suas vítimas. Em novembro de 1921, dois anos depois de ser preso, Landru foi condenado à morte a despeito de seus firmes protestos de inocência. Em 23 de fevereiro de 1922, o "Barba Azul francês" foi executado na guilhotina.

GEORGE JOSEPH SMITH | 1872–1915

Nascido em 1872, este Barba Azul britânico ficou conhecido como o "Assassino de Noivas na Banheira" graças ao seu sinistro *modus operandi*. Vigarista charmoso e escroque de segunda categoria, Smith limitou-se inicialmente a aplicar golpes em solteironas ingênuas para se apossar de suas economias ao induzi-las a casamentos bígamos. (Ele foi legalmente casado por toda a vida adulta com sua primeira mulher, que o largou sem nunca obter divórcio.) Assim que Smith punha as mãos no dinheiro da noiva, sumia do mapa. Geralmente dizia que ia comprar um jornal ou um maço de cigarros e nunca mais voltava. Em certa ocasião, levou a nova esposa à Galeria Nacional de Arte, em Washington, e, depois de ver algumas pinturas, pediu licença para ir ao banheiro. Ela nunca mais viu o homem – ou o dinheiro – de novo.

Smith passou de fraude a assassinato em 1912. Depois de persuadir sua quarta "esposa", Bessie Mundy, a redigir um testamento deixando-lhe bens no valor de 2.500 libras, ele alugou uma casa e ==instalou uma banheira nova de zinco e esmalte==. Pouco tempo depois, Bessie foi encontrada afogada na banheira.

Smith fez parecer que no momento desse trágico "acidente" saíra para comprar peixes para o jantar. Na realidade, é claro, ele só punha os pés para fora depois de executar o ato perverso. ==O escritor policial John Brophy descreve vivamente o método empregado por Smith:==

> Em clima de lua de mel, ele entrava no banheiro, encontrando a noiva já na banheira, admirava-lhe o belo corpo nu, debruçava-se ternamente sobre ela e, ainda

murmurando palavras carinhosas, segurava-lhe os pés. Com um gesto súbito, ele puxaria os pés da mulher para cima, empurrando-lhe a cabeça para o fundo da banheira, debaixo da água, de modo que em alguns instantes ela morreria afogada sem deixar hematomas ou outros sinais de agressão ou resistência.

A próxima mulher a morrer dessa forma foi uma enfermeira chamada Alice Burnham. Depois de se casar com ela, em novembro de 1913, Smith fez um seguro para a noiva no valor de 500 libras. Ela morreu afogada na banheira pouco tempo depois, antes de Smith sair ostensivamente de casa para comprar ovos.

A última vítima de Smith foi Margaret Lofty. Depois de se casar com ela, em dezembro de 1914, ele persuadiu a esposa a redigir um novo testamento nomeando-o beneficiário. Pouco tempo depois, o casal em lua de mel se mudou para um apartamento alugado em Highgate. No dia seguinte, enquanto Smith estava supostamente fora de casa comprando tomates, sua noiva se afogou na banheira.

O fim da linha para Smith foi quando o pai de sua segunda vítima, Alice Burnham, leu uma notícia de jornal sobre a morte de Margaret Lofty. O fato de que duas noivas de Smith tivessem morrido em acidentes "idênticos" dias depois de se casarem pareceu ao sr. Burnham muito suspeito. Ele comunicou imediatamente suas suspeitas à polícia, que abriu uma investigação. No fim, ==Smith foi preso e levado a julgamento==. Apesar de seus protestos de inocência, ==o júri precisou de apenas 23 minutos para condená-lo==. Ele foi executado em 13 de agosto de 1915.

JOHANN HOCH | 1862–1906 Natural da Alemanha, Johann Schmidt migrou para os Estados Unidos em 1887, com 25 anos, abandonando a mulher e três filhos. Em 1895, sob o nome falso de Huff, casou-se de forma bígama com uma rica viúva chamada Martha Steinbucher. Quatro meses depois, ela adoeceu com uma infecção intestinal severa. Enquanto se contorcia de dor, a mulher contou ao médico que tinha sido envenenada, mas este – supondo que a paciente delirava – não lhe deu atenção. Ela morreu no dia seguinte. Imediatamente depois, Huff vendeu a propriedade da esposa falecida por quatro mil dólares e desapareceu.

A segunda vítima do assassino foi Caroline Hoch, de Wheeling, na Virgínia Ocidental, acometida de uma violenta enfermidade logo após o casamento. Em uma visita à doente, o pastor da igreja que esta frequentava flagrou Huff dando algum tipo de pó branco à mulher – supostamente remédio. No dia seguinte, Caroline estava morta. Huff imediatamente vendeu a casa, resgatou a apólice de seguro da esposa, depois simulou o próprio suicídio e desapareceu.

Assumindo o nome de Hoch, o assassino partiu para Chicago. Ao longo do trajeto ele atacou um número indeterminado de mulheres, matando algumas, simplesmente espoliando e abandonando outras. Por algum tempo, trabalhou nos *stockyards*.[19]

---

19 Currais (em tradução literal): eram assim chamados, até meados do século XX, os pontos de comércio e distribuição de gado onde se concentravam diversos negócios relacionados à indústria pecuária de Chicago. A profissão de Hoch acabou lhe rendendo o apelido homicida de "Barba Azul dos Currais". [NT]

Em dezembro de 1904, Hoch, à procura de uma nova esposa, publicou um anúncio nos classificados de um jornal alemão e recebeu uma resposta da viúva Marie Walcker, de 46 anos, dona de uma pequena confeitaria. Eles se casaram pouco tempo depois. Uma semana após o casamento, Marie foi acometida de dores abdominais excruciantes, uma sede violenta e intensa sensação de formigamento nas extremidades – todos sintomas clássicos de envenenamento por arsênico. O médico que a atendeu, no entanto, diagnosticou o problema como nefrite. Ela morreu duas semanas mais tarde. Tão logo Marie soltou o último suspiro, Hoch propôs casamento à irmã da esposa, Julia. Três dias depois, Hoch e Julia estavam casados e, em pouco tempo, Hoch desapareceu com todo o dinheiro dela.

Ao notificar a polícia, Julia descobriu que Hoch já estava sob suspeita de fraude e homicídio. O corpo de Caroline Hoch já fora exumado, mas os legistas não conseguiram determinar se havia veneno em seu estômago porque Hoch tomara a precaução de remover os órgãos da mulher e jogá-los no rio. Já com o corpo de Marie Walcker as autoridades tiveram mais sorte. Uma autópsia revelou traços letais de arsênico em suas vísceras.

A polícia distribuiu imediatamente a foto do fugitivo. Hoch – que tinha fugido para a cidade de Nova York – foi preso quando a proprietária do imóvel em que residia reconheceu sua foto nos jornais. Quando os policiais o revistaram, encontraram em sua posse uma caneta-tinteiro. Em vez de tinta, o reservatório continha 58 gramas de uma substância pulverizada que logo se descobriu ser arsênico. Ele foi condenado pelo assassinato de Marie Walcker e enforcado em 23 de fevereiro de 1906. Seu número de vítimas é desconhecido; as estimativas variam entre seis e 24.

HERMAN DRENTH, VULGO HARRY POWERS | 1892–1931   Um caso clássico de assassino Barba Azul que matava tanto por prazer como por lucro foi Herman Drenth. Nascido nos Países Baixos, em 1892, ele emigrou para os Estados Unidos, onde mudou seu nome para Harry Powers. Em 1927, instalou-se em Clarksburg, na Virgínia Ocidental, onde vendia aspiradores Electrolux de porta em porta e ajudava a administrar uma pequena mercearia. Além dessas atividades, o gorducho de meia-idade também levava uma sinistra vida secreta.

Através de várias agências matrimoniais, Powers – usando o pseudônimo "Cornelius Pierson" – se correspondia com mulheres solitárias, descrevendo a si próprio como um viúvo abastado cuja agitada vida profissional como engenheiro civil não lhe deixava tempo de buscar um casamento por meios mais convencionais. Em sua carta, ele prometia dar à futura esposa "tudo que o dinheiro pode comprar, dentro do razoável", mas, acima de tudo, seu "amor verdadeiro e devoção absoluta". As mulheres que se deixaram enganar por suas palavras sedutoras, entretanto, acabaram perdendo todos os seus bens materiais – e, em muitos casos, suas vidas.

Exatamente quantas viúvas e solteironas foram atraídas para as garras de Powers é uma incógnita. Ele próprio sugeriria em dada ocasião ter matado nada menos que cinquenta. Não restam dúvidas, no entanto, sobre suas cinco últimas vítimas.

Em 1931, ele conquistou o coração de uma viúva de 43 anos chamada Asta Eichler e a levou, juntamente com seus três filhos, de sua antiga casa em Park Ridge, no Illinois, para uma remota cabana que ele construíra em Quiet Dell, uma aldeia a cerca de oito quilômetros depois de Clarksburg. Ninguém jamais teve notícias dos Eichler novamente. Pouco depois, Dorothy Lemke, uma divorciada de 51 anos de North Uxbridge, Massachusetts, também desapareceu depois de ir embora com seu novo marido por correspondência, Cornelius Pierson.

Quando os amigos e parentes da sra. Eichler ficaram preocupados, abriu-se uma investigação que acabou levando até Powers. Ele foi detido e preso em agosto de 1931. Enquanto isso – em parte graças a ==alguns vizinhos que se queixavam do mau cheiro== vindo da propriedade –, a polícia decidiu fazer uma busca no esconderijo do assassino em Quiet Dell. Lá, em um vala que saía do porão, descobriram os restos putrefatos de duas mulheres e cinco crianças.

Drenth foi submetido a um interrogatório particularmente brutal. Depois de ser duramente espancado, seu braço esquerdo foi quebrado e ovos cozidos foram pressionados contra suas axilas. No fim, ele confessou tudo.

O assassino tinha transformado o porão da cabana em uma câmara de tortura, submetendo seus prisioneiros a terríveis suplícios. Os três filhos da sra. Eichler – Annabel, de nove anos, Harry, de 12, e Greta, de 14 – tinham sido trancados em uma gaiola, deixados à míngua e forçados a assistir a mãe ser enforcada em uma viga do teto. Quando Harry tentou se libertar para salvar a mãe, Powers esmagou-lhe a cabeça com um martelo. ==As outras crianças foram estranguladas até a morte, assim como Dorothy Lemke.==

Quando a notícia da confissão de Powers se espalhou por Clarksburg, uma multidão de cerca de cinco mil homens tentou invadir a prisão para linchá-lo. Foi necessária a intervenção de uma tropa da polícia estadual armada com bombas de gás para dispersá-los. Julgado e condenado em dezembro de 1931, Powers foi enforcado três meses mais tarde na Penitenciária Estadual de Moundsville.

Supera qualquer bordel a que já fui.
— HARRY POWERS, descrevendo o prazer que experimentou
ao assistir suas vítimas morrerem —

ESTUDO DE CASO - Nº 10
VULGO BARBA AZUL

GILLES DE RAIS
HERÓI ASSASSINO

1404-1440

Crime(s)
Sodomia e assassinato de crianças

Pena
Condenado à morte

Gilles de Rais, uma das figuras mais enigmáticas na história do crime, é lembrado como um grande herói e como o mais infame dos vilões. Aristocrata da província da Bretanha, no noroeste da França, ele foi um líder militar honrado na épica luta para expulsar os ingleses durante a segunda metade da Guerra dos Cem Anos, servindo como lugar-tenente para ninguém menos que Joana d'Arc. Alguns dizem que perdeu a cabeça por conta da execução de Joana em 1431. Ou talvez já houvesse nele algum traço de loucura e crueldade desde a infância. Seja como for, ele morreu condenado por estuprar, torturar e assassinar mais de uma centena de crianças.

Nem todos estão convencidos de sua culpa. Alguns historiadores já argumentaram que era inocente, e que teria sido falsamente incriminado por um colega aristocrata. No final das contas, porém, a cultura popular deu seu veredicto: considera-se que de Rais foi a inspiração para a lenda do Barba Azul, o serial killer mais famoso dos contos de fadas.

Nascido em 1404, Gilles era descendente de uma família de cavaleiros e começou sua carreira como soldado aos 16 anos. Ele conheceu Joana d'Arc na corte do rei francês Carlos VII, nove anos depois que a adolescente convencera o monarca de que Deus a enviara em uma missão divina para salvar a França dos ingleses. Gilles lutou ao lado de Joana quando ela rompeu o cerco inglês de Orleans e continuou a servir sob sua licença em batalhas posteriores, incluindo sua derrota em Paris, onde a guerreira foi capturada.

Por essa época, de Rais tinha recebido o título de Marechal da França em reconhecimento aos serviços prestados em tempos de guerra. Mas sua carreira militar estava chegando ao fim. Após a captura de Joana, ele retornou ao castelo de sua família na

CASE STUDY CRIME SCENE

Bretanha, ocupando o cargo de barão. A partir de então, sua vida começou a tomar um rumo bizarro e macabro.

De acordo com a versão oficial da história, Gilles mergulhou no estudo da alquimia no intuito de repor a fortuna que esbanjava e logo intensificou esses esforços dedicando-se à magia negra e ao satanismo. Esses passatempos eram mero reflexo da loucura que crescia dentro dele feito um monstro e que, a partir de 1432, o impeliria a assassinar crianças.

As vítimas eram providenciadas pelos servos de Gilles, seja através de rapto ou aliciamento, e compreendiam crianças de ambos os sexos, embora quase todos fossem meninos. Gilles sodomizava as vítimas e depois as matava – estranguladas ou decapitadas – para, em seguida, estripá-las, masturbando-se com suas entranhas. Esse reinado de terror se estendeu por oito anos. Quando de Rais foi finalmente preso, em 1440, as autoridades encontraram os restos desmembrados de cinquenta corpos em uma das torres do castelo. Ao todo, foram computadas 140 vítimas. Pelo menos era o que os registros do julgamento de Rais diziam.

Quem acusou de Rais dos crimes foi o duque da Bretanha. Uma teoria sugere que ele teria incriminado Gilles porque cobiçava as terras do herói de guerra. Outra possibilidade é que de Rais fosse de fato culpado e que o duque poderia tê-lo deixado escapar impune – as vítimas eram apenas plebeus, afinal de contas – se não fosse pela questão da terra. Seja lá qual tenha sido a motivação por trás da prisão de Gilles, seu julgamento deixou poucas dúvidas sobre sua culpa na época.

Houve, na verdade, dois julgamentos: um por heresia, centrando-se no alegado envolvimento de Gilles de Rais em magia negra, e outro pelos assassinatos. Em 25 de outubro de 1440, de Rais foi excomungado. No dia seguinte, foi enforcado sobre uma fogueira crepitante.

O monstruoso legado de Gilles de Rais sobreviveu de forma disfarçada nos contos folclóricos sobre o Barba Azul, mais conhecido na versão de Charles Perrault da história escrita mais de 250 anos depois da morte do barão sanguinário. Na história de Perrault, a noiva do Barba Azul entra em um quarto proibido no castelo do marido e descobre os corpos desmembrados de suas antigas esposas, um matadouro que evoca a torre de Gilles de Rais, abarrotada com os restos mortais de suas vítimas destroçadas. Mas uma pergunta não quer calar: como foi que de Rais, de torturador de crianças e assassino, transformou-se em um viúvo homicida? De acordo com sua biografia, escrita por Leonard Wolf, os criadores dos contos do Barba Azul transformaram o vilão em um assassino de adultos para tornar a memória dos crimes hediondos do barão mais fácil de absorver. Mas isso, bem como outros aspectos da vida de Gilles, é discutível. Alguns estudiosos até mesmo contestam que de Rais tenha sido a inspiração para a lenda do Barba Azul, afirmando que a verdadeira fonte foi outro conto folclórico em torno de um personagem chamado Conomor, um aristocrata do século VI que matava as mulheres que desposava, o qual, assim como de Rais, residia na Bretanha.

A Execução de Gilles de Rais por Michael Rose

> You who are present -- you, above all, whose children I have slain -- I am your brother in Christ. By Our Lord's Passion, I implore you, pray for me. Forgive me with all your hearts the evil I have done you, as you yourselves hope for God's mercy and pardon.

The Theatrical Execution of Gilles De Rais

TRABALHO E LAZER

De acordo com o FBI, um serial killer é qualquer pessoa que mata três ou mais vítimas com um intervalo significativo de tempo entre cada homicídio. Um "agente" da máfia, portanto, se enquadraria nessa definição. Uma razão para que matadores profissionais não sejam considerados assassinos em série, no entanto, é exatamente o fato de *serem* profissionais. O negócio deles é matar – tal como sugere o nome da gangue mais famosa de assassinos de aluguel da história do crime organizado: "Murder, Inc".

Serial killers, por outro lado, não cometem atrocidades para ganhar a vida. Eles o fazem por prazer. Para eles, assassinar não é um negócio, é uma paixão.

Quando não estão imersos em devaneios sádicos ou pondo clandestinamente em prática suas fantasias mais doentias, os assassinos em série levam, de modo geral, vidas chatas e ordinárias. A bem da verdade, o passado oferece diversos exemplos de ilustres indivíduos que cometeram atos monstruosos: Gilles de Rais; Elizabeth Bathory, a "Condessa Sangrenta" da Hungria, que se banhava no sangue de suas vítimas; Vlad, o Empalador, o príncipe da Transilvânia que inspirou o Drácula. Em tempos mais modernos, entretanto, é impossível encontrar um único exemplo de uma pessoa famosa e bem-sucedida que tenha se revelado um serial killer. (Esta é uma razão pela qual todas as teorias que afirmam provar que Jack, o Estripador, era um membro da família real ou uma artista renomado parecem tão questionáveis.)

Em geral, serial killers são, no dia a dia, zeros à esquerda que se dedicam a trabalhos não qualificados ou insignificantes: motorista de caminhão, zelador, lixeiro. Alguns são criminosos em tempo integral: delinquentes e vigaristas que vivem entrando e saindo da cadeia ao longo da vida adulta. Embora sejam muitas vezes dotados de uma inteligência superior, suas personalidades profundamente antissociais dificultam que alcancem qualquer êxito profissional. É verdade que alguns serial killers têm sido relativamente bem-sucedidos. John Wayne Gacy, por exemplo, criou um próspero negócio como empreiteiro. Mais típico, no entanto, era Jeffrey Dahmer – um jovem brilhante com uma boa educação que se limitava a trabalhar na linha de montagem de uma fábrica de chocolate de Milwaukee.

Claro, alguns serial killers escolhem deliberadamente trabalhos que servem aos seus interesses escusos. Um caso clássico é o monstruoso Albert Fish, que atacou incontáveis crianças nas primeiras décadas do século XX. Desde que tinha 17 anos, Fish trabalhou como pintor. O psiquiatra que o examinou, dr. Fredric Wertham, explicou o diabólico raciocínio que fundamentava essa escolha:

> Ele trabalhava em muitas instituições diferentes. Trabalhou em YMCAs (Young Men's Christian Association; no Brasil, ACM – Associação Cristã de Moços), em casas de tuberculosos e em qualquer tipo de estabelecimento onde houvesse crianças, isto é, vítimas em potencial. Em todos esses lugares, ele fazia do sótão ou do porão seu quartel-general e tinha o hábito de usar um macacão de pintor sobre o corpo nu, o que lhe dava duas vantagens. Em primeiro lugar, ele podia ficar nu em um instante. E, em segundo lugar, ele seria visto apenas em seus trajes de pintor, e se uma testemunha ou uma vítima sobrevivente por acaso o encontrasse na rua ou com outras roupas não o reconheceria.

Outros serial killers utilizavam seus empregos para capturar vítimas em potencial. Harvey Carignan – conhecido como "The Want-Ad Killer" ("O Assassino dos Classificados", em tradução livre) – atraía jovens mulheres para a morte publicando anúncios de oferta de emprego para trabalhar no posto de gasolina que ele administrava em Seattle.

Embora não contribuam diretamente para a consecução de suas atividades criminosas, alguns trabalhos desempenhados por serial killers são consistentes com sua personalidade mórbida. Peter Sutcliffe, o "Estripador de Yorkshire", por exemplo, conseguiu emprego em um necrotério, enquanto seu abominável conterrâneo Frederick West trabalhou em um matadouro. E nada mais apropriado que o sinistro negócio dirigido por Bob Berdella (assassino sexual de Kansas City, Missouri): uma loja suburbana de curiosidades chamada "Bazar Bizarro do Bob", especializada em brincos de dentes humanos, crânios de gesso e outras quinquilharias macabras.

Por outro lado, alguns serial killers se dedicam a trabalhos tão contrastantes com suas naturezas perversas que beiram o grotesco. Um caso marcante foi o de Dean Corll, assassino sexual de Houston, Texas. Corll, que parecia um cruzamento bizarro de Willy Wonka com o Marquês de Sade, trabalhava na fábrica de doces da mãe. Amado pelas crianças da vizinhança por distribuir guloseimas, era chamado de "Homem dos Doces".

Também já existiram clérigos assassinos (como o serial killer belga Andras Pandy); dentistas assassinos (como Glennon Engleman, de St. Louis, que matou sete pessoas a sangue-frio ao longo de 22 anos); e serial killers que ganhavam um dinheirinho extra trabalhando como babás para seus vizinhos (como o carniceiro de Wisconsin Ed Gein).

SERVIDORES INCIVILIZADOS

Faz parte da sabedoria popular que certos tipos de funcionários públicos são particularmente propensos ao homicídio em massa; uma percepção refletida na já referida expressão inglesa "go postal" (que pode ser traduzida como estourar de raiva). Se carteiros são responsáveis por um porcentual desproporcionalmente alto de "assassinos impulsivos" é uma questão em aberto. É certo, porém, que um número considerável de serial killers dos mais infames já trabalhou como funcionário público.

David Berkowitz, por exemplo, trabalhava nos correios, classificando cartas no Bronx. À noite, se transformava no "Filho de Sam", o atirador fantasma que atacou jovens mulheres durante as celebrações dos duzentos anos de independência dos EUA em 1976. Outro psicopata que se valia de armas de fogo para despachar suas vítimas foi o atirador em série Thomas Dillon, que trabalhou por mais de vinte anos na companhia de água de Canton, em Ohio. Na mesma época que David Berkowitz aterrorizava Gotham,[20] Dennis Nilsen – também conhecido como o "Jeffrey Dahmer britânico" – se destacava nos anais dos crimes hediondos. Como funcionário de uma agência inglesa de empregos, Nilsen passava os dias ajudando jovens a conseguir uma ocupação. Depois do expediente, entretanto, atraía os jovens para seu apartamento, para assassiná-los e manter os corpos por perto para lhe fazer companhia até que ficassem insuportavelmente malcheirosos. Então, desmembrava os corpos, atirava-os na privada e dava descarga.

20   Apelido da cidade de Nova York, cunhado pelo escritor norte-americano Washington Irving (1783-1859) em seu jornal satírico *Salmagundi*, em 1807. [NE]

ESTUDO DE CASO - Nº 11
O HOMEM QUE FALOU DEMAIS

Vinte anos antes dos terríveis crimes de Dennis Nilsen virem à tona e chocarem o mundo, outro funcionário público fazia um "servicinho extra" como assassino em série. Seu nome era Peter Manuel.

Nascido de pais britânicos em Manhattan, em 1927, Manuel e sua família retornaram para a terra natal quando ele tinha cinco anos. Desde pequeno, Manuel tinha problemas com a polícia. Aos 12 anos, foi preso por assaltar uma loja de bicicletas e ficou em liberdade assistida por um ano. Apenas cinco semanas mais tarde, teve que se apresentar de novo ao tribunal, acusado de invasão de domicílio. Dessa vez, foi enviado para um reformatório. Pelos anos seguintes, fugiu e foi recapturado 11 vezes.

Em 1942, atacou a mulher de um funcionário da escola. Dessa vez Manuel foi obrigado a cumprir pena em Borstal, prisão para menores infratores. Libertado em 1944, foi morar com os pais, que tinham se mudado para a Escócia.

Criminoso compulsivo, Manuel logo voltou a roubar. Preso novamente em fevereiro de 1946 após invadir uma casa, foi solto sob fiança. Durante as duas semanas que se seguiram, ele agrediu sexualmente três mulheres. As duas primeiras conseguiram escapar; a terceira – uma mulher casada que se recuperava de uma internação no hospital – estava fraca demais para resistir. Depois de sujeitá-la à força, ele a arrastou para um aterro ferroviário e a estuprou. Dias depois, Manuel foi identificado como o culpado. Levado a julgamento, recebeu uma pena de oito anos de prisão.

Posto em liberdade em 1953, voltou a Glasgow e conseguiu um emprego público na companhia de gás local graças à influência de seu pai – membro do conselho distrital. Não demorou até que Manuel voltasse a manifestar o antigo comportamento sociopata.

PETER MANUEL
A BESTA DE BIRKENSHAW

1927-1958

Crime(s)
Estupro e assassinato

Pena
Condenado à morte

Preso por uma tentativa de estupro em 1955, conseguiu convencer o júri de que houve consentimento da vítima e ficou livre de responder por essa acusação.

Um ano mais tarde Manuel evoluiu para assassinato.

A primeira a morrer em suas mãos foi Ann Knielands, de 19 anos. Manuel matou a garota com um barra de ferro, golpeando-lhe a cabeça com tanta selvageria que seu crânio se partiu em 15 pedaços. Sendo um conhecido criminoso sexual que estivera trabalhando em um canteiro de obras não muito longe de onde o cadáver foi encontrado, Manuel foi interrogado pela polícia. Ele afirmou estar em casa no momento do assassinato, um álibi confirmado por seu pai, que sabia que isso não era verdade.

Dois meses depois, em março de 1956, Manuel foi preso por tentativa de assalto e libertado sob fiança. Na noite de 17 de setembro, invadiu a casa da família Watt e encontrou três mulheres: Marion Watt, sua irmã Margareth Brown e sua filha de 16 anos Vivienne. O criminoso baleou todas elas na cabeça, à queima-roupa. Preso por suspeita de assassinato, Manuel foi solto por falta de provas.

Sua próxima vítima foi um motorista de táxi chamado Sidney Dunn, morto com crueldade gratuita e sem nenhum motivo aparente que não pura sede de sangue. Manuel matou-o com um tiro na cabeça e, como se não bastasse, também cortou sua garganta. Menos de três semanas depois, em 28 de dezembro de 1957, estuprou e matou Isabelle Cooke.

A última atrocidade de Manuel foi o massacre de outra família: Peter Smart, de 45 anos, sua esposa e o filho de dez anos. Tal como ocorrera com os Watt, todas as três vítimas foram baleadas na cabeça, à queima-roupa, durante uma invasão.

Quando o dinheiro roubado da casa dos Smart levou até Manuel, uma busca posterior na casa do criminoso revelou outros indícios incriminadores. Detido, ele confessou tudo com tanta veemência que a imprensa rapidamente o apelidou de "O Homem Que Falou Demais". Logo ficou claro para os analistas que, embora seis das nove vítimas de Manuel tivessem sido mortas durante os assaltos, roubar não era sua principal motivação e sim o sadismo. Como diz John Bingham, biógrafo do criminoso: "Manuel matava por prazer. Ele gostava de matar. O ato de matar o excitava".

No julgamento, o assassino tentou retratar sua confissão, mas a tática falhou. Peter Manuel foi condenado por sete acusações de homicídio e enforcado em 11 de julho de 1958.

POLICIAIS ASSASSINOS

Antes de ingressar no funcionalismo público inglês, Dennis Nilsen foi recruta da polícia londrina, renunciando depois de um ano aparentemente por causa das contradições em sua vida: homem da lei de dia, abjeto predador de homossexuais de noite.

O fato de um dos mais notórios psicopatas da contemporaneidade buscar emprego na polícia pode parecer uma ironia macabra, mas, na verdade, é surpreendentemente comum serial killers se sentirem atraídos a trabalhar na polícia. Em sua aclamada autobiografia *Mindhunter* (*Caçador de Mentes*, em tradução literal), John Douglas, o famoso *profiler*[21] do FBI, explica a psicologia por trás desse fenômeno:

> O desejo de trabalhar com a polícia foi outra revelação interessante, que surgiu diversas vezes em nossas pesquisas sobre os serial killers. As três motivações mais comuns de estupradores e assassinos em série são dominação, manipulação e controle. Quando consideramos que muitos desses sujeitos são raivosos fracassados que se acham injustiçados pela vida, e que a maioria já vivenciou algum tipo de abuso físico ou emocional, não surpreende que uma das profissões mais fantasiadas por eles seja a de policial.

> Um policial representa poder e respeito público. Quando requisitado, ele tem autorização para ferir bandidos em prol do bem comum. Em nossa pesquisa, descobrimos que, enquanto alguns policiais se corrompem e cometem crimes violentos, criminosos em série frequentemente não conseguem ingressar na polícia e arranjam trabalhos em áreas correlatas, como segurança ou vigia noturno, por exemplo.

> Mesmo quando não estão diretamente interessados em entrar para a polícia, serial killers muitas vezes buscam fazer amizade com policiais locais. Douglas conta que Edmund Kemper, o infame "Assassino de Colegiais", costumava "frequentar bares e restaurantes conhecidos como pontos de encontro de policiais e puxar conversa com eles. Isso o fazia se sentir privilegiado, usufruindo por tabela da sensação de poder de um policial. Além disso, enquanto promovia os ataques, o assassino tinha uma linha direta sobre o progresso das investigações, permitindo-lhe antecipar a próxima jogada das autoridades". O mesmo se podia dizer do terrível assassino canibal Arthur Shawcross, que, como escreve Douglas, "circulava por esses pontos de encontro [da polícia] e se enturmava animadamente em busca de informações úteis".

Às vezes, serial killers brincam de ser policiais pelas razões mais sinistras. Kenneth Bianchi, um dos "Estranguladores das Colinas", era um segurança que fracassara na tentativa de entrar para o departamento do xerife. Mais tarde, ele e seu primo degenerado, Angelo Buono, iriam atrair jovens incautas para dentro de seu carro exibindo distintivos e fingindo ser policiais.

---

21 Profissional que traça o perfil psicológico e comportamental de criminosos, equivalente a um psicólogo criminal. [NT]

CASE STUDY CRIME SCENE

ESTUDO DE CASO - Nº 12
POLICIAL MANÍACO

GERARD SCHAEFER
ÓDIO POR MULHERES

1946-1995

Crime(s)
Assassinato

Pena
Prisão perpétua

Gerard Schaefer pode não ter sido o serial killer mais perverso do mundo, mas foi sem dúvida o autor da obra literária mais doentia já saída da mente imunda de um psicopata. Em 1990, enquanto cumpria prisão perpétua por homicídio, publicou uma coleção de histórias pornográficas e violentas chamada *Killer Fiction* (*Ficção Assassina*), insistindo que se tratava de pura fantasia, embora em outras ocasiões insinuasse que eram, na verdade, crônicas de seus crimes reais. Seja como for, as histórias oferecem uma visão sem paralelos do funcionamento sombrio de uma mente repleta do mais virulento ódio às mulheres. O título de uma seção já diz muito: "Putas: O Que Fazer com Elas". Para Schaefer, todas as mulheres eram putas; sua ideia de "o que fazer com elas" envolvia submetê-las às torturas mais hediondas que se possa imaginar. Em uma passagem simbólica, ele descreve alegremente o assassinato de uma "vadia da Junior League"[22] que o protagonista rapta no recesso escolar da primavera:

> Vi seu olhar descer ao cabo da lâmina enterrada em seu ventre, logo acima do triângulo pubiano. Ela observou minha mão enquanto eu a rasgava de baixo para cima, destripando-a com perfeição. Seus olhos fitavam fascinados enquanto as tripas saltavam de seu ventre e lhe pendiam dos joelhos. Ela parecia não acreditar. O terror devia ter-lhe bloqueado a dor. Inclinei o gume em direção à sua caixa torácica e transpassei-lhe o coração. Os olhos verdes rolaram nas órbitas, transformando-se em pérolas sem cor.... Fiquei comovido. Era uma morte limpa e satisfatória.

22   Organizações de mulheres dedicadas a trabalhos filantrópicos. [NT]

CASE STUDY CRIME SCENE

O autor desta obscenidade – e perpetrador de um número desconhecido de crimes terrivelmente sádicos – nasceu em 1946, em Wisconsin. Já aos 12 anos, era um fetichista inveterado que gostava de se masturbar enquanto usava calcinhas femininas. Também tinha descoberto as alegrias do masoquismo, inventando jogos em que amarrava a si próprio em uma árvore e lutava para se libertar. "Eu ficava excitado e fazia algo para me machucar", explicou mais tarde.

Quando tinha 14 anos, sua família se mudou para a Flórida. Na escola, Schaefer tinha fama de solitário e esquisitão, e passava o tempo livre atirando em criaturas indefesas nas áreas pantanosas da região ou espiando através das janelas dos quartos das meninas da vizinhança. Sua meta inicial era ser padre, mas, depois de ser rejeitado por um seminário local, renunciou à fé. Matriculando-se em uma faculdade comunitária, viu-se possuído por fantasias homicidas cada vez mais intensas envolvendo mulheres jovens e atraentes, imediatamente classificadas em sua mente deturpada como "vadias". Nesse momento, entretanto, seus impulsos homicidas ainda eram descarregados estritamente em animais, embora tivesse evoluído de canários e caranguejos a bois e vacas. Ele gostava particularmente de decapitar vacas com um machado, e em seguida estuprar as carcaças.

Schaefer agora tinha em mira a carreira docente. Durante seu breve período como estudante de magistério, em 1969, algumas mulheres da vizinhança em que Schaefer morava desapareceram. Seus corpos nunca seriam recuperados, embora a polícia tenha encontrado alguns de seus dentes junto com outras evidências que as ligavam a Schaefer em meio à sua coleção de lembrancinhas macabras.

Depois de ser demitido do emprego de professor, Schaefer conseguiu trabalho em uma pequena delegacia de Wilton Manors, na Flórida. Foi demitido depois de seis meses, aparentemente por usar o computador da delegacia para levantar informações pessoais sobre mulheres locais. Apesar da mancha no currículo, conseguiu ser contratado meses depois pelo departamento do xerife do condado de Martin. Dessa vez, durou apenas um mês.

Em 21 de julho de 1972 – 22 dias depois de entrar para o departamento –, Schaefer deu carona a duas mochileiras, levou-as até um pântano e então as amordaçou e algemou sob a mira de um revólver. Depois de fazer nós em volta dos pescoços das vítimas, amarrou as cordas a um galho de árvore e obrigou as garotas apavoradas a ficar de pé sobre as raízes escorregadias, de modo que, se perdessem o equilíbrio e caíssem, enforcariam-se. Então, deixou-as sozinhas.

Quando Schaefer voltou, algumas horas mais tarde, esperava encontrar dois cadáveres pendurados na árvore. Em vez disso, as garotas tinham conseguido se libertar e sumiram.

Telefonando para seu chefe, Schaefer admitiu timidamente que fizera uma asneira. "Você vai ficar furioso comigo", ele disse, e então descreveu o que fizera com as duas meninas, porém jurando que estava apenas tentando assustá-las para que abandonassem – para seu próprio bem – o hábito de pedir caronas. No entanto, admitiu que talvez tivesse exagerado "um pouquinho".

Ele foi imediatamente demitido, indiciado por prisão ilegal e lesão corporal, e depois solto sob uma fiança de 15 mil dólares.

Naquele mês de setembro, enquanto Schaefer aguardava julgamento, duas adolescentes de Fort Lauderdale, Georgia Jessup e Susan Place, foram buscadas de carro na casa da última por um homem mais velho. "Jerry Shepherd" prometera levá-las a uma praia. As duas garotas nunca mais foram vistas com vida. Dois meses depois, em novembro de 1972, Schaefer foi a julgamento pelas acusações de agressão corporal. Repreendendo-o severamente como um "tolo irresponsável", o juiz condenou-o a um ano atrás das grades e mais três sob liberdade condicional.

Enquanto Schaefer cumpria sua pena, os esqueletos de Susan Place e Georgia Jessup foram encontrados na mesma área pantanosa a que levara as duas mochileiras. Análises forenses indicaram que as vítimas tinham sido "amarradas a uma árvore e assassinadas". Graças à mãe de Susan – que tinha anotado o número da placa do carro que levara as garotas meses antes –, Schaefer foi logo identificado como o principal suspeito. Uma busca em sua casa revelou uma mina de provas que o ligavam não só às duas garotas assassinadas como a um número impressionante de outras mulheres locais, algumas com apenas 13 anos, que haviam sido dadas por desaparecidas ao longo dos anos.

Schaefer recebeu duas penas simultâneas de prisão perpétua pelos assassinatos de Susan Place e Georgia Jessup. O verdadeiro número de vítimas, no entanto, era claramente muito maior. O próprio Schaefer admitiu mais de cem assassinatos. Com um sorrisinho sádico característico de sua laia, afirmou que não podia ter certeza do número exato. "Uma puta se afogou no próprio vômito enquanto me via estripar a amiga", escreveu em uma carta. "Isso conta como uma morte? As que estavam grávidas contam como duas mortes? Fica meio confuso."

A vida de Schaeffer chegou a um fim merecidamente desagradável em dezembro de 1995, quando outro detento cortou sua garganta e o apunhalou em ambos os olhos, aparentemente por ter pegado a última xícara de água quente de um dispensador no bloco de celas em que estavam presos.

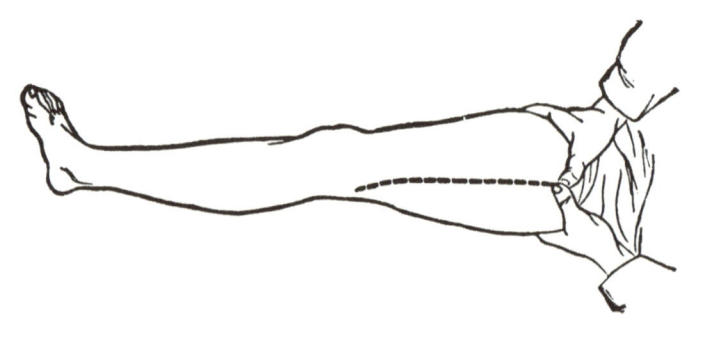

MÉDICOS E MONSTROS

Em uma famosa cena do filme de suspense *Malícia* (1993), Alec Baldwin, interpretando um destacado cirurgião questionado em juízo, diz: "Você me pergunta se eu tenho complexo de Deus? Deixe-me lhe dizer uma coisa: Eu *sou* Deus".

Os crimes dos serial killers são motivados por uma monstruosa ânsia tanto de prazer quanto de poder. Para compensar profundos sentimentos de humilhação e de inutilidade originados em suas infâncias, esses psicopatas desenvolvem uma necessidade perniciosa de provar sua onipotência. Obter controle total sobre um ser humano indefeso e disseminar a morte conforme os próprios caprichos os faz sentir como Deus. Como o "Assassino de Colegiais" Edmund Kemper disse, ao explicar a satisfação perversa que obtinha de suas atrocidades: "Eu estava tomando decisões de vida e morte [...] brincando de Deus com a vida dos outros".

Esse desejo de "brincar de Deus" levou muitos serial killers a buscar carreiras em medicina. Outro motivo, obviamente, é que os médicos têm acesso a uma provisão constante de vítimas em potencial: pessoas vulneráveis, sob sua guarda, e que, por estarem doentes, podem ser mortas sem despertar muitas suspeitas.

Entre os mais infames médicos monstros já registrados estão:

THOMAS NEILL CREAM | 1850–1892 Nascido em Glasgow, em 1850, esse serial killer vitoriano emigrou para o Canadá aos 13 anos, quando já demonstrava inclinação para o crime. Formou-se em medicina pela Universidade McGill em 1874 e logo começou a usar suas habilidades cirúrgicas recém-adquiridas para realizar abortos ilegais, matando um número desconhecido de mulheres no processo. Em 1881, tendo se mudado para Chicago, envenenou o marido idoso de sua amante pondo estricnina nos medicamentos para epilepsia do velho. Condenado por homicídio, foi sentenciado à prisão perpétua na prisão de Joliet. Ele acabou cumprindo apenas dez anos.

Após ser libertado, zarpou para a Inglaterra e embarcou em uma carreira como serial killer de prostitutas, envenenando com estricnina cinco meretrizes de Londres antes de ser preso em 1892 na sua casa, em Lambeth Palace. Condenado à forca, o chamado "Envenenador de Lambeth" garantiu a imortalidade com suas assombrosas últimas palavras. Enquanto estava no patíbulo, com o capuz sobre sua cabeça, gritou: "Eu sou Jack, o...". Nesse exato momento, a porta do alçapão se abriu, abafando a última palavra. Embora Cream sem dúvida compartilhasse certas características com seu lendário contemporâneo – principalmente no tocante à fúria assassina contra prostitutas –, há boas razões para duvidar de sua declaração final, já que ele mofava na cadeia em Joliet no momento dos assassinatos do Estripador.

MARCEL PETIOT | 1897–1946 Na Europa do século XX, o caos social gerado por duas guerras mundiais oferecia oportunidades privilegiadas para maníacos homicidas investirem em suas carreiras monstruosas. Isso vale especialmente para a Alemanha de Weimar, que produziu alguns dos mais monstruosos assassinos da contemporaneidade, em especial Fritz Haarmann e Peter Kürten. Foi também o caso na França durante

O CASO DO ENVENENADOR DE LAMBETH: A CARREIRA DE NEILL
1.Neill quando estudante 2.Comprando óculos 3.Neill seguindo Matilda Clover 4.Marsh e Shrivell tomando as pílulas fatais 5.Ele dá 2 pílulas a Louisa Harris 6.Diante do investigador 7.Em Bow Street, Laura Sabatini, sua noiva, presta testemunho. Na noite antes do veredicto ele dormiu bem. No Old Bailey é sentenciado à morte. *(Illustrated Police News of London)*

a Segunda Guerra Mundial, quando um dos piores serial killers do país resolveu tirar proveito dos horrores à sua volta.

Nascido em 1897, Marcel Petiot, como a maioria dos psicopatas, tinha um histórico de comportamento criminoso que vinha desde a juventude, quando se meteu em problemas por roubar dinheiro dos colegas de escola. Nos anos seguintes, envolveu-se com tráfico de drogas, foi preso por furto e condenado por evasão fiscal quando trabalhava como prefeito de sua cidade natal, Villaneuve.

Apesar de seus antecedentes criminais e de já ter sido internado em um hospital psiquiátrico, Petiot obteve o diploma de médico. Em 1933, mudou-se para Paris, onde continuou a se envolver em atividades duvidosas mesmo enquanto construía uma carreira de sucesso como médico. Foi depois da ocupação nazista da França que pôs em prática o esquema insidioso que o tornaria infame.

Fazendo-se passar por um membro da Resistência, Petiot divulgou a informação de que, por uma boa soma, poderia tirar clandestinamente judeus ricos da França. Quando "clientes" desesperados apareciam na casa de Petiot carregando consigo seus bens mais preciosos, recebiam uma injeção, supostamente para imunizá-los contra "doenças estrangeiras" não identificadas. Na verdade, era estricnina. Petiot punha-os então em uma câmara de morte feita sob medida, equipada com um olho mágico através do qual ele podia vê-los agonizar. Depois incinerava os cadáveres em seu crematório pessoal.

Suas atrocidades vieram à luz em 1944, quando bombeiros apareceram em sua casa para investigar denúncias a respeito de uma nuvem de fumaça negra e fétida proveniente de sua chaminé e descobriram membros humanos na fornalha e corpos mutilados de 27 pessoas empilhados feito lenha no porão. Petiot insistiu na história de que era um membro da Resistência. Os cadáveres, afirmou, eram de soldados nazistas, mortos pela Resistência e entregues a ele para serem eliminados. No final, no entanto, ele não conseguiu convencer o júri. Em março de 1946, foi enviado à guilhotina pelo assassinato de 26 vítimas, embora o total real possa ter sido bem maior – talvez chegasse a 150.

MICHAEL SWANGO | 1954– O pai de Swango era um coronel da Marinha que impunha rigorosa disciplina militar nas raras ocasiões em que estava em casa. Michael cresceu sem grande apego ao pai autoritário, embora tenha vindo a gostar do velho um pouco mais depois de sua morte, quando descobriu um álbum mantido pelo coronel Swango contendo recortes de jornal de acidentes de carro, crimes violentos e outros desastres. "Acho que ele não era um sujeito tão ruim assim, afinal de contas", disse Michael, ele mesmo um aficionado por notícias macabras.

Seu interesse extremo por tudo relacionado ao tema, de crimes sexuais bárbaros a atrocidades nazistas, era apenas uma das peculiaridades do jovem Michael. Durante a década de 1960, enquanto seus colegas aderiam à moda hippie e marchavam contra a Guerra do Vietnã, Swango se empenhava para se transformar no Rambo, pintando seu carro de verde-militar, usando uniformes de campanha e atirando-se ao chão para fazer cem flexões na menor provocação. Por fim, acabou ingressando no Corpo de Fuzileiros Navais, permanecendo por apenas uma missão. Em 1979, depois de receber uma dispensa honrosa, matriculou-se na Faculdade de Medicina da Universidade do Sul de Illinois. Lá, ganhou rapidamente fama de esquisito por seu comportamento. Apesar de sua inteligência excepcional, demonstrava lapsos bizarros. Em uma ocasião, foi incapaz de localizar o coração do paciente em uma radiografia de tórax e sua dissecação de um cadáver em uma aula de anatomia foi tão malfeita que o espécime destroçado virou piada na faculdade toda. Excitado pela visão de acidentes de carro – quanto mais escabrosos melhor –, ele passava mais tempo trabalhando como atendente voluntário de ambulância que frequentando as aulas. Como resultado, quase teve o diploma negado.

Apesar de seu fraco desempenho, lhe ofereceram um estágio no Centro Médico da Universidade Estadual de Ohio, onde pacientes em vias de recuperação começaram de repente a morrer de insuficiência cardíaca sempre que o jovem dr. Swango fazia suas rondas noturnas. Por fim, o pessoal de enfermagem suspeitou e relatou suas preocupações aos administradores do hospital. Querendo a todo custo evitar um escândalo – e processos potencialmente desastrosos –, os dirigentes do hospital realizaram uma investigação incrivelmente superficial que isentou Swango de qualquer crime. Esse foi o primeiro de muitos casos em que a comunidade médica fez "vista grossa" para as ações nefastas do psicopata Swango, permitindo-lhe continuar a satisfazer suas necessidades sádicas por um período absurdamente longo de tempo.

Deixando Ohio sob uma nuvem de suspeita, Swango retornou a Illinois, onde foi trabalhar como socorrista do corpo de bombeiros. Seu entusiasmo diante de acidentes horrendos suscitava desconfiança nos colegas de trabalho. Em breve, ele se divertiria adulterando os lanches de seus colegas paramédicos com um veneno para formigas à base de arsênico. Pego em flagrante, foi preso e condenado por sete acusações de lesão corporal grave e recebeu uma sentença de cinco anos.

Liberto por bom comportamento depois de apenas dois anos, mudou-se para Virgínia e – enquanto se sustentava como técnico de laboratório – começou a despachar currículos, na tentativa de retornar à prática médica. Espantosamente, recebeu uma oferta para trabalhar como médico residente na Universidade de Dakota do Sul, cujo diretor aceitou sem maior análise a explicação de Swango para seu tempo de prisão (de acordo com Swango, ele se envolvera em uma briga de bar e acabara pagando o pato, embora a culpa fosse dos outros).

Swango não durou muito tempo em sua nova posição. Em um ato de arrogância característico de psicopatas, solicitou adesão à Associação Médica Americana, que descobriu sobre sua acusação de lesão corporal durante uma verificação de antecedentes e repassou a informação aos seus novos empregadores, que rapidamente o demitiram.

Audacioso e cheio de cartas na manga, Swango conseguiu em seguida um emprego no hospital da Veterans Administration,[23] em Long Island, Nova York, onde – fiel à sua natureza psicopata – começou a matar pacientes em recuperação. Dessa vez, quando os fatos sobre o passado de Swango vieram à luz, o Departamento de Justiça finalmente interveio.

Percebendo que agentes federais estavam na sua cola, Swango fugiu do país e partiu para a África do Sul, conseguindo emprego em um remoto hospital luterano. O surto de mortes súbitas e inexplicáveis que ocorriam sempre que o "dr. Mike" estava de ronda, no entanto, despertou suspeitas na equipe do hospital e Swango logo fugiria da polícia de novo. Depois de se esconder no Zimbábue e na Europa por um ano, retornou aos Estados Unidos, mas foi preso assim que pôs os pés para fora do avião.

---

23   Organização norte-americana que presta auxílio a veteranos de guerra. [NT]

O médico homicida – que pode ter sido responsável por nada menos que sessenta assassinatos e que confessou em seu diário que nada o excitava mais que "o cheiro doce, forte e íntimo do homicídio entre quatro paredes" – ==foi condenado à prisão perpétua== pela morte de três pacientes, sem direito à liberdade condicional.

> Eu controlava a vida de outras pessoas, decidia se viveriam ou morreriam. Eu tinha esse poder de controle. Quando não fui pego pelos 15 primeiros, achei que era meu direito. Nomeei a mim mesmo juiz, promotor e júri. Então brinquei de Deus.
> — DONALD HARVEY, profissional de saúde, justificando seus assassinatos —

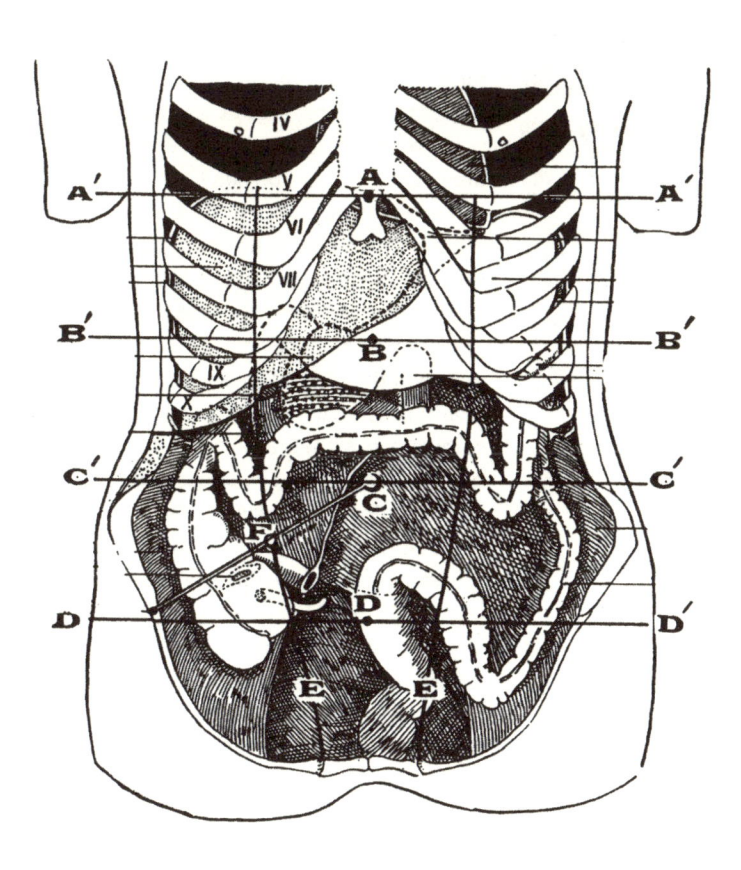

ESTUDO DE CASO - Nº 13
O DOUTOR MORTE DA INGLATERRA

HAROLD SHIPMAN
ASSASSINO DE VELHINHAS

1946-2004

Crime(s)
Assassinato

Pena
Prisão perpétua

Cometeu suicídio

Aqueles que já examinaram o passado do dr. Harold Shipman em busca das fontes de sua psicopatologia se decepcionaram. Sim, sabia-se que ele era estranhamente apegado à mãe e profundamente traumatizado por testemunhar sua lenta morte por câncer quando adolescente. Segundo alguns psiquiatras, a visão do médico de família administrando injeções de morfina para aliviar a agonia final da mãe deixou uma marca indelével em sua psique, que o levou, mais tarde na vida, a recriar reiteradamente essa cena traumática. Ainda assim, essa explicação – como toda teoria dada pelos especialistas – é um típico caso de tiro no escuro. É provável que nunca saibamos como ou por que esse amado médico de família se tornou o mais prolífico serial killer da Inglaterra – e possivelmente do mundo.

À parte de ser um rapaz solitário, que certos professores consideravam "meio esquisito", não havia nada de aparentemente anormal em relação ao jovem Shipman. Foi só quando se formou médico e começou a estagiar na cidade de Todmortem, ao norte da Inglaterra, que mostrou sinais de distúrbios psicológicos. Depois de sofrer uma série de apagões, Shipman disse aos colegas que era epilético – uma explicação que eles aceitaram até descobrirem que ele vinha falsificando receitas para um analgésico similar à morfina, chamado petidina, e que se injetava com a droga regularmente. Preso por falsificação e roubo de medicamentos, Shipman recebeu uma pesada multa e foi obrigado a abandonar a prática. Depois de se libertar do vício em uma clínica de recuperação, entretanto, ele estava logo de volta à ativa, tendo conseguido outro estágio.

Em 1992, ele se separou do grupo e montou um consultório particular na pequena cidade de Hyde. Seu modo gentil e o tempo e cuidado que dedicava aos pacientes tornaram o médico de barba branca e óculos um ícone local, especialmente entre a população idosa feminina. Ninguém notou – pelo menos inicialmente – a rapidez com que essas senhoras começaram a morrer.

O procedimento adotado por Shipman era sempre o mesmo. Fazia uma inesperada visita ao domicílio de uma paciente razoavelmente saudável, matava-a com uma injeção do analgésico diacetilmorfina e ia embora. Mais tarde – geralmente respondendo à ligação desesperada de um parente que descobrira o corpo –, retornaria e assinaria o atestado de óbito, atribuindo a morte a causas naturais.

Foi só em 1997 que alguém – uma mulher chamada Debbie Bramboffe, filha do coveiro local – percebeu que algo sinistro estava acontecendo. Perplexa com a alta taxa de mortalidade entre as pacientes idosas do dr. Shipman – e com o fato bizarro de que seus corpos eram invariavelmente encontrados inteiramente vestidos e sentados em suas poltronas favoritas ou descansando em um canapé –, a sra. Bramboffe compartilhou suas suspeitas com outro médico local, a dra. Susan Booth. Pouco tempo depois, uma investigação estava em andamento.

Mesmo ciente de que as autoridades tinham começado a examinar os atestados de óbito de seus pacientes, Shipman não pôde parar de matar. Na verdade, naquela altura, sua obsessão homicida era tão extrema que às vezes ele assassinava pacientes à razão de um por dia. As causas psicológicas subjacentes que finalmente levaram à sua prisão são controversas. Alguns atribuem sua ruína à arrogância e a um crescente senso de invencibilidade, outros a um desejo inconsciente de ser pego. O que se sabe com certeza é que, em junho de 1998, Shipman matou a sra. Kathleen Grundy – uma octogenária excepcionalmente saudável e ex-prefeita de Hyde – e depois forjou de forma grosseira um testamento que lhe deixava toda a fortuna da falecida, estimada em 400 mil libras. Tão logo a filha da sra. Grundy pôs os olhos no documento, percebeu que era falso e contatou a polícia, que já tinha Shipman na mira. Logo o corpo da sra. Grundy foi exumado para uma autópsia. Quantidades letais de morfina foram descobertas e Shipman foi preso.

No início, os moradores de Hyde não aceitaram que seu vizinho e médico de confiança pudesse ser culpado de assassinato. Lojistas penduravam cartazes em suas vitrines que diziam: "Não acreditamos". No entanto, eles foram forçados a encarar a verdade: Shipman foi condenado por 15 assassinatos em janeiro de 2000. Nada, entretanto, poderia tê-los preparado para o choque final – a revelação, depois de uma longa investigação feita pelo governo britânico, de que o número de mortes suspeitas ligadas a Shipman era de pelo menos 297 e podia chegar a 345.

O que o levou a fazer isso? Em seu julgamento, o advogado de acusação, Richard Henriques, deu a única resposta possível: "Ele estava exercendo o poder supremo de arbitrar sobre a vida e a morte, e repetiu o ato tantas vezes que deve ter achado o drama de tirar vidas gratificante". Em suma, o dr. Harold Shipman matou várias centenas de seres humanos pela simples razão de que gostava disso.

APELIDOS

==Nossa tendência para mitificar serial killers== – de vê-los não como criminosos predadores, mas como criaturas sobrenaturais e malignas – é reforçada pelo hábito da mídia de identificá-los com apelidos chamativos. Esse estratagema sensacionalista (projetado para vender jornais explorando nosso fascínio primitivo e infantil por monstros) começou com =="Jack, o Estripador" – primeiro psicopata da era moderna transformado em celebridade –, e continua até hoje.== (Quando um cartão com a imagem do sinistro estripador foi encontrado na cena de um crime em 2002, durante o atentado a tiros na região de Washington, o criminoso foi imediatamente apelidado de o "Assassino da Carta de Tarô".)

Alguns serial killers nunca foram apanhados e são conhecidos apenas por suas alcunhas de tabloide (ou pelo que poderíamos chamar de *psiconomes*). Os mais conhecidos desse tipo – além de Jack, o Estripador – são: o Homem do Machado de Nova Orleans, o Carniceiro Louco de Kingsbury Run, o Monstro de Florença e o Assassino do Zodíaco.

A LISTA NEGRA DE ALGUNS SERIAL KILLERS E SUAS ALCUNHAS ESTILO TABLOIDE

#	SERIAL KILLERS	APELIDOS
01.	RICHARD ANGELO	ANJO DA MORTE — *Angel of Death*
02.	MARTHA BECK & RAYMOND FERNANDEZ	ASSASSINOS DOS CORAÇÕES SOLITÁRIOS — *Lonely Hearts Killers*
03.	DAVID BERKOWITZ	FILHO DE SAM — *Son of Sam*
04.	KENNETH BIANCHI & ANGELO BUONO	ESTRANGULADORES DA COLINA — *Hillside Stranglers*
05.	WILLIAM BONIN	ASSASSINO DA RODOVIA — *Freeway Killer*
06.	IAN BRADY & MYRA HINDLEY	ASSASSINOS DO PÂNTANO — *Moors Murderers*
07.	HARVEY LOUIS CARIGNAN	ASSASSINO DOS CLASSIFICADOS — *Want-Ad Killer*
08.	DAVID CARPENTER	ASSASSINO DE TRAILSIDE — *Trailside Killer*
09.	RICHARD CHASE	VAMPIRO DE SACRAMENTO — *Vampire of Sacramento*
10.	ANDREI CHIKATILO	BESTA LOUCA — *Mad Beast*
11.	REG CHRISTIE	MONSTRO DE RILLINGTON PLACE — *Monster of Rillington Place*
12.	DOUGLAS CLARK	O ASSASSINO DE SUNSET STRIP — *Sunset Slayer*
13.	CARROLL COLE	ESTRANGULADOR BEBERRÃO — *Barfly Strangler*
14.	DEAN CORLL	HOMEM DOS DOCES — *Candyman*
15.	JEFFREY DAHMER	CANIBAL DE MILWAUKEE — *Milwaukee Cannibal*

SERIAL KILLERS
ANATOMIA DO MAL - HISTÓRIAS REAIS, ASSASSINOS REAIS

#	SERIAL KILLERS	APELIDOS
16.	THEO DURRANT	DEMÔNIO DO CAMPANÁRIO *Demon of the Belfry*
17.	ALBERT FISH	MANÍACO DA LUA *Moon Maniac*
18.	JOHN WAYNE GACY	PALHAÇO ASSASSINO *Killer Clown*
19.	CARLTON GARY	ESTRANGULADOR DA MEIA *Stocking Strangler*
20.	ED GEIN	CARNICEIRO DE PLAINFIELD *Plainfield Ghoul*
21.	JOHN WAYNE GLOVER	ASSASSINO DE VOVÓS *Granny Killer*
22.	VAUGHN GREENWOOD	ASSASSINO DA PERIFERIA *Skid Row Slasher*
23.	BELLE GUNNESS	LADY BARBA AZUL *Lady Bluebeard*
24.	FRITZ HAARMANN	VAMPIRO DE HANÔVER *Vampire of Hanôver*
25.	JOHN GEORGE HAIGH	ASSASSINO DA BANHEIRA DE ÁCIDO *Acid Bath Killer*
26.	WILLIAM HEIRENS	ASSASSINO DO BATOM *Lipstick Killer*
27.	GARY HEIDNIK	ASSASSINO DE ESCRAVAS SEXUAIS *Sex-Slave Killer*
28.	DR. H.H. HOLMES	BARBA AZUL DE CHICAGO *Chicago Bluebeard*
29.	EDMUND KEMPER	ASSASSINO DE COLEGIAIS *Coed Killer*
30.	PAUL JOHN KNOWLES	ASSASSINO CASANOVA *Casanova Killer*

SERIAL KILLERS
ANATOMIA DO MAL - HISTÓRIAS REAIS, ASSASSINOS REAIS

#	SERIAL KILLERS	APELIDOS
31.	PETER KÜRTEN	MONSTRO DE DÜSSELDORF *Monster of Düsseldorf*
32.	PEDRO LÓPEZ	MONSTRO DOS ANDES *Monster of the Andes*
33.	WILLIAM MACDONALD	MUTILADOR DE SYDNEY *Sydney Mutilator*
34.	EARLE LEONARD NELSON	GORILA ASSASSINO *Gorilla Murderer*
35.	THIERRY PAULIN	MONSTRO DE MONTMARTRE *Monster of Montmartre*
36.	JESSE POMEROY	MENINO DEMÔNIO *Boy Fiend*
37.	HEINRICH POMMERENCKE	BESTA DA FLORESTA NEGRA *Beast of the Black Forest*
38.	RICHARD RAMÍREZ	PERSEGUIDOR DA NOITE *Night Stalker*
39.	MELVIN REES	BESTA SEXUAL *Sex Beast*
40.	ÁNGEL MATURINO RESÉNDIZ	ASSASSINO DA FERROVIA *Railway Killer*
41.	DANNY ROLLING	ESTRIPADOR DE GAINESVILLE *Gainesville Ripper*
42.	CHARLES SCHMID	FLAUTISTA DE TUCSON *Pied Piper de Tucson*
43.	LUCIAN STANIAK	ARANHA VERMELHA *Red Spider*
44.	PETER SUTCLIFFE	ESTRIPADOR DE YORKSHIRE *Yorkshire Ripper*
45.	CORAL EUGENE WATTS	ASSASSINO DA MANHÃ DE DOMINGO *Sunday Morning Slasher*

SERIAL KILLERS
ANATOMIA DO MAL - HISTÓRIAS REAIS, ASSASSINOS REAIS

CASE STUDY — CRIME SCENE

ESTUDO DE CASO - Nº 14
O "PERSEGUIDOR DA NOITE"

RICHARD RAMÍREZ
ASSASSINO ARROMBADOR

1960-2013

Crime(s)
Assalto, assassinato, ofensa sexual e invasão de domicílio

Pena
Condenado à morte

Richard Ramírez – o homem de 25 anos que deixou Los Angeles nas garras do medo durante o quente verão de 1985 – tinha algumas palavras sinceras para o tribunal que o condenou à morte: "Seus vermes, vocês me dão nojo. Vocês não me entendem. Eu estou além do bem e do mal. Serei vingado. Lúcifer habita em todos nós". Como todos os psicopatas, ele não sentia a mais ligeira pontada de remorso pelos horrores que fizera a cidade sofrer. Ao deixar o tribunal, fez pouco caso do merecido castigo que o aguardava: "Grande coisa. A morte sempre fez parte do negócio. Vejo vocês na Disneylândia".

Nascido em uma pobre família de descendentes de mexicanos em El Paso, no Texas, Ramírez foi um aluno mediano até chegar ao ensino médio, quando as coisas foram de mal a pior. Trabalhando em um motel, foi pego depois de invadir o quarto de uma mulher e tentar agarrá-la quando esta saía do chuveiro. O marido deu uma surra nele, mas o casal não prestou queixas. Ramírez mudou-se para Los Angeles, onde foi autuado por posse de drogas e infrações de trânsito.

Na primavera de 1985, começou a rondar os subúrbios de Los Angeles em carros roubados à procura de casas para vandalizar – e pessoas para exterminar. Mais tarde, quando a polícia intensificou as buscas, ele dirigiu até São Francisco em busca de vítimas. Geralmente drogado de cocaína ou anfetamina, ele entrava sorrateiramente em casas com as luzes apagadas e dirigia-se ao quarto em que os casais dormiam. Matava primeiro o marido, depois estuprava e assassinava brutalmente a mulher. Certa vez arrancou os olhos de uma mulher e os levou consigo como troféus.

De junho de 1984 até sua captura, mais de um ano depois, os aterrorizados moradores de Los Angeles achavam que havia um demônio à solta. A imprensa apelidou-o de "Perseguidor da Noite". Ninguém se sentia seguro. O misterioso demônio não se restringia a nenhuma faixa etária, sexo ou etnia específicos. Estuprou mulheres de mais de oitenta anos; torturou jovens mães na frente de seus filhos. Costumava fazer um lanche enquanto as vítimas sangravam até a morte diante de seus olhos e deixava pentagramas satânicos nos corpos ou nas paredes das casas.

Conforme a incidência de crimes aumentava, Ramírez – como muitos serial killers – desenvolveu um senso de onipotência. O assassino acreditava que estava sendo protegido por Satã.

Ele estava errado.

Em agosto de 1985, após atacar um casal – baleou o homem na cabeça e estuprou a mulher –, Ramírez fugiu no carro das vítimas. Depois de recuperar o veículo roubado, a polícia encontrou uma impressão digital que correspondia à folha corrida do criminoso. Sua foto de identificação foi imediatamente transmitida pela TV local. Dias mais tarde, enquanto tentava roubar um carro na região leste de Los Angeles, foi reconhecido por transeuntes, que arremeteram contra ele e quase o espancaram até a morte. Só a rápida chegada da polícia o salvou da multidão enfurecida.

O julgamento do assassino, que durou 14 meses, teve grande repercussão na mídia. O incorrigível Ramírez era fotografado por repórteres exibindo um pentagrama que desenhara na mão, fazendo chifres de diabo com os dedos e entoando: "Viva o demônio... Viva o demônio... Viva o demônio..." Hordas de tietes se aglomeravam no tribunal, regando-o de cartas e mensagens apaixonadas. Quando uma jovem mulher foi questionada sobre sua fascinação pelo notório assassino psicopata, ela respondeu: "Quando olho para ele, vejo um cara muito bonito que arruinou sua vida porque nunca teve ninguém para guiá-lo". Ramírez mais tarde se casaria com uma de suas admiradoras.

Por fim, foi condenado por 13 assassinatos, embora tenha posteriormente confessado outros mais. "Matei vinte pessoas, cara", disse a um colega detento. "Adoro todo aquele sangue." Ramírez reside atualmente no corredor da morte na Prisão Estadual de San Quentin.[24]

---

24   Ramírez morreu em 7 de junho de 2013 de insuficiência hepática enquanto aguardava sua execução. [NE]

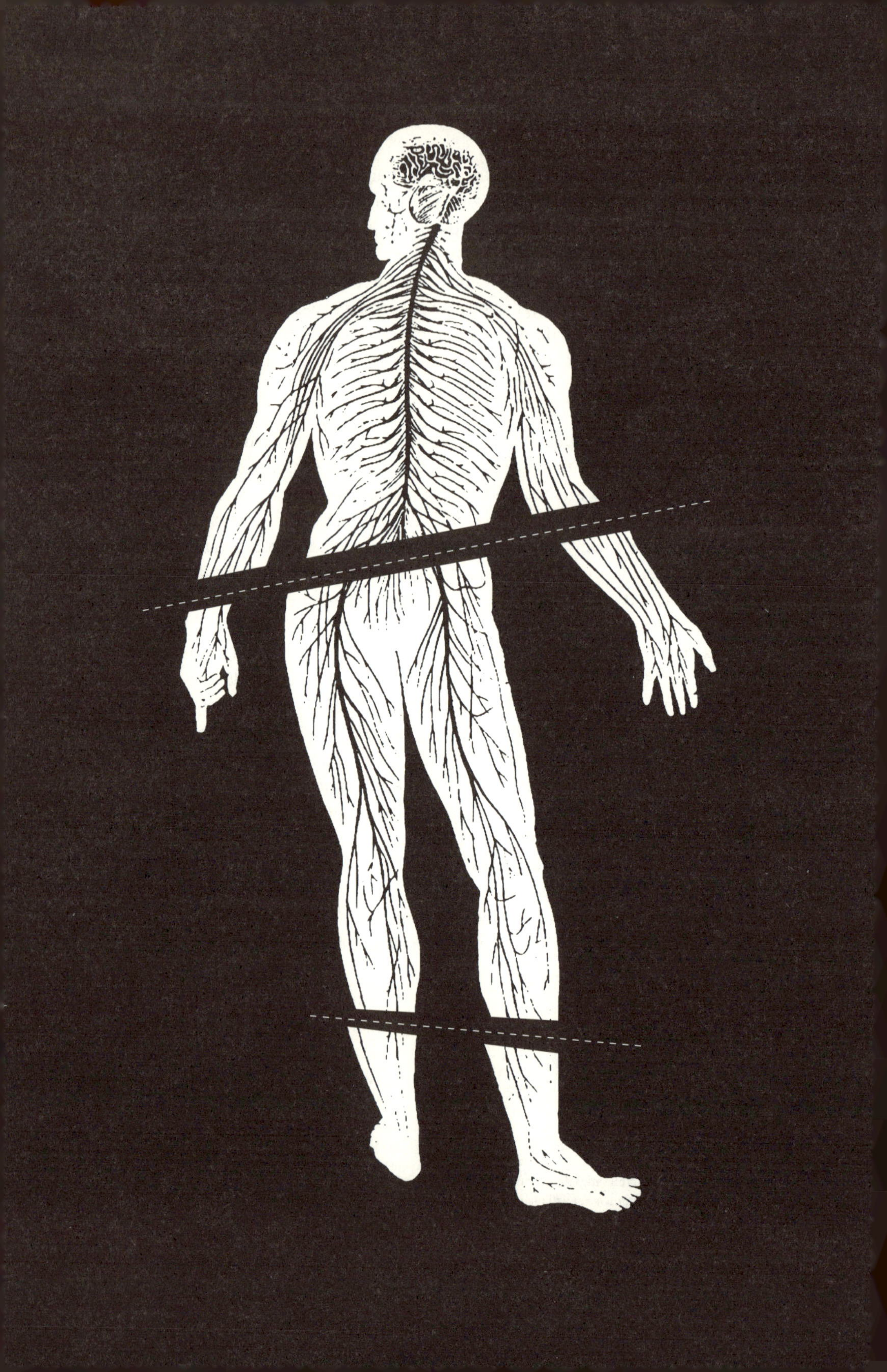

SERIAL KILLERS NO MUNDO

Há poucas dúvidas de que os Estados Unidos são o maior produtor de serial killers do mundo, embora, para se ter uma quantificação real, seja necessário levar em conta o tamanho da população desse país. O FBI estima que existem entre trinta e cinquenta serial killers à solta nos EUA em um dado momento qualquer. Isso pode parecer um número surpreendentemente elevado, mas em um país de mais de 280 milhões de pessoas[25] é uma porcentagem ínfima.

A Inglaterra, por exemplo, pode ser afligida por apenas alguns serial killers ao ano, mas sua população é mais de cinco vezes menor que a norte-americana. Na verdade, em um estudo sobre assassinato em série entre os anos de 1962 e 1982, o criminologista Colin Wilson lista 18 casos nos Estados Unidos e 11 na Grã-Bretanha. De acordo com essa descoberta, constata-se que a incidência de assassinos em série durante esse período de vinte anos é significativamente *maior* na Grã-Bretanha – 18 pessoas a cada 100 mil, em comparação a 8,3 nos Estados Unidos. Serial killers britânicos, além disso, incluem não só alguns dos assassinos mais depravados da contemporaneidade – como Fred e Rosemary West –, mas também o individualmente mais prolífico: dr. Harold Shipman, responsável por cerca de quatrocentos assassinatos.

Ainda assim, há fatores culturais decisivos nos Estados Unidos que contribuem para o assassinato em série: famílias fragmentadas e altamente disfuncionais, terreno fértil para criminosos psicopatas; a falta de raízes e o anonimato da vida norte-americana, que possibilitam ao serial killer se deslocar com facilidade ou morar em uma comunidade sem chamar a atenção; o grande número de "alvos de ocasião" – adolescentes fugidos de casa, prostitutas de periferias etc.; e, claro, o nível extraordinariamente alto de violência em geral, uma característica da sociedade norte-americana.

É importante reconhecer, no entanto, que o assassinato em série não está limitado a um país apenas. É um fenômeno universal, que tem ocorrido ao longo da história e em todas as partes do globo. Sem dúvida, uma pesquisa abrangente de serial killers no mundo exigiria um livro à parte. Para uma noção de quão difundido é o fenômeno, aqui está uma amostra de serial killers de outras terras.

RAMIRO ARTIEDA | ????–1939 | BOLÍVIA   Embora este psicopata boliviano tenha ganhado notoriedade no final dos anos 1930 por estrangular sete jovens mulheres em sequência, ele iniciou sua carreira homicida matando o próprio irmão, Luis, para obter controle sobre a propriedade da família. Infelizmente para suas futuras vítimas, a polícia não conseguiu reunir provas suficientes para condená-lo e Artieda foi deixado livre.

Rejeitado por sua noiva de 18 anos – que evidentemente tinha receios de se casar com um homem acusado de fratricídio –, Artieda partiu para os Estados Unidos, onde estudou arte dramática. Tão logo retornou à Bolívia, uma série de mulheres de 18 anos – todas com uma notável semelhança física com a ex-namorada de Artieda – começou a morrer, cada uma estrangulada por um estranho de cabelos negros assumindo

---

25   De acordo com o censo de 2010, a população dos EUA foi estimada em 310 milhões de pessoas. [NE]

um papel diferente. Uma foi atraída para a morte por um "executivo de cinema", outra por um "professor convidado", outra por um "caixeiro-viajante" e outra ainda por um "monge". Depois de uma última e malsucedida tentativa de assassinato em maio de 1939, Artieda foi identificado por uma vítima e preso.

Sob interrogatório, admitiu ter estrangulado sete mulheres, supostamente para se vingar das mulheres como um todo depois de ser rejeitado por sua noiva. Ele também confessou o assassinato de Luis. Artieda foi executado por um pelotão de fuzilamento em 3 de julho de 1939.

WAYNE CLIFFORD BODEN | 1948–2006 | CANADÁ   Espectadores de *Tiros em Columbine* (2002), documentário de Michael Moore ganhador do Oscar, têm uma boa desculpa para pensar no Canadá como uma terra idílica em que o crime violento é tão raro que seus cidadãos podem dormir com as portas destrancadas. Trinta anos atrás, no entanto, Montreal foi palco de uma série de assassinatos tão horríveis como qualquer outro na terra do Tio Sam.

Os horrores começaram em julho de 1968, quando o corpo nu de uma professora de 21 anos chamada Norma Vaillancourt foi encontrado em seu apartamento em Montreal. A vítima tinha sido estuprada e estrangulada, e seus seios mutilados por mordidas. Mais ou menos um ano depois, o assassino atacou novamente, estuprando e estrangulando outra jovem morena, rasgando-lhe os seios com os dentes em seguida.

Mas foi só na terceira atrocidade que a polícia enfim conseguiu uma pista. Em novembro de 1969, Marielle Archambault, de vinte anos, teve o mesmo destino terrível das vítimas anteriores. Ao realizar uma busca em seu apartamento, os investigadores encontraram uma foto amassada de um homem jovem e atraente. Colegas de trabalho de Marie em uma joalheria no centro da cidade o identificaram como um sujeito chamado "Bill", que passara na loja para conversar com a moça no dia em que foi assassinada.

Dois meses depois, o "Vampiro Estuprador" – como os jornais o apelidavam àquela altura – atacou novamente, estuprando e estrangulando Jean Way, de 24 anos, e depois submetendo o cadáver à mutilação, que se tornara sua marca registrada.

Com a polícia em seu encalço, o fantasma assassino fugiu na calada da noite para Calgary, a 3.700 quilômetros de distância, assassinando sua vítima final, uma jovem professora chamada Elizabeth Porteous, em maio de 1971. Depois de entrevistar amigos de Porteous, a polícia soube que a moça estava saindo com um homem chamado "Bill", que dirigia uma Mercedes azul. Identificando um carro com essa descrição estacionado a apenas um quarteirão de distância do apartamento da vítima, a polícia preparou uma emboscada e deteve o dono conforme este se aproximava do veículo.

Tratava-se de Wayne Clifford Boden, de 23 anos, cujo botão da camisa fora encontrado junto aos restos rasgados do vestido de Elizabeth Porteous enquanto seu corpo era transportado para o laboratório de perícias criminais. Boden admitiu que tinha saído com ela na noite em que foi morta, mas insistiu que estava viva quando a deixou. Em seu julgamento, entretanto, um odontologista forense demonstrou para além de qualquer dúvida que as marcas de mordidas nos seios das vítimas só podiam ter sido feitas por Boden. Condenado e sentenciado à prisão perpétua pelo assassinato de Calgary, o criminoso voltou a ser julgado posteriormente em Montreal e recebeu mais três penas de prisão perpétua.

LUIS ALFREDO GARAVITO | 1957– | COLÔMBIA   Os norte-americanos gostam de pensar que são os maiores e melhores em tudo, e têm o orgulho perverso de ter produzido os piores serial killers da contemporaneidade: Ted Bundy, John Wayne Gacy, Jeffrey Dahmer e outros mais. Mas a verdade é que mesmo as barbaridades dos assassinos psicopatas mais monstruosos desse país empalidecem diante daquelas praticadas pelo homicida colombiano Luis Alfredo Garavito. O fato de seu nome ser praticamente desconhecido dentro dos Estados Unidos é claramente uma questão de chauvinismo cultural: os norte-americanos simplesmente não têm grande interesse por psicopatas estrangeiros. Sem dúvida, a magnitude dos crimes de Garavito o torna um sério candidato ao título de "pior serial killer do século XX". Nascido em 1957, na região cafeeira de Pereira, Garavito – o caçula de sete filhos – era regularmente espancado de forma brutal por seu pai alcoólatra e estuprado por dois vizinhos adultos. Ao crescer, Garavito tornou-se um alcoólatra, bem como um depressivo com tendências suicidas. Depois de apenas cinco anos de estudos, abandonou a escola e aos 16 anos tornou-se um vagabundo, trabalhando esporadicamente como caixa de loja ou vendedor de rua de artigos religiosos.

Em um período de sete anos, de 1992 a 1999, Garavito assassinou nada menos que 140 garotos, na faixa etária dos oito aos 16 anos, distribuídos por mais de cinquenta cidades na Colômbia e também no Equador. Usando diversos disfarces insuspeitos – professor, padre, assistente social, representante de uma organização de caridade – e valendo-se de sua lábia característica, Garavito ganhava a confiança de suas vítimas, geralmente comprando refrigerantes ou dando pequenas quantias de dinheiro para elas. Então as convidava para uma longa caminhada pelo campo. Quando os meninos começavam a ficar cansados, Garavito atacava. Eles eram amarrados com uma linha de náilon, estuprados, mutilados e depois tinham as gargantas cortadas ou eram decapitados.

O fato de essas barbaridades passarem despercebidas por tantos anos é resultado das péssimas condições sociais da Colômbia. As vítimas de Garavito eram quase sempre meninos pobres que viviam nas ruas: o subproduto de um país em meio a um profundo processo de desintegração social. Na maioria dos casos, ninguém sequer percebia que eles tinham sumido. Foi só quando 27 esqueletos foram encontrados em uma ravina na província ocidental de Pereira que as autoridades deram início a uma investigação. Por fim, depois que outros noventa esqueletos além dos primeiros foram descobertos, a polícia encontrou Garavito já na cadeia, aguardando julgamento pelo assassinato de um menino de 11 anos na cidade de Tunja. Durante uma maratona de severos interrogatórios, Garavito confessou 140 assassinatos, cada um dos quais registrado meticulosamente em um caderno. Como a Colômbia não tem pena de morte, ele foi sentenciado a 52 anos pelo assassinato de Tunja – um castigo surpreendentemente leve considerando as atrocidades incomparáveis que cometeu.

SAEED HANAEI | 1963–2002 | IRÃ   Por mais de dois anos, um serial killer iraniano – apelidado de "Aranha" por causa de sua sinistra habilidade de atrair vítimas para sua teia – matou pelo menos seis jovens prostitutas na cidade sagrada de Mashad. As mulheres eram todas estranguladas com os próprios véus, depois envolvidas das cabeças aos pés em seus xadores e jogadas nas ruas. Longe de causar indignação, no entanto, estes horríveis crimes foram na verdade aplaudidos por muitos defensores radicais do regime fundamentalista, que viam o assassino desconhecido como um justiceiro lutando contra a corrupção moral.

Por fim, um operário da construção civil chamado Saeed Hanaei, de 39 anos, foi preso pelo crime. De acordo com sua confissão, ele embarcara em sua campanha homicida depois que um taxista confundiu sua mulher com uma prostituta. Culpando o grande número de prostitutas na cidade por esse episódio de humilhação, Hanaei decidira matar o máximo delas que pudesse como uma "obrigação religiosa". Ele não tinha remorso algum e declarou que matar as mulheres não foi mais difícil que "abrir um melão".

A princípio, alguns radicais saíram em sua defesa, argumentando que ele estava simplesmente tentando limpar o país. Eles silenciaram, todavia, quando o assassino revelou que fizera sexo com a maioria das vítimas antes de estrangulá-las. Hanaei foi enforcado em um presídio de Teerã na manhã de 18 de abril de 2002.

Elas eram inúteis como baratas para mim.
Depois de um tempo, eu não conseguia dormir à noite
se não tivesse matado pelo menos uma naquele dia.
— SAEED HANAEI —

JAVED IQBAL | 1956–2001 | PAQUISTÃO   Em 1999, um paquistanês rico chamado Javed Iqbal foi brutalmente espancado por dois garotos. Quando relatou o crime à polícia, esta não só ignorou suas queixas como o acusou de sodomia. Nesse momento, Iqbal decidiu se vingar do "mundo que odiava" e jurou matar exatamente cem crianças.

Nos seis meses que se seguiram, ele cumpriu a promessa hedionda. Atraindo jovens – a maioria deles mendigos e jovens fugidos de casa – para seu pequeno apartamento em Lahore, ele os alimentava, fotografava e lhes oferecia uma cama. Quando eles dormiam, Iqbal os asfixiava com cianeto. Depois, dissolvia os corpos em um tonel de ácido e despejava os resíduos no bueiro de um beco. Iqbal não só guardava as roupas e os sapatos, mas também mantinha um registro meticuloso de suas vítimas, anotando seus nomes, idades, datas de suas mortes e até mesmo os custos para eliminá-los (cerca de 2,40 dólares por vítima, incluindo o custo do ácido). Assim que alcançou seu objetivo, entregou-se à polícia.

Condenado em março de 2000, recebeu uma sentença proporcional à monstruosidade de seus crimes. Ele seria estrangulado diante dos pais das vítimas, depois retalhado em cem pedaços e dissolvido em ácido. Iqbal recorreu da sentença, mas foi encontrado morto em sua cela, depois de ter aparentemente cometido suicídio, em outubro de 2001.

Eu poderia ter matado quinhentos, isso não era um problema. Mas a promessa que fiz foi de matar cem crianças e não queria quebrá-la. Minha mãe tinha chorado por mim. Eu queria que cem mães chorassem por seus filhos.
— JAVED IQBAL —

MUHAMMAD ADAM OMAR ISHAAK | 1952–2001 | IÊMEN No início de 1980, a Universidade de Sana abriu a primeira faculdade de medicina do Iêmen, formando médicos que, nos anos seguintes, seriam empregados em todo o país e em todo o mundo árabe. Entre seus graduados estavam as primeiras médicas do Iêmen. Porém, a reputação desta orgulhosa instituição foi gravemente manchada no verão de 2000, quando um de seus empregados – um atendente de necrotério de 48 anos chamado Muhammad Adam Omar Ishaak – revelou ser um assassino sexual mentalmente perturbado cujas vítimas incluíam duas estudantes da própria instituição. Emigrante do Sudão que chegara ao Iêmen em uma leva de africanos empobrecidos em busca de emprego, Ishaak – ou o "Estripador de Sana", como foi apelidado – confessou ter estuprado, matado e desmembrado suas vítimas, antes de imergir seus restos em ácido e despejá-los nos ralos do necrotério.

Desde o início, no entanto, a confissão de Ishaak era cercada de controvérsias, pois ele vivia alterando sua história. Primeiro, afirmou que tinha assassinado mais de cinquenta mulheres enquanto exercia trabalhos temporários em meia dúzia de países árabes. Mais tarde, reduziu esse número para 16 vítimas, todas elas do Iêmen, insistindo que nunca havia trabalhado em qualquer outro lugar exceto no Sudão, sua terra natal, onde era coveiro. A história de Ishaak mudou de novo, no entanto, quando uma de suas supostas vítimas – uma mulher de 21 anos cujo assassinato acompanhado de mutilação ele descrevera em macabros detalhes – apareceu viva. Por fim, ele admitiu apenas dois assassinatos, os de uma estudante de medicina iraquiana de 24 anos e de uma iemenita de 23, cujos restos mortais foram encontrados nos tubos de escoamento do necrotério.

Embora alguns comentaristas defendam que Ishaak foi um bode expiatório, criado por figuras poderosas que buscavam encobrir um escândalo sexual envolvendo homicídio em um bordel exclusivo de Sana, Ishaak foi condenado à morte. O suposto assassino foi publicamente executado em frente aos portões da faculdade de medicina em agosto de 2001 – baleado no coração e na cabeça depois de receber oitenta chibatadas com um chicote de couro trançado.

O "ASSASSINO DA ESCOLA DE KOBE" | 1983– | JAPÃO Na primavera e no verão de 1997, o Japão foi pego de surpresa por uma série de crimes hediondos. Certa manhã de terça-feira, 27 de maio, vários transeuntes avistaram o que parecia ser a cabeça de um manequim em frente ao portão de uma escola secundária na cidade portuária de Kobe. Após um exame mais minucioso, ficou claro que não era falsa, mas – para o horror das testemunhas – a cabeça decapitada de um menino deficiente mental chamado Jun Hase, de 11 anos, que estava desaparecido há vários dias. Dentro da boca havia uma mensagem que dizia: "Bem, vamos começar um jogo. Policiais, vocês podem me deter? Desejo desesperadamente ver pessoas morrendo. Acho divertido matar pessoas. Um julgamento sangrento é necessário pelos meus anos de grande amargura". Um surto de crimes havia ocorrido recentemente nas proximidades. Em março, a apenas um quilômetro do portão da escola, uma menina de dez anos tinha sido espancada até a morte com uma barra de ferro e, no mesmo dia, uma menina de nove anos ficara gravemente ferida depois de ser esfaqueada. Antes disso, outras duas meninas da escola primária tinham sido atacadas por um agressor que brandia um martelo, mas ambas escaparam sem lesões graves. E havia também os animais: dois gatos mortos – um com as patas cortadas – foram deixados em frente à escola, junto com um pombo decapitado.

Percebendo que um serial killer estava à solta, a polícia começou a buscar um homem na casa dos trinta anos que fora visto na companhia do pequeno Jun antes de o menino desaparecer. No início de junho, o assassino enviou várias cartas sinistras a um jornal local, declarando que matar lhe dava uma sensação de paz interior e ameaçando assassinar "três legumes por semana" – aparentemente referindo-se a crianças.

Dado o grau de psicopatologia do assassino, devia ter sido um grande alívio quando ele foi finalmente capturado no final de junho. Mas, na verdade, sua prisão provocou uma onda de angústia e reflexão em todo o país. O assassino, conforme se descobriu, era um garoto de 14 anos, ao que constava de uma boa família de classe média. Embora a lei japonesa proibisse a divulgação de seu nome, certos fatos sobre o pequeno assassino vieram à tona. Como a maioria dos serial killers, ele começou a manifestar sintomas sociopáticos precocemente. Adorava brincar com facas de caça na escola primária e gostava de torturar animais. Certa vez, enfileirou vários sapos na rua e os atropelou com a bicicleta. Ele mantinha um diário detalhado de seus crimes e fazia rituais bizarros. Depois de atrair Jun Hase para um morro cercado de árvores, ele o estrangulou, removeu sua cabeça com uma serra e levou-a para casa em um saco plástico, lavando-a em uma cerimônia de purificação antes de deixá-la no portão da escola.

Pela lei japonesa, o "Assassino da Escola de Kobe" é muito jovem para cumprir pena na cadeia. De qualquer forma, ele estará de volta às ruas quando completar 18 anos.[26]

> Só quando mato me liberto do ódio e me sinto em paz. Consigo aliviar meu sofrimento só quando vejo outros sofrendo.
> — De uma mensagem enviada pelo "ASSASSINO DA ESCOLA DE KOBE" —

PEDRO LÓPEZ | 1948– | COLÔMBIA O homem que viria a se tornar o notório "Monstro dos Andes" teve o tipo de infância que é quase certa de produzir um criminoso psicopata. Nascido na região rural da Colômbia em 1949, López – um dos 13 filhos de uma prostituta sem um tostão – cresceu na miséria absoluta. Aos oito anos foi expulso de casa depois que a mãe o pegou acariciando uma das irmãs. Nas ruas, rapidamente se tornou vítima de um pedófilo de meia-idade que – prometendo-lhe comida e abrigo – levou-o até um prédio abandonado e o estuprou.

Foi para Bogotá, onde se alimentou de tudo que podia pedir, furtar ou catar na rua. Foi brevemente acolhido sob as asas de um casal solidário que o matriculou em uma escola para órfãos. Esse período relativamente normal em sua vida terminou abruptamente quando roubou dinheiro da escola (supostamente depois de ser molestado por um dos professores) e fugiu.

---

26   O jovem, cujo apelido é Seito Sakakibara, foi solto em 2005. Dada a gravidade dos crimes e o fato de ter sido cometido por um menor, seu nome e a nova residência não foram revelados pelo governo japonês. [NE]

Na adolescência, López se envolveu com roubo de carros, atividade que resultaria em sua prisão aos 18 anos. Dois dias depois de começar a cumprir sua pena de sete anos, foi estuprado por quatro detentos mais velhos. Pouco tempo depois, López matou todos os quatro agressores com uma faca caseira. Considerados atos de legítima defesa, os assassinatos lhe renderam apenas dois anos a mais de prisão.

Liberado em 1978, López embarcou em uma campanha sádica e homicida que o tornaria infame no mundo todo como possivelmente o assassino mais prolífico de todos os tempos. Viajando pelo Peru, ele estuprou e estrangulou dezenas de jovens mulheres, muitas raptadas de tribos indígenas. Certa vez, depois de ser apanhado ao tentar raptar uma menina de nove anos da tribo dos Ayachucos, foi espancado, torturado e quase enterrado vivo. Só a intervenção oportuna de um missionário americano o salvou.

Deportado do país, López retomou suas práticas homicidas na Colômbia e no Equador. Foi finalmente preso em abril de 1980, enquanto abordava uma garota de 12 anos em um mercado a céu aberto no Equador. Detido, López ficou inicialmente em silêncio, mas finalmente se abriu ao companheiro de cela – na verdade um padre em trajes de prisão, infiltrado pelas autoridades. Confrontado com as terríveis confissões que fizera ao "colega", López cedeu e ofereceu uma confissão completa que seria difícil de acreditar se as descobertas subsequentes não tivessem confirmado sua veracidade.

Nos dois anos entre sua liberação e captura, López declarou ter assassinado pelo menos uma centena de meninas no Equador, o mesmo número na Colômbia e "muito mais" no Peru. Ele sondava pequenos mercados locais à procura das meninas mais inocentes que pudesse encontrar e então, tendo escolhido uma vítima, ele a atraía para longe com pequenos adornos sem valor. Quando a tinha em seu poder, López estrangulava a menina enquanto a estuprava, prolongando o prazer o máximo que pudesse, e observava a vida se esvair dos olhos da vítima. "As meninas levavam de cinco a 15 minutos para morrer", ele contou aos interrogadores. "Passava um bom tempo com elas, me certificando de que estavam mortas. Usava um espelho para ver se elas ainda respiravam. Às vezes tinha que matá-las de novo."

Inicialmente céticos em relação às alegações desconcertantes de López, os policiais só se convenceram quando o assassino os levou a uma área isolada na qual foram desenterrados os restos de 53 vítimas do sexo feminino, na faixa etária de oito a 12 anos. Acusado de 110 assassinatos, López foi condenado em 1980 e sentenciado à pena máxima da lei equatoriana: prisão perpétua.

Eu sou o homem do século.
Ninguém jamais me esquecerá.
— PEDRO LÓPEZ —

ARCHIBALD MCCAFFERTY | 1948– | ESCÓCIA Como assassino de três vítimas, Archie McCafferty, o "Cachorro Louco", pode não ter sido um dos piores assassinos em série da Austrália em termos puramente quantitativos. Mas certamente foi um dos mais violentos e perturbados.

McCafferty era na verdade um cidadão da Escócia que emigrou para a Austrália com seus pais aos dez anos. Como o lunático a quem ele seria frequentemente comparado – Charles Manson –, McCafferty passou a adolescência transitando por várias instituições. Com 24 anos, tinha acumulado mais de trinta condenações por crimes variados, de invasão de domicílio e arrombamento a roubo de carros e lesão corporal. Um dos poucos crimes pelo qual McCafferty não tinha sido preso era homicídio. Não que ele não fosse propenso à violência. Até os vinte e poucos anos, no entanto, seu sadismo era extravasado sobretudo em pequenos animais – cachorros, gatos, galinhas –, que ele gostava de estrangular para se divertir.

Em 1972, casou-se com uma jovem chamada Janice, que logo ficou grávida. Justiça lhe seja feita, McCafferty parecia reconhecer o quão desequilibrado era e se internou diversas vezes por conta própria em hospitais psiquiátricos, geralmente depois que ficava bêbado ou chapado de *angel dust*[27] e batia violentamente na esposa. O que o levou ao limite e consequentemente a se lançar em uma carreira homicida desenfreada foi a morte acidental de seu filho recém-nascido, Craig. Em março de 1973, o bebê morreu sufocado depois que Janice o levou para cama e rolou sobre ele enquanto dormia.

Pouco tempo depois, McCafferty, que já tinha centenas de tatuagens, acrescentou mais uma, o número 7, que inscreveu no espaço entre o polegar e o indicador da mão direita. O significado logo ficaria terrivelmente claro. Em sua loucura crescente, McCafferty tinha decidido assassinar sete pessoas para "vingar" a morte do filho.

Seis meses depois, ele pôs seu terrível plano em ação. Janice voltou para a casa da família e Archie morava agora com uma jovem suicida chamada Carol Howes. Morando com eles estava uma adolescente emocionalmente desequilibrada, Julie Todd, com quem os dois tinham feito amizade em uma clínica psiquiátrica. Esse trio profano tornou-se o núcleo de uma gangue que também incluía outros três adolescentes, um trio de rapazes de 17 anos que McCafferty conhecera em seu salão de tatuagem predileto.

O primeiro a morrer foi um vendedor de jornais de cinquenta anos chamado George Anson, que estava embriagado quando foi atacado pela quadrilha, arrastado para um beco e apunhalado sete vezes por McCafferty. Por essa altura, McCafferty estava profundamente delirante, convencido de que os sete homicídios que planejava cometer trariam seu filho morto de volta à vida.

A segunda vítima foi um mineiro de 42 anos chamado Ronald Cox, raptado à mão armada depois de parar para dar carona a dois dos cúmplices adolescentes de McCafferty. Levado ao cemitério em que o filho de McCafferty fora enterrado, Cox se viu obrigado a deitar com o rosto emborcado na lama e depois foi baleado na parte de trás da cabeça. Na manhã seguinte, a gangue matou outro estranho bem-intencionado, Evangelos Kollias, que parara para dar carona a dois adolescentes do grupo.

Depois de atirar em Kollias na cabeça e eliminar seu corpo, McCafferty partiu em direção a Blacktown, onde sua esposa, Janice, se refugiara na casa de sua mãe. Ele planejava matar as duas mulheres, juntamente com o namorado da mãe, que morava com esta. Felizmente para as pretendidas vítimas o carro de McCafferty ficou sem gasolina durante o trajeto e ele decidiu adiar suas execuções. Pouco depois, um dos membros da gangue, um garoto chamado Rick Webster, convencido de que McCafferty pretendia matá-lo, entregou-o à polícia.

---

27   Pó de anjo, em tradução literal, refere-se à droga alucinógena fenilciclidina, também conhecida como PCP. Já foi usada como agente anestésico, causa alucinações e efeitos neurotóxicos. [NE]

No julgamento do "Charles Manson australiano" (como a imprensa o apelidava), em 1974, psiquiatras deram testemunhos conflitantes sobre o estado mental de McCafferty. Todos concordavam, no entanto, que o homem de 25 anos era um assassino sem remorsos que constituía uma ameaça permanente à comunidade. McCafferty concordou com esse parecer, afirmando que "se tivesse oportunidade, mataria de novo, simplesmente porque tinha que matar sete pessoas, e só matara três, o que significava que ainda faltavam quatro para despachar".

Recebendo três sentenças de prisão perpétua, McCafferty passou os 23 anos que se seguiram em algumas das prisões mais rígidas da Austrália, onde ganhou notoriedade como um detento particularmente perigoso e incorrigível. Apesar de suas condenações – suplementadas com tempo adicional pelos vários crimes que cometeu enquanto estava na prisão (incluindo homicídio culposo e tráfico de drogas) –, ele ganhou liberdade condicional em 1993. Para a alegria dos australianos – e o desespero dos escoceses – ele foi deportado para a terra natal, onde declarou ser uma pessoa "totalmente mudada". McCafferty voltou a se casar e se tornou pai de uma criança.

Dezesseis meses depois, foi posto em liberdade assistida por dois anos depois de ameaçar de morte alguns policiais.

> Fodam-se você e o resto da sua família porque qualquer um que se meter comigo terá uma morte horrível.
> — ARCHIE MCCAFFERTY em um bilhete à esposa —

O "MONSTRO DE FLORENÇA" | ITÁLIA   Um dos mais macabros – e desconcertantes – casos de assassinato não solucionados da atualidade, a série de crimes cometida pelo chamado "Monstro de Florença", voltou a ganhar notoriedade nos últimos anos como aquele que inspirou Thomas Harris a ambientar seu romance *Hannibal* (2005) na cidade natal do poeta Dante Alighieri.

O caso começou em agosto de 1968, quando um casal adúltero foi morto a tiros dentro de um carro estacionado em um cemitério no qual tinham ido para fazer sexo às escondidas. O duplo assassinato parecia ter sido resolvido quando o marido traído foi preso e condenado. Mas foi comprovado que ele era inocente, já que ainda mofava na cadeia seis anos depois quando o assassino atacou novamente.

Em setembro de 1974, outro casal, desta vez dois adolescentes, foi baleado repetidamente enquanto dava uns amassos no carro. A menina foi então arrastada para fora do veículo e apunhalada quase uma centena de vezes em um frenesi sanguinário. Em seguida, o assassino dispôs o corpo nu com os braços e pernas estendidos e enfiou um ramo de videira em sua vagina mutilada.

O padrão fora fixado: assassinatos duplos de amantes furtivos, cometidos em noites escuras por um maníaco sádico.

Sete anos depois, em junho de 1981, um policial fora de serviço que passeava pelo campo florentino topou com o próximo par de vítimas do assassino fantasma. Um homem de trinta anos estava caído sobre o volante do carro. Ele fora baleado várias vezes e também tivera a garganta cortada. Esparramado ao pé de um barranco, a alguns metros de distância, estava o corpo da amante – uma jovem de 21 anos cuja vagina tinha sido removida com um instrumento cortante.

Mais horrores se seguiram. Em outubro de 1981, outro jovem casal que parara o carro para gozar de um momento romântico contemplando uma paisagem cênica ao norte de Florença foi assassinado pelo maníaco, que, mais uma vez, desapareceu depois de remover a vulva da mulher. Em junho do ano seguinte, um casal foi violentamente assassinado enquanto fazia amor no carro, embora dessa vez – aparentemente alarmado pelo tráfego – o assassino tenha fugido sem cometer suas habituais mutilações.

Em setembro de 1983, dois garotos foram executados enquanto dormiam em seu trailer estacionado a 19 quilômetros ao sul de Florença. Isso era um desvio para o assassino, que até então visara apenas casais heterossexuais, e a polícia teorizou que ele podia ter confundido um dos jovens – com cabelos loiros e compridos – com uma garota.

Seja como for, o criminoso retomou seu procedimento habitual dez meses mais tarde, quando assassinou dois jovens amantes que tinham estacionado ao norte de Florença. Dessa vez ele não só cortou os genitais da garota, mas removeu seu seio esquerdo. Ele repetiu essa atrocidade no ano seguinte, em setembro, quando assassinou um casal francês em uma área de camping nos arredores de Florença. Vários dias depois seus corpos foram encontrados: uma assistente no escritório do promotor recebeu um pedaço do seio amputado da mulher pelo correio.

Nos oito anos seguintes, cem mil pessoas foram interrogadas. Mais de duas décadas depois dos primeiros assassinatos o caso parecia finalmente ter sido resolvido quando um suspeito foi preso em janeiro de 1993. Tratava-se de Pietro Pacciani, de 71 anos, um trabalhador agrícola semianalfabeto e taxidermista amador que tinha cumprido pena nos anos 1950 por um assassinato particularmente macabro. Depois de flagrar sua noiva nos braços de um vendedor viajante, ele apunhalara o homem e o pisoteara até a morte, e depois estuprara o cadáver. Pacciani também tinha passado um período na prisão no final de 1980 por bater na esposa e molestar sexualmente as duas filhas. Sua prisão em 1994 repercutiu em todo o país. Apesar da escassez de provas concretas – e de seus próprios protestos de inocência –, Pacciani foi condenado por sete homicídios duplos. Dois anos mais tarde, entretanto, sua condenação foi revogada em segunda instância. Naquela altura, a polícia acreditava que Pacciani era o líder de uma pequena gangue de assassinos, que tinha cometido os assassinatos para fins ritualísticos. Por fim, três dos seus alegados cúmplices foram levados a julgamento. Um deles foi absolvido e dois condenados por participação em cinco dos assassinatos duplos. O próprio Pacciani morreu, supostamente de causas naturais, antes que pudesse ser julgado de novo, o que torna improvável que o mistério do "Monstro de Florença" seja definitivamente resolvido algum dia.

ARNFINN NESSET | 1936– | NORUEGA Administrador de um abrigo de idosos, careca e de óculos, Nesset parecia tão perigoso quanto Fred Rogers.[28] E ainda assim entrou para a história do crime como o serial killer mais prolífico da Noruega, condenado por 22 assassinatos e suspeito de 138.

---

28 Fred McFeely Rogers (1928-2003), famoso apresentador norte-americano de programas infantis na TV e ministro da Igreja Presbiteriana. [NT]

Quando os pacientes idosos e enfermos do Abrigo de Idosos de Orkdal Valley começaram a morrer em ritmo acelerado na década de 1970, ninguém deu muita atenção ao fato até que jornalistas receberam a informação anônima de que o diretor, Arnfinn Nesset, vinha estocando *curacit*, um derivado do curare, relaxante muscular notoriamente letal. Interrogado, Nesset inicialmente insistiu que tinha comprado a droga para matar uma matilha de cães selvagens que vinha rondando o local. Repentinamente, no entanto, mudou de ideia e confessou ter uma compulsão homicida que já durava quase vinte anos.

No início, confessou 27 assassinatos. Pouco depois, o número aumentara para 46. Depois, 62. Mas mesmo essa quantia desconcertante era provavelmente conservadora. "Eu matei tantos que não consigo lembrar de todos", disse Nesset, que vinha dando um fim em pacientes idosos desde que começou a trabalhar em casas de repouso em 1962. Alguns de seus homicídios, afirmou, foram atos de misericórdia. A maioria, entretanto, ele assassinara pelo puro prazer sádico do ato.

Pouco antes da data do julgamento, Nesset subitamente voltou atrás e se declarou inocente. Seus advogados tentaram convencer o júri de que ele era mentalmente desequilibrado, um indivíduo patologicamente iludido que acreditava ser um "semideus" com o poder de vida e morte sobre os idosos. A tática não funcionou. Em março de 1983, Nesset foi condenado por 22 assassinatos e recebeu a pena máxima da lei norueguesa: 21 anos atrás das grades.[29]

PEDRO RODRIGUES FILHO | 1954– | BRASIL Conhecido como Pedrinho Matador, cometeu seu primeiro crime aos 14 anos e desde então teria assassinado mais de cem pessoas, 47 mortas dentro dos presídios pelos quais passou. Pedro nasceu em uma fazenda em Santa Rita do Sapucaí (MG), com ferimentos no crânio, causados por chutes que o pai desferiu na barriga da mãe durante uma briga. O primeiro a ser morto por ele foi o vice-prefeito de sua cidade natal, alvejado com tiros de espingarda em frente à prefeitura depois de ter demitido seu pai, um guarda escolar, na época acusado de roubar a merenda da escola em que trabalhava. Em seguida, matou o guarda que acreditava ser o verdadeiro ladrão. Refugiou-se em Mogi das Cruzes (SP), onde começou a roubar bocas de fumo e a matar traficantes. Conheceu Botinha, a viúva de um líder do tráfico, foram viver juntos e logo assumiu o posto do ex-marido dela. No tráfico, eliminou alguns rivais e, depois que a polícia executou Botinha, Pedrinho arregimentou soldados e montou o próprio negócio. Matou e torturou várias pessoas ao tentar descobrir os responsáveis pelo assasinato da mulher. O mandante, um antigo rival, foi executado por Pedrinho, que ainda não tinha 18 anos, em uma festa de casamento que deixou sete mortos e 16 feridos. Ainda em Mogi, executou o próprio pai, depois que este matou sua mãe com 21 golpes de facão. Como vingança, Pedrinho o esfaqueou 22 vezes, arrancou-lhe o coração, mastigou uma parte e depois a cuspiu, segundo confissão do próprio.

Foi preso pela primeira vez em 1973 e ali viveu toda a idade adulta. Matou e feriu dezenas de companheiros para não morrer. Lá, tatuou no braço esquerdo a frase "Mato por prazer", coberta depois por outra tatuagem. Segundo os psiquiatras que o analisaram

---

29   Nesset foi solto após 12 anos de prisão por bom comportamento. Vive em lugar não divulgado e com outro nome. [NE]

em 1982 para um laudo pericial, a maior motivação de sua vida era "a afirmação violenta do próprio eu". Foi diagnosticado com "caráter paranoide e antissocial". Após 34 anos na prisão, foi solto em 2007 e detido novamente em 2011 em Balneário Camboriú (SC), onde trabalhava como caseiro. Cumpriu pena pelos homicídios, mas foi condenado por participar de seis motins e privação de liberdade de um agente carcerário durante uma das rebeliões. Todas as penas somam quase quatrocentos anos de prisão.

ANATOLY ONOPRIENKO | 1959– | UCRÂNIA Psicopata ucraniano que causou tanta devastação que os jornais o apelidaram de "Exterminador", Onoprienko foi largado em um orfanato quando criança por seu pai viúvo – um ato que incutiu no menino abandonado uma raiva eterna contra as famílias normais e estáveis. Serial killer de floração tardia, só cometeu seu primeiro homicídio em 1989. Aos trinta anos, ele e um cúmplice mataram uma família inteira a tiros – duas crianças e oito adultos – durante um assalto. Nos sete anos que se seguiram, ele compensou o tempo perdido promovendo uma campanha crescente de homicídios que deixou mais de cinquenta homens, mulheres e crianças mortos.

Poucos meses depois de seus primeiros assassinatos, Onoprienko, aproximando-se de um carro estacionado com a intenção de roubá-lo, descobriu uma família dormindo dentro e matou todos os cinco ocupantes, incluindo um menino de cinco anos, e em seguida queimou seus corpos.

Vários anos se passaram antes que o assassino atacasse de novo. Em dezembro de 1995, Onoprienko invadiu a casa da família Zaichenko e matou todos os quatro membros – pai, mãe e dois filhos jovens – com uma escopeta curta de cano duplo. Nove dias depois, massacrou outra família – quatro pessoas –, incendiou a casa em que moravam e matou uma testemunha enquanto fugia da cena do crime.

Seu reinado de terror começara a sério.

Cada vez mais possuído pela necessidade de assassinar vítimas aleatórias, Onoprienko matou mais sete pessoas em três incidentes em um período de dois dias em janeiro de 1996. Algumas vítimas foram baleadas enquanto estavam dentro de carros estacionados ou enguiçados, outras eram pedestres e uma era um policial em patrulha.

Entre meados de janeiro e sua detenção em abril, Onoprienko invadiu mais seis casas, massacrando famílias inteiras com machados, armas e martelos. Nessa altura, para deter o assassino fantasma, foi mobilizada a maior caçada humana da história ucraniana. A aldeia de Bratkovichi – onde vários dos piores massacres tinham ocorrido – estava sob proteção de uma Unidade da Guarda Nacional equipada com lançadores de foguetes e veículos blindados.

O fim da linha para o assassino chegou em abril de 1996. Onoprienko estava hospedado na casa de um primo, que – depois de topar com um depósito escondido de armas – expulsou Anatoly de sua casa e notificou a polícia. Rastreando Onoprienko até o apartamento de sua namorada, a polícia encontrou uma montanha de provas que o ligavam à avalanche de assassinatos não resolvidos.

Detido, Onoprienko confessou 52 homicídios, dando diversas explicações para suas atrocidades. Em vários momentos, insistiu que estava sob o controle de Deus, do diabo e de alienígenas do espaço; também afirmou que matara por puro tédio. Apesar das evidências de que era paranoico esquizofrênico, foi considerado capaz para ser julgado e foi condenado e sentenciado à morte em abril de 1999.

> Eu estava lá, sentado, sem nada para fazer [...]
> Então entrava no carro ou pegava um trem e ia matar.
> — ANATOLY ONOPRIENKO —

JOSÉ ANTONIO RODRIGUEZ VEGA | 1957–2002 | ESPANHA Um pervertido cuja patologia sexual combinava elementos de necrofilia e gerontofilia (atração erótica por idosos), Rodriguez Vega promoveu um reinado de terror por dois anos na cidade costeira de Santander, na Espanha. Libertado em 1986 após cumprir pena por estupro, começou a ganhar acesso a casas de mulheres idosas e solitárias sob o pretexto de realizar pequenos reparos domésticos. Uma vez a sós com suas vítimas, ele as estrangulava e estuprava (nessa ordem) e depois se dedicava a eliminar todos os sinais de sua presença. Ele era tão minucioso ao encobrir seus rastros – deitando os corpos na cama e removendo todos os vestígios de provas incriminadoras – que a maioria das mortes foi atribuída a causas naturais. Só depois de sua prisão, quando a polícia encontrou o depósito de "troféus" que ele removera das casas das vítimas, é que se soube da extensão de seus crimes: 16 assassinatos ao todo, o que lhe rendeu um lugar nos livros de registros criminais como o mais prolífico serial killer na história recente da Espanha.

Durante seu julgamento, em 1991, o sádico Rodriguez Vega parecia se deleitar com o sofrimento que causara às famílias das vítimas. Ele foi condenado a 440 anos de prisão, mas – dada a indulgência do sistema penal espanhol – é bem provável que ele acabe cumprindo não mais que vinte.[30]

MORRIS SITHOLE | 1964– | ÁFRICA DO SUL Entre janeiro e outubro de 1995, mais de três dezenas de jovens mulheres negras foram vítimas de um serial killer nas proximidades de Joanesburgo e Pretória. Como os crimes ocorreram em três subúrbios – Atteridgeville, Boksburg e Cleveland –, eles foram apelidados de "Assassinatos ABC". Todas as vítimas eram estupradas e depois estranguladas com as alças das bolsas ou artigos de vestuário. Pelo menos uma dúzia de cadáveres foi encontrada em um campo pelo qual se espalhava uma bizarra coleção de objetos: facas, espelhos, cruzes, bíblias queimadas, até mesmo pássaros mortos espetados com alfinetes como bonecos de vodu. Frustradas em seus esforços para encontrar o assassino, as autoridades sul-africanas chamaram o ex-agente do FBI Robert Ressler – um dos fundadores da equipe pioneira de "Caçadores de Mentes" –, que previu que o caso seria resolvido mais cedo ou mais tarde e formulou o seguinte perfil: "Homem negro, de 25 a 35 anos, que se veste com roupas caras, tem um carro chique e convence suas vítimas a entrar em seu veículo voluntariamente".

No início de outubro, um jornal da Cidade do Cabo recebeu uma ligação anônima do assassino, na qual este descreveu os assassinatos como um ato de vingança, afirmando ter sido preso no passado por uma falsa acusação de estupro. Depois de ser submetido a contínuas "torturas" durante os 14 anos que passou atrás das grades, ele decidira infligir sofrimento em todas as mulheres. "Forço uma mulher a ir aonde eu

---

30   Rodríguez Vega foi morto em outubro de 2002, ao ser apunhalado por dois presos no pátio comum da prisão. [NE]

quero", ele disse, "e quando chego lá digo para elas: 'Quer saber? Fui ferido, por isso vou fazer isso agora'. Então eu as mato."

Graças à ligação, a polícia logo identificou um suspeito: um ex-presidiário surpreendentemente afável chamado Morris Sithole. Em outubro de 1995, depois de uma perseguição em escala nacional, Sithole, de 31 anos, foi localizado em uma favela de Joanesburgo. Empunhando uma machadinha, feriu um dos policiais encarregados de sua detenção antes de ser baleado e levado preso. Em uma série de confissões gravadas, ele fumava e mastigava uma maçã enquanto descrevia com indiferença os últimos momentos de terror de suas vítimas. Ele admitiu de livre e espontânea vontade que odiava mulheres e que sentia que lhes ensinava "uma ótima lição" ao assassiná-las. Julgado em 1997, foi condenado por 38 assassinatos, o que faz dele o assassino mais prolífico da África do Sul. Como não podia impor a pena de morte, o juiz decretou a pena máxima: 2.410 anos.

LUCIAN STANIAK | 1920– | POLÔNIA Versão polaca de Jack, o Estripador, Lucian Staniak cometeu uma série de assassinatos sádicos durante um período de três anos, a maioria ajustada para coincidir com celebrações públicas da Polônia comunista.

O primeiro indício dos horrores por vir foi uma carta enviada a um jornal de Varsóvia na véspera de um feriado nacional. "Não há felicidade sem lágrimas, vida sem morte", dizia a nota, escrita aos garranchos com tinta vermelha. "Cuidado! Vou fazer vocês chorarem." No dia seguinte, o cadáver nu e estripado de uma colegial de 17 anos foi encontrado em um parque da cidade de Olsztyn. Na manhã seguinte, outra mensagem cor de sangue foi enviada ao editor de um jornal: "Colhi uma flor suculenta em Olsztyn e farei isso de novo em outro lugar, pois não há feriado sem funeral".

Seis meses se passariam antes que o assassino cumprisse a ameaça. Em janeiro de 1965, ele emboscou uma garota de 16 anos a caminho de casa, vinda de um desfile de estudantes, estrangulou-a com um arame e depois escondeu seu corpo no porão de uma fábrica.

Sua próxima atrocidade ocorreu em 1º de novembro – Dia de Todos os Santos –, quando atacou uma mulher em um terminal de carga, imobilizando-a com clorofórmio antes de estuprá-la e mutilar a parte inferior de seu corpo com uma chave de fenda.

Seu corpo mutilado foi encontrado no dia seguinte dentro de uma caixote de madeira, com uma estaca de metal de cinquenta centímetros projetando-se para fora de sua vagina. No dia seguinte, o assassino enviou aos jornais outra carta escrita em vermelho: "Só lágrimas de tristeza podem lavar a mancha da vergonha; apenas angústia e sofrimento podem apagar o fogo da luxúria". Exatamente seis meses depois, em 1º de maio – Dia do Trabalho também na Polônia –, uma menina de 17 anos foi violada e estripada em um subúrbio de Varsóvia. Em um gesto horrível, reminiscente das atrocidades de Jack, o Estripador, o assassino deixou as entranhas da vítima enroladas em volta de suas coxas.

Àquela altura, a polícia lançara uma grande operação para encontrar e prender o maníaco cujas mensagens sinistras com tons de carmesim lhe renderam o apelido de "Aranha Vermelha". Várias pistas levaram a polícia a deduzir que o assassino morava na cidade de Katowice.

A polícia teve a grande chance na véspera de natal de 1966, quando o corpo terrivelmente mutilado de Janina Kozielska, de 17 anos, foi encontrado a bordo de um trem. Antes de fugir, o assassino deslizara uma de suas mensagens características pela ranhura do vagão-correio: "Fiz de novo".

A polícia rapidamente constatou que, dois anos antes, a irmã de 14 anos de Janina tivera o mesmo destino fatal – um fato que sugeria que as meninas estavam familiarizadas com o assassino. Em pouco tempo, os investigadores também tinham descoberto que ambas as irmãs eram modelos no Art Lovers Club ("Clube dos Amantes da Arte"), em Cracóvia – uma pista intrigante, já que os analistas da polícia já tinham concluído que a tinta vermelha usada pelo assassino era na verdade tinta artística diluída.

Ao checar a escala de serviço do clube, os investigadores concentraram a atenção em Lucian Staniak, de 26 anos, o único que morava em Katowice. Suas suspeitas foram reforçadas quando arrombaram o armário de Staniak e descobriram um retrato pintado em vermelho de uma mulher estripada com flores brotando de seu ventre exposto.

Em 31 de janeiro de 1967, os investigadores localizaram e prenderam o criminoso, não antes que ele matasse sua última vítima, uma estudante de arte de 18 anos, estuprada e assassinada em uma estação de trem. Embora tenha confessado vinte assassinatos, Staniak acabou sendo condenado por seis e internado em um manicômio para o resto da vida.

LI WENXIAN | 1952–1996 | CHINA É difícil obter informações sobre assassinatos em série em sociedades comunistas ortodoxas, já que, de acordo com a propaganda oficial do partido, esse tipo de crime hediondo é estritamente um produto do capitalismo ocidental decadente e jamais poderia existir em uma república popular. E, de fato, o mundo poderia nunca ter ouvido falar sobre o monstro conhecido como o "Estripador de Guangzhou" se o cadáver terrivelmente violado de uma jovem não tivesse flutuado até a costa da então colônia britânica de Hong Kong em março de 1992. O corpo da vítima fora fendido da garganta à virilha e os dedos decepados. Quando as autoridades concluíram que o corpo viera flutuando a partir do continente, o mundo descobriu a verdade que o governo chinês vermelho tentava a todo custo encobrir: um assassino sádico e cruel estava à solta no paraíso dos trabalhadores.

O cadáver mutilado que foi levado pelas ondas e acabou indo parar em Hong Kong naquele mês de março era na verdade a sétima vítima conhecida do estripador. A primeira – uma jovem com os genitais removidos – aparecera na província de Guangzhou em fevereiro de 1991. Nos seis meses que se seguiram, mais cinco jovens encontraram o mesmo destino terrível – foram estupradas, assassinadas e mutiladas, e depois desmembradas, enfiadas em sacos de juta e despejadas em pilhas de entulho.

Em parte por causa da relutância do governo em admitir que um serial killer podia estar à solta no país (a mesma cegueira obstinada que dificultara a captura de Andrei Chikatilo, a "Besta Louca", na Rússia), a polícia chinesa demorava a resolver o caso. Mais seis mulheres tiveram fins terríveis nos quatro anos seguintes. A chance de resolver o caso veio em novembro de 1996, quando uma mulher sobreviveu ao ataque selvagem do estripador e identificou seu atacante como um trabalhador da construção civil chamado Li Wenxian, um antigo agricultor que migrara para Guangzhou em 1991, pouco antes dos assassinatos terem início. Detido, Wenxian confessou todos os 13 assassinatos, expondo outro fato desconcertante que batia de frente com a mitologia utópica do Estado comunista – que a prostituição, bem como o assassinato em série, existia na China. Um clássico "assassino de prostitutas", Wenxian jurara vingança contra todas as prostitutas depois que uma delas – segundo ele – roubara seu dinheiro logo depois de sua chegada a Guangzhou. Condenado por assassinato e estupro, Li Wenxian foi sentenciado à morte em dezembro de 1996.

ZHANG YONGMING | 1955–2013 | CHINA Em 2011, os moradores da cidade chinesa de Jincheng ficaram abalados com os inexplicáveis desaparecimentos de adolescentes e adultos entre 12 e 22 anos. Acreditava-se que eles pudessem ter sido raptados para trabalho escravo em olarias ilegais da região e Pequim enviou policiais para ajudar nas investigações. Semanas depois, os detetives chineses descobriram uma casa em Nanmen que poderia ter relação com os desaparecidos. Segundo informou o jornal *The Standard*, de Hong Kong, em 25 de maio de 2012: "Policiais chineses temem que um assassino canibal tenha comido ou vendido a carne de pelo menos vinte pessoas desaparecidas, a maioria garotos, em um horrível banho de sangue na província de Yunnan. Um homem de 56 anos, Zhang Yongming, foi preso acusado pelo desaparecimento de pelo menos sete adolescentes. A polícia encontrou dezenas de globos oculares humanos preservados em álcool dentro de garrafas de vinho na casa de Zhang, na vila de Nanmen. Eles também encontraram pedaços de carne, que acreditam ser de humanos, pendurados na casa para secar. Ao longo dos últimos dias a polícia encontrou muitos ossos que acreditam ser de humanos".

A China censurou o caso do "Monstro Canibal" o quanto pôde. Oficialmente, Zhang assassinou sua primeira vítima na vila de Nanmen em 2008. Foram quatro anos de matança até ser pego em 2012. As primeiras informações davam conta de que ao menos vinte pessoas haviam desaparecido da região desde 2005. Por fim, através de exames de DNA, a polícia conseguiu ligar Zhang a 11 desses desaparecimentos. Julgado em julho de 2012, foi condenado à morte. De acordo com o site oficial Xinhua, Yongming não demonstrou qualquer tipo de arrependimento ou remorso e se recusou a pedir desculpas para as famílias das vítimas. Ele foi executado em janeiro de 2013.

QUEM ESTÁ MATANDO AS MULHERES DE JUÁREZ?

Desde agosto de 1993, uma onda de assassinatos sem precedentes chamou a atenção da mídia mundial para a cidade mexicana de Juárez, junto à fronteira de El Paso, no estado do Texas. Embora seja difícil fixar os números exatos, fontes mais familiarizadas com o caso estimam que mais de três centenas de jovens foram brutalmente assassinadas na década passada.

As vítimas eram tipicamente jovens esbeltas e morenas, na faixa etária de 14 a 16 anos, que desapareciam a caminho ou saindo de fábricas de montagem de capital estrangeiro e com péssimas condições de trabalho conhecidas como *maquiladoras*. Seus corpos, muitas vezes horrivelmente mutilados, acabavam no deserto ou nas margens das estradas que levam a acampamentos de posseiros ao redor da cidade. Embora muitas tivessem aparentemente morrido nas mãos de cafetões, traficantes de drogas, maridos ciumentos e namorados violentos, pelo menos um terço das vítimas – que chegavam a noventa na década passada – teriam sido estupradas, mutiladas e mortas brutalmente por um ou mais serial killers.

A primeira vítima "oficial" do caso foi uma jovem chamada Alva Chavira Farel, espancada, estuprada e estrangulada em janeiro de 1993. Dois anos depois, em meados de setembro, mais de quarenta cadáveres foram encontrados, alguns com os seios decepados e os mamilos arrancados a dentadas – a terrível "assinatura" do lunático homicida que a imprensa apelidara de "Estripador de Juárez" ou "*el Depredador Psicópata*".

Uma suposta solução para o caso se deu em outubro de 1995, com a prisão de um químico de origem egípcia, Abdel Latif Sharif, um homem com um longo histórico de agressões brutais a mulheres nos Estados Unidos. Depois de cumprir pena por uma acusação de estupro na Flórida, Sharif mudou-se para o México. Lá foi detido por suspeita de assassinato em outubro de 1995 e teria confessado cinco dos assassinatos de Juárez. Julgado em março de 1999, foi sentenciado a trinta anos de prisão.

Depois da prisão de Sharif, a polícia mexicana alardeou que o caso estava encerrado. Infelizmente, os cadáveres logo começaram a se acumular de novo – dessa vez a um ritmo ainda mais acelerado.

Mais suspeitos foram presos, incluindo dez membros de uma gangue chamada Los Rebeldes, acusada de receber uma grande soma de dinheiro de Sharif para cometer atrocidades que dariam a impressão de que o ==Estripador de Juárez== ainda estava à solta, consequentemente inocentando-o. Apesar da prisão dos membros da gangue, no entanto, as atrocidades não mitigaram.

Nos anos seguintes, ==o sinistro padrão continuava a se repetir:== suspeitos eram presos, a polícia alardeava a solução do caso e, em seguida, mais cadáveres selvagemente mortos apareciam. Abundam teorias sobre a identidade do assassino ou assassinos. Candidatos vão de uma gangue de motoristas de ônibus homicidas conhecidos como Los Choferes e Ángel Maturino Reséndiz, o vulgo "Assassino da Ferrovia", a satanistas, cartéis de drogas e membros da força policial de Juárez.

Um rumor persistente, relatado na edição de 2 de maio de 2003 do jornal *New York Daily News*, é que "gangues itinerantes raptavam as mulheres para coletar seus órgãos e vendê-los no mercado negro para gente rica que precisa de transplantes – possivelmente nos Estados Unidos". A maioria dos especialistas, no entanto, acha tal ideia ridícula. Uma explicação muito mais provável, como afirmou o agente especial do FBI Art Werge, é que os culpados não são traficantes internacionais de órgãos ou cultistas adoradores do diabo, mas psicopatas comuns "pondo em prática fantasias sexuais violentas por mera diversão".

LEITURA RECOMENDADA KERRY SEGRAVE. Women Serial and Mass Murderers: A Worldwide Reference | 1990. MICHAEL NEWTON. Bad Girls Do It! An Encyclopedia of Female Murderers | 1993. TERRY MANNERS. Deadlier Than the Male: Stories of Female Serial Killers | 1995. ANN JONES. Women Who Kill | 1996. PATRICIA PEARSON. When She Was Bad | 1997. MICHAEL e C. L. KELLEHER. Murder Most Rare: The Female Serial Killer | 1998. CLIFF LINEDECKER. Killer Kids: Shocking True Stories Of Children Who Murdered Their Parents | 1993. D. LASSITER. Killer Kids | 1998. JONATHAN KELLERMAN. Savage Spawn: Reflections on Violent Children | 1999. JOEL NORRIS. Serial Killers | 1988. ERIC W. HICKEY. Serial Murderers and Their Victims | 1991. MICHAEL NEWTON. Serial Slaughter | 1992. DAVID LESTER. Serial Killers: The Insatiable Passion | 1995. JAMES ALAN FOX e JAMES LEVIN. Overkill: Mass Murder and Serial Killing Exposed | 1996.

Uma das muitas atrocidades retratadas em *Os Desastres da Guerra* (1863), de Goya

Qué hai que hacer mas?

SERIAL KILLERS
ANATOMIA DO MAL

CAPÍTULO 3

UMA HISTÓRIA DO ASSASSINATO EM SÉRIE

ASSASSINATO EM SÉRIE: ANTIGO COMO O PECADO

Há uma crença comum de que o assassinato em série é um fenômeno moderno que começou, de acordo com supostos especialistas, com os crimes de Jack, o Estripador. Objetivamente, isso é um disparate absoluto. A dura verdade é que pertencemos a uma espécie violenta; os tipos de atrocidades cometidos por serial killers têm sido um aspecto da sociedade humana em todas as épocas e lugares. Como a Bíblia afirma, "não há nada novo sob o sol" – e isso se aplica ao homicídio sádico tanto quanto a qualquer outra coisa.

Com efeito, evidências científicas recentes sugerem que o gosto pela crueldade selvagem está codificado em nosso DNA, uma herança evolutiva de nossos mais antigos ancestrais primatas. Em seu livro *Demonic Males* (*Machos Demoníacos*, em tradução livre), o antropólogo de Harvard Richard Wrangham demonstra que os chimpanzés (que são "geneticamente mais próximos de nós que os gorilas") cometem habitualmente atos de tortura e mutilação tão terríveis quanto qualquer coisa registrada no *Psychopathia Sexualis*.[1] Eles não só atacam membros vulneráveis de sua

---

[1] Escrita em 1886 pelo alemão Richard von Krafft-Ebing (1840-1902), professor de psiquiatria na Universidade de Estrasburgo, a obra introduziu os conceitos de sadismo, masoquismo e fetichismo no estudo do comportamento sexual. [NE]

própria espécie, mas seus ataques "são marcados por uma crueldade gratuita – arrancando pedaços de pele, por exemplo, torcendo membros até quebrarem ou bebendo o sangue de uma vítima – que lembram atos que entre humanos são considerados crimes hediondos durante tempos de paz e atrocidades durante a guerra".

O fato de seres humanos sempre terem incorrido em comportamentos extremamente bárbaros fica claro em tudo desde os mitos gregos antigos (como a história de Atreu, que assassinou os filhos do irmão e preparou uma torta canibal com eles) às façanhas dos cavaleiros medievais, os quais, longe de serem o modelo de cavalheirismo do estereótipo popular – eram guerreiros brutais que se sentiam livres para pilhar, estuprar e (quando ficavam bêbados o bastante de hidromel) se dedicar ao assassinato em massa, às vezes de mulheres indefesas. Quem afirma que em séculos passados não havia crimes de mutilação sexual claramente não leu *Titus Andronicus*, de Shakespeare, em que uma jovem mulher é estuprada e tem a língua e as mãos cortadas para que não possa identificar seus atacantes.

Considerando todas as escandalosas evidências de que matar por prazer sempre foi um traço do comportamento humano, como é que as pessoas passaram a acreditar que serial killers são exclusivos da modernidade?

Há várias respostas possíveis. Primeiro, um homem que cometia atos terríveis de mutilação e assassinato com vítimas inocentes não era necessariamente considerado um criminoso em eras passadas. Ao longo dos milênios, quando guerras sangrentas eram parte da vida cotidiana das pessoas, um assassino psicopata que apreciasse fazer mal aos outros podia ingressar no exército e assassinar brutalmente homens, mulheres e crianças o quanto quisesse – e ainda ganhar uma promoção por isso. A famosa série de gravuras de Francisco Goya *Os Desastres da Guerra* (1810-1815) – com suas imagens de violação, castração e esquartejamento – deixa assombrosamente claro que o combate sempre proporcionou uma oportunidade para que sádicos uniformizados satisfizessem sua sede de sangue. Isso vale até para épocas mais recentes. Um soldado americano, por exemplo, descreveu uma visão que testemunhou no Vietnã. Depois de matar uma camponesa a tiros, um membro de seu pelotão "foi lá, rasgou as roupas da mulher, pegou uma faca e fez um corte da vagina até em cima, quase chegando aos seios, depois puxou os órgãos para fora, tirando-os completamente da cavidade abdominal, e jogou-os longe. Em seguida se ajoelhou e, debruçando-se sobre ela, começou a descascar cada pedacinho de pele do seu corpo e a deixou lá como algum tipo de aviso".

Na verdade, dependendo de quem fossem suas vítimas, um maníaco homicida não precisava se dar ao trabalho de se tornar um soldado. Qualquer um podia escapar impune de assassinatos em série, desde que estivesse atacando pessoas "insignificantes". Se uma camponesa na Europa do século XII fosse atacada, estuprada e assassinada enquanto caminhava pela floresta, nenhuma autoridade notaria ou se importaria. Ainda hoje, certos assassinos em série visam deliberadamente membros desprezados ou marginalizados da população – prostitutas, digamos, ou crianças de bairros pobres – sabendo que as autoridades estão bem menos propensas a levar tais crimes a sério.

Nos Estados Unidos, há pouco mais de um século, um assassino psicopata poderia viajar para o oeste e assassinar impunemente todos os índios nativo-americanos que quisesse. Quem duvida dessa triste verdade deveria ler *Meridiano de Sangue* (1985), de Cormac McCarthy, romance baseado em uma história verídica sobre uma tropa de caçadores brancos de escalpos que cometem atrocidades que fariam Jack, o Estripador, corar, mas que são recompensados por suas ações porque as vítimas são índios. A trilogia *Lonesome Dove* (*A Pomba Solitária*, em tradução literal), de Larry McMurtry, também contém retratos vívidos de psicopatas da fronteira, como Mox, o "Manburner" ("Queimador de Homens"), e o belo e afeminado pistoleiro Joey Garza – criações ficcionais que refletem a realidade violenta do oeste sem lei. Naqueles tempos, tais assassinos impiedosos eram chamados de *"foras da lei"* ou *"malfeitores"*, mas se eles existissem hoje seriam definidos como serial killers.

Outra razão pela qual as pessoas assumem que serial killers só surgiram na modernidade é que, na era pré-industrial, não havia imprensa. Não há registos em jornais sobre, digamos, serial killers do século XIV – não porque seres humanos não cometessem crimes sexuais hediondos naquela época, mas porque tais periódicos não existiam. É significativo que os crimes de Jack, o Estripador, coincidam com o aumento da alfabetização em massa e o aparecimento dos primeiros jornais baratos no estilo tabloide, como o *Illustrated Police News of London*. Jack, o Estripador, não foi nem de longe o primeiro assassino sexual. Mas foi o primeiro psicopata transformado em uma celebridade internacionalmente famosa pelos meios de comunicação.

Além do clero, aqueles pertencentes à aristocracia eram os únicos membros alfabetizados da população na Idade Média e eles só estavam interessados em ler sobre sua própria classe. Não é nenhuma surpresa, portanto, que os monstros homicidas cujos nomes chegaram do passado distante até nós tendam a ser aristocratas: Gilles de Rais, por exemplo, ou Vlad, o Empalador. Mas, reiterando, isso não significa que não havia assassinos degenerados de sobra entre as *"ordens menores"* também. Significa apenas que era raro camponeses sanguinários que atacavam outros de sua própria classe chegarem às crônicas oficiais, as quais tendiam a se limitar às façanhas dos grandes e poderosos.

Como David Lester aponta em seu livro *Serial Killers: The Insatiable Passion* (*Serial Killers: A Paixão Insaciável*, em tradução livre), "antigamente, o registro de informações era muito pouco confiável e a investigação era bem rudimentar (as autoridades tinham grande dificuldade de identificar os crimes de um serial killer). Portanto, a verdadeira incidência de assassinatos em série na era pré-moderna é desconhecida".

CONTOS DE FADAS MACABROS

Como a taxa de alfabetização entre os camponeses da Europa pré-moderna era basicamente zero, há poucos registros escritos dos primeiros serial killers. Existem evidências, no entanto, de que esses monstros andavam entre eles.

Tais provas estão na forma de contos de fadas. Hoje em dia, pensamos em contos de fadas como uma variante graciosa de literatura infantil, mas, em sua origem, eram histórias orais destinadas a adultos. E embora sejam cheios de magia e encantamento, são também, como muitos estudiosos têm apontado, documentos históricos, refletindo a realidade social da época. O conteúdo extremamente macabro de muitos desses contos deixa claro que seus ouvintes estavam bastante familiarizados com o tipo de maníacos homicidas que hoje chamamos de serial killers.

Em "A Noiva do Bandido", por exemplo – um dos contos registrados pelos irmãos Grimm –, a heroína entra escondida na casa de seu namorado e assiste horrorizada enquanto ele e alguns amigos trazem uma jovem mulher, embebedam-na de vinho, depois a matam, cortam em pedaços e devoram seu corpo. E em outra história dos irmãos Grimm, "O Pássaro Emplumado", uma jovem curiosa em excesso descobre que seu novo marido é um assassino em série ao entrar em um quarto proibido e encontrar "uma grande bacia sangrenta" cheia de "seres humanos, mortos e cortados em pedaços". Quando o marido retorna para casa e percebe que a mulher descobriu a terrível verdade sobre ele, não perde tempo em livrar-se dela: "Ele a jogou no chão, arrastou-a pelo cabelo, cortou fora sua cabeça e a retalhou, fazendo com que o sangue corresse pelo chão. Depois jogou-a na bacia com o resto".

Talvez o mais famoso conto de fadas refletindo o medo primitivo de serial killers seja "Chapeuzinho Vermelho". Muitos estudiosos acreditam que antigas superstições sobre lobisomens derivam, pelo menos em parte, de casos verídicos de assassinos medievais que matavam e mutilavam suas vítimas com tamanha bestialidade que eram tidos por lobisomens ou licantropos. Os dois mais famosos desse tipo foram Peter Stubbe e Gilles Garnier.

> O assassinato em série pode, na verdade, ser um fenômeno muito mais antigo do que imaginamos. As histórias e lendas difundidas sobre lobisomens e vampiros podem ter sido uma maneira de explicar atrocidades tão abomináveis que ninguém nas pequenas e coesas cidades da Europa e da América colonial podia compreender as perversidades que agora aceitamos como algo corriqueiro. Monstros tinham que ser criaturas sobrenaturais.
> — John Douglas, Caçador de Mentes —

Para nós, o lobisomem é um personagem de filmes antigos de terror, um sujeito atormentado interpretado por Lon Chaney, Jr.,[2] que fica peludo e malvado à luz da lua cheia. Mas os europeus no século XVI pensavam diferente. Lobisomens constituíam um incômodo problema de justiça criminal e política pública. Quando autoridades da época descobriam que algum criminoso lunático promovia uma matança desenfreada não apenas assassinando, mas destroçando suas vítimas, não o consideravam alguém guiado por impulsos psicológicos perversos – caracterizavam-no como alguém que aceitara de bom grado o poder do diabo e se transformara literalmente em um monstro.

Em dezembro de 1573, o parlamento regional em Franche-Comte emitiu um decreto esboçando as formas mais eficazes e apropriadas de capturar, condenar e punir os lobisomens. As autoridades respondiam ao recente caso chocante – na vizinha Dole – de Gilles Garnier, o mais notório dos licantropos franceses. Dezesseis anos depois, as preocupações dos alemães sobre lobisomens em seu meio chegaram a um ponto crítico no julgamento de um homem chamado Peter Stubbe.

---

2   Ator norte-americano (1906-1973), conhecido pelos filmes de terror em que atuou. [NE]

Juntos, esses dois casos nos dão uma ideia da ferocidade desses chamados demônios, os serial killers daquela época, bem como da reação brutal das autoridades.

Os supostos lobisomens chegaram às suas selvagens carreiras criminosas vindos de diferentes direções. Garnier era conhecido como um eremita – hoje ele seria chamado de misantropo – que desistiu de sua vida solitária para se casar e começar uma família. Ele logo percebeu, porém, que era incapaz de cumprir seu papel como provedor e teria feito um pacto com o demônio por desespero. Não é o caso de Stubbe. De acordo com os cronistas contemporâneos, ele nasceu mau, era dado a crueldades e praticava magia negra desde pequeno. A partir do momento que os dois homens pactuaram com o diabo, entretanto, as distinções entre eles tornaram-se difusas. Ambos ficaram viciados em matar e comer carne humana, e ambos preferiram atacar crianças.

Supostamente transformando-se em um lobo ao aplicar em si mesmo um unguento encantado, Garnier assassinou quatro crianças. Dizia-se que Stubbe realizava a transformação graças a um cinto mágico. Ele matou 13 crianças, além de um homem e duas mulheres. Em sua encarnação de monstro, segundo diz a lenda, Stubbe tinha "olhos grandes e largos, que à noite brilhavam feito fogo; uma boca grande e larga, com dentes afiados e cruéis; um corpo enorme e poderosas patas". É fácil entender por que as pessoas naquela época pensavam que Stubbe ou outros assassinos semelhantes assumiam formas tão pavorosas. Seus crimes pareciam ser obra de criaturas infernais.

Garnier estrangulava suas jovens vítimas, depois as despedaçava e se alimentava da carne de suas pernas, braços e ventre. Em um caso, ele arrancou a perna de um menino. Em outro, arrancou um pedaço da carne de uma menina e levou para sua esposa cozinhar no jantar.

Os ataques de Stubbe ao longo do rio Reno, na Vestfália, podem ter sido ainda mais ferozes. Como Garnier, ele consumia partes de suas vítimas e, em especial, gostava de comer "corações crus, quentes e palpitantes". Diz-se que certa vez comeu uma vítima inteira sem deixar rastro. Embora com frequência rondasse pelo campo com a intenção de emboscar estranhos, Stubbe também atacou a própria família: estuprou tanto a irmã e a filha, antes de torná-las suas cúmplices, como também matou o filho e devorou seu cérebro.

Quando as autoridades finalmente capturaram esses psicopatas, deixaram claro que planejavam puni-los de forma brutalmente exemplar. Após seu julgamento, Garnier foi entregue ao carrasco-mor de Dole, que queimou o alegado lobisomem vivo. Oficiais de Justiça na cidade alemã de Bedburg foram muito além ao lidar com Stubbe. Primeiro o colocaram em um potro[3] e arrancaram uma confissão dele. Então, depois da formalidade do julgamento, amarraram-lhe a uma roda de tortura, rasgaram pedaços de sua carne com pinças em brasa, esmagaram seus membros com a cabeça de um machado, decapitaram-no e queimaram o que sobrou do seu corpo. Esse procedimento grotesco não era apenas um ato de vingança, mas também uma forma de desencorajar potenciais criminosos. Para deixar a mensagem bem clara para quaisquer outros aspirantes a lobisomem na região, as autoridades amarraram a roda de tortura a um poste e deixaram a cabeça de Stubbe empalada na ponta do poste.

---

3   Espécie de cavalo de madeira em cima do qual o torturado era colocado com os membros atados a um torno que, ao ser acionado, esticava as cordas e deslocava os membros da vítima. [NE]

Um ogro corta a garganta de sete crianças adormecidas nesta ilustração de Gustave Doré do conto de fadas "O Pequeno Polegar".

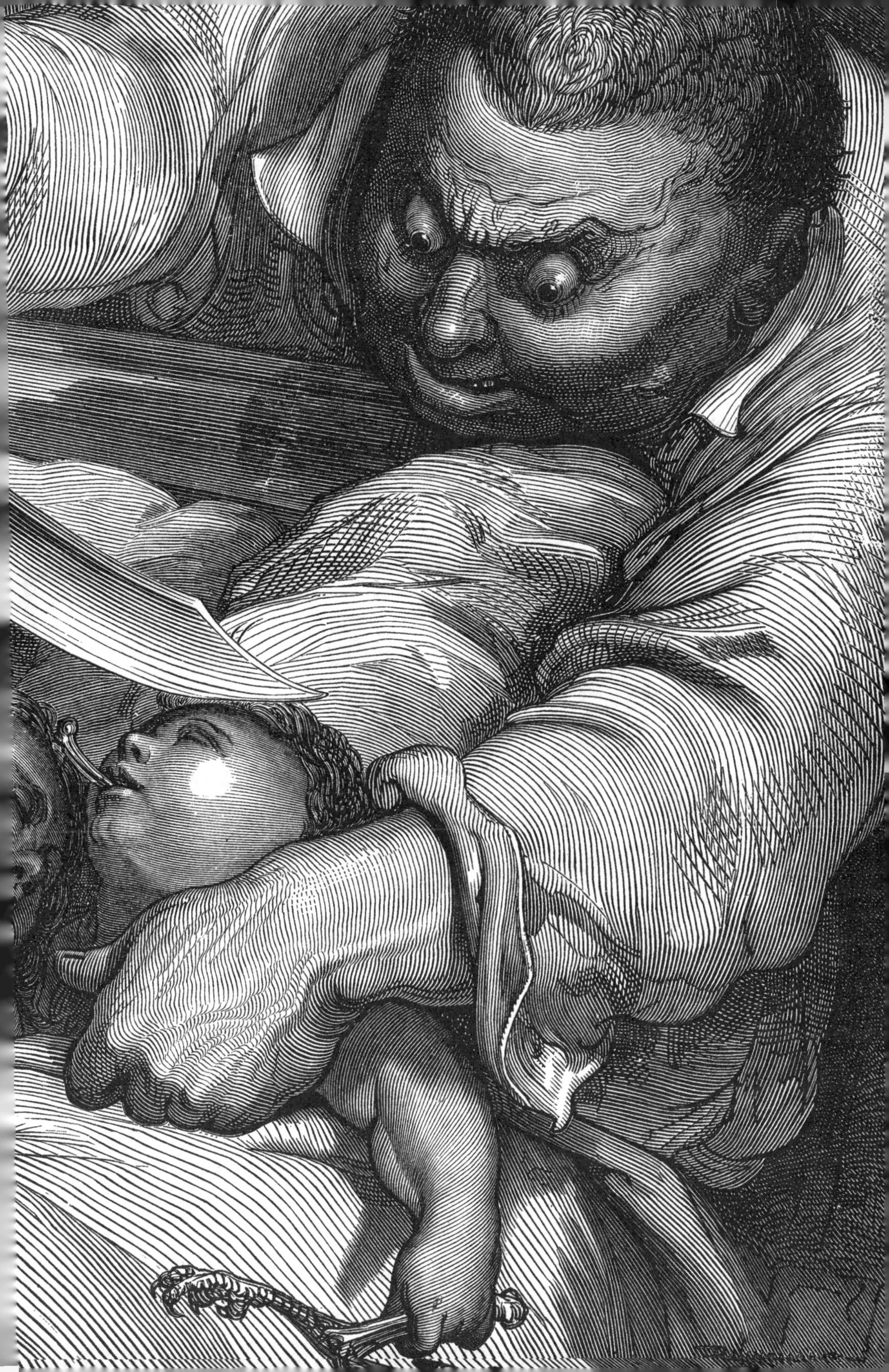

A MOST EXECRABLE AND BARBAROVS MVRDER

done by an *East-Indian* Devil, or a Native of *Java-Major*, in the Road of *Bantam*, Aboard an *English* Ship called the *Coster*, on the 22. of *October* last, 1641.

Wherein is shewed how the wicked Villain came to the said Ship and hid himselfe till it was very dark, and then he mudrdered all the men that were a Board, except the Cooke, and three Boyes.

And Lastly, how the murderer himselfe was justly requited.

Captain *William Minor* being an eye-witnesse of this bloudy Massacre.

Um "Demônio das Índias Orientais" mata a tripulação de um navio inglês, como retratado em uma gravura de 1642. (British Library)

LONDON, Printed for T. Banks, July the 18. 1642.

Ao mesmo tempo que tais casos mostram que assassinato em série não é nenhuma novidade, demonstram, ainda, que o fascínio da mídia por esse tipo de crime também vem de longe. Logo depois das execuções dos dois lobisomens, as prensas profissionais, potencializadas pela inovação dos tipos móveis, produziram panfletos narrando todos os detalhes macabros de cada caso. Incluído no livreto de Stubbe estava o equivalente do século XVI a uma história em quadrinhos, descrevendo seus crimes e captura, e, nos quatro últimos painéis, mostrando os detalhes excruciantes de sua punição.

MATANÇA EM SÉRIE ATRAVÉS DOS TEMPOS

De acordo com Thomas Carlyle, "a história não é senão a biografia de grandes homens". Claro, ele não pensava em história *criminal* quando fez essa observação. Longe de ser a biografia de grandes homens, a história do assassinato em série é em grande parte a crônica de maníacos psicopatas – desajustados, fracassados e completos zeros à esquerda – cujo único motivo para adquirirem fama é a aptidão para cometer atos de violência espetacularmente doentios.

É óbvio que há algumas exceções – indivíduos que teriam entrado para os livros de história mesmo que não estivessem entre os assassinos mais depravados que já viveram. Isso era especialmente verdadeiro em um passado distante, quando uma série de notórios assassinos psicopatas fazia parte da alta aristocracia e, às vezes, da própria realeza.

ROMA ANTIGA

Em uma época em que ver uma arena cheia de seres humanos indefesos serem rasgados em pedaços por animais selvagens era considerado um passatempo agradável, é necessário algo de fato bastante especial para se destacar como um indivíduo particularmente degenerado.

O comportamento de certos imperadores antigos era, no entanto, tão grotescamente depravado que, mesmo segundo os padrões sádicos da Roma pagã, podia ser considerado chocante. Embora Tibério, Justiniano e Calígula tivessem todos praticado perversões abomináveis, o pior deles foi sem dúvida Nero.

Como a maioria dos psicopatas, Nero começou a dar vazão às suas inclinações sádicas desde cedo. Quando adolescente (de acordo com o historiador romano Suetônio), gostava de sair disfarçado à noite e perambular pelas ruas "em busca de praticar travessuras. Um de seus jogos favoritos era atacar homens a caminho de casa, esfaqueá-los caso oferecessem resistência e jogar seus corpos no esgoto".

Seus "jogos" se tornaram cada vez mais grotescos. Adulto, gostava de fingir que era um das bestas vorazes do Coliseu. Vestindo-se com a pele de um animal selvagem, ele saltava de dentro de uma cova e "atacava as partes íntimas de homens e mulheres amarrados a estacas", mordendo e arrancando seus órgãos genitais em um estado selvagem de êxtase.

Entre suas inúmeras atrocidades, certa vez castrou um garoto chamado Sporus, vestiu-o como uma noiva e casou-se com ele em uma cerimônia burlesca; transformou um grupo de cristãos cativos em tochas humanas e os usou para iluminar uma festa de jardim; e rasgou o útero de sua própria mãe, Agripina, para ver de onde viera.

A própria Agripina chegou a empregar os serviços de uma envenenadora chamada Locusta que – de acordo com o especialista criminal Michael Newton – "tem a honra de ser a primeira assassina em série identificada publicamente". Ansioso para livrar-se do marido, o imperador Cláudio, Agripina contratou Locusta para realizar o trabalho, levado a cabo com sucesso por meio de um apetitoso prato de cogumelos envenenados. Mais tarde, Locusta também foi chamada para eliminar o filho de Cláudio, Britânico. Por fim, ela pagou por seus crimes (que teriam incluído o assassinato de pelo menos outras cinco vítimas) de uma maneira típica das depravações extravagantes da Roma de Nero. Como descreve Newton, "ela foi estuprada em público por uma girafa especialmente treinada, antes de ser destroçada por animais selvagens".

ERA PRÉ-MODERNA

Mesmo na nossa época de cobertura informativa 24 horas por dia, quase todos os casos de assassinato em série mal são relatados pela mídia. (Posso apostar que você nunca ouviu falar – a menos que seja um fanático por crimes violentos – de Todd Reed, um pai dedicado e poeta nas horas vagas, preso pelo assassinato de três prostitutas de Portland em maio de 2000; ou Tommy Lynn Sells, um andarilho que, depois de ser preso pelas autoridades do Texas, em janeiro do mesmo ano, confessou dez assassinatos em seis estados.) Portanto, é impossível dizer quantos assassinatos em série foram cometidos há quinhentos anos atrás, quando jornais não existiam e era muito difícil que crimes entre o campesinato fossem registrados (com exceção dos extraordinariamente macabros, como os de Peter Stubbe e Gilles Garnier).

As figuras mais infames da Europa pré-moderna foram sádicos de alta estirpe, como Gilles de Rais, o Barba Azul original, executado em 1440 pela tortura e assassinato de 140 crianças (embora as estimativas de vítimas cheguem a trezentas). Talvez ainda mais terrível – pelos menos se as lendas forem verdadeiras – tenha sido a húngara Erzébet (ou Isabel) Bathory, conhecida como a "Condessa Sangrenta". Nascida em 1560 no berço de uma das famílias mais antigas da Hungria, a bela Erzébet cresceu na mesma área sinistra habitada pelo ficcional conde Drácula, no sopé das montanhas dos Cárpatos. Ainda na adolescência, teria sido iniciada nos prazeres da tortura, na adoração ao diabo e à perversão sexual por diversos membros da família. Sua natureza monstruosa desabrochou por completo depois que se casou com o conde de Nádasdy, um guerreiro da nobreza, e se mudou para seu castelo, que possuía um calabouço de tortura bem equipado.

Entre seu casamento, em 1575, e sua prisão, mais de trinta anos depois, Bathory foi responsável por um número desconcertante de assassinatos – que podem chegar a 650. Suas vítimas, em sua maioria, eram camponesas. Atraídas para o sombrio castelo com a promessa de emprego – ou às vezes simplesmente raptadas –, eram submetidas a terríveis tormentos para o deleite da perversa condessa, que alcançava, por meio da agonia das jovens, um estado de êxtase sexual. Ela gostava especialmente de arrancar pedaços da carne das vítimas com uma pinça feita sob medida, embora também fizesse uso frequente de chicotes, tesouras, agulhas, ferros de marcar em brasa, gaiolas revestidas de estacas e seus próprios dentes. ==Reza a lenda que ela também tinha o hábito de sacrificar suas prisioneiras virgens, encher uma banheira com o sangue== delas e nele se banhar, como uma forma de preservar sua juventude.

Por fim, tendo esgotado o suprimento de jovens camponesas das regiões circunvizinhas, Bathory começou a atacar filhas da pequena nobreza, uma prática que enfim despertou a atenção das autoridades e levou à sua prisão, em 1610. Durante seu julgamento, foi acusada, entre inúmeras outras atrocidades, de cortar partes dos corpos de suas vítimas e fazê-las comer a própria carne. Condenada a ser emparedada viva em uma câmara de seu castelo, teria morrido de fome em 1614.

Durante vários séculos, o nome de outra notória mulher do passado distante, Lucrécia Bórgia, foi sinônimo de assassinato feminino em série. Membro da família mais poderosa da Renascença italiana, Lucrécia era infame por seus excessos sexuais (que supostamente incluíram incesto com seu pai, o papa), bem como seu hábito de se livrar de inimigos com um pó envenenado que vertia de um sinistro anel. De fato, ao longo da ==era vitoriana==, toda vez que uma nova envenenadora como Lydia Sherman aparecia era de imediato ==estigmatizada como uma "Bórgia" moderna==. No entanto, parece haver um consenso crescente entre os historiadores de que as lendas sobre os crimes de Lucrécia eram apenas rumores espalhados por seus inimigos políticos e que ela, na verdade, seria um modelo de virtude que nunca apresentou comportamento sexual impróprio ou matou alguém.

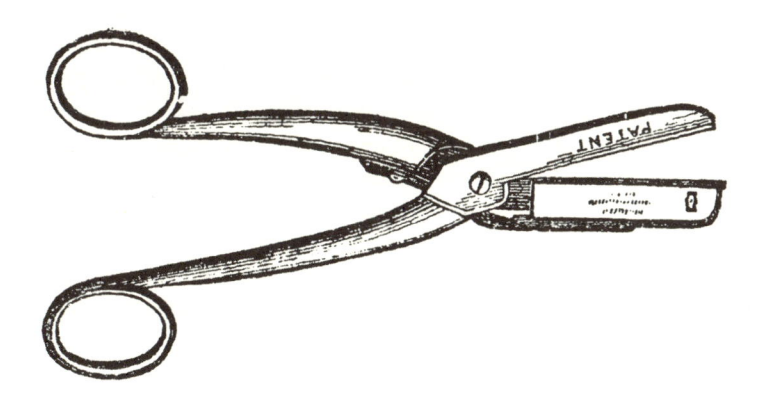

ESTUDO DE CASO - Nº 15
VLAD, O EMPALADOR

VLAD III
FAMA SANGUINÁRIA

1431-1476

Crime(s)
Tortura e assassinato

Sim, já existiu um Drácula na vida real. Mas não, ele não mordia o pescoço de belas e jovens mulheres e sugava-lhes o sangue. Mesmo assim, era terrível o bastante para ser qualificado como um monstro – isto é, se os relatos do século XV forem verdadeiros.

Seu nome era Vlad III e ele era príncipe do principado romeno da Valáquia, logo ao sul da Transilvânia, terra natal do Drácula fictício. Seu pai era conhecido como Dracul, que em romeno quer dizer "dragão". O apelido de Vlad – Drácula – significa "filho de Dracul". Embora não fosse um verdadeiro serial killer, Vlad era considerado um autocrata excêntrico que subjugava seus inimigos, reais e imaginados, com sadismo indescritível. Apesar de mais conhecido hoje em dia como Drácula, ele tinha outro apelido no século XV: Vlad Tepes, que significa Vlad, o Empalador, em homenagem à sua forma de tortura favorita. É essa reputação sanguinária que impressionou Bram Stoker e o motivou a usar Vlad como base para sua hoje lendária criatura da noite.

Alguns historiadores, porém, afirmam que tudo isso pode ser uma grande mentira injuriosa. Eles defendem que os relatos das atrocidades de Vlad foram exagerados e que ele era, na verdade, um grande herói romeno, defensor de sua terra natal contra a investida estrangeira. Insistem ainda que as ações de Vlad devem ser colocadas no contexto histórico apropriado, um período em que seu país precisava de um líder forte, ainda que severo.

Vlad assumiu o trono da Valáquia em 1456, quando seu país estava sob ataque dos turcos otomanos vindos do sul. Ao mesmo tempo, principados romenos tinham que manter uma aliança volátil com os húngaros ao norte. De acordo com o autor Kurt W. Treplow, Vlad Drácula "viveu em um momento de grande importância para o futuro do povo

CASE STUDY CRIME SCENE

romeno" e sua resistência diante dos conquistadores otomanos manteve "vivo o espírito de independência" entre seus compatriotas.

Enquanto os defensores de Vlad, o Empalador, centravam-se em seus êxitos políticos e militares, seus inimigos preferiram discorrer longamente sobre como de fato ele conseguia fazer frente aos turcos e outros adversários. O quanto esses detratores florearam o lado negro de Vlad é difícil dizer. O que sabemos é que os relatos acerca da selvageria de Drácula são de arrepiar os cabelos.

Quando se tratava de seu método de tortura preferido, Vlad seria dono de uma criatividade desconcertante. Usando o peso de suas vítimas conforme elas deslizavam por uma estaca oleosa e pontiaguda, ele às vezes as empalava através da boca, outras através do ânus, do coração ou do umbigo. Dependendo do humor, cegar, queimar ou escalpelar suas vítimas também podia fazer parte do processo hediondo. Em geral, esse tipo de execução era reservado para inimigos de guerra. Segundo a lenda, em 1461, enquanto batia em retirada fugindo de implacáveis tropas otomanas, Vlad teria deixado uma verdadeira floresta de turcos empalados pelo caminho. Sua atitude em relação aos saxões aparentemente não era muito melhor. Em 2 de abril de 1459, em Brasov (Transilvânia), teria ordenado o empalamento de milhares deles, com as estacas dispostas em torno de uma mesa na qual ele calmamente jantava em meio à carnificina. Outros alvos de Vlad eram os boiardos, aristocratas romenos que estariam supostamente implicados no assassinato de seu pai. Certa vez, diz a lenda, Vlad convidou vários deles para participar de um suntuoso banquete em seu castelo e então queimou-os vivos no salão de jantar.

Seu sadismo poderia também ser dirigido a indivíduos que violassem seu profundo – e insanamente severo – senso de moralidade. Para o crime de adultério (quando cometido por mulheres) ele esfolava a culpada viva e removia sua genitália. Diz-se que certa vez ficou chocado de ver que uma camponesa fizera a camisa do marido curta demais. Ele mandou introduzir uma estaca em brasas por sua vagina e atravessá-la até a boca. No que ele deve ter considerado um gesto magnânimo, presenteou em seguida o camponês viúvo com uma nova esposa. Vlad também "assava crianças e fazia as mães comerem os próprios filhos", de acordo com um panfleto publicado pelos alemães em 1462 sobre a vida do Drácula. Inimigos de Vlad, eles provavelmente tinham razões válidas para odiá-lo, o que poderia muito bem tê-los inspirado a exagerar ou a inventar atrocidades. Verdadeira ou não, essa versão da vida de Vlad – um dos primeiros best-sellers produzidos pela imprensa de Gutenberg – difundiu sua reputação, que sobrevive até hoje.

Historiadores mais modernos têm desacreditado o panfleto original de Drácula por considerá-lo uma crítica caluniosa, mas, mesmo se aceitarmos a ideia de que ele foi um líder notável, conforme os padrões da época, são grandes as chances de que Vlad praticasse tais atos bárbaros. Afinal, as regras da guerra e da pena de morte eram muito menos escrupulosas no século XV. É provável que ele fosse de fato cruel mas não mais que outros guerreiros aristocratas de sua época.

Vlad se deleita com sua forma favorita de tortura

SÉCULO XVII

Nos anos 1600, panfletos de impressão barata disponibilizaram notícias para as massas inglesas, as quais – como gente comum em todo lugar – estavam basicamente interessadas em acidentes bizarros, eventos grotescos e crimes bárbaros – quanto mais sangrentos melhor. Muitas dessas publicações primitivas sobreviveram; seu conteúdo deixa claro que não há novidades em relação ao assassinato em série.

Em um fascinante estudo publicado na revista *History Today*, o professor Bernard Capp, da Universidade de Warwick, resume alguns casos de assassinato notórios no século XVII que conseguiu trazer à tona durante suas pesquisas. Havia, por exemplo, um caso de 1675, o do "estalajadeiro sangrento", sobre um homem que administrava uma estalagem barata em Gloucester, servindo principalmente caixeiros-viajantes. Depois de alguns anos, o proprietário e sua esposa tinham lucrado o suficiente para se mudar para uma casa maior. A estalagem foi comprada por um ferreiro, que planejava transformar o lugar em uma forja. Conforme cavava nos fundos da propriedade para lançar os alicerces de seu novo estabelecimento, o ferreiro ficou horrorizado ao descobrir os cadáveres em decomposição de sete homens completamente vestidos, um com uma faca enferrujada ainda enterrada no peito. A história não registra o que aconteceu com o homicida e sua esposa, embora – pelo que conhecemos sobre a Justiça inglesa nos anos 1600 – seja seguro admitir que tiveram um fim bem desagradável.

Assim como outro casal homicida da época, Thomas Sherwood (vulgo "Tom do Campo") e sua cúmplice Elizabeth Evans (conhecida como "Bess de Canterbury"). Por vários anos, os dois se dedicaram a uma carreira homicida em Londres. Bess abordava algum sujeito embriagado em um teatro ou taberna e o atraía para um local remoto, onde Tom estaria à espera, de tocaia. A vítima era assassinada e despojada de seus pertences, incluindo toda sua roupa. Pelo menos cinco homens encontraram a morte nas mãos dessa dupla infame, cuja vida terminou nas forcas de Newgate.

Pessoas comuns que aparentemente tinham vivido vidas respeitáveis por anos de repente se revelavam maníacos homicidas. Em 1671, um homem chamado Thomas Lancaster ministrou secretamente arsênico para sua esposa, o pai dela, as três irmãs dela, uma tia, um tio e uma serva, matando-os um após o outro. "Para completar", escreve Capp, "envenenou alguns vizinhos também."

Naquela época, como hoje, "Anjos da Morte" – cuidadores e cuidadoras com uma ânsia psicopata de matar seus pacientes – não eram incomuns. Em um asilo de pobres em Coventry, oito residentes foram envenenados com raticida, em 1619, por um homem chamado John Johnson, que se suicidou quando caiu sob suspeita dos crimes. Havia também assassinas "Viúvas Negras", como Elizabeth Ridgway, que envenenou o marido, um ex-pretendente, a mãe e um antigo criado.

Todos esses e outros casos revelados pelo professor Capp ilustram sua conclusão de que a natureza humana se manteve mais ou menos inalterada ao longo dos tempos, e "assassinatos múltiplos e em série provavelmente não eram mais raros na Inglaterra do século XVII do que hoje em dia".

Sweeney Todd desmembra uma vítima

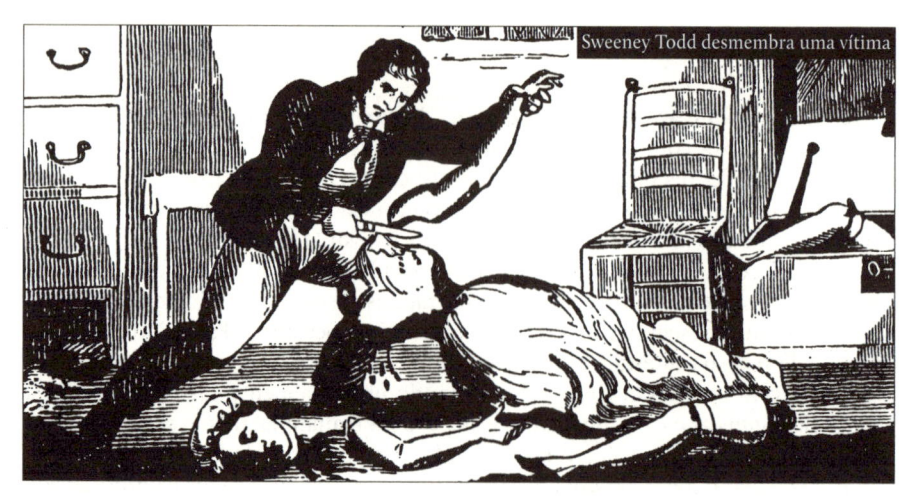

SÉCULO XVIII

Um dos serial killers mais notórios dos anos 1700 pode nunca ter existido. Trata-se de Sweeney Todd, o chamado "Barbeiro Demoníaco da Rua Fleet". De acordo com o escritor policial Martin Fido, Todd era um personagem completamente fictício inventado por escritores vitorianos de ficção "blood-and-thunder" (ficção violenta e barata, em tradução livre). No entanto, Peter Haining – outro autor britânico que escreve com frequência sobre terror e crime – não apenas afirma que Sweeney era real, mas o descreve como "o maior assassino em massa na história da Inglaterra".

De acordo com a "biografia definitiva" de Haining sobre esse monstro lendário, Sweeney Todd nasceu na periferia de Londres em outubro de 1756, filho de pobres tecelões de seda que o abandonaram quando ele tinha 12 anos. Empregado como aprendiz de cutelaria, o jovem Sweeney tornou-se um perito no manuseio e afiação de navalhas. Dois anos mais tarde, foi acusado de pequenos furtos e jogado na prisão de Newgate, onde acabou se tornando assistente de um barbeiro chamado Plummer.

Depois de ser solto em 1775, Sweeney, com 19 anos – um jovem bronco e taciturno com um amargo rancor contra o mundo –, tornou-se um barbeiro itinerante antes de alugar uma loja na rua Fleet. Lá, nos 25 anos seguintes, ele cometeria mais de 160 assassinatos macabros. O mecanismo que ele empregava para despachar seus incautos clientes era uma "cadeira giratória" ardilosamente projetada. Ao ser ativada por um parafuso escondido, a cadeira virava para trás, lançando a vítima para o porão através de um alçapão. Aqueles que não morriam de imediato pela queda tinham suas gargantas cortadas pelo diabólico barbeiro. Depois, seus corpos eram esquartejados e transformados em tortas de carne por Margery Lovett, proprietária de uma padaria local.

No final, de acordo com Haining, Todd e sua cúmplice foram presos. A sra. Lovett teria cometido suicídio na prisão. Todd foi julgado, condenado e enforcado em 25 de janeiro de 1802.[4]

---

[4] A história foi adaptada para os cinemas em *Sweeney Todd: O Barbeiro Demoníaco da Rua Fleet* (2007), um musical de suspense e terror, dirigido por Tim Burton. [NE]

Não há dúvida alguma sobre a autenticidade de outra serial killer do século XVIII, embora o nome real dela tenha sido esquecido há muito tempo, juntamente com os detalhes biográficos do seu passado. Nos anais do crime, é conhecida pelo apelido, "La Tofania", e – mesmo que tenha cometido apenas metade dos crimes que lhe atribuíram – ela se destaca como uma das mais prolíficas assassinas da história.

A carreira homicida de Tofania começou efetivamente no final dos anos 1600, quando – usando uma poção especialmente fabricada, baseada em arsênico, que veio a ser chamada "Aqua Tofana" em homenagem à sua criadora – assassinou um parente (possivelmente seu primeiro marido, embora os registros sejam um tanto difusos neste caso) em Nápoles, na Itália.

Em pouco tempo, essa psicopata empreendedora – a qual, segundo dizem, era motivada tanto pelo ódio sádico aos homens quanto pela ganância – fez do veneno seu negócio e passou a vender a mistura mortal a mulheres da aristocracia ansiosas para se livrar de companheiros detestáveis ou amantes enfadonhos. Por volta de 1719, a taxa de mortalidade entre nobres napolitanos aparentemente saudáveis chegou a níveis tão absurdos que o vice-rei em pessoa abriu uma investigação.

A sra. Tofania, de 62 anos – que, de acordo com rumores, era a líder de uma irmandade que militava o ódio aos homens –, foi logo identificada como a principal suspeita. Alertada por amigos, ela se refugiou em um convento até que o vice-rei – enfurecido pelos rumores de que os seguidores da assassina haviam envenenado os poços da cidade – enviou uma tropa de soldados ao santuário para prendê-la. Sob tortura, ela confessou seiscentos assassinatos e foi julgada, condenada e morta por estrangulamento em 1723.

SÉCULO XIX

Embora Jack, o Estripador, seja de longe o mais famoso assassino psicopata da era vitoriana, existiram diversos outros serial killers no século XIX. Alguns eram bem mais mortais que Jack.

Antes mesmo de a rainha Vitória ascender ao trono, o Reino Unido foi abalado por um dos crimes mais escandalosos do século – aquele cometido por William Burke e William Hare. Leis britânicas da época impunham severas restrições para dissecações humanas, tornando extremamente difícil para médicos e estudantes de medicina obter espécimes para estudos de anatomia. Como resultado, aspirantes a cirurgiões e professores eram muitas vezes obrigados a se tornar ladrões de tumbas – ou "Homens da Ressurreição", como eram chamados – para se abastecer de matéria-prima.

Os nomes de Burke e Hare ficaram associados a essa espécie mórbida de empreendedorismo: o abominável ladrão de cadáveres que, sorrateiro, entrava em um cemitério à noite, desencavava um cadáver recém-sepultado e o vendia por algumas libras a uma escola de anatomia. Entretanto, esses dois chegaram a essa macabra profissão por outro caminho. Em 1827, quando Hare e sua companheira administravam uma sórdida pensão na periferia de Edimburgo, um inquilino idoso morreu com um débito de quatro libras. Para cobrir a dívida, Hare teve a ideia de vender o corpo do velho para uma anatomista. Com a ajuda de seu amigo Burke, transportou o cadáver para uma escola de medicina dirigida por um célebre cirurgião, dr. Robert Knox, que lhes pagou 7,10 libras – uma soma considerável para dois pobres imigrantes irlandeses que normalmente ganhavam uma ninharia como operários.

Impressionados com o potencial de lucro propiciado pela venda de cadáveres, mas pouco dispostos a investir no negócio sujo, difícil e perigoso de roubo de tumbas, Burke e Hare optaram por um método mais fácil de obter cadáveres: eles próprios produziriam os seus. Pouco tempo depois, outro inquilino dos Hare adoeceu. Os homens, então, o induziram ao coma ao embebedá-lo com uísque, depois comprimiram seu nariz e taparam sua boca, sufocando-o. Dessa vez, eles obtiveram dez libras do dr. Knox. Outro hóspede doente da pensão dos Hare logo encontraria o mesmo fim.

Esgotada a provisão de inquilinos doentes da pensão, os dois começaram a visar, na vizinhança, mendigos, prostitutas e outras pessoas que viviam pelas ruas. Depois de atraí-las à casa de Hare com a promessa de bebida e comida, eles saltavam de repente sobre as vítimas desavisadas e as sufocavam. Quinze pessoas – 12 mulheres, dois meninos deficientes e um homem de idade – foram assassinadas assim antes dos dois serem capturados.

Para salvar a própria pele, Hare resolveu testemunhar contra o cúmplice. Em janeiro de 1829, Burke foi enforcado diante de uma multidão de 25 mil espectadores e seu corpo foi dissecado em público. Seu nome deu origem ao verbo em inglês *to burke*, que significa "matar alguém com a finalidade de dissecação".

A pensão dos Hare não era a única hospedaria infernal do século XIX. Nos Estados Unidos, a família apelidada de "Os Bender Sangrentos" administrava uma estalagem de beira de estrada no Kansas, onde, conforme observa um escritor, "oferecia-se o horror em vez de hospitalidade".

A família Bender era formada pelo patriarca de sessenta anos, John (geralmente referido apenas como o "Velho Bender" em relatos históricos); sua esposa, conhecida simplesmente como "Ma" – que tinha só 42 anos, mas era seca e fria como uma bruxa –; John Jr., o filho corpulento e boçal de 27 anos; e uma filha chamada Kate, uma jovem de vinte e poucos anos, considerada o cérebro da operação – na falta de opção. Embora a lenda descreva Kate como uma ruiva sedutora, ela parece ter sido uma mulher de pele rosada e feições masculinas, que organizava sessões espíritas sob o nome de "professora Katie Bender" e afirmava ser uma curandeira.

Por volta de 1870, a família Bender chegou ao condado de Labette, no Kansas, e construiu uma casa ao longo de um trecho isolado de estrada a poucos quilômetros ao sul da cidade ferroviária de Cherryvale. A moradia era um cubículo que media aproximadamente 30 m². O interior foi dividido ao meio por uma cortina de lona. Um lado servia de habitação para a família. O outro foi transformado em uma estalagem rudimentar na qual um viajante podia conseguir algo quente para comer ou beber e uma cama para passar a noite. Alguns visitantes, no entanto, receberam muito mais do que esperavam.

Os Bender, como se descobriu, estavam na verdade conduzindo uma operação fronteiriça de assassinato e roubo. Quando um viajante de aparência próspera aparecia era levado à sala de jantar e convidado a se sentar na mesa de costas para a divisória de lona. Enquanto Kate o distraía conversando, seu pai ou irmão estaria à espreita do outro lado da cortina com uma marreta. Bastava o hóspede desavisado inclinar a cabeça para trás para uma marreta descer com tudo e rachar seu crânio. O corpo, então, era arrastado para o quarto, despojado de seus bens, despido e jogado no porão por um alçapão. Lá sua garganta seria cortada, como garantia. Mais tarde, o cadáver era levado para fora e enterrado no pasto.

A terrível verdade sobre os Bender veio à tona na primavera de 1873, quando um médico chamado William York deixou Fort Scott a cavalo rumo à sua casa em Independence e desapareceu. Refazendo sua rota, um grupo liderado pelo irmão de York acabou descobrindo por acaso a casa dos Bender, que negaram saber qualquer coisa a respeito do desaparecido dr. York. Poucos dias depois, no entanto – temendo que estivessem sob suspeita –, eles levantaram acampamento e fugiram. Tão logo a notícia da fuga dos Bender se espalhou, o grupo de busca voltou à fazenda e fez uma terrível descoberta. No pasto havia sete sepulturas rasas contendo oito corpos. Sete eram homens adultos (incluindo o dr. York). Um era de uma menina de 18 meses que viajava com o pai. Os Bender não se deram ao trabalho de quebrar a cabeça dela – simplesmente a lançaram na cova com o cadáver desfigurado do pai e enterram-na viva.

Bandos de homens raivosos vasculharam as campinas em busca dos fugitivos. Até hoje, ninguém sabe ao certo o que foi feito dos Bender. Em suas memórias, no entanto, Laura Ingalls Wilder, da famosa série de TV *Os Pioneiros* (1974-1983), conta que seu pai era um dos homens que saíram em busca dos Bender. Embora ele nunca tivesse falado sobre a experiência, ela deduziu, a partir da expressão sombria em seu rosto ao voltar da caçada, que o bando de fato encontrara os quatro Bender e os punira conforme a implacável justiça da fronteira.

Ao mesmo tempo que "Os Bender Sangrentos" administravam sua estalagem mortal à beira da estrada, Boston era aterrorizada pelas atrocidades de um psicopata juvenil chamado Jesse Harding Pomeroy. Os crimes do "Menino Demônio" de Boston (como o apelidavam os jornais) começaram no final de 1871, quando o sádico de 12 anos atraiu uma série de crianças a diversos locais remotos nos quais eram despidos, açoitados e torturados com facas e agulhas de costura. Preso no final de 1872, Jesse foi enviado a um reformatório, mas conseguiu ser liberado em apenas 18 meses. Seis semanas mais tarde – enquanto trabalhava em uma loja dirigida por sua mãe –, ele matou uma menina de dez anos e escondeu seu corpo no porão. Cinco semanas depois, atraiu um menino de quatro anos para uma área pantanosa e, de forma brutal, o atacou com um canivete, cortando sua garganta, apunhalando seus olhos e quase cortando fora seus órgãos genitais. Preso em abril de 1873, Pomeroy, então com 14 anos, foi condenado e sentenciado à morte – uma decisão que suscitou, por dois anos, uma intensa polêmica acerca da moralidade de se enforcar um menor. A sentença acabou sendo comutada para prisão perpétua na solitária – um castigo que muitas pessoas acharam ainda mais severo que a morte.

Ainda no calor da discussão sobre a sentença de Pomeroy, Boston foi abalada por outro caso de assassinato em série. Em 23 de maio de 1875, uma graciosa garotinha de cinco anos chamada Mabel Young, que tinha acabado de sair da escola dominical da Igreja Batista de Warren Avenue, foi atraída para o campanário pelo sacristão Thomas Piper, de 24 anos. Ele prometera lhe mostrar seus pombos de estimação. Uma vez sozinho com a menina na torre, Piper partiu a cabeça dela com um taco de críquete que levara à igreja naquela manhã exatamente para este fim. As suspeitas recaíram

Jesse Pomeroy mata Katie Curran, de dez anos, nesta ilustração de um panfleto criminal de 1875.
(Divisão de Obras Raras, New York Public Library, Astor, Lenox, and Tilden Foundations)

imediatamente sobre o sacristão ao descobrirem o corpo da menina. Ele já era suspeito de outro assassinato brutal, o de uma jovem criada chamada Bridget Landregan, cujo crânio fora esmagado com uma clava improvisada durante uma tentativa de estupro dois anos antes. Alegando inocência a princípio, Piper acabou confessando não só a autoria dos assassinatos de Mabel Young e Bridget Landregan, mas também de dois outros homicídios sem solução: o estupro e assassinato, em dezembro de 1873, de uma jovem chamada Sullivan, espancada de forma selvagem com uma clava, e o ataque praticamente idêntico, sete meses depois, de uma jovem prostituta chamada Mary Tynam. O "Assassino do Campanário" – como Piper veio a ser chamado – foi enforcado em 26 de maio de 1876.

Vinte anos depois e do outro lado do continente, outro assassino do campanário desencadearia ondas de choque por todo o país. Na manhã de 13 de abril de 1895, várias mulheres de São Francisco chegaram à Igreja Batista Emanuel, na rua Barlett, para decorá-la para a Páscoa. Percebendo um estranho rastro castanho-avermelhado que levava a uma sala de depósito, as mulheres abriram a porta e recuaram de terror ao se deparar com um cadáver terrivelmente mutilado. A vítima era Minnie Williams, de 24 anos. Suas roupas tinham sido rasgadas e a roupa íntima introduzida em sua garganta com um pedaço de pau. Ela fora golpeada com uma faca de cozinha até a morte – os pulsos foram cortados, os seios reduzidos a pedaços. A lâmina quebrada da arma usada no crime ainda se projetava de seu peito. Uma autópsia subsequente revelou que ela havia sido estuprada após a morte.

No dia seguinte – domingo de Páscoa –, policiais que vasculhavam a igreja em busca de mais evidências fizeram outra terrível descoberta: o corpo inchado e nu de Blanche Lamont, desaparecida dez dias antes. O assassino a estrangulara com as próprias mãos e depois, como no caso de Minnie Williams, cometera necrofilia.

Um suspeito foi rapidamente identificado e detido: Theodore Durrant, um jovem e sedutor estudante de medicina que ainda morava com os pais e trabalhava na igreja como assistente na escola dominical. Seu julgamento de três semanas em setembro de 1895 foi uma sensação nacional e atraiu dezenas de fãs, uma das quais – apelidada de "Garota da Ervilha-de-cheiro" pela imprensa – levava diariamente ao assassino psicopata um buquê dessas flores. Apesar de seus protestos de inocência, o júri precisou de apenas cinco minutos para condenar Durrant, que foi enforcado, depois de vários adiamentos, em 7 de janeiro de 1898. Tal era a antipatia do público em relação ao chamado "Demônio do Campanário", mesmo após sua morte, que seus pais tiveram dificuldade em encontrar um lugar para enterrar seu corpo, precisando, por fim, transportá-lo a Los Angeles para ser cremado.

Por mais horríveis que fossem os crimes de Durrant, eles eram facilmente superados pelo "médico e monstro" mais famoso de sua época, Herman Mudgett, também conhecido como dr. H.H. Holmes, um dos mais prolíficos serial killers da história americana. Embora Holmes tenha confessado 27 assassinatos de homens, mulheres e crianças, suspeita-se que tenha cometido muitos mais – possivelmente centenas. A maioria foi cometida no notório "Castelo do Horror", construído pelo criminoso em um subúrbio de Chicago na época da grande Exposição Mundial de 1893.

Por volta da mesma época que Holmes supervisionava a construção de seu sinistro edifício, outro médico homicida, dr. Thomas Neill Cream, andava bem ocupado envenenando uma série de prostitutas em Londres. Além da formação médica e do gosto pelo assassinato em série, Cream compartilhava algo mais com H.H. Holmes. Antes de se mudar para Londres, Cream cometera assassinato em Chicago – um crime pelo qual fora sentenciado à prisão perpétua, embora (inexplicavelmente) tenha sido liberado depois de apenas dez anos.

Tendo envenenado cinco prostitutas, Cream não era nem de longe tão letal quanto alguns contemporâneos, como Sarah Jane Robinson, que matou 11 vítimas conhecidas, incluindo o marido, a irmã e cinco filhos. O dr. Cream entrou para a história do crime, no entanto, graças às suas últimas palavras – interrompidas ao despencar pelo alçapão da forca – declarando ser Jack, o Estripador.

OS HORRORES DE WHITECHAPEL

Jack, o Estripador, ocupa um lugar especial na história do crime verídico por duas razões. Em primeiro lugar, o infame carniceiro da zona leste de Londres inaugurou a era moderna do assassinato em série. Em segundo lugar, originou uma avalanche de livros e documentários, um autêntico gênero que por si só produziu uma sequência aparentemente interminável de teorias pretendendo solucionar esse macabro caso.

Embora muitos especialistas tenham reivindicado a descoberta da identidade do assassino mais notório da Inglaterra, os fatos concretos do caso não nos dizem praticamente nada sobre quem realmente foi o Estripador. O que sabemos é que ele fez seu trabalho com selvageria desenfreada e provocou pânico em toda a cidade, qualidades que caracterizariam todos os casos mais célebres de assassinato em série dali por diante.

Os assassinatos ocorreram entre agosto e novembro de 1888. De acordo com a maioria dos relatos, houve cinco vítimas ao todo. Todas eram prostitutas, como ocorreria com tantos outros futuros serial killers. A primeira vítima, Mary Anne Nichols, foi encontrada com a garganta e o abdome cortados. Por mais terrível que esse assassinato possa ter parecido na época, era brando em comparação com o que aconteceria com as outras vítimas do Estripador. Em 8 de setembro, o assassino quase decapitou Ann Chapman, depois abriu seu estômago e arrancou suas tripas. No final do mês, ele matou duas mulheres em uma noite. Aparentemente o Estripador foi interrompido e teve que fugir enquanto mutilava Elizabeth Stride, mas não teve pressa com Catherine Eddowes: retalhou seu rosto, estripou-a e levou consigo um de seus rins. Sua última vítima, Mary Kelly, foi morta em 9 de novembro. Enquanto a cortava da cabeça aos pés, removeu seu nariz e a pele que cobria sua testa, arrancou suas entranhas, quase amputou um de seus braços e esfolou suas coxas.

A maior parte das informações que temos sobre o Estripador – por ínfimas que sejam – vem de uma série de cartas que ele escreveu para uma agência de notícias e um comitê de vigilância local. A mais famosa delas, subscrita "Do Inferno", revelou que seus apetites macabros não se restringiam a assassinato e mutilação. O autor enviou junto com a carta metade do rim de Eddowes e descreveu como havia fritado e comido a outra metade.

Os crimes cessaram após o bárbaro assassinato de Mary Kelly. Depois disso, o Estripador aparentemente desapareceu sem deixar vestígios.

Logo surgiram teorias sobre quem de fato era o assassino misterioso. Alguns acreditavam que ele era um médico, especificamente um homem chamado dr. Stanleyina. A ideia era que apenas um homem com habilidades cirúrgicas poderia ter esquartejado as vítimas com tanta precisão, embora seja um tanto difícil de entender como alguém poderia confundir os restos destroçados de Mary Kelly com o trabalho de um talentoso cirurgião. Um açougueiro poderia ter feito o mesmo. O que nos leva a outra teoria – a de que o Estripador era na verdade um šochet, judeu religioso treinado para fazer o abate ritual de animais. Outras pessoas contestavam a própria ideia de que o Estripador fosse um homem, afirmando que o assassino pode ter sido uma parteira perturbada, uma "Maria Estripadora". Uma teoria – talvez a mais fantasiosa delas – propunha, ainda, que os assassinatos foram obra de um agente da polícia secreta do czar russo como parte de um esforço para que a polícia inglesa parecesse ineficaz.

Uma regra geral nas investigações de homicídio é que as chances de encontrar o culpado diminuem depois das duas primeiras semanas; nessa altura, conforme tal raciocínio, os rastros do assassino começariam a esfriar. Sem se deixar intimidar por essa crença geral da polícia, pesquisadores continuavam a afirmar ter descoberto a solução definitiva para o caso do Estripador mais de cem anos depois do último assassinato.

Um livro publicado na década de 1970 apontava como culpado o neto da rainha Vitória, Eduardo, duque de Clarence. Em 1993, a editora Hyperion lançou *O Diário de Jack, o Estripador*,[5] supostamente escrito pelo assassino, um comerciante de algodão de Liverpool chamado James Maybrick. A autenticidade do diário foi desacreditada por um renomado especialista em documentos. A devassa mais recente veio em 2002, sob o pretensamente definitivo título *Retrato de um Assassino: Jack, o Estripador, caso encerrado*.[6] Nesse trabalho, altamente controverso, Patricia Cornwell, escritora de romances policiais, implica um pintor pós-impressionista chamado Walter Sickert. O nome de Sickert já surgira antes em outras especulações sobre o caso, mas Cornwell foi mais longe, valendo-se da ciência da identificação por DNA para provar sua teoria. As amostras de DNA vieram de cartas, tanto aquelas escritas pelo assassino como por Sickert. No entanto, os resultados dos testes não apontavam Sickert de maneira conclusiva. Eles apenas indicavam que o resíduo de DNA *poderia* ter pertencido a Sickert – e a milhares de outras pessoas. Por enquanto, a afirmação de Cornwell será definitiva só até a publicação do próximo livro que pretenda solucionar de uma vez por todas o maior enigma da história do crime.

SÉCULO XX

Tão logo o novo século despontou, os Estados Unidos foram abalados pela descoberta de que uma cordial e respeitada enfermeira da Nova Inglaterra chamada Jane Toppan era uma das piores assassinas múltiplas da história do país, uma psicopata sádica (ou "imbecil moral", como tais seres humanos eram chamados na época) que envenenara 31 pessoas, muitas delas amigos próximos, porque o homicídio a excitava sexualmente.

Cada década subsequente do século produziu casos novos e cada vez mais escandalosos de assassinato em série em todo o mundo.

A FASE DA PRIMEIRA GUERRA MUNDIAL

Na época da Primeira Guerra Mundial, um funileiro húngaro chamado Bela Kiss usou classificados de namoro para atrair pelo menos 24 mulheres para sua casa, na vila de Czinkota, a fim de estrangulá-las e encerrar seus corpos em tambores de metal cheios de álcool. Suas atrocidades foram descobertas apenas em 1916, quando Kiss já teria sido morto em ação depois de recrutado e enviado para o front. Há indícios, entretanto, de que tenha trocado de papéis com um homem morto no campo de batalha, assumido sua identidade e escapado. Até hoje seu destino permanece um mistério.

---

5   Publicado no Brasil pela Universo dos Livros em 2012. [NE]
6   Trad. Manuel Paulo Ferreira. São Paulo: Companhia das Letras, 2003. [NE]

Outro caso de assassinato em série, mais ou menos da mesma época, também é cercado de mistério. Na noite de 23 de maio de 1918, um casal de Nova Orleans, de sobrenome Maggio, foi barbaramente assassinado enquanto dormia por um intruso que despedaçou o crânio dos dois com a lâmina de um machado e em seguida cortou suas gargantas com uma navalha, quase decapitando a mulher. Nos dois anos e meio seguintes, Nova Orleans seria periodicamente aterrorizada pelo "Homem do Machado", que procedia sempre da mesma forma: usando um cinzel, removia um painel da porta dos fundos da casa visada, entrava sorrateiramente e atacava os ocupantes enquanto dormiam. No total, ele assassinou sete pessoas – incluindo uma menina de dois anos – e feriu de modo brutal outras oito. Um suposto assassino de aluguel da máfia chamado Joseph Mumfre é considerado o principal suspeito por alguns historiadores, e é verdade que os assassinatos pararam abruptamente quando ele foi baleado e morto pela viúva da última vítima do Homem do Machado. Mesmo assim, há uma boa dose de incerteza em relação ao papel de Mumfre no caso, e é possível que a identidade do Homem do Machado nunca seja provada de maneira conclusiva.

DÉCADAS DE 1920 E 1930

O crime mais impactante da Era do Jazz nos EUA foi o brutal assassinato, em Chicago, de um garoto de 14 anos chamado Bobby Franks pelos jovens e ricos Nathan Leopold, Jr. e Richard Loeb, motivados apenas pelo "barato" de matar. Aquele assassinato – por mais absurdo e chocante que tenha sido – não é nada em comparação às inúmeras atrocidades perpetradas durante a década de 1920 por Earle Leonard Nelson e Carl Panzram – dois dos mais ferozes serial killers da história dos EUA. Maníaco sexual e fanático religioso cujo corpo atarracado e enormes mãos lhe renderam o apelido de "Gorila Assassino", Nelson cruzou o país matando por onde passava. Durante um período de 16 meses, a partir de fevereiro de 1926, ele estrangulou mais de vinte mulheres, quase todas de meia-idade e proprietárias de imóveis. Nelson costumava estuprá-las depois de mortas. Capturado no Canadá, depois de fazer suas duas últimas vítimas em Winnipeg, o assassino foi enforcado em 1928.

Panzram – sem dúvida o assassino mais incorrigível já produzido em terras norte-americanas – atribuía sua natureza perversa ao tratamento brutal que recebeu como interno em diversas instituições penais, que – ao se empenhar em reformá-lo – só conseguiram enchê-lo de um ódio mortal por toda a humanidade. Cumprindo até o fim o seu lema – "roubar, estuprar e matar todo mundo!" –, Panzram levou uma vida de espetacular brutalidade, deixando um rastro de incontáveis cadáveres pelo caminho enquanto viajava ao redor do mundo – dos EUA para a América do Sul, Europa e África, retornando em seguida aos Estados Unidos. Preso em 1928 por uma sequência de roubos, foi enviado à penitenciária de Leavenworth, no Texas, finalmente recebendo a pena de morte por quebrar a cabeça de um colega detento que olhara atravessado para ele. Suas últimas palavras enquanto o carrasco ajustava o laço em volta de seu pescoço foram típicas do incorrigível Panzram: "Ande logo com isso, seu desgraçado! Eu já teria enforcado uma dúzia de homens enquanto você fica enrolando!"

Na Alemanha, o período entre as duas guerras mundiais produziu alguns dos mais terríveis assassinos sexuais da modernidade. Na verdade, o termo alemão *lustmord*

– homicídio sexual extremo envolvendo mutilações, estripação etc. – foi cunhado para descrever as atrocidades de uma série de psicopatas extremamente perversos que agiram durante os anos turbulentos da República de Weimar: Georg Grossmann, o "Carniceiro de Berlim", acusado de assassinar e canibalizar 14 jovens do sexo feminino; Karl Denke, o "Assassino em Massa de Münsterberg", outro canibal que massacrou pelo menos trinta pessoas e armazenava a carne das vítimas em conserva no porão de sua estalagem; Peter Kürten, o "Monstro de Düsseldorf", que assassinou, estuprou e mutilou pelo menos 35 vítimas, a maioria mulheres e crianças; e Fritz Haarmann, o "Vampiro de Hanôver", responsável por matar brutalmente cerca de cinquenta garotos.

O admirador americano de Haarmann, Albert Fish – que guardava todos os recortes de jornal que pudesse encontrar sobre o assassino alemão –, cometeu a maior parte de suas próprias atrocidades durante a década de 1920. Foi só em 1934, entretanto, que a terrível verdade sobre as barbaridades de Fish, já um senhor de idade, veio à tona. Ao confessar ter assassinado, desmembrado e canibalizado uma adorável garotinha de 12 anos – além de admitir a autoria de uma série de outros crimes de pedofilia, tortura e assassinato –, Fish se transformou instantaneamente no mais terrível monstro americano da Grande Depressão.

A prisão de Albert Fish no final de 1934 coincidiu com o início de uma onda de homicídios promovidos ao longo de quatro anos por uma das figuras mais misteriosas da história do crime. Trata-se do chamado "Assassino do Tronco de Cleveland" (também conhecido como o "Carniceiro Louco de Kingsbury Run"). Esse maníaco sanguinário esquartejou mais de dez pessoas – a maioria prostitutas, vagabundos e outros párias –, cujas partes dos corpos deixava espalhadas pela cidade. O assassino nunca foi detido, apesar de todos os esforços das autoridades (sob o comando de Eliot Ness, antigo líder do lendário grupo de agentes federais conhecidos como "Os Intocáveis", que atuava então como diretor de Segurança Pública de Cleveland). Embora não faltem teorias sobre a identidade do Carniceiro Louco, este continua sendo um dos maiores casos não solucionados de assassinato em série da história criminal dos EUA.

DÉCADA DE 1940

Durante a guerra, Londres foi palco de uma curta porém brutal onda de assassinatos em série promovidos por um jovem cadete da RAF, a Força Aérea Real britânica, chamado Gordon Cummins. Na noite de 9 de fevereiro de 1942 – enquanto a cidade sobrevivia aos terrores da Blitz[7] –, o aprendiz de piloto de 28 anos abordou uma farmacêutica chamada Evelyn Hamilton quando esta saía de um restaurante e tomava o caminho de casa. Com a cidade às escuras pelo toque de recolher, ele a estrangulou com seu lenço e deixou o cadáver jogado na entrada de um abrigo antiaéreo.

Na noite seguinte, em Piccadilly Circus, o assassino abordou uma prostituta chamada Evelyn Oatley, que o levou a seu apartamento no Soho – ela teve a garganta cortada e os genitais mutilados com um abridor de lata. Mais dois assassinatos

---

7   Também conhecido como Blitzkrieg, foi o maciço bombardeio aéreo empreendido pela Luftwaffe (a Força Aérea Alemã) contra os britânicos ao longo da Segunda Guerra. [NE]

acompanhados de mutilação ocorreram nas duas noites seguintes, levando a polícia a concluir que um assassino no estilo de Jack, o Estripador, estava à solta enquanto a cidade se preparava para o combate.

Cummins sem dúvida teria continuado a matar se não tivesse sido detido. Ele foi capturado depois de duas tentativas frustradas de assassinato na noite de 13 de fevereiro. Primeiro, tentou estrangular uma mulher chamada Greta Haywood em frente a um abrigo antiaéreo, mas fugiu quando o ruído da luta chamou a atenção de um pedestre. O assassino logo abordou outra vítima, que o convidou a ir até sua casa. Dessa vez, assustou-se com os violentos gritos da mulher ao atacá-la. Cummins não só deixara duas testemunhas vivas que poderiam identificá-lo como também deixara cair sua máscara de gás, etiquetada com seu nome, posto e número de série. Preso imediatamente, foi enforcado em junho de 1942, durante um ataque aéreo.

Poucos anos depois da execução de Cummins, outro membro da Força Aérea Real inglesa foi para a forca após cometer dois assassinatos sexuais macabros. Incrivelmente bonito e irresistível para as mulheres, Neville Heath era um vigarista, ladrão e Don Juan compulsivo, que participou de diversas missões na Força Aérea mesmo enquanto se dedicava à delinquência. Em junho de 1946, ele cruzou a linha que distinguia o larápio e impostor do assassino sádico que viria a se tornar ao chicotear e sufocar a figurante de cinema Margery Gardner, de 32 anos, em um quarto de hotel de Londres. Em seguida, mastigou e arrancou seus mamilos com o dente e enfiou um atiçador em sua vagina.

A polícia começou imediatamente a procurar Heath, que se registrara no hotel com o próprio nome. Àquela altura, no entanto, ele já partira para Bournemouth, onde, em 3 de julho, cortou a garganta de outra jovem. Depois de mutilar o corpo da vítima, fez um talho profundo que ia da parte interior da coxa até o peito e deixou o cadáver na floresta, o qual só seria encontrado dias mais tarde.

Enquanto a polícia buscava a garota desaparecida, Heath – como resultado de um desejo inconsciente de morte ou de uma bravata inconsequente típica dos psicopatas – apareceu na delegacia para oferecer ajuda. Foi logo identificado como o fugitivo do assassinato de Londres e detido. Condenado, foi enforcado em outubro de 1946.

Dos serial killers norte-americanos ativos durante a década de 1940, dois dos mais notórios eram afro-americanos: Jarvis Catoe e Jake Bird. Em 1943, Catoe foi eletrocutado pelo estupro e assassinato de uma mulher de 25 anos e recém-casada de Washington, D.C. – uma das três mulheres que ele matara durante uma onda de assassinatos em série dois anos antes. O número de vítimas de Catoe foi superado em muito, no entanto, por Jake Bird, natural de Louisiana. Em outubro de 1947, enquanto perambulava por Tacoma, em Washington, Bird entrou na casa de Bertha Kludt, 53 anos, e de sua filha adolescente, Beverly. Matou brutalmente as duas com um machado que encontrara no quintal. Detido depois de uma luta violenta – durante a qual Bird feriu gravemente dois policiais com uma faca –, acabou confessando diversos assassinatos em pelo menos oito estados diferentes. Suas vítimas eram todas mulheres brancas, golpeadas com machados ou machadinhas. A polícia conseguiu confirmar o envolvimento de Bird em 11 casos não solucionados de homicídio, embora ele fosse suspeito em pelo menos outros 44 casos. Condenado, foi enforcado em Walla Walla em julho de 1949.

O serial killer americano mais infame da década de 1940 foi William Heirens, cujo caso continua a causar controvérsia até hoje. Criado por pais sexualmente repressivos que o imbuíram da crença de que "todo sexo é sujo", Heirens se tornou um fetichista que obtinha alívio sexual ao invadir casas de mulheres e roubar suas roupas íntimas (que às vezes usava em casa enquanto lia livros sobre crimes de guerra nazistas). Como outros assassinos em série, ele também se excitava ao provocar incêndios. Arrombador inveterado, já na escola primária começou a assaltar apartamentos ao redor de Chicago. Depois de ser preso algumas vezes durante a adolescência, ficou por dois longos períodos em reformatórios. Em 1945, com 16 anos, o superdotado Heirens foi admitido na Universidade de Chicago, matriculando-se como estudante de engenharia elétrica. Mesmo enquanto levava uma vida universitária estereotípica – namorando, saindo com os amigos, matando aulas –, ele não abandonou a vida clandestina de ladrão e fetichista de calcinhas.

Em 5 de junho de 1945, Josephine Ross, de 45 anos, surpreendeu um intruso saqueando seu quarto. Ela foi encontrada naquela tarde estendida na cama com a garganta cortada e o vestido enrolado em volta da cabeça.

Seis meses depois, em 10 de dezembro, o corpo nu de uma mulher morena de 33 anos chamada Frances Brown foi encontrado no banheiro de seu apartamento em Chicago, não muito longe da cena do crime anterior. Tinha sido baleada na cabeça, uma faca de açougueiro projetava-se de seu pescoço e seu roupão cobria-lhe a cabeça. Rabiscado com batom na parede da sala estava um pedido de socorro que se tornaria a mensagem mais famosa já deixada por um serial killer naquele século: "Pelo amor de Deus me peguem antes que eu mate mais. Não consigo me controlar".

O "Assassino do Batom" (como logo apelidado pela imprensa) cometeu seu último – e mais hediondo – crime no início de janeiro, ao invadir o quarto de Suzanne Degnan, de seis anos, raptá-la e estrangulá-la, desmembrando seu corpo em seguida com uma faca de caça e atirando os pedaços no esgoto.

O chocante assassinato da garotinha desencadeou a maior perseguição da história de Chicago, que durou até junho, quando a polícia – respondendo a uma denúncia de que havia um homem suspeito rondando um apartamento na zona norte da cidade – encurralou Heirens. Sacando uma arma, Heirens mirou nos policiais, mas o disparo falhou. Depois de violenta resistência, o criminoso foi subjugado por um policial fora de serviço – o qual se juntara à briga –, que o acertou com um vaso de planta na cabeça.

Detido e dopado com tiopentato de sódio – o "soro da verdade" –, Heirens inicialmente afirmou que as matanças tinham sido cometidas por um alter ego maligno chamado "George Murman" (abreviação de "Murder Man", homem assassino). Para evitar a cadeira elétrica, ele concordou em confessar todos os três assassinatos em troca da prisão perpétua. No dia de sua condenação formal, ele tentou cometer suicídio se enforcando com um lençol, mas foi salvo por um guarda que agiu rápido. Desde o dia em que foi preso, Heirens – que retratou sua confissão e defende obstinadamente sua inocência – tem sido um prisioneiro modelo e obteve seu diploma de nível superior em 1972. Seus defensores acreditam que ele foi falsamente incriminado e apontam outro suspeito – um andarilho chamado Richard Russell Thomas, com um longo histórico de crimes brutais – como o culpado mais provável.

DÉCADA DE 1950

Banhados no brilho rosado da nostalgia, os anos 1950 em geral são considerados uma época de excepcional tranquilidade na vida norte-americana. Apesar de sua aura de "alegria e inocência", a década de Eisenhower testemunhou alguns dos assassinatos em série mais chocantes da modernidade.

Harvey Glatman, por exemplo – o sádico de aspecto nerd que tirava fotos instantâneas de mulheres amarradas e aterrorizadas antes de estuprá-las e estrangulá-las –, encarnava com perfeição o lado oculto e degenerado dos anos 1950, buscando suas vítimas em "clubes de fotografia" de gosto duvidoso que floresciam naqueles tempos de repressão sexual. As lembranças fotográficas que ele guardava de suas vítimas torturadas eram tão horripilantes que até policiais calejados sentiam o estômago embrulhar ao vê-las.

Ainda mais medonhos eram os troféus anatômicos que os investigadores encontraram na decrépita casa de fazenda do carniceiro de Wisconsin, Ed Gein, cujos crimes – em parte inspirados pelas mórbidas revistas do período, obcecadas por atrocidades nazistas – refletem também o lado negro da cultura dos anos 1950.

Em 1957, mesmo ano em que Glatman embarcou em sua campanha homicida e as barbaridades de Gein foram descobertas, outro serial killer surgiu em cena.

Naquele mês de junho, uma mulher chamada Margaret Harold e seu namorado, um sargento do Exército, estavam estacionados em uma espécie de "ponto de amantes" perto de Annapolis, Maryland, quando um Chrysler verde parou ao lado deles. Um homem alto, de rosto magro, saiu do carro e, depois de se identificar como dono da propriedade, sacou uma arma, entrou no banco de trás do carro do casal e exigiu que lhe dessem dinheiro. Após se recusar, Margaret Harold foi baleada na parte de trás da cabeça. Saltando do carro, seu namorado correu para a casa mais próxima e pediu ajuda. Ao chegar à cena do crime, a polícia encontrou o corpo da mulher ainda no carro. Ela estava despida e tinha sido estuprada depois de morta.

Fazendo uma busca na área, a polícia encontrou um barracão pré-moldado com as paredes cobertas de imagens pornográficas, fotos de necrotério de mulheres assassinadas e – de forma desconexa – a foto de anuário de uma universitária que se formara na Universidade de Maryland em 1955.

Um ano e meio depois, em janeiro de 1959, uma família de quatro pessoas que saíra para passear de carro perto de Apple Grove, Virgínia, foi posta para fora da estrada por um homem em um Chevrolet azul, que os forçou a entrar no porta-malas de seu carro sob a mira de um revólver. Dois meses depois, o corpo do marido, Carroll Jackson, foi encontrado em uma vala à beira da estrada, caído sobre o corpo de sua filha, Janet. O sr. Jackson tinha sido amarrado e baleado na parte de trás da cabeça; o bebê, atirado vivo na vala, morrera sufocado sob o peso de seu pai morto.

Os outros dois membros da família – a mãe, Mildred, e sua filha de cinco anos, Susan – foram encontrados semanas mais tarde por jovens que caçavam esquilos na floresta. Ambas as vítimas tinham sido estupradas e espancadas até a morte com um instrumento sem corte. Evidências sugeriam que o assassino torturara a sra. Jackson para forçá-la a fazer sexo oral nele.

Judy Dull, vítima de Harvey Glatman, fotografada em seu apartamento momentos antes de ser morta. Ao lado, vítima desconhecida. (Corbis)

A investigação em ambos os casos chegara a um beco sem saída, até que, em maio, a polícia recebeu uma carta anônima acusando um jovem músico de jazz chamado Melvin Rees, que – de acordo com o informante – fizera comentários suspeitos, enquanto estava drogado de benzedrina, na época do assassinato dos Jackson. Checando os antecedentes de Rees, os investigadores descobriram que ele havia namorado a estudante da Universidade de Maryland cuja foto de anuário fora colada à parede do barracão perto da cena do primeiro crime. Entretanto, só quando os agentes do FBI fizeram uma busca na casa de Rees e encontraram uma estojo de saxofone cheio de provas incriminadoras – incluindo anotações manuscritas descrevendo o assassinato da família Jackson – é que souberam ter o homem certo nas mãos.

Por fim, Rees – ou "Besta Sexual", como os jornais o apelidaram – foi ligado aos casos não solucionados de estupro e homicídio de quatro garotas adolescentes em Maryland. Condenado à morte, sua sentença foi posteriormente comutada e ele morreu de causas naturais na prisão.

Um dos mais infames assassinos múltiplos da década de 1950 não era, estritamente falando, um serial killer. Um sociopata que gostava de pensar em si mesmo como um jovem rebelde e romântico à moda de seu ídolo – James Dean –, Charlie Starkweather foi responsável pelo assassinato de dez pessoas durante 26 dias no início de 1958. Entretanto, Starkweather e sua namorada Caril Ann Fugate, com 14 anos à época, se enquadram na categoria de "assassinos relâmpago". Seus ataques através de Nebrasca e Wyoming não eram uma série de eventos isolados motivados pela necessidade recorrente de gratificação sádica, mas sim um único, embora prolongado, massacre.

CASE STUDY CRIME SCENE

ESTUDO DE CASO - Nº 16
O MONSTRO DE RILLINGTON PLACE

REG CHRISTIE
ESTRANGULADOR DE MULHERES

1899-1953

Crime(s)
Assassinato

Pena
Condenado à morte

Os Estados Unidos não eram o único lugar a produzir serial killers na década de 1950. Na Inglaterra, a década começou com um dos mais notórios casos de assassinato sexual da modernidade.

A história veio à luz em março de 1953, quando os novos moradores do número 10 na Rillington Place, no distrito de Notting Hill, em Londres, começaram a remodelar sua cozinha. Uma seção do papel de parede parecia ter um fundo falso. Ao rasgar o forro, descobriram um armário oculto – e lá encontraram três mulheres mortas embrulhadas em cobertores. A polícia foi investigar e percebeu que os três corpos eram apenas a ponta do iceberg. Sob as tábuas do assoalho na sala de jantar havia outra mulher morta e, do lado de fora, enterradas no jardim, mais duas.

O antigo morador era John Reginald Christie – Reg para os amigos; um homem pacato, calvo e de óculos que estivera no centro das atenções três anos antes durante um notório julgamento de homicídio. Um jovem boçal chamado Timothy Evans confessara ter matado a própria esposa e o bebê, mas depois voltou atrás e afirmou que o verdadeiro assassino era seu vizinho de baixo, Christie. No julgamento, o aspecto respeitável de Christie depôs contra Evans e o júri foi unânime em considerá-lo culpado. Evans foi enforcado. Agora, depois de descobrir mais seis corpos, a polícia começava, um tanto tardiamente, a repensar o caso. O próprio Christie colocou-os a par dos detalhes ao ser detido 11 dias depois.

Christie veio de uma família de classe operária e se manteve ao longo dos anos com uma série de subempregos. Mas, sob a aparência de normalidade, havia propensões ocultas perturbadoras. Uma era a hipocondria crônica que começou na infância e

CASE STUDY CRIME SCENE

culminou na juventude com um caso de mudez histérica que durou mais de três anos. Christie também era incapaz de resistir à tentação de se apropriar do que não era seu, e roubava com frequência dos diversos empregadores.

Ele e sua esposa Ethel se mudaram para o apartamento de Rillington Place em 1938. Dois anos mais tarde, aos 42 anos, Christie começou a matar mulheres e a se dedicar à sua vida homicida secreta quando a esposa estava ausente visitando parentes. Em 1940, o assassino levou Ruth Fuerst para seu apartamento e se ofereceu para ajudá-la a aliviar seu problema respiratório administrando um vapor de ervas. Em vez disso, ele a intoxicou com gás e em seguida a estrangulou e estuprou. Christie esperou três anos antes de matar sua segunda vítima, Muriel Eddy – uma amiga de sua esposa. Tanto Fuerst como Eddy acabaram em seu jardim.

Em 1949, ele ficou a sós com a esposa de Timothy Evans sob o pretexto de oferecer outro serviço. Dizendo à mulher que poderia realizar um aborto, ele a estrangulou, estuprou e também assassinou seu bebê. A polícia encontrou os corpos no depósito de ferramentas do edifício. Christie deve ter de alguma forma induzido o simplório Evans a confessar.

Mais uma vez, três anos se passaram sem assassinatos até que o criminoso resolveu atacar mais perto de casa, estrangulando a esposa e escondendo seu corpo sob as tábuas do assoalho. Ele não teria mais que esperar até que estivesse sozinho. Em menos de três meses, matou mais três mulheres. Estas foram as que ele escondeu sem o devido cuidado no armário da cozinha antes de se mudar no fim de março de 1953.

Depois que a polícia colheu o depoimento de Christie, os tabloides apelidaram o maníaco de bons modos de o "Monstro de Rillington Place". Os jurados não se mostraram menos estarrecidos com os crimes do que o público. Christie foi enforcado apenas três meses e meio depois de sua prisão.

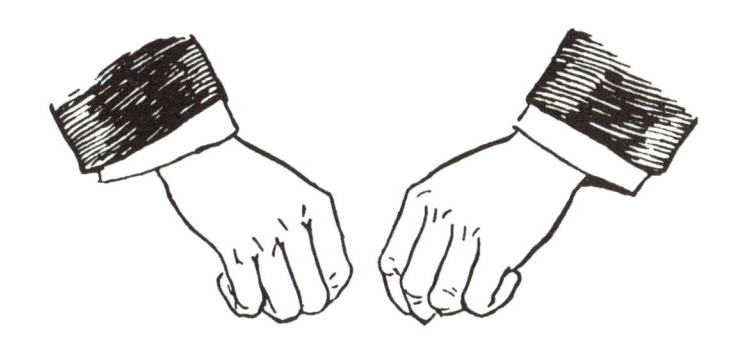

DÉCADA DE 1960

Os serial killers dos Estados Unidos dos anos 1960 foram tão emblemáticos daquela época socialmente turbulenta como as revoltas raciais, os assassinatos políticos e a chamada Invasão Britânica.[8] Se por um lado lembramos dessa década como a época de John Kennedy, Martin Luther King, Beatles e Woodstock, também a associamos aos impactantes crimes do Estrangulador de Boston, do Assassino do Zodíaco e – principalmente – do demônio hippie Charles Manson.

Mais de quarenta anos depois de o Estrangulador de Boston cometer sua primeira atrocidade, o caso continua sendo um dos mais controversos da história contemporânea do crime. Os cinco primeiros dos 11 assassinatos confirmados do Estrangulador ocorreram durante o verão de 1962. As primeiras vítimas eram todas mulheres na faixa etária de 55 a 75 anos. Enganadas pela história de que ele era um técnico enviado pelo proprietário do apartamento, todas o receberam voluntariamente em casa. Além de estuprá-las e estrangulá-las, o assassino profanava seus cadáveres, não raro introduzindo garrafas ou outros objetos em suas vaginas. Na maior parte dos casos, ele deixava uma "assinatura" grotesca, amarrando o garrote improvisado (uma meia de náilon ou às vezes uma faixa de um roupão) em um laço ornamental sob o queixo da vítima.

No final de 1962, seu *modus operandi* mudou. Ele começou a visar mulheres mais jovens, a maioria na casa dos vinte anos, e seus assassinatos tornaram-se ainda mais cruéis: em certa ocasião, esfaqueou uma vítima 22 vezes, mutilando sua garganta e deixando 18 feridas em um padrão circular no seu peito esquerdo. Outra jovem foi deixada apoiada contra a cabeceira da cama, com um laço rosa amarrado em volta do pescoço, um cabo de vassoura projetando-se da vagina e um cartão de "Feliz Ano Novo" repousando sobre os pés.

Logo o pânico se espalhou entre as mulheres de Boston e uma força-tarefa especial foi montada para rastrear o assassino. Sem pistas sólidas, entretanto, os investigadores se limitaram a apelar a médiuns cuja assistência paranormal – como era de se esperar – revelou-se inútil. O grande salto no caso só seria dado em 1965, quando uma vítima de estupro levou a polícia a Albert DeSalvo.

DeSalvo teve o tipo de infância apavorante que é praticamente uma receita de bolo para produzir psicopatas. Seu pai era o tipo de homem que gostava de levar prostitutas para casa, fazer sexo com elas na frente da família e bater na esposa caso ela reclamasse. Uma das memórias de infância mais vívidas de DeSalvo foi ter visto seu pai arrebentar todos os dentes da mãe e depois quebrar seus dedos um por um enquanto ela estava estatelada sob a pia da cozinha. As crianças também eram tratadas com brutalidade. Em uma ocasião típica, Albert foi golpeado com um cano de chumbo por não se mover rápido o bastante quando seu pai pediu alguma coisa.

Como outros psicopatas em desenvolvimento, Albert demonstrou uma veia sádica desde pequeno. Um dos seus passatempos favoritos quando criança era prender um cão dentro de um caixote de feira junto com um gato faminto para ver o felino esfolar os olhos do outro bicho.

---

8 Termo utilizado pela mídia para descrever as bandas de rock da Grã-Bretanha que se tornaram populares nos Estados Unidos a partir de meados dos anos 1960, lideradas pelos Beatles e que contaram com nomes como os Rolling Stones, The Who, The Kinks, entre muitos outros. [NE]

Ao chegar à adolescência, DeSalvo já tinha uma extensa folha corrida de delitos como arrombamento e invasão. Ingresso no Exército aos 17 anos, foi enviado à Europa e lá se casou com uma garota alemã, que voltou com ele aos Estados Unidos. Em 1955, enquanto servia em Fort Dix, Nova Jersey, foi acusado de molestar uma menina de nove anos. Ele escapou de ser processado porque a mãe da vítima decidiu não prestar queixa.

Atormentado por um apetite sexual insaciável, DeSalvo chegava a solicitar a mulher meia dúzia de vezes por dia, acusando-a de ser "frígida" sempre que ela o rejeitava. De volta a Boston após ser dispensado do Exército, ele lutou para sustentar a crescente família com trabalhos manuais, complementando a ínfima renda com pequenos roubos ocasionais.

Ele também começou a atacar mulheres. Sua técnica mais antiga era ir de porta em porta fazendo-se passar por olheiro de uma agência de modelos. Se uma mulher caísse na sua lábia e o convidasse a entrar, ele pegava uma fita métrica e começava a tirar suas medidas, um truque que lhe permitia se satisfazer com carícias obscenas. Não demorou muito e as mulheres de Boston foram advertidas a tomar cuidado com o pervertido cheio de lábia conhecido como o "Homem da Fita Métrica".

Em março de 1961, DeSalvo, com trinta anos, foi pego enquanto tentava assaltar uma casa. Preso, ele confessou ser o "Homem da Fita Métrica" e recebeu uma sentença de dois anos. De volta às ruas depois de apenas 11 meses, ele embarcou em uma nova e mais violenta onda de agressão sexual. De uniforme verde, fingindo ser um técnico de reparos, ele teve acesso às casas de inúmeras mulheres por todo o país. Em um período de dois anos, o "Homem de Verde" – como veio a ser apelidado – chegou a estuprar três centenas de vítimas em Massachusetts, New Hampshire, Connecticut e Rhode Island.

Durante esse mesmo período, 11 mulheres de Boston foram estranguladas e profanadas por um eloquente maníaco sexual disfarçado de técnico de reparos.

Em novembro de 1964 – dez meses depois de o Estrangulador matar sua última vítima –, outra pessoa que sofreu um ataque do "Homem de Verde" deu à polícia uma descrição que levou a DeSalvo. Depois de confessar os crimes de estupro, DeSalvo foi internado no Hospital Estadual de Bridgewater sob observação psiquiátrica. Lá fez amizade com um assassino calejado chamado George Nassar, cujo advogado era F. Lee Bailey, um jovem figurão. Não demorou até que Bailey se tornasse o advogado de DeSalvo também. Foi quando o criminoso confessou ser o Estrangulador de Boston.

No final, DeSalvo nunca recebeu punição pelos crimes do Estrangulador de Boston e graças a um acordo atípico arquitetado por Bailey foi poupado da cadeira elétrica, em lugar da qual recebeu pena de prisão perpétua pelos estupros do "Homem de Verde". Em novembro de 1973, com 42 anos, foi morto a facadas por um colega detento.

Mas a história não terminou com a morte de DeSalvo. Desde sua confissão, dúvidas sobre sua culpa foram levantadas tanto por seus próprios familiares como pelos parentes de suas vítimas. Alguns acreditam que DeSalvo – sabendo que já enfrentaria prisão perpétua pelos crimes do "Homem de Verde" – afirmou ser o Estrangulador a fim de lucrar com os direitos do livro e do filme que ele presumiu que fossem surgir. Outros acreditam que havia mais de um estrangulador. Os céticos ganharam mais argumentos em 2001, quando tanto os restos mortais de DeSalvo como os da última vítima do Estrangulador, Mary Sullivan, foram exumados e examinados por peritos forenses. Amostras de DNA extraídas de Mary Sullivan não coincidiam com as de Albert

DeSalvo. Parece improvável que algum dia haja respostas definitivas para as perguntas que ainda perduram sobre o caso.

Outro caso famoso de assassinato em série também permanece envolto em mistério, embora pelo menos um escritor afirme ter se aproximado da solução longamente esperada. Durante um período de nove meses, a partir do final de 1968, os cidadãos de São Francisco foram aterrorizados por um pistoleiro que rondava as ruas de noite e que, nos anos seguintes, assumiria proporções míticas no imaginário popular. Sua notoriedade provinha de diversas fontes: sua capacidade aparentemente sobrenatural de se esquivar da polícia, as mensagens perversas e jocosas que enviava à imprensa e, talvez o mais importante, seu apelido de causar arrepios, que se tornou quase tão infame como o de Jack, o Estripador – o Zodíaco.

Suas primeiras vítimas foram um casal de adolescentes mortos a tiros enquanto namoravam em uma área isolada, a cerca de trinta quilômetros ao norte de São Francisco, na noite de 20 de dezembro de 1968. Seis meses depois, à meia-noite de 5 de julho de 1969, ele atacou novamente, atirando em outro jovem casal no estacionamento de um campo de golfe. Quarenta minutos depois desse ataque – que deixou a menina morta e seu namorado gravemente ferido –, a polícia recebeu um telefonema anônimo de um homem de voz rouca que os encaminhou à cena do crime e reivindicou a autoria do assassinato duplo.

O tom prosaico com o qual a mensagem foi passada deixava claro que um maníaco homicida estava à solta. A extensão completa de sua loucura, no entanto, só seria conhecida seis semanas mais tarde, quando enviou três diferentes cartas para jornais locais. Cada uma continha um criptograma. Decifrado por um professor de ensino médio e sua esposa, as três passagens codificadas formavam uma única mensagem extravagante e desvairada:

Eu gosto de matar pessoas porque é muito divertido é mais divertido que caçar e matar animais selvagens na floresta porque o homem é o animal mais perigoso de todos para matar às vezes é uma experiência emocionante é melhor até do que transar com uma garota e a melhor parte é que quando eu morrer vou ressuscitar no paraíso e todos que matei se tornarão meus escravos não vou dizer meu nome porque vocês vão tentar me parar e me impedir de obter escravos para minha vida após a morte.

A carta foi assinada com um símbolo peculiar que lembrava a mira de um rifle – um círculo cortado por uma cruz.

Poucos dias depois, o assassino enviou outra carta para o jornal *San Francisco Examiner*. Como prometera na mensagem anterior, não revelou seu nome. Em vez disso, usou um pseudônimo que entrou imediatamente para a mitologia do assassinato em série contemporâneo.

"Aqui quem fala é o Zodíaco", começava a carta. Desse ponto em diante, ele começaria todas as suas mensagens com a mesma saudação sinistra.

Dois meses se passaram. Em 27 de setembro de 1969, dois estudantes universitários, Bryan Hartnell e Cecilia Shepard, faziam um piquenique em um lago perto de Vallejo quando uma figura assustadora surgiu detrás das árvores. Seu rosto estava escondido sob um capuz preto que se estendia até o peito, no qual estava bordado o círculo cruzado do Zodíaco; de seu cinto pendia uma grande faca em uma bainha de madeira – provavelmente uma baioneta –; e ele trazia na mão uma pistola semiautomática. Amarrando o casal sob a mira da arma, agrediu brutalmente os dois com a faca, depois foi até o carro deles e, com uma caneta hidrográfica preta, desenhou o círculo cruzado na porta junto com as datas dos três ataques na área da baía de São Francisco. Uma hora depois fez uma ligação para a polícia, anunciando que acabara de cometer um "duplo assassinato". No entanto, ele estava errado. Esfaqueada dez vezes, Cecilia Shepard morreria alguns dias depois. O namorado, porém, sobreviveu aos ferimentos.

A última vítima conhecida do Zodíaco foi um motorista de táxi de São Francisco chamado Paul Stine, morto com um tiro à queima-roupa na cabeça. Antes de fugir da cena do crime, o assassino cortou um pedaço grande da camisa da vítima, encharcou no sangue do homem morto e foi embora. Pouco depois, o editor do *San Francisco Chronicle* recebeu um envelope. Dentro havia um retalho da camisa do motorista de táxi e uma carta do Zodíaco na qual ele prometia "aniquilar um ônibus escolar qualquer dia desses". Felizmente, ele nunca cumpriu essa ameaça.

Tampouco – pelo que se saiba – o Zodíaco voltou a matar de novo.

Ele manteve, no entanto, sua correspondência bizarra, enviando esporadicamente cartões comemorativos e cartas aos jornais durante os anos que se seguiram. Já sua identidade permanece um mistério, embora um especialista sobre o caso tenha indicado Arthur Leigh Allen – um fanático por armas e molestador de crianças condenado que morreu em 1993 – como o suspeito mais provável.

Crianças de escola são ótimos alvos, acho que vou aniquilar um ônibus escolar qualquer dia desses. É só atirar no pneu dianteiro + acertar as criancinhas enquanto elas saltam para fora.
— De uma das cartas do ZODÍACO —

O "príncipe das trevas" da década foi Charles Manson, a encarnação maléfica de tudo que havia de mais insidioso em relação à contracultura dos anos 1960, um movimento social que começou com sonhos de paz e amor livre e terminou com o violento caos de Altamont. Manson é único entre os assassinos em série: um monstro lendário cujo crime mais infame foi cometido por tabela. Profundamente manipulador, ele conseguiu transformar sua "família" de adoradores fanáticos em uma tropa de assassinos hippies sequiosos por executar suas ordens homicidas.

Charles Manson nasceu em 1934, filho ilegítimo de uma prostituta adolescente bissexual, Kathleen Maddox. Ela, que costumava atender os clientes em casa, deixava a criança sozinha semanas a fio. Em certa ocasião teria chegado a trocá-lo com uma garçonete por um jarro de cerveja. Presa em 1939 depois de assaltar um posto de gasolina com o irmão, Kathleen enviou Charlie para morar com o tio e a tia – o primeiro um fanático religioso, a segunda uma sádica que caçoava constantemente do menino, chamando-o de "maricas" e forçando-o a vestir roupas de menina para ir à escola. Aos 12 anos, Manson vivia nas ruas e sobrevivia de furtos. Sua adolescência foi um ciclo contínuo de pequenos delitos, prisões e fugas. Aos 18 anos – enquanto cumpria pena em Utah por roubo de carros – Manson sodomizou outro garoto, ameaçando-o com uma faca, o que lhe rendeu uma temporada em um reformatório federal, onde acumulou oito infrações disciplinares graves, três por estupro homossexual. Posto em liberdade condicional em 1954, passou os 12 anos subsequentes entrando e saindo de várias prisões por crimes que iam de falsificação de cheques a cafetinagem. Em 1967, com 32 anos, Manson – que aprendera a tocar guitarra sozinho e se interessara por cientologia e budismo enquanto estava na cadeia – compareceu à audiência que lhe concederia a liberdade condicional. Ele próprio expressava dúvidas a respeito, questionando se seria sensato libertá-lo. "Ah, não, não posso ir lá para fora. Não poderia me adaptar àquele mundo, não depois de passar toda a minha vida trancafiado." Apesar de seus protestos, Manson foi solto no mundo.

Partindo para São Francisco durante o chamado Verão do Amor,[9] esse vigarista carismático rapidamente dominou o jargão psicodélico da contracultura, atraindo um bando de desertores e viciados em drogas – muitos deles mulheres ingênuas e emocionalmente instáveis – que o reverenciavam como um guru.

Por fim, Charlie e sua comuna desordenada se instalaram em uma fazenda suja e abandonada nas proximidades de Los Angeles, desfrutando de uma existência miserável e orgiástica supervisionada por seu messias cada vez mais enlouquecido. Manson desenvolveu uma bizarra obsessão pela música "Helter Skelter", do disco dos Beatles conhecido como *Álbum Branco* (*The White Album*, 1968). Em sua loucura crescente, Manson interpretou a música (que se refere a um brinquedo de parque de diversões) como uma profecia sobre uma iminente guerra racial na qual os negros se insurgiriam e exterminariam todos os brancos, com exceção de Manson e seus seguidores, que iriam buscar refúgio em uma caverna abaixo do Vale da Morte. Por fim, Charlie e sua família sairiam da clandestinidade e – graças à sua superioridade inata sobre os "neguinhos" (como o racista Manson chamava os afro-americanos) – dominariam o mundo.

Para agilizar as coisas, Manson despachou um grupo de seguidores em uma missão suicida, ordenando que matassem algumas pessoas brancas ilustres de uma maneira que implicasse negros revolucionários e desencadeasse uma guerra racial apocalíptica. Na noite de 9 de agosto de 1969 – em uma das atrocidades mais chocantes dos tempos modernos – cinco dos discípulos dementes de Manson invadiram a casa do cineasta Roman Polanski (que estava ausente, filmando) e assassinaram brutalmente sua mulher, grávida de oito meses, Sharon Tate, além de mais quatro outras pessoas. Antes de sair, usaram o sangue das vítimas para rabiscar mensagens de ódio nas paredes. Na noite seguinte, Manson em pessoa liderou um bando de suas "criaturas sinistras" até a residência de um casal, os LaBianca. Eles assassinaram o marido e a mulher, deixando o sr. LaBianca com um garfo de trinchar fincado no peito e a palavra "WAR" (guerra) inscrita na carne. Mais uma vez, o sangue das vítimas foi usado para escrever mensagens pseudorrevolucionárias nas paredes: "DEATH TO PIGS" (morte aos porcos), "RISE" (ascensão) e "HEALTER SKELTER" (sic; revolta, confusão).

9   Fenômeno social com manifestações em várias partes do mundo em meados de 1967 durante o verão no hemisfério norte, cujo início é marcado pela passeata pela paz realizada em 15 de abril de 1967 em Nova York, que reuniu 300 mil participantes, o maior ato político realizado nos EUA, até então. [NE]

Mais tarde, um dos participantes nos horrores de Tate explicou que a turma de Manson "queria cometer um crime que chocasse o mundo, que obrigasse o mundo inteiro a parar e prestar a atenção". Se esse era o plano, eles conseguiram. O massacre na residência dos Polanski provocou pânico em Los Angeles e repercutiu em todo o país. No final, Manson foi preso porque uma de suas tietes desmioladas – Susan Atkins, que estava atrás das grades por conta de uma acusação não relacionada – se confessou de forma displicente a um colega de cela.

Depois de um longo julgamento, o qual Manson se esforçou ao máximo para transformar em um circo, ele e quatro seguidores foram condenados à câmara de gás. Em 1972, no entanto, suas sentenças foram comutadas para prisão perpétua pois a Suprema Corte da Califórnia aboliu a pena de morte. Ainda atrás das grades, como esteve durante a maior parte de sua vida lamentavelmente desperdiçada, Manson é agora um senhor de idade. Ainda assim, é difícil imaginá-lo de outra forma que não como o demônio hippie de olhar alucinado e cabelos revoltos dos tempos de Woodstock, um ícone tão simbólico daquela época como Timothy Leary e os quatro rapazes de Liverpool.[10]

> Eu sou o que vocês fizeram de mim e o cachorro louco assassino e leproso é um reflexo de sua sociedade.
> — CHARLES MANSON —

DÉCADA DE 1970 ATÉ HOJE

A década de 1970 testemunhou um aumento tão acentuado no número de assassinatos sexuais promovidos por psicopatas que – nas palavras de um artigo pioneiro apresentado por membros da Unidade de Ciência Comportamental do FBI – era como se de repente "um novo fenômeno em homicídio" tivesse entrado em cena. Para descrever os autores desses crimes supostamente sem precedentes, Robert Ressler e seus colegas do Bureau adotaram um termo que tinha sido cunhado uma década antes e que logo entrou no léxico popular: "serial killers".

Como a precedente pesquisa histórica mostra, no entanto, não há nada de novo em relação ao assassinato sádico a não ser o nome que hoje damos a ele. Mesmo assim, é bem verdade que – em especial nos Estados Unidos – houve um aumento significativo em tais crimes durante a década de 1970.

Por que isso aconteceu? Diversas razões já foram sugeridas e a maioria delas tem a ver com a mudança drástica nos hábitos sexuais precipitada pela revolução social dos anos 1960. Em reação aos inibidos anos 1950, a contracultura hippie pregava as alegrias de relaxar e "ser você mesmo" – de livrar-se de todas as formas de repressão e entregar-se aos prazeres dionisíacos do sexo, das drogas e do *rock and roll*. Mas o inconsciente

---

10 Manson tinha direito de, a cada cinco anos, ser ouvido quanto à possibilidade de liberdade condicional. Em sua última audiência, em 11 de abril de 2012, sem a presença do criminoso, as autoridades concluíram que ele ainda era muito perigoso para obter a liberdade condicional e definiram a data para a próxima revisão em 2027, quando terá 92 anos. [NE]

Charles Manson
durante o julgamento.
(Bill Lignante – *ABC News*)

é uma caixa de Pandora e quando você liberta os instintos reprimidos todos os tipos de forças – algumas estimulantes e criativas, outras assustadoras e destrutivas – jorram para fora. A contracultura começou com os utópicos devaneios de paz e amor simbolizados pela canção *"Let It Be"* ("Deixe Fluir", em tradução literal) dos Beatles. Mas acabou mergulhado na terrível escuridão do *"Let It Bleed"* ("Deixar Sangrar") dos Stones.

O *ethos* permissivo que brotou nos anos 1960 e se difundiu por toda a cultura na década de 1970 fez mais do que libertar a libido da classe média americana; permitiu que alguns inconcebíveis depravados pusessem em prática suas fantasias mais aberrantes. O slogan da contracultura – *"If It Feels Good Do It!"* ("Se Dá Prazer, Faça!") – tinha a intenção de estimular um saudável senso de liberdade sexual nas pessoas. Mas é uma filosofia perigosa quando adotada por lunáticos que sentem prazer ao estuprar, torturar e matar brutalmente vítimas indefesas. Com a quebra das antigas proibições sexuais era mais fácil para os serial killers encontrar vítimas em potencial em bares frequentados por solteiros, casas de banho gays e outros pontos de encontro da época.

É importante, no entanto, colocar o recente aumento de assassinatos sexuais em perspectiva. O incremento em tais crimes levou muitos alarmistas a falar em uma "epidemia" de assassinatos em série. Isso rende assunto para reportagens, mas – assim como pânicos recentes sobre ataques de tubarão e raptos de crianças – é em grande parte uma hipérbole. É bem verdade que as últimas décadas do século XX produziram um número impressionante de infames assassinos sexuais nos Estados Unidos: John Wayne Gacy, Ted Bundy, os Estranguladores da Colina, Edmund Kemper etc. Mas, mesmo durante o apogeu desses pervertidos, o número de serial killers à solta no país era infinitesimal. Pessoas comuns que temem a existência de um assassino psicopata à espreita em cada esquina são muito menos propensas a morrer nas mãos de um homicida brandindo uma faca do que em um acidente de carro a caminho da locadora para alugar O Silêncio dos Inocentes.

O serial killer que melhor exemplifica o lado sombrio da liberação sexual na década de 1970 foi, sem dúvida, Bundy, a encarnação viva de uma das mais sinistras inquietações da década: o medo de conhecer um estranho sedutor cujo charme oculta a alma cruel de um psicopata.

Antigas fotos da família Bundy sugerem uma infância típica dos subúrbios americanos, com salsichas assadas, excursões de pesca e animadas férias natalinas. Mesmo assim, havia anomalias marcantes no passado de Ted. Filho ilegítimo, ele foi forçado a fingir que sua mãe era sua irmã e que seus avós – Sam e Eleanor Cowell – eram seus pais. Há também indícios de que – apesar da declarada devoção de Bundy ao avô – Sam Cowell fosse um racista rancoroso e um tirano doméstico que dispensava maus-tratos a todos os membros da família, dos animais de estimação à sua resignada esposa (que acabou sendo coagida a fazer terapia de choque).

Mesmo assim, há poucos dados no passado de Bundy para explicar seu comportamento perverso quando adulto. Pode ser que, tal como ele mesmo sugeriu, houvesse fatores genéticos desconhecidos que contribuíram para seu modo monstruoso de ser.

Seja qual for o caso, tendências perturbadoras já se manifestavam desde cedo. Bundy tinha apenas três anos quando pôs facas de açougueiro sob as roupas de cama de sua tia adormecida. Na escola primária – apesar da evidente inteligência e das notas excepcionais – suas birras eram recorrentes e violentas o bastante para preocupar os professores. Já no ensino médio, cometia pequenos furtos e se tornara um voyeur crônico.

Àquela altura, até mesmo Bundy se dava conta de que lhe faltavam certas qualidades humanas básicas: uma consciência, a capacidade de ver as pessoas como algo mais do que objetos a serem manipulados para sua própria satisfação. Estudando os outros, ele aprendeu a imitar o comportamento normal de modo tão hábil que durante o resto de sua vida mesmo as pessoas mais próximas não percebiam sua natureza monstruosa.

Enquanto frequentava a Universidade de Washington, Bundy envolveu-se com uma jovem bonita e culta chamada Stephanie Brooks que – se é que ele era capaz de tal sentimento – se tornaria o amor de sua vida.

Bundy teria ficado devastado quando Brooks rompeu com ele. Muito se falou sobre o fato de suas vítimas subsequentes terem uma vaga semelhança com Stephanie – uma insinuação de que a carreira homicida de Bundy foi provocada por esse incidente traumatizante e ele, portanto, estava se vingando da mulher que o rejeitou. A explicação mais provável é que Bundy, como muitos assassinos psicopatas, tivesse predileção por certo tipo de mulher. Na verdade, ele tinha orgulho de escolher apenas vítimas "de primeira" – mulheres bonitas, inteligentes, em idade universitária – para raptar, torturar, mutilar e matar.

Seu primeiro ataque ocorreu em janeiro de 1974, quando invadiu o quarto de uma universitária de 18 anos, golpeou sua cabeça com uma barra de metal arrancada do estrado da cama e depois enfiou o objeto em sua vagina. Se é que se pode dizer isto de uma mulher que sofreu ferimentos tão terríveis, ela teve sorte: sobreviveu. Mas pelo menos três dezenas de jovens que cruzaram o caminho de Ted Bundy não tiveram o mesmo destino.

Ele era a personificação do médico e do monstro. Por fora, levava uma vida exemplar: adquiriu renome como um jovem astro em ascensão do Partido Republicano local, ajudou a dirigir uma central telefônica de emergência para potenciais suicidas e chegou a ganhar uma condecoração da polícia por salvar a vida de um bebê que se afogava. Simultaneamente, no entanto, o brilhante e bem-apessoado Bundy dedicava-se a uma carreira secreta de crimes hediondos. Em 1974, enquanto ainda vivia no estado de Washington, ele matou brutalmente pelo menos sete jovens ao longo de sete meses. Duas foram abordadas em plena luz do dia, na mesma tarde, em uma praia lotada.

Naquele mês de setembro ele se mudou para Salt Lake City e se matriculou na Universidade de Utah. Dois meses depois, seu bestial alter ego – que o assassino descreveu como "a entidade" – veio bramindo à superfície. Jovens mulheres começaram a desaparecer, incluindo a filha adolescente de um chefe de polícia local. Seu restos nus, horrivelmente mutilados, foram encontrados posteriormente em um desfiladeiro. Durante esse período, Bundy também fazia incursões esporádicas ao Colorado, onde pelo menos outras cinco jovens morreram em suas mãos.

Para as autoridades, o momento decisivo no caso se deu após a meia-noite de 16 de agosto de 1975. Um policial rodoviário de Utah parou Bundy por dirigir embriagado. Dentro do Volkswagen, o policial encontrou diversos itens suspeitos, incluindo um picador de gelo, uma máscara feita de meia-calça e algemas. Pouco tempo depois, Bundy foi identificado em uma roda de suspeitos por uma jovem que ele tentara estuprar no ano anterior. Considerado culpado por sequestro com agravantes, ele foi sentenciado à pena de reclusão de um a 15 anos na Penitenciária Estadual de Utah. Em seguida foi transferido para o Colorado a fim de aguardar julgamento por homicídio.

Parecia ser o fim da linha para Bundy, mas as autoridades tinham subestimado a astúcia do psicopata. Assumindo o controle de sua própria defesa, ele ganhou acesso à biblioteca de direito do tribunal. Em 7 de junho de 1977, enquanto o guarda que o escoltava saiu para fumar no corredor, Bundy pulou pela janela do segundo andar da biblioteca e escapou.

Ele foi recapturado oito dias depois, mas escapou de novo em dezembro, espremendo-se por um alçapão no teto de sua cela meticulosamente feito com uma serra de arco contrabandeada. Dessa vez foi para Tallahassee, Flórida, e cometeu uma série de ataques tão bárbaros que até ele se recusaria a falar sobre o caso mais tarde. Em 15 de fevereiro de 1978 – uma semana depois de matar de maneira brutal uma menina de 12 anos e jogar seus restos destroçados em um curral de porcos –, sua sorte finalmente acabou. Preso por dirigir um carro roubado, Bundy foi logo identificado como o homicida foragido.

Por fim, mesmo sentenciado à morte, conseguiu adiar sua execução por uma década. Quando o dia finalmente chegou, uma enorme multidão se aglomerou em frente à prisão para comemorar o evento, enquanto uma estação de rádio local entretinha seus ouvintes com o som de bacon fritando e uma paródia da canção folclórica "On Top of Old Smokey" ("No Topo do Velho Smokey",[II] em tradução livre): "No topo da Velha Cadeira/ Carregada de eletricidade/ Adeus ao velho Bundy/ Nunca mais em liberdade".

[II] "Smokey" faz alusão a uma montanha. [NT]

Quando examinamos os serial killers do último quarto do século XX vemos que há uma espécie de hierarquia do mal, com célebres psicopatas como Bundy, Gacy, Dahmer, Ramírez, Berkowitz e Lucas no topo da lista. Logo abaixo no escalão da infâmia estão alguns assassinos bem conhecidos que, por alguma razão, nunca alcançaram o status quase mítico dos primeiros.

Joel Rifkin, por exemplo, destaca-se como o serial killer mais prolífico da história de Nova York. O fato de nunca ter alcançado a notoriedade de Gacy e companhia é, sem dúvida, devido a sua escolha de vítimas: prostitutas viciadas em drogas, o tipo de párias cujas mortes não geram a mesma comoção midiática que a matança desenfreada de casais de classe média e universitários bem asseados.

Adotado com três semanas de idade, Rifkin tornou-se um nerd típico – magricela e desengonçado, sem jeito para esportes, socialmente inepto, afligido por uma gagueira e com dificuldades variadas de aprendizagem. Seus anos de escola foram um martírio interminável de humilhação e perseguição por parte de colegas valentões. Muitos jovens nerds, é claro, sofrem tais tormentos e acabam buscando refúgio em quadrinhos dos X-Men ou em fã-clubes de *Jornada nas Estrelas* ou *O Senhor dos Anéis*. Por alguma razão, Rifkin desenvolveu uma forma diferente de fuga imaginativa. Desde pequeno, conforme seu próprio relato, ele cultivava vívidas fantasias envolvendo escravas sexuais, tortura e gladiadoras lutando de forma sangrenta entre si até a morte. Seu filme favorito era *Frenesi* (1972), dirigido por Alfred Hitchcock, sobre um assassino sexual inglês que só conseguia se excitar sexualmente ao estrangular mulheres.

Um fracasso total tanto academicamente como em qualquer outra área da vida, o virgem Rifkin começou a procurar prostitutas pouco antes do seu vigésimo aniversário. Em pouco tempo ele estava profundamente imerso em uma sórdida vida secreta, gastando todo o pouco dinheiro que recebia de biscates em encontros com prostitutas viciadas. Quando cometeu o primeiro assassinato, ele já tinha, segundo suas próprias estimativas, participado de trezentos encontros sórdidos desse tipo.

Em março de 1989, Rifkin, com trinta anos, ainda morava na casa da mãe viúva, que estava ausente de férias. Dirigindo sem rumo por East Village, em Manhattan, abordou uma prostituta viciada em crack, cujo nome ele não se deu ao trabalho de saber, e a levou para sua casa na área suburbana de Long Island. Depois de um sexo mecânico, espancou-a até a morte com um projétil de artilharia que comprara em um mercado de sucatas militares. Em seguida, limpou o sangue, arrumou a sala e tirou um cochilo.

Sentindo-se renovado após despertar horas mais tarde, arrastou o corpo até o porão, jogou-o sobre a lavadora e secadora de roupas da mãe e – usando uma lâmina de precisão – desmembrou-a como se estivesse destrinchando um frango assado.

Para dificultar a identificação, Rifkin cortou as pontas dos dedos de sua vítima e arrancou-lhe os dentes com um alicate. Depois enfiou a cabeça decepada em uma lata de tinta vazia, pôs as partes do corpo dentro de sacos plásticos de lixo, levou tudo para sua caminhonete e partiu em direção a Nova Jersey, depositando os pedaços em diversos locais ao longo do caminho.

Enquanto fazia essa atrocidade, Rifkin agiu com a frieza de um matador profissional da máfia, como se tivesse passado a vida inteira assassinando e eliminando suas vítimas. Ele finalmente encontrara sua aptidão: homicídio sexual.

Dezoito meses se passariam antes que fizesse sua segunda vítima. Rifkin levou para casa outra jovem prostituta enquanto sua mãe estava fora da cidade e então a espancou, estrangulou e desmembrou. Em pouco tempo, no entanto, mergulhou no que mais tarde descreveria como seu "período de aceleração", estrangulando prostitutas em um ritmo frenético, às vezes em casa, às vezes no carro, enquanto elas faziam sexo oral nele. Em quatro anos, 17 mulheres morreriam em suas mãos.

Ele foi pego em junho de 1993 por dois policiais estaduais que o avistaram dirigindo sua caminhonete sem a placa de identificação traseira. Quando tentaram pará-lo, ele acelerou e fugiu, obrigando os policiais a empreender uma perseguição em alta velocidade que só terminou quando bateu o veículo em um poste telefônico. Sob uma lona na caçamba da caminhonete, os policiais encontraram o corpo em decomposição da última vítima de Rifkin.

O assassino recebeu uma sentença de 203 anos de prisão. Hoje passa o tempo trabalhando em seu projeto favorito: um centro de reabilitação para prostitutas no qual elas receberiam assistência médica e psicológica gratuita, capacitação profissional e educação doméstica, familiar e financeira. Rifkin chama sua ideia original de Fundação Casa de Oholá – supostamente em homenagem a duas prostitutas bíblicas no Livro de Ezequiel assassinadas por sua clientela.

Outro notório serial killer desse período foi Arthur Shawcross, que também atuou em Nova York e cometeu atrocidades ainda mais terríveis que as de Rifkin. Tal como este, porém, ele atacava principalmente prostitutas sem sorte – um fato que contribuiu, sem dúvida, para a relativa falta de interesse do público pelos seus crimes. ==Se o relato de Shawcross sobre sua infância for verdadeiro, ele sofreu o tipo de tortura que é quase certa de produzir um psicopata violento.== De acordo com a sua história, ele foi molestado por uma tia, sodomizado por sua mãe e estuprado por um pedófilo enquanto ainda estava na escola primária. Ele também insiste em dizer que praticava frequentemente incesto com a irmã e a prima, que foi forçado a fazer sexo oral no irmão da namorada e que teve relações sexuais com diversos animais, incluindo galinhas, ovelhas e um cavalo.

Seja qual for a verdade contida nessas afirmações, não há dúvida de que ele era uma ==criança bastante perturbada==, com um comportamento tão bizarro que seus colegas de escola ==o apelidaram de "Oddie" (do inglês *odd*, estranho, esquisito)==. Ele também manifestou, de forma prematura, sinais clássicos de psicopatia, como enurese anormalmente prolongada (que se estendeu até a adolescência) e gosto por provocar incêndios.

Em 1968, esse jovem profundamente instável – então com 23 anos – foi convocado pelo Exército e enviado para o Vietnã. Durante uma missão na selva, ele teria estuprado, assassinado e canibalizado duas camponesas que colaboravam com os vietcongues. Assim como os relatos de tortura na infância, é difícil saber o quanto dessa história é verdadeira e o quanto é fruto da imaginação raivosa de uma mente doentia. Shawcross também se gabava de ter assassinado uma série de prostitutas pré-adolescentes em Saigon, uma afirmação que, à luz de seu comportamento futuro, parece mais plausível. De qualquer forma, não há dúvidas de que, como um psiquiatra forense diria mais tarde, Shawcross ==deixou o Exército sofrendo de um sério caso de estresse pós-traumático.==

Dispensado em 1969, ele retornou à sua cidade natal, no norte do estado de Nova York, e logo começaria a sofrer flashbacks tão violentos que um psiquiatra do Exército recomendou que ele fosse internado por um tempo em um hospital psiquiátrico. A esposa de Shawcross, entretanto, adepta da ciência cristã, recusou-se a assinar os papéis de internação. Não demorou até que suas compulsões piromaníacas voltassem a se manifestar. Depois de provocar uma sequência de incêndios – incluindo um que causou 280 mil dólares de prejuízo à fábrica de papel em que ele trabalhava –, Shawcross foi preso e sentenciado a cinco anos de prisão.

Dois anos mais tarde, no entanto, ele recebeu a libertação antecipada depois de salvar a vida de um guarda prisional durante um motim. Retornando a Watertown, conseguiu trabalho como faz-tudo e passava o tempo livre pescando em rios locais. Em 4 de junho de 1972 – menos de um ano após sua liberdade condicional –, Shawcross andava por uma área descampada perto de casa quando ouviu alguém chamar seu nome. Ao se virar, viu um menino de dez anos, Jack Blake, preso até a cintura em um atoleiro. Depois de libertar o menino, Shawcross, de acordo com seu relato, disse-lhe para ir para casa e se limpar. O menino se recusou e insistiu em seguir o homem mais velho através de um pântano e por dentro da mata – foi aí que algo dentro de Shawcross estalou. Depois de acertar com violência a garganta do menino com a quina da mão, ele o estuprou e estrangulou. Então, como confessou posteriormente à polícia, "cortei partes do corpo e as comi. Arranquei o pênis, os testículos e o coração e os comi. Por que fiz isso eu não sei". Mais tarde, Shawcross diria aos psiquiatras que, algum tempo depois de colocar o corpo em uma cova rasa, desenterrara o cadáver e fizera sexo com ele.

Três meses depois, enquanto pescava em um rio, Shawcross avistou a menina de oito anos Karen Ann Hill brincando por perto. Depois de estuprar a menina, ele a enterrou, ainda viva, em uma cova rasa debaixo de uma ponte, enfiando folhas e lama em sua boca e narinas até sufocá-la. Mais tarde, naquele mesmo dia, Shawcross retornou à cena do crime para saborear um sorvete de casquinha. Ele foi visto por uma testemunha e rapidamente identificado como o principal suspeito. Fechando um acordo com os promotores, ele confessou o assassinato de Karen Hill e levou os investigadores até o corpo de Jack Blake. Em troca, recebeu uma pena máxima de 25 anos com possibilidade de liberdade condicional em 15 anos.

De maneira espantosa – e contra as objeções veementes de vários psiquiatras da prisão –, ganhou liberdade condicional em março de 1987, após cumprir a pena mínima. No momento de sua libertação, seu oficial de condicional escreveu um memorando profético: "Correndo o risco de ser melodramático, este que escreve considera que o réu é possivelmente o indivíduo mais perigoso que já foi solto na comunidade em muitos anos". Este aviso passou despercebido. Como resultado, mais 11 pessoas morreriam nas mãos de Arthur Shawcross.

Em janeiro de 1988, depois de se mudar para Rochester, ele abordou uma prostituta de 27 anos, estrangulou-a até a morte em seu carro e depois atirou seu corpo no rio Genesee. Nos 18 meses seguintes, seu *modus operandi* permaneceria praticamente inalterado. Às vezes, depois de matar uma vítima e jogar o corpo junto às margens do rio ou na floresta vizinha, ele voltaria furtivamente à cena do crime para ter relações sexuais com o cadáver em decomposição. Ocasionalmente, ele arrancava os órgãos sexuais das vítimas e comia.

Quase todas as suas vítimas eram prostitutas locais, mas algumas eram conhecidas, como June Stotts, de trinta anos, uma amiga da família com retardo mental moderado.

Oferecendo-se para levá-la de carro à praia em uma dia excepcionalmente quente de novembro, Shawcross a sufocou, estuprou seu corpo e depois – como descreveria mais tarde – "fiz um corte bem aberto e em linha reta da nuca até o cu. Cortei fora a boceta dela e comi. Eu era uma pessoa doente".

O hábito de Shawcross de visitar os corpos de suas vítimas para praticar necrofilia e canibalismo acabou levando-o à ruína. Em junho de 1990, um helicóptero da polícia – em busca do "Assassino do rio Genesee" (como a mídia o apelidara) – avistou-o se masturbando em uma ponte perto de onde um dos corpos tinha sido recentemente descoberto. Levado para ser interrogado, logo confessou os crimes, embora não tenha mostrado nenhum sinal de arrependimento. Pelo contrário, insistiu que as vítimas eram responsáveis por suas próprias mortes, já que o haviam provocado ao ridicularizar suas inadequações sexuais.

Por fim, apesar do depoimento dos peritos atestando que Shawcross sofria de um quadro psicótico grave, ele foi considerado culpado e recebeu dez sentenças consecutivas de 25 anos de prisão.

Além de Rifkin e Shawcross, existem outros assassinos não menos desprezíveis que têm ganhado notoriedade na história recente do assassinato em série. Entre eles estão:

HARVEY CARIGNAN | 1927– Enquanto servia no Alasca, durante uma missão para o Exército, em 1949, o sociopata Carignan foi sentenciado à forca por estupro e assassinato, mas escapou da pena de morte por causa de uma tecnicalidade jurídica. Posto em liberdade condicional depois de apenas nove anos, ele empreendeu uma sequência de roubos e assaltos que logo o puseram novamente atrás das grades, onde permaneceu até 1969.

Quatro anos depois, enquanto gerenciava um posto de gasolina em Seattle, assassinou um jovem candidato que respondera a seu anúncio de emprego no jornal – um crime que lhe renderia o apelido de o "Assassino dos Classificados". Pouco depois – como os investigadores dificultassem sua vida em Seattle –, Carignan fugiu para Mineápolis, onde, nos dois anos seguintes, perpetrou uma série de crimes terrivelmente brutais, agredindo sexualmente suas vítimas antes de golpeá-las na cabeça com um martelo.

Apesar da selvageria desses ataques, várias mulheres sobreviveram e puderam identificar Carignan, que foi detido pela polícia de Mineápolis. Dentro do carro do criminoso, investigadores descobriram mapas de estradas marcadas em vermelho com dezenas de círculos incriminadores que correspondiam aos locais de vários crimes ligados ao "Assassino dos Classificados". Ao ser interrogado, Carignan tentou preparar o terreno para uma futura alegação de insanidade afirmando que matara sob ordens diretas de Deus (que descreveu vagamente como uma figura misteriosa "que vestia um longo capuz que impedia que se visse o rosto Dele"). Julgado em 1975, Carignan não conseguiu convencer o júri, que o sentenciou à pena máxima de quarenta anos de prisão.

PATRICK KEARNEY | 1939– Patrick Kearney e seu amante – as contrapartes psicopatas dos gays refinados e bem-comportados do sucesso televisivo *Queer Eye for the Straight Guy* (2003-2007) – eram exigentes em seus hábitos. Dentro do apartamento meticulosamente limpo em que os dois moravam, em Redondo Beach, vítimas de assassinato eram desmembradas de modo impecável com uma serra e dispostas com cuidado em sacos de lixo idênticos para serem descartadas às margens das autoestradas do sul da Califórnia.

Os "Assassinatos das Sacolas de Lixo", como os crimes vieram a ser chamados, começaram em abril de 1975, quando os restos mutilados de um homem de 21 anos foram encontrados às margens de uma estrada perto de San Juan Capistrano. Nos dois anos seguintes, mais oito cadáveres do sexo masculino apareceriam em diversos condados do sul da Califórnia. Todos eles foram baleados na cabeça, serrados em pedaços e metodicamente embalados para descarte. A polícia finalmente virou o jogo em março de 1977, quando amigos da última vítima, John LaMay, de 17 anos, forneceram o endereço e o nome do conhecido a quem LaMay fora visitar no dia em que desapareceu: David Hill. Ordens de prisão foram imediatamente emitidas para Hill e Kearney, que continuaram foragidos até 1º de julho, quando apareceram de repente no escritório do xerife do condado de Riverside, apontaram para seus cartazes de "procurados" pendurados na parede e anunciaram animadamente: "Somos nós".

Assumindo total responsabilidade pelos assassinatos, Kearney afirmou que cometeu os crimes porque matar "o excitava e lhe dava uma sensação de poder" e acabou confessando 28 homicídios. Ele recebeu pena de prisão perpétua; Hill foi libertado por falta de provas.

PAUL JOHN KNOWLES | 1946–1974   Uma foto de Paul John Knowles reproduzida com frequência pela mídia o mostra com uma juba de cabelos negros e desgrenhados, e um cigarro pendendo negligentemente dos lábios – um homem taciturno, de uma beleza sombria e que guardava uma incrível semelhança com o cantor e ator Kris Kristofferson quando jovem. Seus traços viris, combinados com um charme fácil e um indefinível ar de perigo exercem um forte magnetismo sobre as mulheres, e foi assim que Knowles ganhou seu apelido homicida: "O Assassino Casanova". Esse "psiconome", no entanto, é um tanto enganoso, já que sugere que Knowles era um assassino ao estilo de Ted Bundy, isto é, um predador sádico que visava vítimas do sexo oposto. Na verdade, Knowles – apesar de todas as fantasias românticas de bandido sedutor que as mulheres projetavam nele – não era mais que um degenerado, que passara de delinquente de pouca monta a andarilho homicida, matando aleatoriamente qualquer um que tivesse o azar de cruzar seu caminho – fosse homem ou mulher, jovem ou velho. Pelo menos 18 pessoas – número que pode chegar a 35 – morreriam em suas mãos.

Sua matança desenfreada começou em julho de 1974. Escapando de uma prisão em Jacksonville, na Flórida – onde fora trancafiado depois de uma luta de bar –, Knowles invadiu a casa de Alice Curtis, de 65 anos, que morreu sufocada na mordaça enquanto ele saqueava o lugar. Embora essa morte tenha sido acidental, os homicídios seguintes foram perpetrados com assustadora premeditação. Dirigindo o carro roubado da sra. Curtis, Knowles avistou duas meninas que conheciam sua família – Mylette Anderson, de sete anos, e a irmã Lillian, de 11. Receoso de que as meninas o tivessem visto e pudessem denunciar seu paradeiro, ele as estrangulou e descartou seus corpos em um pântano.

Desse momento em diante, Knowles mergulhou em uma onda de crimes, dirigindo para o norte, até a Geórgia, cruzando o país e refazendo o caminho de volta, deixando corpos por onde quer que passasse. Ele matava sem distinção – pessoas pedindo carona, praticantes de camping, mulheres cujos carros quebraram na estrada, empresários com quem fazia amizade em bares. Ele invadia casas e assassinava os proprietários. Abordava mulheres em bares e as matava em suas casas quando o levavam para fazer sexo. Em Macon, na Geórgia, ele esfaqueou até a morte uma mulher chamada Carswell Carr, depois estrangulou sua filha de 15 anos e molestou o cadáver da adolescente.

Em novembro de 1974 – depois de quatro meses de matanças de uma ponta a outra do país –, Knowles conheceu uma jornalista britânica chamada Sandy Fawkes no bar de um luxuoso hotel em Atlanta e por seis dias os dois embarcaram em uma aventura amorosa, frustrada apenas pela incapacidade patológica de Knowles de obter uma ereção com uma parceira consensual. Embora tivesse afeto suficiente por Fawkes para não matá-la, ele descontou sua frustração tentando estuprar uma das amigas dela, Susan Mackenzie, sob a mira de um revólver. Susan conseguiu escapar e notificou a polícia.

Como outros assassinos relâmpago, Knowles agia agora com impulsividade suicida. Empunhando uma escopeta curta, sequestrou dois veículos em sequência – primeiro um carro da polícia, depois um carro pertencente a um motorista de passagem –, tomando ambos os motoristas como reféns. Seguindo para um local remoto, no condado de Pulaski, na Geórgia, ele algemou os dois homens a uma árvore e os executou com um tiro na cabeça de cada um. Pouco tempo depois, tentou furar uma barreira policial e foi finalmente capturado após uma frenética perseguição a pé, pondo fim às suas matanças. No dia seguinte, ao ser escoltado para uma prisão de segurança máxima por um xerife e um agente do FBI, Knowles deu um bote para pegar o revólver do primeiro e foi morto a tiros pelo segundo.

ROBERT HANSEN | 1939– No famoso conto de Richard Connell, "The Most Dangerous Game" ("O jogo mais perigoso", em tradução literal), um enlouquecido general russo chamado Zaroff – entediado de caçar leões, tigres e outros animais de grande porte – abastece sua ilha privada com marinheiros náufragos e começa a caçar seres humanos. De 1973 a 1983, Robert Hansen, um assassino sexual do tipo "médico e monstro", pôs em prática uma versão real dessa fantasia, transformando um sombrio faz de conta em um pesadelo vivo para mais de dez infelizes mulheres.

Em muitos aspectos, a vida de Hansen correspondia ao padrão familiar, senão estereotípico, visto no passado de tantos serial killers. Afligido na infância por uma gagueira severa, uma timidez incapacitante e um caso de acne desfigurante, ele cresceu se sentindo rejeitado pelo mundo, especialmente pelo sexo oposto, pelo qual desenvolveu um ódio profundo.

Perto dos trinta anos, mudou-se de Idaho para o Alasca – um refúgio para desajustados buscando recomeçar a vida. Instalando-se em Anchorage, consolidou-se como um empresário bem-sucedido, prosperando no ramo da panificação. Obteve uma licença de piloto, comprou seu próprio avião e se tornou um exímio caçador de animais selvagens, perseguindo cabras de montanha, ursos-cinzentos e lobos com arco e flecha e rifle. Para seus vizinhos, ele parecia um cidadão modelo: um homem de família que venceu por esforço próprio e um membro engajado da comunidade.

Já na casa dos trinta anos, entretanto, rachaduras começavam a surgir nessa fachada exemplar. Ele foi pego furtando uma motosserra e preso duas vezes por tentativa de estupro. Tais crimes eram apenas um prólogo para as barbaridades que estavam por vir.

A partir de 1973, com 33 anos, Hansen levou dezenas de prostitutas e dançarinas de topless para seu refúgio na selva, voando para as montanhas em seu avião particular. Aquelas que forneceram sexo de graça – "que fizeram o que eu queria", como Hansen diria mais tarde – foram levadas de volta à Anchorage ilesas. Aquelas que exigiram dinheiro em troca de seus favores tiveram um destino terrível. Depois de mantê-las amarradas em sua cabine por vários dias de estupro e tortura, ele as libertava nuas no meio da selva. Então, depois de dar às vítimas uma vantagem inicial, Hansen as perseguia com um rifle de caça calibre .223. Ao todo, 17 mulheres foram assassinadas nesse "esporte" depravado e hediondo.

O fim da linha para Hansen chegou em 1983 – uma de suas pretensas vítimas conseguiu escapar enquanto ele tentava forçá-la a entrar no avião. Ao ser interrogado pela polícia, ele logo invalidou seu álibi. Não demorou até que os policiais encontrassem provas incriminadoras em sua posse, incluindo o rifle de caça e um mapa assinalado com os locais em que as vítimas foram enterradas. Em 1984 o caçador foi enjaulado para o resto da vida.

CHRISTOPHER WILDER | 1945-1984   Nascido e criado na Austrália, Wilder iniciou sua vida de crimes sexuais ainda jovem. Antes de sair da adolescência já tinha sido preso por estupro coletivo e submetido compulsoriamente à terapia de choque, que provou ser totalmente inútil. Anos depois, voltou a ter problemas com a lei após estuprar uma estudante de enfermagem. Emigrando para os Estados Unidos, Wilder prosperou no ramo da construção e logo levava a vida liberal e glamourosa de um playboy dos anos 1970, com direito à casa na beira da praia, em Boynton Beach, uma lancha e um potente carro esportivo com o qual disputava competições profissionais.

Sob o exterior chamativo, no entanto, Wilder era o mesmo criminoso sexual que fora desde o início da adolescência. Repetidas vezes seu comportamento depravado quase o mandou para trás das grades. Em 1971, assim que se mudou para a Flórida, foi preso sob a acusação de aliciar mulheres para posar nuas. Anos depois, foi preso após usar a força física para coagir uma garota menor de idade a fazer sexo oral nele. Outra prisão se seguiu em 1980: tendo convencido uma adolescente a entrar em seu carro com a promessa de um trabalho de modelo, ele a levou até uma área remota e a estuprou. Por várias razões – acordos com a promotoria, recusa do querelante em testemunhar ou por inadmissibilidade de provas –, Wilder conseguiu escapar da prisão a longo prazo em todos esses casos.

Sua sorte parecia ter se esgotado em 1983. Durante uma viagem de volta à Austrália, ele raptou duas meninas de 15 anos e obrigou-as a posar para fotos pornográficas. Levado a julgamento sob as acusações de sequestro e estupro, parecia certo que receberia uma merecida e longamente adiada pena de prisão. Mais uma vez, entretanto, conseguiu escapar impune, retornando aos Estados Unidos depois que sua família pagou a fiança de 350 mil dólares.

Não muito tempo depois, Wilder finalmente se rendeu de vez ao mal. Em fevereiro de 1984, Rosario González, uma aspirante a modelo de vinte anos – contratada para distribuir amostras de aspirina durante o Miami Grand Prix, prova em que Wilder competia com seu Porsche de 310 cavalos de potência –, desapareceu sem deixar vestígios. Um mês depois, uma ex-namorada de Wilder – uma modelo em tempo parcial chamada Elizabeth Kenyon, de 23 anos – também desapareceu. Quando o jornal local noticiou que um piloto de corrida de Boynton Beach era procurado para prestar esclarecimentos sobre os dois casos, Wilder arrumou as malas, pegou o carro, deixou seus três cães perdigueiros de raça em um canil e partiu em uma jornada homicida: uma odisseia de tortura, estupro e assassinato, ao longo de 13 mil quilômetros, de uma ponta a outra do país, que resultou em meia dúzia de vítimas fatais.

Shopping centers eram seu território de caça preferido. Abordando jovens mulheres atraentes, ele se apresentava como fotógrafo profissional e oferecia oportunidades de trabalho como modelo. Algumas iam com ele voluntariamente, outras eram coagidas a entrar no carro. Uma vez a sós com Wilder, as jovens eram submetidas a tormentos prolongados. Várias eram conectadas a fios elétricos carregados e torturadas por horas. Pelo menos uma teve as pálpebras seladas com cola instantânea. Terminada a sessão de tortura, Wilder em geral atacava os corpos das vítimas com uma faca e jogava os restos em algum lugar isolado, frequentemente um canal ou represa.

Em 4 de abril – um dia depois de entrar para a lista de "Os Dez Mais Procurados" do FBI –, Wilder raptou uma menina de 16 anos chamada Tina Risico em Torrance, na Califórnia. Depois de estuprá-la repetidas vezes, ele a forçou a se tornar sua cúmplice atraindo outras jovens para suas garras. Parecia restar ainda algum resquício de humanidade em Wilder quando, uma semana mais tarde – depois de cometer diversas atrocidades –, levou Risico de carro ao Aeroporto Internacional de Boston, comprou-lhe uma passagem de volta para a Califórnia e despediu-se dela no portão de embarque.

No dia seguinte, em 13 de abril de 1984, o carro de Wilder foi avistado em um posto de gasolina de New Hampshire por dois policiais estaduais. Conforme se aproximaram, Wilder avançou para pegar sua Magnum .357 no porta-luvas. Um dos policiais atirou-se sobre ele e na luta que se seguiu a arma disparou duas vezes. Wilder foi morto – talvez em um ato intencional de suicídio – com uma bala no coração.

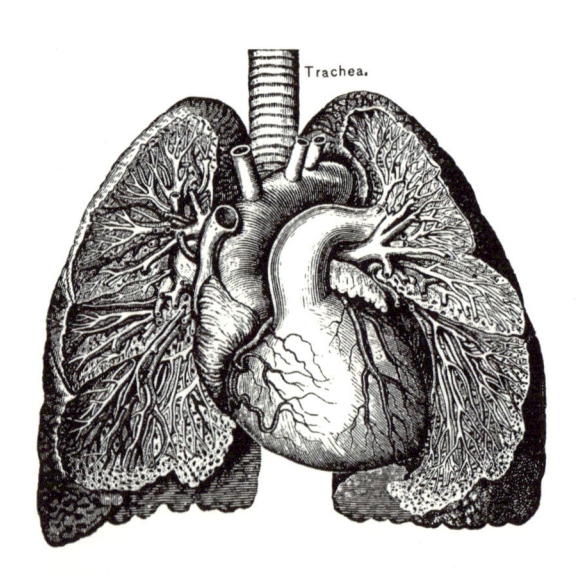

ESTUDO DE CASO - Nº 17
O ESTRIPADOR DE GAINESVILLE

Os crimes cometidos por Danny Rolling parecem coisa de filme de terror de baixo orçamento: cinco estudantes universitários – quatro garotas, um garoto – brutalmente assassinados por um lunático ao longo de um horripilante fim de semana. Esse terrível massacre ocorreu em Gainesville, na Flórida – uma idílica cidade universitária que fora recentemente classificada como uma das melhores cidades para se viver. Uma semana depois dos assassinatos, entretanto, a mídia conferiu à comunidade um novo e horripilante apelido: "Grotesca Gainesville".

As primeiras vítimas morreram em 24 de agosto de 1990. Christina Powell e Sonja Larson, de 18 anos, estudantes da Universidade da Flórida, foram encontradas mortas no alojamento que dividiam. O criminoso invadiu o local enquanto elas dormiam, as amarrou e amordaçou com fita adesiva e, em seguida, as estuprou e assassinou brutalmente com uma faca de caça. Depois, mutilou os corpos e os dispôs em poses obscenas como um último insulto às duas e uma afronta àqueles que as encontrariam.

Na noite seguinte, o assassino atacou novamente. Dessa vez a vítima foi Christa Hoyt, de 18 anos, uma estudante do segundo ano da Faculdade Comunitária de Santa Fé. O assassino invadiu a casa de Hoyt e esperou até que ela retornasse. Quando ela chegou, ele a amordaçou com fita adesiva e a estuprou. Em seguida, em um furor de violência que evocava as atrocidades de Jack, o Estripador, ele esfaqueou a vítima até a morte, cortou fora seus mamilos, abriu-a do esterno à virilha e a decapitou, colocando a cabeça em uma prateleira antes de abandonar a cena do crime. A selvageria desse crime lhe renderia nos tabloides o apelido de "Estripador de Gainesville".

DANNY ROLLING
CARNICEIRO E TARADO

1954-2006

Crime(s)
Estupro e assassinato

Pena
Condenado à morte

CASE STUDY CRIME SCENE

A histeria tomou conta da comunidade. Centenas de estudantes fugiram do estado. Muitos dos que ficaram andavam em grupos e evitavam ficar sozinhos.

Embora Tracey Paules, de 23 anos, compartilhasse do mal-estar generalizado, ela não estava tão preocupada. Seu colega de quarto, também de 23 anos, era um velho amigo de escola, Manuel Taboada, um jovem de porte avantajado, que media 1,90 m e pesava mais de 90 kg. Com Manny por perto, nada de ruim poderia lhe acontecer, ela acreditava.

Mas ela estava errada.

Na madrugada de 27 de agosto, o Estripador entrou sorrateiramente no apartamento dos dois enquanto eles dormiam. Manny acordou e se viu sob o ataque do maníaco, que investia contra ele brandindo uma faca. Embora o jovem resistisse com ferocidade, não era páreo para a lâmina do Estripador. Ouvindo o tumulto, Tracey correu para a porta do quarto de Manny e foi atacada pelo assassino. Ele a subjugou com fita adesiva, a estuprou e depois a matou.

Com a cidade em pânico, a polícia intensificou as buscas pelo assassino sexual. Fortes suspeitas recaíam sobre um homem chamado Edward Humphrey – um desordeiro incorrigível com um histórico de desequilíbrio e comportamento violento. Mas enquanto as autoridades focavam as atenções em Humphrey, o verdadeiro assassino estava a quilômetros de distância.

Seu nome era Daniel Harold Rolling. Nascido em 1954, em Shreveport, Louisiana, ele parece nunca ter tido a chance de viver uma vida normal. Seu pai policial era um tirano brutal que aterrorizava a família, sujeitando os filhos – e especialmente o pequeno Danny – a constantes abusos físicos e verbais. Já no início da adolescência, o menino abusava de álcool e drogas e havia tentado diversas vezes o suicídio. Ele também se tornou um voyeur crônico, uma compulsão que evoluiria mais tarde para roubo e invasão, estupro e, por fim, homicídio sexual.

Aos 17 anos, ingressou na Força Aérea, mas foi expulso dois anos depois ao ser flagrado com maconha. Já em 1979, começou a praticar assaltos à mão armada – um delito que lhe rendeu diversas passagens pela cadeia. Posto em liberdade condicional em 1989, Rolling retornou à Shreveport e resolveu morar com os pais. Essa decisão imprudente resultou em uma explosão de violência armada entre pai e filho. Depois de dar dois tiros no pai, Danny fugiu para o Kansas e de lá partiu para a Flórida. Em agosto de 1990 viu-se em Gainesville, acampando na mata, não muito longe das casas das mulheres que se tornariam suas primeiras vítimas.

Depois da matança em Gainesville, Rolling partiu para Ocala e lá, em 8 de setembro, foi capturado depois de roubar um supermercado à mão armada. No início, a polícia não percebeu que tinha o Estripador nas mãos. Rolling parecia apenas um ladrãozinho qualquer, com falta de sorte e de talento. Uma investigação mais aprofundada de seus antecedentes, entretanto, revelou fatos perturbadores. As autoridades ficaram sabendo que Rolling era procurado em Shreveport pela tentativa de assassinato do pai. Além disso, houvera um terrível caso de homicídio triplo em Shreveport durante a época em que Rolling morou lá com os pais – um crime que guardava semelhanças marcantes com os horrores de Gainesville.

Um exame das evidências recolhidas no acampamento no qual Rolling ficara depois de chegar a Gainesville produziu esmagadoras provas materiais que o ligavam aos assassinatos, incluindo um pelo pubiano que – graças à análise de DNA – foi associado a uma das vítimas. Rolling acabou confessando os crimes, mas tentou pôr a culpa em um alter ego maligno chamado "Gemini" – uma manobra que foi por água abaixo quando os investigadores descobriram que ele tirara a ideia do filme *O Exorcista III* (1990).

Em seu julgamento, ocorrido em 1994, o advogado de defesa tentou convencer o júri de que Rolling merecia compaixão pelos maus-tratos sofridos na infância. Por mais compassivos que tivessem sido os jurados, entretanto, tal sentimento não pôde mitigar a indignação em relação às atrocidades que o réu cometera quando adulto. Acusado de cinco homicídios, Danny Rolling foi condenado à cadeira elétrica.

LEITURA RECOMENDADA DAVID LESTER. Serial Killers: The Insatiable Passion | 1995. RICHARD WRANGHAM E DALE PETERSON. Demonic Males: Apes and the Origins of Human Violence | 1996. DAVID EVERITT. Human Monsters | 1993. CATHERINE ORENSTEIN. Little Red Riding Hood Uncloaked | 2002. BERNARD CAPP. "Serial Killers in 17th-century England", History Today | mar. 1996. MICHAEL NEWTON. Bad Girls Do It! | 1993. PETER HAINING. Sweeney Todd: The Real Story of the Demon Barber of Fleet Street | 1993. THOMAS S. DUKE. Celebrated Criminal Cases of America | 1910. COLIN WILSON. The Mammoth Book of True Crime 2 | 1980. CARL SIFRAKIS. The Encyclopedia of American Crime | 1982. MARTIN FIDO. The Chronicle of Crime | 1993. DONALD RUMBELOW. The Complete Jack the Ripper | 1988. PHILIP SUGDEN. The Complete History of Jack the Ripper | 1995. PAUL BEGG. The Jack the Ripper A-Z | 1996. STEWART EVANS E KEITH SKINNER. The Ultimate Jack the Ripper Sourcebook | 2000. MIRIAM RIVETT E MARK WHITEHEAD. The Pocket Essential Jack the Ripper | 2001. Time-Life Books. Serial Killers | 1992. COLIN WILSON E DAMON WILSON. The Killers Among Us, Book II | 1995

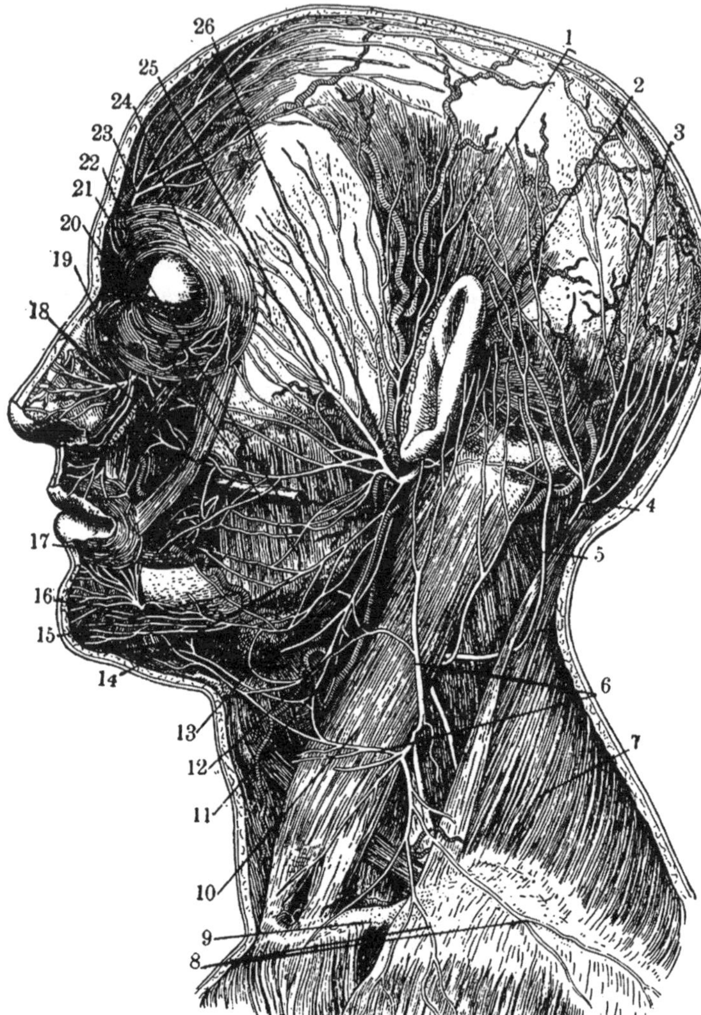

1
2
3
4
5
6
7
8
9
10
11
12
13
14
15
16
17
18
19
20
21
22
23
24
25
26

SERIAL KILLERS
ANATOMIA DO MAL

CAPÍTULO 4

O SEXO E OS ASSASSINOS EM SÉRIE

Nem é preciso dizer que a vida sexual dos serial killers tende a ser extraordinariamente aberrante. Os maus-tratos que sofrem na infância os tornam incapazes de sentir qualquer coisa parecida com o amor de verdade. Muitos deles são impotentes sob condições normais e só conseguem se excitar sexualmente quando têm outro ser humano em seu poder absoluto – um objeto indefeso e aterrorizado para ser torturado, degradado, assassinado de forma brutal e talvez violado após a morte.

Incapazes de sentir empatia ou culpa, os serial killers não estão constrangidos pelas inibições que impedem outras pessoas de colocar em prática suas fantasias mais obscuras. Para esses psicopatas, não há nada proibido, nada é tabu. Eles vivem em um domínio para além dos limites – não só do comportamento civilizado, mas até mesmo do comportamento criminoso comum. Como resultado, praticam atos que a maioria das pessoas consideraria não apenas incompreensível, mas inconcebível.

PERVERSÕES

O termo técnico para uma perversão sexual é "parafilia", que literalmente significa "amor anormal". Nessa era do vale-tudo, é claro, não é de bom-tom sugerir que haja algo de "anormal" em qualquer forma de sexo praticado de forma consensual entre adultos, mesmo que isso envolva lambuzar de feijão o corpo do parceiro ou assistir a vídeos em que mulheres seminuas esmagam minhocas com os pés. Ainda assim, até o mais radical defensor da liberdade sexual teria dificuldade de defender os tipos de práticas às quais os serial killers habitualmente se dedicam.

O típico fetichista de calcinhas, por exemplo, pode comprar lingerie sob o pretexto de presentear a namorada com algo sexy – ou, em casos mais extremos, adquirir calcinhas usadas por meio de algum site sórdido voltado para adultos. Um serial killer como William Heirens, entretanto, mais provavelmente invadirá o quarto de uma mulher dormindo para assaltar sua cômoda e ter um orgasmo enquanto se veste com as calcinhas da vítima – que, ao acordar, pegando-o em flagrante, será assassinada e mutilada.

Cortar e guardar pelos pubianos de suas conquistas sexuais é outro fetiche comum entre alguns homens. A versão serial killer dessa prática é remover toda a vulva de uma vítima, como exemplificado pelo carniceiro de Wisconsin, Ed Gein, que tinha uma caixa de sapato cheia de genitálias femininas preservadas.

Voyeurismo sexual – que o típico voyeur satisfaz espiando pelas janelas do quarto dos vizinhos – é outra aberração que serial killers praticam de uma forma particularmente maligna. Eles podem se masturbar enquanto veem um cúmplice estuprar e matar uma prisioneira. No caso de Charles Ng e Leonard Lake, eles produziam seus próprios vídeos pornográficos ao raptar vítimas e sujeitá-las a horrendas torturas sexuais diante da câmera.

Em suma, qualquer um que investigue a fundo a vida sexual dos serial killers irá descobrir que esses psicopatas frequentemente levam parafilias comuns às raias do hediondo. Outros praticam o tipo de atos abomináveis descritos por Krafft-Ebing em *Psychopathia Sexualis*: canibalismo, vampirismo, necrofilia. E alguns serial killers se engajam em práticas tão escandalosamente doentias, tão grotescamente depravadas, que é impossível encontrar paralelos, mesmo nas páginas da ampla pesquisa de Krafft-Ebing sobre o desvio sexual.

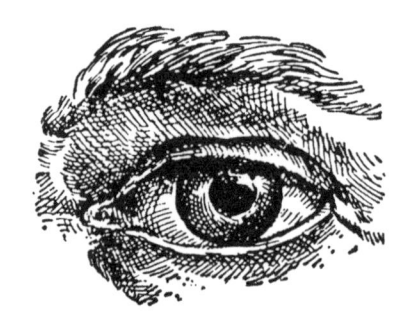

SADISMO

O livro de referência da psiquiatria conhecido como *DSM: Diagnostic and Statistical Manual of Mental Disorders* (*Manual de Estatística e Diagnóstico de Doenças Mentais*) – distingue basicamente duas formas de sadismo. A primeira delas é o "transtorno de personalidade sádica", uma condição na qual alguém "sente prazer com o sofrimento físico ou psicológico do outro".

    É seguro dizer que todos os serial killers se encaixam nesse diagnóstico. Independentemente de que outras gratificações eles possam derivar de seus crimes – um senso deturpado de onipotência, fama midiática e, às vezes, até mesmo dinheiro –, o fato básico é que eles gostam do que fazem. Causar sofrimento e morte a outras pessoas é o que os diverte. Sua crença é resumida por um dos personagens mais assustadores da ficção norte-americana, o assassino psicopata do famoso conto de Flannery O'Connor "Um Homem Bom é Difícil de Encontrar" ("A Good Man Is Hard to Find", de 1953), que declara: "Não há prazer sem maldade".[1]

    O segundo tipo de sadismo identificado pelo *DSM* é o "sadismo sexual". Essa é uma das principais parafilias – uma perversão do instinto erótico na qual o sofrimento de uma vítima não apenas é agradável de um modo geral como também é intensamente excitante, podendo muitas vezes causar o orgasmo.

    Embora nem todo assassino em série sofra dessa perversão, grande parte deles sofre. Na verdade, as figuras mais intimamente associadas no imaginário popular ao termo "serial killer" – de Jack, o Estripador, a John Wayne Gacy – eram todos, de uma forma ou de outra, sádicos sexuais.

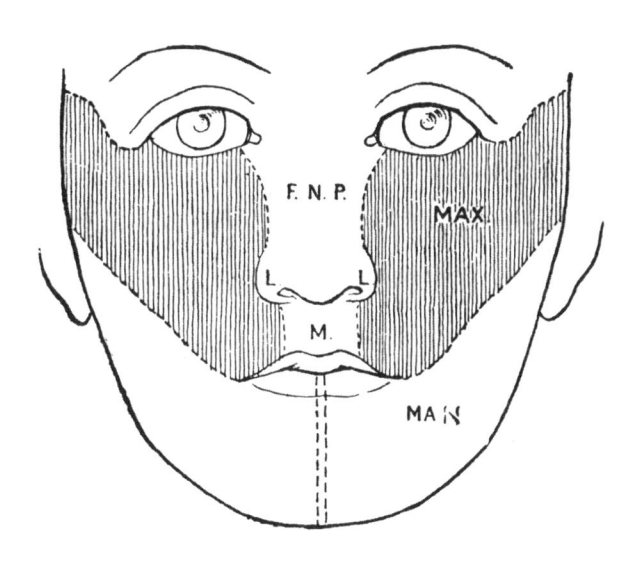

[1]   Flannery O'Connor. *Contos Completos*. Trad. Leonardo Fróes. São Paulo: Cosac Naify, 2008. [NE]

O HOMEM QUE INVENTOU O SADISMO

Nenhuma pessoa "inventou" o sadismo, é claro. O amor pela crueldade é um componente da psicologia humana tão antigo quanto a própria espécie. Das monstruosidades de Calígula aos crimes abomináveis de Vlad, o Empalador, e Gilles de Rais, sempre existiram pessoas que sentem prazer em torturar e matar seus semelhantes.

Até bem pouco tempo, entretanto, não havia termo técnico para descrever tal comportamento. Na língua inglesa, a palavra "sadismo" data de cerca de cem anos atrás. (Foi só em 1897 que apareceu pela primeira vez impressa, de acordo com dicionário de inglês Oxford.) Nesse sentido, "sadismo" é como "serial killer": uma expressão moderna para um fenômeno milenar.

O homem a quem temos que agradecer por essa útil adição ao nosso vocabulário é Comte Donatien Alphonse François de Sade, mais conhecido como o Marquês de Sade (1740-1814). Possuidor de um apetite sexual insaciável combinado com um gosto pela depravação extrema, Sade foi jogado na Bastilha em 1778 por diversas atividades perversas. (Esfaquear prostitutas e derramar cera quente em suas feridas, e se masturbar em um crucifixo eram apenas alguns dos "excessos" dos quais ele foi acusado.) Durante seus muitos anos na prisão, ele passava o tempo idealizando as fantasias mais violentamente pornográficas que se possa imaginar, transformando-as em livros como *Justine* (1791), *A Filosofia na Alcova* (1795) e *Os 120 Dias de Sodoma* (1785).

Quem assistiu ao filme *Contos Proibidos do Marquês de Sade* (2000) pode ter a impressão de que Sade foi um paladino da liberdade sexual e artística, injustamente perseguido por um regime repressivo e hipócrita que se sentia ameaçado pela sua ânsia de viver. Na verdade, ele era um aristocrata incrivelmente depravado com um desprezo niilista por tudo que as pessoas comuns valorizavam como decente, moral e virtuoso. Dizer que sua notória obra *Os 120 Dias de Sodoma* é um catálogo de toda a perversão concebível não é muito correto, já que as monstruosas atividades que ele descreve vão bem além do que a maioria de nós consegue conceber.

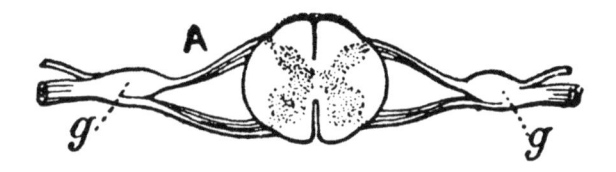

Antigamente, adorava foder bundas e bocas muito jovens; seu último progresso consiste em subtrair o coração de uma moça bonita, alargar o buraco que o órgão ocupava, foder o orifício quente, substituir o coração por aquele mar de sangue e esperma, costurar a ferida, e abandonar a moça a seu destino, sem ajuda de espécie alguma.

— De *Os 120 Dias de Sodoma* —

O OLHAR DA CIÊNCIA SOBRE O SADISMO

O primeiro psiquiatra a analisar de perto as formas mais extremas de comportamento sádico foi o célebre médico alemão Richard von Krafft-Ebing. Além de cunhar o termo "masoquismo" (em homenagem ao escritor austríaco Leopold von Sacher-Masoch, cujo famoso romance *A Vênus das Peles* (1870) trata de um homem que sente prazer em ser humilhado), Krafft-Ebing fez uma grande contribuição para a psicologia mórbida com seu clássico livro *Psychopathia Sexualis* – um vasto compêndio de cada perversão conhecida, ilustrado com centenas de casos. Na época de sua primeira publicação, em 1886, o livro foi considerado tão chocante que seu autor quase foi expulso da prestigiada Associação Britânica de Medicina e Psicologia. Ainda hoje é uma leitura muito perturbadora. Mesmo assim é um trabalho significativo que demonstra claramente que não há nada de novo sobre assassinato em série.

Obviamente, Krafft-Ebing não usa o termo "assassinato em série", que só seria incorporado à língua inglesa cem anos mais tarde. O termo que ele usa é a palavra alemã *lustmord*, que poderia ser traduzida em português como "assassinato por luxúria" ou, simplesmente, "assassinato sádico". A essência desse crime é a extrema violência sádica contra a vítima. O assassino sádico não se contenta em "apenas" matar as vítimas. Seu prazer supremo deriva de mutilar seus corpos: estripá-las, cortar seus genitais etc. Para tais sádicos sanguinários, a violência substitui o sexo. Em uma edição mais recente de seu livro, Krafft-Ebing cita Jack, o Estripador, como um exemplo clássico, observando que o assassino "não parecia ter tido relações sexuais com suas vítimas, mas é bem provável que o ato do homicídio e a subsequente mutilação do cadáver fossem equivalentes ao ato sexual".

Além de Jack, o Estripador, Krafft-Ebing incluiu estudos de casos de outros assassinos sádicos igualmente perturbados, mas bem menos conhecidos da época. Como um homem chamado Gruyo que estrangulou seis prostitutas no decurso de dez anos. Depois de cada assassinato, ele "arrancava seus intestinos e rins através da vagina". Ou um funcionário inglês chamado Frederick Baker que raptou e assassinou uma garotinha, depois foi para casa e escreveu em seu diário: "Hoje matei uma menina; foi gostoso e quente". Havia um jovem francês chamado Leger que, enquanto perambulava por uma floresta, "apanhou uma menina de 12 anos, violou-a, mutilou seus genitais, arrancou e comeu seu coração, bebeu o sangue e enterrou os restos". E ainda um húngaro chamado Tirsch, funcionário de um hospital, que emboscou uma velha na floresta, estrangulou-a e depois "cortou os seios e a genitália da mulher morta com uma faca, cozinhou tais partes em casa e consumiu-as ao longo de uma semana".

ESTUDO DE CASO - Nº 18
O VAMPIRO DE BERGAMO

VINCENZ VERZENI
ESTRANGULADOR DE MULHERES

1849-1918

Crime(s)
Assassinato

Pena
Internação em hospital psquiátrico

Um dos casos ao qual Krafft-Ebing dedica especial atenção é o de um homem italiano, Vincenz Verzeni. Embora infinitamente mais obscuro que seu contemporâneo Jack, o Estripador, Verzeni cometeu uma série de crimes tão terríveis que Krafft-Ebing o considerava o exemplar típico de assassino sádico para o qual "o crime sádico era um substituto para o coito".

Verzeni nasceu em uma pequena aldeia italiana em 1849. Como é comum entre os serial killers, suas inclinações sádicas começaram a se manifestar na infância, quando descobriu que estrangular galinhas lhe dava "uma peculiar sensação de prazer". Aos 12 anos, ele matou um grande número de galinhas, depois encobriu o ato afirmando que uma doninha entrara no galinheiro.

Ao atingir a idade adulta, passou a desejar vítimas humanas. Atacou várias mulheres, incluindo uma de 27 anos chamada Gala, tentando estrangulá-la enquanto se ajoelhava sobre seu abdome. Por razões não explicadas ele não foi preso por esses ataques. Enquanto isso, sua sede de sangue se intensificava a cada dia.

Em dezembro de 1871, uma criada de 14 anos chamada Johanna Motta partiu em direção a uma aldeia vizinha por volta das sete da manhã. Como ela não voltou à noite, seu patrão saiu para procurá-la e encontrou seu cadáver nu estendido junto a uma trilha, perto de um campo próximo à aldeia. A menina fora horrivelmente mutilada. Seus intestinos foram arrancados e largados perto do corpo. Sua boca estava cheia de terra. Um pedaço de sua panturrilha direita tinha sido arrancado e estava escondido sob um monte de palha, junto com fragmentos de sua roupa. Havia estranhas escoriações em suas coxas.

CASE STUDY CRIME SCENE

Nove meses depois, na manhã de 28 de agosto de 1871, uma mulher de 28 anos chamada Frigeni passou pelo mesmo campo. Após algumas horas, seu corpo nu foi encontrado pelo marido. Ela fora estrangulada com uma tira de couro. Assim como a vítima anterior, tivera o ventre rasgado e as tripas arrancadas.

No dia seguinte, enquanto caminhava por um campo, Maria Previtali, de 19 anos, percebeu que alguém a seguia. Era seu primo, Vincenz Verzeni, de 22 anos. Subitamente, Verzeni lançou-se sobre a garota e começou a estrangulá-la. Ao afrouxar as mãos em volta do pescoço da vítima por um instante para ver se havia alguém por perto, a garota se pôs de joelhos e implorou por misericórdia. Verzeni cedeu e deixou-a ir. Logo foi preso.

Sob custódia, Verzeni confessou prontamente seus crimes. Estrangular mulheres lhe dava "sentimentos indescritíveis" de prazer. Assim que agarrava seus pescoços, tinha uma ereção. Não importava se as vítimas eram "velhas, jovens, feias ou bonitas". Sufocá-las, ele disse, era melhor do que se masturbar.

Ele também era um vampiro. As escoriações nas coxas da jovem Johanna Motta provinham de seus dentes. Depois de estrangulá-la, ele chupara seu sangue em um furor de "prazer luxurioso". Ele arrancara um pedaço de sua panturrilha com o intuito de assá-la em casa, mas acabou desistindo do plano, temendo que a mãe ficasse desconfiada se o visse cozinhando um pedaço estranho de carne.

A textura e o odor dos intestinos de suas vítimas eram outra fonte de prazer. Depois de estripar as mulheres, levara consigo pedaços de suas entranhas para que pudesse cheirá-los e tocá-los. Ele não tinha nenhum interesse propriamente sexual pelas vítimas; nunca lhe ocorrera tocar ou até mesmo olhar para os seus genitais. "Até hoje, sou ignorante a respeito de como uma mulher é formada", declarou. Ele nunca sentiu a menor pontada de culpa ou remorso por seus crimes.

Verzeni advertiu as autoridades de que "seria bom se o mantivessem preso, porque em liberdade ele não poderia resistir aos seus impulsos". Os juízes concordaram e ele passou o restante da vida atrás das grades.

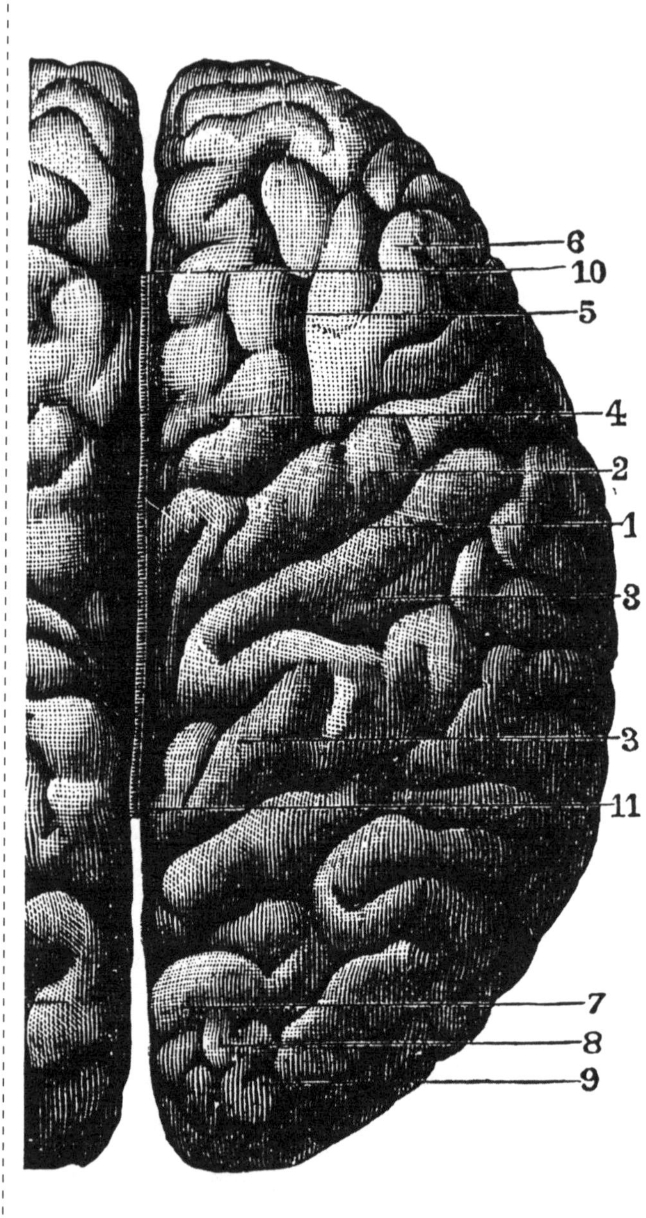
6
10
5
4
2
1
3
3
11
7
8
9

Wilhelm Stekel | Psiquiatra

Ao lado de Krafft-Ebing, o psiquiatra que fez o estudo mais detalhado do comportamento sádico foi um dos antigos colegas de Freud, dr. Wilhelm Stekel. A obra em dois volumes de Stekel, *Sadism and Masochism* (*Sadismo e Masoquismo*, de 1929), contém dezenas de relatos de casos extraordinários: homens e mulheres sob o domínio das mais extremas – e frequentemente espantosas – aberrações sexuais.

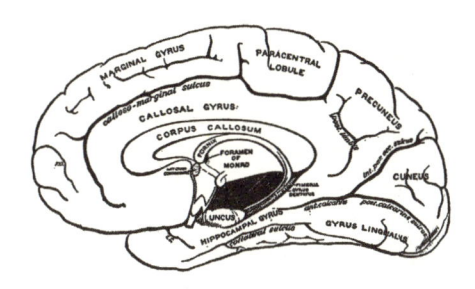

> Gostaria sobretudo de beijar seus seios [...] e depois rasgá-los ou arrancá-los com os dentes [...] e depois comê-los. Eu arrancaria a vagina, o útero [...] e o reto. Comeria tudo isso e junto comeria também as partes internas da coxa próximas aos genitais. Então rasgaria o ventre e acariciaria as vísceras – tirando-as e colocando-as de volta. Seria bom sentir o calor delas. Finalmente, gostaria de sugar o sangue do lado do pescoço.
> — Um dos pacientes de Wilhelm Stekel, descrevendo uma de suas fantasias favoritas —

Alguns dos indivíduos descritos por Stekel poderiam muito bem ter se tornado serial killers se não tivessem encontrado meios de sublimar sua violência – de dar vazão a seus impulsos violentos em objetos substitutos. Havia, por exemplo, um homem, identificado por Stekel apenas como "sr. K.H.", que "sempre leva uma galinha com ele quando vai a um bordel. Ele estrangula o animal diante dos olhos da prostituta; então se lança sobre ela e realiza o coito atingindo um intenso orgasmo. Sem a ave, ele é completamente impotente. Nesse caso, a galinha desempenha o papel da prostituta. Ele precisa estrangular um ser vivo, torcer seu pescoço".

Outro paciente examinado por Stekel foi "um homem muito elegante de 53 anos conhecido como o 'esfaqueador de sofá'. Ele procura apenas aquelas prostitutas que sabem da sua mania e não têm medo dele. Ele despe a roupa, murmura todo tipo de palavras loucas, completamente ininteligíveis, atira-se sobre o sofá e desfere diversas facadas nele. Então, depois de uma breve relação sexual, fica prostrado por algum tempo como se estivesse inconsciente".

Embora bizarras, essas atividades – que permitiram a esses dois homens extravasar seus impulsos homicidas sem de fato matar uma mulher – parecem relativamente benignas. Outros sádicos mencionados por Stekel eram verdadeiros monstros, incluindo o notório Fritz Haarmann – um dos serial killers mais medonhos do século XX.

ESTUDO DE CASO - Nº 19
O VAMPIRO DE HANÔVER

FRITZ HAARMANN
DEPRAVAÇÃO SANGUINOLENTA

1879-1925

Crime(s)
Aliciamento de menores e assassinato

Pena
Condenado à morte

Nascido em 1879, Haarmann era um filhinho da mamãe que gostava de brincar com bonecas e de se vestir com roupas de menina – atividades que não eram bem-aceitas pelo pai ranzinza e alcoólatra. Como muitos serial killers incipientes, ele começou a exibir comportamentos bizarros em uma idade precoce. Um dos seus passatempos favoritos era amarrar as irmãs e aterrorizá-las batendo nas janelas e fingindo ser um demônio.

Tornou-se um habitual molestador de crianças no início da adolescência. Logo depois de completar 18 anos, foi enviado a um hospício após ser diagnosticado como "mentalmente deficiente". Passados seis meses, conseguiu escapar e, depois de um tempo na Suíça, voltou para casa. No que seus biógrafos em geral se referem como o único período sexualmente "normal" de sua vida, ele seduziu e engravidou uma jovem e chegou até mesmo a noivar. Não demorou, entretanto, até que ele abandonasse a noiva e o filho em gestação para se juntar às Forças Armadas.

Por um período, ele se saiu bem como soldado, mas posteriormente sofreu um colapso mental e foi dispensado por incapacidade.

De volta a Hanôver, começou a se dedicar a delitos que variavam de pequenos golpes e invasão de casas a roubo de tumbas. Dos vinte aos trinta anos, cumpriu pena diversas vezes por uma série de infrações. Ele passou a Primeira Guerra Mundial atrás das grades.

Libertado em 1918, retornou à sua cidade natal e se juntou a uma rede de contrabando do pós-guerra que traficava, entre outras coisas, roupas velhas e carne do mercado negro. Ele também era informante da polícia – uma atividade paralela que lhe dava proteção para suas atividades ilícitas. Em

CASE STUDY CRIME SCENE

1919, entretanto, depois de ser pego na cama com um menino, foi mandado de volta para a prisão e lá permaneceu por nove meses.

Foi depois de ganhar a liberdade que Haarmann embarcou em sua carreira de incomparável depravação. Morando com um amante mais novo chamado Hans Grans, na sórdida região conhecida como Old Quarter, começou a atacar os jovens refugiados que chegavam aos montes à cidade. Depois de abordar um desses garotos miseráveis na estação ferroviária, convidava-os até sua casa, dava-lhes um prato de comida e exigia favores sexuais em troca. Ao se aproximar do clímax, Haarmann subitamente abocanhava a garganta da vítima e rasgava a carne com os dentes, atingindo o orgasmo enquanto mastigava o pomo de Adão. Ele descreveria mais tarde à polícia seu método para descartar os cadáveres:

> Eu fazia dois cortes no abdome e punha os intestinos em um balde, depois enxugava o sangue e esmagava os ossos até os ombros quebraram. Agora podia tirar o coração, os pulmões e os rins, picá-los e colocá-los no balde. Separava a carne dos ossos e colocava em um saco impermeável. Precisava de cinco ou seis viagens para pegar tudo e jogar na privada ou no rio.

Quando restos humanos começaram a aparecer nas margens do rio na primavera de 1924, ficou claro que havia um monstro à solta na cidade. Haarmann, como todos os outros agressores sexuais conhecidos, virou suspeito. Ele foi preso porque a mãe de um dos garotos desaparecidos notou outro jovem vestindo a jaqueta do filho. O jovem, conforme se descobriu, era filho da dona do apartamento em que Haarmann morava. Fora Haarmann quem dera a jaqueta ao rapaz.

Haarmann foi indiciado por 27 assassinatos, embora insinuasse que o total se aproximava a quarenta. Hans Grans – cujo papel nas atrocidades ainda é controverso – foi acusado de "instigar" dois assassinatos. Depois de um julgamento de duas semanas em dezembro de 1924, Haarmann foi considerado culpado de 24 assassinatos e sentenciado à morte. Quando o veredicto foi anunciado, ele declarou: "Quero ser executado na praça do mercado. A lápide deverá conter a seguinte inscrição: 'Aqui jaz o assassino em massa Haarmann'".

Enquanto aguardava a execução, Fritz Haarman produziu uma confissão por escrito em que descrevia, com indisfarçável satisfação, o prazer sexual que derivava de suas atrocidades. Seu pedido para ser executado em público foi ignorado. Ele foi decapitado na prisão de Hanôver em abril de 1925, aos 46 anos.

River e Reinhardt | Psiquiatras

Dois psiquiatras estreitamente ligados à área criminal publicaram importantes estudos sobre o crime sádico após a Segunda Guerra Mundial. Em 1949, o dr. J. Paul de River, chefe da Divisão de Investigação de Crimes Sexuais da Polícia de Los Angeles, publicou a primeira edição de seu livro, *The Sexual Criminal* (*O Criminoso Sexual*) – uma obra recomendada apenas para aqueles com estômago forte, pois River decidiu ilustrá-la com fotos de vítimas terrivelmente mutiladas. E, em 1957, James Melvin Reinhardt, um professor de criminologia na Universidade de Nebrasca, publicou *Sex Perversions and Sex Crimes* (*Perversões Sexuais e Crimes Sexuais*), que continha um importante capítulo sobre assassinato sádico – ou, como Reinhardt o chamava, "mutilação desenfreada".

Entre os casos citados por Reinhardt estava o de um garoto de 17 anos que, em 1947, atraiu um de oito para um celeiro e então "agarrou o pescoço do menino por trás, arrastou-o pelo celeiro, pegou um abridor de latas do bolso do casaco, tirou as calças da criança desacordada, jogou a camisa sobre seu rosto e com o abridor de latas rasgou o reto e cortou os testículos da vítima. Depois se sentou ao lado do pequeno corpo mutilado e dedicou-se à prática do onanismo".

> **Gosto de ver sangue. Eu me sinto ótimo – sinto como se pudesse destruir qualquer coisa. Uma vez estava no meio de um tiroteio e tinha sangue para tudo quanto é lado. Eu queria ir lá, molhar meus sapatos e andar no sangue. Eu gosto de sangue.**
> — Assassino sádico citado pelo dr. J. Paul de River —

Uma séria lição ensinada por essas obras é que – embora relativamente raro em relação a outros tipos de crime – o assassinato sádico é mais comum do que a maioria das pessoas pensa. Felizmente, a grande maioria dos depravados que comete tais atrocidades é capturada logo depois do primeiro assassinato e nunca tem a chance de se tornar serial killers.

Aqueles que *conseguem* escapar impunes de seus crimes com quase toda certeza irão repeti-lo, já que a essência dessa perversão é – como coloca Reinhardt – "uma ânsia incontrolável de mutilar e matar".

DISCÍPULOS DE SADE

Alguns serial killers eram conhecidos por serem fãs do Marquês de Sade. Ian Brady, por exemplo – do infame casal britânico conhecido como os "Assassinos do Pântano" –, elogiava Sade como um "bom escritor" e apoiava a crença sadeana de que o assassinato é "necessário, nunca criminoso".

Ted Bundy também conhecia a ficção de Sade. Durante uma entrevista realizada pouco antes de sua execução, Bundy – falando de si mesmo na terceira pessoa – referiu-se a Sade quando descrevia seu próprio desejo perverso de dominar e possuir suas vítimas:

> Hum, em relação à ideia de posse. Eu acho que com esse tipo de pessoa o que vemos aqui é controle e dominação. [...] Em outras palavras, acho que podíamos ler sobre o Marquês de Sade e outras pessoas que fazem vítimas de um modo ou de outro como resultado de um desejo de possuir, e as torturam, humilham e aterrorizam de forma elaborada – algo que lhes daria uma sensação mais poderosa de que estão no controle.

É claro, dizer que pessoas como Brady e Bundy gostavam dos escritos de Sade não significa dizer que eles foram diretamente inspirados por ele ou que não teriam cometido suas atrocidades se não o tivessem lido. Seria mais exato dizer que, no caso desses psicopatas em especial, Sade lhes proporcionava uma justificação filosófica para seus crimes. Afinal de contas, serial killers não precisam de livros para ter ideias hediondas. Jeffrey Dahmer, por exemplo, teria cometido uma atrocidade bem parecida com aquela descrita na citação de *Os 120 Dias de Sodoma* no começo deste capítulo. Excitado pela visão de vísceras humanas, Dahmer, segundo se diz, abria o ventre de suas vítimas e – não há outra maneira de dizer isso – fodia as entranhas. E não há nenhuma indicação de que Dahmer tivesse lido Sade. Ele tirou isso da própria cabeça.

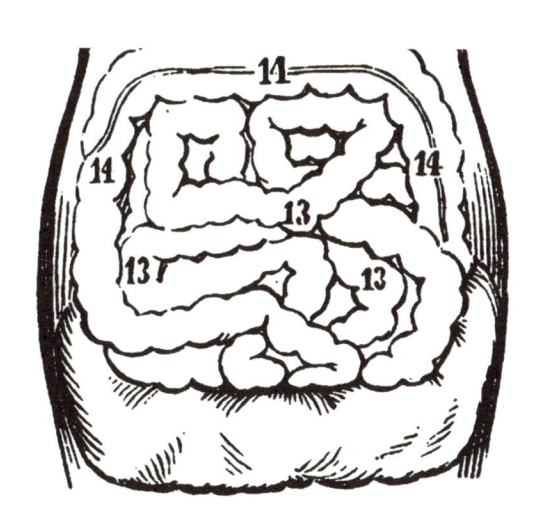

CASE STUDY CRIME SCENE

ESTUDO DE CASO - Nº 20
ROBERT BERDELLA
TORTURADOR E ASSASSINO

Seu cartão de visita já revelava muita coisa. Sob o nome de sua loja – "Bazar Bizarro do Bob" – havia uma citação que só poderia fazer sentido para um louco:

Ergo-me da morte. Eu mato a morte, e a morte me mata – embora eu carregue o veneno em minha cabeça. O antídoto pode ser encontrado em meu rabo, que mordo com raiva.

Mesmo assim – como parece ocorrer tantas vezes com serial killers –, nenhum dos vizinhos ou conhecidos de Robert Berdella em Kansas City, Missouri, pensava que havia algo de errado com ele. Berdella era um homem aparentemente calmo e cordial que pertencia à "Patrulha do Crime" da vizinhança e que transformara sua casa modesta – ou assim ele afirmava – em uma espécie de casa de recuperação para jovens problemáticos.

Sua loja, localizada na seção da cidade conhecida como "Olde Westport" (Velha Westport), era uma dessas "head shops"[2] moderninhas que vendia – além de parafernálias como *bongs* (espécie de narguilé com água para fumar maconha) e *roach clips* (pinças e tesouras para segurar cigarros de maconha) – artefatos macabros muito procurados por adolescentes "góticos": crânios de gesso, miniaturas de esqueletos e afins.

Essas bugigangas pseudossatânicas não eram nada diante dos verdadeiros horrores na casa de Berdella. Mas até a primavera de 1988 poucas pessoas tinham descoberto esse fato aterrorizante. E elas não viviam para contar.

O declínio de Berdella começou na manhã de 2 de abril de 1988, um sábado, quando um dos vizinhos ouviu alguém batendo à sua porta de forma frenética. Ao abrir, ficou perplexo de ver um jovem amedrontado, completamente nu exceto por uma coleira de cachorro em volta do pescoço. Havia algo errado com seus olhos. O jovem, cujo nome era Chris Bryson, explicou que tinha acabado de fugir da casa ao lado, na qual vinha sendo mantido em cativeiro há vários dias.

O vizinho chamou a polícia. O rapaz contou às autoridades que conhecera Berdella alguns dias antes e que ele o levara à sua casa. Chegando lá, no andar superior, fora golpeado na nuca, caindo inconsciente. Ao acordar, Bryson estava nu e amarrado a uma cama, com os braços e as pernas esticados.

---

2   Loja especializada na venda de produtos relacionados ao fumo, especialmente maconha. [NT]

CASE STUDY CRIME SCENE

Durante os quatro dias seguintes, Chris fora submetido a uma série de torturas terríveis – sodomizado com vários objetos, espancado com uma barra de ferro, eletrocutado com eletrodos conectados aos seus testículos. Recebeu uma injeção de tranquilizante animal na garganta e teve os olhos feridos com a ponta de cotonetes encharcados de substâncias químicas. Ele conseguiu escapar porque Berdella precisou sair. Pegando uma caixa de fósforos deixada na mesa de cabeceira, ele queimou a corda que prendia um de seus punhos, libertado-se das outras amarras e pulando da janela do segundo andar.

Berdella foi imediatamente preso sob a acusação de estupro, sequestro e cárcere privado e lesão corporal de natureza grave. A polícia obteve um mandado de busca. Em meio à desordem e à sujeira de sua casa, os investigadores encontraram uma estranha variedade de artefatos: caveiras, máscaras de diabo e uma túnica vermelha com capuz. Havia também livros sobre vodu e romances do Marquês de Sade. Embora inquietantes, nenhum desses itens provava nada além do interesse de Berdella por coisas bizarras e ocultismo.

Já as fotografias contavam uma história diferente. A polícia encontrou-as em uma caixa: cerca de duzentas fotos Polaroid de jovens nus sendo estuprados e torturados. Havia também um diário, escrito em taquigrafia grosseira, detalhando meticulosamente o tipo de abuso a que cada vítima tinha sido submetida.

Os policiais ainda não tinham encontrado quaisquer evidências de assassinato, no entanto. Havia dois crânios humanos no quarto de Berdella, mas não ficou imediatamente claro se eram autênticos ou o tipo de réplicas que o homem vendia em sua loja. Em rápida análise, entretanto, um antropólogo forense determinou que um dos crânios era autêntico. Ele pertencia a um jovem que evidentemente morrera em algum momento nos dois anos anteriores. Outro crânio – este com cabelo e parte do tecido ainda intacto – foi desencavado do quintal de Berdella. Por meio de exame da arcada dentária, os dois crânios foram finalmente identificados. Berdella foi acusado de homicídio qualificado.

Chamado a juízo, ele chocou o tribunal ao se confessar culpado – uma tática que o poupou da pena de morte. Por fim, ofereceu uma confissão completa. Entre 1984 e 1987, Berdella torturou e matou seis jovens prisioneiros. Como outros sádicos, seu maior prazer era ter o controle absoluto sobre suas vítimas, amarradas e aterrorizadas, nas quais injetava tranquilizante animal para transformá-las em "brinquedos". Quando morriam, ele esquartejava os corpos em uma banheira, punha em sacos de lixo e deixava no meio-fio para serem recolhidos pelo lixeiro.

Apesar de suas atrocidades, Berdella – mostrando a completa falta de consciência típica dos psicopatas – enxergava a si mesmo como um ser humano basicamente decente. Para provar isso, criou um fundo fiduciário para as famílias de suas vítimas. Em 8 de outubro de 1992 – apenas quatro anos após o início de sua pena de prisão perpétua –, ele morreu de ataque cardíaco aos 43 anos.

DOMINAÇÃO

O prazer sádico não se trata apenas de infligir a dor. Também tem a ver com a afirmação do poder – o desejo de dominar, de rebaixar a vítima a um estado de completa submissão. As razões psicológicas para esse comportamento não são difíceis de entender. De acordo com especialistas, a grande maioria dos serial killers foi submetida a formas extremas de abuso psicológico na infância. Eles eram levados a se sentir completamente impotentes e humilhados. Como resultado, cresceram com uma necessidade perversa de causar o mesmo tipo de sofrimento aos outros. A única maneira de superar seus profundos sentimentos de impotência é ter o total controle sobre outro ser humano.

> O poder, a dominação e a visão do medo eram mais excitantes do que realmente causar o dano.
> — Serial killer JOHN JOUBERT, explicando por que assassinou três meninos —

Em sua forma mais extrema, a necessidade de controle do serial killer envolve transformar outro ser humano em um objeto 100% passivo, uma espécie de boneco que pertença inteiramente a ele. Incapaz de investir em relações normais e consentidas, ele busca gratificação em corpos inanimados que não ofereçam nenhuma resistência.

Edmund Kemper – o "Assassino de Colegiais", que cometeu uma série de atrocidades com os corpos de suas vítimas – foi muito explícito sobre esse aspecto de seus crimes. "Eu não conseguia cumprir minha parte como homem", contou à polícia, "então comecei a fantasiar [...] se eu as matasse, elas não poderiam me rejeitar. Era mais ou menos como criar uma boneca a partir de um ser humano e realizar minhas fantasias com uma boneca, uma boneca de carne e osso". Edward Gein – o famoso carniceiro de Wisconsin da década de 1950, cujos crimes serviram de inspiração para *Psicose* (1960), *O Massacre da Serra Elétrica* (1974) e *O Silêncio dos Inocentes* (1991) – buscava aplacar sua terrível solidão desenterrando os corpos de mulheres de meia-idade e levando-os para sua desolada casa de fazenda. Entrevistado por psiquiatras após ser preso, ele falou que os corpos "eram como bonecas" e descreveu "o bem-estar que sentia com a presença delas".

Jeffrey Dahmer – cujo maior desejo era ter uma pessoa que fosse "totalmente submissa, disposta a fazer tudo que ele quisesse" – tentou sem sucesso empregar o método necrófilo de Gein. Depois de ler o obituário de um rapaz de 18 anos ele foi até a funerária para ver o corpo do jovem (que achou tão atraente a ponto de correr para o banheiro e se masturbar). Depois do funeral, Dahmer entrou sorrateiramente no cemitério, tarde da noite, levando uma pá e um carrinho de mão, com a intenção de levar o cadáver para casa, mas desistiu porque a terra estava congelada.

Mais tarde, Dahmer tentou satisfazer sua necessidade de um objeto sexual completamente inerte com um manequim, mas isso se mostrou insatisfatório. Por fim, concebeu um plano espantosamente doentio para transformar uma vítima viva em um "zumbi sexual". Após levar um jovem para seu apartamento e sedá-lo, Dahmer faria um buraco no crânio da vítima com uma furadeira a fim de injetar ácido muriático em seu cérebro com uma seringa para temperos. Tais experiências hediondas, claro, acabariam matando as vítimas. Robert Berdella tentou algo similar, injetando tranquilizante animal nas vítimas na tentativa de transformá-las em "brinquedos sexuais".

Dennis Nilsen – vulgo "Jeffrey Dahmer britânico" – também era motivado por uma necessidade monstruosa de dominar. Nilsen disse certa vez a um entrevistador que a parte mais excitante de seus 15 assassinatos "era o momento em que erguia a vítima e via os membros penderem inanimados, o que representava seu poder e controle sobre a vítima e a passividade da mesma".

FETICHISMO

No exato sentido psicanalítico do termo, o fetichismo é um distúrbio no qual uma pessoa, comumente um homem, só consegue se excitar sexualmente por meio de um objeto associado ao sexo oposto, que, em geral, ou é uma peça íntima de vestuário – sapatos, sutiãs, calcinhas, meias de náilon etc. –, ou uma parte específica do corpo, mais frequentemente os pés. O fetichista tem tanta fixação pelo objeto em si que o parceiro sexual de fato torna-se secundário. Ou seja, um fetichista de sapatos ficará mais excitado pelos saltos altos de sua namorada que por ela mesma. De acordo com a Associação Americana de Psiquiatria, "o indivíduo fetichista frequentemente se masturba enquanto segura, roça ou cheira o objeto de fetiche, ou pede à sua parceira para usar o objeto durante seus encontros sexuais".

Não há nada inerentemente prejudicial em relação ao fetichismo. Afinal, ele é apenas uma forma exagerada de um interesse compartilhado pela maioria dos homens heterossexuais. Como John Douglas aponta em seu livro *The Anatomy of Motive* (*A Anatomia do Motivo*), "é seguro dizer que uma porcentagem significativamente alta da população americana masculina sente-se sexualmente excitada por calcinhas de renda preta".

Os fetiches de psicopatas, entretanto, são com frequência terríveis ao extremo. O típico fetichista de unhas, por exemplo, pode ficar excitado pela visão de uma mulher com unhas excepcionalmente longas e afiadas como garras. Por outro lado, um dos indivíduos depravados descrito por R.E.L. Masters em seu estudo *Sex Crimes in History* (*Crimes Sexuais na História*) só conseguia se excitar sexualmente ao comer aparas de unhas de cadáveres femininos.

De acordo com John Douglas, 72% dos serial killers "desenvolvem fetiches durante seus anos de formação". Os impulsos fetichistas dos serial killers explicam sua tendência de pegar "troféus" de suas vítimas assassinadas – de carteiras e roupas de baixo a partes do corpo. Tais itens, que os assassinos usam para reviver seus crimes na imaginação, muitas vezes enquanto se masturbam, são, em essência, objetos de fetiche que lhes proporcionam um prazer intenso e pervertido.

CASE STUDY CRIME SCENE

ESTUDO DE CASO - Nº 21
JERRY BRUDOS
FETICHISTA DO INFERNO

Exatamente como ou por que Jerome Brudos tornou-se um fetichista de pés é um mistério. Uma coisa é certa, porém: ele começou a manifestar sua obsessão em uma idade surpreendentemente precoce. Nascido em 1939, Jerry tinha apenas cinco anos quando encontrou um par de sapatos femininos em uma lixeira e os trouxe para casa. Sua mãe, que o encontrou andando ruidosamente pelo quarto nos saltos de couro, confiscou os calçados, atirou-os na fornalha e deu-lhe uma boa surra.

A punição não refreou em nada sua fixação por calçados. Na primeira série, ele foi severamente repreendido depois de furtar o par reserva de saltos de sua professora. Já no início da adolescência, ele invadia casas para roubar sapatos femininos, assim como diversas peças de roupa íntima, as quais ele gostava de vestir por baixo das roupas de sair.

Aos 16, Brudos – com a mente cheia de fantasias sobre raptar uma escrava sexual – chegou a cavar um túnel em uma encosta perto de sua casa, onde planejava manter sua prisioneira. No ano seguinte, atacou uma jovem com uma faca e tentou coagi-la a tirar a roupa. Preso, foi enviado para o Hospital Estadual de Oregon para ficar sob observação psiquiátrica. Apesar dos pensamentos horripilantes que revelou aos médicos – uma fantasia recorrente, por exemplo, envolvia colocar mulheres em freezers para que pudesse dispor seus corpos rígidos em poses pornográficas –, ele foi considerado mentalmente são e liberado depois de apenas nove meses.

Brudos tentou o Exército, mas foi logo dispensado por causa de seus delírios bizarros e cada vez mais frequentes.

Em 1961, Brudos – na época com 23 anos e ganhando um bom dinheiro como eletricista – engravidou e se casou com uma moça de 17 anos. Ele exigia que a mulher fizesse o serviço doméstico totalmente nua enquanto a fotografava e gostava de desfilar pela casa de saltos, calcinha e sutiã. A jovem esposa demonstrava um alto grau de tolerância em relação às excentricidades do marido. Claro, ela não fazia ideia de que ele também se dedicava a atividades muito mais sinistras. Na noite em que a mulher estava no hospital dando à luz o filho, Brudos invadiu a casa de uma jovem, sufocou-a até deixá-la inconsciente e em seguida estuprou-a antes de fugir com seus sapatos.

Sua violência crescente evoluiu para assassinato em 1968. Em janeiro daquele ano, uma garota de 19 anos chamada Linda Slawson – que vendia enciclopédias de porta em porta – teve a infelicidade de se aproximar de Brudos quando ele

CASE STUDY CRIME SCENE

estava no quintal. Convidando-a para dentro de sua oficina na garagem, ele a golpeou com uma viga de madeira e depois a estrangulou até a morte. Depois de brincar com o corpo da garota por um tempo – retirando suas roupas e vestindo-as com itens de sua própria coleção de roupas íntimas, como se ela fosse uma Barbie em tamanho real –, ele levou seu fetichismo por pés a um novo e incomparável nível de monstruosidade: cortou o pé esquerdo do cadáver, vestiu-o com um sapato de salto alto roubado e guardou-o no freezer. Depois amarrou o corpo a um bloco de motor e o afundou no rio Willamette.

Onze meses depois, matou sua segunda vítima, Jan Whitney, de 23 anos. O carro de Jan havia enguiçado e ela aceitou uma carona de Brudos. Ele, então, levou-a até sua garagem e a estrangulou até a morte. Depois sodomizou o cadáver e passou algum tempo vestindo o corpo com diferentes peças de lingerie, fotografando os resultados. Brudos se divertiu tanto com ela que pendurou o corpo em um gancho no teto e o manteve na garagem por dois dias antes de atirá-lo ao rio. Mesmo assim não conseguiu se desapegar totalmente dela. Antes de se livrar dos restos, ele cortou um de seus seios, que mais tarde transformou em um peso de papel utilizando uma resina sintética.

Ele realizou uma mutilação semelhante em sua vítima seguinte, uma menina de nove anos chamada Karen Sprinker, a quem raptou à mão armada em março. Depois de asfixiá-la até a morte e de sujeitar seu corpo à habitual violação *post-mortem*, ele amputou seus dois seios. Então, encheu os bojos de um de seus próprios sutiãs com papel pardo e o colocou no cadáver mutilado antes de descartar os restos mortais no rio Willamette.

Sua última vítima conhecida, morta apenas quatro semanas depois, foi Linda Salee, de 22 anos. Depois de estrangulá-la e estuprá-la em sua garagem, pendurou o corpo no teto, ligou dois fios a um par de agulhas hipodérmicas, enfiou-as no peito da mulher morta e eletrocutou-a para ver se conseguia fazê-la "dançar". Dessa vez ele não cortou fora os seios porque não gostou dos mamilos cor de rosa. ("Eles deviam ser marrons", explicou posteriormente à polícia.)

Não muito tempo depois dos corpos de duas de suas vítimas serem recuperados do rio, a polícia recebeu uma dica de algumas estudantes que Brudos vinha importunando e ele foi preso. Fazendo uma busca em sua garagem, eles encontraram evidências esmagadoras de sua culpa, incluindo fotografias de suas vítimas. Julgado em julho de 1969 e acusado de três homicídios qualificados, Brudos reconheceu-se culpado e recebeu três sentenças consecutivas de prisão perpétua.

TRAVESTISMO

Em filmes de terror, sujeitos que gostam de vestir roupas femininas tendem a ser assassinos psicóticos e misóginos, uma tradição que começou com Norman Bates, de *Psicose* (1960), continuou com o maníaco da navalha interpretado por Michael Caine no filme *Vestida para Matar* (1980), de Brian De Palma, e foi perpetuada pelo efeminado Buffalo Bill em *O Silêncio dos Inocentes* (1991). Até mesmo o vilão Leatherface adicionou a si mesmo um toque de travestismo ao vestir uma peruca feminina em *O Massacre da Serra Elétrica* (1974).

Na vida real, é claro, as coisas são bem diferentes. Na maioria dos casos, sujeitos que gostam de se pavonear em sapatos de salto alto e suéteres de lã angorá são tão perigosos quanto o personagem de Nathan Lane em *A Gaiola das Loucas* (1996). Contudo, existem diversos registros de serial killers que já praticaram o travestismo.

Quando eram garotos, Charles Manson e Henry Lee Lucas eram forçados a usar roupas de menina – Manson por um tio sádico que o mandava para a escola de vestido, Lucas pela mãe louca e perversa que ele acabaria matando. O mesmo aconteceu com o chamado Estrangulador Beberrão, Carrol Cole, que – de acordo com o escritor policial Michael Newton – "era forçado a usar saias com babados e anáguas para o divertimento das amigas da mãe, servindo chá e café em sádicas 'festas' em que as mulheres se reuniam para tirar sarro da 'garotinha da mamãe'".

Esses casos, entretanto, têm menos a ver com travestismo do que com abuso infantil. São exemplos do tipo de humilhação extrema a que futuros psicopatas são muitas vezes submetidos, enchendo-os de um profundo ódio de si mesmos e do mundo.

O lendário psicopata de Wisconsin Ed Gein (que serviu de inspiração para Norman Bates, Leatherface e Buffalo Bill) era menos um travesti do que um transexual frustrado, cujo desejo de se transformar em uma mulher o levou a criar uma grotesca roupa de pele feminina com a qual desfilava pela casa. Gein, no entanto, não era um assassino sádico. Embora tenha executado duas mulheres, ele adquiriu a maior parte de sua matéria-prima do cemitério, exumando e esfolando os cadáveres de mulheres idosas que se assemelhavam à sua mãe.

ESTUDO DE CASO - Nº 22
ASSASSINO TRAVESTI E CANIBAL

Embora considerado o protótipo do assassino moderno, o necrófilo Ed Gein tem pouco a ver com a imagem do lunático adepto ao travestismo tão comum nos filmes de terror sangrentos. Há, no entanto, um serial killer que parece de fato ter saído do pesadelo andrógino de *Psicose* ou de *Vestida para Matar*. Seu nome era Hadden Clark.

Ao contrário de muitos serial killers que têm origens miseráveis, Clark foi uma criança privilegiada. A ancestralidade de sua mãe remontava aos peregrinos do Mayflower,[3] enquanto seu pai era um engenheiro químico altamente qualificado que, entre outras realizações, ajudou a inventar o filme plástico. Apesar de sua estirpe e riqueza, os Clark eram um casal de alcoólatras profundamente incompatível. As constantes discussões criavam uma atmosfera perniciosa e instável em casa, como evidenciado pelo destino de três de seus quatro filhos. A filha, Alison, sairia de casa na adolescência e renunciaria para sempre aos pais. O filho mais velho, Bradfield, acabaria na prisão depois de assassinar uma namorada, assar pedaços de seus seios em uma churrasqueira e comê-los.

E, por fim, havia Hadden.

Ridicularizado por seu pai como um "retardado" e tratado como um brinquedo por sua mãe, que gostava de vesti-lo com roupas de menina e chamá-lo de "Kristen" – Hadden, como era de se esperar, tornou-se um jovem severamente perturbado. Ele gostava de perseguir outras crianças com sua bicicleta e de deixar as cabeças decapitadas de animais de estimação na porta de colegas que o aborreciam.

HADDEN CLARK
VESTIDO PARA MATAR

1955

Crime(s)
Roubo, assassinato e canibalismo

Pena
70 anos de prisão

3   Navio que transportou os primeiros colonos ingleses para a América do Norte. [NT]

CASE STUDY CRIME SCENE

Incapaz de progredir academicamente, decidiu investir na carreira de chef. Apesar do seu mau temperamento (ele retaliava ofensas reais ou imaginadas, por exemplo, urinando no purê de batatas de pessoas de quem não gostava), Hadden conseguiu se formar no prestigiado Culinary Institute of America (Instituto Culinário da América). Com o diploma na mão, arranjou trabalho na chique cidade de Provincetown, em Cape Cod – uma comunidade com uma alta tolerância para estilos de vida alternativos. Mesmo lá, no entanto, o comportamento de Clark – que avidamente bebia o sangue das peças de carne da cozinha, por exemplo – era considerado extremo. Ele estava sempre pulando de um emprego para outro.

Enquanto isso – segundo afirmou –, estava usando as habilidades de cutelaria que adquirira como chef para propósitos muito mais sinistros do que cozinhar. Conforme confessaria mais tarde, ele matou uma série de vítimas enquanto residia em Cape Cod, enterrando uma mulher nua nas dunas de Wellfleet depois de decepar suas mãos.

Tendo esgotado a paciência dos donos de restaurantes de Cape Cod, Clark teve vários empregos nos anos seguintes, trabalhando na cozinha de um navio de cruzeiro, em salões de festas em Long Island e nos Jogos Olímpicos de 1980 em Lake Placid, Nova York.

Alistou-se como cozinheiro na Marinha. Seus colegas de bordo, no entanto, não conseguiam engolir seu estranho comportamento ou seu fetiche por calcinhas com babados, e Clark era frequentemente espancado por eles.

Diagnosticado como um esquizofrênico paranoico e dispensado por motivos médicos, Clark foi morar com seu irmão mais velho, Geoffrey, em Silver Spring, Maryland. Menos de um ano depois, ele cometeu sua primeira atrocidade confirmada. O crime aconteceu na abafada tarde de 31 de maio de 1986. Clark – que fora expulso de casa depois de se masturbar na frente de sua sobrinha pequena, Eliza – estava guardando suas coisas no carro quando Michelle Dorr, de seis anos, vestida com um maiô rosa franzido, saiu de sua piscina inflável no quintal à procura de Eliza. Atraindo-a para dentro da casa, Clark assassinou brutalmente a menina com uma de suas facas de chef e, depois de uma tentativa fracassada de fazer sexo com o cadáver, colocou o corpo em uma bolsa de pano, levou-o até um parque vizinho e enterrou-o em uma cova rasa – não sem antes devorar um pouco da carne.

Enquanto a polícia focava no suspeito errado – o pai atormentado de Michelle –, Clark entregou-se a uma existência sem raízes, morando em sua caminhonete e fazendo biscates. Sua condição mental continuava a se deteriorar em um ritmo alarmante. Já em 1989, ele tinha sido preso sob diversas acusações: agredir a mãe, assaltar lojas de roupas femininas, destruir uma casa alugada com corante preto, cabeças de peixe podre e gatos mortos. Ele também tinha começado a conversar com esquilos e pássaros.

Em 1992, enquanto trabalhava como jardineiro em Bethesda, Maryland, para uma mulher chamada Penny Houghteling, Clark cometeu sua última atrocidade. Por volta da meia-noite de 17 de outubro, entrou sorrateiramente no quarto da filha da sra. Houghteling, Laura, uma universitária recém-formada. Totalmente vestido de mulher – peruca, bolsa, blusa e calças –, levava consigo um rifle calibre .22. Acordando a garota aos cutucões, exigiu saber o que ela estava fazendo na cama dele e forçou a jovem aterrorizada a admitir que *ele* era Laura.

Era uma cena saída diretamente de um filme de terror: uma bela jovem sendo acordada por um travesti enlouquecido que reclama sua identidade e a acusa de ser uma impostora.

Depois de ameaçá-la com a arma e forçá-la a se despir e tomar banho, Clark a asfixiou cobrindo seu rosto com fita adesiva. Em seguida, removeu os lóbulos de suas orelhas com uma tesoura, pôs o corpo e as roupas de cama ensanguentadas dentro da caminhonete, dirigiu até uma área deserta e enterrou-a em uma cova rasa.

Rapidamente identificado como suspeito, Clark foi preso quando sua impressão digital foi encontrada em um das fronhas ensanguentadas que ele guardara como lembrança. Em 1993, confessou-se culpado de homicídio simples e recebeu uma pena de trinta anos. Na prisão, começou a se gabar do assassinato de Michelle Dorr e acabou levando a polícia aos seus restos mortais. Julgado novamente, foi sentenciado a mais trinta anos.

Mas o mundo ainda ouviria falar muito de Clark. Depois de sua segunda condenação, ele se convenceu de que seu cabeludo companheiro de cela era na verdade Jesus Cristo e confessou a esse suposto Messias que tinha matado nada menos que uma dúzia de mulheres em toda a região nordeste do país durante as décadas de 1970 e 1980. No início de 2000, Clark decidiu mostrar aos investigadores os locais dos homicídios com a condição de que comprassem para ele um guarda-roupa feminino em uma loja especializada. Empetecado com sua nova peruca, calcinha, sutiã e saia, ele levou os investigadores a vários locais de Connecticut, Nova Jersey, Pensilvânia e Massachusetts. No quintal de uma propriedade de Cape Cod que havia pertencido ao avô de Clark, a polícia desenterrou um balde contendo duzentas joias, incluindo itens que tinham sido de Laura Houghteling. Clark alegou serem artigos que ele pegara como troféus de suas muitas vítimas. Além dos restos mortais da menina Houghteling e da pequena Michelle Dorr, nenhum outro corpo foi encontrado até hoje.

VAMPIRISMO

No folclore, na mitologia e na literatura gótica, a palavra "vampiro" evoca imagens de malignos "mortos-vivos" – seres sobrenaturais, sedutores e sinistros que passam os dias dormindo em caixões, saem depois do anoitecer para se alimentar do sangue dos vivos e são extremamente sensíveis a alho, crucifixos e estacas afiadas de madeira. Felizmente, tais criaturas não existem fora do *Drácula* (1897) de Bram Stoker, dos romances de Anne Rice e dos zilhões de filmes B de terror, muitos deles estrelados por Christopher Lee.

No campo da psicologia anormal, no entanto, "vampirismo" se refere a um fenômeno diferente e bem real: uma perversão (ou parafilia) na qual as pessoas alcançam intenso prazer sexual do ato de beber sangue humano. Cabe ressaltar que – por mais repugnante que tal prática possa parecer à maioria das pessoas – nem todos (ou nem mesmo a maioria dos "vampiros") são criminosos psicopatas. Na verdade, hoje em dia – quando até mesmo as atividades sexuais mais extravagantes têm seus partidários – há sites socialmente responsáveis, como o Sanguinarius.org, que aconselham indivíduos com tendências vampirescas a tomar precauções médicas ("Certifique-se de que suas vítimas façam exames de sangue!"), legais ("Faça-as assinar algum formulário de consentimento!") e a ter boas maneiras ("Ao se alimentar, é indelicado beber o sangue ruidosamente, feito um animal!").

Não é preciso dizer que serial killers com um fraco por sangue não observam tais sutilezas. Eles não são parafílicos politicamente corretos que pedem permissão às suas vítimas e tomam cuidado para não fazer ruído enquanto se alimentam. Ao contrário: eles são maníacos sedentos por sangue que recorrem aos atos mais hediondos para satisfazer seus desejos monstruosos.

Um exemplo clássico de assassino vampiresco é Vincenz Verzeni, um dos muitos casos incluídos no estudo pioneiro de Krafft-Ebing sobre aberrações extremas, o *Psychopathia Sexualis*. Em 1871, em um furor sanguinário, esse lunático italiano atacou brutalmente duas jovens e rasgou seus corpos com os dentes, mastigando a carne e empanturrando-se com o sangue das vítimas.

Verzeni não era o único assassino vampiresco à solta na Europa do final do século XIX. Seu conterrâneo, Eusebius Pieydagnelle, ficava tão excitado sempre que passava por um açougue e sentia o cheiro de sangue fresco que acabou impelido a realizar sua própria carnificina, massacrando seis mulheres em 1878. Dezenove anos mais tarde, Joseph Vacher, o "Estripador Francês", admitiu – entre outras atrocidades – ter bebido o sangue de mais de dez de suas vítimas, entre homens e mulheres.

Alguns dos mais notórios serial killers do século XX praticaram o vampirismo, além de outras abominações. Durante sua infância singularmente depravada, por exemplo, Peter Kürten chegava a realizar diversos atos de depravação de uma só vez – necrofilia, vampirismo, bestialidade e sadismo – ao cortar as cabeças de cisnes e beber o sangue que jorrava enquanto violava sexualmente os corpos moribundos. Na idade adulta, o chamado "Monstro de Düsseldorf" usava vítimas humanas para satisfazer seus desejos abomináveis, mutilando – e muitas vezes bebendo o sangue de – mais de vinte homens, mulheres e crianças. Igualmente medonho era o contemporâneo de Kürten da era Weimar,[4] Fritz Haarmann, conhecido como o "Vampiro de Hanôver" por seu hábito de estraçalhar com os dentes as gargantas de suas jovens vítimas do sexo masculino.

O depravado Albert Fish – um grande fã de Haarmann, que guardava artigos de jornal sobre o assassino alemão da mesma forma que garotas adolescentes criam álbuns de recortes de seus astros pop favoritos – provou o sangue de pelo menos uma de suas vítimas. Fish, no entanto, não achou o fétido líquido especialmente saboroso. O mesmo aconteceu com outro canibal norte-americano, Jeffrey Dahmer, que disse ao *profiler* do FBI Robert Ressler que tinha bebido um pouco de sangue humano por "curiosidade", mas "não tinha gostado da experiência ou achado estimulante".

Já o russo Andrei Chikatilo, a "Besta Louca" – um monstro do século XX tão terrível quando Kürten, Fish ou Dahmer –, consumia avidamente o sangue de suas muitas vítimas, bem como partes da anatomia, incluindo os órgãos genitais.

Um caso recente de suposto assassinato vampiresco em série envolveu um jovem afro-americano chamado Marc Sappington. Criado em um distrito pobre de Kansas City, no Kansas, por uma mãe religiosa e trabalhadora, Sappington era, segundo a opinião geral, uma criança modelo: esperta, brincalhona e bem-comportada. Durante sua adolescência, no entanto, sua personalidade passou por uma mudança radical. Sucumbindo às tentações das ruas, viciou-se em "pó de anjo" e "*danks*" – cigarros embebidos em líquido embalsamador. Em março de 2001, o antigo corista de igreja matou a tiros um jovem durante um assalto por pura maldade.

Seus ataques vampirescos começaram um mês depois. Naquela altura – possivelmente devido aos efeitos das drogas –, ele começou a ouvir vozes que lhe ordenavam provar sangue e carne humana. Em 7 de abril, ele atraiu um velho amigo, Terry Green, de 27 anos, para o porão de sua casa, atacou-o com uma faca de caça e depois se ajoelhou ao lado da carcaça mutilada para sorver um pouco do sangue que havia no chão de cimento.

Apenas três dias depois, cometeu uma atrocidade quase idêntica, atraindo outro amigo de longa data – Michael Weaver, de 22 anos – para um beco, esfaqueando-o até a morte e bebendo seu sangue. O som de passos se aproximando, no entanto, fez com que Sappington interrompesse seu banquete vampiresco e fugisse.

A caminho de casa, Sappington – com a sede de sangue não saciada – avistou um adolescente da vizinhança chamado Alton "Freddie" Brown. Convidando o rapaz para descer ao seu porão, Sappington rapidamente o despachou com um tiro de espingarda. Em seguida, bebeu calmamente seu sangue e canibalizou o corpo. Colocou, então, os restos em um saco de lixo e saiu para um passeio a fim de fazer a digestão.

Sua mãe, ao chegar em casa, algumas horas mais tarde, logo descobriu a carnificina no porão e notificou a polícia. Sappington foi preso pouco tempo depois. Sob custódia, manteve um silêncio obstinado antes de revelar sua macabra história – uma confissão que lhe rendeu o apelido de "Vampiro de Kansas City".

---

4   A República de Weimar, que tinha como sistema de governo o modelo parlamentarista democrático, foi instaurada na Alemanha logo após a Primeira Guerra Mundial e durou de 1919 a 1933, ano da ascensão do nazismo. [NE]

CASE STUDY CRIME SCENE

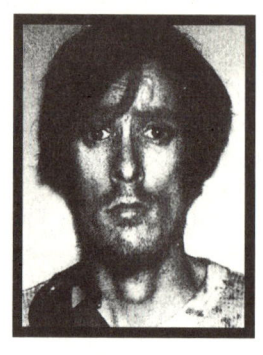

ESTUDO DE CASO - Nº 23
VAMPIRO DE SACRAMENTO

RICHARD CHASE
PARANOIA MORTAL

1950-1980

Crime(s)
Assassinato
e canibalismo

Pena
Condenado
à morte

Cometeu
suicídio

O dr. John Seward administra um "imenso manicômio" em *Drácula*, obra-prima gótica de Bram Stoker publicada em 1897. Sob seus cuidados está um paciente chamado Renfield que chamou a atenção de Seward para um novo tipo de lunático:

> Meu maníaco homicida pertence a uma espécie muito peculiar e terei de criar uma nova classificação para ele, denominando-o de "zoófago-maníaco", ou seja, devorador de animais vivos. Sua obsessão consiste em absorver tantas vidas quantas puder, e ele planejou um esquema para satisfazê-la de maneira cumulativa. Renfield alimentava uma aranha com numerosas moscas. Depois dava muitas aranhas ao pássaro, que as comia. E, finalmente, precisava de um gato a fim de devorar todos os pássaros. Quais teriam sido seus próximos passos?[5]

Sede de sangue é o que move a loucura de Renfield – uma sede de sangue gerada e controlada por seu mestre da Transilvânia, o conde Drácula. É uma história famosa. É o romance que nos deu a imagem mais popular do vampiro.

Nos EUA do final do século XX essa ficção se tornou um pesadelo vivo. Seu nome era Richard Chase. No início de sua vida, torturava e matava pequenos animais – pássaros, gatos, cães – e bebia seu sangue. Também devorava os intestinos de suas vítimas animais. Acreditava que o sangue delas impediria o seu próprio de virar pó. Às vezes, injetava o sangue de coelhos em suas veias. Outras vezes, usava um liquidificador para misturar o sangue e as entranhas de animais e preparava repugnantes batidas.

5   Trad. Vera M. Renoldi. São Paulo: Nova Cultural, 2002. [NE]

CASE STUDY CRIME SCENE

Ele passou duas longas temporadas em instituições mentais intrigando outros pacientes e profissionais de saúde com sua obsessão por sangue. Eles o chamavam de "Drácula", mas pensavam que ele era tão inofensivo quanto Renfield, que sua obsessão se limitava a sangue animal.

Eles estavam terrivelmente errados.

Em 1977, ele passou de coelhos para mamíferos maiores. Naquele ano, a polícia o avistou coberto de sangue cambaleando nu pelo deserto de Nevada. Em seu carro, encontraram um balde de sangue coagulado e duas espingardas usadas para mexer a repugnante mistura. Testes revelaram que o sangue era de vaca e Chase foi liberado. Mas essa coleta de sangue logo se transformou em algo ainda mais monstruoso.

A primeira vítima humana de Chase foi um homem de meia-idade que ele matou a tiros na rua sem motivo aparente. Ele então começou a invadir casas. No fim de janeiro de 1978, invadiu uma casa em Sacramento, Califórnia, e matou a tiros uma mulher de 28 anos. Depois desmembrou seu corpo e cobriu a si mesmo com o sangue da vítima. Usou, ainda, um copo de iogurte vazio para coletar e beber o sangue. A mulher estava grávida de três meses.

Quatro dias mais tarde, invadiu a casa de Evelyn Miroth, de 38 anos, e matou-a a tiros, assim como seu filho de seis anos e um amigo que estava de visita. Estripou Miroth, mutilou seu rosto e a sodomizou. Também coletou seu sangue e o bebeu. Chase cometeu ainda uma derradeira atrocidade com a mulher morta, enchendo sua boca com fezes animais. Mas a pior atrocidade ainda estava por vir.

Miroth estivera tomando conta de seu sobrinho de 22 meses. Quando a polícia chegou à cena do crime o bebê tinha desaparecido. O vampiro levara o menininho para seu covil. O corpo decapitado da criança foi encontrado em uma caixa jogada em um terreno baldio.

Um clássico "assassino desorganizado", Chase tinha deixado pegadas e digitais por toda a parte e usado o carro de uma das vítimas. Ele logo foi detido. Dentro de seu apartamento, a polícia descobriu o refúgio sagrado de um vampiro. Tudo estava coberto de sangue, incluindo os liquidificadores que Chase usava para preparar suas horrendas batidas zoófagas.

Apesar do óbvio estado de profundo desequilíbrio mental em que se encontrava, Chase foi declarado mentalmente são. Rapidamente indiciado por seis homicídios, foi condenado a morrer na câmara de gás da Califórnia. Os psicólogos criminais do FBI entrevistaram o assassino na prisão e tomaram conhecimento de diversas obsessões suas: o sangue dele estava virando pó porque encontrou uma substância pegajosa sob seu prato de sopa; nazistas, de alguma forma associados a óvnis, o seguiam; e alguém estava tentando envenená-lo na cadeia. Chase, afinal, escapou da execução. Em 1980, morreu de uma overdose de antidepressivos que vinha armazenando às escondidas em sua cela no corredor da morte.

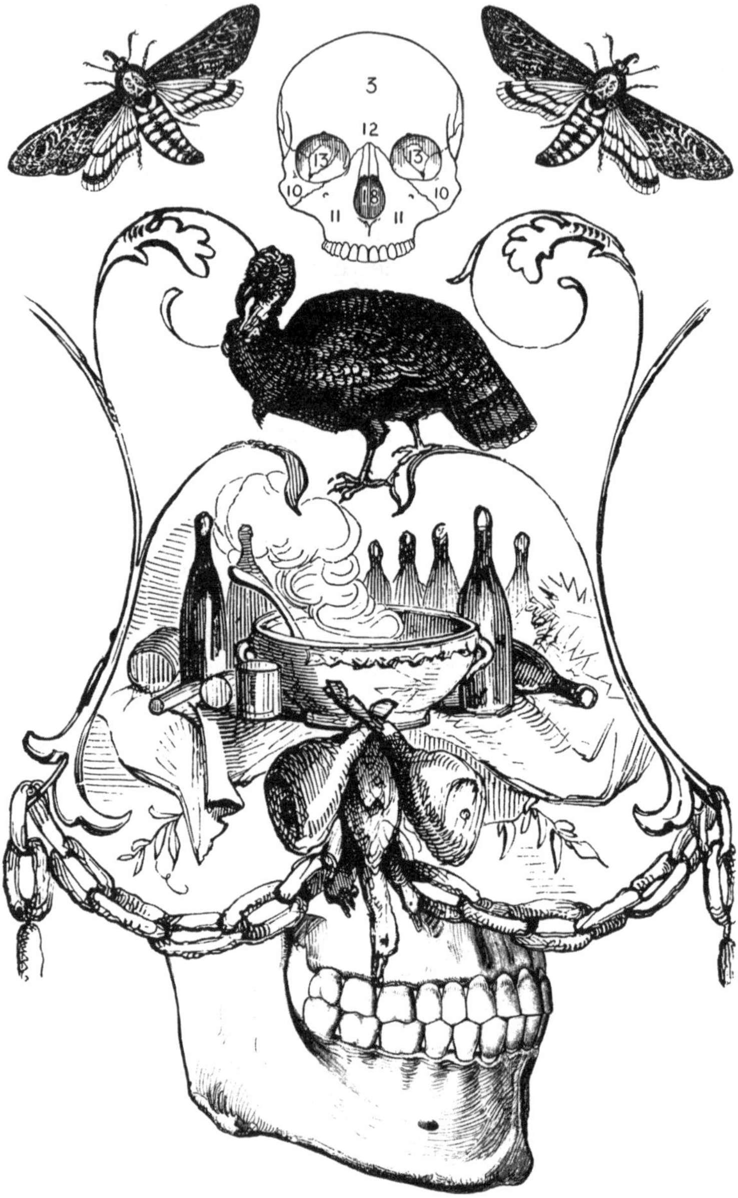
3
12
13
13
10
10
18
11
11

CANIBALISMO

Impulsos canibais estão profundamente enraizados em nossos instintos. Na verdade, eles parecem ser parte de nossa herança evolutiva.

Recentes pesquisas científicas deixaram bastante claro que nossos parentes primatas mais próximos praticavam rotineiramente o canibalismo. Enquanto estudava macacos da selva tropical em seu estado natural, por exemplo, o antropólogo de Harvard Richard Wrangham observou dois machos adultos – os quais ele apelidou de "Figan" e "Humphrey" – capturarem dois macacos jovens: "Com pequenos gritos de excitação, Figan correu até onde Humphrey estava sentado e, segurando sua própria presa, apoderou-se da presa de Humphrey também. Ele não tentou tirá-la à força do macho mais velho, mas mordeu a cabeça da presa e a consumiu, junto com o cérebro, enquanto Humphrey estripava o bebê macaco e comia as vísceras. Depois disso, Figan comeu o cérebro de seu macaco e Humphrey afastou-se com o outro corpo decapitado!"

Que os nossos mais antigos ancestrais alimentavam-se dos corpos de outros de sua própria espécie já foi solidamente demonstrado por arqueólogos, que encontraram amplas evidências de atividade canibalesca nas cavernas em que habitavam as pessoas da Idade da Pedra: ossos humanos partidos para dar acesso à saborosa medula, crânios fendidos nas bases para uma fácil remoção dos miolos. O canibalismo foi praticado por povos aborígines pelo mundo inteiro, da África à Nova Zelândia. Estudos recentes mostraram que até mesmo os anasazi – uma tribo de lavradores considerada pacífica que vivia no Chaco Canyon, localizado no que hoje é o sudoeste dos EUA – praticavam sistematicamente o canibalismo.

De acordo com as teorias atuais, os anasazi usavam o canibalismo como um instrumento de terror, mas as pessoas já consumiram carne humana pelas mais diversas razões, de cunho dietético a cerimonial. Alguns aborígines comiam os corpos de seus parentes mortos por amor e respeito ("Ao morrer, você não preferiria ser comido por parentes do que por vermes?", um canibal mayoruna perguntou a um visitante europeu). Outros comiam seus inimigos derrotados como sinal de desprezo. Devorar vítimas sacrificiais era um aspecto central da religião asteca. Fijianos, por sua vez, praticavam canibalismo simplesmente porque apreciavam o sabor, preferindo o gosto do "porco comprido" (como chamavam a carne humana) ao do porco propriamente dito.

Na tradição judaico-cristã, entretanto, o canibalismo é considerado um grande tabu, que só pode ser quebrado sob as mais extremas circunstâncias imagináveis – digamos, por marinheiros famintos à deriva em um barco salva-vidas, forçados a tirar a sorte no palito para ver qual deles será sacrificado para servir de alimento aos outros. Mesmo assim, é algo que causa tanta repulsa que algumas pessoas prefeririam morrer de fome do que comer carne humana. Foi isso que ocorreu, por exemplo, com vários sobreviventes do acidente de avião que deixou um grupo de uruguaios preso no alto dos Andes em 1972. Embora fossem todos católicos devotos, acostumados a partilhar do corpo e do sangue de Cristo durante a comunhão, alguns deles achavam tão repugnante a ideia do canibalismo que preferiram morrer a praticá-lo.

Uma vez que a maioria dos povos civilizados encara o canibalismo com tanto horror, ele é frequentemente tido como a pior atrocidade que um serial killer pode cometer. É por essa razão que Thomas Harris, ao resolver criar o supremo monstro psicopata em *Dragão Vermelho* (1981) e suas sequências, inventou Hannibal, o Canibal, um gourmet antropófago que não sonharia em pegar um voo transatlântico sem levar consigo um lanchinho de miolos humanos.

Na verdade, entretanto, o canibalismo é um fenômeno relativamente raro entre os serial killers. Aqueles que o praticam são mais motivados por perversos impulsos sexuais que por qualquer outra coisa. À diferença de Hannibal Lecter – cuja predileção por carne humana parece ser um traço deturpado de seu estilo de vida epicurista –, os mais notórios serial killers canibais tinham intenso prazer erótico de comer suas vítimas.

Um exemplo é o assassino pedófilo Albert Fish. Depois de experimentar todas as perversões do livro de Harris (além de algumas que ninguém tinha ouvido falar antes), o velho depravado desenvolveu uma crescente obsessão por provar a carne de uma criança. Atraindo uma menina de 12 anos para longe dos pais e levando-a para uma casa abandonada no condado de Westchester, Nova York, ele a estrangulou e decapitou, depois fatiou dois quilos de carne de seu peito, nádegas e abdome. Envolvendo a carne em um pedaço de jornal velho, levou-a até sua pensão, em Manhattan, cortou em pedacinhos e a refogou com cenouras, cebolas e tiras de bacon. Ao longo de nove dias, consumiu o guisado aos pouquinhos, tão excitado pelo gosto da carne da criança – que comparou à carne de vitela – que se masturbava constantemente.

> Primeiro eu a despi. Como ela chutava, mordia e arranhava! Eu a asfixiei até a morte, então a cortei em pedacinhos para poder levar a carne para meus aposentos. Como era doce e tenro seu pequeno lombo assado no forno. Levei nove dias para comer seu corpo inteiro.
> — ALBERT FISH —

Jeffrey Dahmer, o "Canibal de Milwaukee", também ficava excitado com o ato de devorar a carne de suas vítimas. Durante sua última entrevista, Dahmer disse ao *profiler* Robert Ressler que comer suas vítimas "dava a sensação de que elas faziam mais parte de mim", uma sensação que ele achava "sexualmente estimulante".

Embora relutante em divulgar todos os mórbidos detalhes de suas atrocidades, Dahmer admitiu ter comido a carne de pelo menos três de suas vítimas, transformando algumas partes em bifinhos de hambúrguer e experimentando com diversos temperos para realçar o sabor. Ele congelou um coração para consumir mais tarde, devorou parte da coxa de outra vítima e fritou e comeu o bíceps musculoso de Ernest Miller, de 24 anos, porque lhe pareceu grande e suculento.

Outro psicopata tão monstruoso quanto Dahmer e Fish – e possivelmente ainda mais – foi o russo Andrei Chikatilo. Apropriadamente apelidado de "Besta Louca", Chikatilo era o tipo de assassino que o FBI rotula hoje de "desorganizado". Na Idade Média as pessoas o teriam chamado de lobisomem: um monstro sanguinário que, em um furor de desejo sádico, perpetrou as atrocidades mais inimagináveis contra suas vítimas, rasgando seus corpos com as próprias mãos, chafurdando no seu sangue e devorando suas línguas, seios e órgãos sexuais.

A Alemanha produziu um número excepcionalmente grande de devoradores de homens no século XX. Durante o caos social que se seguiu à Primeira Guerra Mundial,

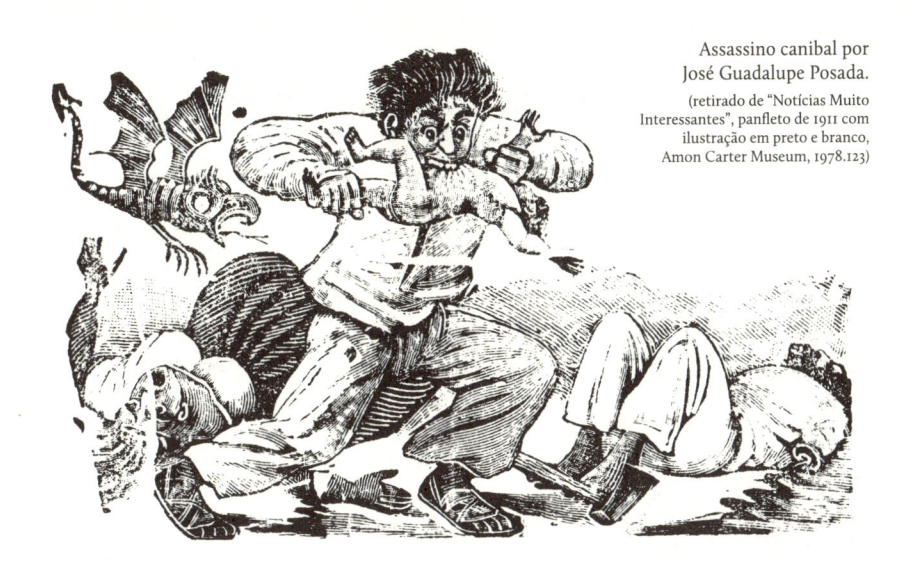

Assassino canibal por José Guadalupe Posada.
(retirado de "Notícias Muito Interessantes", panfleto de 1911 com ilustração em preto e branco, Amon Carter Museum, 1978.123)

o assassino homossexual Fritz Haarmann matou cinquenta jovens, alimentou-se de seus corpos e vendeu as sobras como carne "comum" no mercado negro. Seu abominável compatriota Georg Grossmann também traficava carne humana, transformando seus colegas berlinenses em canibais involuntários ao vender-lhes a carne de prostitutas assassinadas, que ele fazia passar como carne de porco. Outro canibal alemão do pós-guerra foi Karl Denke, um estalajadeiro que matou e consumiu pelo menos trinta de seus inquilinos.

Mais recentemente, a Alemanha ficou petrificada de horror com o primeiro caso registrado de canibalismo na era da internet. Na primavera de 2001, um técnico de software de 41 anos, identificado nas reportagens como "Armin M.", publicou o seguinte anúncio na web: "Procura-se homem de grande porte para abate".

Embora fosse possivelmente o anúncio menos atraente da história da publicidade, funcionou. O candidato, identificado apenas como "Bernd Jürgen B.", 43 anos, engenheiro de computação, apareceu à porta de M.

O que aconteceu em seguida beira o inacreditável. Como o *New York Times* noticiou em 18 de dezembro de 2002: "M. removeu os genitais da vítima, que os dois homens comeram juntos. Depois, M. esfaqueou B. até a morte enquanto uma câmera de vídeo registrava o evento. Ele destrinchou a vítima e armazenou algumas partes no freezer para consumo futuro, enterrando outras partes no jardim".

A experiência deu tão certo para M. que ele publicou outro anúncio em busca de mais voluntários. A polícia logo o prendeu, abortando sua incipiente carreira como serial killer. O crime virou uma sensação nacional. Um crítico alemão imediatamente colocou a culpa em Hollywood por glamurizar o canibalismo em filmes como *O Silêncio dos Inocentes* (1991) e *Hannibal* (2001). "Seria de se pensar que um caso assim só ocorreria nos filmes, nos EUA, mas não na Alemanha", comentou o tal crítico – uma declaração notável tendo em vista a rica herança de horror, psicopatologia e assassinatos brutais de seu país.

ESTUDO DE CASO - N° 24
A BESTA LOUCA

ANDREI CHIKATILO
AÇOUGUEIRO DE ROSTOV

1936-1994

Crime(s)
Assassinato
e canibalismo

Pena
Condenado
à morte

Em seus esforços para explicar o comportamento dos assassinos em série, a psiquiatria moderna tem aplicado diversos rótulos clínicos a esses assassinos: sociopatas, psicopatas, personalidades antissociais. Mas apenas um rótulo parece apropriado para Andrei Chikatilo: *monstro*. De fato, se Chikatilo tivesse vivido alguns séculos antes, seria considerado um tipo bem específico de monstro: um licantropo, um homem aparentemente normal que, quando dominado pela sede de sangue, transforma-se em uma criatura voraz que ataca e estraçalha suas vítimas, rasga seus corpos e devora sua carne, exultando com o banho de sangue.

Chikatilo vivia duas vidas. Em uma delas era um avô de meia-idade e membro engajado do Partido Comunista. Formou-se em literatura russa e engenharia e – depois de uma carreira de dez anos de magistério –, trabalhou como gerente de suprimentos para um conglomerado industrial. Tímido e de fala mansa, era considerado pela esposa um homem atento, embora um tanto quieto, que sempre sustentou a família.

Ele também era um dos mais aterrorizantes serial killers da história.

Depois de praticar atos de tortura, estupro, canibalismo e assassinato por mais de uma década, Chikatilo foi finalmente capturado. Em 1992, durante seu julgamento, ele fez um autodiagnóstico que poucos contestariam: "Eu sou uma aberração da natureza, uma besta louca". A Besta Louca confessou o assassinato inconcebivelmente brutal de 53 vítimas – a maioria delas crianças –, embora reconhecesse que este número poderia ser de fato bem maior.

Chikatilo nasceu em 1936, na Ucrânia. Em decorrência da severa coletivização de terras promovida por Stálin nos anos 1930, sua infância foi

CASE STUDY CRIME SCENE

marcada pela fome e pela pobreza extremas. Um incidente ocorrido nessa época assombrou Chikatilo por toda a vida e às vezes é citado como fonte de suas obsessões monstruosas: um irmão mais velho foi supostamente morto e comido por camponeses famintos.

Um menino introvertido e severamente tímido cujas maneiras afeminadas faziam dele um alvo constante de chacota por parte de seus colegas de escola, Chikatilo tornou-se um adolescente confuso e obsessivo. Ter relações sexuais com mulheres revelou-se difícil e ele se convenceu de que era impotente. Casou-se em 1963, mas foi incapaz de consumar o casamento por algum tempo. O Estripador Russo nunca se viu como alguém sexualmente normal: "Nunca tive relações sexuais com uma mulher, e não tinha nenhum conceito de vida sexual. Sempre preferi ouvir rádio".

Levaria muitos anos para seu eu sexual aflorar por completo. Quando aflorou, seria na forma de algo mais animal do que humano.

Depois de trabalhar por um tempo como técnico em telefonia enquanto fazia faculdade por correspondência, Chikatilo iniciou sua carreira como professor de nível técnico, um trabalho para o qual era dolorosamente inadequado. Sua timidez patológica fazia com que fosse impossível disciplinar os alunos, que o tratavam com acintosa zombaria. Colegas também o consideravam esquisito e retraído. Mas o futuro "Açougueiro de Rostov" tinha suas próprias razões para investir na carreira pedagógica. Nessa altura, ele tinha descoberto sua atração pervertida por crianças. Não demorou muito até que começasse a molestá-las. Por fim, foi expulso de sua função como supervisor do dormitório estudantil depois de tentar praticar sexo oral com um garoto adormecido.

Ele passou de pedofilia para assassinato em 1978.

Nessa altura, já contava 42 anos – um assassino sexual de floração tardia, uma vez que a maioria deles começa a se dedicar à sua atividade mortal na adolescência ou na casa dos vinte anos. Lena Zakotnova, de nove anos, estava em uma parada de bonde quando Chikatilo a seduziu com a promessa de chicletes importados. Levou-a até um barraco decrépito e, após uma tentativa fracassada de estuprá-la, apunhalou-a repetidamente com uma faca, despejando o cadáver no rio. Apesar das fortes evidências ligando Chikatilo ao crime, a polícia continuou firmemente convencida de que o assassino era um rapaz com uma condenação prévia por estupro e assassinato, que acabou sendo condenado e executado pela morte de Zakotnova. Foi a primeira das muitas "mancadas" das autoridades que permitiram a Chikatilo permanecer à solta por mais 12 anos, causando horror e sofrimento às suas incontáveis vítimas.

Depois de perder o emprego de professor, Chikatilo mudou-se com a família para a cidade industrial de Rostov. Lá trabalhou como gerente de suprimentos de

CASE STUDY CRIME SCENE

uma fábrica. Foi nesse ponto em que ele realmente libertou sua besta interior. Ao longo dos 12 anos que se seguiram, Chikatilo rondou paradas de ônibus e estações de trem em Rostov e outras regiões. Seu método era simples: ele abordava suas vítimas – meninas, meninos ou moças – e oferecia comida, dinheiro ou um passeio de carro. Então, como uma criatura sinistra saída de um conto de fadas, levava sua presa incauta para a floresta, onde se operaria uma terrível metamorfose. Subjugando suas vítimas, ele as amarrava com uma corda e então – em um furor sanguinário – as atacava ferozmente usando uma faca, os dentes ou as próprias mãos, rasgava seus ventres, arrancava nariz e olhos, cortava e comia língua, mamilos e genitais – às vezes enquanto elas ainda estavam vivas. Chikatilo fartava-se dos órgãos internos das vítimas e mais tarde confessaria ter especial predileção pelo sabor e a textura do útero.

Como o dogma soviético insistia que o assassinato em série era um produto do capitalismo decadente – algo que nunca poderia existir em um Estado comunista –, os assassinatos nunca foram divulgados na imprensa, deixando a população desprevenida ainda mais vulnerável às ações destrutivas do monstro. Em diversas ocasiões, Chikatilo caiu sob suspeita da polícia, mas foi dispensado todas as vezes por falta de provas concretas. Em 1984, foi preso sob a acusação de roubo, mas liberado depois de apenas três meses de prisão. No decurso de algumas semanas, ele assassinou mais oito vítimas.

Apesar da enorme (embora não divulgada) caçada em curso, só em 1990 Chikatilo foi finalmente apanhado. Ao ser julgado, em 1992, ele foi mantido dentro de uma jaula para sua própria segurança. Lotando o tribunal, parentes das vítimas clamavam pelo seu sangue, enquanto – atrás das barras de aço – a Besta Louca grunhia desvarios, rasgava as próprias roupas, mostrava o pênis para a multidão e vomitava obscenidades contra o juiz.

Conforme o julgamento avançava, seu comportamento tornava-se cada vez mais ultrajoso. Em dado momento, declarou que estava grávido e lactando, e acusou os guardas de golpeá-lo de forma deliberada no abdome com o intuito de machucar seu bebê.

Se seu comportamento selvagem e bizarro era – como algumas pessoas pensavam – uma tentativa calculada de se provar louco, a tática falhou. Em 14 de fevereiro de 1994, depois de seu pedido de clemência ser rejeitado pelo presidente Boris Yeltsin, Chikatilo foi levado para um pátio da prisão e executado com um tiro na base do crânio.

NECROFILIA

O sufixo "filo" é utilizado para designar uma pessoa especialmente aficionada por algo. Há bibliófilos (aficionados por livros), enófilos (aficionados por vinho) e anglófilos (aficionados pela cultura inglesa). E há também os necrófilos, pessoas que se excitam sexualmente ao pensar, ver, cheirar ou tocar cadáveres.

Essa aberração é tão repulsiva que nem mesmo Richard von Krafft-Ebing – que adota um tom de desapego científico em sua clássica obra, *Psychopathia Sexualis* – consegue discuti-la sem usar palavras como "horrível", "repugnante" e "monstruoso". Porém, há gradações de perversidade até mesmo em relação aos necrófilos. Alguns são muito mais monstruosos que outros – e os serial killers, como seria de se esperar, estão na ponta mais terrível do espectro.

Por mais bizarro que possa parecer, alguns atos de necrofilia são motivados por um amor incontido. De acordo com as anotações em seu próprio diário, Ralph Waldo Emerson, uma das figuras mais veneradas da história literária norte-americana, estava tão devastado pela morte de sua jovem esposa, Ellen, que, pouco depois de seu enterro, foi ao cemitério em uma noite e desenterrou seu cadáver. (O que ele fez com o corpo depois de tirá-lo do túmulo ninguém sabe.) Essa variedade de necrofilia motivada pelo luto já chegou a ser celebrada na literatura. Na famosa balada folk do século XV, de autor desconhecido, *The Unquiet Grave* (*A Sepultura Inquieta*, em tradução livre), por exemplo, um jovem angustiado visita o local em que sua amada foi sepultada na esperança de obter um último beijo de "seus frios lábios de argila".

Por mais espantoso que possa parecer, esse tipo de necrofilia – em que um indivíduo desolado, movido por uma angústia profunda, desenterra sua amante para um último abraço – é pelo menos compreensível. Bem mais sinistro foi o caso de Carl von Cosel, um radiologista de meia-idade que trabalhava em um sanatório de Key West, na Flórida. Em 1931, Cosel ficou tão obcecado por uma bela e jovem paciente chamada Maria Elena de Hoyos que quando a moça morreu de tuberculose ele roubou o corpo e levou-o para casa. Apesar de ser tratado com formaldeído, o cadáver da mulher morta foi gradual e inevitavelmente se decompondo. Conforme isso ocorria, Cosel tentou várias medidas desesperadas para preservá-lo, usando cordas de piano para manter os ossos unidos, pondo olhos de vidro nas órbitas, substituindo a pele putrefata por cera e seda. E o mais assustador de tudo: ele inseriu um tubo entre as pernas para servir como uma "vagina" improvisada, de modo que pudesse continuar fazendo sexo com os restos mortais. Esse simulacro grotesco de amor verdadeiro continuou por sete anos antes de vir à luz. Mas nada poderia aplacar a obsessão de Cosel. Ele morreu em 1952, agarrado a uma boneca vestida com a máscara mortuária de sua amada.

Ainda que horrendas, as práticas mórbidas de Cosel pelo menos se restringiram a um único cadáver. Outros necrófilos foram bem mais promíscuos. Possivelmente o caso mais famoso registrado é o de um jovem militar francês, o sargento François Bertrand, cuja macabra carreira teve início na década de 1840. Possuído por uma compulsão irresistível de violar os mortos, Bertrand desenterrava corpos de mulheres recém-sepultadas em cemitérios parisienses – algumas vezes usando apenas as mãos. Então – "com um frenesi desvairado" (como ele próprio descreveu) –, estuprava, desmembrava, estripava e às vezes comia pedaços dos cadáveres. Comparado ao prazer obtido dessa mórbida conjunção carnal, ele confessou, "todo o gozo de possuir uma mulher viva era nada".

Henri Blot, 26 anos, outro necrófilo francês do século XIX, tinha o hábito de tirar um longo cochilo depois de desenterrar e fazer sexo com cadáveres femininos no cemitério de Saint-Ouen. Em uma dessas ocasiões, Blot apagou de tal forma que, na manhã seguinte, os funcionários do cemitério o encontraram adormecido ao lado do corpo violado de uma jovem bailarina. Levado a julgamento, Blot ganhou certa imortalidade nos anais da psicopatologia. Após ser repreendido pelo juiz por sua "conduta depravada", ele respondeu, indignado: ==“O que você faria? Cada homem tem seus próprios gostos. O meu é por cadáveres”.==

E havia também Viktor Ardisson, um coveiro mentalmente perturbado que teria feito sexo com mais de uma centena de cadáveres. Ele foi finalmente preso quando a polícia – que recebera denúncias de um terrível mau cheiro emanando de seus aposentos – encontrou o cadáver putrefato de uma menina de três anos no qual o coveiro praticara cunilíngua todas as noites ao longo de uma semana.

O necrófilo mais famoso dos EUA foi o carniceiro do Meio-Oeste Ed Gein. Nos anos que se seguiram à morte de sua mãe, em 1947, esse solteiro demente e solitário fez dezenas de incursões noturnas a cemitérios locais para desenterrar os corpos de mulheres de meia-idade e levá-los para sua decrépita casa de fazenda na periferia de Plainfield, em Wisconsin.

Gein, no entanto, diferia de seus pares europeus Bertrand e Blot em vários aspectos importantes. Em primeiro lugar, embora fosse claro que havia um componente sexual em seus atos (ele realizava exames ginecológicos nos corpos, removia e preservava as vulvas), Eddie aparentemente não praticava o coito. Em vez disso, ==usava os corpos como matéria-prima para criar vários artefatos macabros==, de abajures de pele humana e tigelas de crânio a uma "vestimenta mamária" que ele usava na tentativa desvairada de se transformar em mulher.

Além disso, Gein não era apenas um ladrão de túmulos e violador de mortos – era um assassino múltiplo. Quando o suprimento de cadáveres se esgotou, ele recorreu ao assassinato, despachando friamente duas mulheres de meia-idade e carregando seus despojos. Em casa, retalhou suas carcaças como veados e deu usos inimagináveis às partes de seus corpos.

É isso, obviamente, que torna serial killers necrófilos especialmente perversos. Por mais abominável que seja violar sepulturas e profanar sexualmente cadáveres, depravados como o sargento Bertrand e Henri Blot limitaram suas abominações a vítimas que já estavam mortas. Serial killers que praticam necrofilia, por outro lado, não desenterram cadáveres: eles criam os seus.

==O melhor que pode ser dito sobre Gein é que ele não era um sádico.== Indiferente a mulheres vivas, ele despachava rapidamente suas vítimas com tiro na cabeça, de modo que pudesse ==levar seus cadáveres para casa e brincar== com eles à vontade na privacidade de sua sinistra propriedade rural. O mesmo não pode ser dito a respeito de outros serial killers que praticaram necrofilia, como Ted Bundy e Andrei Chikatilo. Para assassinos sádicos como esses, violar um cadáver é parte de seu sadismo terrivelmente perverso, uma expressão de sua necessidade de dominar, humilhar e aniquilar outros seres humanos.

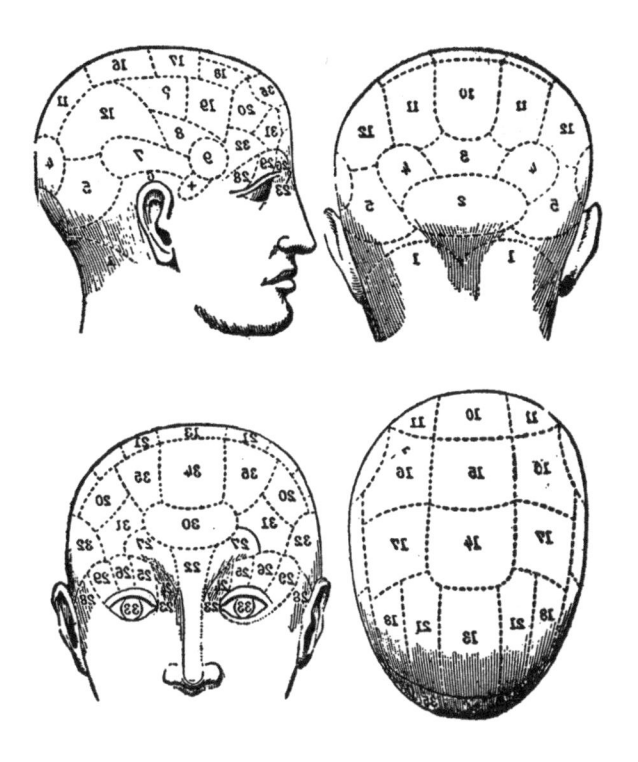

> Gostaria de chafurdar em cadáveres. Quero ser cada vez mais forte. Sei que corpos sem vida não podem se defender. Gostaria de torturar pessoas, mesmo depois de mortas.
> — Das fantasias de uma necrófilo, conforme registrado pelo dr. Wilhelm Stekel —

As abominações que serial killers já perpetraram contra os mortos vão além do escabroso. Edmund Kemper não apenas estuprava os cadáveres de suas vítimas universitárias antes de desmembrá-las como – em pelo menos uma ocasião – teve relações sexuais com o corpo de uma vítima *depois* de decapitá-la. De modo inverso, Douglas Clark, o "Assassino de Sunset Strip", usou a cabeça decapitada de uma prostituta para praticar uma felação necrófila.

De acordo com um dos seus contos aparentemente autobiográficos, Gerard Schaefer – o vulgo "Açougueiro de Blind Creek" – desenterrou o corpo de uma vítima feminina vários dias depois de enterrá-lo em um pântano e masturbou-se sobre seus restos putrefatos. Jeffrey Dahmer realizava sexo oral nos cadáveres de suas vítimas masculinas (que frequentemente morriam com uma ereção, uma reação fisiológica comum ao estrangulamento). Ele também gostava de abrir seus ventres e fazer sexo com as vísceras.

ESTUDO DE CASO - Nº 25
DENNIS NILSEN
AMANTE DOS MORTOS

Junto com Jeffrey Dahmer – o assassino com o qual mais se assemelha em termos de comportamento aberrante e *modus operandi* –, Dennis Nilsen é o mais infame necrófilo do final do século XX.

É difícil determinar a fonte exata de sua grotesca psicopatologia, já que ele não exibia nenhum dos clássicos sinais associados aos serial killers em desenvolvimento – sadismo na infância, por exemplo. Ao contrário: quando garoto, rechaçava a crueldade com animais. Alguns especialistas que estudaram seu caso atribuem sua obsessão por cadáveres à morte súbita e chocante do amado avô – a visão de seu cadáver teria deixado uma marca profunda na psique do jovem Nilsen. Igualmente importantes em termos de desenvolvimento emocional foram o terrível isolamento e a sensação esmagadora de solidão que experimentou quando criança e sofreu ao longo de toda a vida. E havia também os sentimentos fortemente conflitantes sobre sua homossexualidade.

Seja quais tenham sido as fontes de suas abomináveis perversões, o fato é que elas se manifestaram em uma idade precoce. Na adolescência, ele gostava de se deitar em frente a um espelho e se masturbar fingindo que o corpo refletido era um cadáver. Em 1961, com 16 anos, alistou-se no Exército. Tornou-se cozinheiro e aprendeu a retalhar a carne – uma habilidade que empregaria mais tarde para terríveis fins. Foi durante esse período que se apaixonou por um soldado de 18 anos que cedia às excentricidades do amigo se despindo e fingindo estar morto enquanto Nilsen fazia vídeos caseiros dele. Deixando o Exército após 11 anos, tentou trabalhar na polícia por um tempo. Embora gostasse das viagens esporádicas ao necrotério, o trabalho não era do seu feitio e ele logo conseguiu trabalho em uma agência de empregos do governo.

Após o término de um relacionamento de dois anos com outro rapaz, Nilsen – apartado de todo contato humano significativo – começou a reverter aos seus bizarros rituais autoeróticos, aplicando maquiagem cadavérica no corpo nu e se masturbando em frente a um espelho. Em 1978, sua doença latente – agravada pela absoluta incapacidade de se conectar a outro ser humano, pela sádica necessidade de controle e a grotesca atração por carne morta – atingiu um ponto de ebulição.

Sua primeira atrocidade estabeleceu o padrão para todas as outras que se seguiriam. No final de dezembro de 1978, Nilsen, com 33 anos, conheceu um adolescente em um pub local e o levou para casa para uma transa sem compromisso. Na

CASE STUDY CRIME SCENE

manhã seguinte – incapaz de suportar a ideia de passar o réveillon sozinho –, Nilsen estrangulou o garoto adormecido com uma gravata e, em seguida, liquidou a vítima submergindo sua cabeça em um balde d'água. Após saborear uma xícara de café e um cigarro, ele despiu o corpo, lavou-o e depois o deitou em sua cama. Ao longo dos dias que se seguiram, ele tratou o cadáver endurecido como um novo amante, vestindo-o com roupas íntimas limpas, acariciando-o, masturbando-se sobre ele. Por fim, escondeu o corpo sob o assoalho, embora o removesse de vez em quando para um banho e um pouco de sexo necrófilo. Ele conservou o cadáver por sete meses antes de queimá-lo em uma fogueira no quintal.

Para Nilsen, era o início de uma nova vida. "Eu começara a andar pela avenida da morte", ele diria mais tarde, "e possuía um novo tipo de colega de quarto."

Nos cinco anos seguintes, ele iria adquirir outros 14 desses "colegas de quarto" – jovens amantes casuais que ele transformava em cadáveres e conservava ao seu lado para lhe fazer companhia – dormindo com eles, dando banho neles e fazendo sexo com eles. Às vezes, recostava-se em um cadáver no sofá e assistia à TV em uma grotesca caricatura de aconchego doméstico. Nilsen podia chegar a estocar meia dúzia de cadáveres em seu apartamento de uma só vez – alguns no armário da cozinha, outros sob as tábuas do assoalho, outros no galpão do jardim. Quando, enfim, era hora de descartá-los, ele apelava para suas antigas habilidades de açougueiro: desmembrava os corpos com uma faca de cozinha, punha as vísceras em um saco plástico, fervia as partes em uma panela de sopa para separar a carne dos ossos, enfiava os troncos em malas de viagem e, então, cremava os restos no quintal.

O problema do descarte dos corpos ficou mais complicado quando, em 1983, ele se mudou para um apartamento no ático. Sem acesso a um jardim privativo, Nilsen recorreu ao imprudente método de retalhar suas vítimas e descartar as partes pela privada. O assassino foi pego quando o encanamento do edifício entupiu e o encanador descobriu horrorizado que o problema era causado por uma nauseante lama composta de ossos humanos e carne em decomposição.

Detido, Nilsen confessou voluntariamente suas atrocidades. Na verdade, ele parecia ansioso para compreender seus próprios motivos, cooperando com o escritor Brian Masters no livro *Killing for Company* (*Matando por Companhia*, em tradução livre, de 1985). No fim, entretanto, tal perversidade continua além da compreensão. Nilsen apontou em cheio para a assustadora motivação fundamental de todos os criminosos sexuais psicopatas. Ao ser questionado sobre o que o fizera cometer tais horrores, respondeu: "Fiz porque gostava e este é um motivo tão bom quanto qualquer outro".

PEDOFILIA

Para certo tipo de psicopatas, as crianças são apenas alvos de ocasião, não diferindo de quaisquer outras pessoas vulneráveis que têm o azar de cruzar o seu caminho. Em 1920, por exemplo, enquanto morava em Luanda, na Angola, Carl Panzram estava um dia descansando em um parque não muito longe do consulado dos EUA. Enquanto estava sentado lá, um menino africano, de 11 ou 12 anos, se aproximou.

"Ele estava procurando alguma coisa", Panzram escreve em suas arrepiantes memórias escritas na prisão. "E achou. Eu o levei para uma cascalheira a cerca de 400 metros da principal vila mineira da Sinclair Oil Company em Luanda. Deixei-o lá, mas antes o sodomizei e o matei. Os miolos dele saíam pelos ouvidos quando o deixei, e ele nunca vai ficar mais morto que isso. Ele ainda está lá." Apesar deste e outros atentados perpetrados contra menores, Panzram não visava especificamente crianças. Sem fazer qualquer distinção quando se tratava de mutilar e exterminar, ele ficava contente de matar qualquer um, independentemente da idade ou do sexo. Porém, *há* assassinos em série que têm uma inclinação exclusiva por crianças: monstros pedófilos que obtêm intenso prazer sádico do ato de estuprar e assassinar brutalmente os mais jovens.

Albert Fish foi possivelmente o representante mais terrível dessa espécie abominável de assassinos. Da adolescência à velhice, sua vida inteira foi consagrada à tortura sexual de crianças, principalmente meninos. Sem nunca parar por muito tempo em um só lugar, ele estuprou pelo menos cem pequenas vítimas e assassinou no mínimo 15 em 23 estados norte-americanos, de Nova York a Montana.

O que tornava Fish especialmente terrível era que, nas palavras de um psiquiatra designado pelo tribunal, "ele tinha menos interesse em ter relações sexuais com essas crianças do que em fazê-las sofrer". Muitas de suas vítimas eram crianças afro-americanas da periferia, visadas "porque as autoridades não prestavam muita atenção quando elas eram agredidas ou desapareciam". Fish as atraía para porões com a promessa de doces ou dinheiro e então, arremetendo contra elas, as amarrava, estuprava e torturava. Às vezes as amordaçava, embora, como explicou, "preferia não amordaçá-las, caso as circunstâncias permitissem, porque gostava de ouvir seus gritos". Em contraste com alguns psicopatas, cujas tendências violentas diminuem um pouco conforme o apetite sexual declina com a idade, as atrocidades de Fish só ficaram mais extremas com o passar dos anos. Sua atrocidade suprema – o rapto, desmembramento e canibalização da menina Grace Budd, de 12 anos, em 1928 – não foi confirmada até que Fish estivesse na casa dos sessenta anos.

Outros infames assassinos de crianças nos EUA durante o século XX incluem:

WESTLEY ALLAN DODD | 1961–1993 Como Albert Fish, Westley Dodd passava a maior parte do tempo fantasiando sobre os atos mais terríveis. "Quanto mais eu pensava, mais achava excitante a ideia de assassinato", ele confessou em uma carta. "Planejei muitas formas de matar um menino. Então comecei a pensar em tortura, castração e até canibalismo. [...] Eu estava interessado sobretudo em comer os órgãos genitais enquanto os meninos assistiam. Queria fazer isso mais como uma forma de tortura do que qualquer outra coisa." Embora sua carreira odiosa tenha terminado antes que tivesse a oportunidade de pôr em prática a mais absurda de suas fantasias, ele ainda conseguiu cometer um número espantoso de crimes, incluindo três assassinatos e cerca de 175 agressões sexuais a crianças.

As compulsões pedófilas de Dodd se apoderaram dele pela primeira vez aos 13 anos quando, da janela de seu quarto, começou a expor os genitais a crianças que passavam pela rua. Ele logo progrediu para formas mais ativas de abuso, brincando de "jogos" sexuais com primos mais novos, garotos da vizinhança e crianças dos acampamentos de verão em que procurava trabalho como conselheiro especificamente para obter acesso sexual às pequenas vítimas. No final da adolescência, já era um predador sexual consumado. Embora reiteradamente detido por abordagem imprópria de crianças, Dodd sempre recebia punições leves – em geral, um curto período atrás das grades e orientação psicológica. Em 1987, depois de ser preso por tentar atrair um menino de oito anos para um prédio abandonado, foi condenado por um "crime menor" e passou menos de quatro meses na cadeia. O psicólogo que o tratou na época previu com precisão que o jovem pederasta apresentava "altíssimo risco de incorrer em futuros delitos". Mas ele subestimou tragicamente o potencial de Dodd para a violência, concluindo que, embora impulsionado por desejos sexuais por crianças, Dodd "não queria machucá-las".

Em setembro de 1989, depois de escolher um parque em Vancouver, Washington, como um "bom terreno de caça", Dodd emboscou, molestou e assassinou brutalmente Cole Neer, de 11 anos, e seu irmão William, de dez. Pouco mais de um mês depois, raptou Lee Iseli, de quatro anos, de um playground em Portland, Oregon. Ele levou a criança para casa e então a molestou e torturou por quase 24 horas antes de estrangulá-la e pendurar o cadáver no armário de seu quarto. Dodd documentava essas barbaridades em uma série de fotos Polaroid que a polícia encontraria mais tarde – junto com outras espantosas evidências – em uma mala sob sua cama.

Pouco depois, Dodd foi preso em flagrante enquanto tentava raptar um menino de seis anos em um cinema em Camas, Washington. Admitindo ser culpado por três homicídios e uma tentativa de sequestro, foi condenado à morte e enforcado em 5 de janeiro de 1991, aos 31 anos.

> Eu fico excitado quando penso em matar crianças.
> — WESTLEY ALLAN DODD —

ARTHUR GARY BISHOP | 1951–1988   Nascido em 1951, Arthur Bishop foi criado por pais mórmons devotos, destacou-se na escola e foi promovido a *Eagle Scout*, mais alto posto dentro da organização de escotismo *Boy Scouts of America*. Depois de se formar na escola secundária, serviu como adolescente missionário nas Filipinas. Não se sabe que forças nessa vida aparentemente exemplar o transformaram em um terrível monstro psicopata.

O que se sabe é que, por volta dos 25 anos, ele era viciado em pornografia infantil. Sumariamente despedido em 1978 depois de se apropriar de forma indevida de quase dez mil dólares de um empregador, ele assumiu uma nova identidade – "Roger Downs" – e se mudou para um condomínio em Salt Lake City. Não demorou até que se tornasse mentor no programa de assistência a jovens desfavorecidos da organização *Big Brothers Big Sisters of America*, de modo que pudesse ter acesso aos meninos que desejava possuir.

Bishop passou de abuso sexual a assassinato em outubro de 1979. Ele atraiu um vizinho de quatro anos chamado Alonzo Daniels para seu apartamento e começou a acariciá-lo. Quando a criança começou a chorar e ameaçou contar a alguém o que estava acontecendo, Bishop golpeou-o com um martelo, afogou-o na banheira, pôs o corpo em uma caixa grande de papelão e levou para seu carro, passando pela mãe do menino, que procurava freneticamente pelo filho desaparecido. Bishop enterrou o cadáver no deserto, a trinta quilômetros da cidade.

Assim como Jeffrey Dahmer – que tentou em vão satisfazer seus desejos necrófilos com manequins –, Bishop buscou um meio mais seguro de dar vazão aos seus impulsos homicidas cada vez mais intensos. No ano que se seguiu ao assassinato de Alonzo Daniels, ele matou mais de duas dezenas de filhotes de cachorro. Depois de adotá-los em abrigos de animais, ele os levava para casa e os estrangulava, afogava ou espancava até a morte. No final, esses substitutos caninos não foram mais eficazes que os manequins de Dahmer.

Em novembro de 1980, Bishop matou Kim Peterson, de 11 anos, depois de atrair o menino até seu apartamento com a promessa de comprar os patins antigos dele. O corpo de Peterson acabou no deserto ao lado do de Alonzo Daniels. Outras vítimas se seguiram: Danny Davis, de quatro anos, sequestrado em um supermercado em outubro de 1981, e Troy Ward, de seis anos, raptado em um playground local em junho de 1983.

Bishop foi finalmente capturado em julho de 1983, depois de matar um menino de 13 anos que deveria acompanhar em uma viagem de acampamento. Após um julgamento de seis semanas, em 1984, ele foi condenado por cinco homicídios qualificados e executado por injeção letal.

ROBERT BLACK | 1947– Assassinos sexuais pedófilos não são um fenômeno estritamente norte-americano. Esses monstros existem no mundo inteiro. E nem sempre atacam garotinhos, como ilustra o caso do serial killer britânico Robert Black.

Filho ilegítimo, Black nasceu em 1947, foi adotado aos seis meses de idade e criado nas Terras Altas da Escócia. Durante seus primeiros anos de escola, desenvolveu a reputação de valentão covarde que perseguia crianças mais fracas (uma de suas vítimas era um garoto mais novo com uma perna artificial). Ele também demonstrava um fascínio precoce pela sexualidade perversa. Desde a infância, gostava de inserir objetos no ânus, uma prática que continuou ao longo de toda sua vida. (Depois de ser preso, a polícia ficou chocada ao descobrir fotos que ele tirara de si mesmo com todos os tipos de itens bizarros projetando-se de seu reto, incluindo uma garrafa de vinho, um telefone e uma perna de mesa.)

A mãe adotiva de Black morreu quando ele tinha 11 anos. Um ano depois – junto com uma colega de escola – ele tentou estuprar uma garotinha. Enviado a um lar para meninos problemáticos, foi alvo de constantes abusos sexuais por parte de um funcionário. Em 1962, com 15 anos, Black deixou a instituição e conseguiu um emprego como entregador em uma cidade nas proximidades de Glasgow. Nos dois anos seguintes, conforme admitiu posteriormente, molestou cerca de quarenta garotinhas enquanto fazia suas rondas, incluindo uma menina de sete anos que ele atraiu para dentro de um prédio abandonado, estrangulou até deixar inconsciente e em seguida despiu e molestou. Depois de se masturbar sobre o corpo inerte, fugiu da cena do crime, mas foi preso mais tarde. Inexplicavelmente, sua punição consistiu apenas de uma repreensão severa. Black logo retomaria suas depravações.

Continuando a atacar garotinhas – incluindo a neta de nove anos de seu senhorio –, foi encarcerado por um ano em 1967 depois de ser considerado culpado de três acusações de estupro. Após ser libertado, procurou novos "campos de caça" em Londres e conseguiu emprego como salva-vidas de piscina – um trabalho que lhe permitia espiar meninas enquanto brincavam na água. Sua forma preferida de ginástica nessa época era invadir o local de expediente após o horário de trabalho e dar voltas na piscina com um cabo de vassoura alojado no ânus.

Não se sabe ao certo quando Black começou a matar, mas alguns especialistas acreditam que ele tenha feito sua primeira vítima menor de idade já em 1969. Não há dúvidas, entretanto, de que entre julho de 1982 e março de 1986 ele raptou e assassinou três garotinhas ao longo da fronteira da Inglaterra com a Escócia. Foi preso em flagrante enquanto raptava uma quarta vítima em potencial em julho de 1990 e acabou condenado à prisão perpétua. Além do trio de crianças que ele sequestrou, estuprou e sufocou, ele é suspeito dos assassinatos de outras dez, embora tenha se recusado a confessá-los.

GERONTOFILIA

Embora repugnante, a pedofilia é uma perversão bastante comum. Dificilmente se passa uma semana sem que haja alguma notícia de uma figura pública respeitada – um professor, monitor de escoteiros, sacerdote – presa por abusar de crianças ou fazer download de pornografia infantil na internet.

Uma aberração muito menos comum é a que envolve o amor anormal entre gerações. Gerontofilia – o oposto da pedofilia em relação à idade – é o termo técnico para a fixação sexual mórbida por pessoas idosas.

Alguns serial killers visam idosos pela mesma razão que visam crianças: porque idosos indefesos são alvos fáceis. Outros, no entanto, são gerontófilos sádicos – depravados que encontram prazer em atacar e matar os mais velhos.

JOHN WAYNE GLOVER | 1932–2005   Mais do que qualquer outro de sua espécie dissimulada, John Glover era a última pessoa que alguém suspeitaria ser um assassino psicopata. Jovial e respeitável homem de família na casa dos cinquenta anos, Glover levava uma impecável vida de classe média em um elegante bairro residencial de Sydney, na Austrália. Tinha um casamento sólido, duas filhas queridas, uma casa confortável, bons amigos, vizinhos que o admiravam e um emprego estável como representante de vendas da Four 'n' Twenty.[6] Ele costumava beber com o ex-prefeito de sua cidade e dedicava o tempo livre a fazer trabalhos de caridade para a *Senior Citizens Society* (organização que presta assistência a idosos).

---

6   Marca popular de *meat pies*, tradicionais tortas de carne australianas. [NT]

Mas algo muito mais sinistro ligava Glover aos cidadãos idosos. Sem que o mundo soubesse, o simpático senhor de meia-idade era um perverso assassino em série cujos impulsos homicidas eram desencadeados por velhinhas.

Natural da Inglaterra, Glover emigrou para a Austrália em 1956, com 24 anos, e dentro de alguns anos foi indiciado por estuprar duas vítimas do sexo feminino. Punido com apenas três anos e meio de liberdade condicional, ele logo teve problemas com a lei de novo, sendo preso sob a acusação de voyeurismo em 1965. Depois de um breve período na cadeia, ele casou, sossegou e parecia ter se reformado. Mas, como ocorre com todos os psicopatas, era apenas uma questão de tempo até que sua natureza sombria se manifestasse de novo.

Em março de 1989, Glover começou a praticar a série de atrocidades que o tornariam infame como o "Assassino de Vovós", um dos mais selvagens e perversos serial killers da história da Austrália. A marca registrada de Glover – seu "cartão de visitas" homicida – era golpear brutalmente o crânio das vítimas com um martelo, estrangulá-las com suas próprias meias-calças e fugir com o dinheiro delas. Suas vítimas eram mulheres frágeis, frequentemente doentes, e de idade avançada – a maioria na casa dos 80 anos, uma na casa dos 90, nenhuma com menos de 77. Várias só podiam andar com a ajuda de bengalas, uma era parcialmente surda e cega, outra sofria de câncer.

Embora Glover não as estuprasse, havia uma clara motivação sexual em seus crimes, já que ele tinha prazer em despir suas meias e roupas íntimas. Durante o período de suas matanças, também começou a molestar senhoras enfermas enquanto visitava lares de idosos na função de vendedor de *meat pies*.

Na ocasião em que cometeu seu quinto assassinato, a maior força-tarefa na história da Austrália tinha sido criada para capturá-lo. E a chance veio em janeiro de 1990, quando, ao fazer uma visita comercial a um hospital, Glover tentou molestar sexualmente uma paciente idosa com câncer. Percebendo que tinha sido identificado, Glover foi para casa e tentou o suicídio, deixando uma mensagem que dizia, em parte: "Sem mais vovós, sem mais vovós". Recuperando-se dessa tentativa, ele conseguiu cometer um último assassinato, mesmo sob vigilância policial. Julgado em novembro de 1991, ele foi considerado culpado por seis acusações de homicídio e recebeu uma sentença de prisão perpétua por cada uma.

> Eu simplesmente vejo essas senhoras e sinto uma
> compulsão irresistível de ser violento com elas.
> — JOHN WAYNE GLOVER —

DANIEL RAY TROYER | 1960– Suspeito de nada menos que 13 homicídios, Troyer cometeu seu primeiro ataque a uma mulher idosa em 1978, ao espancar, sufocar e tentar estuprar uma tetraplégica de 71 anos em Salt Lake City, Utah.

Enviado para a prisão pelo crime, ganhou liberdade condicional depois de sete anos. Um mês depois, em 17 de julho de 1985, matou Drucilla Ovard, de 83 anos, encontrada espancada e estrangulada no banheiro de sua casa. Embora não tivesse sido estuprada, o assassino despira suas roupas e a pusera em uma posição obscena para se masturbar sobre seu corpo, deixando uma toalha manchada de sêmen.

Duas semanas depois dessa atrocidade, Troyer invadiu a casa de Carol Nelson, de setenta anos, a poucos quarteirões do apartamento da vítima anterior. Felizmente para a sra. Nelson, ela não estava em casa. Alertada por um vizinho que testemunhara a invasão, a polícia chegou rapidamente e prendeu Troyer, que recebeu uma pena de um a 15 anos de reclusão por arrombamento com intenção de roubar.

Ele foi posto em liberdade condicional três anos mais tarde. Em 17 de agosto de 1988 – apenas duas semanas depois de ser libertado –, deixou o centro de reabilitação para se candidatar a um emprego em uma escola técnica para barbeiros. Nesse mesmo dia, espancou e estrangulou Ethel Luckau, de 88 anos, em sua casa, a três quadras da escola. Mais uma vez, uma toalha manchada de sêmen foi encontrada ao lado do corpo nu da vítima.

Graças à tecnologia de DNA, que o ligou ao sêmen deixado nas duas cenas do crime, Troyer acabou sendo sentenciado a duas penas consecutivas de prisão perpétua pelos assassinatos de Ovard e Luckau. Autoridades em Utah, no entanto, acreditam que ele pode ser responsável pela morte de até 13 mulheres idosas, incluindo Thelma Blodgett, de 69 anos, assassinada menos de uma semana antes de Drucilla Ovard e Lucille Westermann, de 73, assassinada apenas seis dias depois de Ethel Luckau.

THIERRY PAULIN | 1963–1989 Também conhecido como "Monstro de Montmartre" e "Assassino de Velhinhas", Thierry Paulin destacou-se como uma anomalia não só dentro da sociedade "normal", mas também entre os serial killers. Vítimas de psicopatas sádicos geralmente espelham a própria etnia e sexualidade do assassino: brancos tendem a atacar brancos, negros visam negros, heterossexuais visam mulheres, gays visam outros homens etc. Paulin quebrou todas essas expectativas. Travesti, negro e loiro oxigenado, Paulin assassinou brutalmente mais de vinte mulheres brancas e idosas no bairro de Montmartre, em Paris, em meados da década de 1980, criando pânico entre a população idosa da cidade.

A onda de crimes de Paulin teve início em 1984, aos 21 anos. Acompanhado na ocasião por seu amante, Jean-Thierry Maturin, de 19 anos, Paulin seguia senhoras de idade do mercado até em casa e as atacava ao destrancarem a porta da frente. Ele e seu cúmplice eram extremamente cruéis. Uma das vítimas, Marie Choy, de 88 anos, foi amarrada com um fio de aço e forçada a beber água sanitária antes de ser espancada até a morte. Outra, Maria Mico-Diaz, de 75, foi tão brutalmente golpeada com uma faca que quase a partiram ao meio.

O "Monstro de Montmartre" comemorou seu aniversário de 24 anos, em novembro de 1987, atacando três vítimas durante um único fim de semana. Uma sobreviveu para descrevê-lo à polícia, que teve pouca dificuldade em localizar um travesti negro com cabelo loiro artificial. Sob custódia, Paulin confessou o assassinato de 21 vítimas femininas na faixa etária de 60 a 95 anos. Ele morreu de AIDS em abril de 1989, enquanto aguardava julgamento.

Albert Fish por Joe Coleman

Portrait of Albert Fish 1992 *acrylic on masonite*

O PIOR PERVERTIDO DO MUNDO

À primeira vista, pode parecer um esforço quixotesco identificar o serial killer mais aberrante de todos os tempos. Quem, afinal, era mais doente: Jeffrey Dahmer, que admitiu que abrir suas vítimas e ver seus órgãos internos o deixava sexualmente excitado? Fritz Haarmann, que tinha orgasmos enquanto rasgava a garganta de suas vítimas com os dentes? Arthur Shawcross, que tinha prazer sexual em desenterrar o cadáver em decomposição de uma prostituta assassinada, cortar fora sua vulva e comê-la? Douglas Clark, que gostava de praticar felação com as cabeças decapitadas de suas vítimas? Os Estranguladores da Colina, que estupravam suas vítimas enquanto obrigavam-nas a engolir soda cáustica?

Mesmo entre os psicopatas mais abomináveis, entretanto, uma figura se destaca sobre as outras: Albert Fish. Vários elementos fazem desse assassino da Grande Depressão um ser especialmente monstruoso.

Para começar, ele era um pedófilo crônico que atacava exclusivamente crianças. Além disso, era um sádico sem rédeas, que não apenas estuprava e matava suas pequenas vítimas como as sujeitava às mais terríveis torturas. (Em pelo menos uma ocasião ele amarrou um rapaz, cortou seu pênis com uma tesoura e deixou-o sozinho sangrando até a morte.)

A necessidade de Fish de infligir dor estendia-se a si mesmo. Ele não era apenas um sádico, era um masoquista fervoroso. Contratava mulheres para amarrá-lo e açoitá-lo. Quando não havia ninguém disponível para o trabalho, ele se autoflagelava com um remo especialmente projetado, cravejado de pregos.

Mas sadismo e masoquismo eram apenas duas das suas parafilias. Ele costumava praticar tanto *urofilia* (uma fascinação pervertida pela urina que, no caso de Fish, envolvia forçar meninos a mijar nele, que também bebia a urina) como *coprofagia* (comer fezes). Também era um monstro canibal saído diretamente do conto de fadas "João e Maria": em duas ocasiões distintas, ele desmembrou suas jovens vítimas e transformou partes de seus corpos em um guisado, que devorou ao longo de vários dias.

Escritor compulsivo de notas obscenas, Fish gostava de deliciar seus correspondentes com descrições explícitas de suas atrocidades. Em uma carta, ele relatou os horrores que tinha perpetrado contra um menino de quatro anos chamado Billy Gaffney depois de sequestrá-lo de casa e levá-lo a um aterro sanitário:

> Levei o garoto G até lá. Tirei a roupa dele, amarrei-lhe as mãos e os pés e o amordacei com um pedaço de pano sujo que encontrei no lixão. Depois queimei suas roupas. Joguei seus sapatos no lixão. Então, voltei e peguei o bonde para a 59 Street às duas da manhã e caminhei de lá para casa.

> No dia seguinte, por volta das 14h, peguei ferramentas e um chicote bom e pesado. Fabricação caseira. Punho curto. Cortei um dos meus cintos ao meio, e esta metade em seis tiras de cerca de vinte centímetros de comprimento.

Chicoteei suas costas nuas até o sangue escorrer pelas pernas. Cortei suas orelhas, o nariz e cortei sua boca de orelha a orelha. Arranquei seus olhos. Ele estava morto nesse ponto. Enfiei a faca na barriga dele e encostei minha boca para beber seu sangue.

Peguei quatro sacos velhos de batata e juntei um monte de pedras. Então o retalhei. Tinha uma mala comigo. Coloquei o nariz, as orelhas e algumas fatias de sua barriga na mala. Fiz um corte passando pelo meio do seu corpo. Logo abaixo do umbigo. Depois fiz outro passando pelas suas pernas cerca de cinco centímetros abaixo do traseiro. Coloquei isso na minha mala com um monte de papel. Cortei fora a cabeça, os pés, braços, mãos e as pernas abaixo do joelho.

Isso eu pus em sacos junto com pedras, amarrei as pontas e joguei dentro das poças de água lamacenta que você pode ver ao longo de toda a estrada em direção a North Beach. A água tem entre um metro e um metro e meio de profundidade. Eles afundaram na mesma hora.

==Voltei para casa com minha carne.== Eu tinha a parte frontal de que mais gostava. Seu pênis e testículos e uma boa gordurinha atrás para assar no forno e comer. Fiz um guisado com as orelhas, o nariz, pedaços do rosto e da barriga. Pus cebolas, cenouras, nabos, aipo, sal e pimenta. Estava bom.

==Enquanto estava na prisão, Fish foi submetido a exames intensivos por um destacado psiquiatra de Nova York, dr. Fredric Wertham, que concluiu: a vida de Fish tinha sido de uma "perversidade sem paralelo"== e que ele praticara habitualmente "todas as perversões sexuais conhecidas e algumas nunca vistas antes". Ele chegou a essa conclusão depois que ==Fish descreveu algumas de suas atividades favoritas:== enfiar algodão encharcado com álcool no reto e botar fogo, por exemplo; ou introduzir o talo espinhento de uma rosa no pênis, se olhar no espelho e depois retirar a rosa e comer as pétalas. Quando os carcereiros notaram que Fish tinha dificuldade para se sentar, ele explicou que gostava de enfiar agulhas de costura na genitália e deixá-las lá. Ninguém acreditava nele, até que ==um raio X revelou a presença de mais de duas dezenas de agulhas alojadas em sua região pélvica.==

No total, Wertham concluiu que Fish era afligido por nada menos que 17 parafilias. Em uma tentativa fútil de salvar seu cliente da cadeira elétrica, o advogado de Fish citou todas as 17 perversões para provar que o velho era louco.

"É digno de nota", ele escreveu à Corte de Apelação, "que nenhum histórico de caso, seja nos anais jurídicos ou médicos, contém registro de um indivíduo que possua todas essas anormalidades sexuais."

LEITURA RECOMENDADA RICHARD VON KRAFFT-EBING. Psychopathia Sexualis | 1886. WILHELM STEKEL. Sadism and Masochism | 1929. J. PAUL DE RIVER. The Sexual Criminal | 1949. JAMES MELVIN REINHARDT. Sex Perversions and Sex Crimes | 1967. ROBERT K. RESSLER, ANN W. BURGESS e JOHN E. DOUGLAS. Sexual Homicide | 1988. SONDRA LONDON. True Vampires | 2003. REAY TANNAHIL. FLESH AND BLOOD: A HISTORY OF THE CANNIBAL COMPLEX | 1975. MOIRA MARTINGALE. Cannibal Killers | 1993. CHRISTY TURNER II e JACQUELINE TURNER. Man Corn: Canibalism and Violence in the Prehistoric American Southwest | 1999.

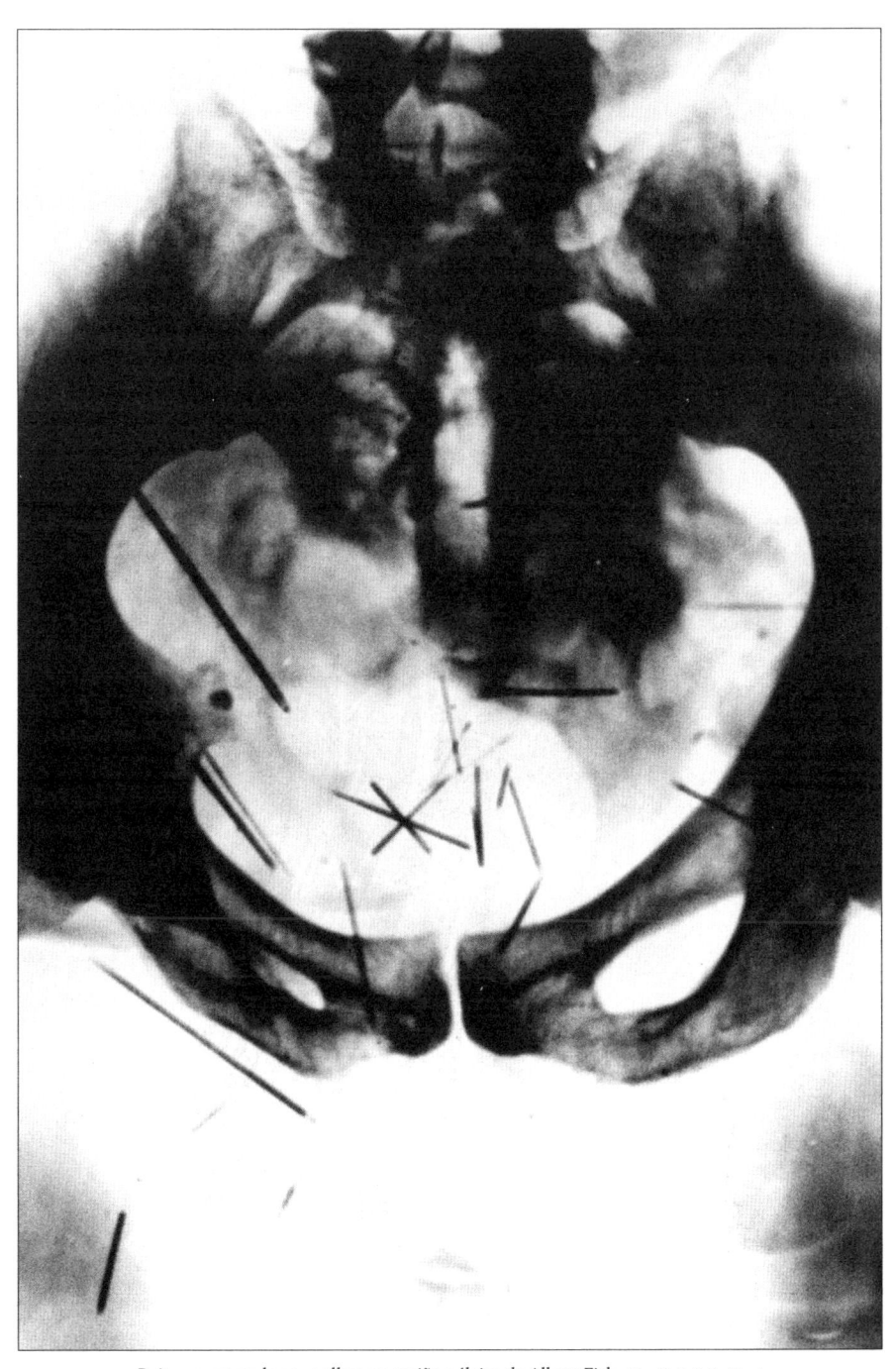

Raio x mostrando as agulhas na região pélvica de Albert Fish. *(New York Daily News)*

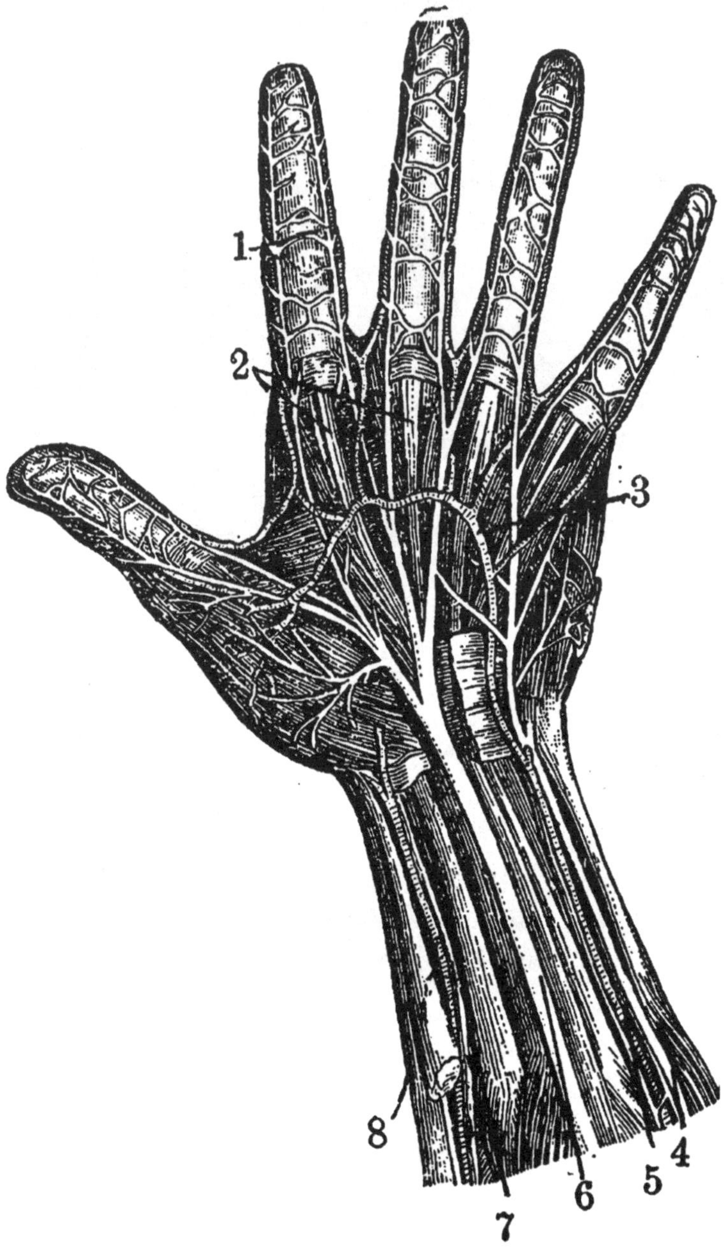
1
2
3
4
5
6
7
8

SERIAL KILLERS
ANATOMIA DO MAL

CAPÍTULO 5

POR QUE ELES MATAM

É natural buscar uma explicação simples para as origens do assassinato em série. Para a mente normal, os crimes de criaturas como Jeffrey Dahmer e Ted Bundy parecem tão inconcebíveis que buscamos desesperadamente explicações racionais para eles. Se pudéssemos identificar uma causa específica para essas monstruosidades – abuso infantil, desequilíbrio bioquímico, qualquer coisa – o horror pelo menos pareceria compreensível. Conseguir entender esse fenômeno daria certo grau de conforto. Talvez pudéssemos até mesmo preveni-lo no futuro.

Infelizmente, alguns mistérios nunca podem ser totalmente resolvidos. Mesmo um gênio como Sigmund Freud admitiu derrota quando se tratava de responder certas questões sobre a psicologia humana. Exatamente por que uma pessoa "deveria ser de um jeito e não de outro" era, ele insistiu, impossível dizer. É difícil obter qualquer tipo de explicação definitiva quando existem tantos fatores aleatórios e incognoscíveis que interferem no desenvolvimento de um indivíduo.

Freud falava sobre gênios criativos como Leonardo da Vinci quando fez essa observação. Mas sua afirmação é válida para serial killers também. Um prodígio do mal como Jeffrey Dahmer é, em certo nível, tão insondável como um prodígio de criatividade artística ou matemática como Picasso ou Einstein.

Filósofos, poetas, grandes pensadores e escritores têm lutado com a questão do mal há milênios. Nos EUA, uma das mentes mais brilhantes a lidar com tal tema foi Herman Melville, romancista do século XIX. Em *Billy Budd* (1888), sua derradeira obra-prima, ele pondera sobre a depravação do vilão psicopata John Claggart, que planeja destruir a inocente personagem-título sem motivo aparente. O que, pergunta-se Melville, poderia ter criado um ser como Claggart? Melville considera várias possibilidades. Talvez Claggart fosse o produto de uma "educação corrupta". Ou talvez tivesse lido muitos "livros imorais". Ou quem sabe mergulhara em uma "vida dissoluta".

No final, nenhuma dessas explicações parece adequada, e Melville é forçado a entregar os pontos e concluir que uma maldade desproporcional como a de Claggart nunca pode ser inteiramente explicada; ela é – nas palavras da Escritura – um "mistério da iniquidade".

Mesmo assim, admitir que nunca saberemos as verdadeiras origens do assassinato em série não nos deve impedir de considerar algumas causas que contribuem para esse fenômeno. Várias teorias têm sido apresentadas ao longo dos anos. Algumas têm sido desacreditadas, outras são questionáveis, enquanto outras ainda são bastante sólidas, apesar de não oferecerem uma explicação completa e definitiva.

ATAVISMO

A palavra "atavismo" refere-se a uma característica antiga, ancestral, que reaparece na vida moderna. E não há dúvida de que há algo de atávico em relação a certos serial killers que – em sua selvageria desenfreada – parecem criaturas de uma era primitiva, quando canibalismo, sacrifício humano e outras barbaridades do tipo eram comuns no mundo.

De fato, é precisamente essa qualidade atávica que explica o terrível encanto que alguns desses psicopatas exercem sobre nós. É ao mesmo tempo aterrador e estranhamente fascinante pensar em alguém como Eddie Gein – um tímido fazendeiro do Centro-Oeste que se vestia com a pele esfolada de cadáveres – como se fosse um antigo sacerdote asteca realizando um ritual para aplacar os deuses da morte. Ou Jeffrey Dahmer, que construiu um altar pagão de crânios, ossos e partes de corpos em seu apartamento em Milwaukee como uma forma de absorver magicamente a "essência" de suas vítimas. Ou Ted Bundy, um jovem e distinto estudante de direito que quando dominado pela sede de sangue se tornava monstruoso e feroz como um lobisomem.

Esses e outros exemplos levaram alguns psicólogos a argumentar que assassinos sádicos são indivíduos que sofreram um completo colapso do processo normal de socialização. O tipo de educação infantil que inculca valores morais, empatia e consciência no resto de nós falhou totalmente no caso deles. Como resultado, tornam-se suscetíveis a impulsos sombrios e bárbaros que brotam dos níveis mais primitivos da mente. É como se, sob determinadas circunstâncias, uma criatura selvagem e subumana assomasse à superfície de seus eus atuais e se apossasse temporariamente deles, tal como o bestial mr. Hyde na clássica fábula de Robert Louis Stevenson, *O Estranho Caso do Dr. Jekyll e Mr. Hyde* (1886), também conhecido como *O Médico e o Monstro*.

Há algum mérito nessa visão atávica do assassinato em série. Pelo menos, é uma metáfora útil para o tipo de transformações monstruosas pelas quais assassinos como Bundy passam. Um cientista, no entanto, levou essa teoria a extremos absurdos. Seu nome era Cesare Lombroso. Hoje em dia, ele é considerado um tipo excêntrico cujas teorias foram completamente desacreditadas. No seu tempo, entretanto, era admirado como o criminologista mais importante de sua era e o pai de algo chamado "antropologia criminal".

Em seu livro *O Homem Delinquente* (1876), Lombroso (que era fortemente influenciado pelas teorias de Darwin) sustentava que os criminosos violentos não eram meramente bárbaros no comportamento. Eles eram atavismos literais – seres selvagens, de aspecto neandertal, nascidos no mundo moderno por conta de alguma falha evolutiva. Como eles eram reversões ao passado pré-histórico, podiam ser identificados por certas características físicas que os faziam se assemelhar a uma espécie inferior, mais simiesca. De acordo com Lombroso, criminosos natos se diferenciavam por crânios pequenos, testas inclinadas, sobrancelhas salientes, orelhas protuberantes, dentes ruins, peito largo e abaulado, braços desproporcionalmente longos e vários outros traços. Também era comum que tivessem tatuagens, que o autor associava aos membros de tribos aborígenes, ou, como ele coloca, "à humanidade primitiva".

Eu parecia compreender, de repente, iluminado como uma vasta planície sob um céu flamejante, o problema da natureza do criminoso: um ser atávico cuja pessoa reproduz os instintos ferozes da humanidade primitiva e dos animais inferiores. Assim se explicavam anatomicamente as enormes mandíbulas, os altos molares, as arcadas superciliares protuberantes, as linhas solitárias nas palmas das mãos, o inusitado tamanho das órbitas, as orelhas em forma de asa que se observam nos criminosos, nos selvagens e nos macacos, a insensibilidade à dor, a extrema agudeza da visão, o gosto pelas tatuagens, pela ociosidade excessiva e pelas orgias, a ânsia irresponsável pela maldade por si mesma, o desejo de não só extinguir a vida da vítima como também de mutilar o cadáver, rasgar sua carne e beber seu sangue.

— Cesare Lombroso —

Não é preciso dizer que a teoria de Lombroso é tão convincente como a frenologia (pseudociência do século XIX que teorizava ser possível analisar a personalidade de alguém através de protuberâncias na cabeça). Atualmente, todos sabemos muito bem que criminosos ultraviolentos vêm em todas as formas e tamanhos. Se, como Lombroso sugeriu, fosse possível dizer que alguém é um assassino selvagem só de olhar para ele, então as mulheres que foram vítimas do garboso H.H. Holmes, do galante Ted Bundy ou do pateta Harvey Glatman poderiam estar vivas até hoje.

E se tatuagens fossem um indício da criminalidade inata de alguém, uma parte significativa da população dos EUA – incluindo um número considerável de donas de casa de classe média – estaria atrás das grades.

DANOS CEREBRAIS

Serial killers são casos tão espetaculares de aberração mental que é natural se perguntar se eles sofrem não apenas de problemas psicológicos graves, mas também fisiológicos – isto é, se seus cérebros realmente diferem daqueles das pessoas normais. Para testar essa teoria, cientistas têm, ocasionalmente, realizado dissecações *post-mortem* em psicopatas notórios. Após sua execução, em 1924, o infame assassino alemão Fritz Haarmann teve o cérebro removido de seu crânio e enviado para a Universidade de Göttingen para ser analisado. Tais esforços não deram em nada. E nas décadas que se seguiram ninguém foi capaz de identificar um defeito neurológico específico que explicasse o comportamento criminoso.

Um fato intrigante veio à tona nos últimos anos, entretanto: ==graves lesões na cabeça são surpreendentemente comuns na infância de serial killers.==

Com dez anos, por exemplo, Earle Leonard Nelson – o infame "Gorila Assassino", que estrangulou quase duas dezenas de vítimas na década de 1920 – colidiu com um bonde enquanto andava de bicicleta em São Francisco, caiu de cabeça nas pedras que pavimentavam a rua e ficou em coma por quase uma semana. Ao ser julgado por assassinato, em 1927, seu advogado alegou (em vão) que o comportamento homicida de Nelson era um ==resultado direto desse terrível acidente de infância.==

Arthur Shawcross – que assassinou brutalmente uma série de prostitutas no norte do estado de Nova York e costumava consumir partes de seus corpos – sofreu pelo menos quatro lesões graves na cabeça durante a juventude que o deixaram com cicatrizes no cérebro e um cisto no lóbulo temporal. Ainda mais propenso a acidentes era Bobby Joe Long, condenado pelo assassinato de nove mulheres: foi hospitalizado quatro vezes quando criança, devido a várias lesões na cabeça, e por volta dos vinte anos, ao colidir de moto com um carro e bater a cabeça com tanta força no veículo que seu capacete foi esmagado.

==Aos 17 anos, o psicopata britânico Fred West – do notório casal de assassinos que matou, entre outras vítimas, a própria filha adolescente – também sofreu um acidente feio de moto que o deixou com uma placa de metal na cabeça.== John Wayne Gacy desenvolveu um coágulo de sangue no cérebro depois de ser atingido por um balanço quando pequeno. E o jovem Gary Heidnik sofreu uma lesão tão grave quando caiu de uma árvore que seu crânio ficou permanentemente deformado – pelo que ganhou o cruel apelido de "Cabeça de Ovo".

Esses e muitos outros casos de criminosos ultraviolentos que sofreram graves traumas cerebrais na sua juventude têm convencido alguns pesquisadores de que este tipo de dano cerebral é um elemento-chave no desenvolvimento de serial killers. Até mesmo os defensores dessa teoria, no entanto, admitem que o dano cerebral por si só não é explicação suficiente para a ocorrência do assassinato em série. Afinal, inúmeras crianças batem com a cabeça ao levar tombos de bicicletas, balanços ou trepa-trepas e não se tornam assassinos sádicos e canibais. Além disso, um exame mais atento do passado dos serial killers revela outros fatores que claramente contribuem para sua psicopatologia.

Earle Leonard Nelson, por exemplo, veio de um ambiente familiar severamente disfuncional. Órfão ainda bebê – seus pais morreram de sífilis –, foi morar com uma avó fanática e já mostrava sinais de extremo desequilíbrio emocional muito antes do acidente de bicicleta. Arthur Shawcross era molestado com frequência por um vizinho pedófilo e foi sodomizado com um cabo de vassoura aos dez anos de idade. Já Fred West foi o produto de um lar em que o incesto era comum, enquanto a mãe de Bobby Joe Long o forçava (é o que ele diz; a mãe nega) a compartilhar de sua cama ao longo da infância e testemunhar suas relações sexuais com os namorados.

John Wayne Gacy foi criado por um pai que gostava de humilhá-lo e que ridicularizava constantemente seus modos afeminados, incutindo um profundo sentimento de autoaversão no menino. O pai de Gary Heidnik também sujeitava o filho a humilhações sistemáticas, exibindo em público os lençóis manchados de urina sempre que o menino molhava a cama.

Na verdade, as lesões cranianas sofridas por serial killers são muitas vezes resultado direto de maus-tratos na infância. A mãe de Henry Lee Lucas certa vez bateu tão forte no filho com um pedaço de madeira que ele ficou em coma por três dias. De um grupo de presos no corredor da morte descrito em um estudo pelo dr. Jonathan Pincus, um tinha sido "espancado quase até a morte" pelo pai aos três anos; outro recebera dos pais "repetidas pancadas na cabeça com pedaços de pau"; e um terceiro tinha sofrido um ferimento grave no crânio quando um membro da família "deixou uma garrafa de vidro cair na sua cabeça de propósito".

Em suma, embora seja comum que serial killers apresentem um histórico de danos cerebrais, outros tipos de danos também desempenham um papel central – sobretudo os danos emocionais e psicológicos causados por uma criação horrivelmente abusiva.

ABUSO INFANTIL

Embora muitas vezes floreada com jargão técnico, muito da teoria psiquiátrica é puro senso comum. Faz todo sentido, por exemplo, que se um ser humano for criado em um lar amoroso – se for levado a acreditar que o mundo é um lugar seguro e decente – irá construir um relacionamento saudável consigo mesmo e com os outros, e será capaz de dar e receber amor em troca.

Por outro lado, se uma pessoa é severamente maltratada desde a mais tenra infância – submetida a constantes abusos físicos e psicológicos – ela crescerá com uma visão deturpada da vida. Para tal pessoa, o mundo é um lugar detestável, onde todas as relações humanas são baseadas não em amor e respeito, mas no poder, no sofrimento e na humilhação. Tendo sido torturado na infância por aqueles que deveriam protegê-lo, o indivíduo buscará mais tarde torturar os outros, em parte como uma forma de vingança, e em parte porque foi tão deformado psicologicamente por suas experiências que só consegue sentir prazer ao causar a dor – e, nos casos mais extremos, só consegue se sentir vivo ao causar a morte.

Em outras palavras, embora problemas neurológicos – resultantes de danos cerebrais ou defeitos hereditários – sejam frequentemente um fator relevante na formação de um serial killers, abusos e maus-tratos na infância são mais ou menos universais em seus históricos familiares.

É evidente que nem toda criança vítima de abusos se torna um assassino psicopata. Mas praticamente todo assassino psicopata sofreu maus-tratos extremos, muitas vezes grotescos, nas mãos de seus pais ou responsáveis. Na linguagem da lógica, o abuso infantil grave pode não ser condição suficiente para a criação de assassinos em série, mas parece ser uma condição necessária.

Com base nas pioneiras entrevistas realizadas com tipos como David Berkowitz e Edmund Kemper, John Douglas e seus colegas "caçadores de mentes" da Unidade de Ciência Comportamental do FBI concluíram que todos os serial killers provêm de famílias disfuncionais: "Situações familiares instáveis, abusivas ou marcadas por privações". A dra. Dorothy Otnow Lewis – que também conduziu entrevistas em prisões com notórios psicopatas, incluindo Ted Bundy – é categórica ao afirmar que, além de quaisquer problemas neurológicos que eles possam ter, serial killers invariavelmente tiveram uma "criação violenta e abusiva". Outras teorias sobre as origens do comportamento homicida confirmam esse ponto de vista. Em seu famoso livro *Why They Kill* (*Por que Eles Matam*, de 1999), por exemplo, o autor ganhador do Prêmio Pulitzer Richard Rhodes descreve as descobertas de um sociólogo chamado Lonnie Athens, que, depois de muitos anos de pesquisa, concluiu que as crianças que se tornam assassinas a sangue-frio passam por um processo dividido em quatro fases, começando com o que Athens chama de "brutalização", definida como "tratamento agressivo e cruel nas mãos de uma figura de autoridade", geralmente um dos (ou ambos) os pais.

Pesquisas científicas recentes reforçam as descobertas de estudiosos como Otnow e Athens, demonstrando que uma criação traumática pode efetivamente alterar a anatomia do cérebro de uma pessoa. Tomografias cerebrais realizadas em crianças que sofreram abusos graves revelaram que áreas específicas do córtex – relacionadas não só à inteligência, mas também às emoções – nunca se desenvolveram adequadamente, deixando-as incapazes de sentir empatia por outros seres humanos.

Considerando o tipo de abuso sofrido por alguns serial killers, não é de se espantar que eles acabem se tornando sádicos homicidas; na verdade, seria mais surpreendente se eles *não* se tornassem. Mary Bell – a precoce serial killer que em 1968 assassinou dois meninos em Newcastle, na Inglaterra – foi criada por uma mãe que, em pelo menos quatro ocasiões, tentou se livrar da filha colocando drogas em sua comida. Depois de começar a se prostituir, a mãe de Mary participou na tortura sexual da menina, segurando a filha enquanto seus clientes estupravam oralmente a criança e ejaculavam em sua boca. Henry Lee Lucas também foi criado por uma prostituta alcoólatra, que o forçava a vê-la fazer sexo com seus clientes; batia nele com tanta violência que chegou certa vez a deixá-lo em coma; e, quando seu irmão o cortou acidentalmente na vista, demorou tanto tempo para buscar socorro médico que o olho teve que ser removido.

A expressão "Práticas parentais negativas" – usada pelos sociólogos para descrever o tipo de criação disfuncional a que os serial killers são submetidos – não chega perto de caracterizar o comportamento monstruoso de indivíduos como a mãe adolescente de Charlie Manson, que certa vez o trocou por um jarro de cerveja com uma garçonete. Ou como o pai de Jesse Pomeroy, um sujeito animalesco que gostava de despir o filho e açoitá-lo quase até a morte pela menor infração. Ou como os doentios pais adotivos de Joseph Kallinger, que disciplinavam o menino com marteladas e chicotadas, ameaçavam castrá-lo e, em pelo menos uma ocasião, o obrigaram a manter a palma da mão sobre uma chama até que a pele começasse a queimar e soltar fumaça. Ou como a avó de Hugh Morse, que massacrou seus camundongos de estimação na sua frente por ter ido escondido ao cinema. Às vezes, os horrores vivenciados durante a infância por futuros serial killers ocorrem não em casa, mas em diversas instituições. Enviado para um orfanato dickensiano aos cinco anos, Albert Fish adquiriu seu gosto por tortura sadomasoquista com uma das governantas, que gostava de despir os meninos e chicoteá-los selvagemente enquanto os outros formavam um círculo em volta e assistiam. Depois de roubar algumas placas de carro quando tinha oito anos, William Bonin foi enviado para um reformatório e lá era frequentemente estuprado pelos meninos mais velhos. O caráter implacável de Carl Panzram foi forjado em uma série de "escolas de treinamento" em que os jovens reclusos eram submetidos a punições inimagináveis, muitas vezes por infrações tão leves quanto não conseguir dobrar o guardanapo corretamente em uma refeição.

Eles tinham um grande bloco de madeira sobre o qual ficávamos curvados e amarrados com o rosto para baixo, depois de sermos despidos. Em seguida, uma toalha grande era embebida em água salgada e espalhada pelas nossas costas dos ombros aos joelhos. Então o homem que aplicaria o castigo pegava uma larga correia de pouco mais de meio centímetro de espessura, dez centímetros de largura e cerca de sessenta centímetros de comprimento. Essa correia tinha um monte de pequenos furos redondos. Cada vez que o corpo era fustigado, a pele subia por esses pequenos furos na correia e depois de 25 ou trinta chicotadas pequenas bolhas se formavam e estouravam, e aí então é que o inferno começava. A água salgada fazia o resto. Levava uma ou duas semanas para um garoto conseguir se sentar.

— CARL PANZRAM, descrevendo a punição que recebia regularmente aos
12 anos quando era interno da Escola de Treinamento de Minnesota —

Algumas pessoas questionam as conclusões de pesquisadores como Dorothy Otnow Lewis e Jonathan Pincus, que insistem que todos os serial killers têm um passado de abusos graves. Afinal de contas, eles argumentam, já existiram monstros homicidas como Jeffrey Dahmer e Ted Bundy que não parecem ter sofrido tortura na infância.

Há problemas com esse argumento, no entanto. Em primeiro lugar, mesmo nos casos de figuras notórias cujas vidas foram estudadas por toda sorte de especialistas, há muita coisa que simplesmente não sabemos. Dahmer, por exemplo, pode ter sido molestado sexualmente por um vizinho. E – apesar das fotos de família que mostravam o pequeno Ted Bundy gozando uma meninice tipicamente americana, com muita pesca, camping e cachorros-quentes assados na fogueira – havia coisas muito estranhas acontecendo na casa em que viveu na infância. Ele era filho de uma jovem mãe solteira, que fingia ser sua irmã mais velha conforme ele crescia, e foi cocriado por um avô extremamente racista, que batia na esposa e tinha prazer em torturar animais de estimação.

Sabe-se, além disso, que o abuso psicológico pode ser tão devastador para o desenvolvimento emocional de uma criança quanto os maus-tratos físicos. De acordo com o psicanalista Carl Goldberg, uma criança que é sistematicamente envergonhada e humilhada – que se sente completamente inútil e indigna de ser amada – está praticamente destinada a desenvolver uma personalidade perversa. Seu sentimento de desdém por si mesmo torna-se tão profundo "que a única maneira de sobreviver é tornar-se indiferente aos outros também". Com efeito, essa pessoa acaba por acreditar que "pode não ser digna, mas também ninguém mais é". Convencido de sua própria maldade, ele arremete amargamente contra o mundo.

Certamente, além de surras regulares, John Wayne Gacy não recebeu nada além de humilhação do seu pai, que constantemente depreciava a masculinidade do filho. A mãe de Ed Kemper o ridicularizava sem trégua durante sua juventude, zombando de sua aparência física e lhe dizendo que nunca seria amado por nenhuma mulher. A mãe de Henry Louis Wallace não só tinha o hábito de espancá-lo com uma vara como gostava de vesti-lo de menina para envergonhá-lo na frente de outras pessoas – uma forma de mortificação também sofrida por Charles Manson, Henry Lee Lucas e Carroll Cole. De acordo com Goldberg, Jeffrey Dahmer também nutria sentimentos intensos de "vergonha e traição" em relação aos pais, sentimentos que o atormentaram ao longo da vida com um profundo senso de "solidão e ódio a si mesmo".

Em suma, independentemente de outros fatores presentes na formação de um serial killer, um elemento destaca-se sobre os demais – o que o aclamado romancista e psicólogo infantil Jonathan Kellerman chama de "famílias estragadas". De fato, ao considerarmos a terrível infância desses psicopatas, é difícil não sentir pena – pelo menos até lembrarmos dos horrores cometidos por eles quando adultos. No fim, eles provocam uma reação dupla: piedade – pelas crianças terrivelmente maltratadas que eram – e horror – pelos monstros que acabaram se tornando.

ÓDIO PELA MÃE

Na mitologia, há uma figura conhecida como a Mãe Terrível: uma mulher aterrorizante que, em vez de cuidar e proteger, domina e destrói sua própria prole. Infelizmente, esse tipo de mulher não se limita aos mitos, contos de fada e filmes de terror como *Carrie, a Estranha* (1976) e *Psicose* (1960). Ela aparece algumas vezes na vida real. Seu efeito sobre jovens vulneráveis que têm o azar de ser seus filhos pode ser devastador, fazendo com que cresçam com um ódio mortal – não só dos monstros maternos que os criaram, mas das mulheres em geral.

Culpar a mamãe pelos problemas, é claro, é a desculpa mais antiga no livro psicanalítico. Mesmo assim, quem tem o tipo de mãe que sodomizava o filho com um cabo de vassoura; ou o forçava a manter a palma da mão aberta sobre uma chama; ou o punia massacrando seus animais de estimação favoritos; ou o obrigava a vê-la fazer sexo com estranhos; ou o submetia a constantes zombarias por causa de sua aparência tem grandes chances de desenvolver uma profunda animosidade contra membros do sexo oposto.

De fato, alguns criminologistas afirmam que serial killers que atacam mulheres são motivados por um grande sentimento de ódio dirigido à mãe. O dr. David Abrahamsen, que escreveu extensivamente sobre a "mente assassina" (para usar o título de um de seus livros), defende que os crimes de assassinos psicopatas estão invariavelmente enraizados na necessidade inconsciente de "vingança" contra as mães que o rejeitaram.

Seja qual for a verdade contida nessa afirmação, não há dúvidas de que alguns serial killers crescem com uma fúria assassina contra suas mães tremendamente abusivas. Embora seja impossível dizer quantas vítimas de fato morreram nas mãos de Henry Lee Lucas – cujas estimativas são muito pouco confiáveis –, sabemos com certeza que uma delas foi sua perversa mãe, Viola, que ele esfaqueou até a morte durante uma discussão em 1960. Edmund Kemper também passou a adolescência entregue a fantasias homicidas sobre a mãe que não parava de humilhá-lo – fantasias que enfim pôs em prática em 1974, quando a matou enquanto ela dormia, decepou sua cabeça e, em um dos atos mais simbólicos da história do assassinato em série, jogou sua laringe no triturador de lixo. "Aquilo fazia sentido", diria Kemper mais tarde à polícia, "considerando o quanto ela brigou, gritou e berrou comigo durante todos aqueles anos."

Até mesmo serial killers que não extravasaram sua fúria matricida reconheceram abertamente ter esse sentimento. Joe Fischer, por exemplo – responsável por um número indeterminado de assassinatos durante a década de 1970 –, nutriu um ódio assassino pela mãe prostituta por muito tempo depois de sua morte por causas naturais. "Eu a teria matado dez vezes", ele disse aos investigadores, "mas acredito que isso teria realmente partido o coração do meu pai."

De acordo com psiquiatras, a aversão que tais assassinos sentem pelas mães acaba sendo projetada em todas as mulheres, produzindo o que o escritor policial Stephen Michaud chama de "misoginia maligna". As mulheres acabam sendo vistas como criaturas repulsivas e nocivas que merecem ser brutalizadas – um sentimento expresso de maneira horripilante por Kenneth Bianchi, o "Estrangulador da Colina", que defendia firmemente suas atrocidades.

"Não fiz porra nenhuma de errado", disse com displicência aos interrogadores. "Por que é errado se livrar de algumas bocetas fodidas?"

> Se eu pudesse desenterrar minha mãe, gostaria de tirar
> os ossos dela do túmulo e matá-la de novo.
> — JOE FISCHER —

SEMENTE DO MAL

A expressão "semente do mal", *bad seed* em inglês, ganhou popularidade nesta língua por causa do filme de 1956 de mesmo título (lançado no Brasil como *Tara Maldita*). A história – baseada em uma aclamada peça da Broadway, escrita por Maxwell Anderson, adaptada de um romance de 1954, de autoria de William March – gira em torno de uma adorável menina de maria-chiquinha (interpretada pela atriz-mirim Patty McCormack) que acaba se revelando uma terrível assassina a sangue-frio, cujas vítimas despacha com a mesma desenvoltura pueril de uma Lisa Simpson tocando saxofone.

A expressão "semente do mal", no entanto, não diz respeito a crianças assassinas em geral, mas especificamente à ideia de que uma criança profundamente psicopata pode crescer em um lar normal, estável e amoroso – em outras palavras, remete à ideia de que algumas pessoas já nascem más. Um dos personagens da peça, um escritor chamado Reginald Trasker, ao ser perguntado pela mãe da garotinha se "crianças criminosas são sempre produto do meio", diz o seguinte:

> Alguns amigos médicos me garantem que ultimamente temos colocado ênfase de mais no meio e de menos na hereditariedade. Dizem que há um tipo de criminoso nascido sem nenhuma capacidade de sentir remorso ou culpa [...] Eles não podem provar, mas acham que pessoas assim existem. Dizem que há crianças nascidas nas melhores famílias, com todos os benefícios proporcionados por uma boa educação, que nunca adquirem qualquer escrúpulo moral. É como se nascessem cegas; seria inútil ensiná-las a enxergar.

Embora essa teoria sirva como um recurso dramático eficaz – e seja, sem dúvida, reconfortante para pais que não querem aceitar a responsabilidade por ter criado filhos seriamente problemáticos –, ela não está de acordo com a vida real. Simplesmente não há serial killers que tenham "nascido nas melhores famílias" – se entendermos "melhores famílias" como lares em que as crianças se sentem seguras, são amadas de verdade e criadas com sólidos valores morais.

No entanto, até que ponto exatamente famílias *ruins* contribuem para a criação de criminosos psicopatas ainda é uma questão em aberto. A gama de maus-tratos que serial killers sofrem quando crianças varia muito, de tortura física e sexual direta a humilhações extremas e outras formas de abuso emocional. Mas uma coisa é certa: não existem serial killers que tenham vindo de um lar saudável e feliz. Todos eles são produtos de ambientes nitidamente disfuncionais.

Na peça, ao ouvir o que Reginald Trasker disse, outro personagem, um escritor chamado Richard Bravo, responde: "Se você encontrar um homem sem compaixão, piedade ou princípios morais é porque cresceu onde essas coisas não eram estimuladas. Isso é final e absoluto". Bravo chama a teoria da "semente do mal" de Trasker de "bobagem". E ele está certo.

GENES RUINS

Dizer que não existem "sementes ruins" – crianças que nascem más – não é o mesmo que afirmar que fatores herdados não desempenham papel algum na formação de serial killers.

Em seu indispensável livro *Tábula Rasa: A Negação Contemporânea da Natureza Humana*,[1] o professor do MIT Steven Pinker vai contra a atual noção em voga de que não há nada de inato na natureza humana e que as pessoas são puramente produtos do ambiente em que vivem. Pinker começa seu livro com um exemplo intrigante. "Muitas políticas de educação familiar são inspiradas em pesquisas que estabelecem uma correlação entre o comportamento dos pais e o comportamento das crianças. Pais carinhosos têm filhos autoconfiantes; pais com autoridade (nem permissivos nem punitivos demais) têm filhos bem-comportados; pais que dialogam com os filhos têm filhos com melhores habilidades comunicativas; e assim por diante. Todos concluem que para criar bem os filhos os pais devem ser amorosos, abertos ao diálogo e exercer autoridade, e que se as crianças não se saem bem deve ser culpa dos pais." Esta conclusão, conforme Pinker destaca, "está ligada à crença de que as crianças são tábulas rasas" – que suas mentes, características e padrões de comportamento são inteiramente moldados pela educação que recebem.

Mas há também outra possibilidade: "As correlações entre pais e filhos podem significar apenas que os mesmos genes que tornam os pais amorosos, comunicativos e capazes de exercer autoridade tornam seus filhos autoconfiantes, bem-comportados e articulados". Em outras palavras, a hereditariedade também desempenha um papel importante na formação de boas crianças.

O mesmo princípio se aplica aos serial killers. A maioria dos especialistas acredita que certas crianças se tornam psicopatas violentas porque são tratadas de forma monstruosa pelos pais. E não há dúvida de que, quase sem exceção, serial killers são criados em lares extremamente disfuncionais. Mas é possível que – parafraseando Pinker – os mesmos genes que tornam certos adultos péssimos exemplos de pais tornem seus filhos seres humanos perversos e degenerados.

Descobertas científicas recentes parecem confirmar que personalidades gravemente antissociais são, pelo menos em parte, produto de fatores genéticos. Experimentos mostraram que quando pessoas nascidas com "baixa atividade" de certo gene (algo chamado "gene da monoamina oxidase A") são submetidas a maus-tratos graves na infância, elas têm uma probabilidade muito maior de se tornar criminosos violentos do que as pessoas nascidas com "alta atividade" desse gene.[2]

Em suma, parece provável que tanto a educação como a natureza podem contribuir para a criação de serial killers.

---

[1] Trad. Laura Teixeira Motta. São Paulo: Companhia das Letras, 2004. [NE]

[2] Também conhecido como "gene guerreiro", pode deixar o cérebro da pessoa insensível ao efeito calmante da serotonina, segundo o neurocientista James Fallon, da Universidade da Califórnia. Fallon investigou cérebros de assassinos psicopatas nos anos 1990 e descobriu que todos seguiam o mesmo padrão: um dano no córtex orbitofrontal, região cerebral bem acima dos olhos associada com tomada de decisão e conduta ética. [NE]

ADOÇÃO

Obviamente, existem milhões de crianças adotadas que se tornam adultos perfeitamente felizes e bem-ajustados (ou pelo menos tanto quanto qualquer pessoa não adotada). Não obstante, uma porcentagem surpreendentemente alta de serial killers foi criada em lares adotivos.

Não deveria haver nada de surpreendente nesse fato já que ele reflete, entre outras coisas, ambientes familiares extremamente instáveis – as "famílias estragadas", como Jonathan Kellerman as chama – dos quais psicopatas invariavelmente provêm. O pai de Jane Toppan, por exemplo, era um bêbado agressivo e analfabeto que meteu as duas filhas em um orfanato depois que a mulher morreu e nunca mais as viu. Earle Leonard Nelson era filho de um casal de libertinos que morreu de sífilis, em um curto espaço de tempo um do outro, quando ele ainda era um bebê. Um número considerável de notórios serial killers nasceu de prostitutas que mal podiam esperar para se livrar deles. Desde o momento em que veio à luz Mary Bell foi rejeitada por sua mãe, Betty. Quando a parteira tentou colocar a recém-nascida em seus braços ela gritou: "Tire essa coisa de perto de mim!" Ao longo dos primeiros anos de vida de Mary, sua mãe fez de tudo para se livrar da filha indesejada, chegando, certa vez, a largá-la com um estranho em uma agência de adoção.

A crença (quase sempre inteiramente justificada) de que eles foram rejeitados por seus pais biológicos contribui para criar o sentimento de inutilidade e de vergonha que costuma afligir psicopatas em desenvolvimento. Durante toda a sua vida, por exemplo, David Berkowitz ouviu dos pais adotivos que sua mãe morrera no parto – uma história que o marcou para sempre com um profundo sentimento de culpa. Quando Berkowitz posteriormente soube que sua mãe na verdade estava viva, localizou-a apenas para descobrir que ela não estava interessada em ter um relacionamento com ele.

Os lares adotivos nos quais certas crianças vivem podem ter um profundo efeito pernicioso sobre sua personalidade em desenvolvimento. Os pais adotivos de Joseph Kallinger o puniam com chicotadas e o convenceram de que seu pênis ficaria atrofiado por causa de uma operação de hérnia que sofrera na infância. Embora Jane Toppan (nascida Honora Kelley) tenha recebido o nome de sua família adotiva, ela nunca foi formalmente adotada e se sentia como uma permanente intrusa no único lar que conheceu. Descrito por um assistente social como "profundamente perturbada", a mãe adotiva de Kenneth Bianchi era patologicamente superprotetora, sufocando o menino com atenção médica excessiva (certa vez, quando ele molhou as calças, ela o levou correndo ao médico para que seus genitais fossem examinados). E, após a morte de seus pais, Earle Nelson foi criado por uma avó fanática, fonte de sua obsessão pela prostituta da Babilônia descrita no Livro do Apocalipse – uma obsessão que ajudou a alimentar sua raiva homicida contra as mulheres.

Com certeza, a correlação entre assassinato em série e adoção pode ser facilmente exagerada. Alguns especialistas rejeitam por completo essa tese e fazem pouco caso de advogados de defesa que alegam que seus clientes não devem ser responsabilizados pelos crimes que cometeram porque foram abandonados ao nascer (uma tática tentada – sem sucesso – no caso de Joel Rifkin, serial killer de Long Island que assassinou 17 prostitutas na casa dos pais adotivos para aliviar, segundo ele declarou, a dor de ter sido rejeitado pela mãe). Certamente, os norte-americanos adotados, em sua vasta maioria, tornam-se cidadãos produtivos e cumpridores da lei. Além disso, ser criado por um pai biológico não é garantia de que uma criança se tornará uma pessoa normal.

A mãe de Mary Bell, afinal, nunca conseguiu se livrar da filha indesejada. Em vez disso, a menina foi mantida em casa e submetida a torturas tão terríveis que teria sido melhor se ela *tivesse* sido dada para a adoção.

FANTASIA

Em sua obra de referência *A Interpretação dos Sonhos*, publicada em 1899, Sigmund Freud cita Platão ao tratar da diferença entre os cidadãos comuns e os criminosos: "Os bons homens se limitam a sonhar aquilo que os maus praticam". O que Freud quer dizer é que, nas profundezas do inconsciente, mesmo o indivíduo mais moralmente correto abriga fantasias de comportamento proibido – de luxúria selvagem e violência primitiva. Mas a citação implica outra coisa também: que o que diferencia "homens maus" (e mulheres) do resto de nós é a vontade que os primeiros têm de pôr em prática seus desejos mais obscuros.

Depois de um longo dia no escritório, por exemplo – onde foi mais uma vez preterido para uma promoção e ficou constrangido por se sentir atraído por uma linda estagiária com idade para ser sua filha –, um homem bem casado e cumpridor das leis pode adormecer e sonhar em assassinar o patrão e atacar sexualmente a garota. É provável que ele acorde se sentindo tão abalado e culpado que apague da cabeça toda a lembrança desse sonho perturbador.

Para um serial killer, por outro lado, imagens mentais de violência e estupro não estão no âmbito do pesadelo; ao contrário, fazem parte de suas fantasias prediletas. Longe de tentar afastar esses pensamentos doentios da cabeça, ele irá cultivá-los – mergulhar neles. A lembrança de uma ofensa real ou imaginada o inspira a vislumbrar as formas mais sádicas de vingança. A visão de uma garota bonita evoca pensamentos de rapto, tortura sexual, assassinato e mutilação. Por dias, semanas, meses, ele irá se masturbar imaginando tais atrocidades.

Então, quando suas fantasias pervertidas atingirem um nível insuportável de intensidade – ele tentará colocá-las em prática.

> Eu sabia que ia matar muito antes de começar a matar, sabia que as coisas acabariam desse jeito. As fantasias eram fortes demais. Estavam acontecendo há muito tempo e eram elaboradas demais.
> — EDMUND KEMPER —

As fantasias depravadas dos serial killers começam em uma idade precoce. Enquanto outros meninos sonham em marcar a corrida da vitória em um jogo de beisebol da liga juvenil ou em se tornar um membro dos X-Men, esses psicopatas em desenvolvimento já estão perdidos em devaneios de sadismo e assassinato em massa. Em seu estudo pioneiro, *Sexual Homicide* (*Homicídio Sexual*), publicado em 1988, Robert Ressler, John Douglas e a colaboradora deles Ann Burgess discorrem sobre um assassino em série que, quando garoto, deixava os professores loucos por passar muito tempo absorto nos próprios pensamentos durante as aulas. Quando psiquiatras lhe perguntaram mais tarde no que ele tanto pensava, ele respondeu: "Em aniquilar a escola inteira". Na tenra idade de 12 anos, outro futuro assassino sexual era tão obcecado com fantasias masoquistas de morte lenta e angustiante que costumava forçar a irmãzinha a amarrá-lo em uma cadeira e fingir que o executava em uma câmara de gás.

Conforme os psicopatas atingem a puberdade, suas fantasias vão se tornando cada vez mais sexuais e assustadoramente aberrantes. Fantasias adolescentes normais de sexo selvagem com um parceiro entusiasmado são substituídas, na mente psicopata, por pensamentos sádicos de dominação e degradação, perversão e dor. Enquanto estava preso por duplo assassinato, em 1874, Jesse Pomeroy, o chamado Menino Demônio, implorou ao amigo Willie Baxter, que ocupava a cela ao lado, que lhe desse descrições detalhadas, por escrito, de todas as surras de chicote que tinha sofrido, dizendo: "Qual a pior coça que você já levou? Conte-me todos os detalhes!" O sádico Pomeroy usava então esses relatos escabrosos de punição e humilhação para intensificar seus próprios prazeres autoeróticos. Jeffrey Dahmer disse aos seus examinadores que começou a se masturbar aos 14 anos, valendo-se de fantasias homossexuais convencionais de sexo com homens jovens e robustos. Alguns anos mais tarde, no entanto, ele tinha orgasmos ao imaginar que deixava seus parceiros inconscientes e expunha suas vísceras.

Não é apenas o desvio extremo que distingue os psicopatas nesse ponto, mas a ânsia irresistível que eles têm de traduzir suas fantasias mais doentias em ação. Os devaneios eróticos mais extravagantes das pessoas normais sempre vão de encontro ao que Freud chamava de "princípio de realidade". Por mais divertido que possa ser deitar na cama e se masturbar enquanto você imagina que está fazendo amor com sua estrela de cinema ou cantora pop favorita, o indivíduo normal entende que tais sonhos eróticos nunca vão se tornar realidade.

==Serial killers, por outro lado, têm um vínculo frágil com a realidade. Eles vivem dentro das próprias cabeças, trancados em um mundo de sonhos bizarros e patológicos.== Isolados do convívio social, não constrangidos por escrúpulos de consciência, dotados de um narcisismo infantil que coloca suas próprias necessidades sórdidas acima de todas as outras preocupações – eles acabam cruzando a linha que separa a imaginação da realidade e põem em prática os horrores que vinham acalentando há tanto tempo. De acordo com o testemunho de muitos serial killers, a experiência de cruzar essa linha os enche com uma ==inebriante sensação de poder==, até mesmo de invencibilidade. Uma vez que tenham dado o passo fatal, eles não podem – nem querem – voltar atrás. Longe de satisfazer suas perversões, cada novo ato de violência só fornece mais combustível para suas fantasias. Nos períodos de "calmaria" entre seus crimes, eles se masturbam lembrando dos horrores que já perpetraram e fantasiam sobre as atrocidades que ainda estão por vir.

Devido ao importante papel que tais devaneios desempenham como uma preliminar do ato homicida, Robert Ressler e seus colegas chegaram à conclusão de que a fantasia é a mola mestra do homicídio sexual. "Minha pesquisa me convenceu de que a chave não era o trauma inicial, mas o desenvolvimento de padrões perversos de pensamento", escreveu Ressler. "Esses homens foram motivados a assassinar por suas fantasias."

FANTASIAS MORTAIS

Uma vez que as fantasias são por definição privadas, cenários imaginários materializados nos recônditos da mente, é difícil ter uma noção direta dos mundos interiores terrivelmente fétidos nos quais os serial killers habitam. Graças a um notório psicopata, entretanto, essa experiência marcadamente desagradável não é de todo impossível.

Escritor razoavelmente habilidoso, que estudou com o romancista gótico sulista Harry Crews, Gerard J. Schaefer – o antigo sub-xerife da Flórida que cometeu um número indeterminado de horrendos assassinatos acompanhados de tortura no início da década de 1970 – produziu uma série de contos de arrepiar os cabelos recolhidos por sua ex-namorada Sondra London e publicados sob o título de Killer Fiction (*Ficção Assassina*, em tradução livre, de 1996). É difícil dizer exatamente o quanto desse espantoso material é faz de conta e o quanto é autobiográfico, embora a própria existência dessa ambiguidade seja um reflexo claro da mentalidade distorcida dos serial killers, cuja fantasias depravadas acabam transbordando para o mundo real, eliminando a barreira entre fato e fantasia. O próprio Schaefer era deliberadamente reticente sobre essa questão. À maneira típica dos psicopatas, ele também era totalmente hipócrita e egoísta sobre seu objetivo ao compor tais histórias. Embora elas tenham sem dúvida servido como uma forma de pornografia masturbatória, Schaefer declarou que elas foram escritas com um propósito sociológico sério – para dar aos leitores uma visão nua e crua das "terríveis perversidades" perpetradas por serial killers.

Justiça lhe seja feita: suas histórias oferecem, de fato, uma visão sem precedentes do funcionamento obsceno da mente de um assassino psicopata. Uma vez que a experiência de leitura se assemelha a abrir a tampa de uma fossa séptica e meter a cabeça dentro para olhar mais de perto, seu livro só pode ser recomendado com ressalvas. A seleção reproduzida aqui, de uma história com o título direto e tipicamente schaeferiano de "Prostitutas", é uma das passagens mais leves encontradas em sua obra. O narrador – depois de ler um artigo de revista sobre uma prostituta do Velho Oeste chamada Cattle Kate ("Kate do Gado", em tradução literal), enforcada por seus pecados – aborda uma moça e lhe oferece trinta dólares para "posar como Cattle Kate" para ele. A mulher concorda e ele então a leva para uma garagem abandonada:

> Saímos do carro e eu fui buscar uma corda no bagageiro da perua. Apoiei-me contra o para-choque e amarrei a corda em um nó de forca enquanto ela observava. Ela pegara uma margarida selvagem e rodava a flor nos dedos, arrancando as pétalas uma a uma e recitando conforme as deixava cair: "Bem me quer, mal me quer, bem me quer..." Ela terminou em "não me quer" e me lançou um sorriso torto. "Má sorte no amor." "Ah, você não acredita em azar, acredita? Venha cá, Kate!" Atirei o nó por cima da pesada viga na frente da garagem onde antigamente os motores eram alçados das carrocerias dos carros. Alarguei o laço e o posicionei sobre sua cabeça.

Ela brincava com o longo rabo de cavalo enquanto eu ajustava o laço em volta de seu pescoço. Pus o nó atrás de sua orelha exatamente como na foto da revista. Perguntei se estava muito apertado. Ela disse que não estava nada apertado. Então amarrei-lhe os punhos atrás das costas com um fio verde de náilon e dispus seus tornozelos da mesma forma: dei algumas voltas em torno deles e fiz um nó bem apertado. Dei alguns passos para trás, pus as mãos nos quadris e lhe disse que ela era uma Cattle Kate perfeita.

Ela sorriu, pôs a língua para fora e entortou os olhos. Disse-lhe para manter a pose, que eu tiraria uma foto dela e a enviaria para Otto Preminger em Hollywood com uma sugestão para um filme. Ela achou a ideia ótima. Disse-lhe que pegaria a câmera no porta-luvas, virei, peguei a ponta solta da corda e a amarrei no para-choque. Sentei atrás do volante, girei a chave na ignição, engatei a ré e recuei com o carro.

A puta ergueu-se no ar e mais uma vez pôs a língua para fora. Foi cômica a forma como a língua saltou bem para fora de sua boca, toda molhada e rosa. Seus olhos estavam arregalados e olhavam diretamente para mim. Sua expressão era fascinante. Seu rosto ficou rosa, depois vermelho, depois azul – um agradável azul-alfazema. Seu corpo tremia e sacudia; à medida que ela ficava azul, molhava as calças. Uma mancha escura se materializou na junção de suas coxas, depois deslizou rapidamente pelas pernas de suas calças de três-quartos. O xixi escorria pelas suas panturrilhas e gotejava dos dedos do pé formando uma poça no chão de concreto abaixo dela. O bonito rosto ficou roxo, seu corpo estremeceu violentamente e então ficou todo mole. Foi interessante de ver.

LIVROS DO MAL, FILMES MALIGNOS, VÍDEOS INFAMES

Desde que a arte popular e barata produzida em massa apareceu pela primeira vez, no século XVIII, críticos a culparam por degradar o gosto do público, corromper os princípios morais dos menores e fornecer a potenciais psicopatas dicas úteis sobre como cometer crimes. Quando Jesse Harding Pomeroy, por exemplo, então com 13 anos, foi preso por mutilar e assassinar duas crianças, em 1872, críticos imediatamente acusaram os romances baratos e cheios de ação tão amados por leitores juvenis dos EUA pós-Guerra Civil. O fato de que não havia nenhuma sombra de prova de que Pomeroy houvesse lido esse tipo de literatura não fazia diferença para esses moralistas, que insistiam que os massacres na fronteira retratados em livros como *Raiders of the Rawhide Range* (Caçadores das Montanhas do Couro Cru, em tradução literal) e *Rattlesnake Ned's Revenge* (*A Vingança de Ned Cascavel*) tinham inspirado o "Menino Demônio" a perpetrar suas atrocidades.

Tão logo o cinema foi inventado, as atenções se voltaram para o novo meio. Em 1903, pouco depois do lançamento do primeiro faroeste do cinema, *O Grande Roubo do Trem*, de Edwin S. Porter, um trem foi assaltado perto de Scranton, na Pensilvânia, e um passageiro foi assassinado. Críticos logo acusaram o filme, muito embora (como se soube mais tarde) nenhum dos culpados o tivesse visto.

A história tem se repetido desde então. Sempre que um novo meio de massa surge é imediatamente acusado de minar os valores morais e instigar o crime. Durante a "Era de Ouro" do rádio, um crítico declarou que as crianças estavam sendo "transformadas em psicopatas" por populares melodramas ao vivo dos anos 1930, como *Lights Out* (*No Apagar das Luzes*) e *The Shadow* (*O Sombra*), que glorificavam "toda forma de crime conhecido pelo homem". Na década de 1950, autoproclamados especialistas em educação infantil declararam que revistas de histórias em quadrinhos causavam desde delinquência juvenil até homossexualidade (um tipo de comportamento que, na época, era considerado apenas um pouco menos hediondo do que assassinato em massa).

No início da década de 1960, a televisão se tornara o culpado da vez – especialmente séries policiais e de faroeste violentas. Hoje em dia, são o *gangsta* rap e a série de jogos *Grand Theft Auto* (1997-). Daqui a cinquenta anos, serão, sem dúvida, os jogos de tiro em realidade virtual nos quais os jogadores poderão explodir a cabeça de um zumbi e sentir o respingo de sangue (momento em que, é claro, os bodes expiatórios de hoje serão vistos como os programas de rádio e os faroestes da TV de antigamente – exóticas relíquias de um passado mais inocente).

Embora a violência na mídia seja um bode expiatório conveniente (particularmente para aqueles que preferem atribuir a culpa dos problemas comportamentais de seus filhos a filmes como *Matrix* (1999) e consoles da série PlayStation do que a suas próprias deficiências como pais), não há – apesar de inúmeros estudos científicos dedicados à questão – ==nenhuma prova definitiva de uma relação direta entre assistir a obras de ficção violentas e cometer assassinato na vida real.== Em seu livro excepcionalmente bem fundamentado e lúcido, *Savage Spawn: Reflections on Violent Children* (*Prole Selvagem: Reflexões sobre Crianças Violentas*, 2003), Jonathan Kellerman é tão enfático nesse ponto que o destaca em itálico: "*Nenhum nexo de causalidade entre violência midiática e criminalidade jamais foi produzido*". É bem verdade que o serial killer ocasional pode ser estimulado por um filme, livro ou música. O problema com psicopatas, no entanto, é que ==não há como dizer *o que* irá provocá-los.== Em 1959, o assassino alemão Heinrich Pommerencke – também conhecido como a "Besta da Floresta Negra" – sentiu-se compelido a cometer quatro assassinatos brutais depois de assistir ao filme *Os Dez Mandamentos* (1956), de Cecil B. DeMille. E as atrocidades cometidas pela família Manson foram ao menos parcialmente inspiradas pela obsessão do líder pelo *Álbum Branco* (1968) dos Beatles, uma das obras mais aprazíveis já produzidas pela arte pop.

Além disso, quando uma pessoa comete um crime terrível depois de assistir a um filme, ler um livro ou ouvir uma música de rock, é invariavelmente porque ela estava seriamente perturbada para começar. Em seu estudo de 1999, *Serial Killers: The Insatiable Passion* (*Serial Killers: A Paixão Insaciável*), David Lester descreve um caso em que psiquiatras tentaram inicialmente atribuir os crimes de um serial killer ao seu vício por revistas policiais. Conforme examinaram seu passado, no entanto, descobriram que, durante sua infância e início da adolescência, sua mãe o ridicularizava constantemente em público por urinar na cama, e seu padrasto tinha o hábito de torturá-lo com cigarros acesos e forçá-lo a beber a própria urina. Além disso, em duas ocasiões durante a infância, ele sofrera lesões na cabeça graves o suficiente para deixá-lo em coma.

Por fim, ficou claro que as compulsões sádicas desse homem estavam enraizadas em uma criação gravemente abusiva (como ocorre tantas vezes), e que sua psicopatologia estava consolidada muito antes de se tornar um leitor obsessivo de revistas sobre crimes verídicos. Em outras palavras, seu apetite insaciável por esse tipo de entretenimento vulgar era um *sintoma* de sua doença, não a *causa* dela.

Um serial killer chamado David Harker – um indivíduo especialmente perverso, que estrangulou uma mulher de 32 anos durante o sexo, retalhou seu corpo e comeu pedaços de sua coxa com macarrão e queijo – coloca a questão em perspectiva. Conhecido por ser um fã de *O Silêncio dos Inocentes*, ele foi questionado depois de ser preso sobre a possível influência do filme em seu próprio crime canibalesco. "Pessoas como eu não vêm de filmes", ele respondeu. "Os filmes é que vêm de pessoas como eu."

Atualmente, é claro, sempre que ocorre um assassinato terrível, as preferências televisivas, musicais e de leitura do autor sofrem imediatamente um exame minucioso em busca de evidências de que seus crimes foram de alguma forma motivados pelo entretenimento popular supostamente degradante dos dias de hoje. Quando o assassino em massa Michael McDermott massacrou sete funcionários de uma empresa de alta tecnologia de Boston em dezembro de 2000, os noticiários rapidamente divulgaram que sua videoteca pessoal estava repleta de filmes de ação como *Máquina Mortífera* (1987) e *Duro de Matar* (1988) – como se seu gosto por esses *blockbusters* hollywoodianos explicasse seu ato de extrema violência. Só mais tarde a imprensa revelou que sua coleção também incluía a comédia de Steve Martin *O Panaca* (1979), o drama ganhador do Oscar *Um Estranho no Ninho* (1975), o filme B de ficção científica *Plano 9 do Espaço Sideral* (1956), e ainda *As Grandes Aventuras de Pee-Wee* (1985). Como um criminologista sabiamente observou, "eu não recomendaria olhar para essa lista como um indicativo de tendências violentas".

De fato, qualquer pessoa inclinada a culpar os livros ou filmes favoritos de um assassino pela violência psicopática de seus atos deve lidar com o embaraçoso fato de que um número significativo de serial killers conta com devotos leitores da Bíblia, capazes de cometer os crimes mais horrendos até mesmo enquanto recitavam as Escrituras.

Vários anos antes de se transformar no pistoleiro lunático e inimigo das mulheres conhecido como "Filho de Sam", David Berkowitz passou por um despertar religioso, convertendo-se ao cristianismo evangélico enquanto servia ao Exército em Fort Knox, Kentucky. Abraçando sua nova fé com um fervor quase obsessivo, tornou-se membro da Igreja Beth Haven, ouvindo, embevecido, os sermões sobre os castigos infernais, passando pelo ritual do batismo por imersão e saindo às ruas para pregar sobre pecado e salvação. Entretanto, até mesmo no fervor religioso de Berkowitz era possível entrever os sinais de sua patologia. As únicas almas que ele estava interessado em salvar eram as dos homens. Como ele explicou mais tarde para um psiquiatra forense: "Eu só queria ver os homens entrarem no céu. Quem diabos precisava daquelas piranhas que dançam nas boates? Mulheres demais no céu iriam estragá-lo".

John George Haigh foi criado por pais hiper-religiosos, membros devotos de uma seleta seita puritana conhecida como a Irmandade de Plymouth (*Plymouth Brethren*). Ao longo de sua vida – mesmo durante os anos em que estava ocupado despachando vítimas e dissolvendo seus corpos em barris de ácido clorídrico –, ele adorava participar de discussões teológicas, impressionando os ouvintes com seu profundo conhecimento das Escrituras Sagradas.

Earle Leonard Nelson também era bastante familiarizado com as Escrituras, tendo sido criado por uma avó fanática religiosa. Obcecado com o Livro do Apocalipse, ele podia citar sua passagem favorita de cor:

> E transportou-me em espírito ao deserto. E vi uma mulher sentada sobre uma besta de cor de escarlate, e adornada de ouro, e de pedras preciosas, e de pérolas, e tinha na mão uma taça de ouro cheia de abominação e da imundície da sua fornicação, e estava escrito em sua fronte este nome: MISTÉRIO; A GRANDE BABILÔNIA, A MÃE DAS FORNICAÇÕES E DAS ABOMINAÇÕES DA TERRA. E vi essa mulher ébria do sangue dos santos e do sangue dos mártires de Jesus. (Apocalipse 17:3-6)[3]

Nelson usava sua formação religiosa para ganhar a confiança de suas vítimas em potencial, que nunca suspeitavam – até que fosse tarde demais – que o jovem articulado e aparentemente devoto era na verdade o notório "Gorila Assassino", procurado de costa a costa do país pelo assassinato brutal de mais de vinte mulheres.

Outro estrangulador em série obcecado pelas Escrituras era o psicopata ainda anônimo conhecido apenas como "João da Bíblia", que matou três mulheres em Glasgow, na Escócia, no final da década de 1960. O apelido do assassino deriva de seu hábito de recitar trechos do Antigo Testamento, especialmente partes relacionadas a Moisés. A identidade desse psicopata fanático ainda é um dos grandes mistérios não resolvidos da história criminal escocesa.

De todos os serial killers com fixação pela Bíblia, entretanto, o mais aterrorizante foi sem dúvida Albert Fish, cuja obsessão com a história de Isaac e Abraão o levou a realizar hediondos rituais de sacrifício com uma série de vítimas crianças. O canibalesco Fish – que descreveu o ato de devorar uma menina de 12 anos como um ato de "comunhão" – passou anos debruçado sobre as Escrituras buscando as passagens mais perturbadoras, que então memorizava. Sua favorita era Jeremias 19:9: "E dar-lhes-ei a comer as carnes de seus filhos, e as carnes de suas filhas; e cada um comerá a carne do seu amigo durante o cerco e o aperto a que serão reduzidos pelos seus inimigos, e pelos que buscam a sua vida".[4]

---

3   Bíblia Sagrada. Novo Testamento. Traduzida da Vulgata e anotada pelo padre Matos Soares. São Paulo: Edições Paulinas, 1982, 11. ed. [NE]
4   Idem. [NE]

PORNOGRAFIA

É comum acontecer. Um serial killer é capturado e a polícia – enquanto faz uma busca em sua residência – encontra um estoque de pornografia sadomasoquista violenta. Imediatamente, os defensores da censura alardeiam essa descoberta como uma prova dos males da pornografia em geral e de seu pérfido poder de corromper a moral e inspirar crimes contra as mulheres.

Evidentemente, há problemas com esse argumento. Em primeiro lugar, a grande maioria dos consumidores de pornografia é composta por cidadãos cumpridores das leis e que utilizam material classificado para maiores com o intuito de estimular a libido, não a agressividade. Não há nenhuma evidência sólida de que a pornografia cause outra coisa a não ser um efeito afrodisíaco sobre tais espectadores.

Por outro lado, faz todo o sentido que serial killers se interessem por pornografia sadomasoquista. Criminosos psicopatas, afinal de contas, são predispostos a fantasias violentas. Seria muito mais surpreendente se a polícia invadisse a casa de um assassino sádico e descobrisse que sua coleção inteira de vídeos era composta por episódios do desenho animado *Bob Esponja*.

Não obstante, os argumentos dos ativistas antipornografia receberam um forte impulso de uma fonte que seguramente parecia saber tanto sobre o assunto como qualquer homem vivo (embora por pouco tempo). Na noite de 23 de janeiro de 1989, poucas horas antes de sua execução, Ted Bundy concedeu uma entrevista ao psicólogo cristão James Dobson, um ativista antipornografia e antigo membro de uma comissão criada pelo presidente Ronald Reagan para investigar a questão da pornografia.

Aplaudidas por alguns como um testemunho convincente sobre os perigos da pornografia – e repudiadas por outros como as racionalizações egoístas de um mentiroso patológico –, as respostas de Bundy são razoavelmente lúcidas, se não consistentes ou especialmente convincentes. Em dado momento ele afirma que suas atrocidades não podem ser atribuídas à pornografia; em outro, descreve a si mesmo como alguém que era perfeitamente normal até cair sob a influência nefasta de revistas obscenas. Ele nega que esteja tentando fugir da responsabilidade por seu comportamento, mesmo enquanto insiste que nunca teria cometido as atrocidades que cometeu se não tivesse sido exposto a imagens de "violência sexualizada".

No final, é difícil saber que conclusão tirar da entrevista. Estaria Bundy – um típico psicopata que passara a vida escondido sob uma máscara de normalidade – simplesmente interpretando um último papel, aquele do pecador arrependido? Ou estaria realmente lutando para compreender sua própria natureza maligna e agarrando-se a uma explicação fácil para esse derradeiro mistério?

Seguem as partes relevantes da entrevista:

TED BUNDY JAMES DOBSON
23 DE JANEIRO DE 1989

BUNDY Quando era um garoto de 12 ou 13 anos, tive contato com pornografia leve fora de casa, no mercado local e nas farmácias. A garotada costumava explorar as ruas menos movimentadas do bairro, onde as pessoas despejavam o lixo. De vez em quando a gente encontrava livros mais pesados, mais explícitos. Isso também incluía revistas policiais etc. E quero enfatizar isto: o tipo mais nocivo de pornografia – e falo por experiência própria, real, vivida na pele – é o que envolve violência e violência sexual. O cruzamento dessas duas forças – como eu sei muito bem – gera um comportamento que é terrível demais para descrever.

DOBSON *Fale mais sobre isso. O que passava pela sua cabeça naquela época?*

BUNDY Antes de continuarmos, é importante para mim que as pessoas acreditem no que estou dizendo. Não estou culpando a pornografia. Não estou dizendo que ela me levou a sair por aí e fazer coisas. Eu assumo total responsabilidade por tudo que fiz. A questão não é essa. A questão é como esse tipo de literatura contribuiu e ajudou a moldar e dar forma a certos tipos de comportamento violento.

DOBSON *Ela alimentou suas fantasias.*

BUNDY No início, ela alimenta esse tipo de processo mental. Depois, em um determinado momento, ela colabora para cristalizar esse processo, transformando-o praticamente em uma entidade independente.

DOBSON *Você tinha ido o mais longe que podia na sua fantasia, com material impresso, fotos, vídeos etc., e então se sentiu impelido a dar um passo adiante e partir para algo mais físico.*

BUNDY Depois de ficar viciado nisso, e eu vejo isso como um tipo de vício, você começa a buscar materiais mais fortes, mais explícitos, mais gráficos. Como em um vício, você deseja algo mais sólido, algo que proporcione uma sensação maior de excitação, até que chega ao ponto em que a pornografia não é mais o bastante – aquele ponto decisivo em que você começa a pensar que fazer aquelas coisas poderá te dar o que nenhuma leitura ou imagem pode oferecer.

DOBSON *Quanto tempo você ficou nesse ponto antes de realmente atacar alguém?*

BUNDY Uns dois anos. Eu lidava com inibições muito fortes contra o comportamento criminoso e violento. Tinha sido profundamente condicionado pelo meu bairro, ambiente, igreja e escolas. Sabia que era errado pensar naquelas coisas e, sem dúvida, fazê-las era errado. Eu estava no limite e os últimos vestígios de contenção eram constantemente testados, entrando em violento conflito com aquela vida de fantasia alimentada, em grande parte, pela pornografia.

DOBSON *Lembra-se do que o fez cruzar a linha? Lembra-se de quando decidiu dar o passo decisivo? Lembra-se de quando resolveu chutar o balde?*

BUNDY É algo muito difícil de descrever – a sensação de chegar àquele ponto a partir do qual eu sabia que não poderia mais controlar meus atos. As barreiras que eu tinha internalizado quando criança não eram suficientes para me impedir de procurar alguém para machucar.

DOBSON *Você não sabia que era capaz disso antes?*

BUNDY Não há como descrever a vontade brutal de fazer aquilo e, uma vez que ela tivesse sido satisfeita, ou gasta, e aquele nível de energia se retraísse, eu voltava a ser eu mesmo. Basicamente, eu era uma pessoa normal. Eu não era o tipo de cara que frequentava bares ou um vagabundo. Não era um pervertido no sentido de que as pessoas olham para alguém e dizem: "Sei que tem algo de errado com ele". Eu era uma pessoa normal. Tinha bons amigos. Levava uma vida normal, exceto por essa parte pequena mas muito poderosa e destrutiva que eu mantinha em segredo absoluto. Aqueles de nós que têm sido tão influenciados pela violência nos meios de comunicação, especialmente pela violência pornográfica, não são monstros natos ou algo do tipo. Nós somos seus filhos e maridos. Crescemos em famílias normais. A pornografia pode se infiltrar em uma casa e arrebatar qualquer criança hoje em dia. Ela me arrebatou da minha vinte ou trinta anos atrás. Por mais diligentes que meus pais fossem, e eles eram diligentes em proteger os filhos, e por mais cristão que fosse nosso lar, não há proteção contra os tipos de influências que estão à solta em uma sociedade que os tolera.

LUCRO

Quando o termo "serial killer" caiu na boca do povo no início dos anos 1980, ele era aplicado a lunáticos como Ted Bundy, John Wayne Gacy, Richard Ramírez e outros. Eles eram clássicos predadores sexuais – assassinos sádicos, como costumavam ser chamados – que só conseguiam se excitar e atingir o clímax enquanto cometiam atrocidades terríveis com vítimas indefesas.

Embora a maioria dos serial killers caia nessa categoria, nem todos são motivados primariamente por sadismo sexual. Alguns cometerem seus crimes não só por prazer, mas também por ganhos financeiros.

Esses assassinos motivados pelo lucro não são menos psicopatas que seus colegas sexualmente pervertidos. Ao conceber e realizar suas atrocidades, eles agem de forma racional, ardilosa, muitas vezes demonstrando um alto nível de inteligência. Eles também não possuem consciência, remorso ou capacidade de demonstrar empatia. Para eles, os outros seres humanos são simplesmente objetos a ser manipulados, destruídos e descartados para seus próprios fins narcisistas.

Um exemplo clássico desse gênero de psicopatas é o dr. H.H. Holmes, o famoso "Médico Torturador" do século XIX que matou um número indeterminado de vítimas na época da Exposição Mundial de Chicago, em 1893. Embora esse cortês matador de mulheres e bígamo estivesse sem dúvida interessado em sexo, seus crimes eram motivados em grande parte por uma ganância insaciável, típica do afã por lucro que marcou a "Era Dourada" do pós-Guerra Civil. Um dos muitos golpes de Holmes requeria a utilização de cadáveres para defraudar as empresas de seguro. Em sua autobiografia, ele reiteradamente se refere a esses cadáveres como "material" – um termo que diz muito sobre sua personalidade psicopática. Para Holmes, os restos em decomposição de outro ser humano não significavam nada mais do que um pedaço de madeira significa para um carpinteiro – e se nenhum cadáver estivesse disponível quando necessário, ele não hesitava em criar o seu.

O mesmo valia para Burke e Hare, detestáveis empreendedores do século XVIII que começaram seu negócio fornecendo cadáveres para anatomistas britânicos desesperados por espécimes humanas e rapidamente evoluíram para o assassinato em série como uma forma de manter o estoque abastecido.

No século XX, outro médico monstruoso, o dr. Marcel Petiot, eliminou dezenas de vítimas desavisadas – judeus desesperados que, na esperança de fugir da França ocupada pelos nazistas, foram mortos, incinerados e subtraídos de suas posses terrenas pelo médico homicida.

Os gêneros de serial killers conhecidos como Barbas Azuis e Viúvas Negras – respectivamente, homens e mulheres psicopatas que assassinam uma sucessão de cônjuges – também pertencem a essa categoria motivacional, já que a ganância, tanto quanto a gratificação de impulsos maléficos, está na base de seus crimes.

Há uma tendência a ver serial killers mercenários como menos assustadores do que assassinos sádicos. É verdade que, como regra geral, esses psicopatas não praticam as atrocidades mais terríveis: tortura, desmembramento, estripação, canibalismo etc. Mesmo assim, o assassinato não é apenas uma questão de negócios para eles. É um prazer distinto e bastante perverso.

Holmes, por exemplo, pode ter matado suas vítimas principalmente por dinheiro, mas também gostava de vê-las sofrer, e por isso teria equipado alguns dos quartos em seu "Castelo da Morte" com olhos mágicos que o permitiam observar as agonias mortais de suas vítimas. Marcel Petiot também tinha um olho mágico instalado na porta da câmara da morte em seu porão por razões igualmente sádicas. Jane Toppan, o "Anjo da Morte" do século XIX, roubou somas consideráveis de suas vítimas. Mas também experimentava um prazer intenso ao deitar na cama com elas durante seus momentos finais e apertá-las contra seu corpo enquanto sofriam as últimas convulsões. E a ganância por si só não pode explicar as ações de John George Haigh, que se sustentou por anos assassinando alguns de seus conhecidos mais próximos, depois dissolvendo seus corpos em tambores de metal cheios de ácido e despejando a repulsiva lama resultante no esgoto. Como o próprio Haigh coloca: "Existem maneiras mais fáceis de fazer dinheiro".

ESTUDO DE CASO - Nº 26
O ASSASSINO DA BANHEIRA DE ÁCIDO

JOHN G. HAIGH
ASSASSINO VAMPIRO

1909-1949

Crime(s)
Roubo, fraude e assassinato

Pena
Condenado à morte

Aqueles que acreditam que afixar os Dez Mandamentos nas escolas públicas é a cura para os problemas sociais de hoje com certeza ficariam perplexos com o caso de John George Haigh. Nascido em 1909, Haigh foi educado em uma rigorosa seita religiosa conhecida como a Irmandade de Plymouth, cujos membros não só abjuravam os habituais bichos-papões puritanos – consumir álcool, tabaco, jogar, ir ao teatro e ler romances –, mas também se recusavam a conviver com pessoas de quaisquer outras crenças, a quem menosprezavam como "gentios". Apesar (ou possivelmente por causa) dessa educação ortodoxa, Haigh tornou-se um hedonista inveterado com um gosto por carros velozes, comida fina e roupas caras. Ele também era um criminoso contumaz, que passou grande parte da idade adulta atrás das grades e acabou se tornando uma das figuras mais notórias na história criminal moderna da Inglaterra.

Sem dúvida, seu passado íntegro o dotou de algumas características atraentes: uma inteligência aguçada, hábitos pessoais meticulosos e uma postura amável e educada. Policiais e guardas prisionais que vieram a conhecê-lo perto do fim de sua vida confirmaram que ele era o "assassino mais simpático que já tinham conhecido". Depois de deixar a escola no fim da adolescência, Haigh trabalhou em uma série de empregos: auxiliar de escritório, corretor de seguros, aprendiz de engenheiro. O conhecimento que ele adquiriu em cada uma dessas ocupações – combinado com um dom para a caligrafia que o tornava um excelente falsificador – se provaria útil em sua futura vida criminosa.

Aos 24 anos, Haigh casou-se com uma simpática jovem chamada Betty Hamer, que não fazia ideia de que seu marido educado e bem-articulado se sustentava por meio de golpes. Ela descobriu a verdade

CASE STUDY CRIME SCENE

quatro meses mais tarde quando ele foi preso por fraude. Enquanto Haigh cumpria sua pena de 15 meses, a esposa deu à luz e entregou a criança para a adoção. Exceto por um breve encontro depois de ser libertado, Haigh nunca mais a veria.

E também nunca voltaria a se casar. Apesar de seu charme fácil e aparência alinhada – o cabelo modelado com creme, bigode tipo lápis, ternos bonitos e luvas amarelo-limão que usava dentro e fora de casa – ele não era nenhum conquistador. Ao contrário de outros assassinos em série, seus crimes não eram motivados por compulsões sexuais depravadas. Sua loucura assumia uma forma mais mercenária. Como outros serial killers golpistas – H.H. Holmes, por exemplo – Haigh foi abençoado com muitas qualidades admiráveis: diligência, inteligência, inventividade. Caso as tivesse utilizado para fins legítimos, teria sem dúvida se saído muito bem. Mas sua personalidade era minada pela psicopatologia. Fazer dinheiro matando conhecidos não era necessariamente mais fácil do que ganhar a vida de maneira honesta – na verdade, Haigh dedicou um bocado de tempo e energia aos seus terríveis crimes –, mas era mais gratificante, pois satisfazia suas necessidades mais obscuras e distorcidas.

Libertado da prisão em 1935, Haigh, o filho pródigo, voltou para a casa dos pais. Trabalhou por um tempo no ramo da lavagem a seco, depois se mudou para Londres, onde fez amizade com um jovem chamado William McSwan, dono de uma loja de jogos de *pinball*, que lhe ofereceu trabalho como secretário e motorista. Haigh deixou o emprego depois de um ano para trabalhar por conta própria. Montando um escritório falso de advocacia, ele tramou uma elaborada fraude com ações que acabou por colocá-lo novamente atrás das grades, dessa vez por quatro anos.

Na prisão, empregou seu tempo de modo produtivo, estudando livros de direito para aprender como cometer o crime perfeito. Foi durante esse período que adquiriu a noção de que um assassinato não poderia ser legalmente provado sem um corpo morto, um equívoco baseado no seu entendimento falho do termo *corpus delecti* (que não se refere a um cadáver, mas sim ao conjunto de evidências que provam que um crime foi cometido). Um ano depois de ser solto, foi parar de novo na prisão por aplicar um golpe para tirar dinheiro de uma conhecida. Enquanto estava lá, conseguiu roubar um pouco de ácido sulfúrico de uma funilaria e experimentou em ratos silvestres para ver quanto tempo levava para seus corpos dissolverem.

Libertado em 1943, Haigh, com 44 anos, conseguiu um emprego legítimo como contador, economizou dinheiro e, depois de cerca de um ano, mudou-se para Londres. Lá se instalou em uma oficina no porão, fazendo-se passar em público por um diretor de empresa e engenheiro formado.

Em setembro de 1944, depois que ele e seu velho amigo William McSwan se encontraram por acaso em um pub e renovaram a amizade, Haigh convidou o jovem a ir até sua oficina no porão, espancou-o até a morte com um cano de chumbo e então dissolveu seu corpo em um tambor de óleo de 150 litros cheio de ácido clorídrico. Quando nada mais restava de "Mac", Haigh despejou o líquido grosso e fétido no bueiro. Depois de convencer os pais de McSwan de que seu filho fora para a Escócia a fim de evitar o alistamento, Haigh – usando suas habilidades como falsificador – obteve os direitos sobre a propriedade de seu velho amigo. Quando os pais começaram a fazer muitas perguntas sobre a partida abrupta do filho, Haigh os despachou da mesma forma – depois de atraí-los para sua oficina, golpeou-lhes a cabeça, transformou-os em lama e despejou-os no esgoto.

Mais vítimas se seguiram, incluindo um rico casal de sobrenome Henderson. Haigh matou os dois com tiros na cabeça antes de derretê-los em seu tambor de ácido. Em seguida, conseguiu se apossar dos substanciais bens dos Henderson, embora tenha logo desperdiçado o dinheiro apostando em corridas de cavalo.

Sua última vítima foi uma abastada viúva de 69 anos chamada Olivia Durand-Deacon. Como ela não retornou de uma visita à oficina de Haigh, seus amigos notificaram a polícia, que logo encontrou provas incriminadoras, incluindo algumas das joias da mulher desaparecida. Percebendo que não havia escapatória, o audacioso vigarista fez uma revelação surpreendente, confessando não só os assassinatos da sra. Durand-Deacon, dos Henderson e dos três McSwan, mas de três outras pessoas. Então, com a arrogância típica dos psicopatas, ele desafiou a polícia a condená-lo, declarando que – uma vez que "todos os traços" das vítimas tinham sido dissolvidos em ácido – não poderia ser considerado culpado. "Como vocês podem provar um assassinato sem um corpo?", ele perguntou com um sorriso.

Sua convicção presunçosa de que não tinha deixado nenhuma evidência física de suas atrocidades veio logo abaixo. Ao fazer uma busca na propriedade de Haigh, os investigadores encontraram 13 quilos de gordura humana, três cálculos biliares, 18 fragmentos de ossos humanos, parte de um pé e as dentaduras não dissolvidas da sra. Durand-Deacon. Como se já não fosse grotesco o suficiente, Haigh começou a preparar o terreno para uma alegação de insanidade, afirmando que o real motivo por trás de seus crimes era uma antiga compulsão vampiresca. Por muitos anos, afirmou, fora atormentado pelo pesadelo recorrente de estar dirigindo por uma floresta de crucifixos enquanto chovia sangue – e sempre acordava com uma sede de sangue humano. Em cada um dos seus crimes, ele cortava a artéria carótida da vítima com um canivete, extraía um copo de sangue e bebia.

Não é preciso dizer que essas revelações horripilantes transformaram o julgamento de Haigh – alternadamente apelidado de "Assassino da Banheira de Ácido" e "Assassino Vampiro" – em uma sensação midiática. Como era de se esperar, psiquiatras que testemunharam em seu julgamento discordaram em relação à condição mental do réu, mesmo depois que Haigh – como se para provar o quão perturbado ele realmente era – bebeu um copo da própria urina na prisão. No final, o júri o considerou culpado, concordando com o argumento da acusação de que o vigarista inveterado cometera suas atrocidades por ganância, não por necessidades vampirescas. Ele foi enforcado em 6 de agosto de 1949.

CELEBRIDADE

Quando os chamados franco-atiradores de Beltway estavam à solta em outubro de 2002, muitas pessoas ficaram indignadas com a extensa e ininterrupta cobertura do caso. Programas de entrevistas na TV e no rádio eram inundados de ligações de gente se queixando de que a atenção incessante da mídia apenas glamorizava os pistoleiros e encorajava outros potenciais assassinos psicopatas a buscar seus 15 minutos de fama.

Embora compreensíveis, tais reações não são especialmente válidas. Em primeiro lugar, é uma atitude hipócrita ficar colado à TV, devorando cada migalha de informação sobre um caso pavoroso de assassinato, e ao mesmo tempo censurar o comportamento grosseiro e insensível da mídia. Afinal de contas, quando as redes de notícias a cabo se dedicam à cobertura ininterrupta de um crime especialmente bárbaro estão apenas dando ao público o que ele quer – e o que *sempre* quis.

O fascínio por assassinatos macabros já existia muito antes do advento da chamada "mídia". Na época anterior à escrita, as pessoas ficavam sabendo de crimes chocantes por meio de baladas transmitidas oralmente. Cada vez que uma esposa insatisfeita envenenava o marido agressivo, ou um rapaz ciumento apunhalava a amante infiel até a morte, ou uma mãe desesperada sufocava os filhos adormecidos, ou um bando de salteadores massacrava um grupo de viajantes – os detalhes eram transformados em música e transmitidos de pessoa a pessoa, de aldeia em aldeia, até que todo mundo soubesse da notícia.

Quando os tipos móveis foram inventados, essas chamadas baladas de assassinato eram impressas em folhas baratas de papel e vendidas por um centavo cada. Muitos desses "panfletos" ainda existem e seus títulos deixam bastante claro que as pessoas sempre tiveram um apetite insaciável por notícias sobre os crimes horrendos mais recentes: "Horrível e Atroz Assassinato de uma Mulher em Wednesbury"; "Aterrador Assassinato do Reverendo Huelin e Sua Governanta em Chelsea"; "Chocante Assassinato de uma Esposa em Oving, Perto de Aylesbury"; "Horrendo Assassinato Cometido por Mary Wilson Contra George Benson, Devido à Frustração no Casamento".

Os assassinatos em série eram grandes notícias na era vitoriana, como atesta a frenética cobertura dos tabloides sobre o caso de Jack, o Estripador. Não há dúvidas de que, caso a TV a cabo existisse naquela época, uma multidão de repórteres cercaria a cena do crime, entrevistando os moradores de Whitechapel e registrando suas reações ao último estripamento. Quando as atrocidades do dr. H.H. Holmes foram reveladas alguns anos depois dos horrores do Estripador, o público norte-americano não se cansava de ler sobre elas. Editores produziram livros instantâneos sobre o caso, jornais publicavam cada detalhe trivial que pudessem desenterrar e um empresário chegou a abrir um museu dedicado a H.H. Holmes contendo até mesmo réplicas dos restos mortais de suas vítimas.

De fato, museus populares do século XIX com frequência apelavam para o interesse do público por crimes macabros. Desde o momento em que o Museu de Madame Tussaud abriu pela primeira vez as portas, em 1835, o salão de exposição, conhecido como a "Câmara dos Horrores" – contendo figuras de cera de assassinos famosos, bem como pinturas vivas de tortura e outros dioramas macabros –, sempre foi a maior atração do estabelecimento, superando de longe as ilustres exposições de políticos, filósofos e artistas. O personagem interpretado por Vincent Price no filme *Museu de Cera* (1953) compreendia bem esse fato. Planejando abrir seu próprio museu, inspirado no de Madame Tussaud, ele anuncia: "Darei às pessoas o que elas querem: emoção, horror, sustos!"

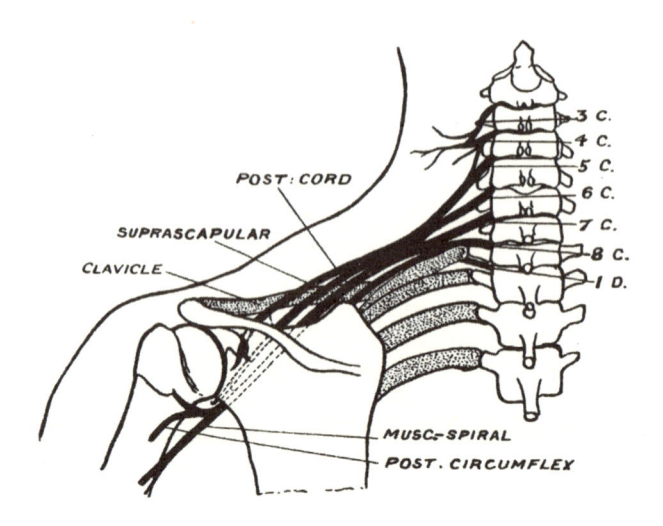

Não há dúvida de que a possibilidade de ser imortalizado – se não no Museu de Cera de Madame Tussaud, pelo menos em um telefilme ou best-seller baseado em fatos reais – é uma perspectiva atraente para muitos serial killers, que se deleitam com a celebridade proporcionada pelos seus crimes. Não há nada de surpreendente nisso. Muitos serial killers são completos zeros à esquerda: fracassados que falharam em todas as áreas importantes da vida. Mesmo aqueles que conseguiram forjar carreiras respeitáveis – John Wayne Gacy, por exemplo, que dirigia uma firma bem-sucedida de construção – sentiam-se vazios por dentro. Tendo sido submetidos, quase sem exceção, a maus-tratos brutais na infância, eles são inculcados com um sentimento de completa inutilidade. Ver seus nomes em jornais ou seus rostos na TV preenche suas almas ocas com uma inebriante sensação de superioridade e poder. Assassinar é o único meio de que dispõem para deixar alguma marca no mundo, para provar (a si mesmos mais do que a qualquer outra pessoa) que eles *existem*. Como bem disse Pete Hamill a respeito de David Berkowitz, o "Filho de Sam": "Ele era um ninguém que se tornou alguém matando pessoas".

Berkowitz, na verdade, é um caso interessante, uma ilustração perfeita do slogan usado na divulgação do filme *Chicago* (2002): "Se você não pode ser famoso, seja infame". Como observado pelo dr. David Abrahamsen, que se familiarizou com o criminoso por meio de extensas entrevistas, Berkowitz tinha uma necessidade desesperada de "ser notado, chamar a atenção, causar impressão". Sua passagem da obscuridade para a notoriedade – deixando de ser um funcionário desconhecido dos correios para se tornar o mundialmente famoso "Filho de Sam" – claramente o deslumbrava.

O fato é que nos mais de trinta anos desde que seu rosto rechonchudo foi estampado pela primeira vez na primeira página dos jornais, Berkowitz continuou viciado em sua infâmia, buscando periodicamente novas formas de aparecer. Em 1997, ganhou as manchetes dos jornais quando anunciou que tinha encontrado Deus, mudou seu apelido de "Filho de Sam" para "Filho da Esperança" e começou a pregar o Evangelho na TV aberta. Dois anos mais tarde, o *New York Times* publicou uma reportagem de primeira página descrevendo como ele estava angustiado pelo lançamento do filme *O Verão de Sam* (1999), do diretor Spike Lee, que despertava memórias dolorosas de seus terríveis ataques em 1977. E quando os atiradores de Beltway estavam à solta, Berkowitz voltou a aparecer nos jornais depois de enviar uma carta à imprensa na qual declarava que os ataques a tiros na época faziam com que ele "revivesse um pesadelo".

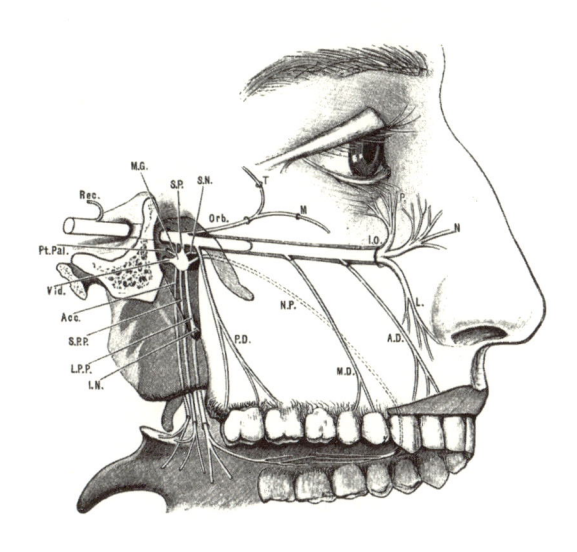

Claramente, a notoriedade midiática é um benefício adicional para muitos serial killers, mais uma gratificação doentia que eles derivam de seus crimes. Se isso é também a *causa* de seu comportamento é outra questão. Sem dúvida, pelo menos um maníaco homicida – não um serial killer, mas um assassino em massa chamado Robert Benjamin Smith – afirmou publicamente ter cometido seu crime porque "queria ficar conhecido, fazer nome. Sabia que teria que matar um monte de gente para que meu nome aparecesse nos jornais do mundo inteiro".

Mesmo nesse caso, entretanto, é legítimo questionar se o desejo de obter a atenção da mídia foi realmente o que motivou Smith a entrar em um salão de beleza de Mesa, no Arizona, em 1966, e executar quatro vítimas, incluindo uma menina de três anos. Afinal de contas, quem pensa que assassinato em massa a sangue-frio é uma boa maneira de ficar famoso deve ser, antes de mais nada, um grande psicopata.

Em suma, embora muitos serial killers certamente apreciem ser o centro das atenções, eles são motivados por compulsões muito mais obscuras. A sinistra celebridade que eles alcançam com suas atrocidades pode proporcionar-lhes uma satisfação distorcida – que os psicanalistas chamam de *ganho secundário*. Mas as causas básicas de seu comportamento monstruoso residem em outro lugar.

IMITADORES

Sempre que ocorre um crime chocante – que recebe grande cobertura da mídia e prende a atenção do público – há boas chances de que acabe inspirando algum indivíduo gravemente perturbado a cometer um crime similar com o intuito de se sentir importante. O massacre de Columbine, por exemplo, foi seguido por uma onda de tiroteios em escolas perpetrados por imitadores juvenis que buscavam deixar sua própria marca sangrenta na sociedade. E em meio aos ataques com antraz que sucederam o 11 de setembro, vários birutas anônimos saíram da toca, aumentando o pânico geral ao enviar envelopes carregados de um pó inofensivo pelos correios.

Apesar da premissa do filme *Copycat: A Vida Imita a Morte*, de 1995 – em que o vilão duplica o exato *modus operandi* de assassinos psicopatas notórios como os Estranguladores da Colina, o Filho de Sam e Jeffrey Dahmer –, casos de assassinato em série em geral não inspiram imitações. Na vida real, a descoberta das atrocidades de Dahmer não encorajou ninguém mais a sair por aí canibalizando rapazes gays. Para cometer tais horrores, é preciso estar sob o domínio das mais grotescas e aberrantes compulsões. Ninguém vai começar a desmembrar prostitutas ou enterrar cadáveres no porão só porque leu sobre isso no jornal.

No entanto – ainda que assassinatos em série possam não ser *causados* por razões de imitação – certamente já existiram psicopatas que tomaram maníacos homicidas do passado como modelos e inclusive desejaram emular suas depravações. Esse fenômeno remonta à Idade Média. O aristocrata francês Gilles de Rais – o suposto monstro depravado do século XV que serviu de modelo para o Barba Azul dos contos de fadas – declarou que seu autor favorito era Suetônio, historiador romano que narrou as perversidades de imperadores lunáticos como Nero e Calígula.

No século XIX, há diversos exemplos notáveis de assassinos sádicos que manifestamente admiravam outros de sua laia. Peter Kürten – o chamado monstro de Düsseldorf – era um grande fã de Jack, o Estripador, e lia todos os livros que pudesse encontrar sobre os horrores de Whitechapel. E Albert Fish, o pedófilo canibal que perpetrou alguns dos mais espantosos crimes na história criminal dos EUA, idolatrava o lunático alemão Fritz Haarmann, guardando artigos de jornal sobre o "Vampiro de Hanôver".

Há alguns indivíduos seriamente perturbados que só podem ser descritos como "aspirantes a serial killer". Esses psicopatas não se identificam com – ou buscam imitar – assassinos específicos do passado. Não estão tentando ser o novo Jack, o Estripador, ou o novo Jeffrey Dahmer. A grande ambição deles é simplesmente ser conhecidos como "serial killers", como se isso fosse um sinal de distinção.

Na primavera de 1993, por exemplo, um psicopata britânico chamado Colin Ireland perpetrou uma série de assassinatos brutais com o propósito específico de ser rotulado como serial killer. Em 9 de março daquele mesmo ano, Ireland, com 38 anos na época, apareceu em um pub gay de Londres, secretamente equipado com um "kit de assassinato" composto de corda, faca e luvas. Depois de flertar com um coreógrafo de 45 anos chamado Peter Walker, os dois foram para o apartamento do último. Lá, Ireland amarrou, espancou, torturou e enfim sufocou Walker com um saco plástico. Depois, queimou os pelos pubianos de sua vítima – para ver, como disse posteriormente à polícia, "como seria o cheiro" –, enfiou preservativos na boca e nas narinas do homem morto, e dispôs dois ursos de pelúcia em seu peito na posição sexual 69.

Dois meses depois, no dia 29 de maio, Ireland voltou para o mesmo pub e conheceu outro homem gay que curtia sadomasoquismo – um bibliotecário de 37 anos chamado Christopher Dunn. ==Depois de chegarem ao apartamento de Dunn, Ireland algemou o parceiro à cama, espancou-o com um cinto, queimou seus testículos com um isqueiro e sufocou-o enfiando pedaços de roupa em sua garganta.==

Ireland faria sua terceira vítima apenas seis dias depois ao estrangular um expatriado norte-americano de 35 anos chamado Perry Bradley III. Tendo cometido três assassinatos praticamente idênticos dentro de tão curto espaço de tempo, Ireland examinava ansioso os jornais todos os dias na esperança de encontrar notícias sobre a matança. A polícia, no entanto, ainda não ligara as três mortes. Frustrado por essa falta de reconhecimento, Ireland atacou de novo apenas três dias depois, torturando e assassinando um gay de 33 anos chamado Andrew Collier depois de conhecê-lo no mesmo pub. Por maldade, também estrangulou o gato de Collier e o deixou deitado em cima do cadáver com a boca escancarada em volta do pênis do homem morto.

No dia 12 de junho, uma semana depois de matar Collier, Ireland ligou anonimamente para a polícia e – depois de anunciar que já cometera quatro assassinatos e que pretendia cometer mais um – repreendeu-os por não perceber que havia um serial killer à solta. "A morte de um homem homossexual não significa nada?", ele perguntou.

No dia seguinte ao telefonema, Ireland matou sua última vítima, um chef de 41 anos chamado Emanuel Spiteri. ==Ele foi preso depois que a polícia teve acesso a um vídeo de segurança== que o mostrava caminhando ao lado de Spiteri em uma estação de metrô. Sob custódia, ele logo confessou os crimes.

Ao contrário da maioria dos serial killers que têm por alvo homens gays, Ireland não era gay. Nem tinha qualquer animosidade particular em relação aos homossexuais. ("Podia muito bem ter escolhido mulheres", insistiu.) Ele escolhera os tipos sadomasoquistas, ele disse, porque eram alvos fáceis, dispostos a ir para casa com um completo estranho e se deixar amarrar.

Ireland insistiu que tinha assassinado brutalmente cinco homens por uma simples razão: ==ele aspirava ser um serial killer== e tinha lido em um livro que, para ser classificado como um, era preciso matar pelo menos quatro vítimas. O último homicídio foi cometido apenas para garantir.

Em dezembro de 1993, um juiz de Old Bailey disse a Ireland: "Você expressou o desejo de ser considerado um serial killer. Isso deve ser correspondido com sua prisão perpétua". Ele recebeu cinco penas consecutivas de prisão perpétua e foi avisado de que nunca mais sairia da prisão.

> Tenho lido muitos livros sobre serial killers. Acho que é a partir de quatro vítimas que o FBI classifica um assassino como serial killer, então vou parar agora que completei cinco.
> — COLIN IRELAND em uma ligação anônima para a polícia —

ESTUDO DE CASO - Nº 27
HERIBERTO SEDA
IMITADOR DO ZODÍACO

Algumas pessoas – especialmente nova-iorquinos – frequentemente reagem com surpresa quando ouvem dizer que o infame assassino do Zodíaco nunca foi capturado. Afinal de contas, eles lembram claramente das manchetes dos jornais em 1998 alardeando a prisão e a condenação do atirador do Zodíaco. O homem referido nessas notícias, entretanto, não era o pistoleiro notoriamente esquivo que aterrorizou São Francisco no fim da década de 1960, mas sim um jovem psicopata nova-iorquino chamado Heriberto Seda – um clássico assassino imitador cuja distorcida admiração pelo Zodíaco original o inspirou a empreender sua própria campanha homicida de tema astrológico.

Com 22 anos na época em que deu início à matança, Seda era um desistente do ensino secundário que morava com a mãe e a irmã, não tinha nem amigos nem relacionamentos amorosos e juntava alguns trocados roubando moedas de telefones e máquinas de venda automática. Sem trabalho ou vida social, ele parece ter passado a maior parte do tempo trancado em seu quarto lendo edições da revista *Soldier of Fortune*[5] e livros sobre serial killers. Um aficionado por armas cuja vida escolar chegou ao fim ao ser suspenso por portar uma arma oculta, Seda era particularmente obcecado pelo Zodíaco de São Francisco, em parte por ser um dos poucos serial killers que se valiam de armas de fogo. Seda também era um tanto fanático religioso, fascinado pelas cartas bizarras e quase míticas do Zodíaco em que ele falava de coletar escravos para servi-lo na vida após a morte.

Pegando uma folha do livro de seu ídolo, Seda enviou uma carta à unidade de "proteção ao crime" do distrito policial local em novembro de 1989: "Aqui é o Zodíaco. O Primeiro Sinal está morto. O Zodíaco Matará os 12 sinais no Cinturão quando a luz Zodiacal for vista. O Zodíaco espalhará o medo. Tenho visto um monte de policiais na Jamaica Ave. e Elden Lane, mas vocês não são de nada e não pegarão o Zodíaco. Órion é a único que pode deter o Zodíaco e a Plêiade".

Dado o número de cartas bizarras que recebiam regularmente, os policiais não viram nenhuma razão para dar especial atenção àquela, aparentemente um trote.

Apesar da segunda linha da mensagem – que sugere que Seda já havia cometido um assassinato na época que a enviou –, seus dois primeiros ataques a tiro parecem ter ocorrido no seguinte mês de março, quando, brandindo uma pistola 9mm de fabricação caseira, emboscou dois homens no Brooklyn, com um intervalo de várias semanas entre cada ataque. Ambas as vítimas sobreviveram.

---

5   Revista dedicada à cobertura de conflitos militares. *Soldier of fortune* quer dizer "mercenário". [NT]

CASE STUDY CRIME SCENE

Naquele momento, a polícia não relacionou os dois ataques, assumindo que se tratava de mais dois dos muitos incidentes com armas que afligiam a cidade de Nova York naquela época de criminalidade desenfreada. Entretanto, Seda atacou de novo, em 31 de maio – ferindo mortalmente um morador idoso do Brooklyn que saíra para um passeio noturno –, e deixou uma de suas notas bizarras ao lado do corpo. Em breve, mais mensagens do pretenso Zodíaco começaram a chegar aos escritórios do *New York Post*, que publicou uma matéria em 19 de junho: "Enigma do Atirador do Zodíaco", dizia a manchete. De repente, a polícia e o público tiveram que confrontar o inquietante fato de que – vinte anos depois de a cidade ser aterrorizada pelo "Filho de Sam" – Nova York tinha outro atirador fantasma à solta.

Depois de consultar astrólogos que previram que o assassino atacaria mais uma vez na madrugada de 21 de junho, as autoridades puseram dezenas de policiais nas ruas do Brooklyn para esperar a sua chegada. Seda passou a perna neles, entretanto, mudando seu terreno de caça para Manhattan, onde atirou em um sem-teto no Central Park. No dia seguinte, enviou outra carta para o *Post*, insistindo que ele e o Zodíaco de São Francisco eram a mesma pessoa. Poucos acreditaram, no entanto, que o lendário assassino psicopata da Costa Oeste tivesse aparecido de repente em Nova York, sobretudo depois que diversas testemunhas dos atentados no Brooklyn descreveram uma figura jovem demais para ser o lunático dos anos 1960. Era claro que a nova onda de matanças era obra de um imitador insano.

Com toda a cidade focada em sua captura, Seda – que havia compilado com carinho um álbum de recortes sobre seus crimes – decidiu dar um tempo. Uma nova data astrologicamente importante passou sem nenhum outro atentado e o público começou a relaxar. Em pouco tempo, o Zodíaco tinha sido praticamente esquecido. Ele voltou com força total em 1992, atacando quatro pessoas – duas fatalmente – em um parque do Brooklyn entre 4 de junho e 2 de outubro. Em junho de 1994, depois de outro hiato, ele atirou em uma quinta vítima no mesmo parque. Um mês depois, ele enviou a última – e sob vários aspectos a mais bizarra – de suas cartas do Zodíaco para o *New York Post*. "Durma, meu pequeno morto", ele escreveu depois de listar suas vítimas mais recentes. "Como nós os odiamos."

Mais dois anos se passariam antes que atacasse outra pessoa. Dessa vez seria sua própria irmã. Seda atirou nas costas da mulher com uma de suas pistolas caseiras durante uma violenta discussão. Ferida, ela chegou ao apartamento de um vizinho, que discou 911. Levado à delegacia, Seda foi solicitado a descrever o incidente por escrito. Ele obedeceu, assinando a declaração com os mesmos símbolos esotéricos – uma cruz e três setes – que ele usara em suas cartas do Zodíaco. Os policiais então perceberam que o jovem sob sua custódia era o atirador procurado há anos. Não demorou até que obtivessem uma confissão completa.

Em junho de 1998, Heriberto Seda foi condenado e sentenciado a uma pena mínima de 80 anos atrás das grades. Diz-se que ele passa a maior parte do seu tempo debruçado sobre a Bíblia e citando as Escrituras para seus colegas de prisão.

A CULPA É DO DIABO

Embora explicações sobrenaturais para rompantes homicidas estejam fora de moda desde a Idade Média, alguns serial killers continuam a insistir que são vítimas de possessão demoníaca. David Berkowitz, por exemplo, sustentava obstinadamente que "um demônio vive em mim desde que nasci". E Herbert Mullin – o psicopata da Califórnia que acreditava que podia impedir um terremoto cataclísmico massacrando oito pessoas – explicou suas ações dizendo que "Satanás entra nas pessoas e as obriga a fazer coisas que não querem".

Ainda assim, faz tempo que ninguém tenta se defender na sala do tribunal alegando que "o diabo me obrigou a fazer isso" – ao menos nos Estados Unidos. Nos anos 1950, entretanto, um assassino em série sul-africano tentou a sorte.

Seu nome era Elifasi Msomi. Durante um período de 21 meses no início dos anos 1950, este curandeiro em tempo parcial, nascido na província de KwaZulu-Natal, assassinou brutalmente 15 pessoas. A maioria de suas vítimas eram crianças. Fazendo-se passar como "agente de trabalho", Msomi atraía as crianças para fora de casa com a promessa de trabalhos bem-remunerados como criados. Uma vez que as tinha em suas garras, ele as golpeava até a morte com um machado.

Preso em 1955, confessou os crimes, embora tenha alegado que estava sob a influência de um demônio invisível conhecido como "Tokoloshe", que supostamente se empoleirava em seu ombro e o mandava matar. Psiquiatras nomeados pelo tribunal descartaram essa história, considerada um monte de abobrinhas, e ofereceram uma explicação mais plausível.

Msomi, eles disseram, obtinha prazer sexual sádico com suas atrocidades. Ele foi enforcado na prisão de Pretória em fevereiro de 1956.

LEITURA RECOMENDADA ROBERT EISLER. Man into Wolf | 1951. STEPHEN JAY GOULD. The Mismeasure of Man | 1981. DOROTHY OTNOW LEWIS. Guilty By Reason of Insanity | 1998. JONATHAN H. PINCUS. Base Instincts: What Makes Killers Kill? | 2003. CARL GOLDBERG. Speaking with the Devil | 1996. JOHN DOUGLAS e MARK OLSHAKER. The Anatomy of Motive | 1999. JONATHAN KELLERMAN. Savage Spawn | 1999. RICHARD RHODES. Why They Kill | 1999. STEVEN PINKER. The Blank Slate: The Modern Denial of Human Nature | 2002. MATT RIDLEY. "What Makes You Who You Are?" Time Magazine | 2 jun. 2003. ROBERT K. RESSLER, ANN W. BURGESS e JOHN E. DOUGLAS. Sexual Homicide | 1988. ROBERT I. SIMON. Bad Men Do What Good Men Dream | 1996. JIB FOWLES. The Case For Television Violence | 1999. GERARD JONES. Killing Monsters: Why Children Need Fantasy, Super Heroes, and Make-Believe Violence | 2002. DAVID ABRAHAMSEN. Confessions of Son of Sam | 1985. JOSEPH C. FISHER. Killer Among Us: Public Reactions to Serial Murder | 1997.

SERIAL KILLERS
ANATOMIA DO MAL

CAPÍTULO 6

O MAL EM AÇÃO

Por meses, até mesmo anos, as fantasias têm se tornado mais obsessivas, dominando sua vida. Os cenários imaginados de tortura e morte são tão intensos que ele pensa em pouca coisa além disso. Finalmente, não consegue mais suportar a pressão. Ficar deitado na cama e se masturbar enquanto pensa em estrangular uma colegial ou estripar um garoto de programa não é mais o suficiente. É hora de tornar seus sonhos realidade, de saciar a fome monstruosa com carne e sangue de verdade. Mas como?

FATORES DESENCADEANTES

No final de *Psicose* (1960), de Hitchcock, um psiquiatra chamado dr. Richmond descreve as circunstâncias que levaram o amável Norman Bates a se transformar em um assassino travesti ensandecido. Sempre que o profundamente esquizoide Norman "sentia uma forte atração por qualquer outra mulher", explica dr. Richmond, seu perverso "lado mãe fugia do controle". Isso é exatamente o que aconteceu com Marion Crane (o personagem interpretado por Janet Leigh). Quando Norman a conheceu, diz Richmond, "ele foi tocado por ela, atiçado por ela. Ele a *queria* a todo custo. Aquilo despertou a mãe ciumenta". Então, de repente, vemos a pobre Marion ser apunhalada até a morte em uma cena que fez com que uma geração inteira de espectadores sentisse uma pontada de ansiedade sempre que entrava no chuveiro.

Embora alguns críticos de cinema vejam o psiquiatra como uma figura risível – uma deliberada caricatura de um sabichão freudiano –, a verdade é que ele faz um bom trabalho ao descrever o fenômeno que os criminologistas chamam de "fator desencadeante". Este fator (nas palavras do dr. Richmond) "desperta" um serial killer e faz com que ele – depois de um período prolongado durante o qual suas fantasias estiveram adormecidas – "perca o controle".

Na vida real, como em *Psicose*, o fator desencadeante é geralmente um tipo específico de vítima, que tem as qualidades que excitam o assassino. Para psicopatas, assim como para seres humanos normais, essas características variam bastante. Em contraste com o filme, os impulsos homicidas de Ed Gein – o protótipo na vida real de Norman Bates – eram provocados não por jovens atraentes, mas por mulheres corpulentas, de meia-idade e fisicamente semelhantes à sua mãe. Ted Bundy, por outro lado, sentia-se atraído por morenas bonitas em idade universitária e com os cabelos partidos ao meio. Já outros serial killers eram possuídos por um furor homicida diante de rapazes musculosos, prostitutas viciadas em drogas ou garotinhas indefesas. Uma imagem poderosa de um episódio "desencadeante" pode ser vista no clássico filme *M, O Vampiro de Düsseldorf*, de 1931, quando o assassino pedófilo Franz Becker (interpretado brilhantemente por Peter Lorre) avista uma bela menina pré-púbere enquanto passeia por uma rua de Berlim. O olhar que perpassa o rosto de Becker transmite de maneira assustadora a terrível luxúria despertada subitamente em seu íntimo pela visão da incauta criança.

Como em *Psicose* – em que uma bela loira desacompanhada aparece inesperadamente no hotel dos Bates –, uma oportunidade imprevista também pode servir como um fator desencadeante. Em 1874, Katie Curran, de dez anos, à procura de um novo caderno para a escola, entrou na loja de jornais e revistas em que Jesse Pomeroy trabalhava sozinho. Embora Pomeroy preferisse meninos como vítimas, a repentina circunstância de estar sozinho com uma criança inocente incitou sua mania homicida. Atraindo a garotinha para o porão, ele a atacou com um canivete e escondeu o corpo mutilado em um monte de cinzas. De modo semelhante, durante a primavera de 1928, o monstro canibal Albert Fish foi à casa da família Budd atraído por um anúncio publicado no jornal pelo filho adolescente do casal, que era o alvo pretendido de Fish. Durante a visita, entretanto, a adorável filha de 12 anos dos Budd, Grace, apareceu de repente. Algo na aparência da menina despertou a sede de sangue de Fish. Na mesma hora, decidiu sequestrar, matar e devorar a garotinha.

Evidentemente, seria útil para as autoridades policiais saber exatamente que "fatores desencadeantes" levam à prática do assassinato em série. O problema é que, por serem tão profundamente perturbados, não há como dizer com precisão *o que* pode incitar um assassino psicopata a cometer um crime. O assassino sádico alemão Heinrich Pommerencke – também conhecido como a "Besta da Floresta Negra" – passou de estupro para assassinato em série depois de assistir, em 1959, ao épico bíblico de Cecil B. DeMille, *Os Dez Mandamentos* (1956). As atrocidades da família Manson foram inexplicavelmente desencadeadas pelo *Álbum Branco* (1968) dos Beatles. Alguns assassinos psicopatas ficam enfurecidos quando seus prisioneiros tentam fugir, outros quando suas vítimas são cooperativas demais. O assassino psicótico Joseph Kallinger desistiu de estuprar diversas mulheres quando descobriu que elas estavam menstruando. No fim dos anos 1960, por sua vez, um serial killer de identidade desconhecida, apelidado de "João da Bíblia", levou três mulheres de um salão de dança em Glasgow chamado Barrowland Ballroom. Seus corpos inteira ou parcialmente despidos foram encontrados posteriormente com "absorventes usados ao lado". Parecia, tal como o escritor policial Martin Fido observou, que o psicopata fanático "sentia-se provocado de alguma forma pela menstruação".

> Eu vi as mulheres dançando em volta do Bezerro de Ouro
> e as achei muito volúveis. Eu sabia que teria que matá-las.
> — HEINRICH POMMERENCKE —

ÁREAS DE CAÇA

De coiotes e lobos a linces e leões, criaturas que predam outros animais mais fracos tendem a ser bastante territorialistas, restringindo sua matança a uma área específica de caça. O mesmo vale para a maioria dos serial killers. Como suas contrapartes de quatro patas, esses predadores humanos geralmente cometem suas atrocidades dentro de uma determinada área.

Tais lugares variam muito em tamanho. Alguns assassinos se limitam a um único bairro. Jack, o Estripador, por exemplo, cometeu todos os seus massacres dentro de East London, distrito pobre de Whitechapel. Outros abarcam uma cidade inteira, como David Berkowitz, o "Filho de Sam", cujas vítimas foram baleadas em diferentes distritos de Nova York. Outros ainda podem cobrir um ou mais condados, como o chamado Assassino de Green River, que rondava a área entre Seattle e Tacoma. Em todo caso, no entanto, o assassino prende-se a um território definido. Dependendo da extensão dessa área, ele pode perseguir suas presas a pé (como Jack, o Estripador) ou valer-se de um veículo. Os assassinos psicopatas do sul da Califórnia Lawrence Bittaker e Roy Norris, por exemplo, compraram um furgão – que batizaram de "Caminhão da Morte" – com a finalidade exclusiva de percorrer a Pacific Coast Highway em busca de vítimas. Serial killers escolhem áreas específicas para cometer seus crimes em parte devido à disponibilidade de sua forma preferida de vítimas. Caso esteja perseguindo prostitutas, por exemplo, ele obviamente se concentrará nas zonas de prostituição na qual garotas de programa ostentam seus produtos. Como diz o escritor policial Michael Newton, "o caçadores vão aonde tem caça".

> Adoro caçar. Andar pelas ruas à espreita de presas
> apetitosas. [...] Eu vivo para a caça, é a minha vida.
> — DAVID BERKOWITZ, o "Filho de Sam" —

Outro fator é o que os criminologistas chamam de "zona de conforto" do assassino. A maioria dos serial killers comete seus crimes relativamente perto de casa porque prefere caçar em lugares com os quais está familiarizado, onde se sente confiante e no controle da situação. Eles gostam de conhecer bem o terreno – os melhores locais para emboscar vítimas, as rotas mais rápidas de fuga.

Alguns serial killers sentem-se inclusive mais confortáveis cometendo suas atrocidades *dentro* de suas próprias casas. Mesmo esse tipo de psicopata é territorialista, mas no sentido de que rondará locais específicos em busca de vítimas. Jeffrey Dahmer, por exemplo, dava preferência a um bar gay em Milwaukee, que o manteve abastecido de jovens vítimas que ele massacrava dentro de seu sórdido apartamento. John Wayne Gacy, que transformou o porão de sua casa no subúrbio em um calabouço de tortura e ossário particular, passava de carro pela estação de ônibus Greyhound na periferia de Chicago e por outras áreas degradantes em que garotos de programa se reuniam. David e Catherine Birnie percorriam as rodovias de Perth em busca de vítimas, que eram estupradas e torturadas na moradia decrépita do casal, um bangalô branco de alvenaria que ficou conhecido como "A Casa dos Horrores da Austrália".

No extremo oposto desses sádicos de hábitos caseiros estão os *nômades*. Os menos territorialistas de todos os serial killers, esses psicopatas itinerantes – que dependem de modernos meios de transporte, de aviões e trens a automóveis – atravessam estados, países e às vezes continentes inteiros enquanto matam pelo caminho. Por estar sempre em movimento, esse tipo de serial killer consegue com frequência se manter vários passos à frente da polícia. Na verdade, eles geralmente já sumiram do radar muito antes de sua última atrocidade ter sequer sido descoberta. Como resultado, esses indivíduos errantes são particularmente difíceis de apanhar. Em muitos casos as autoridades nem mesmo sabem que um desses assassinos está à solta, já que não conseguem perceber que, digamos, duas mulheres de meia-idade – uma encontrada estrangulada e violentada em São Francisco, outra em Seattle – foram na verdade vítimas do mesmo psicopata, um fenômeno que o criminologista Stephen Egger chama de "cegueira de ligação" (quando não se consegue conectar casos claramente relacionados).

Earle Leonard Nelson, que de fato estrangulou locatárias de imóveis em São Francisco e Seattle (assim como em San José, Santa Bárbara, Oakland, Portland, Kansas City, Filadélfia, Buffalo, Detroit, Chicago e Winnipeg), foi o primeiro serial killer desse gênero, pelo menos nos EUA do século XX. Errante compulsivo desde a adolescência, Nelson cruzou o país de ponta a ponta, geralmente de carro, deixando mais de vinte vítimas fatais pelo caminho.

Carl Panzram, contemporâneo de Nelson, era ainda mais peripatético. No decurso de sua vida extraordinariamente brutal, ele viajou pelo mundo inteiro cometendo, de acordo com suas próprias estimativas, 21 assassinatos, além de incontáveis agressões e estupros homossexuais. Em meados da década de 1920, depois de partir para o oeste da África como marinheiro mercante, Panzram contratou oito trabalhadores para ajudá-lo a caçar crocodilos – ele acabou estuprando, matando e atirando os corpos dos nativos aos répteis.

Mais recentemente, Ángel Maturino Reséndiz – também conhecido como o "Assassino da Ferrovia" – massacrou pelo menos nove vítimas enquanto vagava de trem de um lugar a outro. Reséndiz, que era mexicano, cruzava livremente a fronteira do

Texas, pegando carona em trens de carga que o levavam para o norte, chegando a Kentucky e Illinois. Sem nenhum destino específico em mente, ele saltava em locais aleatórios e cometia suas atrocidades nas imediações da linha férrea. Seu *modus operandi* habitual era invadir uma residência, espancar os moradores até a morte com qualquer instrumento que estivesse à mão (um ferro de desmontar pneus, uma marreta, uma ferramenta de jardinagem), roubar o lugar e então pular no próximo trem que passasse, sumindo antes de o crime ser descoberto.

Como ele viajava de forma aleatória, sem saber para onde ia ou quem seria sua próxima vítima, as autoridades demoraram para enxergar um padrão na série de assassinatos brutais cometidos ao longo da linha férrea entre agosto de 1997 e junho de 1999. Finalmente, entretanto, Reséndiz foi colocado na lista de "Os Dez Mais Procurados" do FBI. Em julho de 1999, ele se entregou pacificamente à polícia por ordem de sua querida irmã mais velha e, em seguida, foi considerado culpado por homicídio qualificado.

Com o fim de suas viagens, o infame "Assassino da Ferrovia" aguarda a pena capital em Livingston, Texas.[1]

---

1   Reséndiz foi executado por injeção letal em 27 de junho de 2006. [NT]

ESTUDO DE CASO - Nº 28
JOHN ERIC ARMSTRONG
O MARINHEIRO PSICOPATA

Costuma-se dizer que o marinheiro "tem uma mulher em cada porto". Se as declarações de John Eric Armstrong forem verdadeiras, ele era uma variação assustadoramente psicopática desse estereótipo: um marinheiro que *assassinava* mulheres em cada porto.

Em 1992, com 18 anos, Armstrong se alistou na Marinha dos EUA e serviu pelos sete anos seguintes a bordo do porta-aviões Nimitz. Em nenhum momento durante esse período seus colegas de bordo ou superiores detectaram quaisquer sinais de instabilidade mental. Ao contrário, ele ganhou quatro promoções e duas Medalhas de Boa Conduta. Depois de deixar a Marinha, em 1999, ele e sua esposa se instalaram em Dearborn Heights, Michigan, um subúrbio operário de Detroit. Os vizinhos o consideravam um cidadão exemplar: um bom homem de família dedicado à esposa e ao filho recém-nascido, um funcionário de confiança do Aeroporto Metropolitano de Detroit e um sujeito decente de modo geral – o tipo de pessoa que às vezes ajuda mulheres cegas a atravessar a rua.

O que ninguém ao redor dele sabia, é claro, era que – sob esse verniz de "bom-moço" e a cara de bebê – o corpulento Armstrong era um clássico assassino de prostitutas, um psicopata cujo ódio virulento contra essas mulheres era diretamente proporcional à sua compulsão irresistível de fazer sexo com elas. Depois de anoitecer, Armstrong pegava seu jipe preto, passava por um ponto de prostituição na avenida Michigan, no sudoeste de Detroit, abordava uma prostituta e então, assim que o encontro amoroso terminava, passava por uma metamorfose assustadora, gritando "Eu odeio putas" enquanto tentava estrangular a mulher até a morte.

Em 2 de janeiro de 2000, a polícia de Detroit recebeu um telefonema de um homem que afirmou ter visto o corpo de uma mulher boiando no rio Rouge. Ele explicou que ao atravessar a ponte a pé passou mal de repente e se debruçou sobre o parapeito para vomitar. Foi quando avistou o cadáver.

Descobriu-se que a mulher morta era Wendy Jordan, uma prostituta viciada em drogas cujo desaparecimento fora relatado vários dias antes por sua família. Uma autópsia concluiu que ela fora estrangulada até a morte e depois atirada da ponte.

O homem que ligou para a polícia para relatar a descoberta era John Eric Armstrong. Se o telefonema de Armstrong foi motivado por um desejo inconsciente

CASE STUDY CRIME SCENE

de confessar ou pela necessidade distorcida – comum entre serial killers – de fazer jogos mentais com a polícia, não se sabe. Em todo caso, a polícia achou sua história muito suspeita e o colocou sob vigilância. Depois de coletar provas materiais da vítima – DNA do esperma do assassino, fibras nas roupas da mulher que aparentemente vieram do veículo dentro do qual ela tinha sido morta –, eles foram à casa de Armstrong e, com o seu consentimento, colheram fibras do seu jipe, além de uma amostra de sangue.

Os resultados preliminares dos testes chegaram em março e mostravam claras correspondências entre as evidências colhidas da vítima e as amostras tiradas de Armstrong. Mas os promotores decidiram não emitir um mandado de prisão até que o relatório oficial e definitivo chegasse do laboratório.

Enquanto isso – mesmo sabendo que era observado pela polícia – Armstrong foi incapaz de resistir à sua compulsão mortal.

Na manhã de 10 de abril, os corpos de três prostitutas em diferentes estágios de decomposição foram encontrados ao lado dos trilhos em um pátio isolado de triagem – claramente trabalho de um serial killer. Antes do fim do dia, uma força-tarefa tinha sido montada. Interrogadas pelos investigadores, prostitutas ao longo da avenida Michigan descreveram seus aterrorizantes encontros com um certo John – musculoso e com cara de bebê – que ficava louco e tentava estrangulá-las depois de fazerem sexo em seu jipe. A polícia associou imediatamente o homem descrito com Armstrong. Ele foi preso em 12 de abril – no mesmo dia em que o relatório oficial chegou, confirmando sua ligação com o assassinato de Jordan.

Tão logo se viu sob custódia da polícia, Armstrong teve um colapso nervoso e, às lágrimas, fez uma confissão que deixou os interrogadores chocados. Durante seus anos na Marinha, contou, ele tinha estrangulado pelo menos 11 prostitutas no mundo todo – Seattle, Honolulu, Hong Kong, Cingapura, Bangkok e Newport News, no estado norte-americano da Virgínia. "Basicamente", um policial disse aos repórteres, "ele disse que matou ou tentou matar cada uma das prostitutas com quem já teve relações sexuais."

Em março de 2001, enquanto investigadores internacionais tentavam confirmar as declarações de Armstrong, ele foi levado a julgamento pelo assassinato de Wendy Jordan. Os advogados de defesa tentaram alegar insanidade, argumentando que Armstrong tinha sido abusado sexualmente pelo pai quando criança. A tática não conseguiu convencer o júri, que condenou o réu por homicídio qualificado e o sentenciou à prisão perpétua em uma penitenciária estadual de segurança máxima.

PRESA

Uma notícia no telejornal noturno de que um serial killer não identificado acabou de fazer sua quinta vítima é o bastante para deixar uma cidade de dois milhões de habitantes em pânico. Por que isso ocorre, dada a probabilidade astronomicamente baixa de que qualquer um dos telespectadores se torne a sexta vítima?

De acordo com a escritora Barbara Ehrenreich, a resposta tem a ver com a biologia evolutiva. Em seu instigante livro publicado em 1997, *Ritos de Sangue*,[2] ela argumenta que, por milhões de anos, durante a fase inicial de desenvolvimento de nossa espécie, os seres humanos não eram apenas predadores, mas *presas*, caçadas, mortas e devoradas por outros seres carnívoros mais fortes. Como resultado, o medo de criaturas sanguinárias está gravado em nosso cérebro. Esse instinto milenar exprime-se, entre outras formas, no nosso fascínio por histórias sobre pessoas vulneráveis sendo perseguidas por monstros predadores, de hostis *tiranossauros rex* a psicopatas brandindo motosserras. Tais histórias de terror não só rebatem nossas ansiedades primitivas, como também oferecem uma sensação reconfortante de controle. Como Ehrenreich coloca:

> Na nossa época, o espetáculo de violência anti-humana é repetido incessantemente por uma indústria de entretenimento que prospera com a disposição das pessoas de pagar pelo *frisson* inspirado por imagens de outros de sua espécie sendo perseguidos por assassinos, sugados por vampiros ou devorados por bestas de múltiplas bocas do espaço sideral. Existe até mesmo uma moda do que poderíamos chamar de "pornografia da predação": representações (no Discovery Channel, por exemplo) de predadores reais no ato da predação [...] Todos esses espetáculos oferecem uma versão "segura" do trauma da predação, uma versão em que nos aproximamos do pesadelo – e sobrevivemos.

Seja qual for a validade dessa teoria, não há dúvidas de que só de pensar em serial killers somos tomados por terrores poderosos e irracionais que pouco condizem com a ameaça real representada por esses criminosos. A melhor estimativa de especialistas como James Alan Fox, da Faculdade de Justiça Criminal da Northeastern University em Boston, Massachusetts, é que, em um dado momento qualquer, há de duas a três dezenas de serial killers à solta no país, responsáveis pela morte de uma a duzentas vítimas. Compare isso com as quase 43 mil mortes resultantes de acidentes de trânsito no ano de 2002, por exemplo, e fica claro que o norte-americano médio corre um risco substancialmente maior de ser morto por um motorista bêbado do que por um criminoso psicopata.

---

2   Trad. Beatriz Horta. Rio de Janeiro: Record, 2000. [NE]

ESTUDO DE CASO - Nº 29
SERIAL KILLER AUSTRALIANO

A maioria dos serial killers tem um estilo próprio de assassinato, escolhendo tipos específicos de vítimas e exterminando-as de uma forma preferida: por estrangulamento, esfaqueamento, tiros etc. Eric Cooke era diferente. Ele matou jovens e velhos, homens e mulheres – e os assassinou de variadas maneiras. Como resultado, a polícia levou um bom tempo para perceber que a sequência de homicídios aleatórios que aterrorizou a cidade australiana de Perth em 1963 era o trabalho de um único psicopata.

Nascido com lábio leporino e fenda palatina, Cooke tinha o histórico clássico de um serial killer: uma infância angustiante de abuso e humilhação, causada em grande parte pelo pai alcoólatra, que não apenas espancava o filho com frequência como também zombava incessantemente de sua aparência. Não é de admirar que Eric tenha crescido com um ódio mortal contra o mundo. ("Eu só queria ferir alguém", foi a única explicação que deu para seus crimes.) No fim de sua adolescência, ele já levava uma existência ambígua de "médico e monstro": uma vida aparente de serena normalidade e uma vida secreta de compulsiva criminalidade.

Cooke tinha apenas 18 anos quando foi preso pela primeira vez sob as acusações de roubo e incêndio. Supostamente reabilitado depois de um breve período na prisão, filiou-se a uma igreja, casou-se, conseguiu emprego como motorista de caminhão e instalou-se em um bairro residencial de Perth. Mas mesmo enquanto se passava por marido e pai dedicado, prosseguia com sua vida noturna de gatuno, ladrão de carros, voyeur e fetichista.

Seu primeiro assassinato conhecido ocorreu em janeiro de 1959 ao entrar sorrateiramente no apartamento de uma divorciada de 33 anos, despertá-la abruptamente e apunhalar a mulher até a morte

ERIC EDGAR COOKE
MATADOR ALEATÓRIO

1931-1964

Crime(s)
Assassinato e tentativa de assassinato

Pena
Condenado à morte

com uma faca de mergulho. Quatro anos mais tarde, ele embarcava em uma onda de assassinatos que deixaria a cidade inteira em pânico. Às 2h do domingo de 27 de janeiro de 1963, ele se aproximou de um carro estacionado e abriu fogo contra seus ocupantes com um rifle calibre .22, ferindo o casal que estava dentro. Quando o carro partiu em disparada, ele saiu à espreita de mais vítimas. Naquela mesma noite, atirou em dois jovens enquanto dormiam, matando um na hora e ferindo mortalmente o outro. Também matou um empresário de meia-idade, tirando-o da cama e disparando uma bala em sua testa quando ele chegou à porta da frente.

Enquanto a polícia procurava um atirador desvairado, Cooke mudou seu *modus operandi*. Na madrugada de 16 de fevereiro, enquanto saqueava outro apartamento, ele acidentalmente acordou sua ocupante, uma mulher de 24 anos. Depois de deixá-la inconsciente com uma pancada, ele a estrangulou até a morte com um fio elétrico, estuprou o cadáver, arrastou-o para um quintal vizinho e o dispôs em uma pose obscena para os vizinhos encontrarem. Seis meses depois, matou outra jovem, uma babá de 18 anos que foi baleada na cabeça enquanto estava sentada em uma poltrona fazendo a lição de casa.

Cooke foi capturado quando um casal de idosos encontrou por acaso seu rifle, que ele escondera debaixo de uns arbustos. A polícia preparou uma emboscada e Cooke, ao voltar para recuperar a arma, foi preso. O assassino foi julgado em novembro de 1963 e enforcado pouco menos de um ano depois.

ALVOS DE OCASIÃO

Embora as probabilidades sejam ínfimas, morrer nas mãos de um serial killer é, pelo menos teoricamente, algo que poderia acontecer a qualquer um – tal como ganhar na loteria ou ser atingido por um raio. No entanto, algumas pessoas correm um risco muito maior do que outras. Uma prostituta viciada em crack de um bairro pobre da periferia, por exemplo, corre um risco muito maior de acabar estrangulada, desmembrada e deixada em uma caçamba de lixo do que uma dona de casa suburbana (embora seja muito mais provável que o público *ouça falar* sobre o assassinato sexual brutal de uma mulher branca de classe média do que de uma prostituta negra).

As prostitutas (especialmente quando vêm de classes desfavorecidas) – ao lado de garotos de programa, adolescentes fugidos de casa, mendigos, drogados e outros párias sociais – são o que os criminologistas chamam de "alvos de ocasião": pessoas que são especialmente vulneráveis a assassinatos em série porque podem ser facilmente emboscadas e subjugadas; e, além disso, são tão marginalizadas que ninguém, incluindo membros da polícia e da imprensa, presta muita atenção quando desaparecem. Quando Gary Heidnik, por exemplo, começou a realizar seu plano insano de capturar escravas sexuais para sua "fábrica de bebês" particular, escolheu os alvos de ocasião perfeitos: mulheres negras mentalmente retardadas da área mais pobre da Filadélfia, o tipo de pessoa que ele sabia que poderia capturar com facilidade e manter em cativeiro por um longo período sem chamar a atenção de ninguém.

O termo "alvo de ocasião" também é usado para descrever vítimas que são assassinadas de forma aleatória por um serial killer simplesmente porque estão no lugar errado na hora errada. As pessoas assassinadas pelos atiradores de Beltway morreram por nenhuma outra razão senão por estarem dentro da margem de tiro desses sociopatas. Da mesma forma, Bertha e Beverly Kludt – mãe e filha massacradas em Tacoma, Washington, em 1947 – tiveram um fim terrível apenas porque deram o azar de estar em casa quando um andarilho psicopata chamado Jake Bird passou pela casa e viu um machado no quintal delas.

Enquanto alguns serial killers matam qualquer alvo fácil que cruza seu caminho, outros têm preferências distintas quando se trata de vítimas. Quando o "Filho de Sam" estava à solta no verão de 1976, por exemplo, os jornais noticiaram que suas vítimas eram geralmente mulheres jovens com cabelos castanhos e longos – um fato que levou inúmeras morenas em toda a cidade a cortar, tingir ou esconder suas madeixas sob chapéus.

Após sua prisão, psicólogos teorizaram que havia uma dimensão simbólica em sua escolha de vítimas. Um perito postulou que as jovens baleadas por Berkowitz representavam sua odiada mãe biológica, que o dera para a adoção. Outros alegaram que eram substitutas para as garotas que o haviam esnobado na escola. Seja qual for a validade dessas especulações, não há dúvidas de que Berkowitz tinha um orgulho perverso da aparência de suas vítimas. Como uma caricatura grotesca de um Don Juan gabando-se de suas conquistas, Berkowitz alardeava: "Eu só atiro em garotas bonitas".

Ted Bundy também não só se orgulhava da "qualidade" de suas vítimas – em geral moças de classe média, inteligentes e atraentes –, mas da maneira astuta como as emboscava. No domingo de 14 de julho de 1974, no espaço de algumas horas, ele conseguiu raptar duas jovens em plena luz do dia em meio a milhares de pessoas tomando sol e fazendo piquenique em um parque estadual de Seattle.

Até mesmo assassinos como Berkowitz e Bundy, no entanto – que extraem um sentimento distorcido de superioridade não de namorar mulheres desejáveis, mas de abatê-las –, tendem a matar alvos de ocasião. Berkowitz pode ter visado "garotas bonitas" em geral. Mas quem realmente morria eram aquelas desafortunadas com quem ele topava por acaso quando saía em busca de sangue.

Na verdade, exceto pelos raros psicopatas que têm por alvo indivíduos específicos (como H.H. Holmes, por exemplo, que eliminou suas esposas, amantes, parceiros comerciais e testemunhas em potencial), todos esses assassinos são oportunistas. Um assassino em série pode estipular matar um determinado *tipo* de pessoa. Mas os indivíduos específicos que acabam mortos em suas mãos são aqueles que lhes dão as melhores oportunidades de fazer o mal.

CASE STUDY — CRIME SCENE

ESTUDO DE CASO - Nº 30
MATADOR DE PROSTITUTAS

ROBERT LEE YATES, JR.
ASSASSINO DE SPOKANE

1952

Crime(s)
Assassinato

Pena
Condenado à morte

Anteriormente um próspero bairro operário, a região de East Sprague em Spokane, Washington, tinha degenerado, no início dos anos 1990, para uma terra desolada – um trecho impregnado de *sex shops*, boates de striptease e motéis baratos em que prostitutas viciadas se ocupavam de seu desesperado negócio e o esquivo psicopata conhecido como o "Serial Killer de Spokane" conseguia a maior parte de suas vítimas.

A primeira a morrer foi Yolanda Sapp, uma prostituta afro-americana de 26 anos cujo cadáver nu foi encontrado em um aterro de estrada perto do rio Spokane em 22 de fevereiro de 1990. As matanças continuariam por cerca de uma década, interrompidas por intervalos de durações bastante variadas. Em duas ocasiões, vários anos transcorreriam entre os assassinatos. E então – no padrão incremental típico dos assassinos sexuais – as vítimas seriam assassinadas dentro de um intervalo de meses, semanas ou até mesmo de dias umas das outras.

Quase todas as vítimas eram mulheres na casa dos trinta ou quarenta, embora a mais nova tivesse apenas 16 e a mais velha sessenta. Todas foram baleadas repetidas vezes com uma pistola de pequeno calibre e seus corpos nus foram desovados em diversos locais ao redor da cidade.

Somente em 1997 uma força-tarefa foi montada para caçar o assassino.

Um perfil do FBI solicitado pelo departamento de polícia era tão genérico que se mostrou inútil. O culpado era provavelmente um "homem branco na faixa etária de vinte a quarenta anos e possivelmente solitário" – uma descrição que, como um xerife local ironicamente observou, aplicava-se à "maioria dos residentes do estado, incluindo todos os investigadores".

CASE STUDY CRIME SCENE

O trabalho assíduo da polícia, como geralmente ocorre, enfim possibilitou um avanço decisivo no caso. Em novembro de 1998, um policial que vigiava uma área frequentada por prostitutas viu um carro parar junto ao meio-fio e apanhar uma jovem. O motorista era Robert Lee Yates, Jr., 47 anos, que já tinha sido multado antes por uma infração leve de trânsito enquanto dirigia pela zona de meretrício de East Sprague. O policial o questionou sobre a prostituta no banco de passageiros, mas Yates conseguiu se safar sem maiores problemas. Pouco tempo depois, entretanto, outra prostituta – que mal conseguira escapar com vida depois de ser atacada por um cliente – relatou o incidente à polícia, fornecendo uma descrição do agressor, que batia com certos fatos conhecidos sobre o passado de Yates. A polícia enquadrou-o como suspeito.

Para todos os efeitos, Yates levava uma vida não apenas respeitável, mas exemplar. Homem de família de meia-idade, com cinco filhos, Yates era um condecorado ex-piloto de helicóptero do Exército que participara da Guerra do Golfo, servira com distinção na Somália e pilotara missões de resgate na Flórida após a devastação causada pelo furacão Andrew.

Ele também era um assassino sexual cruel e assustadoramente prolífico. Confrontado com as esmagadoras provas materiais – incluindo testes de DNA que o ligavam a diversas vítimas –, Yates acabou fechando um acordo que o poupou da pena de morte. Em troca de confessar a culpa por 13 acusações de homicídio – e levar os investigadores até o cadáver de uma das vítimas –, ele foi sentenciado a 408 anos atrás das grades.

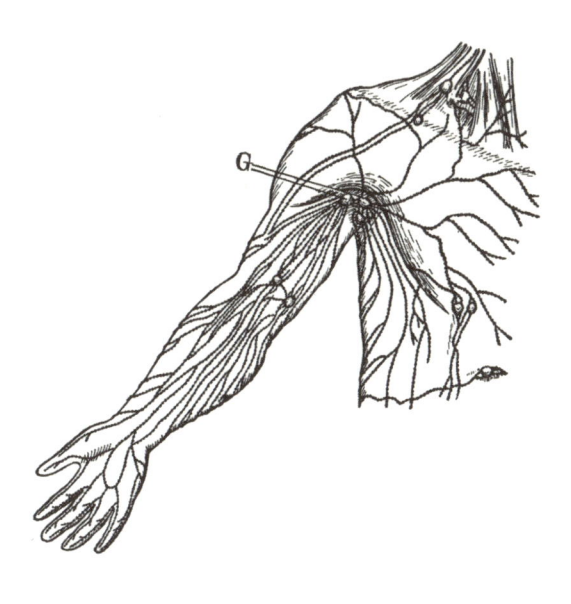

ARMADILHAS

Os métodos empregados por um serial killer para emboscar suas vítimas variam de acordo com suas necessidades patológicas específicas. Alguns preferem uma abordagem mais simples e direta. Geralmente chamado de "ataque relâmpago", esse método pode envolver emboscar uma pedestre desavisada, por exemplo, enquanto ela caminha de noite por uma rua escura até sua casa. Ou se aproximar de um carro estacionado em uma rua deserta e fuzilar o casal de namorados através do para-brisa. Ou seguir uma velhinha até seu apartamento e acertar sua cabeça com um martelo enquanto ela manuseia as chaves. Ou atacar uma prostituta por trás e cortar sua garganta.

Outro tipo de "ataque relâmpago" é aquele cometido por invasores de domicílio como Richard Ramírez, o "Perseguidor da Noite", ou como o ainda desconhecido "Homem do Machado de Nova Orleans": bandidos sanguinários que invadem casas desprotegidas e atacam brutalmente os moradores enquanto dormem.

Alguns assassinos "caçam" suas vítimas, percorrendo áreas em que sabem que poderão encontrar uma oferta abundante de presas. Para conseguir uma vítima, um assassino de prostitutas não precisa fazer nada além de dirigir até uma zona de prostituição, realizar uma breve transação sem sair de trás do volante, abrir a porta do passageiro e partir em disparada.

Crianças, naturalmente, podem ser seduzidas com a mais simples das promessas – doces, moedas ou sorvete – ou facilmente coagidas com ameaças violentas dirigidas a elas ou às suas famílias.

Outros serial killers valem-se de estratagemas mais elaborados. Na verdade, para alguns desses psicopatas, os ardis que usam para emboscar suas vítimas fazem parte da diversão. Ted Bundy orgulhava-se de ter atraído diversas jovens para mortes horríveis ao colocar um braço em uma tipoia e fingir que precisava de ajuda com uma tarefa. Para o dr. Marcel Petiot, o intrincado esquema que ele arquitetou para assassinar dezenas de judeus desesperados que buscavam fugir da França durante a ocupação nazista era a prova de sua inteligência superior.

Outros, como o Estrangulador de Boston, obtiveram acesso à casa de suas vítimas fazendo-se passar por técnicos de reparos. Ou fingindo ser policiais, como os Estranguladores da Colina. Ou apresentando-se como fotógrafos profissionais, como Harvey Murray Glatman. Ou fazendo-se passar por funcionários de hospital, como John Wayne Glover, o "Assassino de Vovós" da Austrália.

Em vários casos notórios, assassinos sádicos empregaram cúmplices dispostos a abastecê-los de vítimas. O sádico homossexual Dean Corll, por exemplo, contava com Elmer Wayne Henley, que atraiu seus próprios amigos adolescentes para as garras de Corll com promessas de bebidas alcoólicas e drogas. De modo semelhante, Charlene Gallego – de um dos casais assassinos mais notórios do século XX – usava maconha de graça como isca para capturar jovens vítimas para seu marido depravado, Gerald.

Possivelmente a mais complexa – e certamente grandiosa – abordagem para obter vítimas foi aquela concebida pelo infame "Médico Torturador" da Era de Ouro, H.H. Holmes, que construiu uma vasto edifício no bairro residencial de Englewood, em Chicago, na época da Exposição Mundial – uma estrutura erguida, entre outras razões, para mantê-lo abastecido de cadáveres.

Dada a presença cada vez maior da tecnologia em nossas vidas, não é de se espantar que alguns serial killers tenham se voltado para o mundo digital a fim de localizar suas próximas vítimas.

John E. Robinson já possuía uma longa ficha criminal antes de sua história estourar nas manchetes dos jornais no verão de 2000. Vigarista desde os vinte anos, ele já tinha cometido uma série de crimes de colarinho branco – de apropriação indébita a fraude de títulos – e passara sete anos atrás das grades no Kansas e no Missouri.

Posto em liberdade condicional em 1993, com 49 anos, ele parecia ter deixado seu passado negro para trás. Casou-se com uma mulher que gerenciava uma área de trailers, ==teve quatro filhos que o consideravam um pai amoroso, foi nomeado Homem do Ano pelo seu trabalho de caridade em prol dos desabrigados e organizava churrascos para os vizinhos em sua casa em Olathe, Kansas.==

Como outros de sua laia, no entanto, Robinson levava uma vida dupla ao estilo "médico e monstro". Fazendo-se passar por um filantropo interessado em ajudar mães solteiras, fez amizade com diversas jovens que desapareciam pouco depois de conhecê-lo. Ele também era um visitante assíduo de salas de bate-papo de sadomasoquismo na internet, onde – usando o apelido "Slavemaster" ("Mestre de Escravas") – marcava encontros com parceiras dispostas a participar de sessões de sexo pervertido.

No início de junho de 2000, duas dessas mulheres prestaram queixas de roubo e agressão contra Robinson depois de encontrá-lo em um motel de Kansas City. Naquela altura, ele já estava sob suspeita da polícia local, que tinha ciência de sua conexão com as mães solteiras desaparecidas.

Durante a primeira semana de junho de 2000, a polícia revistou uma fazenda que Robinson possuía em La Cygne, noventa quilômetros ao sul de Kansas City. Lá, na borda da mata, descobriram dois tambores de 320 litros, cada um contendo o corpo de uma mulher. Mais três corpos foram encontrados em tambores idênticos em três guarda-móveis diferentes alugados por Robinson em um armazém em Raymore, Missouri, 85 quilômetros ao nordeste de Kansas City. Todas as vítimas tinham feridas abertas na cabeça.

No outono de 2002, Robinson, com 58 anos – apelidado nessa época de "Assassino Sexual Cibernético" –, foi julgado no Kansas, condenado por três acusações de homicídio qualificado e sentenciado à ==morte por injeção letal.==

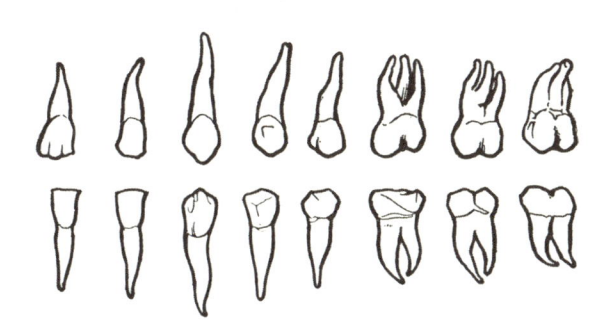

"PROCURA-SE HOMEM DE GRANDE PORTE PARA ABATE"

Como é do conhecimento de qualquer um que já respondeu um anúncio da seção de relacionamentos do jornal (para depois descobrir, por exemplo, que aquele tipo másculo e bonitão está vinte quilos acima do peso e usa um terrível topete postiço), as pessoas que publicam esses anúncios nem sempre dizem a verdade sobre si mesmas. Normalmente, o pior que pode acontecer nesses casos é um encontro decepcionante. Mas algumas pessoas incautas que foram fisgadas por anúncios mal-intencionados tiveram destino bem pior.

Atrair vítimas através dos classificados tem sido a técnica preferida de certos assassinos psicopatas desde os primórdios do século XX – especialmente os tipos conhecidos como Barba Azul e Viúva Negra, que combinam o desejo sádico do predador com a ganância voraz do vigarista. Começando em 1902, por exemplo, uma viúva norueguesa de meia-idade chamada Belle Gunness atraiu uma série de homens para sua "fazenda da morte" com um anúncio publicado no jornal *Skandinaven*:

> PROCURA-SE – MULHER QUE possui valiosa fazenda, bem localizada e em excelentes condições, busca um homem bom e confiável para casar. Recursos próprios são necessários a fim de prover o local com segurança de primeira qualidade.

Os ávidos solteiros que responderam a esse anúncio desapareceram sem deixar vestígios. O destino deles permaneceu um mistério até abril de 1908, quando um incêndio destruiu a casa de fazenda e mais de uma dúzia de cadáveres desmembrados foram descobertos na propriedade de Gunness.

Na época da Primeira Guerra Mundial, a Europa produziu dois notórios Barbas Azuis que contavam com classificados de namoro para se abastecer de vítimas. Sete mulheres acabaram sendo estranguladas e metidas em tambores cheios de álcool depois de responder aos anúncios de um jornal de Budapeste publicados pelo jovem funileiro Bela Kiss. Um anúncio típico, que Kiss usou pelo menos dez vezes, dizia o seguinte:

> Solteiro: quarenta anos, solitário; renda média de três mil libras por ano em empreendimentos comerciais, deseja corresponder-se com damas de boa educação com vistas ao matrimônio. Endereço: De Koller, Posta-restante, Granatos, Budapeste.

Contemporâneo de Kiss, Henri Landru – o chamado Barba Azul de Paris – recorreu ao mesmo ardil para atrair dez mulheres solitárias para a morte. Não se sabe exatamente como ele as matou, embora os ossos carbonizados encontrados na grande fornalha usada pelo assassino não deixassem dúvidas em relação ao derradeiro destino de suas vítimas.

> Viúvo com dois filhos, 43 anos, renda confortável, afetuoso, sério e de boa sociedade deseja conhecer viúva com vistas ao matrimônio.
> — Anúncio publicado por HENRI LANDRU —

Alguns serial killers encontraram suas vítimas não publicando anúncios nos classificados, mas *respondendo* a eles. Em maio de 1928, por exemplo, o perverso Albert Fish deparou-se com um anúncio publicado na seção de classificados do *New York World* por Edward Budd, de 18 anos, que estava à procura de um trabalho temporário de verão longe do calor sufocante da cidade: "Jovem, 18, procura trabalho no campo". Assumindo a identidade de um fazendeiro de Long Island chamado "Frank Howard", Fish – que estivera sonhando em castrar um rapaz e depois deixá-lo sangrar até a morte – apareceu na casa dos Budd em Manhattan, mudando abruptamente de alvo no momento em que bateu os olhos na adorável irmãzinha de Edward, Grace, de 12 anos.

Um exemplo mais recente foi Bobby Joe Long. Antes de se tornar assassino em série, Long ficou conhecido como o "Estuprador dos Classificados" devido ao seu *modus operandi* característico. Esquadrinhando os jornais de Miami em busca de anúncios de venda de mobília e outros utensílios domésticos, ele ligava para os números e – se uma mulher atendesse – combinava de ir ver os artigos durante um dia da semana, quando o marido da vítima estivesse no trabalho e as crianças na escola. Uma vez dentro da casa, ele sacava uma faca, amarrava e estuprava a mulher, e depois fugia com quaisquer objetos de valor que pudesse carregar. Long cometeu mais de cinquenta crimes do tipo, aterrorizando as comunidades ao redor de Fort Lauderdale, Ocala, Miami e Dade County por mais de dois anos.

O uso provavelmente mais bizarro da publicidade nos anais da psicopatologia sexual ocorreu no final de 2002, quando um técnico de software alemão de 41 anos, identificado nos jornais apenas como "Armin M.", publicou o seguinte anúncio na internet: "Procura-se homem de grande porte para abate". Por incrível que pareça, alguém de fato achou essa oferta atraente. Depois de vender seu carro, um engenheiro de computação identificado como "Bernd Jürgen B." apresentou-se na decrépita casa de Armin M. na cidade ribeirinha de Rotenburg an der Fulda.

O que aconteceu em seguida é tão inacreditável que é melhor simplesmente citar o relato publicado na edição de 18 de dezembro de 2002 do *New York Times*:

> M. removeu cirurgicamente os genitais da vítima, os quais, de acordo com a declaração de um promotor, os dois homens comeram juntos. Depois, M. esfaqueou B. até a morte enquanto uma câmera de vídeo registrava o evento. Ele destrinchou a vítima e armazenou algumas partes no freezer para consumo futuro, enterrando outras partes no jardim.

Apenas a rápida ação da polícia alemã – que prendeu o assassino canibal depois que este postou outro anúncio em busca de mais voluntários – impediu Armin M. de cometer novas atrocidades e se tornar um serial killer de boa-fé. A circunstância atenuante para a atrocidade de Armin M., se é que há alguma, é que sua vítima se voluntariou para ser assassinado e participou entusiasticamente do próprio sacrifício. Comparado a outros psicopatas que atraíram vítimas para mortes terríveis sob falsos pretextos, o canibal alemão pelo menos merece crédito pela publicidade sincera.

DEATH.

ASSINATURA, RITUAL, *MODUS OPERANDI*

No auge da histeria causada pela onda de ataques a tiros em Washington, D.C., no outono de 2002, a polícia encontrou um item provocativo na cena de um crime: uma carta de tarô com a figura da Morte de um lado e do outro uma inscrição sinistra: "Caro Policial, eu sou Deus". A mídia fez um estardalhaço com essa descoberta, rotulando o criminoso desconhecido de "Assassino da Carta de Tarô".

Mesmo na época, parecia haver algo de frívolo, até mesmo de piegas, nessa pista – como se o assassino tivesse decidido que, para se encaixar no papel que representava, era melhor inventar uma marca registrada sinistra. E de fato, conforme se constatou mais tarde, não havia nenhum significado para a carta de tarô da Morte. Obviamente, era apenas algo que os atiradores acharam que seria legal – o tipo de coisa que se espera que serial killers de verdade deixem para trás.

É fácil entender por que a dupla de atiradores pensava assim. No imaginário popular, serial killers invariavelmente têm suas próprias "assinaturas" sinistras, quase sempre criativas. Eles podem deixar um objeto simbólico como um casulo de mariposa enfiado na garganta de um cadáver. Ou gravar mensagens bizarras na carne de suas vítimas. Ou rabiscar passagens bíblicas com letras de sangue nas paredes do quarto.

No entanto, esse tipo de comportamento é mais provável de ser encontrado em um suspense de Hollywood do que na vida real. É verdade que já existiram serial killers notórios estreitamente associados a símbolos específicos. O Zodíaco original, por exemplo, assinava suas cartas com um característico círculo cruzado. O Estrangulador de Boston identificava sua obra macabra dando grotescos laços decorativos de aniversário nas cordas que usava em seus estrangulamentos. Richard Ramírez, o "Perseguidor da Noite", usava batom para desenhar pentagramas satânicos nas casas – e às vezes nos corpos – de suas vítimas. E várias das vítimas do "Assassino de Green River" foram encontradas com estranhas pedras em forma de pirâmide inseridas em suas vaginas.

De modo geral, entretanto, esse tipo de "assinatura" ostensiva só é usado por aqueles assassinos psicopatas que encontram especial prazer em provocar a polícia e chamar a atenção da mídia (motivos claramente presentes no caso dos atiradores de Beltway). Mas nem todo serial killer se enquadra nesse padrão; na verdade, a maioria dos assassinos sádicos mais notórios da segunda metade do século XX não age dessa forma – Gacy, Dahmer, Dean Corll, Fred e Rosemary West, Leonard Lake, Charles Ng e muitos outros. Estes infames psicopatas não tinham nenhum interesse em chamar a atenção para seus crimes. Ao contrário, eles queriam ser deixados em paz para praticar suas atrocidades em segredo. Longe de alardear sua existência para o mundo deixando pistas pitorescas, como pentagramas desenhados com batom ou símbolos de caras sorridentes ("logotipo" do assassino Keith Hunter Jesperson, o chamado Assassino da Carinha Feliz), eles fizeram todo o possível para evitar que o mundo sequer soubesse que seus crimes horríveis estavam acontecendo.

Entretanto, há outro sentido mais sutil e especializado no qual os criminologistas usam o termo "assinatura" – e nesse caso o termo aplica-se à maioria dos serial killers, mesmo àqueles que se esforçam para ficar na sombra. Nesse significado mais técnico, o termo não se refere a uma mensagem literal ou símbolo deixado pelo assassino – o equivalente psicopático à marca do Zorro –, mas a uma característica do assassinato que reflete alguma arraigada peculiaridade psicológica do mesmo. Impulsionado pelo seu fetiche por cordas, por exemplo, Harvey Murray Glatman deixava suas vítimas amarradas como perus de Ação de Graças. Marcas selvagens de mordida nos seios de suas vítimas eram o macabro "cartão de visitas" do "Vampiro Estuprador" canadense Wayne Boden. Os cadáveres de seis prostitutas londrinas mortas em 1964 pelo ainda não identificado assassino sexual apelidado de "Jack, o Stripper", foram todas encontradas nuas, asfixiadas e – em quatro casos – com os dentes da frente ausentes ou introduzidos à força em suas gargantas.

Nesses e em inúmeros outros casos, o assassino é impelido a cometer atos específicos de violência ou profanação no corpo da vítima. Essas ações características, muitas vezes altamente grotescas – mutilar os corpos de formas específicas ou colocá-los em poses obscenas –, constituem a "assinatura" única do serial killer. Como há um caráter ritualístico nesse comportamento – uma compulsão para realizá-lo repetidamente a fim de satisfazer alguma necessidade psicossexual distorcida –, os criminologistas às vezes usam os termos "assinatura" e "ritual" de forma intercambiável.

Um bom exemplo (ainda que fictício) desse tipo de comportamento aparece em *Dragão Vermelho* (1981),[3] de Thomas Harris, cujo vilão principal – o psicopata de rosto desfigurado Francis Dolarhyde, também conhecido como a "Fada do Dente" – insere cacos de espelho nos olhos e orifícios de suas vítimas femininas depois de mortas. Essa atrocidade – realizada devido a impulsos inconscientes relacionados à sua própria aparência – é o que os especialistas querem dizer com "assinatura" ritualística.

Na tentativa de criar um perfil psicológico de um serial killer desconhecido, os investigadores tentam distinguir entre a "assinatura" do autor do crime – os atos aparentemente gratuitos de violência excessiva ou crueldade sádica que ele comete para satisfazer o próprio prazer depravado – e seu *modus operandi*. Tecnicamente falando, este último termo refere-se ao método preferido do assassino para cometer seus crimes sem ser pego: como ele escolhe, embosca, subjuga, despacha suas vítimas e foge em seguida.

Entretanto, os investigadores quase sempre enfrentam diversos problemas. Em primeiro lugar, o *modus operandi* de um serial killer costuma evoluir ao longo do tempo conforme ele fica mais confortável com suas matanças, tenta despistar a polícia ou simplesmente fica entediado com um tipo de homicídio e busca variar um pouquinho. O ex-psicólogo criminal Pat Brown conta sobre um serial killer, Gary Taylor, que "começou sua carreira golpeando mulheres na cabeça em pontos de ônibus. Depois começou a atirar nelas com um rifle através das janelas de seus quartos. Ele foi detido e internado em uma instituição psiquiátrica nesse ponto. Mas quando estava de saída temporária [...] comprou alguns facões e atacou mulheres na rua". Mais tarde, depois de receber alta, "convidou duas prostitutas para sua casa e elas acabaram enterradas no quintal". Obviamente, seria difícil, se não impossível, identificar um único *modus operandi* para um psicopata tão eclético em seus métodos homicidas como Taylor.

Outro problema é que nem sempre é fácil distinguir entre o *modus operandi* de um assassino e sua assinatura. Supostamente, uma assinatura é algo que o assassino

---

3   Trad. José Sanz. Rio de Janeiro: BestBolso, 2012. [NE]

precisa fazer para satisfazer seus impulsos mais doentios – "seja o que for que dê tesão a ele", como diz Ted Bundy de forma tão direta –, dado que o *modus operandi* diz respeito aos aspectos puramente práticos de executar o crime e escapar impune. Mas muitas vezes é difícil fazer tais distinções rígidas.

Novamente, Brown oferece um exemplo útil, citando o caso de um estuprador em série que invade o quarto de um casal adormecido, subjuga o marido e o obriga a ficar deitado no cômodo ao lado com uma xícara e um pires nas costas. "Se eu ouvir essa xícara se mexer ou cair no chão", ele diz ao marido, "sua esposa morre." Podemos supor que esse estratagema da xícara e do pires faz parte do *modus operandi* do assassino – já que é usado por razões puramente pragmáticas – para manter o marido sob controle enquanto o estuprador viola a mulher.

Mas, como observa Brown, isso também poderia ser um elemento de "assinatura". Afinal, "quem pode dizer que [o estuprador] não sente um prazer doentio de pensar no marido impotente e parecendo um idiota deitado no chão com uma xícara e um pires nas costas enquanto escuta a esposa gritar no quarto ao lado?"

MÉTODOS

Na tentativa de compreender a razão do complexo fenômeno do homicídio em série, especialistas propuseram diversas formas de classificar esses assassinos. O historiador do crime Philip Jenkins, por exemplo, propõe duas grandes categorias de serial killers: os tipos *previsíveis* (criminosos com um longo histórico de fantasias e comportamento brutal cuja progressão para o assassinato em série não surpreende) versus os tipos *respeitáveis* (delinquentes sem histórico prévio de crimes violentos cuja súbita progressão para o assassinato em série é inesperada). O psiquiatra forense Park Dietz identifica três tipos principais de serial killers: psicopatas que matam por prazer sexual sádico; psicóticos que agem sob a influência de alucinações; e assassinos que são responsáveis por suas vítimas, como médicos, enfermeiros e outros profissionais da saúde que costumam envenenar ou sufocar suas vítimas. R.M. Holmes e J. DeBurger dividem os serial killers em quatro variedades, com base em suas motivações subjacentes: os tipos *visionários* (psicóticos que ouvem vozes ou têm visões que os ordenam matar); os tipos *missionários* (geralmente assassinos de prostitutas que acreditam que estão em uma cruzada para purificar o mundo); os tipos *hedonistas* (que assassinam por um prazer pervertido); e os tipos *controladores* (cuja satisfação doentia advém menos do sexo do que da afirmação de poder e dominação sobre a vítima).

Há, no entanto, outra maneira – em certos aspectos mais útil – de categorizar serial killers, isto é, de acordo com seus métodos preferidos de assassinato, suas formas favoritas de matar. A maneira como um maníaco homicida *mata* – as armas que usa, os tipos de ferimentos que gosta de infligir nas vítimas – revela tanto sobre sua psicologia subjacente e suas necessidades e fantasias distorcidas como qualquer outra característica do seu comportamento.

É verdade que existem alguns psicopatas que não se limitam a nenhum tipo específico de arma ou método de matar. De acordo com o sistema de classificação do FBI, assassinos "desorganizados" – cujos crimes são cometidos em uma explosão frenética e espontânea – irão liquidar suas vítimas com quaisquer armas que tiverem à mão. Outros assassinos em série são conhecidos por gostar de variar um pouco na forma como matam. O *profiler* Pat Brown discute, por exemplo, o caso de Gary Taylor, que atirou em algumas vítimas com um rifle, estrangulou outras e apunhalou algumas com um facão.

Na maioria dos casos, entretanto, serial killers manifestam preferências homicidas definidas e tanto é assim que suas técnicas características muitas vezes se tornam parte de suas alcunhas de tabloide: o "Estrangulador de Boston", o "Estripador de Yorkshire", o "Homem do Machado de Nova Orleans", o "Assassino da Manhã de Domingo", o "Demônio Envenenador" etc.

A julgar pelos filmes de Hollywood e livros policiais, serial killers gastam a maior parte do tempo maquinando formas engenhosas e pitorescas de cometer suas atrocidades, como amarrar uma vítima a uma mesa de cozinha e forçá-la a se fartar de comida até morrer ou remover cirurgicamente o topo do crânio de um infeliz e fazê-lo comer partes do próprio cérebro antes de pôr fim a sua miséria. É verdade que um ou outro psicopata pode recorrer a meios elaborados de despachar suas vítimas. H.H. Holmes, por exemplo, construiu câmaras especialmente equipadas em seu gótico "Castelo do Horror" com o propósito expresso de asfixiar namoradas indesejáveis e inquilinos incautos.

Geralmente, porém, os psicopatas da vida real são mais convencionais em suas abordagens homicidas. O que os diferencia dos assassinos ordinários é sua distinta preferência por meios *manuais* de matar. A maior parte dos homicídios nos Estados Unidos – 68%, de acordo com o FBI – é cometida com armas de fogo e apenas 26% por métodos "manuais", como estrangulamento, espancamento e esfaqueamento. No caso dos serial killers, as percentagens praticamente se invertem: 55% valem-se exclusivamente de meios manuais, 22% de armas e 14% alternam entre os dois.

A razão para essa disparidade é assustadoramente simples. Impulsionados por necessidades sádicas e depravadas, a maioria dos serial killers encontra o prazer mais profundo no contato íntimo e pessoal com as vítimas – ao sentir a carne delas rasgar, o sangue jorrar, o corpo se contorcer; ao olhar fundo em seus olhos enquanto agonizam.

ESTRIPADORES

Os homicídios mais espetacularmente macabros são aqueles perpetrados por esse tipo de maníaco. Como Richard von Krafft-Ebing escreve em seu clássico texto, *Psychopathia Sexualis*, a polícia age corretamente em classificar um assassinato como fruto do trabalho de um estripador quando o cadáver da vítima foi submetido a terríveis mutilações, especialmente "quando o corpo foi aberto e partes dele (intestinos, genitais) foram arrancados". Esses crimes são tão selvagens que, em épocas passadas, eram atribuídos à ação de licantropos – homens que literalmente se transformavam em lobos. A designação moderna para tais assassinos – "estripadores" – deriva, obviamente, do lendário monstro de Whitechapel. As terríveis mutilações perpetradas pelo Atrevido Jack (*Saucy Jack*, no original) em uma prostituta de 25 anos chamada Mary Kelly peculiarizam os tipos de mutilações que estes loucos são impelidos a infligir nos corpos de suas vítimas. Conforme relatou um jornal de 1888:

A garganta tinha sido cortada longitudinalmente com uma faca, quase separando a cabeça do corpo. O ventre fora parcialmente rasgado e ambos os seios tinham sido cortados do corpo. [...] O nariz tinha sido removido, a testa esfolada e as coxas, até os pés, despojadas da carne. [...] As entranhas e outras partes do corpo estavam faltando, mas o fígado etc. foram colocados entre os pés da pobre vítima. A carne das coxas e pernas junto com os seios e o nariz foram colocados na mesa pelo assassino e uma das mãos da mulher morta tinha sido enfiada dentro de seu estômago.

O livro de Krafft-Ebing inclui casos de outros monstros do tipo, entre eles o "Estripador Francês" Joseph Vacher, que percorreu o interior do país nos anos 1890, armado com tesouras, cutelo de açougueiro e faca, estrangulando, esfaqueando, estripando e mutilando sexualmente vítimas de ambos os sexos; um assassino psicopata alemão chamado Leger, que "pegou uma menina de 12 anos, violou-a, mutilou seus genitais, arrancou seu coração e o comeu, bebeu o sangue e enterrou os restos"; e "um certo Gruyo", que estrangulou seis mulheres e depois "arrancou seus intestinos e rins pela vagina". Krafft-Ebing também cita o caso de Jesse Pomeroy, o "Menino Demônio" de Boston, um jovem estripador que, após atrair um menino de quatro anos para um trecho remoto de praia, cortou sua garganta com um canivete, apunhalou-o uma dúzia de vezes no tórax e no abdome, perfurou um de seus olhos e rasgou seu escroto, deixando os testículos à mostra.

> Abri o peito dela e com uma faca penetrei na parte carnuda do corpo. Então arrumei o corpo como um açougueiro faz com a carne e retalhei-o com um machado em pedaços pequenos o bastante para caber no buraco que eu cavara na montanha para enterrá-lo. Devo dizer que enquanto abria o corpo minha gula era tanta que cheguei a tremer; poderia facilmente ter cortado um pedaço e comido.
> — ANDREAS BICHEL —

Exemplos mais recentes incluem Peter Sutcliffe, o "Estripador de Yorkshire", que preferia matar suas vítimas a marteladas antes de brutalizar seus corpos, e Andrei Chikatilo, a "Besta Louca" russa, que cometia atrocidades tão terríveis com suas vítimas – retalhava seus rostos, extraía seus olhos, removia suas línguas, arrancava suas entranhas, devorava seus órgãos genitais – que investigadores que trabalharam no caso tiveram que receber tratamento psicológico.

CASE STUDY CRIME SCENE

ESTUDO DE CASO - Nº 31
O ESTRIPADOR DE YORKSHIRE

PETER SUTCLIFFE
FÚRIA MISÓGINA

1946

Crime(s)
Agressão e assassinato

Pena
Prisão perpétua

Três quartos de século depois de Jack, o Estripador, andar à espreita pelas ruas de Londres, surgiu um novo criminoso que parecia ser uma reencarnação do infame assassino vitoriano de prostitutas. Tendo por alvo principalmente prostitutas de rua, ele assassinava suas vítimas com uma ferocidade análoga àquela de seu famoso homônimo. Na verdade, ele superou o Estripador original em termos de letalidade, fazendo mais que o dobro de vítimas durante seu reinado de terror.

Seu nome era Peter Sutcliffe, mas seriam necessários cinco anos e a maior caçada humana da história da Grã-Bretanha para que a polícia descobrisse sua identidade. Ele parecia ser um homem perfeitamente normal, que trabalhava duro como motorista de caminhão e era um marido dedicado. Por trás dessa máscara de normalidade, no entanto, escondia-se uma patologia monstruosa: um ódio sexual tão extremo que ele se sentia plenamente no direito de cometer as barbaridades mais medonhas contra as mulheres. Quando lhe pediram para explicar os motivos por trás de suas atrocidades, ele respondeu com calma: "Eu estava apenas limpando as ruas".

As fontes de sua doença são difíceis de determinar, embora ele tenha sido criado, ao que parece, em um ambiente familiar carregado de tensão psicossexual. Um clássico "filhinho da mamãe", ele cresceu venerando a mãe, mesmo enquanto o pai dominador a acusava constantemente de infidelidade sexual. Essa situação estava fadada a exacerbar os conflitos edipianos normais da adolescência e gerar um ser humano que (muito mais do que o usual) dividia as mulheres como um todo em virgens e putas – umas merecedoras de devoção servil, as outras de nada além da morte.

CASE STUDY CRIME SCENE

Desajustado e solitário durante toda a infância, Sutcliffe tornou-se um homem com inclinações mórbidas. Depois de largar a escola, aos 15 anos, arranjou emprego em um necrotério. Ele gostava de brincar com os cadáveres, colocando-os em poses grotescas e usando-os como bonecos de ventríloquo. Quando não se dedicava a essas atividades quase necrófilas, ele gostava de visitar um museu de cera local e observar, encantado, as exposições que mostravam os sintomas devastadores de doenças venéreas em estágio avançado.

Casando-se aos 28 anos com a primeira mulher que namorou, ele tornou-se um motorista de caminhão e parecia ter se acomodado na confortável rotina de uma sólida vida doméstica e de trabalho. Se havia alguma indicação visível de que nem tudo estava em ordem com Sutcliffe era o bizarro aviso manuscrito que ele mantinha em seu veículo: "Dentro deste caminhão está um homem cuja genialidade latente, se libertada, abalaria a nação; cuja energia dinâmica dominaria aqueles ao seu redor. Melhor deixá-lo dormir?" Embora ninguém a interpretasse dessa forma, a mensagem refletia o narcisismo extremo típico dos psicopatas, cujos sentimentos subjacentes de inadequação e inutilidade são quase sempre compensados por delírios de grandeza.

O primeiro ataque de Sutcliffe ocorreu em julho de 1975, quando ele se aproximou sorrateiramente por trás de uma mulher, golpeou-a com um martelo, levantou sua saia e começou a mutilá-la com uma faca. Essa vítima sobreviveu, assim como outras das 21 mulheres que atacaria nos cinco anos seguintes. Seu *modus operandi* era sempre o mesmo: ele golpeava as vítimas com um martelo de bola, deixando-as inconscientes, e então atacava brutalmente seus torsos e genitálias com uma faca ou uma chave de fenda afiada. Ao todo, 13 pessoas morreram em suas mãos. Embora a maioria fossem prostitutas de rua, outras eram donas de casa, estudantes ou funcionárias públicas. Todas, no entanto, tinham uma coisa em comum: eram mulheres e, portanto, alvos de sua virulenta fúria misógina.

Durante as buscas pelo "Estripador de Yorkshire", os investigadores entrevistaram mais de duzentas mil pessoas. O próprio Sutcliffe foi interrogado em nada menos que sete ocasiões diferentes. Em todas elas, no entanto, a polícia aceitava seu álibi e o liberava. O próprio tamanho da operação dificultava a investigação. A polícia era soterrada por uma avalanche de pistas inúteis e despistada por mensagens aparentemente gravadas pelo Estripador, que acabaram se revelando brincadeiras de mau gosto.

Por fim, o trabalho de rotina da polícia levou à captura de Sutcliffe. Em janeiro de 1981, o sargento Robert Ring, que estava de vigia, avistou o assassino em um carro com uma prostituta. Antes de ser detido para interrogatório, Sutcliffe pediu permissão para urinar atrás de um arbusto. Lá esvaziou os bolsos do conteúdo incriminador: um martelo de bola e uma faca.

CASE STUDY CRIME SCENE

Na manhã seguinte, enquanto Sutcliffe ainda era interrogado, Ring teve uma revelação. Lembrando de quando Sutcliffe pedira para se aliviar, o policial correu de volta ao local e encontrou os instrumentos descartados. Confrontado com a evidência, Sutcliffe cedeu. Sua confissão completa se estendeu por mais de seis horas.

Em seu julgamento, ele alegou insanidade, afirmando que cometera os assassinatos obedecendo ordens divinas. O júri não se convenceu e Sutcliffe foi sentenciado à prisão perpétua. Pouco tempo depois, no entanto, foi considerado insano por psiquiatras forenses e transferido para o Hospital Broadmoor. Em março de 1997, provou do próprio veneno: outro interno o esfaqueou em ambos os olhos. Uma cirurgia de emergência conseguiu salvar seu olho direito. Meio cego, ele permanece preso até hoje.

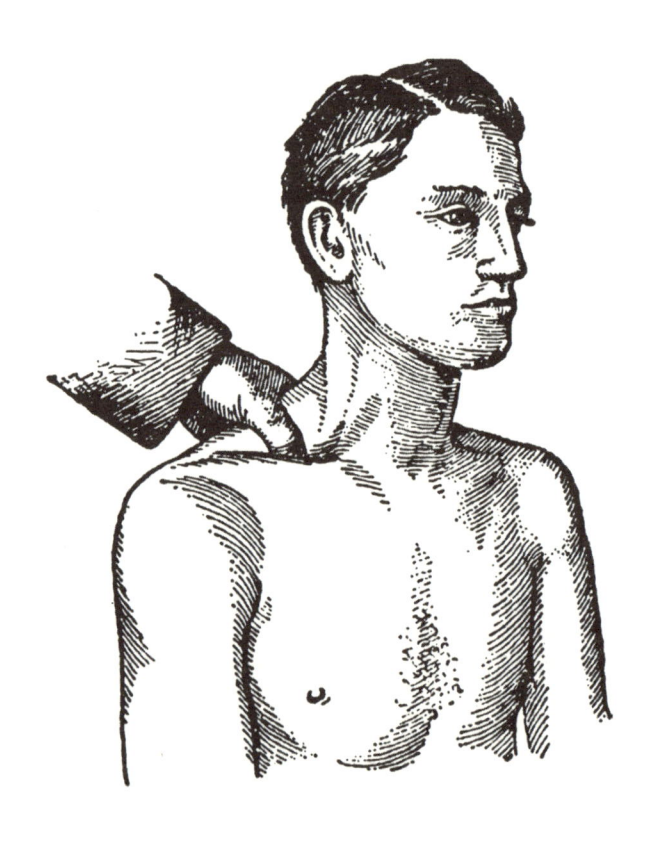

ESTRANGULADORES

Embora um assassino qualificado como estripador possa sufocar uma vítima até a morte, seu verdadeiro prazer advém das frenéticas mutilações que realiza *depois*, isto é, ao retalhar o corpo, arrancar os genitais, chafurdar nas entranhas etc. Em contraste, serial killers classificados como estranguladores não praticam essas atrocidades *post-mortem*. Sua satisfação sádica advém do próprio ato de estrangular. Na verdade, alguns desses psicopatas ficam tão excitados enquanto estrangulam uma vítima que chegam a um clímax sexual durante o assassinato. (Um arrepiante retrato cinematográfico de um momento assim aparece no filme de 1972 de Alfred Hitchcock, *Frenesi*, no qual o chamado Assassino da Gravata tem um orgasmo enquanto mata uma mulher por estrangulamento.)

O primeiro serial killer norte-americano do século XX era um estrangulador – Earle Leonard Nelson, também conhecido como o "Gorila Assassino", um psicopata obcecado pela Bíblia que viajou pelo país de costa a costa sufocando mulheres até a morte antes de estuprar seus cadáveres. (Alfred Hitchcock também fez um filme vagamente inspirado nesse caso notório: sua obra-prima de 1943, *Sombra de uma Dúvida*.)

Enquanto Nelson (que também era conhecido como o "Estrangulador das Trevas") gostava de estrangular suas vítimas com as próprias mãos, Harvey Murray Glatman – o maníaco sexual de aspecto nerd que gostava de tirar fotos de suas vítimas amarradas e aterrorizadas antes de eliminá-las – empregava seu objeto de fetiche favorito: um grosso pedaço de corda. O Estrangulador de Boston, por sua vez, preferia artigos pertencentes às suas vítimas e costumava estrangulá-las com lenços, cintos de roupão ou meias de náilon. Ele também era conhecido por sua grotesca "assinatura", que consistia em amarrar as cordas de estrangulamento como se estivesse dando extravagantes laços de embrulhar presentes – uma forma de provocar a polícia. O assassino sexual afro-americano Gary Carlton, também conhecido como o "Estrangulador da Meia", também usava meias como arma do crime, deixando todas as suas sete vítimas idosas com as meias-calças firmemente atadas em volta dos pescoços.

Possivelmente os mais perversos de todos os estranguladores modernos eram os primos psicopatas Kenneth Bianchi e Angelo Buono. Estes sádicos inimigos das mulheres obtinham prazer não apenas do método de assassinato que lhes rendeu o infame apelido de "Estranguladores da Colina", mas de submeter suas jovens vítimas a variadas, e geralmente prolongadas, formas de tortura, como injetar produtos de limpeza nelas, prender fios elétricos carregados nas palmas de suas mãos, estuprá-las com garrafas de refrigerante e asfixiá-las com lenta e voluptuosa crueldade. Para completar sua abominável diversão, eles descartavam os cadáveres violados das mulheres bem ao ar livre, como uma última afronta à vítima e um insulto à polícia.

**Gosto muito de mulheres, mas meu esporte favorito
é estrangulá-las depois de tê-las saboreado.**

— Estrangulador compulsivo citado por Krafft-Ebing —

CASE STUDY CRIME SCENE

ESTUDO DE CASO - Nº 32
CARROLL EDWARD COLE
O ESTRANGULADOR BEBERRÃO

Todo mundo falhou com Carroll Cole: sua mãe, professores, psiquiatras e investigadores da polícia. Sua vida inteira foi uma espiral decrescente de doença mental, alcoolismo e assassinato, e foi também um dos mais flagrantes exemplos de como os sistemas legal e de saúde podem fracassar completamente em tratar e capturar um serial killer fora de controle. Perto do fim de sua vida traumática, alguém finalmente veio em seu auxílio. Esse alguém foi o juiz de Nevada que proferiu sua sentença de morte. Para essa ajuda – para esse alívio tão necessário –, Cole tinha uma resposta lacônica: "Obrigado, meritíssimo".

A vida de Cole, como a de tantos criminosos psicopatas, começou com abuso parental. Sua mãe sádica o obrigava a acompanhá-la em seus encontros adúlteros e gostava de vesti-lo como uma menina para entreter suas amigas em festas. Tal como ocorreu com Ed Gein, Edmund Kemper e Henry Lee Lucas, o ódio que ele desenvolveu por sua mãe monstruosa se manifestava claramente em seus crimes. O próprio Cole deixava isso perfeitamente claro. "Eu sinto como se a matasse através delas", ele observaria mais tarde em relação às suas vítimas.

Uma fúria homicida tomava conta da cabeça de Cole; para abafá-la, precisava ingerir grandes quantidades de álcool. Por volta do fim da adolescência ele já não podia mais se controlar. Em 1960, atacou um casal em um carro com um martelo. Preocupado com o demônio dentro dele, Cole entregou-se à polícia. Ele passou os três anos seguintes em diversas instituições psiquiátricas – foi considerado "antissocial", mas inofensivo. Em 1963, abandonou o tratamento e casou-se com uma dançarina de topless alcoólatra que trabalhava esporadicamente para Jack Ruby.[4] O casamento, como era de se esperar, foi um fiasco. Cole a deixou em 1965 após incendiar o hotel barato em que moravam porque estava convencido de que ela andava dormindo com outros inquilinos.

Cole se entregou novamente à polícia em 1970, mas dessa vez com um temor específico: ele estava tendo fantasias incontroláveis sobre estuprar e estrangular mulheres. Isso aconteceu em Nevada. Recolhido para uma avaliação psiquiátrica, o relatório sobre sua condição mental ilustrava a qualidade do tratamento que ele recebeu durante toda a sua vida: "Prognóstico: Pobre. Condição na saída: Mesma que na admissão. Tratamento: Bilhete expresso de ônibus para San Diego".

---

4   Dono de uma boate em Dallas que ficou famoso por matar Lee Harvey Oswald, suspeito do assassinato de John F. Kennedy. [NT]

CASE STUDY CRIME SCENE

Com uma bomba-relógio humana nas mãos, as autoridades simplesmente o mandaram para fora da cidade.

Durante a década seguinte Cole iniciou uma onda de bebedeiras e assassinatos nos estados de Nevada, Texas, Califórnia, Wyoming, e Oklahoma. Suas vítimas eram os clássicos "alvos de ocasião" – mulheres beberronas facilmente atraídas para a morte pelo psicopata boa-pinta e carismático. Como observa o escritor policial Cliff Linedecker, "Cole não atacava mulheres saudáveis e sóbrias que pudessem reagir à altura. Ele era um abutre que procurava alcoólatras solitárias e tão enfraquecidas por conta de suas vidas dissolutas que não tinham nenhuma chance de se defender [...] Elas estavam quebradas, machucadas e derrotadas. E a maioria tinha perdido o contato com suas famílias ou não tinha amigos próximos que fossem fazer estardalhaço sobre suas mortes".

Quando Cole ficava a sós com sua vítima, ele a estrangulava e não raro estuprava o cadáver. O álcool turvava sua mente e, posteriormente, ele tinha dificuldade de recordar todos os detalhes de suas atrocidades. Um dos seus crimes mais terríveis ocorreu na cidade de Oklahoma: Cole acordou de um estupor e encontrou um corpo mutilado em uma banheira, fatias das nádegas da mulher em uma panela no fogão e o sabor doce de sangue na boca.

Como no caso de tantos serial killers, a frequência dos assassinatos de Cole aumentava conforme sua mania homicida saía do controle. Em novembro de 1980, ele matou duas mulheres por estrangulamento em menos de 24 horas. Menos de três semanas depois, conheceu uma mulher de 44 anos em um cabaré de Dallas, acompanhou-a até em casa e matou-a com as próprias mãos durante uma violenta discussão. Quando os vizinhos vieram investigar o tumulto, encontraram o cadáver da vítima estendido no chão. Submetido a interrogatório, Cole afirmou que a mulher tinha simplesmente caído morta – uma história que não parecia tão implausível, dada a excepcional concentração de álcool encontrado em seu sangue pelo médico legista. Cole foi liberado.

Naquela altura, ele já estava cansado da vida que levava. Quando os policiais retornaram para questioná-lo novamente, vários dias depois, ele os recebeu com uma espantosa confissão. "Eu preciso de ajuda", declarou. "Quando vejo uma mulher com uma bebida na mão, tenho que matá-la. Estou cansado de matar."

Ele começou, então, a confessar todos os assassinatos de que podia se lembrar. Acabou condenado por 13 homicídios, embora afirmasse que o número total de vítimas podia chegar a 35. Cole foi executado na madrugada de 6 de dezembro de 1985 – e foi a primeira pessoa executada em Nevada por injeção letal.

ASSASSINOS COM MACHADOS

Lá atrás, no século XIX, quando muitos norte-americanos ainda viviam em fazendas, abatiam suas próprias galinhas e dependiam de lenha para aquecer suas casas, machados e machadinhas eram equipamentos básicos na maioria dos lares, tão comuns como saca-rolhas e abridores de lata são hoje em dia. Não é de surpreender, portanto, que quando alguém explodia em uma fúria homicida com frequência pegasse um desses instrumentos de corte imediatamente disponíveis para executar o trabalho. Faça uma busca nos arquivos de qualquer jornal de cidade pequena do século XIX e você provavelmente irá se deparar com algum caso macabro de assassinato a machadadas, como o massacre de duas irmãs, Maren e Anethe Hontvet, em uma remota aldeia de pescadores de New Hampshire, em 1873 ("Terrível Tragédia na Ilha de Shoals! Duas Mulheres Mortas com um Machado!"). Ou o massacre da família Vacelet do condado de Knox, Indiana, em 1878 ("Carnificina Brutal! Uma Família Inteira é Morta a Machadadas Enquanto Dormia!"). Ou o assassinato, em 1894, do fazendeiro do Missouri Gus Meeks e sua família, imortalizado em uma balada supostamente cantada por uma filha sobrevivente ("Mataram meu paizinho e minha mãezinha/ E a cabeça do bebê esmagaram/ Meus quatro irmãos e irmãs mataram/ E eu fiquei lá para morrer sozinha").

Embora esses e vários outros assassinatos a machadadas tenham despertado certo interesse nos lugares em que ocorreram, eles logo caíram no esquecimento. Alguns, entretanto, transformaram-se em verdadeiras sensações nacionais. Em 1836, um jovem chamado Richard Robinson – o filho mimado de uma família rica de Connecticut – assassinou uma bela prostituta de Nova York chamada Helen Jewett esmagando sua cabeça com um machado. ==Graças à suculenta e irresistível combinação de sexo, violência e escândalo==, o caso tornou-se um dos crimes de maior repercussão da época. Ainda mais notório, é claro, foi o caso de Lizzie Borden, em 1892, que, como diz a famosa rima infantil, "deu quarenta pancadas na mãe/ e quando viu que ela se fora/ deu no pai 41".

Mesmo supondo que tenha de fato cometido esse assassinato duplo (o que, apesar de sua absolvição, parece provável), Lizzie Borden não era uma serial killer e sim uma ==solteirona vitoriana emocionalmente desequilibrada== que perdeu as estribeiras em um dia escaldante de verão e ==cometeu um ato único de parricídio==. Da mesma forma, os massacres das irmãs Hontvet, da família Meeks e dos Vacelet foram casos de assassinatos múltiplos, não de homicídio em série. Na verdade – em contraste com inúmeros ==filmes de terror que retratam assassinos psicopatas== como maníacos brandindo machado (tal como o suspense *A Mão do Diabo*, de 2001) –, machados raramente são a arma preferida por serial killers, sendo difíceis de ocultar e complicados de manusear, especialmente em locais fechados.

Mas já existiram exceções notáveis. Embora o caso de Belle Gunness, em 1901 – cuja fazenda nas proximidades de La Porte, Indiana, tornou-se uma cova coletiva para mais de uma dezena de vítimas –, seja cercado de incertezas, acredita-se que ela tenha despachado a maioria de suas vítimas com um machado. (Uma balada pop escrita sobre o caso descreve a famosa Lady Barba Azul como a "Matrona Louca do Machado".) Durante a época da Primeira Guerra Mundial, Nova Orleans foi assombrada por um sinistro intruso conhecido como o Homem do Machado, que atacou uma dúzia de pessoas em suas casas durante a noite. Na década de 1940, o assassino afro-americano Jake Bird foi capturado depois de invadir a casa de Bertha Kludt, de 44 anos, em Tacoma, Washington, e ==assassiná-la brutalmente==, junto com sua filha adolescente, usando um machado que ==encontrara no quintal da casa==. Detido, o agressivo andarilho confessou ter cometido numerosos assassinatos brutais em pelo menos oito estados diferentes, todos envolvendo mulheres brancas golpeadas ==com machados ou machadinhas==.

Houve também alguns casos internacionais, como o do assassino sul-africano Elifasi Msomi, um autoproclamado curandeiro que, em meados da década de 1950, matou 15 pessoas a machadadas (a maioria delas crianças) e depois tentou atribuir os crimes à possessão demoníaca.

ENVENENADORES

Em parte, sem dúvida, por ser o método favorito de assassinato das mulheres vitorianas, a maioria das pessoas tende a pensar no envenenamento como uma maneira relativamente refinada de matar, nem de longe tão brutal como, digamos, cortar a garganta da vítima e arrancar suas entranhas. Por certo, os assassinatos envolvendo mutilação são mais grotescos e causam maior impacto. Agora, se eles são *mais cruéis* que o envenenamento é uma questão em aberto. Embora um número significativo de serial killers homens pratique torturas terríveis, muitos outros – incluindo alguns dos mais notórios – eliminam suas vítimas de forma bem rápida. Isso é válido, por exemplo, para a maioria dos estripadores. As atrocidades cometidas por Jack, o Estripador, parecem quase desumanas em sua ferocidade. Mas pelo menos foram infligidas em suas vítimas após a morte, que veio com uma ligeireza misericordiosa.

Em contraste, envenenadores costumam submeter as pessoas mais próximas – amigos, familiares e colegas de trabalho – a mortes lentas e excruciantes, e encontram prazer considerável em observar o tormento de suas vítimas.

Durante a era vitoriana, por exemplo, o arsênico era um item popular, de venda livre, comercializado sob diversas formas e usado para aplicações tão variadas como pesticida e cosmético. Generosamente misturado na comida de alguém, no entanto, tinha efeitos devastadores.

Na maior parte dos casos de ingestão de arsênico, os sintomas iniciais ocorrem em uma hora. O primeiro sinal é uma sensação de irritação na garganta. Logo surgem náuseas, cada vez mais insuportáveis. Então começam os vômitos. Eles continuam por muito tempo depois que o estômago está vazio, até que a vítima esteja vomitando um líquido fétido e esbranquiçado manchado de sangue. A boca fica ressecada, a língua inchada, a garganta contraída. A vítima é acometida de uma sede terrível. Qualquer coisa que ela beba, entretanto – até mesmo goles de água gelada –, só faz o vômito piorar. Diarreia incontrolável – quase sempre com sangue e acompanhada de lancinantes dores abdominais – segue-se ao vômito. Algumas vítimas experimentam uma violenta queimação que se estende da boca ao ânus. A urina é escassa e de cor avermelhada. Conforme as horas passam, o rosto da vítima – morbidamente pálido no início – adquire uma tonalidade azulada. Os olhos ficam embotados. A pele fica ensopada de suor, que exala um odor extremamente fétido. A respiração da vítima torna-se difícil e irregular, as extremidades do corpo esfriam, a pulsação fica fraca. Pode haver convulsões nos membros e terríveis cãibras nos músculos das pernas. Dependendo da quantidade de veneno consumido, este tormento pode durar de cinco ou seis horas a vários dias. A morte, quando finalmente chega, é uma misericórdia.

Envenenadoras, em suma, são capazes de ser tão sádicas como os mais doentios assassinos torturadores. Elas também estão entre as mais prolíficas serial killers da história. A britânica Mary Ann Cotton – uma assassina em série tão infame que foi imortalizada em uma popular canção infantil – matou um número estimado de 23 pessoas, incluindo três maridos, dez crianças, cinco enteados, uma cunhada e um pretendente indesejável. Sua contraparte norte-americana, a "Bórgia" de Massachusetts Jane Toppan – que gostava de deitar na cama de suas vítimas e sentir suas agônicas convulsões – confessou ter cometido 31 homicídios após seu julgamento, em 1902. Outro "cuidador letal" da Nova Inglaterra, Amy Archer-Gilligan – proprietária de uma casa de repouso em Windsor, Connecticut –, despachou nada menos que quarenta de seus clientes idosos entre 1911 e 1916. Embora impressionantes, essas cifras foram superadas pelas matanças coletivas dos chamados "Fazedores de Anjos de Nagyrev", um grupo de camponesas de uma remota aldeia húngara que – de posse do arsênico providenciado por sua líder, uma parteira chamada Julia Fazekas – assassinou cerca de cem vítimas nas décadas subsequentes à Primeira Guerra Mundial.

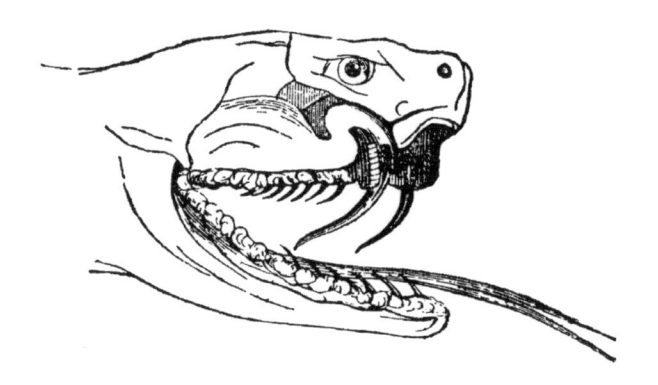

Isso não quer dizer que apenas mulheres psicopatas recorreram ao envenenamento. A Inglaterra vitoriana abrigou um trio de notórios envenenadores: dr. William Palmer (que usava a estricnina como uma forma de eliminar os credores insistentes, rivais de trabalho e crianças problemáticas); George Chapman (que envenenou uma série de amantes com tartarato de antimônio); e o dr. Thomas Neill Cream (que ministrou pílulas de estricnina a várias prostitutas de Londres e morreu declarando ser Jack, o Estripador). E ao mesmo tempo que Jane Toppan cometia seus terríveis crimes outro caso impressionante de envenenamento chocava o país: Roland Molineux, um galante playboy de Nova York, era acusado de assassinar diversos conhecidos com antiácido envenenado com cianeto.

Um dos envenenadores norte-americanos mais mortíferos dos últimos anos foi o dr. Michael Swango, suspeito de matar nada menos que sessenta vítimas. Embora seu método usual fosse injetar medicamentos fatais, Swango – que confessou que não havia nada que gostasse mais do que "o cheiro doce, forte e íntimo do homicídio entre quatro paredes" – recorreu a outros métodos durante os períodos em que era banido das enfermarias dos hospitais. Em 1984, depois de deixar o Centro Médico da Universidade Estadual de Ohio sob uma nuvem de suspeita, ele voltou para sua cidade natal, Quincy, Illinois, onde foi trabalhar como socorrista do corpo de bombeiros. Logo estava secretamente adulterando os *donuts* e os refrigerantes de seus colegas paramédicos com veneno para formigas. Após ser preso e indiciado por homicídio, a polícia revistou seu apartamento e encontrou um minilaboratório projetado para a produção de alguns dos mais virulentos venenos conhecidos, incluindo a toxina do botulismo e cianeto supersaturado.

CASE STUDY CRIME SCENE

ESTUDO DE CASO - Nº 33
ENVENENADOR

GRAHAM YOUNG
COMPULSÃO MORTAL

1947-1990

Crime(s)
Envenenamento
e assassinato

Pena
Prisão
perpétua

Embora o envenenamento seja há muito tempo o método de assassinato preferido por mulheres serial killers, ele não é domínio exclusivo delas. A Grã-Bretanha, em especial, já contou com alguns envenenadores compulsivos notórios, incluindo o dr. Thomas Neill Cream, que despachou uma série de prostitutas com estricnina no final do século XIX. Seu compatriota vitoriano, o dr. William Palmer, usou a mesma substância para assassinar sua sogra, seu irmão, quatro filhos, um tio, vários credores e um amigo próximo.

O envenenador compulsivo mais famoso da história britânica recente foi, sob vários aspectos, o mais extraordinário: um psicopata de inteligência precoce, sem remorsos, que iniciou sua carreira homicida ainda na infância.

Apenas três meses depois de Graham nascer, em 1947, sua mãe morreu. Inicialmente, a criança ficou aos cuidados da tia. Aos dois anos, foi enviado para morar com o pai, que já havia se casado de novo. Mais tarde, os psiquiatras associariam a extrema psicopatologia de Young – sua completa incapacidade de sentir calor humano ou empatia – à ausência da mãe em um momento tão crítico de seu desenvolvimento emocional.

Sua marcante obsessão por venenos manifestou-se em uma idade precoce. Enquanto seus colegas de escola idolatravam atletas e estrelas pop, os heróis de infância de Young eram notórios envenenadores ingleses, como Palmer e o dr. Hawley Crippen (cujo caso ganhou fama internacional em 1910, depois que ele assassinou a esposa, enterrou-a no depósito de carvão da casa e fugiu com a secretária). Young tinha um fascínio especial por outro envenenador vitoriano, o dr. Edward Pritchard, que foi enforcado em Glasgow, em 1855, por assassinar a esposa e a sogra com antimônio. Ele também desenvolveu uma intensa admiração por Adolf Hitler, cujo poder maligno o garoto invejava.

Depois de obter um frasco de tartarato de antimônio de um farmacêutico local sob o pretexto de usá-lo para um projeto de ciências da escola, Young começou a carregá-lo consigo. Ele se referia ao frasco como seu "amiguinho".

Em pouco tempo, Young começou a experimentar o antimônio em seus colegas de escola, envenenando seus sanduíches com uma dose suficiente apenas para deixá-los enjoados. Então mudou o foco para a própria família, começando pela irmã. Graham observava com interesse os efeitos que diferentes doses da toxina exerciam sobre seus entes queridos – o vômito, as angustiantes dores de estômago, as violentas diarreias. Em 1962, depois de um prolongado cerco de sofrimento induzido pelo veneno, sua madrasta morreu.

Depois que o professor de química de Young descobriu evidências alarmantes em sua mesa – desenhos de pessoas morrendo em agonia com garrafas de veneno ao lado, gráficos detalhando os efeitos e doses letais de várias toxinas –, o menino foi interrogado pela polícia, que encontrou seu amado frasco de antimônio no bolso. Ele logo confessou ter usado o veneno em membros da própria família. Preso para aguardar julgamento, tentou cometer suicídio – não porque sentiu vergonha ou remorso, mas porque não podia suportar a ideia de viver sem seus venenos. Ao ser julgado, em 1962, foi considerado culpado, mas mentalmente doente, e internado na instituição psiquiátrica de Broadmoor.

Depois de nove anos no manicômio, Young foi liberado, tendo supostamente uma "recuperação completa", de acordo com o relatório de um psiquiatra. Ele se mudou para a vila de Bovingdon e conseguiu trabalho no almoxarifado de uma empresa que fabricava equipamento óptico, dizendo a seus empregadores que fora internado no hospital psiquiátrico após sofrer um colapso nervoso provocado pela morte de sua amada madrasta.

Um dia depois de começar no novo emprego, Young saiu e comprou veneno suficiente para matar centenas de pessoas.

Não demorou muito até que seus colegas de trabalho começassem a sofrer de uma doença grave cujos sintomas incluíam diarreia, cólicas, dores nas costas, náuseas e dormência. Nada menos que setenta trabalhadores foram acometidos da doença, apelidada de "mal de Bovingdon". Vários foram hospitalizados e dois deles – Bob Egle, de 59 anos, e Fred Biggs, de sessenta – morreram depois de prolongado sofrimento.

No início, ninguém parecia notar que as vítimas ficavam doentes depois de beber o café ou o chá servido pelo sempre prestativo Young. Com o tempo, no entanto, conjecturou-se que alguém na fábrica estava envenenando os colegas de trabalho. Foi aberta uma investigação para apurar o caso. Ao ser interrogado, Young não pôde deixar de ostentar seu conhecimento superior de química, despertando suspeitas ao observar que a misteriosa doença tinha sintomas parecidos com os de envenenamento por tálio.

Uma verificação dos antecedentes de Young revelou a arrepiante verdade sobre seu passado e a polícia não demorou a prendê-lo por suspeita de homicídio. Ao fazer uma busca em seu apartamento, os investigadores encontraram prateleiras cheias de frascos de venenos – tálio, antimônio, aconitina – sob fotos emolduradas de Hitler e seus capangas. Também encontraram um diário no qual Young detalhava, com uma monstruosa indiferença, os efeitos das variadas toxinas em suas vítimas. "Ministrei uma dose fatal do composto especial a F", ele tinha escrito depois de envenenar Fred Biggs, "e espero fazer um relatório sobre seu progresso na segunda-feira. Dei-lhe três doses separadas".

No início, Young alegou que as entradas de diário eram simplesmente anotações para um romance. Posteriormente, ele confessou. Seu único motivo para cometer os crimes era o poder que exercia sobre as vidas dos outros. Seres humanos não eram nada mais para ele do que animais de laboratório. "Poderia ter matado todos eles se eu quisesse", gabou-se aos detetives, "mas deixei-os viver".

Seu julgamento, ocorrido em junho de 1972, durou dez dias. O júri precisou de menos de uma hora para condená-lo. Young foi condenado a ficar preso pelo resto da vida, que acabou não durando muito. Em agosto de 1990, ele foi encontrado sem vida no chão de sua cela – morto por um ataque cardíaco aos 42 anos de idade.

ATIRADORES

Quando as pessoas ouvem o termo "serial killer", tendem a imaginar uma criatura como Jack, o Estripador, Ted Bundy ou Richard Ramírez: um lunático sanguinário, que massacra suas vítimas com seu instrumento favorito – faca de caça, cutelo de açougueiro, martelo, machado – ou, talvez, com as próprias mãos. E as estatísticas comprovam que a maioria dos serial killers aprecia, de fato, as sensações proporcionadas pelo contato físico direto com suas vítimas.

Não obstante, já existiram diversos serial killers notórios que preferiam matar com armas de fogo. Afinal, atirar – mesmo que de uma longa distância – pode proporcionar o tipo de emoção doentia buscada pelos psicopatas, incluindo a gratificação sexual. Como sabemos de Freud, armas podem ser objetos eróticos nas mãos de seus usuários. Há testemunho direto desse efeito por um dos mais notórios atiradores em série da modernidade, David "Filho de Sam" Berkowitz. Como John Douglas relata em seu livro *The Anatomy of Motive* (*A Anatomia do Motivo*), Berkowitz admitiu durante uma entrevista que "nas noites em que não conseguia encontrar as vítimas ocasionais apropriadas, ele retornava aos locais de seus crimes e se masturbava recordando a carga sexual e a sensação suprema de poder que sentira ao puxar o gatilho de seu poderoso revólver Charter Bulldog". A escolha das vítimas por Berkowitz – mulheres jovens e atraentes, algumas delas na companhia dos namorados dentro de carros estacionados – também reflete a dimensão sexual de seus crimes.

Mesmo para os atiradores em série que não extraem um prazer especificamente sexual de seus crimes, as armas podem satisfazer seus impulsos psicopatas ao dar a eles (como a declaração de Berkowitz também indica) um sentimento divino de poder. Esse sem dúvida era o caso do Zodíaco original de São Francisco, cuja megalomania era evidente nas mensagens provocativas que enviava para a imprensa, bem como em sua aparente crença de que suas vítimas se tornariam seus escravos na vida após a morte.

Também não parecia haver nada além de pura perversidade por trás dos crimes de Gary e Thaddeus Lewingdon, uma dupla de irmãos sociopatas que assassinou aleatoriamente dez pessoas em Columbus, Ohio, no final da década de 1970. Os "Assassinatos do Calibre .22", como ficaram conhecidos, deram início a sua carreira homicida em dezembro de 1977, ao matar duas mulheres a tiros conforme elas saíam tarde da noite de uma cafeteria. Dois meses depois, Robert McCann, de 52 anos, junto com a mãe e a namorada foram barbaramente assassinados em casa, cada um baleado diversas vezes no rosto e na cabeça. A mesma violência brutal caracterizou o assassinato da vítima seguinte, Jenkin Jones, uma senhora de 77 anos cujos quatro cães também foram fuzilados. Seguiram-se mais três vítimas nos meses posteriores – um reverendo chamado Gerald Fields e um casal de meia-idade de sobrenome Martin. Depois de um hiato de seis meses, os atiradores fantasmas mataram sua décima e última vítima, Joseph Annick, de 56 anos, baleado cinco vezes enquanto trabalhava em sua garagem. O caso foi finalmente solucionado quando um dos irmãos, Gary, tentou usar o cartão de crédito roubado de Annick em uma loja de departamentos local. Preso em flagrante, Lewingdon foi levado à sala de interrogatório e confessou imediatamente todos os dez assassinatos, implicando seu irmão, Thaddeus, que se mostrou igualmente cooperativo. Os dois foram condenados e receberam múltiplas penas de prisão perpétua.

Após o julgamento, no entanto, Gary teve um surto psicótico e foi internado em um hospital estadual para criminosos insanos. Depois de uma tentativa malsucedida de fuga, ele solicitou ao tribunal permissão para cometer suicídio, o que lhe foi negado. Por fim, Gary[5] foi transferido de volta para a Penitenciária de Southern Ohio, onde permanece encarcerado. Em abril de 1989, seu irmão Thaddeus, com 55 anos, morreu de câncer de pulmão.

Ohio foi o lar de outro atirador em série, Thomas Dillon. Embora menos conhecido que o "Filho de Sam" ou o Zodíaco, Dillon foi, sob vários aspectos, uma figura igualmente assustadora: um clássico psicopata que matava por puro prazer sádico.

Nascido em 1950 e criado por uma mãe viúva que, segundo relatos seguros, nunca manifestou a menor afeição pelo filho, Dillon adorava atirar em animais desde pequeno, mantendo um registro das matanças em um calendário pendurado na parede de seu quarto. Além de veados e outras presas menores, ele gostava de atirar em cães, gatos e vacas – geralmente com sua grande coleção de armas de fogo, embora às vezes usasse uma besta. Ele também era, como tantos assassinos psicopatas em desenvolvimento, um piromaníaco inveterado.

Dillon passou para o assassinato em abril de 1989, ao atirar no coração de uma mulher de 35 anos que praticava jogging a uma distância de aproximadamente três metros em um trecho remoto de rodovia na área rural de Ohio. Em novembro de 1990, cometeu dois assassinatos a sangue-frio no espaço de algumas semanas. O primeiro a morrer foi Jamie Paxton, um homem de 21 anos que caçava com arco – ele foi alvejado em uma colina. Dezoito dias depois, Kevin Loring, de 30 anos, foi morto com um tiro no rosto, também enquanto caçava veados.

Quando a polícia não fez progresso na investigação sobre a morte de Paxton, a mãe do jovem, Jean, resolveu agir por conta própria, publicando um apelo direto ao assassino de seu filho em um jornal local, o *Ferry Times Leader*:

Para o(s) assassino(s) do meu filho Jamie,
Não seria mais fácil para você se eu escrevesse palavras de ódio? Eu não posso, porque não sinto ódio. Sinto uma profunda tristeza por perder meu filho. Você tirou a luz da minha vida em 10 de novembro e me deixou com muitos dias de escuridão. Já pensou em sua própria morte? A menos que confesse seu pecado e peça perdão a Deus, enfrentará o fogo e a fúria do inferno. Quando você for capturado, eu lamentarei pela sua família. Eles carregarão o peso da sua culpa por toda a vida.

Embora essa carta não tenha produzido efeito algum, um segundo apelo, publicado 11 meses depois, teve uma resposta notável – uma mensagem anônima datilografada que revelava a indiferença e o sadismo de um clássico assassino psicopata:

Eu sou o assassino de Jamie Paxton. Jamie Paxton era um completo estranho para mim. Nunca o vi antes na minha vida e ele não me disse uma palavra sequer naquele sábado.

---

5 Gary Lewingdon morreu de insuficiência cardíaca em 2004. [NE]

Paxton foi morto por causa de uma compulsão irresistível que tomou conta da minha vida. Eu sabia quando saí de casa naquele dia que alguém morreria por minha causa. Só não sabia quem ou onde. Tecnicamente, enquadro-me na definição de serial killer, mas sou uma pessoa de aparência normal, com uma família, trabalho e casa, assim como você.

Algo na minha cabeça faz com que eu vire um assassino impiedoso sem nenhuma consciência. Vocês, Paxton, merecem saber os detalhes.

Eu estava muito bêbado e uma voz na minha cabeça me dizia o que fazer. Parei o carro atrás de Jamie e saí. Jamie começou a descer lentamente a colina em direção à estrada. Ele parecia estar olhando para alguma coisa ao longe, além de mim.

Ergui meu rifle na altura do ombro e apontei para ele. Levei pelo menos cinco segundos para mirar com cuidado. Meu primeiro tiro saiu um pouco torto e o atingiu no lado direito do peito. Ele gemeu e caiu. Eu queria ter certeza de que ele estava morto, então disparei um segundo tiro mirando no meio de suas costas, entre o quadril e o ombro. Ele se arrastava pelo chão. O tiro saiu torto e atingiu-o no joelho. Ele levantou a cabeça e gemeu de novo. Meu terceiro tiro também saiu errado e acertou-o na bunda. Ele não se mexeu mais.

Cinco minutos depois de atirar no Paxton, eu estava bebendo uma cerveja e já tinha afastado da cabeça todos os pensamentos sobre o que acabara de fazer. Não pensava em atirar nele mais do que pensava em acertar uma garrafa na lixeira.

Sei que você me odeia, e com todo direito. Penso em Jamie todas as horas do dia, como sei que você pensa também.

Não se sintam mal por não solucionar esse caso. Vocês poderiam entrevistar até o fim dos dias todo mundo que Jamie Paxton já conheceu na vida e não teriam ideia da minha identidade. Sem motivo, sem arma e sem testemunhas, vocês não têm como resolver esse crime.

Em março de 1992, um pescador de 49 anos foi baleado em território federal e o FBI se envolveu. Menos de um mês depois, outro homem foi alvejado nas costas enquanto pescava. Nessa altura, os investigadores emitiram um comunicado à imprensa alertando que um franco-atirador estava perseguindo praticantes de esportes ao ar livre na região rural do leste de Ohio.

Pouco depois da publicação do comunicado – que incluía um perfil do suspeito elaborado pelo FBI –, os investigadores foram contatados por um homem chamado Roger Fry, que disse que a descrição do assassino lembrava bastante um velho amigo seu, Thomas Dillon, um fanático por armas que gostava de atirar em animais e não escondia sua admiração por Ted Bundy. Dillon passou a ser vigiado pela polícia. Por fim, foi ligado a uma das armas usadas nos crimes, um rifle Mauser que tinha vendido em uma feira de armas. Pouco depois de ser preso, confessou três homicídios. "Eu tenho um grande problema", ele declarou. "Eu sou louco. Eu quero matar." Graças a um acordo de confissão, ele foi poupado da pena de morte em troca da prisão perpétua, sem possibilidade de liberdade condicional por 165 anos.

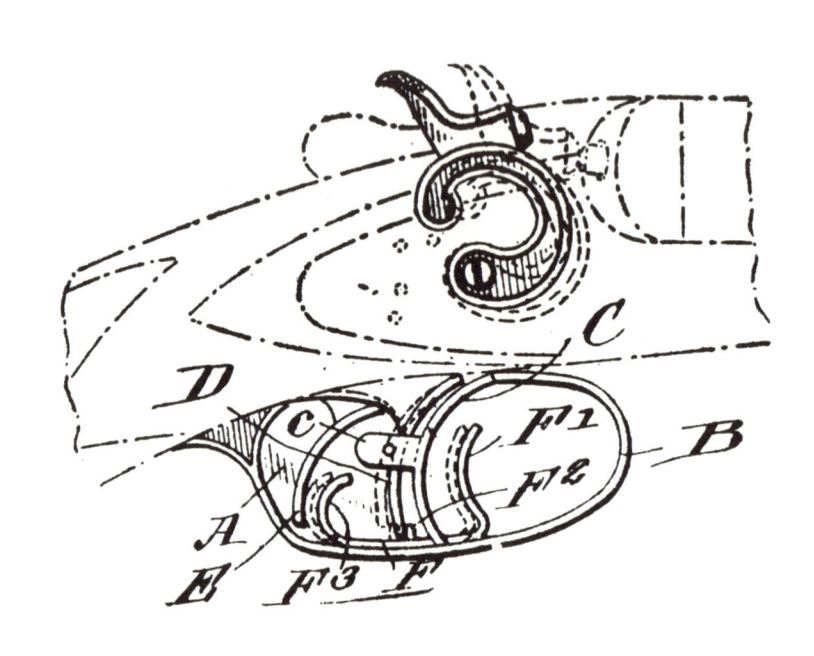

CASE STUDY   CRIME SCENE

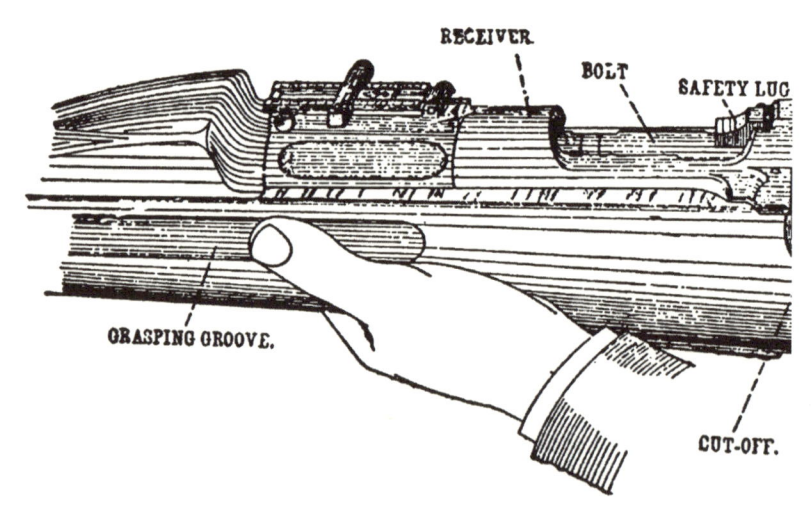

CASE STUDY CRIME SCENE

ESTUDO DE CASO - Nº 34
OS ATIRADORES DE BELTWAY

Durante três semanas, no outono de 2002, os cidadãos de Washington, D.C., e das comunidades vizinhas – ainda se recuperando do trauma dos atentados de 11 de setembro no ano anterior – viram-se mais uma vez nas garras do terror. Dessa vez, o inimigo era um atirador fantasma que atacava de surpresa e depois sumia sem deixar vestígios. A aleatoriedade dos ataques – que abateram homens, mulheres e crianças enquanto seguiam suas rotinas – despertou a mais primitiva ansiedade do público, criando a sensação de que qualquer pessoa corria o risco de sofrer uma morte súbita e violenta a qualquer hora ou lugar.

Conforme os assassinatos prosseguiam, o franco-atirador começou a deixar mensagens provocativas, como se desafiasse a polícia a capturá-lo. Enquanto isso, o país acompanhava com mórbida fascinação a cobertura ininterrupta da mídia sobre os ataques, que transformava a tragédia em um macabro *reality show*: um melodrama policial da vida real no qual todas as autoridades federais e locais se mobilizavam contra um psicopata astuto e implacável.

O primeiro tiro errou o alvo – por pouco. Às 17h20 de quarta-feira, 2 de outubro, uma bala de um rifle de alta potência fez um buraco na vidraça de uma *hobby shop*[6] em um decrépito shopping de beira de estrada em Aspen Hill, Maryland, passando tão rente à cabeça da funcionária do caixa, Ann Chapman, que roçou seu cabelo. Apenas 32 minutos depois, o atirador atacou novamente. Dessa vez, ele mirou mais de perto. A vítima foi James Martin, um homem de família de 55 anos, aficionado por temas da Guerra Civil e analista de sistemas da Administração Oceânica e Atmosférica Nacional. Às 18h04, enquanto cruzava o estacionamento em direção a um supermercado de Wheaton Hills, onde ia comprar lanches para o filho e seus colegas da igreja, Martin foi alvejado nas costas por uma bala de calibre .223, tornando-se a primeira vítima fatal do atirador.

Foi só na manhã seguinte – na quinta-feira, 3 de outubro – que a polícia percebeu que estava diante de uma crise instalada. Em pouco mais de duas horas, quatro pessoas foram baleadas e mortas pelo atirador em diferentes áreas da região suburbana de Maryland. James Buchanan, um paisagista de 39 anos, foi morto às 7h41 enquanto aparava um trecho de grama em frente a uma concessionária de carros em Rockville. Premkumar Walekar, um imigrante indiano de 54 anos, foi morto com um tiro às 8h12 enquanto abastecia seu táxi em um posto de gasolina em Aspen Hill. Sarah Ramos, uma faxineira de 34 anos, foi baleada às 8h37 enquanto estava sentada em um banco perto de uma comunidade de aposentados

---

6   Loja que vende artigos de modelismo. [NT]

em Silver Spring. E Lori Ann Lewis-Rivera, uma governanta de 25 anos, foi assassinada às 9h58 enquanto aspirava seu carro em um posto da Shell em Kensington. Todas as vítimas tinham sido assassinadas perto das principais estradas. Em todos os casos, o atirador matara a vítima com um único tiro antes de desaparecer em meio ao movimentado tráfego matinal.

Naquela noite, ele fez mais uma vítima. Às 21h15, Pascal Charlot, de 72 anos, pai de cinco filhos, que passava a maior parte do tempo cuidando da esposa com Alzheimer, foi baleado e morto ao atravessar a rua perto de sua casa, no noroeste de Washington, D.C.

O atirador esperou até a tarde do dia seguinte para atacar de novo. Dessa vez, atirou em uma mulher de 43 anos, mãe de dois filhos, que guardava pacotes de compras em sua minivan em frente a uma loja de artesanato em Fredericksburg, Virgínia. A bala perfurou suas costas e saiu sob seu seio esquerdo. A mulher – cuja identidade nunca foi divulgada – foi uma das poucas pessoas de sorte a sobreviver.

O pânico se espalhou pela região. As tarefas mais simples – fazer compras no mercado, abastecer o carro, cortar a grama – de repente pareciam extremamente perigosas. O trabalho de tranquilizar o público – além de coordenar a caçada e lidar com a mídia, que tinha começado a acampar em frente ao quartel-general da polícia – ficou sob a responsabilidade do chefe de polícia do condado de Montgomery, Charles Moose. Moose assegurou aos pais de Maryland que não havia razão para deixar os filhos fora da escola. "Não temos nenhuma informação de que isso tenha qualquer relação com as escolas", ele declarou em uma coletiva de imprensa. "Nenhuma das vítimas tinha idade escolar. Nenhum dos locais afetados fica perto de escolas. [...] Acho que as crianças estão seguras."

Às 8h09 de segunda-feira, 7 de outubro – como se em resposta às palavras tranquilizadoras do chefe de polícia –, o atirador baleou o estudante Iran Brown, de 13 anos, em frente a sua escola em Bowie, Maryland. Se após esse feito hediondo ainda havia alguma dúvida de que o atirador era um indivíduo profundamente perturbado, o item encontrado pela polícia enquanto buscava por pistas nos arredores da escola a dissipou – uma carta de tarô retratando a figura da Morte e contendo a seguinte mensagem manuscrita: "Eu sou Deus".

Por mais duas semanas – apesar dos esforços sem precedentes para identificar o diabólico assassino então apelidado de "Assassino da Carta de Tarô" –, o franco-atirador continuou a atacar com uma impunidade que o dotava de uma aura maléfica quase sobrenatural e que sem dúvida reforçava seu próprio sentimento megalomaníaco de poder e superioridade. Entre 9 e 22 de outubro, mais cinco vítimas foram baleadas: Dean Harold Myers, 53 anos, engenheiro de projetos e veterano da Guerra do Vietnã, morto em um posto de gasolina em Manassas, Virgínia; Kenneth Bridges, 53 anos, pai de seis filhos, morto em um posto da

CASE STUDY CRIME SCENE

Exxon em Fredericksburg, Virgínia; Linda Franklin, 47 anos, mãe de dois filhos e analista do FBI, morta no estacionamento de uma loja de construção em Falls Church, Virgínia; Jeffrey Hopper, 37 anos, morador da Flórida, ferido em frente a uma churrascaria em Ashland, Virgínia; e Conrad Johnson, 35 anos, motorista de ônibus, morto enquanto estava no degrau superior de seu ônibus vazio perto de Silver Spring, Maryland.

Durante esse período, o atirador deixou outras mensagens desafiadoras ao estilo "prenda-me se for capaz" e também exigiu que fossem depositados dez milhões de dólares na conta de um cartão de crédito. O criminoso alertou que haveria mais "sacos de cadáveres" caso a exigência não fosse cumprida e acrescentou uma horripilante observação: "Seus filhos não estão seguros em lugar algum, em hora alguma".

Enquanto isso, os programas de rádio e TV estavam cheios de autoridades no assunto, *profilers* e pretensos especialistas oferecendo caracterizações mirabolantes do assassino que, em sua grande maioria, se revelariam bem distantes da realidade. Alguns acreditavam que o atirador era um *gamer* adolescente e perturbado que, depois de aperfeiçoar suas habilidades no jogo *Doom* (1993), resolvera passar de vítimas virtuais para alvos de carne e osso. Outros sugeriram que ele era um atirador de elite das Forças Especiais que se corrompeu. Alguns especularam ainda que ele poderia ser um terrorista da al-Qaeda.

Como exatamente classificar o atirador também era motivo de debate. Seria ele um serial killer como o Zodíaco, impulsionado por uma necessidade sádica de poder e pelo puro prazer de matar? Ou seria um assassino relâmpago, como Andrew Cunanan,[7] um homem no limite que tinha finalmente explodido e embarcado em uma campanha homicida que muito provavelmente custaria sua própria vida?

Quando a resposta finalmente veio pegou todo mundo de surpresa.

Em primeiro lugar, o atirador era, na verdade, não o "homem branco bem-organizado" que os *profilers* do FBI previram, mas um "time" de dois afro-americanos: John Allen Muhammad, de 41 anos, e seu jovem comparsa, John Lee Malvo, de 17. Em segundo lugar, eles não estavam dirigindo o caminhão baú branco que os investigadores vinham procurando desde o início dos ataques, mas sim um surrado Chevrolet Caprice azul.

Sem dinheiro, a dupla morava no carro, cuja mala tinha recebido um pequeno furo para ser transformada em uma plataforma móvel de tiro. Mais tarde, soube-se que durante as três semanas dos ataques o Caprice tinha sido parado diversas vezes pela polícia, quase sempre por infrações menores de tráfego. Em pelo menos dez ocasiões diferentes, as autoridades tinham verificado o número da placa do

---

[7] Que ficou conhecido por assassinar, entre outras vítimas, o estilista Gianni Versace em 15 de julho de 1997. [NT]

CASE STUDY CRIME SCENE

veículo junto ao banco de dados da polícia, mas liberavam o carro e os ocupantes quando a verificação computadorizada não encontrava problema algum. A polícia seria alvo de duras críticas por permitir que os assassinos escapulissem por tantas vezes durante a caçada.

Apesar disso, foi o trabalho sério da polícia – combinado com a própria arrogância dos assassinos – que levou à solução do caso. Precisando provar a todo instante como eram grandes e maus, os atiradores não podiam deixar de se gabar de suas antigas façanhas criminosas e, em uma ligação para o escritório do chefe Moose, revelaram seu envolvimento em um caso de homicídio e roubo a uma loja de bebidas de Montgomery, no Alabama. Depois de uma segunda ligação do tipo para um padre em Ashland, Virgínia, o FBI entrou em contato com as autoridades do Alabama, que imediatamente entregaram um pacote de provas relacionadas ao crime. Entre os itens havia uma revista sobre armas que um dos bandidos deixara cair perto da loja de bebidas. As impressões digitais da revista foram verificadas junto a um banco de dados nacional e coincidiram com as do jovem Lee Malvo, que foi ligado a Muhammad.

Ao verificar os antecedentes da estranha dupla, os investigadores rapidamente colocaram os dois no topo da lista de suspeitos, iniciando uma busca pelo carro que então se sabia que estavam dirigindo. O desfecho do caso se deu por volta das 3h de 24 de outubro, depois que o Caprice foi avistado no estacionamento de um McDonald's perto de uma área de descanso em Frederick, Maryland. Fechando o cerco ao carro, um pequeno exército de policiais – grupos da SWAT da polícia local, a Equipe de Resgate de Reféns do FBI e outras unidades paramilitares estaduais e federais – encontrou os suspeitos dormindo dentro do veículo. Muhammad e Malvo se renderam tão pacificamente que, de acordo com um policial, "eles praticamente dormiam enquanto eram desarmados".

Passado o pesadelo, formou-se uma imagem mais clara de Muhammad como um sociopata clássico. Órfão aos três anos – sua mãe morreu de câncer e seu pai desapareceu –, Muhammad, nascido John Williams, foi criado por um avô abusivo que vivia surrando o menino. Ele se tornou um lobo solitário, com um temperamento explosivo e fortes traços de arrogância. Enquanto servia na Guarda Nacional de Louisiana, foi levado à corte marcial duas vezes: uma por desobedecer ordens, a outra por agredir um suboficial.

Mulherengo inveterado, engravidou uma namorada, com quem teve um filho, e casou com outra, com quem teve um segundo filho, em 1982. Três anos mais tarde, após o casamento desmoronar, ele se alistou no Exército e se converteu ao Islã, assumindo o sobrenome de Muhammad. Durante os nove anos que passou no Exército, esteve na primeira Guerra do Golfo, qualificando-se como perito no uso de granadas de mão e atirador perito no uso do fuzil M-16.

Depois de deixar o serviço militar, nada deu certo em sua vida. Todo esquema de negócios que ele tentava fracassava, tal como seu segundo casamento. No fim de 1999 – com um fracasso atrás do outro e tornando-se cada vez mais instável e abusivo –, sua esposa pediu divórcio e obteve uma ordem de restrição contra ele. Pouco depois, Muhammad fugiu com os três filhos para Antígua, onde permaneceu por pouco mais de um ano, sustentando-se através de diversas atividades duvidosas, incluindo a venda de vistos e passaportes falsos para entrada nos EUA. Nessa época, tornou-se mentor de Lee Malvo, um jovem criado pela mãe divorciada que estava desesperado pela atenção de uma figura paterna forte. Quando Muhammad – incapaz de sustentar os filhos – levou-os de volta aos Estados Unidos, em maio de 2001, Malvo foi junto.

Apenas três meses depois de retornarem, os três filhos de Muhammad foram colocados sob custódia do Estado. Em setembro, sua esposa obteve a custódia total dos filhos e se mudou com eles para a área suburbana de Washington, D.C.

Pouco depois, Muhammad parece ter explodido. Homem excessivamente arrogante, cuja vida se reduzira a nada, ele culpava a todos menos a si mesmo por seus fracassos. Espumando de ressentimento contra a sociedade que o excluía – e contra o mundo feliz de classe média que parecia zombar de sua vida miserável –, ele estava disposto a usar suas habilidades militares para se vingar. Para tanto, contava com o apoio de seu fiel discípulo que, em um caso clássico de *folie à deux*, passou a compartilhar de sua patologia.

Os Atiradores de Beltway não foram os primeiros maníacos homicidas a deixar um "cartão de visitas" relacionado ao tarô em uma cena do crime. Em 1970, depois de assassinar brutalmente cinco pessoas, um hippie psicótico chamado John Linley Frazier deixou uma bizarra nota datilografada na casa das vítimas que terminava invocando quatro das figuras do baralho:

```
HALLOWEEN...1970.................................
  Hoje a 3ª guerra mundial irá começar, levada até vocês pelo povo do universo
livre. Deste dia em diante qualquer pessoa e?/ou grupo de pessoas que faça mau uso
do meio ambiente ou o destrua sofrerá a pena de morte pelo povo do universo livre.
  Eu e meus companheiros lutaremos deste dia em diante até a morte ou até a
liberdade contra qualquer coisa ou qualquer pessoa que não apoie a vida natural
neste planeta, o materialismo deve morrer ou a humanidade morrerá.
CAVALEIRO DE PAUS //CAVALEIRO DE COPAS //CAVALEIRO DE OUROS //CAVALEIRO DE ESPADAS
```

17th Sept. 1888

Dear Boss
         I now they say I am a Yid when will they lern Dear old Boss? You an me know the truth dont we. Luck can look forever hell never find me but I am rite under his nose all the time. I told them looking for me on it gives me fits ha ha. I love my work an I shant stop untill I get buckled an then watch out for your old pal Jocky
            Catch me if you can
                Jack the Ripper

Sorry about the blood still messy from the last one. Wot a pretty necklace I gave her

PROVOCAÇÕES

Há uma noção generalizada – reforçada por inúmeros filmes em que o herói recebe um fluxo constante de mensagens zombeteiras dos maníacos psicopatas que está perseguindo – de que serial killers tipicamente se dedicam a dirigir provocações às autoridades. Como muitos estereótipos, este é em grande parte falso. Por mais que tenham prazer em passar a perna na polícia, a maioria dos serial killers não deseja atrair demasiada atenção. Cada vez que escapam impunes de um assassinato eles podem vibrar com a grandiosa imagem que têm de si mesmos, pensando em como são mais inteligentes e espertos que os meros mortais. Na maioria dos casos, entretanto, eles preferem guardar esses sentimentos em vez de enviar cartas desdenhosas ou dar telefonemas insolentes que possam fornecer uma pista inadvertida sobre seu paradeiro e levar à sua prisão.

Estereótipos, porém, quase sempre contêm um elemento de verdade. De fato, já existiram diversos serial killers notórios que se deleitavam em fazer pouco caso das autoridades. Para esses psicopatas, provocar seus perseguidores e manipular a mídia são parte integrante da experiência criminal, contribuindo para seu divertimento sádico e reforçando seus delírios de grandeza.

Embora o assassinato em série seja pelo menos tão antigo quanto a espécie humana, psicopatas que se divertem com esses jogos não apareceram até o século XIX. Há uma boa razão para isso. Antes que pudesse haver criminosos que gostassem de tirar sarro da polícia e gerar intensa cobertura midiática, duas coisas eram necessárias: departamentos de polícia e uma imprensa popular. Essas instituições não surgiram até a era vitoriana. A polícia moderna de Londres só foi fundada em 1839 e os tabloides sensacionalistas só surgiram no final do século XIX. Portanto, não é surpresa que o primeiro serial killer a se encaixar nesse padrão tenha sido Jack, o Estripador.

Por ironia, é provável que a mais famosa das provocações por escrito recebidas pela polícia no auge dos horrores de Whitechapel – aquela que conferiu ao misterioso lunático seu lendário pseudônimo – não tenha sido redigida pelo assassino. Escrita em tinta vermelha, ela dizia:

```
Caro Chefe............................................25 Set: 1888
   Continuo ouvindo que a polícia me capturou, mas eles não irão me pegar por
enquanto. Dei risada quando eles disseram, se achando muito espertos, que estavam
na pista certa. Aquela piada sobre o Avental de Couro me fez dar verdadeiras
gargalhadas. Estou atrás de putas e não pararei de cortá-las até ser trancafiado.
Que obra grandiosa foi meu último trabalho. A senhora nem teve tempo de gritar.
Como podem me capturar agora? Adoro meu trabalho e quero começar de novo. Vocês
logo ouvirão sobre mim e meus joguinhos divertidos. Guardei um pouco da coisa
vermelha do último trabalho em uma garrafa de cerveja de gengibre, mas ela ficou
grossa como cola e não posso mais usá-la. Tinta vermelha deve servir, espero ha
ha. No meu próximo trabalho, devo cortar a orelha da senhora e enviá-la para os
policiais, será uma boa troça, não acham? Guardem essa carta até eu trabalhar
mais um pouquinho, depois ponham-na a descoberto de uma vez. Minha faca está tão
bonita e afiada, quero ir trabalhar agora mesmo se eu puder. Boa sorte,
                                    Sinceramente, Jack, o Estripador.
```

From hell

Mr Lusk
    Sor
        I send you half the
Kidne I took from one women
prasarved it for you tother piece
I fried and ate it was very nise I
may send you the bloody knif that
took it out if you only wate a whil
longer.

            signed Catch me when
                        you can
                    Mishter Lusk

Na opinião da maioria dos estudiosos do caso – ripperologistas (de *ripper*, "estripador", a alcunha de Jack em inglês), como eles se autodenominam –, esta mensagem era provavelmente uma farsa. Algumas semanas mais tarde, entretanto, foi recebida uma carta que é considerada a única mensagem autêntica enviada pelo monstro de Whitechapel. Em 16 de outubro de 1888 – duas semanas depois de o Estripador atacar uma prostituta chamada Catherine Eddowes e remover seu rim esquerdo –, um pacote chegou à casa de George Lusk, presidente do Comitê de Vigilância de Whitechapel, um grupo de comerciantes locais que haviam se organizado para auxiliar na caçada ao assassino. Dentro do pacote havia um pedaço putrefato de rim humano, acompanhado de uma jocosa carta endereçada a Lusk. No canto superior esquerdo da carta estava o endereço do remetente – que, um século mais tarde, forneceria o título para uma aclamada *graphic novel* e um filme sobre o caso do Estripador: "Do inferno". A carta, reproduzida na página ao lado, dizia o seguinte:

Senhor.
Envio metade do Rim que tirei de uma mulher preservado para o senhor, os outros pedaços fritei e comi, estava muito bom. Devo mandar a faca ensanguentada que usei se o senhor puder esperar um pouco mais
 assinado //... Pegue-me quando puder. .... Sr. Lusk ....

A prática de enviar cartas insolentes aos seus perseguidores, inaugurada pelo monstro de Whitechapel, foi perpetuada por outros serial killers, cuja infâmia deriva em parte da correspondência que trocaram com autoridades e/ou membros da imprensa. Em abril de 1977, por exemplo, ao investigar o mais recente caso de duplo assassinato cometido pelo atirador fantasma que começara a aterrorizar a cidade de Nova York no verão anterior, a polícia encontrou uma carta que – como a primeira mensagem do autoproclamado "Jack, o Estripador" – daria a essa figura notória seu apelido homicida. A carta foi dirigida ao capitão Joseph Borrelli, um membro-chave da força-tarefa policial que fora montada para rastrear o misterioso pistoleiro conhecido, até então, como o "Assassino do Calibre .44":

Caro Capitão Joseph Borrelli, ...
Fico muito magoado por você me chamar de inimigo das mulheres. Não sou. Mas sou um monstro. Sou o Filho de Sam. Sou um capetinha.
Quando papai Sam fica bêbado, fica mau. Bate na família. Às vezes me deixa amarrado nos fundos da casa. Outras vezes me tranca na garagem. Sam adora beber sangue.
Saia à rua e mate, ordena papai Sam.
Atrás de nossa casa, algumas descansam. Na maioria jovens – estupradas e massacradas, esvaídas em sangue, só ossos agora.
Papai Sam me mantém preso no sótão também. Eu não posso sair, mas me ponho à janela e vejo o mundo passar.
Sinto-me como um estranho. Estou em uma frequência diferente do resto do mundo – programado para matar.

Mas para me deter, vocês precisam me matar. Atenção todos os policiais: Atirem em mim primeiro – atirem para matar, ou então fiquem fora do meu caminho ou vocês morrerão!

Papai Sam está velho agora. Precisa de sangue para se conservar jovem. Já teve muitos ataques cardíacos. Ui, isso dói, meu filhinho.

Sinto falta da minha linda princesa mais que tudo. Ela está descansando na nossa casa de senhoras. Mas vou vê-la em breve,

Sou o Monstro, Belzebu, o gorducho behemouth.[8]

Adoro caçar. Andar pelas ruas à espreita de presas apetitosas. As mulheres do Queens são as mais bonitas de todas. Deve ser a água que bebem. Vivo para a caça, é a minha vida. Sangue para o papai.

Sr. Borrelli, eu não quero mais matar. Não, senhor, não quero, mas devo, honra teu pai.

Quero fazer amor com o mundo. Eu amo as pessoas. Não pertenço à terra. Levem-me de volta aos yahoos.[9]

Para o povo do Queens, eu amo vocês. E desejo a todos vocês uma feliz Páscoa. Deus os abençoe nessa vida e na próxima. E por ora digo adeus e boa noite,

POLÍCIA: Deixe-me assombrá-los com estas palavras: ///////... Eu voltarei! Eu voltarei!

Isso deve ser interpretado como – bang, bang, bang, bang – ai!!///...///
Do sincero assassino,

Sr. Monstro . . . .

Contraparte do Filho de Sam na Costa Oeste, o esquivo assassino psicopata conhecido como Zodíaco era um escritor ainda mais inveterado de cartas sádicas e petulantes. Típica de seu estilo epistolar, que combinava referências jocosas à incompetência da polícia a promessas de futuras atrocidades, foi uma carta que ele enviou para o editor do *San Francisco Chronicle* em outubro de 1969, pouco depois de matar a tiros o motorista de táxi Paul Stine. Junto com a carta havia um retalho ensanguentado da camisa da vítima:

Aqui é o Zodíaco falando. Eu sou o assassino do taxista morto ontem à noite entre a Washington Street + Maple Street, e para provar envio um pedaço manchado de sangue da camisa dele. Sou o mesmo homem que matou as pessoas na área norte da baía. A polícia de S.F. podia ter me capturado ontem à noite se tivessem revistado o parque direito em vez de ficar apostando corrida com as motos para ver quem fazia mais barulho. Os motoristas dos carros deviam simplesmente ter estacionado e esperado calmamente até que eu saísse do esconderijo. Crianças de escola são ótimos alvos, acho que vou aniquilar um ônibus escolar qualquer dia desses. É só atirar no pneu dianteiro e acertar as criancinhas enquanto elas saltam para fora.

---

8   Animal (provavelmente um hipopótamo) descrito no Livro de Jó (Velho Testamento); criatura ou coisa de grandes dimensões, segundo o Dicionário Aurélio. [NE]

9   Termo da língua inglesa que significa pessoa rude, simples, rústica, pouco refinada, foi originalmente usado pelo escritor irlandês Jonathan Swift (1667-1745) para designar as criaturas selvagens e bárbaras que fazem parte do seu livro *As Viagens de Gulliver* (1726). [NE]

Fac-símile da carta do Zodíaco.
(Cortesia de Tom Voight)

This is the Zodiac speaking
By the way have you cracked
the last cipher I sent you?
My name is ——

A E N ⊕ ⊛ K ⊛ M ⊛ ⌒ N A M

I am mildly cerous as to how
much money you have on my
head now. I hope you do not
think that I was the one
who wiped out that blue
meannie with a bomb at the
cop station. Even though I talked
about killing school children with
one. It just wouldn't doo to
move in on someone elses teritory.
But there is more glory in killing
a cop then a cid because a cop
can shoot back. I have killed
ten people to date. It would
have been a lot more except
that my bus bomb was a dud.
I was swamped out by the
rain we had a while back.

Heriberto "Eddie" Seda – o imitador do Zodíaco que matou quatro pessoas em 1990 – também enviou diversas mensagens de provocação aos jornais de Nova York, prometendo matar uma pessoa nascida sob cada um dos 12 signos astrológicos.

Se o caso de Jack, o Estripador, representou a primeira vez que um assassino psicopata fez joguinhos psicológicos com seus perseguidores ao endereçá-los cartas insolentes, ele também estabeleceu outro padrão que seria repetido em casos futuros de assassinato em série: a tendência de certos indivíduos doentes de se juntar à brincadeira enviando mensagens de trote para a polícia. Um século depois dos horrores de Whitechapel, por exemplo, a Grã-Bretanha foi abalada por uma onda de matanças promovida por outro assassino brutal de prostitutas apelidado de "Estripador de Yorkshire". Durante a caçada a esse perverso psicopata (um motorista de caminhão aparentemente equilibrado e bem casado chamado Peter Sutcliffe), o investigador-chefe George Oldfield recebeu uma fita com uma desaforada mensagem supostamente gravada pelo assassino, em que este descrevia seus planos para exterminar outra vítima e desafiava as autoridades a encontrá-lo:

```
Eu sou o Jack. Parece que você não tem tido muita sorte em me apanhar. Acho que
seus garotos estão deixando você na mão, George. Isso não é nada bom, não é? Não
sei quando vou atacar novamente, mas com certeza será em algum momento neste
ano, talvez em setembro ou outubro – ou até mesmo antes, se eu tiver a chance.
```

Como se constatou mais tarde, esta e outras mensagens da mesma fonte não eram do verdadeiro autor dos crimes, mas obra de mau gosto de um farsante – uma "piada criminosa", nas palavras da escritora Jane Caputi, "que de forma desastrosa desviou a polícia da pista do verdadeiro assassino enquanto buscavam incansavelmente alguém cuja voz e sotaque coincidissem com a do homem errado".

A arrogância por trás do ato de enviar mensagens provocativas – a crença delirante do assassino de que seu intelecto e astúcia superiores o tornam invencível – pode às vezes levá-lo à ruína. Theodore Kaczynski, por exemplo – o chamado Unabomber, cuja louca cruzada contra a tecnologia moderna deixou três pessoas mortas e 29 feridas –, foi enfim capturado depois que o *New York Times* concordou em publicar seu manifesto de 35 mil palavras, "A Sociedade Industrial e seu Futuro" ("Industrial Society and Its Fate"). Reconhecendo seu estilo de escrita – sem falar de suas ideias fanáticas –, o irmão de Kaczynski notificou as autoridades e o Unabomber foi logo detido.

A arrogância também levou à prisão dos homens responsáveis pelos ataques a tiros em Beltway em outubro de 2002. Em meados de outubro, um anônimo ligou para um número de atendimento da polícia, alegando ser o franco-atirador e se gabando de um roubo e um assassinato cometidos em Montgomery, no Alabama. Seguindo a pista, os investigadores verificaram uma impressão digital encontrada na cena do crime no Alabama junto ao banco de dados do FBI, a qual coincidiu com as digitais do jamaicano John Lee Malvo, de 17 anos, que estava fichado no arquivo do Serviço de Naturalização e Imigração. Pouco depois, Malvo e seu mentor sociopata, John Allen Muhammad – o suposto autor da desaforada ligação –, foram presos, pondo um fim a um dos casos de homicídio mais chocantes e repercutidos dos últimos tempos.

A PERVERSA PROVOCAÇÃO DE UM MANÍACO

Sem dúvida, a carta mais agressivamente provocadora já escrita por um serial killer não foi enviada para a polícia (embora ela logo tenha chegado às mãos das autoridades), mas para a mãe de uma das jovens vítimas do assassino. Em 1934, seis anos depois de cometer um dos atos mais hediondos da história criminal dos EUA – o assassinato, desmembramento e canibalização da menina Grace Budd, de 12 anos –, o maníaco pervertido Albert Fish, que escapara impune da atrocidade, sentiu-se impelido a redigir uma carta à mãe da pequena Grace, detalhando as maldades que fizera com a menina. Felizmente, a sádica intenção de Fish ao compor tal mensagem – i.e., deixar a pobre mulher completamente horrorizada – foi frustrada pelo fato de que ela era uma analfabeta funcional. Quando seu filho adulto leu a carta, entregou-a de imediato ao detetive responsável pelo caso, que a usou (ou, mais precisamente, o envelope em que ela veio) para rastrear o monstro. Segue o conteúdo da chocante mensagem:

Minha querida sra. Budd,
   Em 1894 um amigo meu embarcou como ajudante de convés no navio a vapor Tacoma, do capitão John Davis. Eles navegaram de São Francisco para Hong Kong, na China. Ao chegarem, ele e dois outros desembarcaram e se embebedaram. Quando eles voltaram, o navio tinha ido embora. Aqueles eram tempos de fome na China. Carne de qualquer tipo custava de 1 a 3 dólares o quilo. Tão grande era o sofrimento entre os pobres que todas as crianças com menos de 12 anos eram vendidas para o açougue para serem cortadas e vendidas como comida, a fim de evitar que outros morressem de fome. Uma menina ou menino com menos de 14 anos não estava seguro nas ruas. Você poderia ir a qualquer açougue e pedir bife, costeletas ou picadinho de carne. Do corpo nu de um menino ou menina seria cortada exatamente a parte desejada por você. A parte de trás dos meninos ou das meninas é a parte mais doce do corpo e era vendida como costeleta de vitela pelo preço mais alto. John ficou lá por tanto tempo que tomou gosto pela carne humana. Quando voltou a Nova York roubou dois meninos, um de sete e outro de 11 anos. Levou-os para sua casa, despiu-os e amarrou-os em um armário. Então queimou tudo o que tinham. Várias vezes, todo os dia e noites, ele os espancava e torturava, para fazer com que sua carne ficasse boa e macia. Primeiro ele matou o menino de 11 anos, porque ele tinha o traseiro mais gordo e, é claro, bastante carne nele. Cada parte de seu corpo foi cozida e comida exceto a cabeça, os ossos e as tripas. Ele foi assado no forno (todo o seu traseiro), cozido, grelhado, frito e refogado. O menino pequeno foi o próximo, e foi da mesma maneira. Naquela época, eu morava no número 409 E. da 100 Street, do lado direito. Ele falava com tanta frequência de como a carne humana era gostosa que resolvi experimentá-la. No domingo, 3 de junho de 1928, eu os visitei no número 406 W. da 15 Street, do lado esquerdo. Levei um pote de queijo e morangos. Almoçamos. Grace sentou no meu colo e me beijou. Eu me convenci a comê-la. Com a desculpa de levá-la a uma festa. Você disse que sim, que ela poderia ir. Eu a levei para uma casa vazia em Westchester que já tinha escolhido. Quando chegamos lá, eu lhe disse para ficar no quintal. Ela colheu flores silvestres. Subi para o andar de

cima e tirei todas as minhas roupas. Sabia que, se não o fizesse, ficaria com seu sangue nelas. Quando estava tudo pronto, fui até a janela e a chamei. Então me escondi em um armário até ela entrar no quarto. Quando ela me viu todo nu, começou a chorar e tentou correr escadas abaixo. Eu a agarrei e ela disse que ia contar para sua mamãe. Primeiro eu a despi. Como ela chutava, mordia e arranhava! Eu a asfixiei até a morte, então a cortei em pedacinhos para poder levar a carne para meus aposentos. Como era doce e tenro seu pequeno lombo assado no forno. Levei nove dias para comer seu corpo inteiro. Eu não a fodi, apesar de ter podido se assim desejasse. Ela morreu virgem.

ESCALADA

Nove anos se passaram entre o primeiro e o segundo assassinato cometidos por Jeffrey Dahmer. Em junho de 1978, quando seus pais estavam ausentes de férias, Dahmer, então com 18 anos, deu carona a um mochileiro, também de 18 anos, chamado Steven Hicks e o levou para casa para tomar umas cervejas. Algumas horas mais tarde, quando o belo rapaz quis ir embora, Dahmer esmagou seu crânio com um haltere, asfixiou-o até a morte, desmembrou seu corpo e enterrou-o no quintal. Ele não voltou a matar até setembro de 1987, quando conheceu Steven Tuomi, de 28 anos, em um bar gay em Milwaukee. Dahmer levou-o para um hotel vizinho e o assassinou durante a noite.

Em contraste, nos dois meses entre 24 de maio e 22 de julho de 1991, ao ser enfim preso, Dahmer cometeu nada menos que seis homicídios, matando aproximadamente um rapaz por semana. Não só o ritmo dos assassinatos tinha acelerado de forma dramática como as atrocidades perpetradas contra suas vítimas se tornavam cada vez mais grotescas. No fim, ele estava fazendo sexo anal com os cadáveres, guardando as cabeças, troncos e genitálias na geladeira e removendo os corações para consumo.

Quando Dahmer foi posteriormente entrevistado por Robert Ressler, o famoso *profiler* do FBI perguntou-lhe por que ele tinha começado a se dedicar a essas práticas extremas. "Foi apenas mais um passo", disse Dahmer. "Uma escalada. Tentando coisas novas para me satisfazer." A resposta foi reveladora. Por mais depravado que fosse Dahmer, seus crimes eram típicos em um aspecto. É quase sempre verdade que a sede de sangue de serial killers se torna mais urgente e irresistível à medida que eles vão matando – como se (para citar Hamlet) "o apetite crescesse por aquilo de que se nutre". Cada nova atrocidade apenas os deixa mais famintos. Os intervalos entre suas matanças – os chamados períodos de calmaria – tornam-se cada vez mais curtos. Com o tempo, eles podem perder completamente o controle e ceder a um frenesi de sadismo.

A onda de assassinatos promovida de uma ponta a outra do país por Earle Leonard Nelson, por exemplo – o chamado Gorila Assassino da década de 1920 –, começou com três estrangulamentos cometidos em um período de quatro meses. Em contraste, seus três últimos homicídios não só foram perpetrados em apenas cinco dias como também caracterizados por uma brutalidade excepcional. (O corpo destroçado de uma vítima, Emily Patterson, dona de casa de Winnipeg, foi deixado debaixo da cama de seu filho de três anos.) A enfermeira homicida Jane Toppan estava tão fora de controle no fim de sua carreira assassina que eliminou uma família inteira de quatro adultos dentro de poucas semanas, tendo as duas últimas mortes ocorrido com um intervalo de apenas quatro dias entre uma e outra. (Durante o último assassinato, ela também cometeu a terrível perversão de levar para cama com ela o filho de dez anos de sua vítima enquanto esta agonizava no quarto ao lado.) Os dois primeiros assassinatos cometidos pelo assassino sexual de Michigan John Norman Collins foram separados por quase um ano; o terceiro e quarto por apenas três dias. Quando Ted Bundy iniciou sua onda de crimes em 1974, seus homicídios ocorriam com aproximadamente um mês de diferença entre eles. Quatro anos depois, em janeiro de 1978, ele atacou com brutalidade quatro universitárias em Tallahassee, na Flórida, no espaço de uma hora.

Existem diferentes explicações para esse fenômeno. Às vezes, esse tipo de escalada desenfreada é um sintoma da crescente desintegração mental do assassino, de sua total incapacidade de controlar os próprios impulsos. Outras vezes, brota de sua convicção megalomaníaca de que é invencível, de que pode escapar impune de quantos assassinatos quiser. Em casos raros, o aumento gradativo da imprudência pode refletir ainda o desejo inconsciente do assassino de ser pego.

A principal razão para esse comportamento, entretanto, é aquela sugerida por Dahmer, quando observou que começou a canibalizar suas vítimas como uma forma de "tentar coisas novas para se satisfazer". Para psicopatas homicidas, matar por prazer muitas vezes se torna um vício. Como os usuários de heroína, eles não só se tornam dependentes da sensação eletrizante – do *barato* – da tortura, estupro e assassinato, mas também precisam de doses cada vez maiores e mais frequentes. Depois de um tempo, esfaquear uma colegial até a morte a cada tantos meses não é mais suficiente. Eles precisam matar em intervalos de semanas, e então de dias. E para alcançar o mais alto grau de excitação, eles têm que torturar a vítima antes de executá-la.

Esse tipo de escalada pode facilmente levar à destruição do assassino. Como um viciado em heroína que toma uma overdose para satisfazer sua ânsia incontrolável, serial killers muitas vezes são destruídos pelo seu sadismo cada vez mais desenfreado que os leva a tais extremos de temeridade que acabam sendo capturados.

Monstros tendem a ser sádicos que obtêm gratificação sexual infligindo dor nos outros. Suas perversões secretas, inicialmente esporádicas, podem acabar por prendê-los em um padrão conforme os intervalos entre as gratificações se tornam mais curtos: é um padrão cujas repetições se desenvolvem em um crescendo histérico, como se de uma atrocidade para outra o monstro estivesse buscando como clímax sua própria aniquilação.

— John Brophy, *The Meaning of Murder (O Significado do Assassinato)* —

TORTURA

Quem foi o pior serial killer de todos os tempos? Essa é uma pergunta feita com frequência por especialistas sobre o assunto. Se alguém que você conhece tiver sido vítima de um desses psicopatas, a resposta é fácil: o pior serial killer é o monstro que matou seu amigo ou um membro de sua família. Do contrário – dada a gama de atrocidades cometidas por esses indivíduos depravados – é impossível dizer.

Mas mesmo entre um grupo de criminosos tão universalmente perversos quanto os assassinos psicopatas, há graus de monstruosidade. Embora Jeffrey Dahmer pudesse se destacar em qualquer lista dos assassinos psicopatas mais terríveis dos tempos modernos, ele insistia que nunca quis que suas vítimas sofressem. Ele pode tê-las drogado, perfurado seus crânios, injetado ácido em seus cérebros e depois as estrangulado, estripado e comido. Mas, como disse a um entrevistador, "eu queria que fosse tudo tão indolor quanto possível".

Embora Dahmer, como todos os psicopatas, fosse incapaz de compreender plenamente o horror de seu comportamento, sua declaração dá a entender que, por mais terríveis que fossem seus atos, ele pelo menos não era o tipo de assassino que sujeitava suas vítimas a tormentos extremos. De fato, pode-se argumentar que, de todos os assassinos psicopatas, os mais perversos são aqueles que não apenas se dedicam a massacrar uma sequência de vítimas ou a praticar atrocidades *post-mortem* como necrofilia ou canibalismo, mas aqueles que encontram um prazer sádico em infligir agonias insuportáveis em suas vítimas indefesas, torturando-as de forma deliberada e prolongada.

Na longa e macabra história do homicídio sádico, já existiram diversos assassinos torturadores infames, como Gilles de Rais, o aristocrata francês do século XV que se deleitava com as terríveis crueldades que perpetrou contra incontáveis crianças. Outro torturador de crianças, porém mais recente – mas não menos monstruoso –, foi Albert Fish, que passou a vida inteira cometendo as mais pavorosas atrocidades que se possa imaginar. Em mais de uma ocasião, ele raptou meninos, levou-os para locais remotos, amarrou-os, castrou-os e depois os deixou lá para sangrar até a morte.

> Sempre desejei infligir dor nos outros e que eles infligissem dor em mim. Parece que sempre gostei de tudo que dói.
> — ALBERT FISH —

Os Estranguladores da Colina, Kenneth Bianchi e Angelo Buono, foram se tornando cada vez mais sádicos conforme sua onda de assassinatos progredia, queimando uma vítima com um fio elétrico, injetando produtos de limpeza em outra e asfixiando-a com uma mangueira de gás, um suplício que durou pelo menos trinta minutos. Christopher Wilder, o playboy psicopata australiano, também gostava de tortura elétrica. Certa vez, ligou um fio de um metro e meio aos dedos dos pés de uma vítima e aplicou-lhe choques por várias horas antes de selar suas pálpebras com cola instantânea. A eletrocussão também figurava nos crimes de Gary Heidnik, o psicopata que manteve meia dúzia de mulheres acorrentadas a um cano em seu "calabouço de tortura da Filadélfia". Para punir uma prisioneira que não parecia subserviente o bastante, ele a jogou em um fosso cheio de água com um fio elétrico carregado, matando-a quando o fio encostou em suas correntes.

Gerard Schaefer – que, como os Estranguladores da Colina, considerava todas as jovens sexualmente atraentes "prostitutas" – não só cometeu um número incalculável de assassinatos terrivelmente sádicos (em geral envolvendo seu modo preferido de tortura, enforcamento lento), mas deixou relatos sobre suas monstruosidades que estão entre os mais chocantes já escritos. Outros serial killers também deixaram provas documentadas de suas torturas. Ian Brady e Myra Hindley, os infames Assassinos do Pântano, gravaram em uma fita de áudio os comoventes apelos e gritos de partir o coração de uma pequena vítima. Harvey Glatman tirava fotografias das mulheres amarradas e aterrorizadas que ele estava prestes a matar. Leonard Lake e Charles Ng gravavam em vídeo as sessões de sexo e tortura que conduziram em seu bunker do horror na Califórnia. Nem todo sádico homicida, no entanto, deixou um registro detalhado de suas atrocidades. Ted Bundy, por exemplo, era relativamente detalhista em suas confissões. Algumas das coisas que ele fez com suas vítimas eram tão abomináveis, entretanto, que ele se recusou a discuti-las com as autoridades.

Em seu livro *Killing for Sport: Inside the Minds of Serial Killers* (*Matando por Esporte: Dentro da Mente dos Serial Killers*, em tradução livre), o *profiler* Pat Brown oferece a seguinte descrição do típico serial killer torturador:

> Enquanto um serial killer "normal" poderia brutalmente espancar, estuprar, estrangular e enfiar um galho de árvore em sua vítima, este não é o mesmo tipo de comportamento exibido pelo assassino sexualmente sádico. Este último mantém sua vítima viva por horas ou dias enquanto a tortura com toda a variedade de atos sexualmente sádicos. Ele gosta de ver sua dor, ouvir seus gritos e fazê-la suplicar e implorar. Ele pode ter todos os tipos de instrumentos em seu kit de estupro para alcançar o nível de tortura pretendido: chicotes, grampos para mamilos, usando uma lâmina de precisão, vibradores, cera quente, enemas, garrotes, mordaças e vários objetos relacionados a práticas sadomasoquistas.

A única falha nessa passagem é o uso exclusivo de Brown do pronome feminino para se referir à vítima. Na verdade, a vítima de um desses psicopatas pode muito bem ser "ele", já que a tortura sádica é uma característica comum de homicídios em série perpetrados por gays. John Wayne Gacy estuprava analmente suas vítimas – todas rapazes adolescentes – com vários objetos, enfiava suas cabeças em banheiras cheias de água até que perdessem a consciência e sujeitava os jovens a outros tormentos antes de lentamente estrangulá-los. Dean Corll inseria pipetas de vidro nas uretras de suas vítimas adolescentes antes de castrá-los com uma faca ou com os dentes. Bob Berdella mantinha suas vítimas masculinas em cativeiro por dias, introduzindo soda cáustica em suas gargantas, furando seus olhos com cotonetes embebidos em álcool, espancando-os com barras de ferro, prendendo eletrodos em seus testículos.

Embora seja raro o envolvimento de mulheres em torturas sexuais brutais, exceto como parte de um casal homicida, envenenadoras podem ser extremamente sádicas,

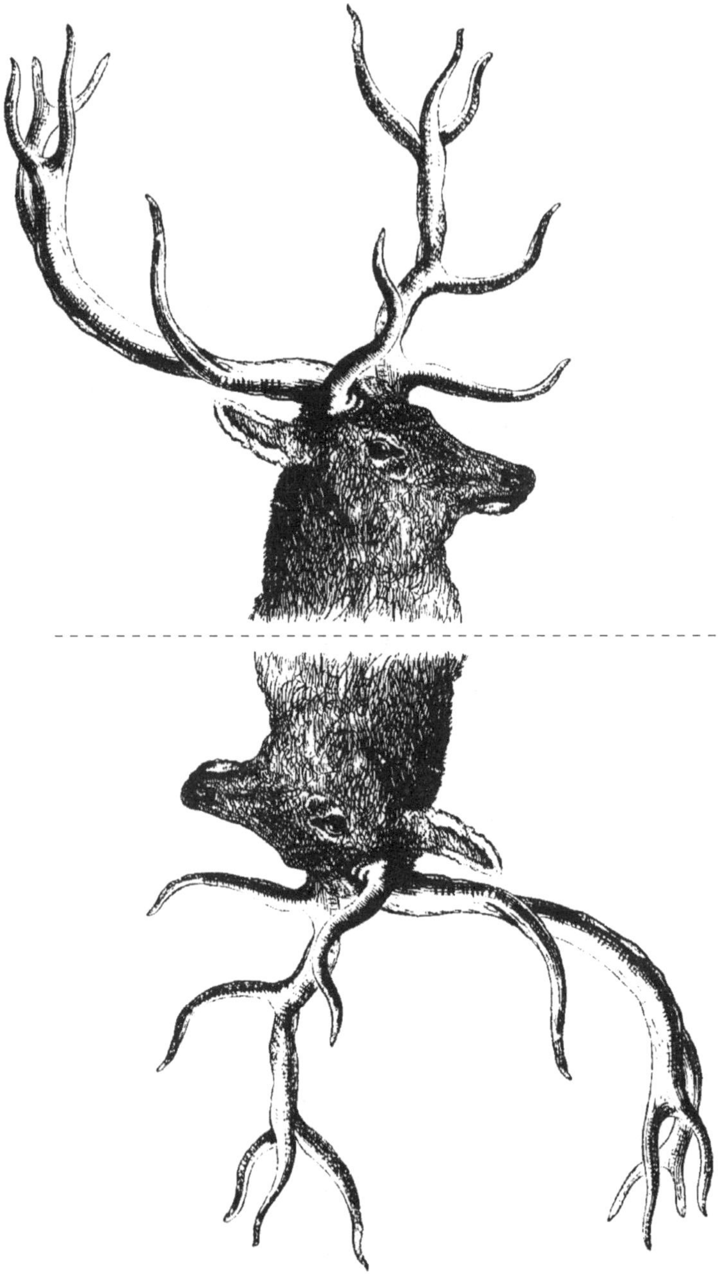

obtendo voluptuoso prazer com os tormentos sofridos por suas vítimas. Às vezes elas até mesmo ministram as doses letais de seus venenos em quantidades menores ao longo de dias ou semanas para prolongar o próprio prazer doentio. Considerando os sintomas angustiantes de, digamos, intoxicação por arsênico – a sede terrível, o vômito e diarreia incontroláveis, as excruciantes cãibras musculares e violentas convulsões –, não há dúvida de que esta forma típica de assassinato em série feminino qualifica-se como genuína tortura.

TROFÉUS

Mesmo sendo um homem de meia-idade, Eddie Gein, que sofria de retardo mental, relacionava-se melhor com jovens do que com adultos. No início da década de 1950, garotos que foram visitar sua decrépita casa de fazenda ficaram chocados ao ver diversas cabeças humanas preservadas penduradas nas paredes de seu quarto. Quando os meninos perguntaram de onde aqueles itens medonhos tinham vindo, Eddie explicou que eram cabeças encolhidas dos Mares do Sul, enviadas por um primo que havia lutado nas Filipinas durante a Segunda Guerra Mundial. Só mais tarde a terrível verdade veio à luz: os supostos artefatos de guerra eram na verdade "máscaras faciais" empalhadas que o carniceiro de Plainfield esfolara de cadáveres de mulheres, preservara de modo rudimentar e montara em sua parede como troféus de caça.

    A prática de Gein de guardar partes de corpos humanos e exibi-los em casa é um exemplo extremo de uma tendência comum entre os serial killers, que muitas vezes conservam lembranças de seus crimes. Mas o fato de que seus vizinhos acreditavam nessa história engenhosa – de que as cabeças eram lembranças de guerra – também é significativo. A explicação de Gein era, na verdade, bastante plausível. Os macabros troféus dos caçadores de cabeças dos Mares do Sul sempre foram populares artigos de colecionador. Soldados americanos que lutaram no Pacífico às vezes traziam mesmo para casa não apenas velhas cabeças encolhidas, mas outros tipos de recordações humanas – algumas delas recentemente despojadas do inimigo.

    De fato, ao longo da história, os vitoriosos nas batalhas têm habitualmente retirado troféus dos cadáveres dos adversários caídos – não apenas objetos de valor, como anéis, amuletos ou artigos de vestuário, mas partes de sua anatomia: couro cabeludo, orelhas, dentes, dedos e até mesmo a genitália. Guerreiros se dedicam a essas práticas selvagens por várias razões: por servir como prova de suas façanhas, por ser uma maneira de infligir uma última humilhação ao inimigo e por permitir que recordem seu triunfo em um momento posterior.

    Todos esses fatores estão presentes nos casos de serial killers, cujo comportamento reflete os piores e mais bestiais aspectos da natureza humana – barbaridades que a civilização em grande parte superou (embora por vezes venham à tona no caos da guerra).

    De acordo com o FBI, há duas categorias de lembranças mantidas pelos serial killers: o "suvenir" e o "troféu". O primeiro serve aparentemente ao mesmo propósito que uma miniatura da Torre Eiffel para um turista que acabou de voltar das férias em Paris – lembra ao assassino o quanto ele se divertiu, permitindo-lhe reviver a experiência em suas fantasias até que possa repeti-la. Troféus, por outro lado, são análogos à cabeça de alce empalhada ou aos chifres de veado que um caçador exibe orgulhosamente sobre a lareira – uma prova incontestável da habilidade letal do assassino.

Na prática, é difícil fazer tais distinções rígidas e a maioria dos criminologistas usa os dois termos de forma indistinta para descrever os itens que serial killers tiram de suas vítimas.

Às vezes, esse material é um espólio concreto que o assassino pode converter em dinheiro – um relógio caro, um anel de casamento, um colar de ouro. Em geral, no entanto, os itens mais estimados pelos serial killers não têm valor inerente. Ao revistar o quarto do assassino sexual Gerard Schaefer, por exemplo, a polícia encontrou um estoque de ==lembranças sinistras== que pertenceram a suas vítimas, incluindo um ==broche== em formato de trevo de quatro folhas, uma ==agenda== telefônica, um ==passaporte==, um ==diário==, uma ==carteira== de motorista, um ==livro== de poemas e dois ==dentes folheados a ouro==. Hadden Clark, o assassino travesti e canibal que matou um número indeterminado de mulheres, não só acumulou um ==balde de bijuterias==, mas conservou a ==fronha ensanguentada== de uma colegial que ele assassinara brutalmente na cama.

Embora não tenham, em essência, qualquer valor, tais suvenires macabros possuem um poder quase mágico para o assassino, que claramente corre um grande risco ao se agarrar a tais provas incriminadoras. (Clark, por exemplo, foi preso depois que a polícia recuperou a fronha de sua vítima e encontrou sua impressão digital ensanguentada nela.) Mas – como o pederasta que não consegue parar de baixar pornografia infantil – serial killers extraem um prazer tão profundo e pervertido de seus bizarros tesouros que não podem abrir mão deles. Na verdade, em muitos casos, troféus não são apenas uma maneira de comemorar suas façanhas; são também inspirações masturbatórias.

O fato de que alguns serial killers usam seus suvenires doentios para ==propósitos especificamente sexuais é demonstrado pelos tipos de coisas que eles juntam== – objetos de fetiche como roupas de baixo, sapatos ou meias-calças, e tufos dos pelos pubianos ou partes erógenas do corpo de suas vítimas. Entre os repulsivos artefatos descobertos na casa do horror de Eddie Gein estava uma caixa de sapatos cheia de vulvas conservadas. Robin Gecht e seu time de "Estripadores de Chicago" cortavam e guardavam os seios de suas vítimas. E o maníaco fetichista Jerry Brudos conservava o pé esquerdo cortado de suas vítimas femininas em seu congelador, para que pudesse vesti-lo com calçados de sua coleção de saltos roubados.

Às vezes, em vez de suvenires, o assassino podia tirar fotos de suas atrocidades ou documentá-las de alguma outra forma, como um viajante ávido por preservar as memórias de uma experiência excitante. Na verdade, cada novo avanço na tecnologia de gravação foi aplicado dessa forma. Na década de 1950, Harvey Murray Glatman fotografou suas vítimas amarradas e aterrorizadas com uma câmera Rolleiflex. Na década de 1960, Ian Brady e Myra Hindley gravaram em uma fita de áudio os apelos desesperados de uma menina antes de matá-la. Na década de 1980, Leonard Lake e Charles Ng gravaram o martírio de suas prisioneiras em videoteipe.

Ao lado de Ed Gein – cuja casa de fazenda cheia de artefatos feitos de partes de corpos destaca-se como a coleção mais doentia do tipo na história do crime –, Jeffrey Dahmer foi provavelmente o colecionador mais obsessivo de troféus bizarros. Os policiais que revistaram seu sinistro apartamento de Milwaukee ficaram horrorizados ao descobrir fotos Polaroid de vítimas mutiladas, cabeças na geladeira, pacotes congelados de vísceras humanas, genitálias masculinas em uma panela de lagosta, crânios pintados em uma prateleira e muito mais. Dahmer era uma versão supremamente doentia de um desses colecionadores descontrolados cujo passatempo começa a tomar conta de seu espaço vital. Cada vítima que caía em suas mãos acabava como mais uma relíquia macabra, tão preciosa para o "Canibal de Milwaukee" que ele não podia desfazer-se dela.

Porque não seria uma recordação, teria sido um estranho.
— JEFFREY DAHMER, quando perguntado por que, em vez de tentar construir um esqueleto a partir dos ossos de suas vítimas, ele simplesmente não comprou um em uma loja de suprimentos médicos —

Um assassino sexual desmembra sua vítima nesta gravura de um panfleto policial de 1834

ELIMINAÇÃO

O que um assassino em série faz com os restos mortais de suas vítimas é tão parte de seu *modus operandi* quanto seu método preferido de matá-las. Na verdade, para alguns psicopatas, livrar-se do cadáver é o ponto alto do crime. Em seu pioneiro estudo, *Sexual Homicide* (*Homicídio Sexual*), por exemplo, John Douglas e seus colaboradores falam sobre um serial killer cuja maior emoção advinha não do assassinato em si, mas de "desmembrar o corpo com sucesso e eliminá-lo sem ser detectado" – um ato que lhe dava uma sensação arrebatadora de poder, de ter cometido uma transgressão suprema e escapado impune.

Para a maioria dos serial killers, no entanto, a eliminação do corpo é menos uma fonte de prazer do que uma preocupação puramente prática – um problema a ser resolvido. Graças à sua constituição psicológica aberrante – sua incapacidade de sentir culpa, empatia ou repulsa moral –, os serial killers são capazes de realizar essa tarefa mórbida e estressante com um grotesco distanciamento emocional.

Depois de matar sua primeira vítima por estrangulamento, por exemplo, Joel Rifkin – assassino de prostitutas de Long Island responsável por 17 pavorosos homicídios durante a década de 1990 – arrastou o cadáver para o porão, jogou-o sobre a lavadora e desmembrou-o friamente com uma lâmina de precisão. Depois que a jovem estava em pedaços, cortou as pontas dos dedos para dificultar a identificação, arrancou os dentes com um alicate, enfiou a cabeça decepada em uma lata de tinta vazia, pôs os membros e o tronco em sacos de lixo de 120 litros, carregou tudo para o carro da mãe e transportou a terrível carga para fora de Nova Jersey, descartando-a em diferentes locais, uma parte na mata, o restante no rio.

Anos mais tarde, depois de sua prisão, Rifkin foi questionado sobre como se sentiu enquanto realizava essa horrenda operação – a primeira vez que ele tinha cometido tamanha barbaridade. "Imaginei que estava em uma aula de biologia", ele disse, dando de ombros. "Era uma dissecação simples e direta, feita do modo mais rápido possível. Fiz cortes bem pequenos e precisos sobre as juntas e separei os ossos da articulação. Quando criança você aprende a trinchar um peru. Você vai direto para o osso na asa e para o osso na perna. Não dá para cortar o osso com uma faca, você o encontra e puxa para soltar."

Seria difícil encontrar um exemplo mais arrepiante da forma como serial killers desumanizam suas vítimas, tratando-as como objetos a serem usados a seu bel-prazer e depois descartados sem pensar duas vezes.

Rifkin viveu *sim* um momento de pânico quando – menos de uma semana depois do assassinato – um jogador de golfe em um campo de Nova Jersey lançou a bola para dentro da mata e topou com a lata de tinta contendo a cabeça de uma prostituta. Depois disso, Rifkin tentou diferentes meios de eliminar suas vítimas. Ele pôs as partes desmembradas de uma mulher em baldes separados, encheu-os com concreto e jogou-os no rio. Outras foram colocadas em tambores de óleo de duzentos litros e deixadas em usinas de reciclagem ou atiradas em riachos. Outras ainda foram descartadas em depósitos de lixo, terrenos baldios ou nas margens de rodovias.

Rifkin percorria distâncias consideráveis para se livrar dos corpos e acabou preso enquanto transportava os restos de sua última vítima envoltos por uma lona na carroceria de sua caminhonete. Rifkin é um exemplo do serial killer que perpetra suas atrocidades em casa e depois leva as provas sangrentas para longe do local – uma precaução sensata quando você mora com sua mãe, como era o caso dele. Acontece que nem todos os assassinos psicopatas se dão a esse trabalho. Em setembro de 1998, policiais de Poughkeepsie, Nova York – que investigavam uma série de desaparecimentos misteriosos –, finalmente revistaram a casa de um suspeito tido como o principal, um afro-americano de 27 anos chamado Kendall Francois. Eles ficaram chocados ao descobrir os corpos em decomposição de oito mulheres jovens escondidos no sótão da casa de dois andares de estilo colonial que Francois dividia com a mãe, o pai e a irmã mais nova. Dado o mau cheiro desprendido pelos restos putrefatos, muitas pessoas presumiram que os pais de Kendall deviam saber sobre seus crimes. No entanto, a verdade é que eles tinham aceitado a explicação do filho de que uma família de guaxinins tinha morrido no desvão do sótão, impregnando o local com um cheiro repugnante e persistente.

O fedor sufocante da morte levou à prisão de outro estrangulador em série, um corpulento sujeito de 28 anos chamado Harrison Graham, que mantinha sete cadáveres femininos em seu miserável apartamento na Filadélfia. Seus crimes foram descobertos porque seus vizinhos enfim se queixaram do cheiro. Sob custódia, Graham – que sofria de retardado mental e era viciado em drogas – explicou que mantinha os corpos em casa porque "não sabia onde mais colocá-los".

Outros serial killers também já armazenaram os restos putrefatos de suas vítimas no espaço em que habitavam, transformando suas casas em ossários secretos. Além de enterrar uma vítima em seu jardim, dois outros em um galpão e sua esposa sob o assoalho, John Reginald Christie – o psicopata britânico conhecido como o "Monstro de Rillington Place" – colocou três cadáveres de mulher em seu armário de cozinha, cobrindo-o com papel de parede antes de desocupar a casa. Não é preciso dizer que os novos inquilinos tiveram uma desagradável surpresa ao fazer as reformas.

John Wayne Gacy foi mais eficaz no trabalho de esconder as vítimas na própria residência, enterrando os corpos de 28 rapazes sob sua casa na área suburbana de Chicago. Assim como Gacy, que dirigia uma firma bem-sucedida de construção, o assassino sexual britânico Frederick West era um empreiteiro profissional, vocação que usava para ocultar suas atrocidades realizando reformas na própria casa. Os corpos de algumas de suas vítimas acabaram no porão, que – grotescamente – ele mais tarde transformou em um quarto de bebê para seus filhos. Mais um corpo foi enterrado sob um banheiro que West construíra no lugar de uma antiga garagem anexa. Outras jovens mulheres – inclusive sua própria filha adolescente, Heather – foram enterradas no jardim dos fundos. Foi a reiterada ameaça que West dirigia aos outros filhos – de que se não se comportassem "acabariam debaixo do quintal, como Heather" – que, ao chegar aos ouvidos da polícia, o levou à sua prisão.

Em contraste com Gacy e West, Dean Corll – outro terrível assassino sádico que transformou sua casa em uma câmara de tortura – teve o cuidado de remover os cadáveres do local, alugando uma garagem de barcos vários quilômetros ao sul de Houston, onde sepultou 17 de suas vítimas mutiladas.

Serial killers que cometem suas atrocidades em casa (ou em um local secreto projetado especificamente para essa finalidade, como o remoto bunker construído pela dupla homicida Charles Ng e Leonard Lake) podem fazer o descarte de suas vítimas de uma forma cuidadosamente planejada e organizada. Tal como Gacy ou Belle Gunness, a Lady Barba Azul do século XIX em cuja "fazenda da morte", em Indiana, foram descobertos os restos de pelo menos uma dúzia de pessoas desmembradas, esses assassinos podem acumular uma coleção considerável de corpos em suas propriedades.

Obviamente, o caso é diferente para serial killers que fazem suas matanças fora de casa. O modo como esses psicopatas descartam suas vítimas depende de vários fatores, alguns calculados, outros relacionados à mentalidade distorcida do assassino. Certos serial killers podem arrebatar uma vítima, levá-la a um local remoto – um matagal isolado, por exemplo – e então estuprá-la, matá-la e fugir logo depois, deixando o cadáver exposto ao ar livre ou talvez oculto em uma cova rasa, cavada às pressas, com uma pilha de folhas mortas em cima. Esse era o *modus operandi*, por exemplo, de Gerard Schaefer, assassino sexual da Flórida que levava algumas de suas vítimas para uma ilha pantanosa, onde – depois de torturadas e mortas – eram simplesmente deixadas para apodrecer.

Em outros casos, um assassino psicopata que, digamos, assassinou um mochileiro ou raptou uma vítima do estacionamento de um shopping pode despejar o corpo na margem de uma estrada, em uma área industrial abandonada ou em um barranco. Dependendo do quão "organizado" ele seja, o assassino pode dedicar um bom tempo a conferir com antecedência potenciais locais de desova antes de escolher aquele que lhe parece mais conveniente.

Por outro lado, outros assassinos deixam os cadáveres de suas vítimas em locais deliberadamente ostensivos – uma decisão que em geral tem tanto a ver com sua necessidade perversa de provocar a polícia e aterrorizar o público quanto com qualquer outra coisa. Várias das mulheres violentamente assassinadas e mutiladas por Jack, o Estripador, por exemplo, foram simplesmente largadas no meio da rua. Além da óbvia razão para isso – seu desejo de fugir da cena do crime o mais rápido possível –, o choque que ele causava ao ostentar suas atrocidades sem dúvida contribuía para sua sádica diversão. Da mesma forma, os Estranguladores da Colina expressavam seu desprezo pelas autoridades e pelo sexo feminino em geral deixando os corpos nus de suas vítimas expostos ao público em poses obscenas.

Enquanto os Estranguladores da Colina se propunham a alardear suas atrocidades, outros serial killers agiam na direção contrária, fazendo todo o possível para destruir qualquer traço da existência de suas vítimas. Henri Landru, o Barba Azul parisiense que assassinou dez esposas na década após à Primeira Guerra Mundial, livrou-se de seus corpos com tanta eficiência que, até hoje, ninguém sabe ao certo como elas morreram. Ao que tudo indica, ele incinerava os restos em um grande fogão que comprara para este fim. A incineração também era o método de descarte preferido de outro psicopata francês, dr. Marcel Petiot, que transformou sua fornalha no porão em um crematório particular para reduzir a cinzas os corpos de suas vítimas judias durante a ocupação nazista de Paris. Outro médico monstruoso, o dr. H.H. Holmes, instalou uma fornalha no porão de seu "castelo do terror" – um número indeterminado de pessoas desapareceu para sempre durante a época da Exposição Mundial de Chicago em 1893.

Em outros casos, Holmes – que nunca perdia uma oportunidade de ganhar um dinheirinho extra – vendia os restos mortais de suas vítimas para escolas de medicina locais. Burke e Hare – os notórios ladrões britânicos de tumbas – também eliminavam suas vítimas vendendo-as como espécimes anatômicos. (Na verdade, fornecer cadáveres a um médico de Londres foi o motivo explícito de seus crimes.)

Outros serial killers encontraram formas diabólicas de lucrar com a eliminação de suas vítimas. O mais terrível de todos foi sem dúvida o assassino sádico alemão Georg Grossmann, que se aproveitou da severa escassez de carne que afetou a Alemanha durante a Primeira Guerra Mundial ao vender a carne de suas vítimas femininas como bovina e suína.

Outro serial killer que se empenhou para dar um sumiço em suas vítimas foi o britânico John George Haigh, o "Assassino da Banheira de Ácido", que dissolveu meia dúzia de conhecidos em um tambor de óleo de 150 litros cheio de ácido sulfúrico. Para o azar de Haigh, mesmo esse método extremo não foi suficiente para eliminar todos os vestígios de suas vítimas. Depois de revistar sua oficina, a polícia acabou recuperando 13 quilos de gordura corporal humana, três cálculos biliares, parte de um pé esquerdo, 18 fragmentos de ossos e um conjunto de dentaduras.

O serial killer húngaro Bela Kiss adotou estratégia oposta ao lidar com os restos mortais de suas vítimas. Em vez de tentar dissolvê-los com ácido, ele os preservou em álcool metílico. Foi só quando Kiss sumiu do vilarejo em que morava que as autoridades descobriram os corpos de sete mulheres estranguladas encerrados dentro de grandes tambores de metal em sua casa.

Talvez a variedade mais assustadora de serial killer – aquele que toca no nosso sentido mais profundo de vulnerabilidade – é o invasor de domicílio, o psicopata que mata brutalmente pessoas estranhas na segurança de seus próprios lares. Às vezes, esse tipo de assassino fará um esforço superficial para ocultar suas vítimas. Earle Leonard Nelson, por exemplo – o "Gorila Assassino" dos anos 1920 – escondeu um corpo em um baú, outro atrás de uma fornalha, e um terceiro debaixo de uma cama. Com mais frequência, tais monstros deixarão os corpos onde estão, por vezes depois de cometer atos terríveis de profanação contra eles. Na noite seguinte ao infame massacre na mansão de Sharon Tate e Roman Polanski, por exemplo, Charles Manson e suas "criaturas sinistras" invadiram a casa de um casal chamado Rosemary e Leno LaBianca. Depois de esfaquear os dois até a morte, os assassinos hippies gravaram a palavra *guerra* no peito do homem e deixaram um garfo de trinchar fincado em sua barriga. Por outro lado, alguns assassinos manifestam uma preocupação perversa pela condição dos cadáveres que criaram. William Heirens, o "Assassino do Batom", deu-se ao trabalho de limpar o sangue de várias de suas vítimas e cobrir seus corpos nus com roupões.

Às vezes, a tentativa de um assassino de se livrar de um corpo pode dar errado. Na década de 1980, a dona de pensão Dorothea Puente assassinou sete dos seus inquilinos idosos, sepultou-os no jardim e polvilhou cal virgem sobre os cadáveres para acelerar o processo de decomposição. Puente não sabia, entretanto, que a menos que a cal virgem seja tratada com água, ela, na verdade, atua como conservante, prevenindo a deterioração ao dessecar o tecido. Assim, quando os corpos foram por fim descobertos, estavam inesperadamente bem conservados, permitindo aos legistas determinar com facilidade a causa da morte como envenenamento.

Tanto Dennis Nilsen – o chamado Jeffrey Dahmer britânico – quanto o assassino canibal alemão Joachim Kroll (responsável por 14 mortes entre 1959 e 1976) cometeram o erro de descartar partes de corpos humanos na privada, um método de eliminação que levou esses homicidas a ser presos quando o encanamento de seus respectivos prédios ficou entupido com carne e vísceras, revelando suas atrocidades.

Se não fosse a infeliz tendência dos cadáveres de apodrecer, o necrófilo Nilsen teria sem dúvida guardado para sempre os cadáveres de suas vítimas, já que gostava de tê-los por perto para lhe fazer companhia. O mesmo vale para Jeffrey Dahmer, que de fato conservou diversas partes dos jovens que matou. Outro notório necrófilo de Wisconsin, o carniceiro Ed Gein, era o mais perfeito exemplo de um lunático que – em vez de se livrar dos cadáveres o mais rápido possível – os levava para casa para brincar com eles.

Alguns serial killers recorreram a métodos tão bizarros de descarte que ficaram menos famosos pelos assassinatos que cometeram do que pela forma como se livraram dos corpos. Um dos mais excêntricos psicopatas desse tipo foi Joe Ball.

Taciturno e beberrão, supostamente nascido de uma família de fazendeiros respeitáveis, Ball dedicou-se ao contrabando de bebidas alcoólicas nos anos 1920, ganhando dinheiro suficiente para abrir sua própria taverna quando a Lei Seca foi revogada. A taverna – uma caótica espelunca de beira de estrada chamada Sociable Inn (Taverna

Eliminação por fogo: uma gravura de 1842 mostrando a incineração dos restos desmembrados de uma vítima

Sociável), situada na Rodovia 181 ao sul de San Antonio – ficou localmente famosa graças a uma atração extravagante que Ball instalou nos fundos: um grande tanque de cimento provido de cinco crocodilos adultos, cujos rituais noturnos de alimentação entretinham os fregueses durões de Joe, especialmente quando ele atirava gatos ou cachorros vivos no tanque.

Além dos répteis, o estabelecimento de Ball era conhecido pela alta rotatividade de garçonetes, que pareciam ir e vir com espantosa regularidade. Em 1937, começaram a circular rumores de que Joe estava mantendo seus jacarés gordos e felizes com mais do que carne de cavalo e animais de rua. Um trabalhador local afirmou que, ao passar a cavalo pela propriedade em uma noite enluarada, tinha visto Ball despejar o que pareciam ser membros humanos no tanque. Parentes de várias jovens que tinham trabalhado para Ball – e que em seguida desapareceram sem deixar vestígios – começaram a pressionar as autoridades para iniciar uma investigação. Averiguando o caso, os Texas Rangers[10] descobriram que pelo menos uma dúzia das antigas garçonetes de Ball além de duas de suas ex-esposas tinha desaparecido. Na noite de 24 de setembro de 1938 uma dupla de Rangers apareceu no Sociable Inn. O proprietário – percebendo que estava frito – caminhou de forma casual até a caixa registradora, marcou "Sem vendas" e então, quando a gaveta saltou para fora, apanhou uma pistola automática de dentro e se matou com um tiro na cabeça.

A terrível verdade foi confirmada por um empregado de Ball, Clifford Wheeler, que confessou ter sido coagido pelo patrão a descartar as mulheres desmembradas – algumas no deserto, outras no tanque de crocodilos. Wheeler foi preso como cúmplice; os crocodilos foram parar no Zoológico de San Antonio.

Um caso mais recente de serial killer que teria supostamente recorrido a criaturas vorazes para eliminar suas vítimas é o de Robert Pickton, considerado o assassino psicopata mais selvagem da história canadense. Em novembro de 2002, as autoridades anunciaram que os restos mortais de 18 mulheres desaparecidas – prostitutas viciadas em drogas da periferia de Vancouver – tinham sido encontrados em uma fazenda de porcos pertencente a Pickton, suspeito de nada menos que 63 homicídios. "Só podemos imaginar o sofrimento dessas mulheres", noticiou o *New York Times* pouco depois da prisão de Pickton. "Nenhum corpo foi encontrado intacto e acredita-se que um triturador de madeira e os porcos do sr. Pickton tenham devorado a maior parte das evidências, deixando para trás apenas vestígios microscópicos de DNA."

LEITURA RECOMENDADA BARBARA EHRENREICH. Blood Rites | 1997. ROBERT D. KEPPEL. Signature Killers | 1997. PAT BROWN. Killing for Sport | 2003. ROSE G. MANDELSBERG. Torture Killers | 1993. BRIAN LANE. The Butchers: A Casebook of Macabre Crimes and Forensic Detection | 1998.

---

10   Força policial civil do estado do Texas. [NT]

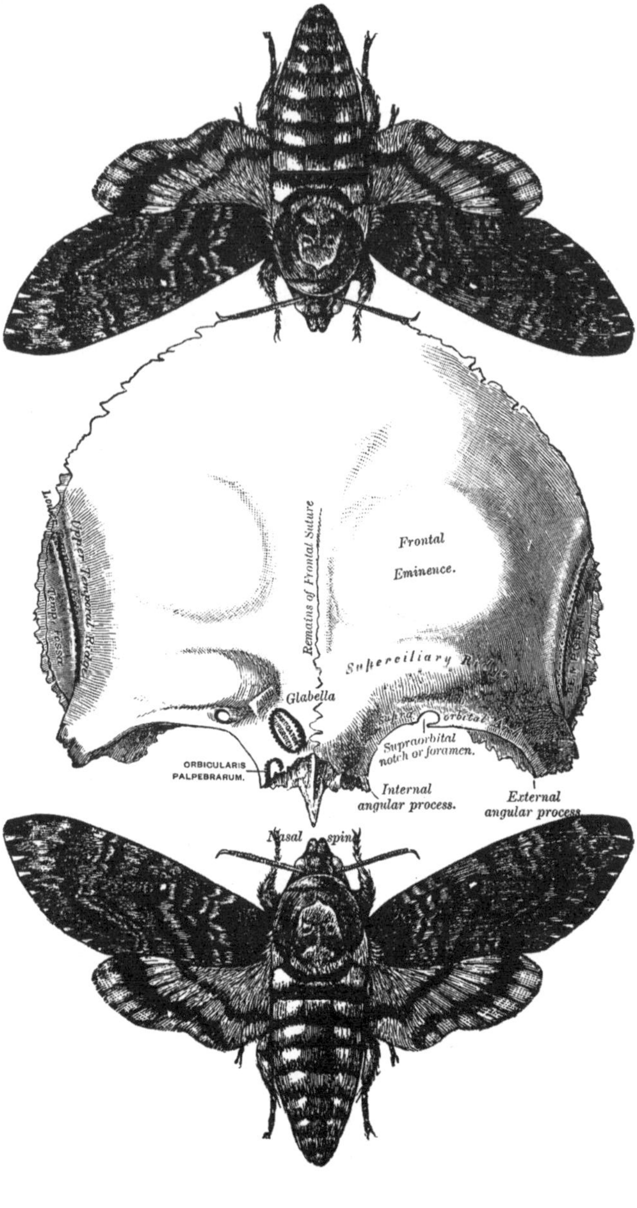

CAPÍTULO 7

SERIAL KILLERS

GALERIA DO MAL
DEZ MONSTROS
AMERICANOS

THE POISON FIEND

PERFIL CRIMINAL PERFIL C

LYDIA SHERMAN
The Modern Borgia.

Cada época é assombrada por seus próprios monstros – figuras sombrias e inquietantes que encarnam os temores dominantes do período. No final do século XIX, quando as mulheres norte-americanas se organizaram pela primeira vez para exigir igualdade social e política, desencadeando forte ansiedade nos homens, essa figura era a envenenadora em série. Esse ser aterrorizante tornou-se parte integrante da cultura popular do final do século XIX, gerando todo um gênero de histórias de ficção policial sobre os terríveis feitos desses "demônios domésticos" – maníacas homicidas disfarçadas de amorosas donas de casa, mães e cuidadoras. Muito mais inquietantes, é claro, eram os casos reais de mulheres que dizimavam alegremente um grande número de parentes próximos e amigos. Entre as mais famosas estava a mulher que entrou para os anais do crime sob o nome de Lydia Sherman.

Seu nome original era Lydia Danbury. Nascida em Nova Brunswick, Nova Jersey, em 1825, tinha apenas 17 anos quando se casou com seu primeiro marido, Edward Struck, um viúvo de quarenta anos com seis filhos. Um ano depois de se casarem, Lydia deu à luz uma menina saudável. Mais seis bebês se seguiram em rápida sucessão.

Com uma esposa e 13 filhos para sustentar, Struck – que então morava com a família em Manhattan – arranjou trabalho como policial. Em 1863, entretanto, foi demitido, desacreditado após não reagir rápido o bastante quando um bêbado com uma faca atacou o barman de um hotel.

Naquela altura, os filhos do primeiro casamento de Struck tinham crescido e saído de casa, e um dos bebês de Lydia morrera de uma doença intestinal. Com isso, restaram seis crianças na casa. Sem um tostão para alimentá-los, Struck mergulhou em uma profunda depressão. Com o passar do tempo, ele se recusava a sair da cama. Julgando que o marido se tornara um peso morto, Lydia o matou, servindo-lhe mingau envenenado com arsênico. O médico diagnosticou a causa da morte como "esgotamento".

Lydia era uma viúva de 42 anos sem renda alguma. Apenas um mês depois de eliminar o marido, ela já se deixou abater pela dificuldade de sustentar seis filhos por conta própria e, na primeira semana de julho, envenenou os três mais novos com arsênico.

Livre desses fardos, a situação de Lydia melhorou, especialmente depois que seu filho de 14 anos conseguiu trabalho como ajudante de pintor. Infelizmente, George logo desenvolveu uma enfermidade conhecida como "cólica dos pintores" e foi forçado a abandonar o trabalho. Sua mãe deu-lhe uma semana para se recuperar. Como ele não mostrou sinais de melhora, ela o matou com chá batizado com arsênico.

Apenas dois dos filhos de Lydia ainda não tinham ido parar debaixo da terra: sua filha de 18 anos, também chamada Lydia, e a pequena Ann Eliza, de 12. Ann Eliza era uma criança frágil, frequentemente doente, com febre e resfriados. Lydia começou a se sentir oprimida pela obrigação de cuidar dela. Em março de 1864, matou a menina misturando alguns grãos de arsênico em uma colher de remédio. A causa da morte foi dada como "febre tifoide".

Nas seis ou sete semanas seguintes, as duas Lydias – mãe e filha – moraram juntas em um pequeno apartamento na parte alta da Broadway. No início de maio, depois de visitar a meia-irmã na parte sul de Manhattan, a jovem Lydia voltou para casa no dia seguinte com febre e foi para a cama. Sua mãe não queria cuidar dela. Em 16 de maio de 1866, depois de tomar o remédio amargo que a mãe lhe dera, a garota de 18 anos morreu em agonia convulsiva. Seu corpo foi enterrado ao lado dos corpos do pai e dos cinco irmãos.

Pouco depois, Lydia mudou-se para Stratford, Connecticut, e lá conheceu um velho chamado Dennis Hurlburt, um abastado fazendeiro local, com quem se casou. Pouco mais de um ano depois, Hurlburt ficou gravemente doente e morreu depois de comer uma tigela da sopa especial de mariscos da esposa. Sua morte foi atribuída à "cólera".

Lydia Sherman encoraja o marido idoso a beber um copo de vinho adulterado

A viúva, então com 46 anos, recebeu uma herança considerável. Se seus motivos tivessem sido inteiramente mercenários, ela poderia então ter se desfeito do arsênico e nunca mais matado de novo. Mas – embora Lydia estivesse feliz de lucrar com seus crimes – o dinheiro não era, no fim das contas, o que a motivava. Como outros de sua laia, ela era uma predadora convicta, viciada em crueldade e morte.

Meses depois da morte de Hurlburt, Lydia se casou com Horatio N. Sherman, um viúvo beberrão com quatro filhos. Em meados de novembro de 1870 – apenas dois meses depois do casamento –, Lydia assassinou o filho mais novo de Sherman, um bebê de quatro meses chamado Frankie. No mês seguinte, ela envenenou sua enteada de 14 anos, Ada.

A morte repentina de seus dois filhos deixou Sherman devastado. Ele começou a beber mais do que nunca. Depois de voltar de uma farra de uma semana, ficou na cama por vários dias antes de retornar para o trabalho na segunda-feira, 8 de maio de 1871. Ao voltar da fábrica para casa naquela noite, Lydia o esperava com uma bela xícara de chocolate quente envenenado. Dois dias depois, ele estava morto.

A morte chocante e repentina do aparentemente saudável Sherman despertou suspeitas em seu médico, dr. Beardsley. Obtendo licença para realizar uma autópsia, Beardsley removeu o estômago e o fígado de Sherman e os enviou a um professor de toxicologia na Universidade de Yale para que fossem analisados. Três semanas depois, ele recebeu os resultados. O fígado estava saturado com arsênico. Um mandado de prisão foi imediatamente emitido para Lydia Sherman.

Em 7 de junho de 1871, ela foi recolhida em Nova York e transportada de volta para New Haven, onde foi indiciada pelo assassinato de Horatio Sherman. Seu julgamento foi uma sensação nacional. Lydia foi considerada culpada de homicídio simples. Sentenciada à prisão perpétua na Prisão Estadual de Wethersfield, morreu de câncer em 1879.

PERFIL CRIMINAL PERFIL C

Ela era um tipo raro de psicopata: uma mulher que matava de forma indiscriminada, em parte por ganância, mas, principalmente, pelo puro prazer de matar. Ainda mais raro era a extrema selvageria de seus crimes. Já tinha havido outras "assassinas diabólicas" no fim do século XIX – Lydia Sherman, Sarah Jane Robinson, Jane Toppan. Mas elas compartilhavam do *modus operandi* tradicional das assassinas em série: envenenar suas vítimas e depois fingir que as mortes foram devidas a causas naturais.

Belle Gunness era assustadoramente diferente. Claro, ela não hesitava em eliminar um cônjuge dispensável ou uma criança supérflua com uma dose de estricnina quando achasse conveniente. Mas os cadáveres que foram desenterrados de sua "fazenda da morte" em Indiana não tinham sido envenenados. Eles tinham sido violentamente assassinados.

Emigrante norueguesa, Belle comprara a fazenda em 1902, aos 42 anos, com o dinheiro do seguro de 8.500 dólares que recebeu quando seu primeiro marido, Mads Sorenson, morreu de repente em agonia convulsiva. Seus dois primeiros bebês – também segurados com altas apólices – tinham morrido da mesma forma. Embora os sintomas fossem característicos do envenenamento por estricnina, os médicos que examinaram os cadáveres não viram nada de suspeito.

Mudando-se para a pequena cidade de La Porte, ela se instalou no que gostava de chamar de "a mais bela e feliz casa de campo do norte de Indiana". Em pouco tempo, casou-se com um jovem viúvo, Peter Gunness. Apenas nove meses depois do casamento, um moedor de carne de ferro fundido caiu de cima do fogão e acertou Peter bem na testa enquanto tentava alcançar um sapato – pelo menos foi essa a explicação de Belle para a morte do marido. Essa história era tão bizarra que os vizinhos falavam abertamente em assassinato. A empresa de seguros, entretanto, declarou a morte acidental e Belle resgatou outra soma considerável.

PERFIL CRIMINAL

SERIAL KILLERS
ANATOMIA DO MAL - HISTÓRIAS REAIS, ASSASSINOS REAIS

Foi quando sua carreira homicida deslanchou. Nos seis anos que se seguiram, a feliz casa de campo de Belle Gunness recebeu um fluxo constante de homens. Alguns eram empregados contratados para ajudar com o trabalho na fazenda. Outros eram solteiros endinheirados, atraídos para a fazenda por anúncios que Belle publicava com regularidade em jornais noruegueses por toda a região Centro-Oeste em busca de um homem para casar. Todos eles desapareceram sem deixar vestígios.

Então, na madrugada de 27 de abril de 1908, a casa de Gunness foi completamente destruída por um incêndio. Quando as chamas foram apagadas, os bombeiros ficaram horrorizados ao descobrir os restos de quatro pessoas – três crianças e uma mulher adulta – empilhados como lenha no porão da casa incinerada. Apesar de carbonizados, os corpos das crianças assassinadas foram identificados como sendo dos três filhos mais novos de Belle. Presumiu-se que o quarto cadáver era o da própria Belle. Entretanto, não havia como identificá-lo com certeza. A mulher fora decapitada e sua cabeça não foi encontrada em lugar algum.

As suspeitas recaíram imediatamente sobre Ray Lamphere, um empregado mal-encarado da fazenda, que foi indiciado por homicídio. Nesse meio tempo, um grupo de busca vasculhou as cinzas à procura da cabeça desaparecida. Eles nunca a encontraram. Mas encontraram algo que chocaria o país – e faria da infame Belle Gunness uma das mais terríveis sociopatas da história criminal dos EUA.

Uma dúzia de corpos estava enterrada ao redor da propriedade – em um depósito de lixo, em uma fossa, em um galinheiro. Cada um dos corpos fora destrinchado como um peru de Dia de Ação de Graças – cabeça decepada, braços removidos do tronco, pernas cortadas acima do joelho. As várias partes de cada corpo – braços e pernas, cabeça, tronco – tinham sido colocadas separadamente em sacos de juta, polvilhados com cal e depois enterrados.

A descoberta dessas atrocidades transformou a fazenda de Gunness em uma instantânea e macabra atração turística. No domingo seguinte, dez mil curiosos afluíram à propriedade, alguns vindos de bem longe como Chicago. Famílias inteiras passeavam pelo lugar, como turistas de férias, e vendedores ambulantes lucravam alto vendendo cachorros-quentes, limonada e cartões-postais da "fazenda da morte". Com os cartões, vinha uma fotografia de Belle: "A Barba Azul da América", como os jornais logo a apelidaram.

Detido, Lamphere – que além de empregado de Belle também era seu amante – contou uma história macabra. Todas as vítimas tinham sido assassinadas por dinheiro. Mas a ganância não era a única motivação de Belle. A julgar pelo testemunho de Lamphere (e pelas sinistras provas desenterradas da fazenda de Gunness), era claro que ela era uma psicopata sexual. Apesar de seu corpanzil de 113 kg e suas feições masculinizadas, ela exercia certo poder de sedução. Suas vítimas, atraídas para um quarto secreto, eram cloroformizadas e, em seguida, assassinadas com um machado pela monstruosa Belle.

Quanto ao seu destino, até hoje não se sabe ao certo. Teria Lamphere – seu presumido cúmplice – matado Gunness e seus filhos por razões desconhecidas e depois ateado fogo na fazenda em uma tentativa de encobrir seus crimes? Muitas pessoas acreditavam que sim.

Outros, no entanto, tinham dúvidas de que a mulher decapitada e carbonizada no porão era Belle. Entre outras coisas, o corpo pesava apenas 33 kg – excessivamente pequeno, mesmo levando em conta o encolhimento resultante da queima da carne em altas temperaturas. O próprio Lamphere afirmou que Belle encenara a própria morte e depois fugira com cem mil dólares em ganhos ilícitos. No fim das contas, ela foi oficialmente declarada morta. Apesar disso, por muitos anos, pessoas de todo o país relataram ter visto a "Lady Barba Azul" à solta por aí. No imaginário popular ela sobreviveu como um lendário monstro imortalizado na cantiga:

> Belle Gunness era uma dama cheia de encanto,
> Do estado de Indiana.
> Pesava quase 150 quilos,
> E isso é um peso e tanto.
>
> Que ela era mais forte do que um homem
> Seus vizinhos sabiam todos;
> Ela matava porcos feito galinhas,
> E fazia isso sozinha.
>
> Mas matar porcos era só um bico
> A que se dedicava aqui e acolá;
> Sua ocupação favorita
> Era homens massacrar.
>
> Para manter seu cutelo ocupado
> Belle procurava marido nos classificados
> E homens viriam correndo
> Com todo o dinheiro que tinham.
>
> Uns dizem que Belle matou dez,
> E outros dizem 42;
> Era difícil dizer ao certo,
> Mas poucos não foram.
>
> Onde Belle está agora ninguém sabe,
> Mas meu conselho é claro:
> Se uma viúva busca no jornal
> Um homem com dinheiro – cuidado!

PERFIL CRIMINAL PERFIL C

H.H. HOLMES 1860–1896

Herman Mudgett era natural de Gilmanton Academy, uma pequena aldeia aninhada entre as colinas de Suncook no extremo sul do Distrito dos Lagos de New Hampshire. Nascido em 1860, Herman era um menino de constituição delicada, olhos azuis e cabelos castanhos, tido como "o rapaz mais brilhante da cidade". Entre seus colegas de escola, também tinha fama de ser um tanto esquisito. Seu pai acreditava devotamente na Bíblia, especialmente em Provérbios 13:24: "Quem se nega a castigar seu filho não o ama". O pai de Herman amava o filho e demonstrava sua devoção espancando o garoto com chocante regularidade.

Ao longo da infância, Herman viveu a maior parte do tempo isolado das outras crianças. Sim, ele tinha um amigo, um garoto um pouco mais velho chamado Tom. Mas Tom morreu em circunstâncias trágicas, mergulhando para a morte do patamar superior da escada de uma casa abandonada que explorava com Herman. Herman viu o acidente de forma clara. Ele estava bem atrás de Tom na hora, tão perto que quase podia estender a mão e tocá-lo.

Em parte por causa da estatura delicada e em parte por causa da personalidade peculiar, Herman era frequentemente perseguido por valentões da aldeia. Um episódio em especial deixou uma impressão duradoura no garoto. Certa manhã, dois colegas de escola mais velhos esperaram até que o médico da aldeia estivesse ausente do consultório, em uma visita domiciliar, e então emboscaram Herman. O menino gritava e esperneava enquanto os outros o arrastavam para dentro do consultório e o empurravam em direção ao esqueleto humano que o médico montara sobre uma base de metal em um canto sombrio do escritório. Então impeliram os dedos ossudos do esqueleto contra o rosto do menino histérico e depois o deixaram gritando no chão.

PERFIL CRIMINAL

SERIAL KILLERS
ANATOMIA DO MAL - HISTÓRIAS REAIS, ASSASSINOS REAIS

Ironicamente, foi a essa experiência traumática que Herman atribuiu mais tarde seu grande interesse em anatomia. Aos 11 anos, ele já conduzia experiências médicas secretas – primeiro em rãs e salamandras, depois em coelhos, gatos e cachorros de rua.

Mas a Nova Inglaterra era pequena demais para as ambições de Herman Mudgett. Depois de um ano de faculdade em Vermont, ele se transferiu para a Universidade de Michigan em Ann Arbor, formando-se como médico em 1884. Naquela altura, Mudgett era um vigarista tarimbado que aprendera a dar golpes de milhares de dólares em companhias de seguro. Seu método era simples: ele fazia uma apólice de seguro de vida para uma pessoa fictícia, adquiria um cadáver, afirmava ser o de um indivíduo segurado e resgatava a apólice. Obviamente, o sucesso do golpe dependia da habilidade de Mudgett para conseguir cadáveres. Mas nessa atividade, também, ele já se tornara bastante proficiente.

Em 1886, Herman Mudgett apareceu em Chicago. Nessa época, ele já tinha assumido o pseudônimo pelo qual o mundo viria a conhecê-lo: dr. Henry Howard Holmes.

Dentro de alguns meses, o cordial dr. Holmes conseguiu emprego como assistente de farmacêutico no elegante bairro residencial de Englewood. A farmácia era propriedade de uma viúva idosa de sobrenome Holton. Antes que o ano terminasse, a sra. Holton repentinamente desapareceu. "Foi para a Califórnia visitar parentes", dizia o jovem e simpático assistente aos clientes curiosos. Mas ele não era mais um assistente. Em 1887, o livro de endereços da cidade listava um novo proprietário da farmácia na esquina da Wallace Street com a 63rd Street em Englewood: dr. H.H. Holmes.

Logo os lucros da farmácia – combinados com a receita proveniente de golpes variados – permitiram a Holmes construir uma magnífica residência em um terreno baldio em frente ao seu estabelecimento. Por um lado, o edifício apresentava uma semelhança marcante com o dono. Seu exterior não transmitia nada além de riqueza e bom gosto. Mas, por trás da bela fachada que apresentava ao mundo, havia um mundo labiríntico de loucura e horror.

Holmes chamava seu novo edifício de Castelo. Havia mais de cem quartos ligados por passagens secretas, paredes falsas, poços ocultos e alçapões. Alguns quartos eram à prova de som e revestidos de amianto; orifícios nas portas permitiam a Holmes espiar dentro deles. Muitos eram equipados com tubos de gás ligados a um grande tanque no porão. De um painel de controle em seu escritório, Holmes podia encher qualquer uma das câmaras com gás venenoso. Rampas se estendiam do segundo e do terceiro andar do edifício até o porão no qual Holmes mantinha um laboratório completo, aparelhado com mesa de dissecação, instrumentos cirúrgicos e um forno grande o suficiente para acomodar um corpo humano.

Pouco depois de se mudar para o Castelo, Holmes convidou um relojoeiro chamado Conner – um homem abençoado com uma esposa de corpo escultural, Julia, e uma adorável filha, Pearl – para instalar o seu negócio em uma seção da farmácia. Em pouco tempo, o sedutor dr. Holmes fizera de Julia sua amante. Ao descobrir que Holmes engravidara sua mulher, o indignado sr. Conner juntou seus pertences e partiu para nunca mais voltar. Holmes, entretanto, não estava preparado para as responsabilidades da paternidade. Depois de realizar um aborto grosseiro em Julia, matando-a no processo, despachou a pequena Pearl com clorofórmio.

Polícia descobre restos humanos no porão do "Castelo da Morte" de Holmes. (Cortesia de Rick Geary)

Durante a Exposição Mundial de Chicago, inaugurada em 1893, era difícil encontrar acomodações decentes na cidade. Holmes começou a alugar quartos para turistas. Poucos voltariam a ser vistos com vida. Ao longo desse período, escolas de medicina locais receberam um fornecimento regular de esqueletos humanos do dr. Holmes. Como as escolas careciam desesperadamente de espécimes anatômicos de qualidade, nenhuma pergunta era feita.

Holmes foi finalmente preso depois de matar seu cúmplice, Ben Pitezel. O assassino usou o cadáver de Pitezel para aplicar seu golpe favorito e fraudar um seguro de vida, mas foi pego por investigadores perspicazes. A descoberta dos horrores dentro de seu "Castelo da Morte" em Chicago – juntamente com a revelação de que ele matara três dos filhos de Pitezel para encobrir o golpe – deixou o país inteiro em estado de choque. O julgamento do "Grande Demônio" (como Holmes logo foi apelidado) tornou-se o caso criminal com mais repercussão do século. Após ser condenado, Holmes confessou 27 assassinatos, mas as autoridades acreditavam que o número de mortes podia chegar a cinquenta – dez vezes mais que o número acumulado por Jack, o Estripador.

Como as carreiras desses dois serial killers coincidiram, alguns aficionados pelo tema os consideram contrapartes transatlânticas. Mas outros – levando em consideração a vida dupla do jovem médico – enxergam Holmes como a versão americana de outro monstro vitoriano. Se alguma vez houve um dr. Jekyll e um mr. Hyde na vida real, dizem essas pessoas, então com certeza era Henry H. Holmes.

PERFIL CRIMINAL PERFIL C

ALBERT FISH 1870–1936

Edward Budd era um jovem de aspecto saudável e vigoroso, filho mais velho de uma família pobre de classe operária que vivia como podia em um conjunto habitacional em Nova York. No fim de maio de 1928, na esperança de conseguir um trabalho temporário no campo durante o verão, Budd colocou um anúncio no jornal: "Jovem, 18, procura trabalho no campo".

Dias depois, um velho de aspecto frágil, olhar amável e bigode curvado apareceu no apartamento dos Budd. Apresentando-se como Frank Howard, o homenzinho explicou que estava contratando ajudantes para sua fazenda em Long Island. Ele tinha visto o anúncio de Edward no jornal e viera entrevistá-lo para o emprego.

Depois de examinar o rapaz por um instante, o velho pareceu satisfeito com o que viu e então lhe fez uma oferta generosa, combinando voltar em breve para buscar Edward e levá-lo para a fazenda.

Alguns dias depois, em 3 de junho, um domingo, o velho retornou. Edward estava fora resolvendo um problema. A sra. Budd convidou o novo patrão do filho para almoçar com a família enquanto aguardavam o jovem retornar.

Pouco depois, enquanto o sr. Howard sentava à mesa da cozinha dos Budd, o membro mais jovem da família – uma radiante garotinha chamada Grace – veio zanzando pela casa. A menina de imediato capturou a atenção do velho, que a chamou, colocou-a sentada em seu joelho e se pôs a elogiar sua beleza. Ela o lembrava, disse o homem, enquanto afagava os cabelos castanhos e sedosos da garotinha, sua neta de dez anos.

De repente, virou-se para os pais da menina como se tivesse acabado de ter uma ideia. Sua sobrinha, que morava na parte alta de Manhattan, daria uma festa de aniversário naquela tarde. Ele tinha decidido ir à festa e ficar lá por algumas horas e em seguida buscar Edward. Quem sabe Grace não gostaria de ir com ele? Seria uma festa e tanto – com muitas crianças, brincadeiras e sorvete. Ele cuidaria bem dela e a traria de volta para casa antes de escurecer.

A sra. Budd se sentiu um pouco receosa de deixar a filha sair com um homem praticamente estranho. Mas o sr. Howard parecia tão inofensivo que seus receios pareciam bobos. E, além disso, aquele distinto senhor oferecera a seu filho um emprego do qual todos dependiam.

A mulher, então, deixou-se convencer. "Deixe-a ir", encorajou o pai de Grace. "Ela nunca tem muita chance de se divertir." Grace vestiu sua roupa mais bonita. Em seguida, a criatura conhecida como Frank Howard – cujo nome era, na verdade, Albert

Fish e cujos modos amáveis escondiam uma mente de inimaginável depravação – tomou a menina pela mão e a levou para longe de casa em direção a uma estação de trem.

Antes de embarcar no trem, o velho parou para pegar uma saco de lona que escondera atrás de uma banca de jornais a caminho do apartamento dos Budd. Embrulhados dentro do saco estavam uma faca de açougueiro, um cutelo e uma serra.

Descrever Albert Fish como a ovelha negra da família é um eufemismo que beira o ridículo. Nenhuma família na história dos EUA já foi amaldiçoada com ovelha mais negra. Embora seus antepassados tenham lutado na Guerra de Independência e seu homônimo tivesse servido como secretário de Estado do governo de Ulysses S. Grant, 18º presidente dos EUA, Albert Fish – cujo nome real era Hamilton Fish – veio de um ramo da família caracterizado pela pobreza e a psicose. Quando tinha cinco anos, seus pais, sem condições de criá-lo, o enviaram para um orfanato público. Lá, Fish teve uma professora cuja forma preferida de punição era despir seus jovens protegidos e espancar seus corpos nus enquanto os outros meninos e meninas assistiam. Fish saiu dessa experiência com uma educação peculiar. O que ele aprendeu, como disse mais tarde, foi a "desfrutar de tudo que doía". Aos 28 anos, Fish levava uma vida irregular como pintor de paredes e faz-tudo. Casou-se com uma mulher de 19 anos que acabaria o abandonando por outro homem, deixando-o sozinho para cuidar dos seis filhos. Ele era um pai e avô dedicado. Ao mesmo tempo, nutria outros sentimentos em relação a crianças. À medida que envelhecia, Fish ficava cada vez mais possuído pelo que descreveu como "um desejo pelo sangue delas [das crianças]".

Obcecado por toda a vida com religião, Fish começou a ter intensas visões de Cristo e Seus anjos e a ouvir a voz de Deus se dirigindo a ele com palavras sombrias, quase bíblicas. "Abençoado é o homem que retifica seu filho e em quem se regozija com chicotadas." "Bem-aventurado é aquele que toma seus pequeninos e precipita suas cabeças contra as pedras." Ele se via como Abraão e a cada uma de suas pequenas vítimas como um jovem Isaac. "Eu sentia", explicou Fish mais tarde, "que precisava oferecer uma criança para sacrifício, para me purificar dos pecados, aos olhos de Deus."

Sua compulsão por matar se tornou irresistível.

Até hoje, ninguém sabe o número preciso de vítimas de Fish, mas parece certo que ele molestou várias centenas e assassinou pelo menos 15. A maioria eram crianças de bairros pobres. Muitas de suas vítimas eram negras e as autoridades – depois de uma investigação superficial – simplesmente desistiam da busca. Com o tempo, a polícia ficaria sabendo da boca do próprio Albert Fish alguns detalhes horripilantes do seus crimes.

Mas isso não ocorreria até seis anos depois do desaparecimento de Grace Budd. E em 3 de junho de 1928 os pais de Grace não tinham como saber desses fatos sobre o monstro que se identificou como Frank Howard – o simpático senhor que embarcou com a filhinha deles em um trem de Nova York carregando sob o braço um saco contendo as ferramentas que ele gostava de pensar como seus "instrumentos do inferno".

Ao longo dos seis anos que se seguiram, a polícia de Nova York, liderada pelo detetive William King, do Departamento de Pessoas Desaparecidas, organizou uma grande operação para localizar a menina Budd e seu sequestrador. As esperanças eram alimentadas e frustradas com espantosa regularidade.

Então, em novembro de 1934, uma carta chegou à mãe de Grace. Seu conteúdo era profundamente perturbador. O autor, anônimo, começou relatando uma história que tinha ouvido sobre "uma onda de fome na China", durante a qual meninos e meninas com menos de 12 anos eram capturados, esquartejados e tinham sua carne vendida. Ele explicou que ouvira essa história de um conhecido, um capitão de navio que morara em Hong Kong. "No domingo de 3 de junho de 1928" – continuou a carta – "eu os visitei no número 406 da West Fithteen Street [...] Almoçamos. Grace sentou no meu colo e me beijou. Eu me convenci a comê-la. Com a desculpa de levá-la a uma festa [...] Eu a levei para uma casa vazia em Westchester [...] Lá asfixiei-a até a morte, depois cortei-a em pedacinhos para poder levar a carne para meus aposentos. Cozinhei e comi. Como era doce e tenro seu pequeno lombo assado no forno."

Por meio de uma investigação à moda antiga, o detetive King conseguiu rastrear a fonte da carta. Armou-se uma cilada e Fish foi preso. Sua confissão chocou até os policiais mais calejados.

Fish revelou que Grace não era a vítima que ele tinha em vista. A ideia inicial era matar o irmão dela. Sua intenção era atrair Edward até uma casa abandonada na área suburbana de Westchester, subjugá-lo, amarrá-lo com uma corda grossa – e cortar fora seu pênis. Depois, ele planejava pegar o trem de volta para a cidade, deixando o garoto, amarrado e mutilado, sangrar até a morte no chão da casa.

No momento que viu a pequena Grace, entretanto, mudou de ideia. Era *ela* que ele queria sacrificar, não o irmão. Daí inventou a história da festa de aniversário na hora.

Depois de levá-la para fora da cidade, a um lugar conhecido localmente como Wisteria Cottage, ele a deixou no jardim da casa abandonada colhendo flores silvestres. Subiu para um quarto no andar superior e se despiu completamente. Escondendo-se atrás de uma porta, chamou Grace e esperou até que ela subisse. Quando ela chegou ao patamar da escada, ele saltou de trás da porta e a estrangulou, ajoelhando-se sobre seu peito e atingindo o orgasmo duas vezes enquanto ela morria.

Então cortou o corpo da menina em pedaços e se desfez deles em vários lugares ao redor da propriedade. Conservou, entretanto, alguns pedaços do corpo, que embrulhou em jornal e levou consigo ao retornar à cidade. O julgamento de Fish em 1935 capturou a atenção do país com um fluxo constante de revelações chocantes – incluindo a incrível revelação de Fish de que usara os pedaços cortados do corpo da menina para fazer um guisado, cozinhando sua carne em uma panela com cenouras, cebolas e tiras de bacon, consumindo avidamente a mistura infernal por mais de uma semana.

Enquanto isso, Fish se apegava ao dr. Fredric Wertham, psiquiatra sênior do Hospital Bellevue, que tinha sido contratado pela defesa para examinar o maníaco. Pela primeira vez, Fish se abriu a outro ser humano, revelando a incrível história de sua vida e de seus crimes – uma história tão terrível que, anos mais tarde, depois de uma longa carreira lidando com criminosos insanos, Wertham continuaria a lembrar de Fish como o ser humano mais profundamente perturbado que já tinha encontrado.

Entre outras confissões incríveis, Fish explicou que uma de suas formas favoritas de gratificação sexual consistia em introduzir agulhas de costura em sua genitália, logo atrás do escroto. Wertham teve dificuldade de acreditar nessa afirmação até que exames de raios x revelaram 27 agulhas alojadas ao redor da região pélvica de Fish.

Por fim, Fish foi considerado culpado e sentenciado à morte. Até mesmo os jurados acreditavam que ele era louco. Mas, como um deles explicou depois, eles achavam que Fish devia ser eletrocutado de qualquer forma.

Na quinta-feira, 16 de janeiro de 1936, Albert Fish foi para a cadeira elétrica e se tornou o homem mais velho a ser eletrocutado na prisão Sing Sing.

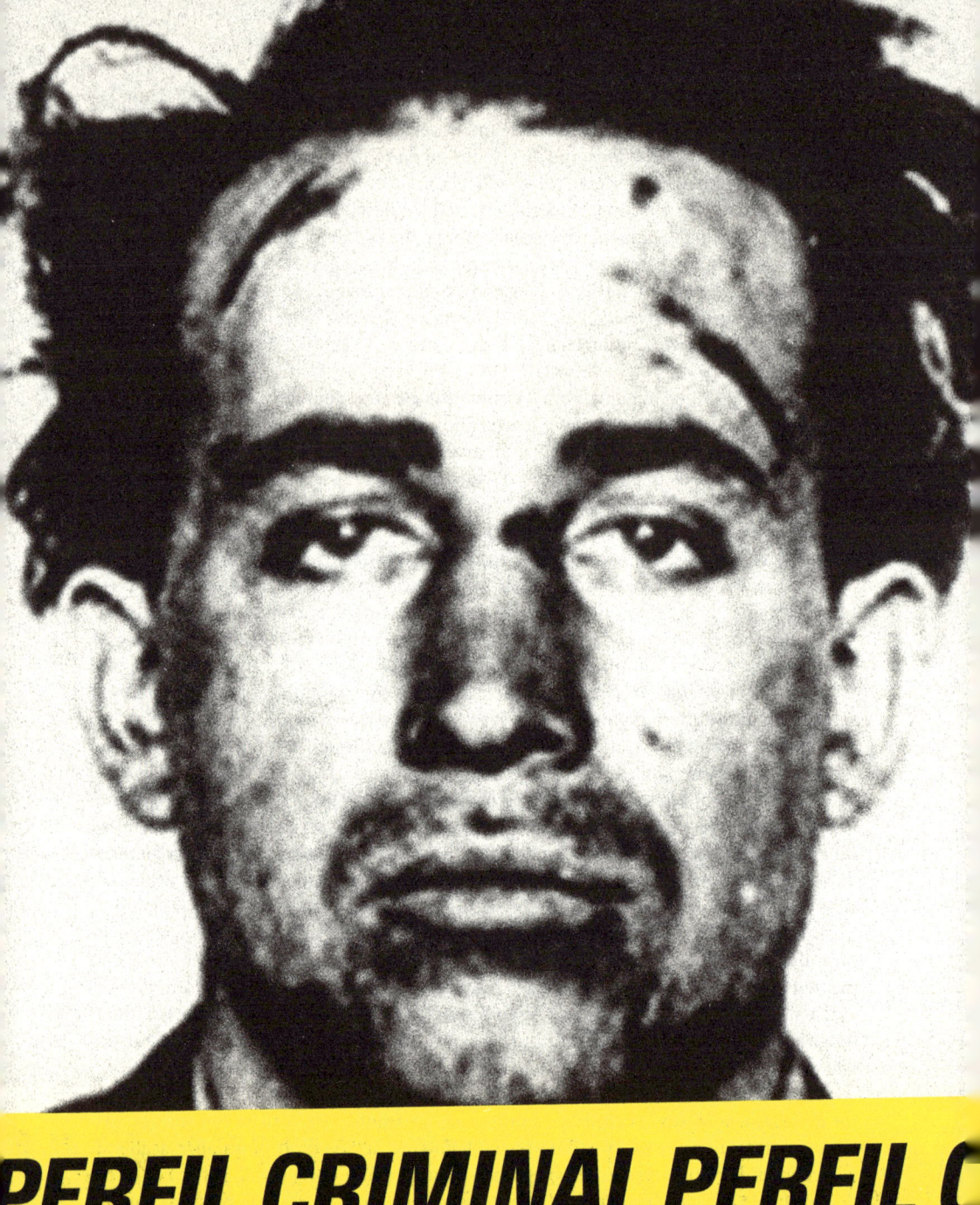

PERFIL CRIMINAL PERFIL C

EARLE LEONARD NELSON 1897–1928

Mesmo quando ainda era um bebê, Earle Nelson já tinha a capacidade de causar inquietação naqueles que o encontravam. De acordo com um escritor policial, a fotografia mais antiga do pequeno Earle mostrava "um bebê de boca aberta, abobalhado e com uma expressão vazia". A foto foi tirada pouco depois de Earle ficar órfão, quando seus pais morreram de sífilis. Com menos de um ano de idade, ele foi levado para a casa da avó materna, uma viúva extremamente religiosa que incutiu nele uma eterna fascinação pelas Escrituras.

Apesar de seus esforços para proporcionar ao neto uma vida doméstica estável, o comportamento de Earle se tornava cada vez mais errático conforme ele crescia. À mesa do jantar, mal parecia uma pessoa civilizada, devorando a comida com a ferocidade de um besta enjaulada. Ele conseguia perder as roupas toda vez que saía de casa. Quando não estava afundado em depressões profundas, era tomado de acessos incontroláveis de raiva. Aos sete anos, já tinha sido expulso da escola e ganhado reputação na vizinhança de delinquente e ladrão.

Em 1907, pouco depois do seu décimo aniversário, Earle sofreu uma grave lesão na cabeça ao colidir com um bonde enquanto andava de bicicleta. Ele permaneceu em coma por quase uma semana antes de recobrar a consciência. É possível que os danos cerebrais sofridos nesse acidente tenham contribuído para sua futura psicopatologia. Ou talvez – dada sua herança familiar de instabilidade e os sintomas comportamentais bizarros que manifestara desde a infância – sua vida tivesse sido a mesma se não fosse o bonde atingi-lo.

Em todo caso, sua educação formal terminou aos 14 anos. Abandonando a escola, ele se dedicou a uma série de trabalhos não qualificados, suplementando seus parcos ganhos (a maior parte gasta nos bordéis de Barbary Coast) com roubos. Àquela altura Earle morava com sua tia Lillian, já que a avó falecera alguns anos antes. Apesar

PERFIL CRIMINAL

SERIAL KILLERS
ANATOMIA DO MAL - HISTÓRIAS REAIS, ASSASSINOS REAIS

do comportamento cada vez mais estranho de Earle – sua tendência (como quem sofre da síndrome de Tourette) de vomitar obscenidades na mesa de jantar, sua sinistra obsessão pelo Livro do Apocalipse, seu extravagante hábito de andar pela casa sobre as mãos sempre que uma visita aparecia para um café –, Lillian continuou apoiando de forma incondicional o bizarro sobrinho. Quando ele foi preso e julgado por invasão de domicílio em 1915, ela implorou clemência aos jurados. Os apelos da mulher foram ignorados, entretanto, e Earle foi sentenciado a dois anos de prisão em San Quentin.

Libertado durante o auge da Primeira Guerra Mundial, Earle alistou-se nas Forças Armadas, mas passou boa parte de seu tempo de serviço em um hospital psiquiátrico da Marinha, diagnosticado como psicopata constitucional. Dispensado em 1919, Nelson, com 22 anos, arranjou trabalho como zelador em um hospital e logo se apaixonou por uma grisalha solteirona de 58 anos chamada Mary Martin. Não demorou até que esse estranho casal se unisse em matrimônio. A nova sra. Nelson logo se viu na companhia de um lunático que, quando não a estava acusando de infidelidade, fazia discursos desvairados sobre a Grande Besta do Apocalipse e se autoproclamava Jesus Cristo. Pouco depois de Earle estuprá-la em uma cama de hospital enquanto ela se recuperava de uma doença grave, Mary decidiu deixá-lo. Um ano depois ele atacou uma menina de 12 anos no porão de um prédio e foi parar novamente em um hospital psiquiátrico.

Recebeu alta em junho de 1925. Menos de um ano depois, embarcou na campanha homicida que o tornaria o serial killer mais temido e prolífico de sua época.

Em 20 de fevereiro de 1926, apareceu à porta da sra. Clara Newman, uma solteirona de sessenta anos que administrava uma pensão em São Francisco. Havia um aviso de "quartos vagos" na janela da frente. Nelson, explicando que procurava um lugar para ficar, pediu para ver o quarto disponível. Uma vez a sós com a proprietária, ele a estrangulou com as próprias mãos e depois estuprou seu cadáver.

Nos meses seguintes, Nelson viajou ao longo da Costa Oeste – de São Francisco a Seattle e vice-versa – em uma campanha monstruosa de assassinato e agressão sexual. Mais dez mulheres morreram em suas mãos entre fevereiro e novembro de 1926. Todas as vítimas eram proprietárias de hospedarias. Todas eram estranguladas até a morte e depois estupradas. Diversos cadáveres eram deixados em espaços estreitos – dentro de um baú, atrás da caldeira de calefação do porão. A imprensa logo apelidou o maníaco desconhecido de "Estrangulador das Trevas". Foi lançada uma grande operação policial abrangendo toda a Costa Oeste.

Nelson partiu para o interior do país. Em 2 de dezembro, assassinou a sra. John Brerard, de 49 anos, moradora de Council Bluffs, Iowa. Em 27 de dezembro, estrangulou Bonnie Pace, de 23 anos, moradora de Kansas City, Missouri. No dia seguinte, matou uma outra mulher de Kansas City, Germania Harpin, de 28 anos. Ele também asfixiou até a morte o filho de oito anos da sra. Harpin enfiando um pedaço de pano na garganta da criança.

Agora o país inteiro estava em estado de alerta. Testemunhas forneceram à polícia uma descrição do suspeito: cabelos escuros, constituição atarracada, testa inclinada, lábios protuberantes e mãos grotescamente desproporcionais. Havia algo de simiesco em sua aparência. A imprensa pôs então um novo apelido no assassino fantasma: o "Gorila Assassino".

Nelson partiu rumo ao leste do país. Entre abril e junho, assassinou mais quatro mulheres em Filadélfia, Buffalo, Detroit e Chicago. Seguindo para o Canadá, foi finalmente capturado depois de assassinar duas vítimas em Winnipeg – uma florista de 16 anos chamada Lola Cowan e uma dona de casa chamada Emily Patterson, cujo cadáver violado ele enfiou debaixo de uma cama.

Julgado e condenado em novembro de 1927, Nelson foi enforcado em janeiro do ano seguinte em Winnipeg. Ele caminhou para a morte agarrado à Bíblia e proclamando sua inocência. Seu banho de sangue durara pouco mais de um ano, de fevereiro de 1926 a junho de 1927. Durante esse curto espaço de tempo, vinte vítimas encontraram a morte nas mãos animalescas do "Gorila Assassino".

Earle Leonard Nelson em custódia

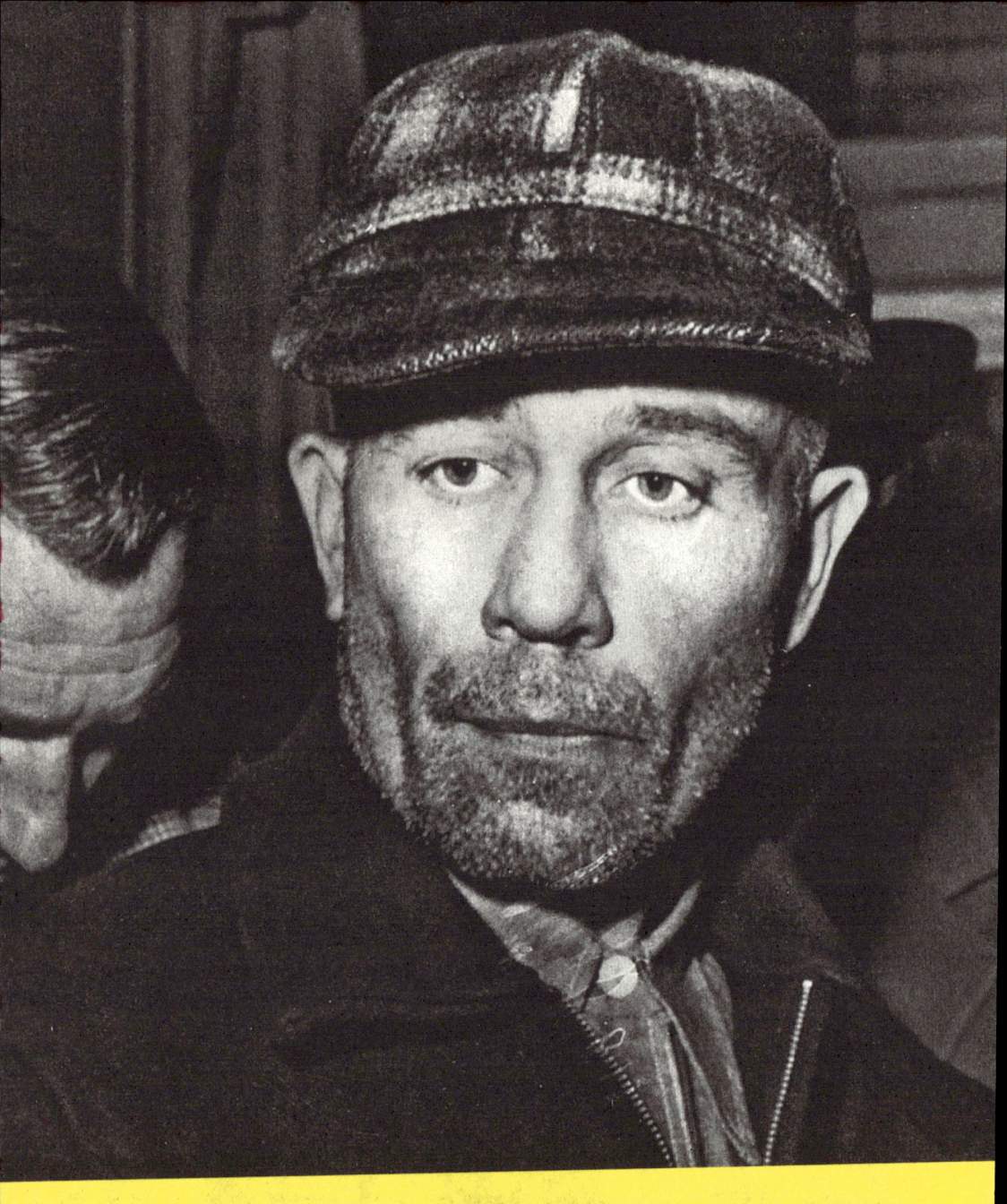

PERFIL CRIMINAL PERFIL

EDWARD GEIN 1906–1984

Uma bela loira despe suavemente o roupão, entra no chuveiro e abre a torneira. Então fecha a cortina de plástico. A água cai de maneira abundante. Ela se ensaboa, sorrindo. De repente, sobre seu ombro, uma sombra surge do outro lado da cortina. O vulto se aproxima. A cortina é puxada. O vulto, que tem a forma de uma velha, empunha uma faca de açougueiro. A lâmina investe com ímpeto, depois investe de novo. E de novo. Acordes estridentes na trilha sonora coincidem com os gritos agonizantes da vítima. Seu sangue se esvai em um redemoinho pelo ralo.

A sequência, é claro, é a famosa cena do chuveiro do filme *Psicose* (1960), de Alfred Hitchcock, o momento mais assustador do filme de horror mais influente dos tempos modernos. Depois de *Psicose*, um novo tipo de monstro começou a perseguir as telas de cinema dos EUA: o assassino psicótico.

E tomar banho nunca mais foi a mesma coisa.

A genialidade do filme de Hitchcock deriva de seu dom de nos arrastar para um mundo de total insanidade – um reino de pesadelo no qual um banheiro vira uma câmara de horrores, um jovem tímido se transforma em um travesti enlouquecido e uma doce velhinha se revela um cadáver mumificado. Quando o filme acaba, o público abalado se afasta da tela dizendo "graças a Deus é só um filme".

Talvez a coisa mais assustadora sobre *Psicose*, então, é que foi baseado em uma história real. De fato, havia um maníaco cujos atos abomináveis serviram de inspiração para o filme. Seu nome, entretanto, não era Norman Bates. Era Edward Gein.

Gein cresceu em uma fazenda miserável, alguns quilômetros próxima de Plainfield, Wisconsin, uma pequena e monótona cidade situada em uma área que tem sido chamada de o "Grande Coração Morto" do estado. Seu pai, George, era um tipo azarado com uma queda pela bebida. Embora George pudesse ser violento quando bêbado, ele não era páreo para sua tirânica esposa, Augusta.

No entanto, é difícil imaginar como *qualquer um* poderia medir forças com a determinação feroz de Augusta. Ou sua loucura total e absoluta.

Criada em uma intensa atmosfera religiosa, ela aos poucos se transformara em uma fanática desvairada que repisava sempre o mesmo tema: a repugnância pelo sexo. Ao olhar para o mundo à sua volta, tudo o que via era podridão e imundície. Ela fugira da cidade de LaCrosse – onde Eddie nascera – porque a julgava uma Sodoma moderna, recendendo pecado e perversão. Mas Plainfield, em sua visão distorcida, acabara se revelando não muito melhor. A pequena e religiosa cidade era, a seus olhos, um antro de depravação. Ela manteve seus dois filhos – Ed e o irmão mais velho, Henry – firmemente agarrados à barra de sua saia e os imbuiu de sua própria visão distorcida do mundo, na qual predominavam a perversidade, a vulgaridade das mulheres e a indignidade do amor carnal.

George Gein morreu de um ataque cardíaco em 1940. Ninguém – nem sua família – ficou triste de vê-lo partir. Sozinhos com a mãe, os dois meninos caíram ainda mais fortemente sob seu feitiço venenoso. Henry, pelo menos, parecia ter alguma consciência da influência destrutiva de Augusta e tentava ajudar o irmão a se libertar. Mas Eddie não lhe dava ouvidos. Ele idolatrava Augusta e não aceitava as críticas de seu irmão.

Em 1944, Henry foi encontrado morto na propriedade dos Gein – supostamente vítima de um ataque cardíaco enquanto apagava um incêndio no mato. Ninguém deu uma explicação convincente para os hematomas na parte de trás de sua cabeça.

Agora Eddie tinha sua mãe só para ele. Mas não por muito tempo. Em 1945, Augusta sofreu um derrame. Eddie cuidava dela dia e noite, embora nada que fizesse aparentemente fosse bom o bastante. Às vezes – com a voz arrastada, mas ainda carregada de desprezo – ela o chamava de frouxo e fracassado, assim como o pai. Outras vezes ela o chamava para perto, dando tapinhas no colchão. Eddie subia na cama de mansinho e agarrava-se à mãe, enquanto ela murmurava em seu ouvido que ele era seu homenzinho, seu bebê. À noite, ele chorava até dormir, rezando a Deus que poupasse a vida de sua mãe. Eddie nunca conseguiria viver sem ela; ela mesma o dissera.

Mas suas preces foram ignoradas.

Poucos meses depois, Augusta foi acometida de outro derrame, ainda mais devastador. Ela morreu em dezembro de 1945. Eddie Gein, com 39 anos, estava sozinho em seu mundo escuro, vazio e isolado.

Foi quando a loucura começou a se apoderar dele. Por muito tempo, ninguém parecia notar. Um solitário durante toda a vida, Ed começou a se isolar ainda mais – confinado entre as paredes castigadas pelo tempo de sua sombria e decrépita casa de fazenda. Mesmo quando se aventurava a sair em público – para resolver alguma pendência na cidade, fazer algum biscate ou beber uma cerveja de vez em quando na taberna de Mary Hogan – ele não parecia mais estranho do que antes. Talvez um pouco mais sujo, mais necessitado de um banho. Mas ele sempre fora um tipo esquisito, desde pequeno. As pessoas simplesmente aceitavam suas excentricidades.

É verdade que Ed parecia falar cada vez mais sobre os artigos de revista pelos quais era fascinado: histórias de atrocidades nazistas, caçadores de cabeças dos Mares do Sul e operações de mudança de sexo. E havia também as "piadas" que ele contava. Quando Mary Hogan, a proprietária da taverna local, uma mulher grande e desbocada, desapareceu repentinamente de casa certa tarde, deixando como rastro apenas uma poça de sangue, Eddie brincou dizendo que ela estava passando uns tempos em sua casa. Mas esse tipo de humor negro era algo que você esperaria de um esquisitão feito Eddie Gein.

Até mesmo as histórias sobre as coisas sinistras em sua fazenda não intimidavam a maioria das pessoas. Algumas crianças da vizinhança que tinham visitado sua casa afirmaram ter visto cabeças encolhidas penduradas nas paredes de seu quarto. Os rumores acabaram chegando aos ouvidos de Eddie, que tinha uma explicação plausível. As cabeças, ele disse, eram relíquias da Segunda Guerra Mundial, enviadas para ele por um primo que servira nos Mares do Sul. Seus vizinhos deram de ombros. Fazia sentido que Eddie tivesse artefatos estranhos assim.

Eles nunca imaginaram que Eddie pudesse ser capaz de ferir alguém. Diabos, aquele homenzinho manso de sorriso torto não suportaria ver sangue. Ele nem sequer saía para caçar veados, como todos os outros homens da cidade.

Isso é o que as pessoas diziam. Então Bernice Worden desapareceu.

Aconteceu em 16 de novembro de 1957 – o primeiro dia da temporada de caça ao veado. No fim daquela tarde, Frank Worden voltou para casa depois de um dia infrutífero na floresta e seguiu direto para a loja de ferragens que pertencia à sua mãe, Bernice, que também administrava o estabelecimento. Para sua surpresa, ela não estava lá. Rondando o local, Worden descobriu um rastro de sangue seco que levava da frente da loja à porta dos fundos. Também descobriu um recibo de venda de meio galão de anticongelante emitido para o último cliente de Worden: Eddie Gein.

Ao chegar à casa de Eddie para questioná-lo sobre o paradeiro da sra. Worden, a polícia encontrou o corpo da avó de 58 anos na cozinha externa, nos fundos da casa. Pendurada pelos calcanhares em um gancho de açougueiro, ela fora decapitada e estripada – amarrada e preparada para consumo como um veado abatido.

Chocados e enojados, os policiais pediram reforços. Pouco depois, uma dúzia de policiais chegou à fazenda para explorar o interior da casa dos horrores de Gein. O que eles descobriram durante aquela noite longa e infernal era pavoroso.

Tigelas feitas com o topo cerrado de crânios humanos. Cadeiras acolchoadas com carne humana. Abajures feitos de pele humana. Uma caixa cheia de narizes. Um puxador de cortina decorado com dois lábios femininos. Um cinto feito de mamilos femininos. Uma caixa de sapatos contendo uma coleção de genitálias femininas. Os rostos de nove mulheres, cuidadosamente desidratados, recheados com papel e montados, como troféus de caça, em uma parede. Uma roupa de pele humana, com seios e tudo, feita a partir do torso curtido de uma mulher de meia-idade. Mais tarde, Eddie confessou que, à noite, vestia a roupa e andava de modo afetado pela fazenda, fingindo ser sua mãe.

Por volta das 4h30, depois de diligentes buscas em meio à medonha bagunça da casa de Gein, um investigador descobriu um saco de juta ensanguentado sob um fétido colchão. Dentro havia uma cabeça recém-decepada. Dois pregos grandes, cada um com um laço de barbante amarrado na ponta, foram introduzidos nos ouvidos. Era a cabeça de Bernice Worden. Eddie Gein ia pendurá-la na parede como decoração.

Inicialmente, todos supunham que Eddie Gein estivesse operando um abatedouro humano. Mas durante suas confissões ele fez uma afirmação que parecia, a princípio, incrível demais para ser verdade. Ele não era de modo algum um assassino em massa, insistiu. Sim, ele matara duas mulheres – Bernice Worden e a dona da taberna, Mary Hogan, cuja pele preservada do rosto fora encontrada em meio à coleção macabra de Ed. Já as outras partes de corpos, revelou Eddie, haviam sido tiradas de cemitérios locais. Nos 12 anos que se sucederam à morte da mãe, ele fora um ladrão de tumbas, buscando nos mortos o companheirismo que ele não conseguia encontrar entre os vivos.

Conforme a definição estrita do termo, Eddie Gein não era um serial killer. Ele era um carniceiro (*ghoul*, no original).

Gein passou o restante de sua vida trancado em hospitais psiquiátricos. Muito antes de morrer de câncer, em 26 de julho de 1984, aos 78 anos, ele foi imortalizado no filme *Psicose*, baseado em um romance cujo autor – Robert Bloch – tinha se inspirado no caso de Gein. Seu corpo foi levado de volta a Plainfield para ser enterrado ao lado de sua mãe. Eddie Gein estava de volta ao lugar a que pertencia.

PERFIL CRIMINAL PERFIL C

HARVEY M. GLATMAN 1928–1959

Nascido no Bronx, em 1927, Harvey Glatman mudou-se para Denver com os pais, Alberto e Ofélia, quando ainda estava na escola primária. Com um nariz grande, orelhas de Dumbo e óculos de aros grossos ele parecia uma versão de carne e osso do nerd Milhouse, personagem da série de TV *Os Simpsons*. Seu medo do sexo oposto era evidente desde o início. Solitário e desajeitado socialmente, ele não podia falar com uma menina sem ficar vermelho como um pimentão.

Ele também era um pervertido sexual precoce, dedicando-se a práticas eróticas bizarras desde muito pequeno. Glatman não tinha mais que quatro anos quando sua mãe entrou no seu quarto e o encontrou nu, com uma das pontas de uma corda esticada e amarrada em volta do pênis e a outra presa a uma gaveta. Foi a primeira manifestação do fetiche por cordas que dominaria a vida de Glatman e acabaria levando três mulheres a uma morte terrível.

Aos 11 anos, Harvey se dedicava intensamente a uma perigosa prática conhecida como asfixia autoerótica: prendendo a cabeça em um laço, atirava a corda por sobre uma viga e se asfixiava enquanto se masturbava com a mão livre. Surpreendido pelos pais durante essa "brincadeira", eles resolveram consultar um médico, que atribuiu a prática a "dores de crescimento" e assegurou aos Glatman que seu filho a abandonaria com a idade.

Longe de diminuírem, as compulsões perversas de Glatman só pioraram com o tempo. No ensino médio, ele começou a invadir casas, voltando de uma dessas incursões com um revólver calibre .26 roubado. Em pouco tempo ele tinha "evoluído" de furto para agressão sexual. Entrando furtivamente nas casas de jovens atraentes, ele as amarrava sob a mira do revólver e as acariciava enquanto se masturbava.

PERFIL CRIMINAL

SERIAL KILLERS
ANATOMIA DO MAL - HISTÓRIAS REAIS, ASSASSINOS REAIS

Em junho de 1945, enquanto aguardava julgamento sob a acusação de roubo, Glatman, com 17 anos, raptou uma mulher de Denver e submeteu-a ao mesmo tipo de abuso antes de levá-la para casa. Ela alertou imediatamente a polícia e, em pouco tempo, o adolescente estava atrás das grades na Prisão Estadual do Colorado.

Posto em liberdade condicional depois de menos de um ano, Glatman – a pedido dos pais, que tinham a esperança de que ele deixasse o passado negro para trás – mudou-se para Yonkers, Nova York, e lá arranjou trabalho como técnico de reparo de TVs – um ofício aprendido na prisão. Dominado por impulsos patológicos cada vez mais intensos, entretanto, ele conseguiu se manter longe de problemas por menos de um mês. Em agosto de 1946, brandindo um revólver de brinquedo, ele abordou um jovem casal de namorados que passeava à meia-noite, amarrou o homem com um pedaço de corda e em seguida começou a acariciar a mulher. Conseguindo se libertar das cordas, o namorado atacou Glatman, que sacou um canivete, apunhalou o homem nos ombros e desapareceu nas sombras.

Naquela mesma noite, embarcou em um trem a caminho de Albany, onde, poucos dias depois, tentou atacar uma enfermeira e assaltou duas mulheres de meia-idade. A polícia, que andava à procura de um agressor de mulheres, avistou Glatman dois dias depois enquanto seguia uma vítima em potencial por uma rua escura. Ao revistá-lo, encontraram seu revólver de brinquedo, um canivete e um pedaço de corda. Após dois meses, Glatman – com apenas 19 anos – estava novamente atrás das grades, dessa vez cumprindo uma pena de cinco a dez anos.

Enquanto estava preso, Glatman foi avaliado por um psiquiatra que o diagnosticou como uma "personalidade psicopática – do tipo esquizofrênica" com "impulsos sexualmente pervertidos como base de sua criminalidade". Apesar da avaliação de contornos sinistros, Glatman ganhou liberdade condicional depois de menos de três anos.

Liberado sob custódia dos pais, ele retornou a Denver, foi morar com a mãe e passou os quatro anos e meio que se seguiram trabalhando em diversos biscates e se apresentando ao oficial de liberdade condicional. Finalmente, no início de 1957, depois de ganhar liberdade plena, mudou-se para Los Angeles – e seus desejos psicopatas adormecidos despertaram com um vigor mortal.

Depois de arranjar trabalho como técnico de reparo de TVs, Glatman começou a frequentar os sórdidos clubes de fotografia em que tarados podiam tirar "fotos artísticas" de jovens modelos nuas. Muitas dessas mulheres eram aspirantes a atriz, ganhando a vida como podiam. Elas também aceitavam trabalhos por fora. Glatman, usando o pseudônimo "Johnny Glenn", aproximou-se de um garota de rosto angelical chamada Judy Dull, de 19 anos. Ele explicou que trabalhava como fotógrafo independente para uma revista policial[1] e perguntou se ela não estaria interessada em posar. O pagamento era de vinte dólares a hora.

Judy Dull concordou.

Levando-a para seu apartamento, Glatman explicou que ela teria que ser amarrada e amordaçada e fingir estar realmente assustada, como se prestes a ser estuprada. Qualquer receio que Judy Dull pudesse ter era dissipado pela aparência inofensiva e

---

[1] Refere-se às chamadas *true detective magazines*, revistas sobre crimes verídicos publicadas nos EUA desde a década de 1920. [NT]

a cara de pateta de Glatman. Amarrada e sentada em uma poltrona, a jovem fazia sua parte – assumindo uma expressão aterrorizada e se contorcendo em seu assento – enquanto Glatman batia as fotos. De repente, a brincadeira ficou terrivelmente séria. Puxando uma arma, ele a desamarrou, forçou-a a se despir e a estuprou repetidas vezes. Quando escureceu, ele a levou de carro até o deserto, estrangulou-a com um pedaço de corda, tirou algumas fotos de seu corpo e a deixou lá para os abutres e coiotes.

Mais duas vítimas se seguiram: uma divorciada de 24 anos que ele conheceu em um clube para solteiros e uma antiga dançarina de striptease que, como Judy Dull, posou para um uma sórdida "agência de modelos". Ambas foram mortas no estilo característico de Glatman: amarradas, fotografadas, estupradas sob a mira de uma arma, estranguladas e fotografadas novamente, mortas, antes de serem largadas no deserto.

No verão de 1958, um patrulheiro rodoviário viajando pela autoestrada de Santa Ana deparou-se com um homem e uma mulher atracando-se ao lado de um carro no acostamento. Parando para investigar, o policial encontrou Glatman se engalfinhando com uma modelo de 28 anos chamada Lorraine Vigil, que conseguira desarmar o assassino, jogando sua arma para longe enquanto ele tentava raptá-la.

Levado sob custódia, Glatman confessou tudo. Ao fazer uma busca em seu apartamento, a polícia descobriu uma caixa de ferramentas contendo sua horripilante coleção de fotos. Em algumas fotografias, as mulheres estavam totalmente vestidas. Em outras, estavam parcial ou completamente nuas. Amarradas e amordaçadas, elas tinham expressões aterrorizadas. As fotografias mais aterradoras de todas, no entanto, eram as que ele tirou das vítimas depois de mortas, com os corpos cuidadosamente dispostos em poses para sua câmera.

Depois de ser considerado culpado, Glatman foi sentenciado à morte. "É melhor assim", disse quando a sentença foi proferida pelo juiz. Ele morreu na câmara de gás da Penitenciária de San Quentin em 18 de setembro de 1959.

> Compreender Harvey Glatman é compreender a
> psicologia básica de um serial killer.
> — Colin Wilson —

Hi Nick,
From Pogo
John W Gacy
1989

JOHN WAYNE GACY 1942–1994

A polícia já tinha feito uma visita a John Wayne Gacy em 1978. Acordado no meio da noite por gritos estridentes vindos da casa atrás da sua, um vizinho chamara a polícia. Uma viatura foi enviada à casa de Gacy em Norwood Park, bairro residencial de Chicago. Mas os policiais que questionaram o dono foram embora convencidos de que não havia nada de errado.

Então um menino de 15 anos chamado Robert Piest desapareceu.

Piest era um estudante brilhante, ambicioso, que trabalhava depois da escola como estoquista em uma farmácia. No dia de seu desaparecimento – 11 de dezembro de 1978 – ele contou à mãe que sairia mais cedo da farmácia para falar com um homem a respeito de um trabalho temporário de verão. O homem era um empreiteiro local. Seu nome era John Wayne Gacy.

Informada pelos pais de Piest que seu filho tinha desaparecido, a polícia investigou os antecedentes de Gacy e descobriu que ele cumprira pena na prisão dez anos antes. A acusação era sodomia. A vítima, um menino de 15 anos.

Pouco depois, Gacy foi detido e uma equipe de investigadores foi enviada com um mandado de busca. Enquanto vasculhavam a casa em busca de pistas, toparam com indícios cada vez mais comprometedores e sinistros: revistas pornográficas contendo imagens de sexo entre homens mais velhos e rapazes; um vibrador incrustado com matéria fecal; e – escondidos por toda a casa e garagem – itens pessoais que claramente pertenciam a garotos adolescentes, como adornos, roupas, carteiras.

Eles também encontraram um alçapão em um armário da sala que dava acesso ao espaço sob a casa. O lugar estava inundado.

Depois de drenar o espaço, os investigadores desceram sobre a lama fétida. Lá descobriram nauseantes indícios de crimes hediondos: nacos de carne humana e grande quantidade de ossos, alguns deles já escurecidos e podres, outros cobertos com carne desidratada e embalsamada.

Confrontado com essas descobertas, Gacy imediatamente confessou as atrocidades que o marcariam como um dos serial killers mais monstruosos dos Estados Unidos: a tortura e assassinato de 33 garotos ao longo de um período de seis anos.

A notícia parecia inacreditável a princípio, não só devido à monstruosidade dos crimes – que estabeleceram um novo e bizarro recorde –, mas também por conta da imagem pública de Gacy. Para o mundo, John Wayne Gacy era um cidadão modelo, um empresário ambicioso e bem-sucedido que ainda encontrava tempo para se dedicar aos interesses da comunidade e causas beneficentes. Uma de suas atividades favoritas era se vestir como "Pogo, o Palhaço" e entreter crianças doentes no hospital local. Engajado na política local, ele também era um membro estimado da Câmara de Comércio Jovem. Penduradas na parede de seu escritório pessoal havia fotografias em que aparecia cumprimentando o prefeito de Chicago e a primeira-dama Rosalynn Carter.

Mas a imagem pintada pelos psiquiatras nomeados pelo tribunal para traçar o perfil de Gacy era bem diferente.

Criado por um pai alcoólatra e abusivo – que passava a maior parte do tempo ridicularizando o filho, chamando-o de "maricas" –, Gacy se tornou um hipocondríaco gorducho cujas tendências homossexuais eram fonte de uma profunda aversão a si mesmo. Na tentativa de parecer "normal", casou-se cedo e instalou-se em Waterloo, Iowa, onde administrava uma franquia do Kentucky Fried Chicken. Mesmo enquanto construía uma imagem impecável, entretanto, ele levava uma vida secreta como um sedutor e molestador de garotos menores de idade. Preso em 1968 por sodomia, foi sentenciado a dez anos de prisão. Sua esposa pediu o divórcio no dia da condenação.

Gacy demonstrou ser um prisioneiro tão exemplar que recebeu liberdade condicional depois de menos de dois anos. Mudando-se para Chicago, casou-se novamente e começou a atuar como empreiteiro. Não demorou, entretanto, para que seus impulsos mais sinistros voltassem a se manifestar – e de forma ainda mais terrível. Ele se tornou um predador de seres humanos, um sádico ardiloso e sem remorsos que torturava e matava para satisfazer seus caprichos perversos.

Embora algumas de suas vítimas fossem conhecidos ou empregados, a maioria eram garotos de programa e jovens fugidos de casa. Gacy – às vezes fazendo-se passar por policial – caçava vítimas no terminal de ônibus ou em uma área local frequentada por gays conhecida como Bughouse Square (Praça do Manicômio, em tradução livre). Retornando para casa com o rapaz escolhido, ele o algemava, sodomizava e torturava durante horas antes de cometer a atrocidade final – o "truque da corda". Enrolando uma corda de náilon em volta do pescoço da vítima, Gacy usava o cabo de um martelo para apertar lentamente a corda, atingindo o orgasmo sexual enquanto a vítima era estrangulada até a morte.

Quando o garoto já estava morto, Gacy enterrava seus restos no porão. Vinte e nove cadáveres decompostos foram recuperados da lama sob sua casa. Com o tempo, Gacy ficou sem espaço e começou a jogar os corpos em um rio das proximidades.

Ele tentou convencer o júri de que sofria de dupla personalidade e não devia ser punido por seus crimes já que tinham sido cometidos por um alter ego maligno chamado "Jack". O júri não aceitou sua alegação de insanidade e, em março de 1980, sentenciou-o à morte.

Quatorze anos se passaram antes que a sentença fosse cumprida. Durante esse tempo, ele produziu um grande número de pinturas grotescamente joviais – muitas delas de palhaços de circo e personagens da Disney –, itens cobiçados entre estudiosos e colecionadores deste tipo de coisa. Ele também se orgulhava de sua sinistra celebridade, gabando-se de ter sido tema de "11 livros de capa dura, 31 de capa mole, dois roteiros, um filme, uma peça *off-Broadway*,[1] cinco músicas e mais de cinco mil artigos".

Pouco depois da meia-noite de 10 de maio de 1994, Gacy foi executado por injeção letal. Suas últimas palavras foram: "*Kiss my ass!*" ("Beije minha bunda!")

---

[1] Representada fora do circuito de teatros de maior prestígio. [NT]

PERFIL CRIMINAL PERFIL C

GARY HEIDNIK 1943–1999

Vincent Nelson não via a namorada, Josefina Rivera, desde o Dia de Ação de Graças de 1987, quando ela saíra correndo de seu apartamento depois de uma briga feia. Então ficou surpreso quando ela apareceu de repente na porta de sua casa quatro meses depois, no dia 24 de março, perto da meia-noite. O espanto não se devia apenas à visita inesperada de Josephine, mas também ao seu estado físico deplorável: ela parecia tão debilitada e cadavérica quanto alguém saído de um campo de concentração.

O mais chocante de tudo era a história de terror que Josefina tinha para contar. Mal conseguindo conter a histeria, ela narrou a Nelson como ela e várias outras mulheres vinham sendo mantidas acorrentadas em um porão por um lunático que as submetera a quatro meses de estupro, espancamentos e tortura. E o pior ainda estava por vir.

Duas das garotas tinham morrido. O lunático – cujo nome era Gary Heidnik – picara o corpo da primeira vítima de assassinato e forçara Josefina e as outras prisioneiras a comer a carne da mulher morta.

Resumindo, Josefina Rivera parecia uma alma penada por uma boa razão. Ela estivera vivendo no inferno pelos últimos quatro meses.

O primeiro impulso de Nelson foi ir ele mesmo atrás de Heidnik, mas, depois de pensar melhor, resolveu ligar para o 911. Os policiais estavam céticos no início. Mas seu ceticismo deu lugar ao horror depois que obtiveram um mandado de busca e entraram à força na casa de Heidnik no norte da Filadélfia. Josefina Rivera dissera a verdade. O porão de Gary Heidnik era um calabouço de tortura. Dentro do porão, úmido e sujo, os policiais encontraram duas mulheres negras e seminuas acorrentadas aos canos de tubulação. Uma terceira, completamente nua, estava presa em um poço raso, coberto de tábuas.

No andar de cima, encontraram base para a acusação mais incrediável de Rivera. Armazenado com cuidado no freezer da cozinha havia o antebraço de uma mulher, enquanto uma forma de assar dentro do forno continha uma costela humana carbonizada. A afirmação de Rivera era evidentemente verdadeira: Gary Heidnik tinha forçado suas prisioneiras a comer carne humana. Ele as tinha transformado em canibais.

Nessa altura, Heinik estava preso. As manchetes dos jornais de todo o país anunciavam com estardalhaço o "Calabouço de Tortura da Filadélfia" e a "Casa dos Horrores de Heidnik". Chocados com a história, os cidadãos norte-americanos sacudiam a cabeça e se perguntavam: que tipo de criatura seria capaz de cometer tamanhas atrocidades?

Gary Heidnik nascera com grande potencial. Ele possuía um QI excepcional de 130 pontos e um traquejo para negociar na bolsa que faria sucesso em Wall Street. Mas Heidnik não estava destinado a uma carreira em Wall Street. Seus pais se certificaram disso.

Seu pai era um disciplinador selvagem – o tipo de homem que lidava com a enurese do filho pendurando os lençóis manchados do lado de fora da janela para que o mundo inteiro visse. Sua mãe, uma beberrona que abandonara a família quando Gary tinha dois anos, acabaria, por fim, cometendo suicídio.

Quando Heidnik ingressou no Exército, em 1962, já começava a manifestar problemas psicológicos severos que o afligiriam pelo resto da vida. Entre o momento em que o Exército o dispensou por deficiência mental, em 1963, e o dia de sua prisão, cerca de um quarto de século mais tarde, Heidnik entraria e sairia de instituições psiquiátricas 21 vezes. Ele também fez mais de uma dúzia de tentativas de suicídio por enforcamento, overdose de drogas e condução imprudente. Certa vez, destruiu uma lâmpada e se obrigou a engolir o vidro pulverizado.

Durante períodos mais lúcidos, Heidnik se dedicava a uma série de atividades. Estagiou como assistente de enfermagem. Com as economias de sua pensão do Exército, comprou uma casa decrépita de três andares e colocou o imóvel para alugar. Ele também encontrou Jesus. Em 1971, criou a Igreja Unida dos Ministros de Deus, elegeu a si mesmo bispo e atraiu um punhado de seguidores, que contribuíram com 1.500 dólares para a causa. Heidnik investiu os fundos no mercado de ações e, em dez anos, construiu um portfólio de meio milhão de dólares.

Heidnik tinha inclinação sexual por mulheres negras mentalmente retardadas. Uma das suas muitas namoradas lhe deu uma filha em 1978. Em maio do mesmo ano, Heidnik foi até Harrisburg, Pensilvânia, com a mulher, cuja irmã, Alberta – de 34 anos, mas com um QI de bebê –, estava internada em uma instituição mental, na qual morava já há vinte anos. Eles obtiveram permissão de levar Alberta para dar um passeio, mas ela não foi levada de volta. Acionada, a polícia a encontrou agachada no porão de Heidnik. Exames médicos revelaram que Alberta fora estuprada e sodomizada, e sua garganta infectada com gonorreia contraída através de sexo oral forçado.

Heidnik foi preso, condenado e sentenciado a uma pena de três a sete anos de prisão. Ele acabou cumprindo apenas quatro anos da pena, a maior parte em instituições mentais variadas. Um dia, a meio caminho de cumprir sua pena, Heidnik rabiscou uma mensagem e a entregou para os guardas. Ele não podia mais falar, dizia a mensagem, porque o diabo enfiara um biscoito em sua garganta. Nos dois anos e meio que se seguiram, Gary Heidnik ficou mudo.

Depois de ser libertado, casou-se por correspondência com uma filipina, com quem teve um filho. Cansada de ser forçada a ver o marido fazendo sexo com prostitutas negras, ela o abandonou. Logo depois de sua partida, Heidnik ficou obcecado com um plano para criar uma fábrica de bebês no porão de sua casa. Sua intenção era sequestrar, aprisionar e engravidar dez mulheres. A primeira foi Josefina Rivera, de 26 anos, uma prostituta em tempo parcial. Heidnik a abordou no Dia de Ação de Graças e a levou até seu apartamento. Quando terminaram de fazer sexo, ele a estrangulou até deixá-la submissa. Depois a obrigou a descer para o porão e a acorrentou a um cano.

Dois dias depois, trouxe mais uma vítima para seu harém das trevas – uma afro-americana com retardo mental moderado chamada Sandra Lindsay. As mulheres eram submetidas à tortura, espancamentos e estupros diários. A dieta delas consistia de pão e farinha de aveia e, às vezes, um biscoito para cachorros. Não demorou até que outras vítimas chegassem – cinco mulheres ao todo.

As punições de Heidnik se tornaram mais insanas. Ele as submetia a choques elétricos e enfiava chaves de fenda em seus ouvidos. Quando Sandra Lindsay morreu depois de ficar pendurada pelos punhos em um cano por uma semana, Heidnik arrastou seu corpo para cima, desmembrou-o com uma serra elétrica, cozinhou sua cabeça em uma panela grande, assou sua caixa torácica no forno, e moeu sua carne em um liquidificador.

Depois misturou a carne moída com comida de cachorro e deu para as prisioneiras sobreviventes comerem.

Deborah Dudley, de 23 anos, começou a criar problemas e Heidnik decidiu tratá-la com uma terapia de choque. Ele a atirou em um fosso cheio de água e enfiou um fio elétrico carregado dentro. O fio tocou em suas correntes e a matou. Heidnik armazenou o corpo da vítima no freezer por alguns dias, depois o levou de carro até a Floresta Estadual de Wharton, em Nova Jersey, e o despejou no meio do mato.

Dois dias depois, Rivera conseguiu fugir e foi direto para a casa do namorado.

Em 1º de julho de 1988, Gary Heidnik foi considerado culpado de 18 acusações, incluindo duas de homicídio qualificado. Seu pai, ao ser informado de que o filho fora sentenciado à morte, respondeu: "Não estou interessado". Depois dos habituais atrasos, Heidnik foi executado por injeção letal em 6 de julho de 1999.

PERFIL CRIMINAL PERFIL C

JEFFREY DAHMER 1960–1994

Talvez o horror pudesse ter sido evitado. Certamente, sinais de alerta apareceram ao longo do caminho – sinais de que havia algo de errado com Jeffrey Dahmer. Algo de muito errado.

No entanto, milhões de pessoas sofrem de distúrbios emocionais durante a infância e não acabam como Jeffrey Dahmer. Elas não se tornam monstros.

Dahmer nasceu em Milwaukee, mas foi criado em Bath, Ohio – uma confortável comunidade de classe média. Seus pais se odiavam e, como Dahmer recordaria mais tarde, estavam "sempre agarrando o pescoço um do outro". Suas brigas intermináveis deixavam pouco tempo para o filho mais velho. Sem amigos e negligenciado, Dahmer se isolava cada vez mais em seu mundinho de fantasia.

Ele adotou um passatempo único: matar pequenos animais, esfolá-los e raspar suas carnes com ácido. Em um galpão no quintal, exibia sua coleção de esqueletos de esquilo. Dahmer também criou um cemitério de animais só seu ao lado de casa. Às vezes, entretanto, Jeffrey não enterrava os corpos e preferia usar estacas para fixá-los às árvores.

Carente de atenção, ele apelou para atos desesperados. Embora se saísse bem no ensino médio, seu comportamento era muitas vezes bizarro. Ele emitia berros imitando balidos de ovelha durante as aulas e fingia ter ataques epiléticos nos corredores. Quando o quadro de honra da escola se reuniu para tirar o retrato do anuário, Dahmer se infiltrou na foto. A brincadeira não foi descoberta até que a fotografia fosse revelada. O editor, indignado, pegou uma caneta hidrográfica e borrou o rosto de Dahmer. Na imagem publicada, Dahmer aparece cercado por outros estudantes, com o rosto envolto em trevas.

Era uma imagem apropriada. Naquela época, uma escuridão mortal já tinha começado a envolver a vida de Dahmer. Ele se entregava à bebida. Suas fantasias de tortura, mutilação e assassinato se tornavam cada vez mais obsessivas.

PERFIL CRIMINAL

SERIAL KILLERS
ANATOMIA DO MAL - HISTÓRIAS REAIS, ASSASSINOS REAIS

Certo dia, em 1975, alguns meninos do bairro, perambulando pela mata atrás da casa de Dahmer, se depararam com uma visão chocante – a cabeça decapitada de um cão empalada em uma estaca. Perto dali, encontraram o corpo esfolado e estripado do animal pregado a uma árvore.

Em 1978, durante o último ano de Dahmer na escola, o tóxico casamento de seus pais finalmente chegou ao fim. O casal se separou, indo cada um para um lado. Dahmer foi deixado sozinho na casa, com nada além de suas fantasias cada vez mais perversas.

Algumas semanas depois de sua mãe abandoná-lo, Dahmer deu carona a um rapaz de 19 anos chamado Steven Hicks e o convidou para ir até sua casa. Os dois beberam algumas cervejas, conversaram, fizeram sexo. Quando Hicks anunciou que tinha que ir, Dahmer o acertou na cabeça com um haltere e o estrangulou. Depois arrastou o corpo para o porão, desmembrou-o e armazenou os pedaços em sacos plásticos. Mais tarde, enterrou os ossos, mas logo mudou de ideia e os desenterrou, pulverizou-os com uma marreta e espalhou os fragmentos em uma ravina nos fundos da casa.

A carreira sanguinária de Jeffrey Dahmer tinha começado. Ele tinha 18 anos. Dahmer tentou fazer faculdade por um tempo, mas abandonou a Universidade Estadual de Ohio depois de apenas alguns meses e se alistou no Exército. Para seus amigos, ele parecia um "cara normal" até começar a beber. Então um Jeffrey Dahmer bem diferente vinha à tona: temperamental, agressivo, provocador. Embora pretendesse servir por seis anos, o Exército o dispensou depois de dois.

Ele foi morar com a avó em West Allis, perto de Milwaukee, conseguindo trabalho em um banco de sangue. Em 1985, arranjou emprego em uma fábrica de chocolate, a Ambrosia Chocolate Company. Nesse mesmo ano, algo mais aconteceu com Jeffrey Dahmer. Algo muito mais significativo – e muito mais terrível. O monstro adormecido dentro dele por quase seis anos voltou à vida.

Ele começou a frequentar um bar gay da região. Uma noite, conheceu um homem e os dois alugaram um quarto no Hotel Ambassador. Eles ficaram bêbados, tiveram relações sexuais e apagaram. Quando Dahmer acordou, na manhã seguinte, o outro homem estava morto e sangue pingava de sua boca. Jeffrey, então, foi até um shopping nas proximidades e comprou uma mala, que levou de volta para o quarto de hotel. Depois de enfiar o cadáver dentro, chamou um táxi e transportou o corpo para a casa da avó, e lá o desmembrou e descartou.

Um ano mais tarde, Dahmer matou novamente: outro homem gay que conhecera no clube e levara para a casa da avó. Ele guardou o crânio da vítima – depois de raspar toda a carne – como uma mórbida recordação. Pouco depois ele mataria novamente.

Dahmer teve vários atritos com a polícia durante os anos que se seguiram. Em 1986, foi preso por atentado violento ao pudor após urinar na frente de algumas crianças. Dois anos depois, atraiu um garoto laosiano de 13 anos para seu apartamento em Milwaukee, dopou-o com sedativos misturados à bebida e o acariciou de maneira lasciva. Preso sob a acusação de agressão sexual e aliciamento de menor para fins imorais, passou dez meses na prisão antes de ganhar liberdade em março de 1990.

Durante o ano seguinte, Dahmer assassinou mais três homens. Em algum momento, os vizinhos notaram um odor fétido vindo de seu apartamento. Mas quando bateram na porta de Dahmer para se queixar ele explicou que seu freezer quebrara e a carne apodrecera. Sua desculpa foi tão convincente que os vizinhos compraram a história.

Em maio de 1991, ele chegou ainda mais perto de ser apanhado. Pouco depois da meia-noite do dia 27, duas mulheres avistaram Dahmer perseguindo um adolescente nu e sangrando por um beco. As autoridades foram chamadas. Mas quando chegaram para questionar Dahmer, seu poder de persuasão salvou sua pele mais uma vez. Ele conseguiu convencer os policiais de que ele e o garoto eram amantes gays tendo uma briga sem importância. A polícia deixou o atordoado rapaz de 14 anos nas garras de Dahmer.

Mais tarde, os restos do adolescente foram encontrados em meio a outros despojos humanos no grande ossuário de Jeffrey Dahmer.

Nos dois meses seguintes, Dahmer fez mais cinco vítimas. Então, em uma noite quente e úmida no fim de julho de 1991, dois patrulheiros de Milwaukee viram um homem cambaleante e atordoado, com algemas pendendo de um punho, vindo em sua direção. Acenando para que parassem, ele gesticulou de modo descontrolado para o apartamento de Dahmer e relatou uma tentativa de homicídio. Os policiais foram investigar. O que viram os deixou profundamente abalados: eles encontraram a câmara dos horrores de Jeffrey Dahmer.

As gavetas da cômoda no quarto estavam repletas de fotos Polaroid de partes de corpos e cadáveres mutilados – incluindo uma foto de um torso corroído dos mamilos para baixo por ácido. Aquilo era só o começo do pesadelo. Dentro de um freezer, a polícia encontrou três cabeças humanas, além de uma variedade de órgãos: intestinos, pulmões, fígado, rins e um coração. Dahmer disse à polícia que estava guardando o coração para "comer mais tarde".

Outra cabeça foi armazenada na geladeira ao lado de uma caixa aberta de bicarbonato de sódio. Sete crânios e cinco esqueletos completos estavam escondidos em vários lugares pelo apartamento, além de variados restos humanos: fragmentos de ossos, mãos decompostas, órgãos sexuais em uma panela. A polícia também encontrou garrafas de ácido, clorofórmio, formaldeído e três serras elétricas.

No total, esses mórbidos troféus compunham os restos de 11 vítimas. Dahmer confessaria mais tarde 17 homicídios ao todo.

A revelação das monstruosidades de Dahmer deixou o país em estado de choque. No seu julgamento, em 1992, o advogado de defesa alegou que a própria natureza das atrocidades de Dahmer – "caveiras em um armário, canibalismo, criar zumbis, necrofilia, lobotomias, escarnação" – era a prova de sua loucura. O júri, no entanto, rejeitou o apelo de insanidade e considerou Dahmer culpado. Durante sua declaração final, Dahmer expressou o desejo de morrer – um desejo que foi cumprido em novembro de 1994, ao ser espancado até a morte por um outro prisioneiro.

Dahmer foi cremado, porém não antes de ter o cérebro removido, desencadeando uma última disputa encarniçada entre seus pais. Argumentando que seu filho "sempre disse que faria o que tivesse ao seu alcance para ser útil", a mãe de Dahmer pediu que o cérebro fosse doado à ciência para pesquisas sobre as raízes neurológicas do comportamento antissocial. Seu pai, por outro lado – afirmando que queria "esquecer tudo aquilo e seguir em frente" –, esperava ansiosamente que o órgão fosse destruído. A questão só foi decidida em dezembro de 1995: um juiz, citando os próprios desejos de Dahmer expressos em seu testamento, determinou que o cérebro fosse cremado.

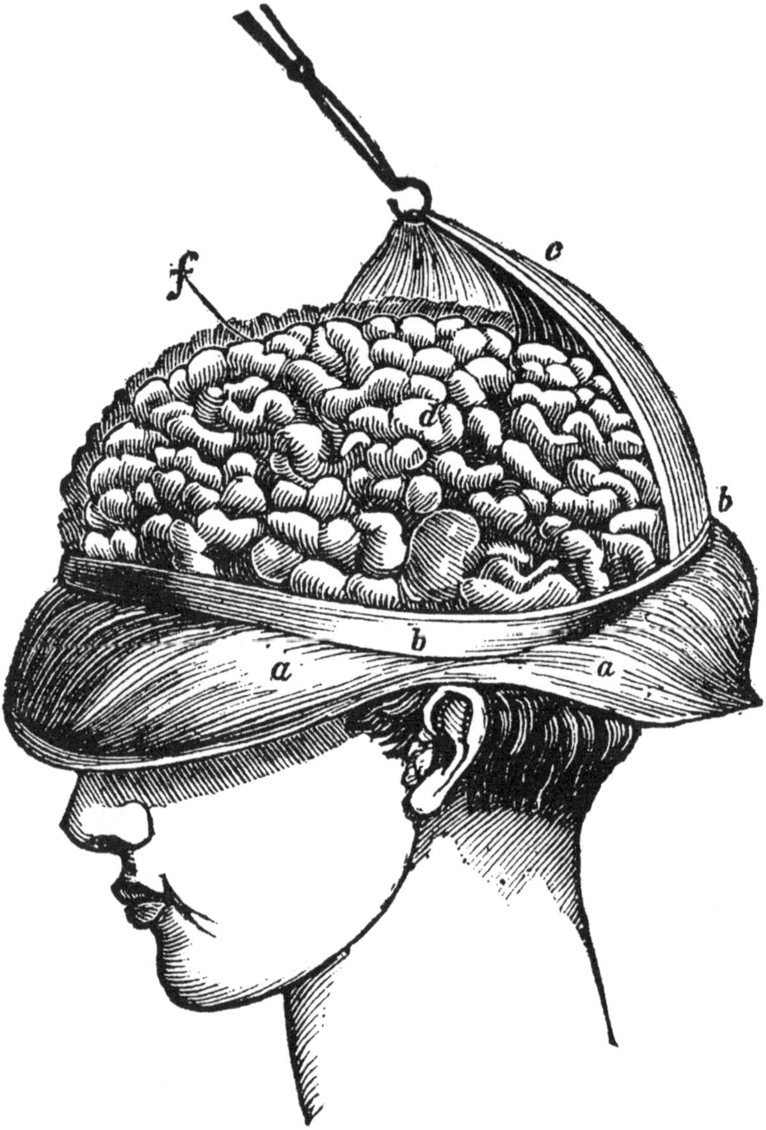
f
c
d
b
b
a
a

SERIAL KILLERS
ANATOMIA DO MAL

CAPÍTULO 8

COMO TERMINA

Na cultura popular, até mesmo o serial killer mais diabólico e astuto não pode enganar as autoridades para sempre. *Profilers* heroicos criam retratos psicológicos incrivelmente precisos de sua caça que levam direto ao covil do assassino. Investigadores criminais empregam uma impressionante variedade de ferramentas tecnológicas para identificar o autor de um crime a partir dos mais ínfimos e microscópicos traços de evidência. Agentes de campo do FBI derrotam seus diabólicos inimigos, resolvendo elaborados quebra-cabeças que desafiariam a genialidade dedutiva de Sherlock Holmes.

Naturalmente, o que leva as pessoas a consumir filmes, programas de TV e best-sellers de suspense é justamente o fato de que essas obras retratam um mundo bem mais ordenado e reconfortante do que aquele no qual vivemos de fato. Na vida real, deter serial killers é um trabalho cansativo e nada glamoroso, que deve muito mais ao simples acaso, à pura sorte, à incompetência criminosa e ao trabalho tenaz de policiais à moda antiga do que aos malabarismos que contribuem para um filme ou livro empolgante de suspense. Além disso, é claro, há outra séria diferença entre o faz de conta e a realidade.

No mundo real, o vilão pode matar e se safar.

PERFIS CRIMINAIS

No mundo do entretenimento pop, *profilers* são geralmente retratados como os descendentes modernos de Sherlock Holmes: prodígios da investigação cujos excepcionais poderes de observação, dedução e intuição levam inevitavelmente à prisão do assassino. Essa visão glamurizada dos *profilers* tem sido encorajada por alguns de seus mais célebres representantes. Em um pioneiro artigo sobre o assunto, "Criminal Profiling from Crime Scene Analysis" ("Elaboração de Perfis Criminais a Partir da Análise da Cena do Crime"), publicado em 1986, John Douglas e Robert Ressler – dois dos membros fundadores da Unidade de Ciência Comportamental do FBI – comparam o *profiler* ao famoso detetive ficcional de Agatha Christie, Hercule Poirot. "A aptidão de Hercule Poirot para resolver um crime pela descrição do autor é uma habilidade compartilhada pelo *profiler* investigativo profissional", declaram. "As evidências falam uma linguagem própria de padrões e sequências que podem revelar os traços comportamentais do infrator. Como Poirot, o *profiler* pode dizer: 'Eu sei quem ele deve ser'."

Essa atitude presunçosa criou uma reação inevitável entre outros profissionais da área, que se riem da noção de que o *profiler* é uma espécie de gênio forense – parte cientista, parte vidente – capaz de deduzir a identidade de um criminoso desconhecido através da análise dos vestígios coletados nos locais de crimes. Alguns céticos questionam a própria utilidade dos perfis criminais, alegando que, por si sós, eles nunca levaram à solução de um crime e que têm na verdade atrapalhado algumas investigações.

Certamente, o desempenho de *profilers* tem sido irregular. Entre setembro de 2001 e maio de 2003 – para citar apenas um exemplo –, cinco mulheres, todas elas brancas, foram violadas e mortas em Baton Rouge e arredores por um criminoso sexual apelidado "Matador da Louisiana". Como as estatísticas mostram que a maioria dos serial killers escolhe vítimas da própria etnia, *profilers* inicialmente apontaram o criminoso desconhecido como um homem branco, uma descrição que, em retrospecto, parecia totalmente errada já que o principal suspeito – ligado aos assassinatos por provas de DNA – era, afinal, Derrick Todd Lee, um afro-americano de 34 anos.

Até mesmo Douglas e Ressler voltaram atrás em algumas de suas afirmações mais extravagantes. No mesmo artigo em que se comparam a Poirots da vida real, eles posteriormente se emendam e oferecem uma avaliação mais modesta do que os perfis criminosos podem proporcionar: "Um perfil *não* fornece a identidade específica do infrator. Antes, indica o *tipo* de indivíduo com maiores probabilidades de ter cometido um crime".

Nesse sentido restrito – como uma ferramenta para restringir o leque de suspeitos e para ajudar a polícia a focar em certas linhas de investigação –, os perfis criminosos têm se provado até bastante úteis, produzindo resultados incrivelmente precisos.

ORIGENS

Os especialistas concordam que o mais antigo uso documentado do que hoje chamamos de perfil criminal deu-se durante o caso de Jack, o Estripador. Depois do último e mais chocante crime do Estripador – o assassinato de Mary Jane Kelly, de 25 anos, em 9 de novembro de 1888 –, uma autópsia foi realizada por vários médicos, incluindo o dr. Thomas Bond, cirurgião da polícia. Em seguida, Bond reuniu os resultados em um relatório que, como diz o escritor policial Martin Fido, tinha "a forma rudimentar de um perfil criminal dedutivo" – que não perde em comparação com qualquer "esboço feito pelos melhores e mais experientes *profilers* do mundo hoje":

> O assassino devia ser um homem de força física e de grande frieza e ousadia. Não há nenhuma evidência de que tivesse um cúmplice. Em minha opinião, ele deve ser um homem sujeito a ataques periódicos de mania homicida e erótica. O caráter das mutilações indica que o homem pode estar em uma condição sexual chamada satiríase. É naturalmente possível que o impulso homicida possa ter se desenvolvido a partir de uma condição vingativa ou ressentida da mente, ou que a mania religiosa fosse a enfermidade original, mas não considero nenhuma das duas hipóteses plausíveis. É bem provável que a aparência externa do assassino seja a de um homem quieto e inofensivo, provavelmente de meia-idade, e elegante e respeitável no modo de vestir. Acredito que ele deve estar habituado a usar uma capa ou sobretudo, do contrário dificilmente conseguiria passar despercebido nas ruas se o sangue em suas mãos ou roupas fosse visível.
>
> Supondo que o assassino seja um indivíduo tal como acabei de descrever, ele seria provavelmente solitário ou excêntrico em seus hábitos; também é bem provável que seja um homem sem ocupação regular, mas com uma pequena renda ou pensão. É possível que viva entre pessoas respeitáveis com algum conhecimento sobre seu caráter e hábitos, e que talvez tenham razões para suspeitar de que ele não está sempre em seu juízo perfeito. Tais pessoas provavelmente estariam relutantes em comunicar suas suspeitas à polícia por receio do transtorno ou da exposição indesejada; a menos que houvesse uma perspectiva de recompensa que pudesse vencer seus escrúpulos.

Cinquenta anos mais tarde, o dr. J. Paul de River, de Los Angeles, criou outro perfil criminal pioneiro. No sábado de 26 de junho de 1937, três garotinhas de Inglewood – Madeline Everett, de seis anos; sua irmã Melba Marie, de nove; e a vizinha delas, Jeanette Stephens, de oito – saíram para brincar em um parque local e nunca mais voltaram para casa. Dois dias depois, seus corpos – violados, estrangulados e terrivelmente mutilados – foram encontrados em uma ravina perto do parque.

O crime – apelidado pela imprensa de "Massacre das meninas de Inglewood" – deixou a cidade em estado de choque e deu início a uma verdadeira caçada ao assassino. Quando a investigação chegou a um beco sem saída, o capitão James Doyle do Departamento de Polícia de Los Angeles decidiu consultar o dr. de River, um psiquiatra com quem ele já havia trabalhado antes. Depois de ver os corpos das crianças e as provas materiais na cena do crime, de River escreveu este relatório para o gabinete da promotoria:

Procurem um homem provavelmente na casa dos vinte anos, um pedófilo que pode já ter sido preso por molestar crianças. Ele é um sádico com uma curiosidade excessiva. É muito meticuloso e possivelmente está cheio de remorsos agora, já que a maioria dos sádicos apresenta fortes tendências masoquistas depois de expressar sadismo. O assassino pode apresentar traços de religiosidade extrema e até mesmo de devoção. Além disso, ele gosta de se exibir e fez isso não movido por um impulso repentino, mas de forma deliberadamente planejada. Sou da opinião de que ele tinha ganhado a confiança dessas garotinhas. Acredito que elas o conheciam e confiavam nele.

É difícil dizer o quanto esse protoperfil contribuiu de fato para a captura do criminoso, um guarda de trânsito chamado Albert Dyer que acabou sendo enforcado pelas atrocidades. De River errou em algumas coisas: Dyer estava na casa dos trinta anos, não dos vinte, e tinha sido preso anteriormente apenas por vadiagem, não por abuso sexual de crianças. Mesmo assim, especulações de Paul de River mostraram-se notavelmente perspicazes. Em sua confissão, Dyer revelou que o crime foi cuidadosamente planejado; que usou sua posição como guarda de trânsito para ganhar a confiança das meninas; que foi tomado de remorso após matá-las; e que tinha rezado diante de seus cadáveres.

Outro *profiler* pioneiro foi o psiquiatra de Harvard Walter Langer. Em 1943, a OSS (agência precursora da CIA) solicitou ao dr. Langer que elaborasse um retrato psicológico de Adolf Hitler. O relatório de Langer não só ofereceu uma série de intrigantes especulações sobre a sexualidade e a psicopatologia do Führer como também previu corretamente que ele ficaria cada vez mais instável conforme a Alemanha sofresse uma derrota após outra e que preferiria cometer suicídio a se render.

Foi um psiquiatra de Nova York chamado James A. Brussel, no entanto, que ficou conhecido no mundo todo como precursor direto do *profiler* moderno.

Entre 1940 e 1956 (com uma "trégua" temporária durante os anos de guerra, declarada como um ato de "patriotismo" pessoal), um lunático desconhecido plantou dezenas de bombas em Manhattan: em edifícios públicos, cinemas, estações ferroviárias e nas instalações da Con Edison (companhia provedora de energia elétrica). A maioria desses dispositivos não detonou, mas os poucos que detonaram feriram gravemente diversas pessoas. As bombas eram acompanhadas de mensagens anônimas, compostas de letras recortadas e coladas de diversas publicações, nas quais o autor – que se identificava apenas pelas iniciais "F.P." – lançava injúrias e prometia vingança contra a Con Ed.

Depois de anos de buscas infrutíferas ao "Bombista Louco" – como os tabloides o apelidaram – os investigadores decidiram consultar o dr. Brussel, comissário-assistente de Higiene Mental do Estado de Nova York. Depois de analisar todas as provas, Brussel sugeriu que a polícia focasse as buscas em um solteiro paranoico, católico romano, de meia-idade, compleição mediana e origem leste-europeia, que vivia com um irmão ou irmã em uma cidade de Connecticut, odiava o pai e tinha rancor contra a Con Ed. Também era provável que fosse um indivíduo de hábitos meticulosos.

"Quando vocês o encontrarem", concluía o relatório de forma memorável, "é bem possível que ele esteja vestindo um terno trespassado. Abotoado."

Pouco tempo depois, em parte graças ao perfil de Brussel, a polícia capturou o bombista, um revoltado ex-funcionário da Con Ed chamado George Metesky, que tinha sofrido uma pequena lesão no trabalho, em 1931, e cujo pedido de indenização por invalidez permanente tinha sido negado. Tal como Brussel previra, Metesky (cuja enigmática assinatura "F.P." significava "Fair Play", ou "Jogo Limpo", em tradução literal) era um solteirão de 54 anos, com descendência polonesa e que morava com duas irmãs mais velhas em Waterbury, Connecticut. Era frequentador assíduo da igreja, não se dava bem com o pai e sofria de paranoia aguda. Antes de ser detido pela polícia, vestira um terno de risca de giz trespassado, cuidadosamente passado, que se assegurou de abotoar antes de sair de casa.

OS CAÇADORES DE MENTES

Embora suas contribuições sejam consideradas marcos históricos no advento dos perfis criminais, Langer, de River e Brussel não eram criminologistas, mas psiquiatras cujas opiniões eram solicitadas de forma esporádica por frustrados agentes da lei. Apenas na década de 1960 é que foram feitos esforços para conferir uma base mais profissional e científica à elaboração de perfis criminais – para adicionar essa prática ao repertório de técnicas forenses usadas para identificar serial killers.

O reputado pai dessa iniciativa foi Howard Teten, que começou sua carreira como investigador no Departamento de Polícia de San Leandro, na Califórnia. Durante a década de 1960, Teten começou a trabalhar com instrutores na Escola de Criminologia da Universidade da Califórnia a fim de desenvolver uma abordagem mais sistemática para a elaboração de perfis criminais. Depois de entrar para o FBI, ele se juntou ao colega Pat Mullany – um especialista em psicologia anormal – para criar o primeiro programa de elaboração de perfis do departamento.

Teten – que era consultado com frequência por policiais de todo o país – tinha a fama de produzir descrições incrivelmente detalhadas de suspeitos com base nos dados mais escassos. Em um artigo na edição de abril de 1983 de *Psychology Today*, o escritor Bruce Porter descreve um incidente memorável:

> Certa vez, um policial da Califórnia telefonou para falar de um intrigante caso envolvendo o esfaqueamento múltiplo de uma jovem. Depois de ouvir uma descrição rápida do assassinato, Teten disse ao policial que devia procurar um adolescente que morava nas proximidades. Ele seria um garoto magricela, com acne, isolado socialmente, que tinha matado a menina em um ato impulsivo, nunca tinha matado antes e se sentia tremendamente culpado. "Se você andar pela vizinhança procurando de porta em porta provavelmente topará com ele", disse Teten. "E quando isso acontecer, apenas olhe para ele e diga: 'Você sabe por que estou aqui.'" Dois dias depois, o policial voltou a telefonar para dizer que tinha encontrado o adolescente que Teten tinha dito que ele encontraria. Mas antes que o policial pudesse abrir a boca, o garoto disse abruptamente: "Você me pegou".

Teten foi sucedido na Unidade de Ciência Comportamental do departamento por uma nova geração de agentes que refinaram e aperfeiçoaram suas técnicas inovadoras. Os mais proeminentes desses indivíduos foram John Douglas, Robert Ressler e Roy Hazelwood. Eles e mais meia dúzia de agentes – Richard Ault, Roger Depue, Jim Reese, Swanson Carter, Robert Schaeffer e Ken Lanning – constituíram a hoje célebre equipe de "Caçadores de Mentes" cujas pioneiras entrevistas com notórios assassinos em série como David Berkowitz, John Wayne Gacy e Edmund Kemper lançariam uma nova e importante luz sobre os padrões mentais e comportamentais dos assassinos sexuais psicopatas.

Além de promover inovações-chave na ciência em constante evolução da elaboração de perfis (por exemplo, ao introduzir a distinção entre criminosos "organizados" e "desorganizados"), Douglas e Ressler também contribuíram para trazer a outrora obscura figura do *profiler* psicológico para a linha de frente da consciência pública. O trabalho deles (especialmente como popularizado por Thomas Harris em *O Silêncio dos Inocentes*) transformou o *profiler* em um ícone midiático moderno, o glamoroso herói de incontáveis suspenses literários e cinematográficos.

Em anos mais recentes – enquanto Douglas e Ressler, agora aposentados, têm se tornado autores best-seller e verdadeiras celebridades midiáticas –, novas e sofisticadas técnicas foram desenvolvidas por outros criminologistas. Estas incluem o método de "Análise Comportamental de Provas" de Brent E. Turvey, um *profiler* particular da Califórnia que fez extensivos estudos sobre agressores sexuais, e a abordagem de "Psicologia Investigativa" do criminologista britânico David Canter, cujo perfil criminal do notório "estuprador da ferrovia" na Inglaterra dos anos 1980 levou diretamente à prisão do infrator.

COMO FUNCIONA

A essa altura, o *profilers* criminais do FBI já atuam há mais de trinta anos. Em seus esforços para auxiliar as autoridades a identificar e localizar assassinos psicopatas, psicólogos comportamentais da famosa agência estão mais bem equipados que seus antecessores. Uma das mais poderosas ferramentas à disposição desses profissionais é o sistema de última geração conhecido como Programa de Detenção de Criminosos Violentos (Violent Criminal Apprehension Program, VICAP), criado em 1985. Ideia original de um antigo investigador de homicídios de Los Angeles chamado Pierce Brooks, o VICAP é uma base de dados informatizada que coleta, organiza e analisa informações sobre casos não solucionados de homicídios em série em todo o país.

Apesar de todos os avanços feitos no campo, entretanto, o trabalho do *profiler* criminal continua a ser essencialmente o que sempre foi: um processo meticuloso de dedução de certos fatos sobre um assassino esquivo e desconhecido, com base em probabilidades estatísticas, anos de experiência investigativa, sólida formação em psicologia, além de uma boa dose de intuição e conjeturas bem embasadas.

Por mais surpreendente que possa às vezes parecer para um leigo, não há nada de mágico na arte do *profiler*. Por exemplo, quando James Brussel previu corretamente que o "Bombista Louco" se revelaria um sujeito gravemente paranoico, de meia-idade, católico, de origem leste-europeia e compleição mediana que morava com uma irmã em Connecticut e que estaria vestido com um terno trespassado impecavelmente abotoado quando fosse preso, o psicólogo estava baseando suas conjecturas tanto em suposições bastante óbvias como em sólidas probabilidades.

As agressivas cartas que acompanhavam as bombas eram claramente trabalho de um paranoico e como seu autor continuou a enviá-las por muito anos era razoável admitir que ele alcançara uma idade madura por volta de 1956. A partir do trabalho de um psiquiatra alemão chamado Ernst Kretschmer – que correlacionava tipos físicos a diferentes gêneros de psicoses –, Brussel concluiu que o suspeito não seria nem gordo nem magro, mas de compleição mediana. Ele deduziu que o bombista não era nativo pelo seu estilo excessivamente formal de escrita e supôs que fizesse parte da grande onda de imigrantes do Leste Europeu que chegou aos Estados Unidos nos anos 1930. Os eslavos, acreditava Brussel, tinham especial inclinação para usar bombas como armas. Se o bombista fosse de fato eslavo, ele obviamente seria um católico com grande probabilidade de morar em Connecticut, que tinha uma vasta população de tais imigrantes. Alguém tão desequilibrado como o Bombista Louco, supôs Brussel, não seria casado e devia morar com parentes, como ocorre com frequência em famílias de imigrantes.

Já a predição do terno trespassado e abotoado – que muitas pessoas consideraram nada menos que sobrenatural – foi, em certo sentido, a mais óbvia de todas. Pelo cuidado que tivera em construir os dispositivos e criar mensagens de recorte e colagem, era claro que o bombista era um sujeito detalhista, do tipo que provavelmente seria meticuloso em outras áreas da vida, incluindo a forma de se vestir. Ternos trespassados eram populares nos anos 1950 e, ao contrário dos ternos simples, os paletós não podiam ser vestidos desabotoados sem parecerem extremamente desalinhados.

O mesmo tipo de raciocínio empregado por Brussel ainda é usado por *profilers* de hoje. Quando policiais locais, malsucedidos nas buscas por um serial killer, solicitam a ajuda do FBI, enviam todas as informações disponíveis sobre o caso – de fotos da cena do crime e relatórios de autópsia ao histórico das vítimas – à Unidade de Análise Comportamental da agência, parte do Centro Nacional para a Análise de Crimes Violentos (National Center for the Analysis of Violent Crime, NCVAC). Lá, agentes estudam o material e elaboram um perfil destinado a ajudar a polícia a focar as buscas em um tipo específico de vítima.

Por exemplo, em janeiro de 1978, quando Terry Wallin, de 22 anos, grávida de três meses, foi encontrada morta e terrivelmente mutilada na sua casa em Sacramento, Robert Ressler elaborou o seguinte perfil preliminar, com base nas informações sobre o crime enviadas para ele via teletipo:

> Homem branco, 25-27 anos, magro, de aparência desnutrida. Residência suja e malcuidada, local onde as provas do crime serão encontradas. Histórico de doença mental, possivelmente já esteve envolvido com drogas. Tipo solitário que não tem convívio com homens ou mulheres, e que deve passar a maior parte do tempo em casa, onde mora sozinho. Desempregado. Provavelmente recebe algum tipo de pensão por invalidez. Caso resida com alguém, será com os pais; mas isso é improvável. Nenhum registro militar prévio; abandonou a escola ou a faculdade. Talvez sofra de uma ou mais formas de psicose paranoica.

Em seu livro de 1992, *Whoever Fights Monsters* (*Aquele que Luta com Monstros*), Ressler explica o raciocínio por trás dessa descrição. Ele supôs que o assassino, tal como a vítima, era branco porque o homicídio em série é geralmente *intrarracial* – isto é, um crime envolvendo membros da mesma etnia. Ressler também sabia que assassinatos sádicos brutais – dos quais o homicídio de Wallin era um exemplo particularmente aterrador – são quase sempre cometidos por homens na casa dos vinte ou trinta anos.

O *profiler* restringiu a idade presumida do suspeito para a faixa de 25 a 27 anos porque a extrema brutalidade do assassinato sugeria que o autor estava em um estágio avançado de psicose. (A sra. Wallin tinha sido parcialmente estripada, sua boca fora enchida de fezes animais e um copo de iogurte encontrado perto do cadáver indicava claramente que o agressor o usara para beber um pouco do sangue da vítima...) "Ficar louco como o homem que despedaçou o corpo de Terry Wallin não é algo que acontece da noite para o dia", explica Ressler em seu livro. "Leva-se de oito a dez anos para desenvolver o nível profundo de psicose que vem à tona nesse tipo aparentemente irracional de assassinato. A esquizofrenia paranoide normalmente se manifesta pela primeira vez na adolescência. Supondo que a doença tenha surgido por volta dos 15 anos, e somando dez anos a essa estimativa, temos um indivíduo na faixa etária de 25-27 anos."

O restante do perfil de Ressler derivava logicamente da inferência de que o assassino sofria de um quadro violento de psicose:

> Foi por isso que pensei que o assassino devia ser um sujeito magro ou até mesmo esquelético. Indivíduos introvertidos e esquizofrênicos não comem bem, não se preocupam com a alimentação e tendem a pular refeições. Da mesma forma, eles são negligentes com a aparência e pouco se importam com o asseio ou a organização. Ninguém gostaria de viver com uma pessoa assim, então o assassino devia ser solteiro. Essa linha de raciocínio me levou a postular que a casa dele seria uma bagunça e também que ele não teria servido o Exército, porque, antes de tudo, era desorganizado demais para ser aceito como recruta. Da mesma forma, ele não teria conseguido permanecer na faculdade, embora pudesse ter completado o ensino médio antes de se degenerar. Se ele tivesse algum tipo de ocupação, seria subalterna, talvez porteiro ou catador de papéis; introvertido demais até mesmo para atuar como entregador. Era mais provável que fosse um recluso vivendo à custa de uma pensão por invalidez.

O perfil de Ressler foi eficaz em ajudar a polícia a encontrar Richard Trenton Chase, o lunático conhecido como o "Vampiro de Sacramento" (embora não antes do jovem sanguinário assassinar brutalmente várias outras vítimas). Em seu livro, Ressler orgulha-se justificadamente de suas contribuições, embora seja cuidadoso para não exagerar o papel dos perfis criminais na solução de tais crimes: "Algumas pessoas disseram mais tarde que o perfil capturou o assassino. Isso, é claro, não é verdade. *Nunca* é verdade. Perfis não capturam assassinos e sim policiais em patrulha, geralmente com muita persistência, a ajuda de cidadãos comuns e sem dúvida uma pitada de sorte. Meu perfil foi um instrumento de investigação, que, neste caso, afunilou consideravelmente a busca da polícia por um assassino perigoso". Houve vezes, é claro, em que os perfis estavam não apenas errados, mas totalmente distantes da realidade. Roy Hazelwood era conhecido entre seus colegas por ter produzido um dos perfis mais imprecisos já registrados. Como conta Bruce Porter:

> Foi em um caso na Geórgia, em que um estranho apareceu na porta de uma mulher e sem nenhum motivo aparente desferiu um soco em seu rosto e atingiu sua filha pequena com um tiro na barriga. Hazelwood disse à polícia local para procurar um homem que viera de um lar desfeito, abandonara a escola secundária, tinha um trabalho subalterno, frequentava cabarés e morava longe da cena do crime. Quando o culpado foi finalmente capturado, soube-se que ele tinha sido criado por ambos os pais, que ficaram casados por quarenta anos. Ele tinha formação superior e obtivera notas acima da média. Além disso, ocupava um cargo executivo em um grande banco, ensinava na escola dominical e frequentava regularmente a igreja, nunca tomou uma gota de álcool e vivia em um bairro próximo à cena do crime.

Mesmo quando os perfis criminais não estão tão longe da realidade, alguns agentes da lei permanecem bastante céticos em relação à sua eficácia. No auge dos assassinatos dos Estranguladores da Colina, por exemplo, um psiquiatra forense forneceu este perfil do suspeito:

> O Estrangulador é branco, tem cerca de trinta anos, é separado ou divorciado – de qualquer forma, não mora com uma mulher. Possui inteligência mediana, está desempregado ou vive de biscates, não é do tipo que permanece em um trabalho por muito tempo. Provavelmente já teve problemas com a polícia antes. É ao mesmo tempo passivo, frio e manipulador. Vem de uma família desfeita e sua infância foi marcada pela crueldade e brutalidade, particularmente nas mãos de mulheres.

O desdém que vários policiais sentiam pelos perfis criminais foi resumido por um investigador que trabalhava no caso – Bob Grogan, da polícia de Los Angeles – que, depois de ouvir essa descrição, comentou com sarcasmo: "Puxa, agora só precisamos encontrar um cara branco que odeia a mãe".

CAPTURA

Assassinos em massa – "bombas-relógio humanas", como são frequentemente descritos – causam enormes prejuízos quando "explodem" de repente. Mas uma vez que a explosão termina, não há muito que a polícia possa fazer para solucionar o crime. Esses assassinos não ocultam sua identidade ou cometem atrocidades em segredo. Seus massacres são realizados à vista de todos, como se estivessem buscando causar o maior trauma possível não apenas em seus alvos imediatos, mas na sociedade como um todo. Eles entram livremente em um lugar com grande concentração de pessoas – um escritório tumultuado, uma apinhada cafeteria de escola, um movimentado restaurante de fast-food – e abrem fogo. Depois que massacram todos ao seu alcance, o destino desses assassinos tem uma conclusão inevitável. Caso não cometam suicídio ou acabem mortos em um tiroteio, eles quase sempre se renderão pacificamente, permitindo que o Estado aplique a inexorável punição que, de uma maneira ou de outra, porá um fim à sua existência intolerável.

A situação é diferente no caso dos serial killers, que não são impelidos por uma raiva que arde lentamente e estoura em um único e cataclísmico ato de vingança à mão armada, mas por um profundo desejo sádico, um terrível regozijo em causar o sofrimento e a morte de vítimas indefesas. Em razão da intensa satisfação que alcançam com suas monstruosidades, serial killers em geral fazem todo o possível para não ser descobertos e capturados. Representam, portanto, um desafio significativo à polícia – de tal modo que, segundo um especialista no assunto, "aproximadamente um em cada cinco consegue se safar e nunca é levado à Justiça pelos seus crimes".

Embora seja fácil superestimar o nível de inteligência dos serial killers – ainda mais com a tendência da cultura pop de retratá-los como gênios do crime –, muitos deles possuem *sim* uma astúcia sinistra que usam para escapar impunes de suas atrocidades, muitas vezes por períodos consideráveis de tempo. Alguns se limitam a vítimas de "baixa prioridade", ou seja, de "pouca importância", sabendo que tais indivíduos socialmente desprezados podem ser atacados sem chamar a atenção das autoridades. Um assassino sexual de uma cidade pequena que se especializa em garotos de programa sabe que se alguns desses "párias" desaparecem das ruas a polícia vai ignorar o caso, supondo que os rapazes simplesmente partiram para um local mais conveniente, como a cidade de São Francisco ou Nova York.

Outros serial killers se mantêm em movimento, cometendo suas atrocidades em diferentes jurisdições para que a polícia nem sequer perceba que os vários assassinatos são obra de um único lunático (um fenômeno conhecido como "cegueira de ligação", quando não se consegue conectar casos claramente relacionados). Outros ainda atacam de maneiras tão súbitas e aleatórias que os investigadores não conseguem descobrir quaisquer pistas que apontem para um suspeito.

Não há dúvidas de que hoje as técnicas de investigação são muito mais avançadas em relação ao que eram na época de Jack, o Estripador, quando diversos locais de crimes eram imediatamente limpos e tinham as evidências eliminadas (como uma mensagem antissemita feita com giz possivelmente deixada pelo assassino) porque as autoridades receavam ferir a suscetibilidade do público. Mesmo assim, há um limite para o que os procedimentos forenses modernos podem realizar.

Embora tenha havido exceções – ocasiões em que o trabalho magistral da polícia, a brilhante dedução psicológica ou a sofisticada análise científica levou à captura de um serial killer –, muitos casos são resolvidos em decorrência de outros fatores. Os 36 serial killers entrevistados por John Douglas e seus colaboradores em sua obra de referência *Sexual Homicide* (*Homicídio Sexual*), de 1988, foram detidos por diversas razões. A investigação policial tinha desempenhado um papel fundamental na metade dos casos, mas outros assassinos tinham sido traídos por cúmplices, identificados por cônjuges ou se entregado. E alguns serial killers acabam sendo capturados porque – depois de escaparem impunes de uma série de assassinatos audaciosos – começam a se sentir invulneráveis e ficam cada vez mais descuidados.

Um caso que demonstra a variedade de fatores envolvidos na captura de um serial killer esquivo é o de Albert Fish. Depois de uma vida inteira atacando crianças, Fish cometeu sua última atrocidade em 1928, ao raptar, estrangular, assassinar e canibalizar a menina Grace Budd, de 12 anos, moradora de Manhattan. Apesar da gigantesca caçada ao assassino – liderada por William King, um obstinado detetive da cidade de Nova York –, o velho diabólico conseguiu escapar impune.

Seis anos mais tarde, no entanto, suas compulsões sádicas o levaram a enviar à mãe de Grace uma aterradora carta na qual detalhava os horrores que cometera contra a menina. Ele escreveu as obscenidades no papel de carta de uma organização chamada New York Private Chauffeur's Benevolent Association (Associação Beneficente de Motoristas Particulares de Nova York). Fish encontrou várias folhas desse papel timbrado, junto com alguns envelopes, em uma prateleira no quarto de sua pensão quando notou uma barata rastejando na parede e levantou-se para matá-la.

Assim que a família Budd recebeu essa carta absurda, entregou-a ao detetive King. Fish tentara apagar o endereço estampado do remetente, mas fizera um trabalho tão desleixado que King acabou conseguindo rastrear o velho pervertido até a pensão e levou-o finalmente à Justiça.

Albert Fish poderia ter se safado de um dos assassinatos mais chocantes da história da cidade de Nova York se não fosse por uma combinação de três coisas: a determinação inabalável de um detetive de polícia que nunca desistiu de procurar o monstro; a própria necessidade perversa de Fish de enviar a horrorosa carta e seu inexplicável descuido ao ocultar o endereço do remetente; e o puro acaso, que o levou a encontrar os reveladores papéis timbrados, algo que nunca ocorreria se uma barata não tivesse chamado sua atenção.

Os dez exemplos a seguir ilustram o quanto a detenção de um serial killer depende de uma combinação de fatores – da persistência da polícia e do comportamento descuidado do assassino ao puro acaso.

BOB BERDELLA Depois de passar vários dias em sua "casa do horror", em Kansas City, estuprando e torturando um jovem garoto de programa chamado Chris Bryson, o assassino sádico Bob Berdella saiu de casa para resolver algumas pendências e deixou Bryson amarrado à cabeceira da cama, ainda vivo. Aproveitando a oportunidade, Bryson conseguiu soltar uma das mãos, pegou uma caixa de fósforos que Berdella deixara negligentemente ao lado da cama, queimou a corda que amarrava a outra mão e, em seguida, fugiu pela janela e correu para o vizinho mais próximo, que alertou a polícia.

LAWRENCE BITTAKER E ROY NORRIS   Essa dupla perversa de psicopatas foi detida porque Norris não pôde deixar de se gabar sobre sua participação na onda de assassinatos de 1978 a um velho colega de prisão, que prontamente transmitiu a informação ao seu advogado que, por sua vez, reportou a novidade à polícia de Los Angeles.

DAVID BERKOWITZ   O reinado de terror do "Filho de Sam" chegou ao fim graças a uma mulher que passeava com o cachorro na noite de seu último assassinato. Ela lembrou que, pouco antes do tiroteio, notara um policial multando um carro estacionado em local proibido. Uma verificação nas multas distribuídas na vizinhança revelou que uma notificação fora deixada no para-brisa de um sedan Ford Galaxie registrado no nome de David Berkowitz.

IAN BRADY E MYRA HINDLEY   Os infames Assassinos do Pântano foram presos depois que o megalomaníaco Brady decidiu que seria uma boa ideia envolver um novo recruta em seus empreendimentos sádicos e convidou David Smith (seu cunhado), de 17 anos, para participar de um horrendo assassinato a machadadas. Na manhã seguinte, o nauseado Smith entrou em contato com a polícia, que logo descobriu as provas chocantes das atrocidades cometidas por Brady e Hindley.

JOHN REGINALD CHRISTIE   Depois de cometer uma série de pavorosos estupros e assassinatos, o chamado Monstro de Rillington Place tornou-se tão imprudente que eliminou suas três últimas vítimas da maneira mais negligente possível, colocando os corpos em um armário de cozinha e cobrindo o móvel com uma folha de papel de parede antes de desocupar a casa. Quando os novos inquilinos se mudaram e começaram a reformar a cozinha tiveram uma desagradável surpresa – e o psicopata de aparência dócil foi logo preso.

JOHN WAYNE GACY   O "Palhaço Assassino" foi capturado depois de atrair o adolescente Rob Piest para uma morte terrível com uma promessa de emprego. Antes de sair para sua "entrevista" com Gacy, Piest disse à mãe aonde ia. Como o filho não retornou, a desesperada mãe notificou a polícia.

RANDY KRAFT   Culpado de pelo menos 16 assassinatos, o chamado Assassino do Cartão de Pontos foi preso por dirigir bêbado com um cadáver estrangulado no banco de passageiros. Sob o tapete do carro foram descobertas 47 fotos Polaroid de suas vítimas e no porta-malas os policiais encontraram uma pasta contendo um bloco cheio de anotações sobre seus vários assassinatos.

DENNIS NILSEN   A carreira do "Jeffrey Dahmer britânico" chegou ao fim quando ele começou a usar o método pouco recomendado de descartar os corpos desmembrados de suas vítimas pelo vaso sanitário de seu apartamento no norte de Londres. Como os canos do edifício entupiram, os vizinhos chamaram um encanador que ficou compreensivelmente chocado ao descobrir que o problema era causado por um grosso mingau de carne humana em decomposição.

JOEL RIFKIN   Depois de cometer 17 assassinatos, o assassino de prostitutas de Long Island foi pego por policiais que o avistaram dirigindo uma caminhonete sem a placa traseira. Quando conseguiram pará-lo depois de uma perseguição em alta velocidade, descobriram o corpo nu e em decomposição de uma mulher que jazia na parte de trás do veículo.

JANE TOPPAN   Depois de uma década envenenando vítima após vítima, a enfermeira Toppan tornou-se tão imprudente que dizimou uma família inteira de quatro adultos em questão de semanas: pai, mãe e duas filhas, nenhum dos quais parecia mal de saúde antes de Jane aparecer para cuidar deles. Nem é preciso dizer que a morte abrupta da família despertou as suspeitas de parentes e amigos, e Jane não demorou a ser detida.

VIDENTES

O medo de monstros está profundamente enraizado na psique humana. Encolhidos em nossas camas quando crianças, imaginamos horripilantes criaturas à espreita no armário, prontas para saltar para fora e nos devorar tão logo nossos pais apaguem as luzes. Essa ansiedade primitiva permanece adormecida nos recônditos da mente adulta e é despertada sempre que um serial killer está à solta. Estamos predispostos a ver esses indivíduos profundamente perturbados como lendários demônios – uma percepção reforçada pela tendência da mídia de batizá-los com apelidos de filme de terror: o "Perseguidor da Noite", o "Vampiro de Sacramento", o "Assassino da Manhã de Domingo". Quanto mais um serial killer permanece à solta – cometendo atrocidades mesmo com toda a polícia em seu encalço – mais sobrenatural ele parece, um fantasma perverso que se esgueira pelas sombras bem em frente às nossas janelas.

Em virtude desses sentimentos primitivos e irracionais que os serial killers despertam em nós, algumas pessoas recorrem ao ocultismo, personificado por autointitulados videntes, na tentativa desesperada de identificar esses psicopatas.

Supostamente imbuídos de uma percepção extrassensorial que usam para localizar vítimas desaparecidas ou pressentir a identidade do assassino, pretensos detetives videntes têm um histórico bastante irregular quando se trata de solucionar crimes, embora às vezes (por pura sorte ou pelo faro que todos os bons detetives possuem) eles tenham alcançado resultados surpreendentes. Um caso representativo do trabalho de um detetive vidente aplicado à busca de um assassino em série ocorreu durante a frustrante caçada a John Norman Collins, assassino sexual de Michigan.

Ao longo de dois anos, a partir de agosto de 1967, sete jovens – muitas delas estudantes na Universidade de Eastern Michigan, em Ypsilanti, e da Universidade de Michigan, em Ann Arbor – foram assassinadas de formas particularmente brutais. Como muitos assassinos sexuais em série, o autor dos crimes tinha preferência por um tipo específico de vítima. Com idades entre 13 e 23 anos, todas eram baixas, morenas, de cabelo comprido e tinham as orelhas furadas. Os ferimentos brutais infligidos pelo assassino evidenciavam a violência e o sadismo extremo dos crimes. Todas as vítimas foram atacadas com desmedida selvageria: estupradas, torturadas, apunhaladas, mutiladas, estranguladas e espancadas. Em vários casos, seus rostos tinham sido completamente esmagados com um martelo. Uma menina de 13 anos teve um prego de oito centímetros fincado no crânio.

Apesar dos esforços intensivos das agências de polícia locais, a investigação não deu em nada. O fim dos anos 1960 e o começo dos 1970, é claro, foi a época dos filmes *O Bebê de Rosemary* (1968) e *O Exorcista* (1973) – um período em que a cresça no ocultismo florescia nos Estados Unidos. Todo tipo de adivinhos, leitores de mentes e astrólogos começou a sair da obscuridade para oferecer soluções para o crime. Em meados de 1969, um grupo local de hippies autodenominado "Patrulheiros Psicodélicos" decidiu pedir ajuda ao mais famoso clarividente da época, Peter Hurkos.

Hurkos supostamente adquirira seus poderes em 1941, após cair de uma escada, a quatro andares de altura, e sobreviver. Ele viera aos Estados Unidos em 1956 patrocinado por uma sociedade de pesquisa e se tornou uma celebridade nacional por seu trabalho no caso do Estrangulador de Boston, apesar de ter identificado o suspeito errado.

Chegando a Michigan, Hurkos – que era no mínimo um grande *showman* – iniciou uma busca de ampla repercussão pelo assassino, que ele apresentou como uma luta titânica entre seus próprios poderes misteriosos concedidos por Deus e a genialidade satânica de seu adversário. Ele realizou feitos dignos do mais habilidoso "mentalista", como encostar na testa envelopes lacrados contendo fotos da cena do crime e em seguida recitar reconstruções incrivelmente detalhadas dos assassinatos. Para aqueles inclinados a acreditar em seus poderes, ele realizava aparentes milagres – embora outros observadores menos deslumbrados fossem bem mais céticos em relação aos seus resultados. (Em certo momento, ele previu que um corpo seria encontrado "ao lado de uma escada curta". Quando os restos de uma vítima apareceram perto de um celeiro abandonado com os degraus do porão quebrados, os defensores de Hurkos comemoraram o fato como prova de suas extraordinárias habilidades psíquicas.)

Por fim, apesar dos constantes anúncios de que estaria prestes a identificar o assassino, Hurkos nunca conseguiu apresentar um nome, muito menos uma descrição coerente. Em diferentes momentos, ele caracterizou o criminoso como um gênio autodidata, um homossexual depravado, um travesti homicida, um membro de um culto satânico hippie, um caixeiro-viajante e um catador de lixo que rondava aterros sanitários. Ele estava certo de que o assassino era um indivíduo loiro, de feições delicadas e altura mediana que frequentava a escola noturna e possivelmente morava em um trailer.

Insistindo que voltaria na semana seguinte para solucionar o caso, Hurkos pegou um avião de volta para sua casa em Los Angeles no fim de julho. Dias depois de sua partida, o assassino finalmente foi capturado.

John Norman Collins – um estudante bonito, de cabelos escuros, que se preparava para uma carreira como professor do ensino primário – não se assemelhava em nada ao suspeito visualizado por Hurkos. Geralmente descrito como o típico "menino de ouro" do sonho americano, Collins tinha sido um estudante destacado e um atleta talentoso na escola secundária. O aspecto agradável e bem cuidado, entretanto, era apenas uma máscara que às vezes caía e revelava sua verdadeira face. Com sua boa aparência e charme fácil, ele não tinha problemas em atrair mulheres. Mas muitas de suas namoradas logo perceberam que aquele bom partido era um jovem profundamente perturbado – de humor instável, taciturno e propenso a discursos violentos contra as mulheres. E alguns professores da Universidade de Eastern Michigan se surpreenderam com algumas ideias expressadas por John em seus trabalhos: que o homem não está sujeito a nenhuma lei que não aquelas criadas por ele mesmo; que quem é inteligente o bastante pode se safar de qualquer coisa; que os Dez Mandamentos não se sustentam – especialmente o quinto, "não matarás". Collins foi detido porque a gerente de uma loja de perucas se lembrou de tê-lo visto na companhia da última vítima do assassino no dia em que ela desapareceu. Apesar dos seus protestos de inocência, ele acabou sendo condenado por homicídio.

Por fim – como quase sempre acontece –, não foi a percepção extrassensorial, mas o diligente trabalho de campo da polícia que solucionou o mistério.

SUICÍDIO

A não ser pela ausência de motivação política, os assassinos em massa são bem similares aos homens-bomba: homens e mulheres determinados a causar um grande impacto ao morrer e levar o maior número possível de pessoas com eles. Apesar de tudo, o suicídio é relativamente raro entre os serial killers. O prazer que obtém com suas atrocidades é tão intenso que continuam a cometê-las até que sejam forçados a parar.

Mas há exceções a essa regra. Alguns serial killers aparentemente chegam a um ponto em que não conseguem mais suportar o horror contínuo de suas vidas e podem começar a se comportar de maneira deliberadamente autodestrutiva, o que os leva à própria captura. No fim de sua campanha homicida, por exemplo, o playboy Christopher Wilder não só libertou uma de suas prisioneiras como a levou de carro até o aeroporto, comprou-lhe uma passagem de avião e despediu-se dela no portão de embarque. E Jeffrey Dahmer parecia de fato ansioso para pôr um fim à sua angustiante existência. Em contraste com outros monstros, como John Wayne Gacy e Ted Bundy – quem fizeram de tudo ao seu alcance para adiar suas execuções –, Dahmer não fez esforço algum para evitar a morte. Ele, na verdade, se recusou a receber tratamento especial na cadeia, embora soubesse muito bem que, dada sua notoriedade, seria um alvo tentador para outros reclusos. Dahmer foi assassinado por outro preso em novembro de 1994. Era como se tivesse encomendado a própria morte.

> Agora terminou. Nunca procurei me libertar. Nunca quis a liberdade. Sinceramente, eu queria a morte para mim.
> — JEFFREY DAHMER em sua declaração final ao tribunal —

Na maioria das vezes, entretanto, serial killers só cometem suicídio quando – percebendo que não têm escapatória – preferem uma morte rápida pelas próprias mãos (ou por intermédio da polícia) do que a desgraça pública e a prisão. Por exemplo, quando dois Texas Rangers apareceram em sua taberna para prendê-lo, Joe Ball – o taberneiro homicida que descartou algumas de suas vítimas atirando-as aos seus crocodilos de estimação – foi para trás do balcão, marcou "Sem vendas" na caixa registradora, tirou uma arma da gaveta e deu um tiro na própria cabeça. Quando a polícia de Indiana começou a desenterrar restos humanos da propriedade de Herb Baumeister – um homem de família, de aspecto equilibrado, que levava uma vida secreta como assassino sexual de gays –, o assassino partiu para o Canadá e deu um fim à própria vida com um tiro de grosso calibre na cabeça. Detido sob a acusação de furto, Leonard Lake – que, junto com seu parceiro igualmente psicopata Charles Ng, cometeu diversos horrores em seu bunker de tortura no norte da Califórnia – engoliu rapidamente uma pílula oculta de cianureto. O maníaco sexual britânico Fred West enforcou-se na cela antes de ser julgado. Paul John Knowles, o "Assassino de Casanova", cometeu "suicídio por intervenção da polícia": um dia depois de ser detido, enquanto era escoltado para a prisão por um xerife e um agente do FBI, Knowles tentou pegar a arma do primeiro e foi imediatamente alvejado e morto pelo segundo.

Obviamente, é provável que alguns serial killers tenham cometido suicídio antes de serem identificados ou capturados. Especialistas especulam que algumas notórias ondas de assassinato tiveram um fim abrupto e inexplicável exatamente por essa razão. Por exemplo, durante um ano, a partir de fevereiro de 1964, um maníaco ainda não identificado matou meia dúzia de prostitutas e descartou seus corpos nus em diversos pontos de Londres, característica que lhe rendeu o apelido de "Jack, o Stripper".[1] Uma dos principais suspeitos – um segurança que trabalhava perto do local em que ocorrera o último assassinato – suicidou-se em fevereiro de 1965, deixando um bilhete em que dizia "não aguentar mais a pressão". Como sua morte coincidiu com a repentina interrupção dos crimes, algumas pessoas acreditam que o guarda (cuja identidade nunca foi divulgada) era, de fato, o autor.

É possível inclusive que o lendário ancestral vitoriano de Jack, o Stripper – Jack, o Estripador –, tenha tirado a própria vida. Na opinião de alguns especialistas, a ferocidade desumana com que o Estripador realizou seu último ato de selvageria mostra que ele estava nos estertores de uma completa desintegração mental, uma espiral de loucura que poderia muito bem ter culminado em suicídio. Isto explicaria por que os horrores de Whitechapel – a onda de assassinatos mais notória da história do homicídio em série – pararam de forma tão repentina como começaram, e por que a identidade do autor pode nunca ser determinada de maneira conclusiva.

---

[1] *Stripper*, neste caso, refere-se àquele que desnuda, além de fazer um trocalhido com Jack, o Estripador (the Ripper). [NT]

PUNIÇÃO

Algumas atrocidades cometidas por serial killers são tão abomináveis – torturar crianças enquanto gravam suas súplicas agoniantes, mutilar as bocas e cortar fora os narizes de vítimas ainda vivas, castrar meninos e forçá-los a comer seus próprios órgãos genitais – que apenas ouvi-las é o suficiente para converter o mais engajado pacifista em um fervoroso defensor da pena de morte. E um número considerável de serial killers foi, de fato, executado e a história comprova isto.

Embora a pena de morte seja rechaçada por muitos como uma relíquia bárbara do passado, é inegável que os métodos modernos de execução são mais humanos em comparação àqueles da era pré-moderna. De um antigo panfleto xilogravado, por exemplo, sabemos o destino do "licantropo" do século XVI, Peter Stubbe. Amarrado às traves de uma roda, pedaços de seu corpo foram arrancados com pinças em brasa, os membros pulverizados com uma barra de ferro, a cabeça decapitada e o tronco atado a uma estaca e incinerado.

No século XIX, o enforcamento era o modo preferido de lidar com assassinos sexuais condenados, pelo menos na América do Norte. Thomas Piper – o chamado Assassino do Campanário de Boston – foi enforcado pelas suas atrocidades, assim como seu homólogo da Costa Oeste, Theo Durrant, o "Demônio do Campanário" (considerado tão abominável pelos cidadãos de São Francisco que nenhum cemitério da cidade quis aceitar seu corpo, forçando seus pais a transportá-lo até Los Angeles para ser cremado). O dr. H.H. Holmes, o "Grande Demônio" de Chicago, também enforcado, teve o corpo enterrado sob várias toneladas de concreto – a seu próprio pedido – para garantir que nunca seria exumado por ladrões de tumbas. Jesse Pomeroy, o "Menino Demônio" de Chicago, foi inicialmente condenado à forca, mas, por ser muito jovem, teve a sentença comutada para prisão perpétua em confinamento solitário, uma forma de sepultamento em vida que ele suportou por quase quarenta anos antes de ser integrado à população carcerária comum. Na Europa, alguns dos mais notórios serial killers do fim do século XIX e início do século XX foram decapitados. Tanto Joseph Vacher, o "Estripador Francês", como Henri Landru, o "Barba Azul de Paris", foram executados na guilhotina. O mesmo se deu com Peter Kürten, o assassino sádico alemão conhecido como o Monstro de Düsseldorf, que declarou que morreria feliz se pudesse ter o prazer de ouvir o sangue jorrar de seu pescoço cortado. O contemporâneo igualmente depravado de Kürten, Fritz Haarmann, foi decapitado por uma espada na praça pública de Hanôver. Seu cérebro foi removido e enviado à Universidade de Göttingen para estudo.

Todo tipo de lenda se formou em torno da execução do admirador norte-americano de Haarmann, Albert Fish, que, ao receber a sentença de morte, teria declarado: "Que emoção será morrer na cadeira elétrica! Será a emoção suprema – a única que ainda não experimentei!" Após sua execução, em janeiro de 1936, circularam rumores de que as 29 agulhas alojadas na virilha do homem tinham produzido uma explosão de faíscas azuis quando a chave do disjuntor foi ligada, causando um curto-circuito na cadeira.

Hoje em dia, a pena de morte é utilizada de forma bem mais moderada. Ted Bundy e John Wayne Gacy tiveram mortes longamente adiadas e, para muitos, bem merecidas. Os dois fizeram de tudo para retardar o inevitável pelo máximo de tempo possível. Bundy, em especial – como quase todos os psicopatas, incapazes de sentir pena de ninguém a não ser de si mesmos –, estava com as pernas tão bambas no dia da execução que praticamente teve que ser carregado para a câmara da morte.

> Ele viveu por tempo demais, na minha opinião. Se me pedissem, talvez tivesse ligado a chave eu mesma.
> — Carol DaRonch, uma das poucas felizardas a escapar das garras de TED BUNDY —

Outros serial killers, no entanto, caminharam de bom grado para a morte. Ao receber a pena capital, o único comentário de Harvey Murray Glatman foi: "É melhor assim". Glatman recusou-se a recorrer da sentença e fez todo o possível para agilizar sua execução. De modo semelhante, Aileen Wuornos – cujo desgosto pelo mundo era tanto que mal podia esperar para deixá-lo – demitiu seus advogados e abriu mão de suas apelações. Jeffrey Dahmer, que declarou durante o julgamento que ansiava pela morte, recusou-se a aceitar tratamento especial na prisão, consciente de que (como de fato aconteceu) provavelmente seria morto por outro detento.

G.J. Schaefer foi outro homicida sexual monstruoso que escapou da pena de morte e acabou sendo assassinado na prisão. Outros foram exterminados por diversas doenças enquanto cumpriam suas penas. Uma combinação de cirrose no fígado e AIDS encarregou-se de matar Ottis Toole; seu parceiro igualmente repulsivo, Henry Lee Lucas (um dos poucos prisioneiros condenados cuja sentença de morte foi comutada pelo então governador do Texas George W. Bush), acabou morrendo de doença cardíaca.

Dada a ânsia primordial do ser humano por vingança, o fato de alguns assassinos psicopatas escaparem da execução por causa de leis que proíbem a pena de morte pode parecer uma grande injustiça, em especial para os amigos e familiares das vítimas. Eles tendem a ficar indignados quando veem o assassino de seus entes queridos tirando proveito de sua notoriedade (com a venda de "trabalhos artísticos" para colecionadores, por exemplo) ou se divertindo na prisão.

Um caso particularmente chocante foi o de Richard Speck, autor de um dos crimes norte-americanos mais hediondos do século XX – o estupro e assassinato de oito estudantes de enfermagem em 1966, na cidade de Chicago. Speck foi condenado à morte, mas, quando a Suprema Corte americana aboliu a pena de morte, sua sentença foi alterada para penas consecutivas de prisão perpétua que somavam quatrocentos anos. Ele acabou cumprindo menos de vinte, morrendo de um ataque cardíaco em 1991.

Cinco anos depois, uma bizarra fita de vídeo – enviada para um âncora da emissora CBS em Chicago – levantou uma violenta onda de indignação ao ser exibida em cadeia nacional. Filmada na Penitenciária de Statesville, ela mostrava um Speck grotesco, ostentando seios induzidos por hormônios, vestindo calcinhas azuis, fazendo sexo oral em um colega de cela e se gabando do quanto se divertia na prisão. Quando o cinegrafista perguntou por que ele tinha assassinado as oito mulheres, Speck deu de ombros e disse: "Simplesmente não era a noite delas".

Era o suficiente para alguém sentir saudades da época de Peter Stubbe, quando criminosos que praticavam atos de violência selvagem eram punidos com igual crueldade.

UM BARBA AZUL DECAPITADO

Em seu livro de 1936, *I Found No Peace* (*Não Encontrei Paz*), o correspondente estrangeiro Webb Pierce – que estava presente na execução de Henri Landru, o Barba Azul francês, na madrugada de 25 de fevereiro de 1922 – descreve a cena:

> Cerca de cem policiais e repórteres se reuniram ao redor da guilhotina; eu estava a cinco metros de distância. Da prisão chegou a notícia de que Landru, cuja longa barba negra tinha sido cortada anteriormente, pediu para ser barbeado. "Vai agradar as mulheres", disse. Ele usava uma camisa cuja gola tinha sido cortada, e calças pretas baratas – sem sapatos ou meias.
>
> Assim que os primeiros raios de sol surgiram, uma grande carroça puxada a cavalos chegou e parou a alguns metros da guilhotina. Os ajudantes do carrasco pegaram duas cestas de vime na carroça, colocaram a pequena e redonda na frente da máquina, onde a cabeça cairia, e a grande em forma de caixão logo atrás da guilhotina.
>
> De repente, os grandes portões de madeira da prisão se abriram. Três figuras apareceram, andando a passos rápidos. Landru vinha no meio, espremido entre dois carcereiros, que o seguravam pelo braço e o empurravam para frente o mais rápido que podiam. Os pés descalços do condenado percutiam nas pedras frias do calçamento e suas pernas pareciam fraquejar. Seu rosto estava amarelado e, quando vislumbrou a medonha máquina, ficou lívido.
>
> Os carcereiros enfiaram apressadamente o rosto de Landru debaixo de um bloco de madeira em forma de meia-lua, que segurava seu pescoço sob a lâmina suspensa. Em uma fração de segundo a lâmina veio abaixo e a cabeça caiu com um baque no cesto. Enquanto um ajudante suspendia o bloco articulado e rolava o corpo sem cabeça para dentro da grande cesta de vime, um terrível jorro de sangue saía do pescoço decepado...
>
> Do momento em que Landru aparecera no pátio da prisão, apenas 26 segundos tinham se passado.

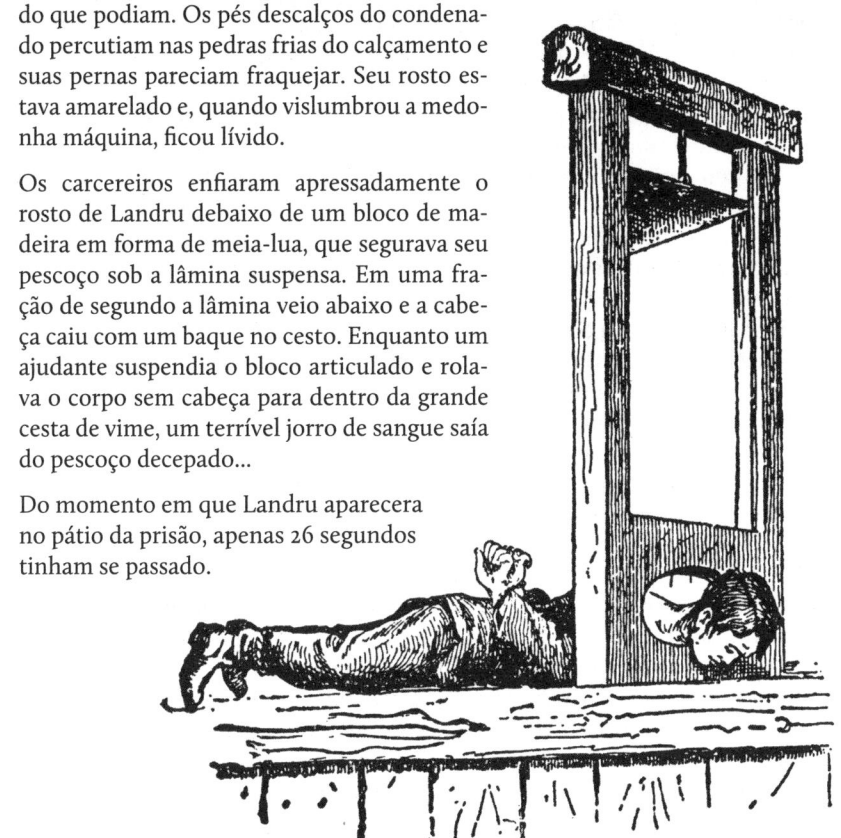

INOCENTE POR ALEGAÇÃO DE INSANIDADE MENTAL

O senso comum sugere que um indivíduo que estupra corpos mortos, canibaliza crianças ou perfura buracos no crânio de seus amantes para transformá-los em zumbis sexuais se qualifica como insano. O senso comum e a lei, no entanto, nem sempre coincidem.

No sentido estritamente jurídico do termo – com base em um precedente de 160 anos conhecido como a Regra de M'Naghten –, a insanidade é definida como a incapacidade para distinguir o certo do errado. Uma vez que a maioria dos serial killers são psicopatas – seres que, embora desprovidos de faculdades morais, comportam-se de forma racional, quase sempre altamente calculista –, é difícil argumentar que satisfazem o critério jurídico de insanidade. O simples fato de que cheguem a tais extremos para não ser capturados sugere que sabem que estão transgredindo a lei.

Como observa o psiquiatra Donald Lunde em seu clássico livro *Murder and Madness* (*Assassinato e Loucura*), a finalidade de uma avaliação de insanidade é "separar o louco do mau". No entanto, esclarece Lunde, muitos júris norte-americanos relutam a "acreditar que alguém que mata é louco em vez de mau. Na verdade, muita gente suspeita que a alegação de insanidade é um artifício empregado por advogados espertalhões em colaboração com psiquiatras ingênuos para conseguir a absolvição de um cliente obviamente culpado". O caso de Albert Fish é ilustrativo nesse sentido. Possuidor de um dos quadros psicológicos mais bizarros e extravagantes da história do crime, Fish foi condenado e sentenciado à morte por um júri que – embora reconhecesse seu desequilíbrio mental extremo – considerou seus crimes tão atrozes que não foi capaz de absolvê-lo.

Até mesmo juízes podem ser difíceis de convencer. Apesar do testemunho de uma equipe de psiquiatras de que David Berkowitz, o "Filho de Sam", era mentalmente "incapacitado" e, portanto, legalmente insano (um diagnóstico razoável para alguém que acreditava receber ordens de um cão possuído pelo demônio), o juiz concordou com o único perito da promotoria, que declarou que "embora o réu apresente traços de paranoia, eles não interferem com sua aptidão para ser julgado".

É verdade que alguns serial killers infames foram considerados mentalmente incompetentes e acabaram internados em hospitais psiquiátricos. Embora condenado por homicídio qualificado, o carniceiro de Wisconsin Ed Gein foi ao mesmo tempo julgado insano e passou o resto de seus dias em instituições psiquiátricas. O mesmo se deu com Jane Toppan, a envenenadora em série que confessou 31 assassinatos depois do seu julgamento em 1901. (No caso de Toppan, há razões para acreditar que ela foi poupada da pena de morte não por ser louca de fato, mas porque um júri de cavalheiros vitorianos não foi capaz de sentenciar uma mulher "respeitável" à forca.)

Em geral, conseguir uma absolvição por alegação de insanidade é tão difícil que poucos advogados de defesa lançam mão desse recurso. Nos últimos cem anos, apenas 1% de todos os criminosos levados a julgamento nos EUA recorreram a essa tática. E dessa pequena minoria, apenas um em cada três foi considerado NGRI (*Not Guilty by Reason of Insanity* ou, em português, "inocente por alegação de insanidade mental").

Quanto aos serial killers, "apenas 3,6% foram declarados incapazes para ser julgados ou absolvidos por razão de insanidade", de acordo com um especialista. Mesmo um psicótico delirante como Herbert Mullin – que acreditava que podia evitar um terremoto apocalíptico ao assassinar estranhos – foi considerado "mentalmente são pelos padrões legais" e condenado por homicídio.

É claro, as remotas chances de conseguir a absolvição com uma alegação de insanidade não impediram alguns serial killers de tentar. Na Inglaterra, John George Haigh, o infame "Assassino da Banheira de Ácido" dos anos 1940, tentou inutilmente convencer o júri que seus crimes foram motivados não por ganância patológica, mas por um vampiresco desejo por fluidos corporais. Para provar que estava tomado por uma sede anormal, Haigh chegou a beber um copo da própria urina na cadeia, mas seu esforço foi em vão. Trinta anos mais tarde, o conterrâneo psicopata de Haigh, Peter Sutcliffe, vulgo "Estripador de Yorkshire", também fez um esforço inútil para pintar a si mesmo como louco, alegando que recebera ordens de matar prostitutas da voz de Deus emanada de um túmulo no cemitério local.

Talvez a tática mais popular seja a da "personalidade múltipla", que já foi tentada – com uma impressionante falta de sucesso – por um número considerável de infames serial killers. Entre eles estão William Heirens, o "Assassino do Batom", Kenneth Bianchi, o "Estrangulador da Colina", e John Wayne Gacy – cada um dos quais tentou culpar pelos seus crimes alter egos homicidas chamados, respectivamente, "George Murman", "Steve" e "Jack". Ted Bundy, embora não tenha alegado insanidade, também declarou ter sido possuído, às vezes, por um ser malévolo ao qual se referiu como "a entidade".

Na verdade – em parte sem dúvida por causa de *Psicose*, de Hitchcock (que popularizou o conceito de "dupla personalidade") –, tornou-se quase um lugar-comum para serial killers jogar a responsabilidade por seus atos em alter egos malignos que supostamente habitam neles. Quando perguntaram ao serial killer australiano William MacDonald por que ele tinha massacrado seis homens, ele declarou, displicente, "eu não matei esses homens. Foi a outra pessoa que vive dentro de mim que realmente os matou". Como geralmente acontece, o júri negou-se a acreditar nessa explicação simplista e sentenciou o "Mutilador" à prisão perpétua por suas atrocidades.

CASOS SEM SOLUÇÃO

No âmbito do homicídio em série, como em todas as outras áreas da atividade humana, alguns indivíduos tornam-se muito mais famosos do que outros. Graças à natureza extremamente hedionda de seus crimes, psicopatas como Charles Manson, Ted Bundy, John Wayne Gacy, Jeffrey Dahmer e alguns outros se tornaram praticamente lendas. No imaginário popular, eles assumiram o papel de bichos-papões de carne e osso – personificações na vida real do mal absoluto.

A maioria dos serial killers, entretanto, nunca atinge esse grau de sinistra notoriedade. Quantas pessoas já ouviram falar de Michael Ross, um serial killer de quarenta anos sentenciado à morte por matar quatro adolescentes em Connecticut na década de 1980? Ou de Tommy Lynn Sells, um vagabundo de 35 anos que – depois de ser detido em Del Rio, no Texas, por cortar a garganta de duas meninas com uma faca de desossar – confessou outros dez assassinatos em seis estados diferentes? Ou Corey

Morris, um homem de 24 anos, de Phoenix, indiciado pelo assassinato de seis prostitutas em 2003? Não há nada nesses degenerados que estimule a imaginação das pessoas. Eles não exercem o fascínio mórbido de tipos "médico e monstro" como Bundy e Gacy. Um, o estudante boa-pinta de direito cuja amável personalidade ocultava a alma de uma besta; o outro, o palhaço gorducho que entretinha crianças hospitalizadas de dia e torturava e assassinava adolescentes de noite. Ross, Sells, Morris e outros do gênero não parecem miticamente maus – apenas doentes, perversos e repugnantes.

O mesmo princípio se aplica aos homicídios em série *não solucionados*. Um número surpreendente deles nunca chega às manchetes nacionais. Muitos mal são mencionados nas comunidades em que ocorrem. Isto se deve, em grande parte, ao fato de que esses crimes com frequência atingem prostitutas e garotos de programa – vítimas socialmente menosprezadas cujas mortes e desaparecimentos despertam pouco interesse ou preocupação no público. Até mesmo a polícia costuma dar pouca atenção a esses crimes, fazendo apenas os esforços mais superficiais para resolvê-los.

Por outro lado, há um número considerável de casos não solucionados que se tornam lendas na história do crime. À frente deles, é claro, está o caso de Jack, o Estripador. A essa altura, há uma indústria inteira dedicada à solução desse mistério centenário. De tempos em tempos surge um novo "especialista" com um livro que pretende provar definitivamente a identidade do monstro de Whitechapel. O mais recente (pelo menos até a data de publicação deste livro) é o best-seller de 2002 *Retrato de um Assassino*, da escritora de suspense Patricia Cornwell, que – com muito alarde – anunciou que havia finalmente identificado o lendário assassino de prostitutas. O culpado, afirmou a autora, era Walter Sickert, um renomado pintor pós-impressionista com um mórbido fascínio pelo macabro e uma suposta patologia sexual provocada por uma operação peniana malsucedida.

Nem todos, no entanto, mostraram-se convencidos pela "prova" de Cornwell. Criticando duramente o livro no *New York Times*, por exemplo, Caleb Carr – autor do aclamado *O Alienista*[2] – não só denunciou a obra como um "exercício de calúnia", mas exigiu que Cornwell se desculpasse por tê-lo escrito. Vale ressaltar que Sickert foi há muito tempo identificado – e descartado – como um possível suspeito por outros especialistas no Estripador.

Em suma, a despeito das afirmações da autora (e da fração considerável de sua fortuna pessoal investida no projeto), é provável que seu livro não seja a última palavra sobre o assunto.

Embora menos notórios do que os assassinatos do Estripador, há diversos casos célebres que continuam a desafiar os "detetives de poltrona". Estes incluem:

---

2   Rio de Janeiro: Record, 1995. [NE]

O HOMEM DO MACHADO DE NOVA ORLEANS

Um dos maiores mistérios não solucionados da história do homicídio em série nos Estados Unidos teve início nos estertores da Primeira Guerra Mundial. Na madrugada de 23 de maio de 1918, um lunático desconhecido invadiu a casa de Joseph e Catherine Maggio, golpeou-os na cabeça com um machado e, para finalizar, cortou suas gargantas com uma navalha.

Ele atacou novamente na calada da noite do dia 28 de junho, invadindo a casa de um merceeiro chamado Louis Besumer, que escapou do ataque com um ferimento terrível na cabeça. Sua esposa, no entanto, foi seriamente ferida e permaneceu viva até 5 de agosto, quando sucumbiu aos ferimentos.

Na mesma noite em que ela morreu, a esposa grávida de um homem chamado Schneider foi atacada na cama pelo maníaco do machado. Embora a sra. Schneider (e seu bebê por nascer) tenha sobrevivido, ela não conseguiu fornecer à polícia nada mais que uma vaga descrição do sinistro intruso.

Cinco dias depois, duas jovens irmãs, Pauline e Mary Bruno, foram despertadas pelo som de um tumulto no quarto ao lado. Correndo para investigar, elas viram de relance uma figura sinistra fugindo do local. Ele era "negro, alto, corpulento e usava um terno escuro e um chapéu militar preto de abas largas", descreveriam mais tarde. Na cama jazia o tio delas, Joseph Romano, sangrando copiosamente por causa de um ferimento brutal na cabeça que se revelaria fatal.

A essa altura, Nova Orleans vivenciava o tipo de pânico que, meio século mais tarde, dominaria Nova York quando o atirador fantasma conhecido como "Filho de Sam" estava à solta. As pessoas começaram a dormir com pistolas carregadas ao lado da cama e inundavam a polícia com relatos de tentativas de arrombamento durante a noite, armas encontradas em seus jardins (supostamente descartadas pelo criminoso) e incontáveis avistamentos do assassino induzidos pela histeria coletiva.

Depois de um hiato de sete meses, ele cometeu outro ataque, dessa vez na cidade de Gretna, do outro lado do rio Mississippi. Suas vítimas foram os três membros da família Cortimiglia. Os pais, Charles e Rose, sobreviveram com fraturas no crânio, mas a filha de dois anos do casal acabou morrendo.

Quatro dias depois, em 14 de março de 1919, uma carta chegou à sede do jornal *New Orleans Times-Picayune*. Era sem dúvida um trote, muito similar à carta fraudulenta que conferiu ao monstro de Whitechapel seu apelido imortal. Descrevendo-se como um "demônio das profundezas do inferno", o autor manifestou sua intenção de aterrorizar a cidade na noite de 19 de março, poupando apenas as casas em que estivesse tocando jazz, e assinou a mensagem como "O Homem do Machado".

Em uma manifestação preliminar de um fenômeno corriqueiro hoje em dia – o tipo de mecanismo de enfrentamento que leva as pessoas a fazer piadas mórbidas sempre que ocorre um catástrofe –, os cidadãos de Nova Orleans recorreram ao humor negro para aliviar as tensões, promovendo "festas do Homem do Machado" na noite indicada ao som de uma nova e popular melodia de piano, "The Mysterious Ax Man's Jazz" ("O Misterioso Jazz do Homem do Machado").

Apesar da prisão e condenação de vários suspeitos (posteriormente liberados quando seus acusadores confessaram perjúrio), as mortes continuaram. Entre 10 de agosto e 27 de outubro, mais três ataques ocorreram, elevando para 12 o número de vítimas do Homem do Machado, dentre as quais seis foram mortas e as seis restantes feridas.

Então, tão abruptamente como começaram, os assassinatos cessaram por completo. Alguns estudiosos da história criminal norte-americana identificaram um provável suspeito, um matador de aluguel da máfia chamado Joseph Mumfre, morto a tiros pela viúva da última vítima do Homem do Machado, cujo falecimento explicaria a súbita interrupção da onda de matanças. Outros, entretanto, têm posto essa teoria em dúvida. Em todo caso, os assassinatos do Homem do Machado continuam oficialmente não solucionados.

O HOMEM DO PORRETE DE TOLEDO

Em uma onda de violência que durou duas semanas e aterrorizou a cidade de Toledo, em Ohio, atraindo a atenção de toda a imprensa do país, "um maníaco homicida" (como os jornais o descreveram) atacou de forma brutal uma dúzia de mulheres no outono de 1925, deixando cinco mortas e as outras gravemente feridas. Empunhando um pesado objeto em forma de porrete, ele golpeava suas vítimas pelas costas e em seguida as espancava no rosto e na cabeça enquanto jaziam inconscientes.

A primeira a encontrar o "Homem do Porrete" foi a sra. Frank Hall, atacada em frente à sua casa na noite de 10 de novembro de 1925. Uma das vítimas de maior sorte, ela sobreviveu ao ataque, embora seus ferimentos tenham sido tão graves que ela nunca conseguiu se recuperar totalmente.

Emma Hatfield e Lydia Baumgartner foram as vítimas seguintes do maníaco. Ambas foram atacadas enquanto andavam por ruas desertas depois de anoitecer. Ambas acabariam morrendo em decorrência de seus ferimentos, embora tenham chegado a prestar depoimento à polícia no leito de morte. Infelizmente, nenhuma mulher pôde dar uma descrição precisa do agressor.

Na semana seguinte ocorreram mais sete ataques, um por dia, deixando a cidade em polvorosa. A Legião Americana, uma organização de ex-combatentes, colocou mil homens nas ruas para ajudar na busca pelo assassino, enquanto um serviço de assistência médica local ofereceu acompanhantes para o grande número de mulheres com medo de andar a sós pelas ruas depois do anoitecer. A polícia organizou uma varredura nos suspeitos de sempre – formada principalmente por "deficientes mentais" e qualquer estranho de pele morena que tivesse o azar de estar em Toledo na época. Também teve que lidar com o costumeiro dilúvio de histéricos "palpites", incluindo avistamentos de criaturas bizarras de olhos esverdeados e aparência disforme que assombravam os telhados, emitindo gritos sinistros.

Enquanto isso, as autoridades divulgaram um perfil do Homem do Porrete que o descrevia como "um homem animalesco, com quase dois metros de altura, de pele escura, cabelos longos e crespos, dentes da frente protuberantes, olhos faiscantes e força quase sobre-humana". Dada a natureza banal dessa descrição – que soa como uma mescla de todos os clichês possíveis sobre monstros –, podemos afirmar que ela diz menos sobre o assassino do que sobre as delirantes fantasias do público aterrorizado. Na verdade, ao publicar essa descrição, a polícia provavelmente ajudou o assassino a evitar a captura. Com toda a cidade à procura de um ogro sobrenatural, o criminoso (que, como vários outros serial killers, devia ter um aspeto perfeitamente normal, se não totalmente desinteressante) podia se deslocar sem atrair suspeitas.

Após o brutal assassinato duplo, em um único dia, de uma professora de 26 anos e de uma dona de casa de quarenta (também agredidas sexualmente), o reinado de terror do Homem do Porrete de Toledo chegou a um súbito fim. Quem ele era e o que aconteceu com ele permanecem um mistério até hoje.

O CARNICEIRO LOUCO DE KINGSBURY RUN

Uma década depois dos assassinatos em Toledo, Ohio foi palco de outro caso não solucionado de homicídio em série, talvez o mais famoso na história criminal norte-americana do século XX. O que tornou esse caso tão notável foi não só a selvageria incomum dos crimes, mas o envolvimento de Eliot Ness, líder da famosa equipe de agentes federais apelidada de *Os Intocáveis*.

O caso ocorreu em Cleveland, no auge da Grande Depressão. Em setembro de 1934, a parte inferior de um tronco feminino, com as pernas decepadas na altura dos joelhos, foi encontrada às margens do lago Erie, perto do parque de diversões de Euclid Beach. A vítima – apelidada de "a Dama do Lago" pela imprensa local – nunca foi identificada e a história logo sumiu dos jornais. Só mais tarde esse incidente seria visto não como uma atrocidade isolada, mas como um prenúncio dos horrores por vir.

Um ano depois, enquanto circulava por Kingsbury Run – uma ravina coberta de mato e lixo na parte leste de Cleveland que servia como reduto de mendigos –, uma dupla de garotos se deparou com dois corpos masculinos sem cabeça e em decomposição, ambos com os genitais amputados. A autópsia dos cadáveres sugeriu que as vítimas tinham sido decapitadas – e provavelmente castradas – enquanto ainda estavam vivas. Embora a vítima mais velha nunca tenha sido identificada, impressões digitais confirmaram que o mais novo era Edward Andrassy, um "delinquente meleguento" (como um policial o descreveu) com uma longa folha corrida de pequenas infrações. Dada a má reputação de Andrassy por conduta ofensiva – que incluía um caso com uma mulher casada, cujo marido o ameaçara de morte –, a polícia concluiu que os dois assassinatos foram crimes passionais.

Eles foram obrigados a reconsiderar essa opinião quando outros corpos começaram a aparecer. Em janeiro de 1936, os restos mortais de uma prostituta de 41 anos – retalhados e distribuídos em uma pequena cesta e alguns sacos de estopa – foram encontrados atrás de um açougue na Central Avenue. Quatro meses depois, em uma quase repetição do incidente de setembro de 1935, dois garotos que atravessavam Kingsbury Run para ir pescar toparam com a cabeça decapitada de um homem. No dia seguinte, investigadores encontraram o corpo nu, decorado por meia dúzia de distintas tatuagens. Apesar de todos os esforços – que incluíram exibir a máscara mortuária da vítima na Exposição dos Grandes Lagos na esperança de que um dos sete milhões de visitantes fosse reconhecê-lo –, a identidade do "Homem Tatuado" nunca foi determinada.

Em 22 de julho, outro corpo sem cabeça foi descoberto – dessa vez do lado oposto da cidade. O assassino retornou à sua área de desova favorita poucos meses depois, em setembro de 1936. Enquanto esperava para pular em um dos trens de carga que passavam por Kingsbury Run rumo ao leste, um vagabundo avistou as metades seccionadas de um torso humano flutuando em um lago estagnado. As partes que faltavam – a cabeça, os braços e os genitais – nunca foram encontradas.

A essa altura, os jornais já se esbaldavam com o caso, publicando diariamente matérias sensacionalistas de primeira página escritas na prosa mais vulgar.

"De todos os terríveis pesadelos que viraram realidade" – dizia uma chamada típica – "o mais medonho é o do demônio que degola suas vítimas nos sombrios e úmidos recessos de Kingsbury Run. Que um homem dessa natureza tenha podido consumar sua insana vingança contra seis pessoas em uma cidade do tamanho de Cleveland deveria ser motivo de vergonha para nossa comunidade. Nem mesmo Edgar Allan Poe em seu mais profundo sonho de ópio poderia conceber um horror tão meticulosamente executado."

Tendo sido recentemente contratado como secretário de segurança de Cleveland, Eliot Ness – que se dedicava a erradicar a corrupção na polícia e a supervisionar as medidas de segurança para receber a Convenção Nacional Republicana[3] na cidade – viu-se sob enorme pressão para capturar o maníaco, também apelidado de "Assassino do Tronco de Cleveland" e "Carniceiro Louco de Kingsbury Run". Nada, no entanto – nem a considerável recompensa oferecida pelo jornal *Cleveland News*, nem os esforços em tempo integral de mais de vinte detetives, incluindo uma dupla incansável de agentes, Merylo e Zalewski, que interrogou centenas de suspeitos e seguiu incontáveis pistas –, fez qualquer diferença. Por mais dois anos, 12 cadáveres desmembrados ainda apareceram – uma "dúzia de açougueiro",[4] parafraseando o escritor policial Max Allan Collins.

Os restos das duas últimas vítimas do Carniceiro foram encontrados em agosto de 1938. O que aconteceu com o assassino depois disso é até hoje motivo de especulação. Um médico de Cleveland chamado Frank Sweeney – supostamente um alcoólatra bissexual de temperamento explosivo – ficou sob suspeita durante um breve período. O mesmo ocorreu com um imigrante eslavo chamado Frank Dolezal, que inicialmente confessou diversos assassinatos do Carniceiro, mas logo se retratou alegando que a polícia extraíra a confissão à força. Um mês depois de sua prisão, foi encontrado enforcado na cela, um aparente suicídio.

Enquanto alguns criminologistas acreditam que o Carniceiro Louco migrou para Los Angeles, outros concordam com o biógrafo de Eliot Ness, Oscar Fraley, que afirmou que o verdadeiro culpado era um estudante mentalmente desequilibrado de um curso preparatório de medicina. Herdeiro de uma proeminente família de Cleveland, o suposto assassino teria escapado da prisão ao se internar em uma instituição psiquiátrica, onde morreu de causas naturais no início da década de 1940.

---

3   Considerado o acontecimento mais importante do Partido Republicano, é o evento em que tradicionalmente se escolhe o candidato que concorrerá à presidência dos Estados Unidos pela legenda. [NT]

4   A expressão "dúzia de açougueiro" (*butcher's dozen*, em inglês), originou-se do suposto costume dos açougueiros de manipular o peso de um item em benefício próprio, e o uso da expressão se generalizou na língua inglesa para indicar uma redução em relação à quantidade esperada. Neste contexto, refere-se tanto às 12 vítimas retalhadas do Carniceiro quanto ao título do livro de Max Allan Collins sobre o caso. [NT]

O ASSASSINO DE GREEN RIVER: CASO ENCERRADO

Para a polícia, é uma verdade óbvia que as chances de desvendar um crime sem solução diminuem gradualmente a cada dia que passa. Por isso, parece improvável que algum dia sejam descobertas as verdadeiras identidades de fantasmas há muito desaparecidos, como o "Homem do Machado" ou o "Carniceiro Louco" de Cleveland. Mas graças aos recentes avanços na ciência forense, especificamente o desenvolvimento da análise de DNA, diversos casos infames de assassinato em série que têm frustrado os investigadores por décadas parecem ter sido resolvidos.

Para citar um exemplo, a polícia de Glasgow, na Escócia, acredita ter finalmente resolvido o caso, ocorrido três décadas atrás, do assassino sexual apelidado de "João da Bíblia". Verificou-se que uma amostra de DNA extraída de manchas de sêmen nas meias-calças de uma de suas vítimas coincidia com a amostra de um dos suspeitos, um antigo soldado da guarda escocesa, casado e com três filhos, que se suicidou em 1980. Embora a identidade do homem não tenha sido revelada, as autoridades estão convencidas de que o mistério foi resolvido.

Nos Estados Unidos, um dos casos de homicídio em série mais notórios e chocantes dos últimos trinta anos teve uma virada inesperada no final de 2001, mais de dez anos depois de quase todos terem desistido de solucioná-lo. Entre 1982 e 1984, nada menos que 47 jovens foram mortas a facadas ou estranguladas, e seus corpos descartados em matagais. Algumas tinham fugido de casa ou estavam de viagem, mas a maioria eram prostitutas que trabalhavam em um trecho sórdido da rodovia Seattle-Tacoma. Apesar de uma ampla investigação que durou quase uma década, custou 15 milhões de dólares, acumulou quatro mil itens de provas materiais e contou com extensa colaboração – do *profiler* do FBI John Douglas a Ted Bundy (que deu informações reveladoras sobre o funcionamento da mente psicopata) –, o "Assassino de Green River" conseguiu se safar. A força-tarefa montada para rastreá-lo foi finalmente dissolvida em 1990 e então parecia haver pouca esperança de que ele seria algum dia capturado.

Tudo mudou de modo súbito e drástico em novembro de 2001, quando Gary Leon Ridgway foi preso pela infração relativamente leve de "vadiagem com propósito de solicitar prostituição". Ridgway tinha 52 anos, era pai, casado, morava no subúrbio de Austin, em Seattle, e trabalhava como pintor em uma transportadora local. Antes de ser preso, já tivera uma série de problemas com a polícia, sempre envolvendo prostitutas. Em 1980, uma prostituta que ele apanhou de carro na estrada o acusou de levá-la a um matagal e tentar estrangulá-la. As acusações foram retiradas pois Ridgway disse que a mulher começara a mordê-lo durante o sexo oral e ele só a sufocou para fazê-la parar.

Dois anos depois, foi preso após tentar obstruir o trabalho da polícia em uma operação para coibir a prostituição. Declarando que sua compulsão por sexo com prostitutas era análoga a uma compulsão alcoólica, ele admitiu sua culpa e recebeu uma advertência. Em 1984, Ridgway era um dos principais suspeitos no desaparecimento de uma das vítimas do Assassino de Green River, mas foi liberado da custódia policial depois de passar no teste do polígrafo. Seus colegas de trabalho na transportadora começaram a chamá-lo jocosamente de "Green River Gary" – ou "G.R." para abreviar.

Para a polícia, no entanto, não havia nada de engraçado na situação. Em 1988, Ridgway ainda era tido como suspeito pelos investigadores, que obtiveram um mandado de busca para revistar sua casa (nada foi encontrado), bem como uma ordem judicial que o obrigava a fornecer uma amostra de saliva, coletada através da mastigação de um pedaço de gaze.

Foi este último elemento que acabou levando à solução do caso. Quando Ridgway foi preso novamente, no outono de 2001, por "solicitar prostituição", a tecnologia aprimorada permitiu aos cientistas forenses relacionar o DNA em sua amostra de saliva com o sêmen encontrado em três das vítimas. Seus registros de trabalho foram imediatamente requisitados por ordem judicial e a verificação revelou que suas ausências no serviço coincidiam com os desaparecimentos de várias das vítimas de Green River.

Na quarta-feira de 5 de dezembro de 2001, Gary Ridgway foi formalmente indiciado pelo assassinato de quatro mulheres. "O que resolveu esse caso foi basicamente a ciência", declarou um policial. O mérito também foi do trabalho tenaz da polícia, especialmente por parte do xerife do condado de King, Dave Reichert, que mal podia conter a alegria quando viu os resultados dos testes de DNA. Depois de perseguir o criminoso por quase vinte anos, a caçada parecia chegar ao fim.

A responsabilidade de Ridgway pelos assassinatos de Green River foi confirmada em novembro de 2003. Como parte de um acordo que lhe poupou da pena de morte, ele confessou perante um tribunal de Seattle o assassinato de 48 mulheres.

LEITURA RECOMENDADA H. PAUL JEFFERS. Who Killed Precious? | 1992. ROBERT RESSLER e TOM SHACHTMAN. Whoever Fights Monsters | 1992. D. CANTER. Criminal Shadows: Inside the Mind of the Serial Killer | 1994. RONALD M. HOLMES e STEPHEN T. HOLMES. Profiling Violent Crimes | 1996. B.E. TURVEY. Criminal Profiling: An Introduction to Behavioural Evidence Analysis | 1999. JOHN DOUGLAS e MARK OLSHAKER. The Anatomy of Motive | 1999.

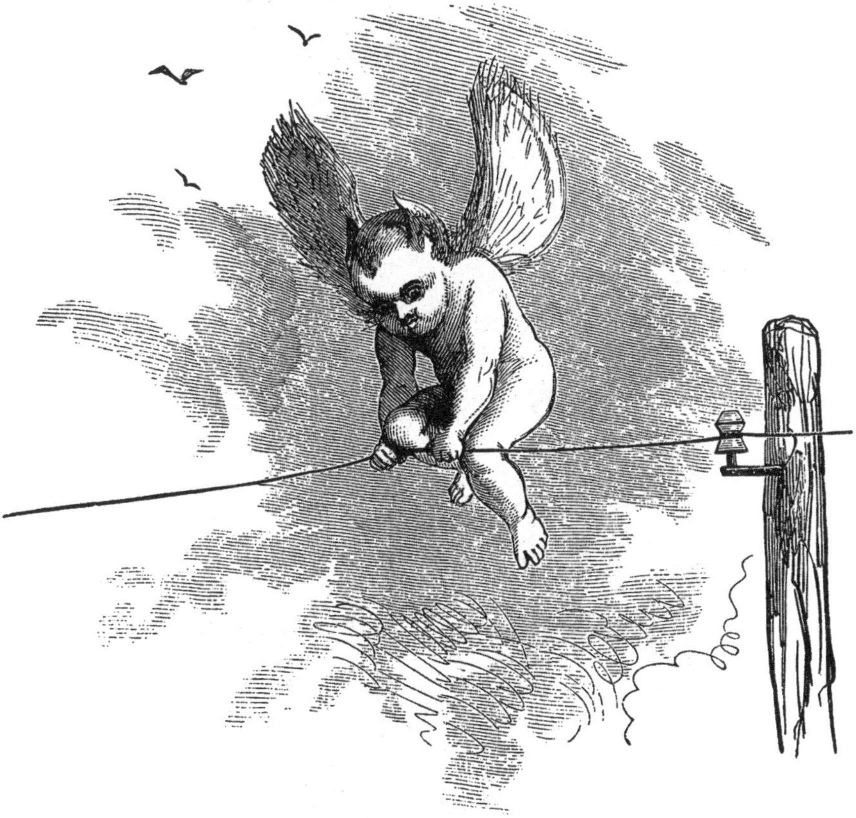

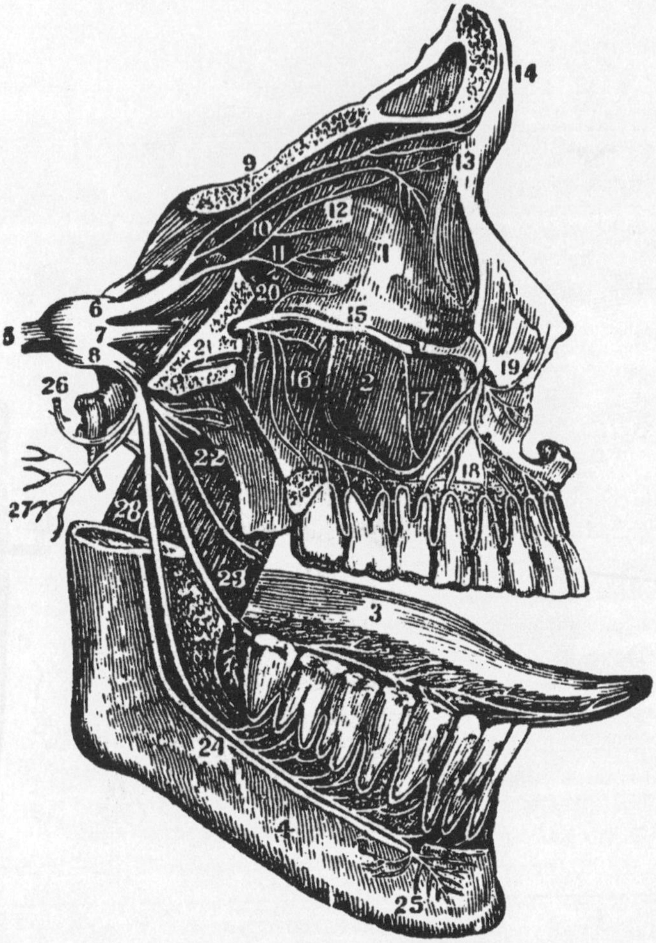

1
2
3
4
5
6
7
8
9
10
11
12
13
14
15
16
17
18
19
20
21
22
23
24
25
26
27
28

SERIAL KILLERS
ANATOMIA DO MAL

CAPÍTULO 9

O SERIAL KILLER NA CULTURA POP

Desde que a expressão "serial killer" difundiu-se, no início dos anos 1980, o predador psicopata tornou-se lugar-comum (ou mesmo um estereótipo) da nossa arte pop. Para muitos críticos de plantão, a fixação dos EUA por esses loucos sanguinários é mais um sinal deplorável da suposta decadência cultural desse povo, prova de que os norte-americanos perderam seu senso moral enquanto sociedade.

Na verdade, entretanto, não há nada de novo ou exclusivamente norte-americano sobre a "glorificação" de criminosos. Ao longo da história, as pessoas têm se fascinado pelo que o escritor de livros policiais Jay Robert Nash chama de "carniceiros e foras da lei". Na Inglaterra do século XVIII, o povo não cansava de ouvir sobre as façanhas de famosos renegados como Jack Sheppard, Jonathan Wild e Colonel Blood. Um século mais tarde, os leitores britânicos devoravam avidamente cada macabra migalha de informação publicada sobre Jack, o Estripador. Nos EUA, psicopatas pioneiros como Billy the Kid e John Wesley Hardin se transformaram em heróis populares. O mesmo ocorreu durante a Depressão, quando assassinos a sangue-frio como Bonnie e Clyde, Pretty Boy Floyd e John Dillinger foram vistos por muitos como Robin Hoods contemporâneos.

Por que cidadãos honestos e decentes teriam tanto fascínio por criminosos violentos é uma questão psicológica complexa, embora tal fato esteja sem dúvida relacionado ao prazer secreto que sentimos na identificação indireta com pessoas que extravasam os impulsos obscuros e anárquicos que a maioria de nós reprime. Em todo caso, da mesma forma que o assassinato em série é um fenômeno antigo com um nome novo e moderno, alguns tipos de atividade que parecem tão repreensíveis a certos moralistas – como colecionar memorabilia relacionada a serial killers, por exemplo, ou transformar os locais de notórios assassinatos em atrações turísticas – também existem há séculos.

MATANDO O TEMPO COM SERIAL KILLERS

Nos vinte anos desde sua publicação, o revolucionário romance pop *Dragão Vermelho*[1] já foi filmado duas vezes: primeiro por Michael Mann no thriller *Caçador de Assassinos*, de 1986, e mais tarde, em 2002, sob seu título original, na versão de Brett Ratner. Entre essas duas versões, algo interessante aconteceu a Hannibal Lecter. Ele passou de um personagem secundário que aparecia por apenas alguns minutos no filme original a estrela do espetáculo. Por quê? Simplesmente porque o público não se cansava de ver o afável psicopata devorador de homens em ação, tal como interpretado de forma tão horripilante por sir Anthony Hopkins. Todos queriam assisti-lo enquanto encarava sua presa com aquele olhar sinistro, lambia os beiços e devorava os órgãos vitais de mais algumas vítimas merecedoras da pena.

Os espectadores que lotavam os cinemas locais para assistir "Hannibal, o Canibal", estripar um irritante policial e jantar sobre os miolos de um burocrata detestável não eram esquisitões loucos por sangue. Supor que apenas pervertidos e Ted Bundys em potencial têm fascínio por assassinatos em série e outros crimes famosos é o cúmulo da hipocrisia. Não há sociopatas o bastante no país para justificar a bilheteria nacional de 300 milhões de dólares de *O Silêncio dos Inocentes* (1991). Cidadãos íntegros e respeitadores das leis curtem essas coisas macabras.

A indústria de entretenimento de massa sempre soube disso. "Darei às pessoas o que elas querem", afirma Vincent Price no filme de horror *Museu de Cera*, de 1953: "Emoção, horror, sustos!" Madame Tussaud – empresária do século XIX e grande pioneira do museu de cera – certamente teria compartilhado desse sentimento. Com seus dioramas macabros de tortura e figuras realistas de assassinos infames, a "Câmara dos Horrores" sempre foi a atração mais popular de seu célebre museu em Londres, superando de longe as exposições de ilustres homens de Estado, figuras eclesiásticas e escritores mundialmente famosos.

Por séculos, empresários da indústria pop têm encontrado formas de explorar uma obviedade apontada já em 1757 pelo filósofo Edmund Burke: se pudessem optar entre assistir a uma ópera ou à execução pública de um notório criminoso, a maioria das pessoas escolheria a última opção. Quando o assassino em massa Albert Hicks foi enforcado em 1860, P.T. Barnum pagou 25 dólares e duas caixas de charutos pela roupa que Hicks vestia durante a execução e colocou-a imediatamente em exposição. Um dos rivais de Barnum, tentando superar o grande *showman*, foi ainda mais longe. Depois de adquirir o braço direito amputado de Anton Probst, outro infame assassino em massa – que em 1865 massacrou todos os sete integrantes da família de seu empregador em uma fazenda na Filadélfia –, ele exibiu o membro decepado em um museu popular de Bowery, no sul de Nova York, atraindo imensas multidões.

Nem Barnum nem seus rivais tiveram o menor pudor de arrancar cada centavo que pudessem dessas macabras "curiosidades", vendendo lembrancinhas na forma de "cartões de visita" fotográficos e livretos inteiramente ilustrados sobre os crimes. Sem dúvida, em termos absolutos de morbidez, muitos dos objetos colecionáveis do

---

[1] Trad. José Sanz. Rio de Janeiro: BestBolso, 2012. [NE]

passado superam de longe os de hoje. Durante o período do Terror (1792-1794) dentro da Revolução Francesa, por exemplo, havia uma grande demanda por lembranças relacionadas à guilhotina. Os espectadores que vinham apreciar as decapitações diárias podiam levar de lembrança para casa uma programação decorada com a imagem de uma cabeça decepada, enquanto as mulheres chiques usavam brincos de guilhotina e as crianças brincavam com réplicas funcionais de brinquedo que podiam decapitar ratos e pássaros vivos.

Não resta dúvida de que alguns objetos relacionados a serial killers que hoje em dia despertam a indignação dos paladinos da moral são uma afronta direta aos padrões convencionais de bom gosto, tais como jogos de tabuleiro em que os participantes competem para acumular o maior número de vítimas fatais, livros de atividade contendo jogos macabros de ligar os pontos e labirintos do tipo "Ajude John Wayne Gacy a achar uma cova vazia em seu porão". De fato, parte desse material é deliberadamente criado a partir de um impulso nitidamente infantil de ferir a suscetibilidade da classe média – *épater le bourgeois*, como dizem na França. A capa do *Serial Killer Coloring Book #4* (livro de colorir com figuras de serial killers), de Rich Hillen, traz a seguinte mensagem: "Para coloristas imaturos maiores de 18". Muito pouco do livro, entretanto, representa de fato cenas explícitas de violência extrema.

As outrora controversas (agora já esgotadas) figurinhas de serial killers publicadas pela Eclipse Enterprises, por exemplo, eram retratos de rosto inteiro belamente desenhados e sem nada de mórbido. Os jogos de carta ainda comercializados pela Mother Productions de Atwood, na Califórnia, também consistem inteiramente de retratos (feitos em um estilo expressionista e brincalhão que sugere, de maneira bastante apropriada, um tipo de arte insana).

E o gênero frequentemente criticado de histórias em quadrinhos de serial killers rendeu algumas obras de grande valor literário e sofisticação visual. São dignas de nota as elegantes recriações feitas por Rick Geary de escandalosos casos vitorianos, incluindo os assassinatos de Lizzie Borden, os crimes de Jack, o Estripador, e, mais recentemente, a história do serial killer conhecido como dr. H.H. Holmes; a célebre graphic novel *Do Inferno* (1991),[2] de Alan Moore e Eddie Campbell, e a sombria *Torso*, história *noir* de Brian Michael Bendis e Marc Andreyko sobre o caso ainda não solucionado do maníaco de Cleveland dos anos 1930 conhecido como "O Carniceiro Louco de Kingsbury Run".

---

2   Publicado no Brasil em quatro volumes pela Via Lettera entre 2000 e 2001. [NE]

ARTE

A arte serial killer é geralmente dividida em duas categorias: trabalhos artísticos *sobre* serial killers e trabalhos criados *por* serial killers. Ambos os tipos são conhecidos por desencadear explosões de indignação, embora por razões diferentes.

Em 1997, por exemplo, uma exposição chamada *Sensação* – com trabalhos de jovens artistas britânicos – provocou acalorada polêmica dos dois lados do Atlântico. Em Nova York, a mostra (montada no museu do Brooklyn) tornou-se alvo de um ataque de ampla repercussão do então prefeito Rudolph Giuliani, que ficou profundamente ofendido com uma pintura do artista Chris Ofili: uma imagem da Virgem Maria que usava em sua composição, entre outros materiais, nacos de estrume seco de elefante. Na Inglaterra, entretanto, a obra que provocou ondas de protestos não foi a imagem de inspiração africana de Ofili, mas *Myra*, de Marcus Harvey: uma enorme foto policial em preto e branco de Myra Hindley – do infame casal homicida conhecido como os "Assassinos do Pântano" – feita em um estilo pontilhista a partir de centenas de digitais de crianças.

As acusações levantadas contra a obra de Harvey – que incorria em sensacionalismo barato; que era uma exploração obscena de uma atrocidade indescritível; que profanava as memórias das crianças vitimadas ao mesmo tempo que glorificava um monstro etc. – são algumas das típicas acusações direcionadas a artistas que tratam de temas tão perturbadores. Como a maioria de nós foi educada para pensar na arte como algo espiritualmente elevado, até mesmo sagrado, a simples ideia de pendurar o retrato de um sádico assassino sexual nas paredes de um museu é vista por muita gente como blasfêmia – um sintoma da cultura degenerada em que vivemos, pautada pelo vale-tudo sensacionalista e obcecada por sexo e violência.

Vale lembrar, entretanto, que – uma vez que lidam com todos os aspectos do comportamento humano, incluindo os mais dolorosos e grotescos – artistas sérios nunca se eximem de retratar nossa propensão à crueldade e à violência. A arte medieval está repleta de imagens que mostram mártires religiosos subjugados por toda sorte de indescritíveis torturas, de esfolamentos a lentas eviscerações. A assombrosa série de gravuras de Goya intitulada *Os Desastres da Guerra* – com suas aterradoras imagens de castração, empalamento, decapitação e esquartejamento – faz o filme mais explicitamente sangrento parecer quase bobo e enfadonho. O especialista em arte Robert Simon demostrou que, entre 1859 e 1872, o grande pintor pós-impressionista Cézanne – associado no imaginário popular a arrebatadoras paisagens e naturezas mortas – produziu uma série de pinturas e desenhos representando crimes sexuais excepcionalmente macabros: "Imagens bizarras, violentas, agressivas em que mulheres são estupradas, estranguladas e esfaqueadas". Outro artista do final do século XIX, o pintor vitoriano Walter Sickert produziu uma série de obras sinistras, perturbadoras, inspiradas pelo assassinato selvagem de uma prostituta. (Aliás, a escritora policial Patricia Cornwell achou as pinturas de Sickert tão brutais e mórbidas que ficou convencida de que ele era o verdadeiro Jack, o Estripador – uma acusação que foi recebida com sarcasmo tanto por críticos sérios de arte como por especialistas conceituados da área.)

No século XX, serial killers foram um tema recorrente da arte dita "séria", abrangendo desde os trabalhos dos pintores da era Weimar, como Otto e George Grosz (ambos obcecados com o tema dos homicídios sexuais) até as criações cartunescas do pintor pop surrealista Peter Saul, cuja obra inclui a pintura de 1964 *Sex Deviant Being Executed* (*Depravado Sexual Sendo Executado*, em tradução livre), que retrata John Wayne Gacy sentado na cadeira elétrica molestando uma última vítima. Embora não trate propriamente de serial killers, *In the Realms of the Unreal* (*Nos Domínios do Irreal*, em tradução livre) – a épica obra-prima do gênio "marginal" Henry Darger – contém cenas que acalentariam o coração de Albert Fish: representações gráficas de garotinhas sendo mutiladas, esquartejadas e assassinadas. Outro importante artista norte-americano associado ao movimento "marginal", Joe Coleman – cujas pinturas parecem uma mistura fantástica de símbolos bizantinos e faixas de circo dos horrores – produziu impressionantes retratos de alguns dos mais notáveis serial killers dos EUA, incluindo Fish, Ed Gein, Carl Panzram e Charles Manson.

Ao discutir a segunda categoria – trabalhos criados *por* serial killers –, é necessário colocar a palavra "arte" entre aspas, já que as pinturas e desenhos produzidos por esses maníacos homicidas em geral são desprovidos do mais remoto valor estético. Há algumas exceções: os engenhosos, ainda que previsivelmente bizarros cartões comemorativos de Lawrence Bittaker; as surpreendentemente delicadas aquarelas de William Heirens, o "Assassino do Batom"; e alguns dos desenhos a carvão de Elmer Wayne Henley. Os desenhos eróticos de Bobby Beausoleil – integrante da "família" Manson condenado por assassinato – atestam a destreza de um ilustrador profissional, enquanto Nicolas Claux, assistente mortuário parisiense e canibal confesso, forneceu retratos bastante perturbadores para o livro *True Vampires* (*Vampiros Reais*), de Sondra London, publicado em 2003, no qual ele também aparece como personagem. Na maioria dos casos, entretanto, o típico trabalho artístico de um serial killer carrega toda a habilidade técnica e valor estético de uma grosseira tatuagem de presidiário ou de uma ilustração em uma revista de colorir feita para crianças.

A figura seminal na breve história desse gênero repulsivo foi John Wayne Gacy, que se dedicou a pintar na prisão e começou a produzir toscas – embora horripilantes – pinturas a óleo de temas variados. Estas incluíam de personagens da Disney e *Pietàs* renascentistas a autorretratos como Pogo, o Palhaço – papel que desempenhava antes de ser preso, quando se ocupava de entreter crianças em hospitais locais. A crescente popularidade e valor monetário do trabalho de Gacy entre colecionadores de itens macabros levou um diretor funerário e entusiasta do terror chamado Rick Staton a contatar outros psicopatas assassinos e encorajá-los a criar seus próprios trabalhos. Logo Staton organizava "Exposições de Arte dos Corredores da Morte" que tinham de tudo – de fantoches de meia de Charlie Manson e girassóis de Elmer Wayne Henley a cenas do Novo Testamento pintadas por Henry Lee Lucas. Tais exposições públicas nunca deixaram de causar escândalo e chamar grande atenção da mídia.

O que as pessoas achavam tão censurável na arte produzida por serial killers não era o tema em si. Com algumas exceções (como os desenhos satânicos de Ramírez, o "Perseguidor da Noite", ou alguns dos rabiscos depravados de Ottis Toole), a maior parte das imagens é completamente banal, muitas vezes sentimental demais: pores do sol e paisagens marítimas, anjos e coalas. O que inspira essa aversão tão generalizada é a simples ideia de que assassinos lascivos possam ser tratados como pequenas celebridades e gozar da satisfação egoica de ter seus trabalhos exibidos em público.

> Aqueles garotos morreram em agonia. E este cara aqui
> ganha uma exposição de arte. Isso não está certo.
> — Irmão de um adolescente torturado e morto por DEAN CORLL e ELMER WAYNE HENLEY
> protestando contra a exposição do trabalho de Henley em uma galeria de arte de Houston, no Texas —

Há também a questão do dinheiro. Embora a Lei "Filho de Sam" vede aos criminosos lucrar com seus crimes escrevendo livros, dando entrevistas ou vendendo direitos de filmagem, a legislação americana não proíbe a venda de trabalhos artísticos. Essa situação levou a um tumulto de grande repercussão em abril de 2001, quando o *New York Daily News* publicou em matéria de capa que uma exposição de arte para presidiários financiada pelo estado incluía um retrato a lápis da princesa Diana feito pelo assassino canibal Arthur Shawcross, que conseguiu faturar 50% dos 500 dólares pedidos pela sua venda. Essa revelação causou tanto alvoroço que, em um mês, o Senado estadual aprovou legislação proibindo presidiários de embolsar qualquer receita proveniente das vendas.

Para uma visão fascinante do mundo da arte dos serial killers, seus criadores, adeptos e detratores, assista ao instigante documentário de Julian Hobbs, *Collectors* (Colecionadores), de 2000.

JOE COLEMAN, DELINEADOR DA ALMA SOMBRIA DA AMÉRICA

Figura cult desde os anos 1970, quando irrompeu na cena underground como professor Mobooze-o, personagem conhecido por explodir a si mesmo e comer ratos vivos em público, Joe Coleman possui um talento para gerar polêmica que não dá sinais de cansaço em mais de um quarto de século. É um testemunho do poder profundamente inquietante do seu trabalho, que ainda consegue chocar e ofender muita gente, dos críticos do *mainstream* aos autoproclamados árbitros da arte "marginal". Com suas desconcertantes representações da patologia americana, ele é um Norman Rockwell às avessas – um pintor que exprime com força visceral o pesadelo real por trás das ilusões açucaradas às quais nos referimos de modo geral como o sonho americano.

Embora os temas de Coleman tenham um escopo global, variando das depravações da Roma Antiga a infames criminosos britânicos como Mary Bell, a menina assassina, a maioria de suas pinturas explora o lado sombrio e anárquico dos EUA tal como encarnado pelos nativos foras da lei e outros indivíduos loucos, fanáticos e perturbados ao longo da história desse país. Seus retratos de assassinos psicopatas lendários, como Ed Gein, Albert Fish, Carl Panzram e Charles Manson (um autoproclamado admirador da arte de Coleman), apresentam essas figuras como verdadeiros ícones norte-americanos, não menos representativos dessa cultura saturada de violência que os míticos heróis que aprendemos a venerar nos livros, na TV e no cinema. Estudar suas fascinantes representações de "Devil Anse" Hatfield (personagem da famosa rixa entre as famílias Hatfield e McCoy), ou de Boston Corbett (que matou John Wilkes Booth, assassino de Abraham Lincoln), ou do artista marginal Henry Darger (que escreveu o livro epicamente grotesco *In the Realms of the Unreal*)[3] é compreender de modo íntimo e único a famosa máxima do poeta William Carlos Williams: *"The pure products of America go crazy"* ("Os puros frutos da América enlouquecem").

Assim como em sua arte, em sua vida Coleman também mergulha de cabeça no lúgubre submundo da história americana. Repleta de inúmeros objetos bizarros, sua casa – o "Odditorium", como ele a chama – lembra um circo dos horrores em que o visitante pode ver de tudo, da sereia Feejee de P.T. Barnum à carta original que Albert Fish enviou à mãe de sua vítima (um documento que Coleman descreve orgulhosamente como a Magna Carta dos itens colecionáveis de serial killers).

Embora Coleman tenha sido comparado a artistas como Hieronymus Bosch e Otto Dix, suas pinturas densas e obsessivamente detalhadas são 100% suas – uma obra inteiramente única e original hoje em dia distribuída em três volumes: *Cosmic Retribution* (*Retribuição Cósmica*), de 1992; *Original Sin* (*Pecado Original*), de 1997; e *The Book of Joe* (*O Livro de Joe*), de 2003.

A VIDA DE PANZRAM, POR COLEMAN

Embora o simples cômputo de vítimas fatais que Carl Panzram fez em sua vida de vasta destruição o ponha no topo da lista dos piores assassinos em série dos EUA, ele não era um psicopata sexual como a maioria dos depravados neste livro. Sim, pelas suas próprias estimativas, que ostenta orgulhoso, Panzram cometeu mais de mil atos de sodomia forçada, além de quase duas dúzias de assassinatos e mais delitos graves do que poderia contar. Mas seus estupros homossexuais – assim como outras incontáveis atrocidades – foram motivados menos por sadismo sexual do que por seu selvagem desejo de poder.

Tendo sido maltratado em diversas instituições desde a infância, Panzram cresceu acreditando que – sob o verniz hipócrita de virtude e devoção a Deus – a sociedade americana, como todas as outras culturas ao longo da história, operava de acordo com uma única regra primordial: a exploração do fraco pelo forte, conforme a lógica de "quem tem o poder manda". Adotando essa lei da selva, ele se transformou em um predador implacável, acumulando um desprezo homicida que se estendia de homens da lei a reformistas bem-intencionados, cuja gentileza ele sonhava retribuir agarrando-os pelo pescoço e sufocando-os até que seus olhos saltassem das órbitas.

Por mais terríveis que fossem seus crimes, outros infames serial killers não eram páreo para Panzram em termos de pura fúria obstinada. Trancados em uma cela com Panzram, Ted Bundy, John Wayne Gacy e Jeffrey Dahmer teriam virado mulherzinhas.

Eis sua história, contada pelo principal artista da patologia americana, Joe Coleman.

---

3   Também o título do documentártio sobre Darger, dirigido por Jessica Yu em 2004. [NE]

CARL PANZRAM, #31614

A True Tale Adapted & Drawn by Joe Coleman

UMA HISTÓRIA REAL ADAPTADA & DESENHADA POR JOE COLEMAN

Durante minha vida assassinei 21 seres humanos, cometi milhares de assaltos, roubos, furtos, incêndios criminosos e por último, mas não menos importante, sodomizei mais de mil seres humanos do sexo masculino. Ainda assim, não sinto um pingo de remorso. Eu não tenho consciência, então isso não me preocupa. Não acredito no homem, em Deus ou no diabo.

SERIAL KILLERS
ANATOMIA DO MAL - HISTÓRIAS REAIS, ASSASSINOS REAIS

Odeio toda a maldita raça humana, incluindo eu mesmo. Se você ou qualquer outra pessoa se der ao trabalho e tiver a inteligência ou paciência de examinar cada um dos meus crimes, vai ver que segui coerentemente uma ideia por toda a minha vida. Eu me alimentava dos fracos, inofensivos e desavisados. Essa lição aprendi com outros: quem tem o poder é quem manda.

SERIAL KILLERS
ANATOMIA DO MAL - HISTÓRIAS REAIS, ASSASSINOS REAIS

Depois de quase dois anos no reformatório, fui declarado pela comissão de liberdade condicional um garoto limpo e bacana, de bons costumes, puro como um anjo e uma honra para aqueles no comando da instituição. Fui reformado direitinho, eu era bom e reformado também.

Quando deixei o reformatório de Minnesota eu sabia tudo sobre Jesus e a Bíblia. Sabia que tudo aquilo era um monte de besteira. E aprendi com cristãos como ser um hipócrita – como roubar, mentir, odiar, queimar e matar. Anos mais tarde, encontrei milhares de caras formados nesses tipos de instituições e eles estavam em, indo para ou acabando de sair de cadeias, prisões, hospícios – ou a forca e a cadeira elétrica estavam de olho neles tanto quanto em mim.

SERIAL KILLERS
ANATOMIA DO MAL - HISTÓRIAS REAIS, ASSASSINOS REAIS

Com 13 anos eu era um sem-teto e logo aprendi a pegar carona em trens de carga.
Estava em um vagão fechado com quatro sujeitos corpulentos que ficaram bem interessados em mim. Eles me diziam que eu era um bom garoto e me prometiam mundos e fundos. Mas primeiro eles queriam que eu fizesse uma coisinha pra eles. O que não conseguiram por persuasão moral partiram pra obter pela força. Eu gritei, implorei, supliquei por misericórdia, piedade, compaixão, mas nada que eu dissesse faria com que desistissem. Eu não queria aprender essa lição, mas descobri que neste mundo não é o que se quer que se consegue. Força e poder mandam.

SERIAL KILLERS
ANATOMIA DO MAL - HISTÓRIAS REAIS, ASSASSINOS REAIS

Em toda cadeia em que já estive, sempre havia algum tipo de tortura em jogo.
Sofri todas elas em algum momento. Um aparelhinho engenhoso era o beija-flor. O beija-flor é e não é um pássaro. É um pássaro concebido na mente de outro tipo de pássaro – um pássaro humano. Ele deve ter sido um gavião da espécie humana pra bolar um aparelho que infligiria o máximo de punição com o mínimo de prejuízo pra si mesmo e a mais excepcional angústia pra vítima. A agonia é tão *intensa* que depois de dois ou três minutos você está pronto pra sepultura ou pro hospício.

SERIAL KILLERS
ANATOMIA DO MAL - HISTÓRIAS REAIS, ASSASSINOS REAIS

Comprei um barco com a grana de alguns assaltos. A cada dois dias mais ou menos eu ia pra Nova York e andava pela zona portuária de olho nos marinheiros. Sempre que via um ou outro que parecia ter dinheiro eu contratava pra trabalhar a bordo. Prometia altos pagamentos e pouco trabalho. O que eles arrumavam era outra coisa. A gente bebia vinho e jantava, e quando eles estavam bastante bêbados iam pra cama. Aí, com minha Colt automática .45 do Exército, eu explodia seus miolos enquanto dormiam. Depois pegava uma corda, amarrava uma pedra neles, colocava no meu bote, remava por 1,5 km até o canal principal e atirava o corpo ao mar. Eles estão lá ainda, dez deles.

SERIAL KILLERS
ANATOMIA DO MAL - HISTÓRIAS REAIS, ASSASSINOS REAIS

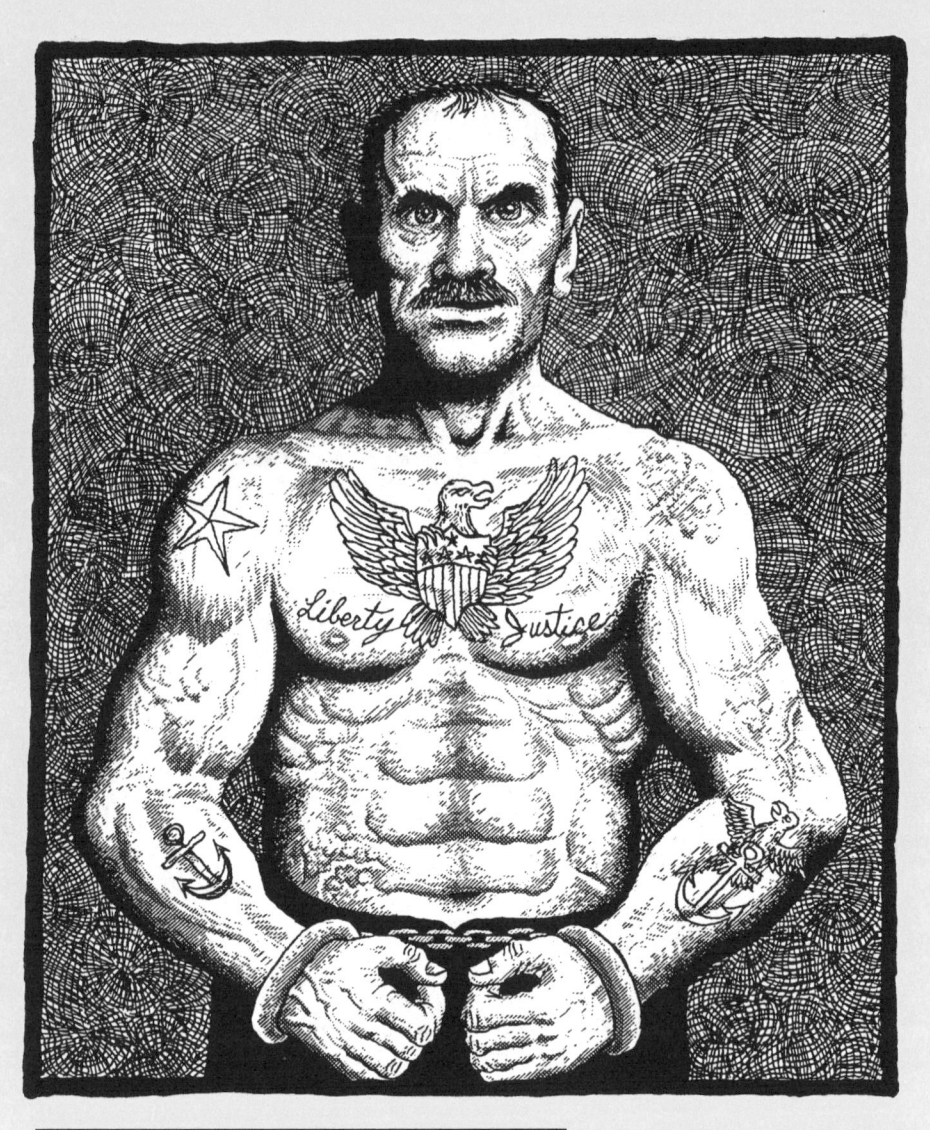

Eu tentei fugir da Penitenciária de Dannemora. Depois de cair de uma altura de dez metros e quebrar os dois tornozelos, as duas pernas, fraturar a espinha e arranjar uma hérnia, fui jogado numa cela sem qualquer cuidado médico. Depois de oito meses da mais completa agonia, os ossos tinham se fundido. Então eles me levaram para o hospital e removeram um dos meus testículos, e fui jogado de volta em uma solitária, sempre agonizando. Isso continuou por cinco anos. Quanto finalmente saí estava tomado pelo espírito do ódio e da vingança. Estava tão cheio de ódio que não havia espaço em mim pra sentimentos como amor, pena, bondade, honra ou decência. Eu odiava todo mundo.

SERIAL KILLERS
ANATOMIA DO MAL - HISTÓRIAS REAIS, ASSASSINOS REAIS

"**Saí por aí fazendo meu trabalho de roubar, estuprar e matar** tudo que visse pela frente. Quando os tiras me prenderam sob a acusação de arrombamento, perguntaram o que eu fazia. Respondi "sou ladrão" e disse que a acusação era uma grande piada. "Eu matei gente demais pra me preocupar com a acusação." Eles não sabiam que eu falava a verdade. "Acabei com o sofrimento de muita gente e agora estou procurando alguém pra acabar com o meu." Eles não me deram a mínima, é claro, e me puseram na cadeia de Washington, D.C., sob os cuidados de Henry Lesser, o único homem que eu viria a respeitar, e o único homem no mundo que eu não quero matar."

SERIAL KILLERS
ANATOMIA DO MAL - HISTÓRIAS REAIS, ASSASSINOS REAIS

O capitão da guarda descobriu uma barra solta na grade da cela que eu tentava serrar e me levou pro porão da cadeia. Com um tal de dr. Harris e dois guardas que não conheço pelo nome – mas que eu vou reconhecer no inferno quando a gente se encontrar lá –, fui amarrado nu a um poste por dois dias, torturado e espancado, enquanto o doutor checava meu coração pra garantir que eu não ia partir dessa pra melhor e perder a diversão. Amaldiçoei a todos, a raça humana inteira, à danação eterna, e contei a eles o quanto eu apreciava matar pessoas, dando os mínimos detalhes. Aí começaram a acreditar em mim e pesquisaram minha história.

Jogado de volta na minha cela e queimando de ódio e dor, recebi uma nota de um dólar de um guarda que mostrava desaprovação em relação ao meu tratamento. O nome dele era Henry Lesser. No começo pensei que era uma piada ou algum novo tipo de tortura. Percebendo que era sincero fiquei chocado. Nenhum carcereiro tinha me feito qualquer favor até então. Agradeci e falei: "Vou cuidar pra que você receba a história da minha vida. Devo sair daqui pra alguma penitenciária, hospício ou pro corredor da morte. Quero registrar tudo por escrito antes de morrer pra explicar o meu lado da história. Mesmo que ninguém ouça ou leia isso a não ser um só homem".

SERIAL KILLERS
ANATOMIA DO MAL - HISTÓRIAS REAIS, ASSASSINOS REAIS

Agora tenho outra acusação de assassinato contra mim além daquelas em Massachusetts, Pensilvânia e Connecticut. Sei que vou ser julgado por assassinato em algum lugar, e talvez a lei da compensação me alcance e acabe de vez comigo. Talvez a lei me faça um favor em troca de toda a angústia que me causou. Espero ansiosamente poder me sentar na cadeira elétrica ou dançar na ponta de uma corda exatamente como alguns caras aguardam ansiosos pela noite de núpcias. Bem, é hora de cortar esse papo, começar a andar de um lado pro outro na minha cela e calcular a saída mais rápida e fácil deste mundo maldito.

SERIAL KILLERS
ANATOMIA DO MAL - HISTÓRIAS REAIS, ASSASSINOS REAIS

Eu disse a todos vocês enquanto estava na minha cela e de novo no tribunal, e de novo quando vim aqui. Disse a todos com quem entrei em contato que acabaria com o primeiro cara que me enchesse a paciência. Disse isso até pro vice-diretor do presídio e pro homem que matei. Eles não me deixaram em paz. Eu matei um e tentei matar outros 12. Eu penso desse jeito: se a lei está certa em fazer o que fez comigo, então eu estou certo em fazer a mesma coisa com a lei. Com isso são 21 na minha conta. Podem anotar isso em seu livrinho de histórias e se eu ficar vivo por mais tempo talvez tenha mais alguns pra pôr no meu cemitério.

SERIAL KILLERS
ANATOMIA DO MAL - HISTÓRIAS REAIS, ASSASSINOS REAIS

"Tem algum carola de merda aqui?", gritou Panzram. "Tira eles daqui! Não me importo de ser enforcado, mas não preciso de nenhum hipócrita por perto! Bota eles pra correr, diretor, ou você vai ter um trabalho infernal pra me tirar desta cela." Os clérigos foram escoltados para fora. Panzram disparou para o pátio e berrou "Buu" e a multidão pulou para trás assustada. De repente ele virou e deu uma cusparada no capitão da guarda,...

"Gostaria de dizer alguma coisa?", perguntou o carrasco. "Sim", vociferou Panzram. "Anda logo com isso, seu desgraçado! Eu já teria enforcado uma dúzia de homens enquanto você fica aí parado enrolando."

SERIAL KILLERS
ANATOMIA DO MAL - HISTÓRIAS REAIS, ASSASSINOS REAIS

Gostaria que soubessem por que faço isso. Não tive escolha em relação a vir pra este mundo, e em quase todos os 38 anos que vivi nele tive muito pouco que fazer e a dizer sobre como deveria viver minha vida. As pessoas me levaram a fazer tudo que já fiz. Agora chegou a hora em que eu me recuso a ser levado mais além.

Hoje eu vivo. Amanhã irei pro túmulo. Além disso, nenhum homem pode me levar. Estou sem dúvida satisfeito de deixar este mundo asqueroso e as pessoas asquerosas deste mundo. Mas de todas as pessoas asquerosas neste mundo, acredito que eu sou a mais asquerosa de todas. Hoje estou sujo, mas amanhã serei apenas SUJEIRA.

SERIAL KILLERS
ANATOMIA DO MAL - HISTÓRIAS REAIS, ASSASSINOS REAIS

MÚSICA

Ao contrário da crença popular, músicas sobre violência criminal já existiam muito antes de rappers começarem a celebrar a bandidagem. Na era pré-moderna, quando a leitura e a escrita eram em grande parte restritas ao clero e à aristocracia, os relatos de crimes chocantes circulavam entre a classe camponesa por meio de cantigas sinistras conhecidas como *murder ballads* (baladas de assassinato). Sempre que um homicídio particularmente terrível ocorria, era logo transformado em uma canção que pudesse ser transmitida oralmente de pessoa a pessoa, de vila em vila.

Em séculos posteriores, conforme a leitura se tornava mais difundida entre o povo, as canções ilustrando crimes reais eram impressas em folhas baratas de papel e vendidas às massas trabalhadoras para animar suas vidas sobrecarregadas com uma distraçãozinha mórbida. Gargantas cortadas, estrangulamentos e assassinatos a pauladas e machadadas estavam entre os temas mais populares desses versos de composição grosseira. Uma balada que sobrevive até hoje descreve o terrível assassinato de uma criança, perpetrado por uma mulher chamada Emma Pitt. Como de costume, o autor anônimo não omite nenhum detalhe do caso macabro:

Emma Pitt era uma professora,/ Sua filha ela matou, vejam só,/
Oh, mães, já ouviram falar,/ De tamanha barbaridade.// Com uma
grande pedra acertou-lhe a cabeça/ Depois que tal crueldade fizera,/
Do macio céu da boca da infante/ A língua fora cortou.

A tradição da balada de assassinato estendeu-se pelo século XX. De fato, uma das canções mais populares dos anos 1950, o hit "Tom Dooley", do grupo Kingston Trio, era uma versão um tanto depurada de uma balada de assassinato tradicional sobre um homem prestes a ser enforcado por matar sua namorada: "Conheci-a na montanha/ Lá tirei-lhe a vida/ Conheci-a na montanha/ Apunhalei-a com minha faca".

Naturalmente, assassinos em massa e serial killers – embora fossem chamados por outros nomes na época – foram imortalizados em várias canções, como esta sobre Lydia Sherman, a "Rainha do Veneno", que despachou três maridos, seis crianças e dois enteados na segunda metade do século XIX:

Lydia Sherman é atormentada por ratos./ Lydia não acredita em gatos./ Então
Lydia arsênico compra,/ E então seu marido doente fica;/ E estão seu marido
morto acaba,/ E os vizinhos de Lydia se perguntam por quê.// Lydia muda,
mas não se livra dos ratos./ E ela ainda não acredita em gatos;/ Então outra
vez arsênico ela compra,/ Desta vez seus filhos doentes ficam,/ Desta vez
seus filhos mortos acabam,/ E os vizinhos de Lydia se perguntam por quê.//
Lydia na cadeia jaz,/ E gemer e chorar é só o que ela faz/ Por seu fado, culpa
uma praga de ratos/ E culpa a preguiça dos gatos./ Mas as perguntas dos seus
vizinhos ela não pode negar —/ Então agora na prisão Lydia deve ficar.

Belle Gunness, também conhecida como Lady Barba Azul, foi celebrada da mesma forma em uma balada cujos primeiros versos diziam assim:

Belle Gunness era uma dama cheia de encanto/ Do estado de Indiana./ Pesava quase 150 quilos,/ E isso é um peso e tanto.// Que era mais forte do que um homem/ Seus vizinhos sabiam todos;/ Ela matava porcos feito galinhas,/ E fazia isso sozinha.// Mas matar porcos era só um bico/ Ao que se dedicava aqui e acolá/ Sua ocupação favorita/ Era homens massacrar.

Desde o final dos anos 1960 – quando o lado sombrio da contracultura explodiu em múltiplas formas, dos assassinatos da família Manson ao Festival de Altamont –, o rock, como todos os outros meios de arte popular, vem lidando com a figura do serial killer. Entre os clássicos desse gênero estão: "Midnight Rambler", dos Rolling Stones (sobre o "Estrangulador de Boston"); a sinistra e mordaz "Excitable Boy", de Warren Zevon; e "Psycho Killer", dos Talking Heads. Até os Beatles, bons moços que eram, gravaram "Maxwell's Silver Hammer", uma música contagiante sobre um maníaco homicida cujos métodos lembram aqueles de Peter Sutcliffe, o "Estripador de Yorkshire". Exemplos mais recentes incluem a música inspirada em Ted Bundy, "Ted, Just Admit It", do Jane's Addiction; "Killer on the Loose", do Thin Lizzy; e "Psycho Joe", do Blues Traveler. Menção especial também deve ser feita ao álbum *Murder Ballads*, de Nick Cave, lançado em 1996, uma poderosa atualização do gênero tradicional.

Algumas das bandas mais radicais de death metal dos últimos anos fizeram carreira cantando sobre serial killers, como o Slayer, cuja música "Dead Skin Mask" é uma homenagem a Ed Gein; e Macabre, cuja discografia inclui "Nightstalker", "The Ted Bundy Song", "Gacy's Lot" e "Edmund Kemper Had a Terrible Temper" – todas do álbum *Sinister Slaughter* (1993), bem como um álbum conceitual chamado *Dahmer* (2000), com músicas como "Drill Bit Lobotomy" e "Temple of Bones". Apologias ao assassinato em série também podem ser encontradas na obra do Nine Inch Nails e na de Marilyn Manson (cujos membros de sua banda adotaram cada qual o sobrenome de um notório assassino psicopata: Twiggy Ramírez, Madonna Wayne Gacy, Ginger Fish, Gidget Gein, Daisy Berkowitz e, claro, o próprio líder que dá nome à banda).

Alguns serial killers de verdade já se aventuraram a compor músicas. O mais notável é Charles Manson, que de fato possui certo dom musical. A música mais conhecida de Manson, "Look at Your Game, Girl", causou alvoroço quando foi incluída como faixa bônus no álbum do Guns N' Roses *The Spaghetti Incident?*, de 1993. A versão original, cantada pelo próprio Charles Manson, aparece no mais conhecido de seus vários álbuns, *LIE*, gravado em agosto de 1968. Outra música escrita por um serial killer é "Strangler in the Night", de Albert DeSalvo, que aparece no raríssimo *Infernal Machine* (1990), de Joe Coleman, um álbum inteiro de músicas relacionadas a assassinos e que também conta com tesouros obscuros como "California Hippie Murders", música country ao estilo "iodolei" cantada por Red River Dave.

Na ponta oposta do espectro cultural estão aqueles trabalhos intelectuais que tratam de serial killers. Um dos mais renomados é *Sweeney Todd* (1979), de Stephen Sond, o musical operístico do teatro Grand Guignol sobre o vitoriano "Barbeiro Demoníaco da Rua Fleet" (que pode ou não ter sido uma pessoa de verdade).

LITERATURA

Escritores sérios lidam há muitos séculos com o que hoje chamamos de comportamento psicopático. Iago, o astuto vilão de *Otelo* (1603), de Shakespeare, é um exemplo clássico; um ser terrivelmente frio e inescrupuloso que não se importa com nada a não ser consigo mesmo e cuja malevolência é tão bem ocultada sob uma máscara de normalidade que ele aparenta ser, aos olhos de qualquer um que o conheça, o sujeito mais honesto e confiável que se possa imaginar. Outro exemplo é John Claggart, personagem de Herman Melville, o inteligente e aparentemente normal imediato de *Billy Budd* (1924), que pratica o mal em benefício próprio. Lunáticos homicidas aparecem ao longo dos contos de Edgar Allan Poe, embora nenhum seja mais inquietante que o narrador sem nome de "O Coração Delator" (1843), que se ocupa de cometer uma suprema atrocidade – o assassinato e esquartejamento do idoso com quem divide a casa – enquanto insiste em sua própria sanidade perfeita.

Em tempos mais recentes, no conto "Um Homem Bom é Difícil de Encontrar", publicado nos EUA em 1955 (e no Brasil em 2008), a autora Flannery O'Connor pinta um dos retratos ficcionais mais arrepiantes já criados de um assassino psicopata: trata-se do personagem "O Desajustado", um lunático obcecado pela Bíblia que viaja pelos campos sulistas norte-americanos perpetrando massacres indescritíveis. Já o conto profundamente inquietante de Joyce Carol Oates "Where Are You Going, Where Have You Been?" ("Aonde você vai, onde você esteve?"), de 1966 – livremente baseado no caso do serial killer Charles Schmid, conhecido como o Flautista de Tucson –, é outro clássico da ficção gótica contemporânea.

Assassinos psicopatas também apareceram na obra de poetas sérios. O eu lírico do poema de Robert Browning "Porphyria's Lover" ("Amante de Porfíria"), de 1842, por exemplo, parece razoavelmente sensato – até decidir que a melhor maneira de expressar seu amor pela namorada é estrangulá-la com o próprio cabelo:

Perfeita e pura: no momento,/ Pois, ela era minha, bela e minha,
E o seu cabelo, em meu intento/ Passei em uma áurea linha
Três vezes por sua gargantinha, /E a estrangulei.[4]

Poetas mais contemporâneos também exploraram a psicologia de assassinos em série em suas obras. Exemplos notáveis incluem *The Good Shepherd: Atlanta, 1981* ("O Bom Pastor: Atlanta, 1981"), de Ai, sobre os assassinatos de crianças em Atlanta, do seu livro *Sin* (*Pecado*), de 1986; e a sequência de poemas intitulada "Troubadour: Songs for Jeffrey Dahmer" ("Trovador: Músicas para Jeffrey Dahmer"), do livro de Thom Gunn *Boss Cupid* (*Cupido Chefe*), de 2000.

---

4   Trad. Adriano Scandolara. "That moment she was mine, mine, fair,/ Perfectly pure and good: I found/ A thing to do, and all her hair/ In one long yellow string I wound/ Three times her little throat around,/ And strangled her. [NT]

*   *As seções de Literatura, Filmes e Séries de TV sofreram acréscimos (identificados por *) nesta edição brasileira.* [NE]

Mesmo antes do termo "serial killer" ser inventado, alguns exemplos incrivelmente assustadores da espécie já haviam aparecido em obras populares de ficção. Hoje considerado um clássico, o livro de Jim Thompson *O Assassino em Mim*, de 1952 – sobre o sub-xerife de uma cidadezinha do Texas cujas maneiras modestas e simples ocultavam a mente doentia de um assassino sádico –, é um dos retratos mais perturbadores de um psicopata já publicados. A década de 1950 teve seu fim com a publicação do clássico de Robert Bloch, *Psicose*, o vovô dos romances de serial killers e inspiração para o clássico filme de Alfred Hitchcock.

O enorme sucesso crítico e comercial dos primeiros dois livros de Thomas Harris sobre Hannibal Lecter, *Dragão Vermelho*, de 1981, e *O Silêncio dos Inocentes*, de 1988, desencadeou uma enxurrada de thrillers investigativos com foco em detetives heroicos enfrentando serial killers variados e altamente pitorescos. Entre as obras mais populares desse gênero estão os livros do personagem Alex Cross, de James Patterson – *Na Teia da Aranha, Beijos que Matam, Jack & Jill: O Jogo da Morte* etc.; os romances da personagem Kay Scarpetta, de Patricia Cornwell – incluindo *Post-mortem, Desumano e Degradante*, e *Lavoura de Corpos*; a série "Prey", de John Sandford – *Rules of Prey (Regras da Presa), Shadow Prey (Presa das Sombras), Night Prey (Presa da Noite)*, e assim por diante; e os romances de Jeffery Deaver estrelando o criminologista tetraplégico Lincoln Rhymes – *The Coffin Dancer (Dança com a Morte), O Colecionador de Ossos, The Vanished Man (O Homem Desaparecido)*.

Uma lista abrangente de ficção contemporânea sobre o tema foi compilada por Martin Kich, professor de inglês da Wright State University – Campus Lake, em Ohio, e pode ser encontrada em sua página da internet: <www.wright.edu/~martin.kich>.

FICÇÃO ASSASSINA

Graças às suas qualidades literárias superiores, um punhado de romances que lidam com o tema dos criminosos psicopatas destaca-se em relação aos demais. Entre eles:

1952 O ASSASSINO EM MIM *The Killer Inside Me* | **Jim Thompson** * Nos anos 1950, quando a literatura policial descobria o detetive mulherengo e cheio de vícios, o escritor americano Jim Thompson ia além. Em uma espécie de exacerbação do *noir*, criou Lou Ford, um xerife sádico e inescrupuloso de uma pequena cidade do Texas. Carregando o trauma de um abuso contra uma menor praticado na infância, ele desenvolve impulsos sexuais depravados e uma relação doentia com a prostituta Joyce Lakeland, ao mesmo tempo cúmplice e vítima de seu ímpeto violento. Stanley Kubrick, que trabalhou com o escritor no roteiro de *O Grande Golpe*, considerava o livro "o mais assustador e verossímil retrato em primeira pessoa de uma mente perturbada". Foi adaptado para o cinema duas vezes: em 1976, com direção de Burt Kennedy, e em 2010, por Michael Winterbottom.

1959 PSICOSE *Psycho* | **Robert Bloch** * *Psicose*, o clássico de Robert Bloch, livremente inspirado no caso do assassino de Wisconsin, Ed Gein, que vivia a apenas 65 km do autor. Assim como Gein, Norman Bates também era um assassino solitário, teve uma mãe dominadora, construiu um santuário para ela em um quarto e se vestia com roupas femininas. Em *Psicose*, Bloch antecipou e prenunciou a explosão do fenômeno serial killer do final dos anos 1980 e começo dos 1990. O livro, junto com o filme de Hitchcock, tornou-se um ícone do horror, inspirando um sem-fim de imitações inferiores. Assim como a criação de Bloch, o esquizofrênico violento e travestido Bates tornou-se um arquétipo do horror incorporado à cultura pop. [*DarkSide® Books, 2013. Trad. Anabela Paiva*]

1963 O COLECIONADOR *The Collector* | *John Fowles* Embora o protagonista deste livro seja mais um "sequestrador em série" que um assassino em série, a fantasia que ele encena – raptando uma jovem e bela mulher e mantendo-a cativa em uma masmorra – tornou esta história uma eterna favorita entre verdadeiros homicidas sexuais psicopatas.

1974 CHILD OF GOD *Cormac McCarthy* Um romance pungente e lírico sobre um pária, ao estilo Eddie Gein, chamado Lester Ballard, que se esconde em uma caverna do Tennessee com seus troféus necrofílicos, saindo de tempos em tempos para buscar novas vítimas.

1981 DRAGÃO VERMELHO *Red Dragon* | *Thomas Harris* * Primeiro livro do escritor americano Thomas Harris a trazer o personagem Hannibal Lecter, um dos mais famosos psicopatas da ficção, que voltaria em três romances subsequentes: *O Silêncio dos Inocentes*, *Hannibal* e *Hannibal, a Origem do Mal*. Pioneira de um estilo muito copiado, a trama hoje parece até clichê. Will Graham, um agente do FBI que se afastou da corporação depois de quase ser morto pelo serial killer Hannibal Lecter, é reconvocado para tentar capturar um novo assassino, Fada do Dente, um homem obcecado por uma pintura de William Blake que modifica os corpos de suas vítimas para se parecerem com uma das figuras do artista. Graham, como esperado, vai procurar ajuda de Lecter. Deu origem a dois filmes: *Caçador de Assassinos* (1986), de Michael Mann, e *Dragão Vermelho* (2002), de Brett Ratner. [BestBolso, 2012. Trad. José Sanz]

1983 DEAR MR. CAPOTE *Gordon Lish* Um romance perturbador e não convencional que assume a forma de uma carta a Truman Capote (autor do clássico de não ficção *A Sangue Frio*), escrito por um maníaco homicida que planeja assassinar 47 mulheres, uma para cada ano de sua vida.

1985 O PERFUME *Perfume* | *Patrick Süskind* * Único best-seller da carreira do alemão Patrick Süskind, figurou durante nove anos na lista de mais vendidos da revista *Der Spiegel*. Um dos mais originais retratos de um serial killer, passado em uma época que o termo não havia sido criado. A história é ambientada na França pré-revolucionária, quando Jean-Baptiste Grenouille nasce, entre as emanações fétidas de uma feira livre. Desprovido de odores corporais, o personagem trabalha como auxiliar de perfumista. Secretamente, ele busca o perfume perfeito, matando mulheres e apurando seus aromas. Em vez de uma caricatura da maldade, o escritor oferece um protagonista sem consciência, desenhado em um estilo herdeiro do naturalismo. A orgia final é memorável. Virou filme em 2006, pelas mãos de Tom Tykwer (*Corra, Lola, Corra*). [BestBolso, 2012. Trad. Flavio R. Kothe]

1986 A COISA *IT* | *Stephen King* * Era uma vez um palhaço nada engraçado. Em 1958, na cidade americana de Derry, ele cruza o caminho de crianças e deixa um rastro de mortes. Sete amigos têm contato com essa força maligna, que ora aparece como o circense Pennywise, ora em outras formas surgidas como materializações de medos infantis. Quase trinta anos mais tarde, já adultos, eles percebem que a Coisa voltou e precisam unir forças para combatê-la. Stephen King liquidificou suas lembranças idílicas da infância, John Wayne Gacy – o serial killer que se vestia de palhaço –, além de seu habitual gosto pelo sobrenatural. Em 1990, foi transformado em um telefime, com Tim Curry no papel do monstro. Há uma adaptação para o cinema em curso, com direção de Cary Fukunaga. [Objetiva, 2006. Trad. Louisa Ibañez]

1991 O PSICOPATA AMERICANO *American Psycho* | *Bret Easton Ellis* Uma sátira selvagem do consumismo yuppie que consiste em um inventário de bens de consumo luxuosos alternando com cenas de um barroco estonteante e violência de revirar o estômago, a maior parte dirigida contra mulheres. [L&PM, 2011. Trad. Luis Fernando Gonçalves Pereira]

1994 O ALIENISTA *The Alienist* | *Caleb Carr*   Esse best-seller histórico de mistério não só é um thriller psicológico repleto de suspense como uma brilhante evocação da Nova York do fim do século XIX. [*Record, 1994. Trad. Pinheiro de Lemos*]

1995 O CORTE *In the Cut* | *Susanna Moore*   Um thriller erótico intenso e repleto de suspense sobre uma professora universitária de Nova York que se envolve sexualmente com um policial que pode ser também um serial killer. [*Record, 1996. Trad. Maria Alice Máximo*]

1995 ZOMBIE *Joyce Carol Oates*   Um livro profundamente desestabilizador, inspirado nos feitos de Jeffrey Dahmer, sobre um jovem psicótico obcecado com a ideia de transformar suas vítimas em escravos sexuais autômatos submetendo-os a lobotomias com picador de gelo.

1996 MATADOR ÍNDIO *Indian Killer* | *Sherman Alexie*   Ambientado em Seattle, esse thriller tematicamente complexo e racialmente carregado centra-se em um nativo estadunidense e serial killer que tem como alvo homens brancos em retaliação às injustiças históricas sofridas pelo seu povo. [*Record, 1998. Trad. Ana Luiza Borges*]

2000 THOSE BONES ARE NOT MY CHILD *Toni Cade Bambara*   Romance imensamente ambicioso, foi publicado postumamente. A história, sobre os assassinatos de crianças em Atlanta no início dos anos 1980, é contada do ponto de vista de uma mãe afro-americana cujo filho mais velho desaparece certa tarde a caminho de casa, voltando de uma excursão.

2005 MILLENNIUM: OS HOMENS QUE NÃO AMAVAM AS MULHERES *Stieg Larsson* *
O sueco Stieg Larsson não experimentou o efeito explosivo do lançamento do primeiro livro da trilogia *Millennium*, que chegou às lojas um ano após sua morte. Em pouco tempo, leitores de todo o mundo só tinham um assunto: Lisbeth Salander, a hacker de visual punk que protagoniza a série. Ícone do poder feminino, a personagem se envolve, neste primeiro volume, na investigação do desaparecimento de Harriet Vanger, herdeira da fortuna de um clã poderoso. Ao lado do jornalista Mikael Blomkvist, ela mergulha em uma trama elíptica que deságua em uma série de assassinatos de garotas, aparentemente cometidos pela mesma pessoa. Ganhou duas versões para o cinema: uma sueca, em 2009, com Noomi Rapace, e uma americana, em 2011, dirigida por David Fincher e estrelada por Rooney Mara e Daniel Craig. [*Companhia das Letras, 2001. Trad. Paulo Neves*]

2013 THE SHINING GIRLS *Lauren Beukes* *   Nesta mistura de sobrenatural e trama de crime, o andarilho Harper Curtis esbarra em uma casa que serve de portal para outras épocas, na Chicago dos anos 1930. Protegido pela sua mobilidade no tempo, o personagem, uma espécie de Jack, o Estripador, caça implacavelmente suas vítimas, as "*shining girls*". Até que uma delas, Kirby Mazrachi, escapa, vira o jogo e parte em seu encalço, com a ajuda de um repórter policial. A autora sul-africana Lauren Beukes costura o suspense com aspectos de ficção científica neste original painel.

2013 JOYLAND *Stephen King* *   Na cartilha de Stephen King, assassinato nunca é apenas assassinato. Aqui, temos de volta o velho receituário do escritor: um protagonista atormentado, eventos sobrenaturais e a perda da inocência. A história é narrada por Devin Jones, homem que, aos sessenta anos, recorda a juventude passada no parque de diversões Joyland. Propriedade da família, o lugar tenta se manter de pé em um mundo de transformações. Devin, por sua vez, quer encontrar seu lugar nesse mundo. No seu caminho, surge Linda Gray, cujo corpo é descoberto no parque. O caso aponta para um serial killer que vem colecionando vítimas em locais do gênero. Segunda obra de King para a editora americana Hard Case Crime, especializada em histórias criminais. [*Editora Suma de Letras*]

FILMES

A violência é um componente do cinema que exerce forte atração no público desde que o meio foi inventado no finzinho do século XIX. O primeiríssimo efeito especial criado para o cinema foi a decapitação explícita de um ator (feita através de uma técnica fotográfica primitiva de *stop-motion*) no curta-metragem *The Execution of Mary, Queen of Scots* (*A Execução de Mary, Rainha dos Escoceses*), produzido por Thomas Edison em 1895.

Quando exatamente o assassino psicopata entrou para a história cinematográfica é uma questão a ser debatida, embora um estudioso aponte que o filme *O Gabinete do Doutor Caligari*, de 1920 – um clássico do cinema expressionista alemão –, foi parcialmente inspirado no caso verídico de um assassino pedófilo. Outro clássico alemão mudo, *A Caixa de Pandora* (1929), apresenta uma heroína que acaba como uma vítima de Jack, o Estripador. O caso do Estripador também é o foco do filme *O Inquilino*, de 1927, dirigido por Alfred Hitchcock (refilmado em 1944 com o título *Ódio que Mata*).

Em 1931, o cineasta alemão Fritz Lang se saiu com um dos melhores filmes de assassinato de todos os tempos: *M, O Vampiro de Düsseldorf*, um fascinante estudo do mal estrelando Peter Lorre como um assassino em série de crianças baseado no homicida sexual da vida real Peter Kürten. A década seguinte viu o lançamento de diversos clássicos inspirados em assassinos psicopatas memoráveis, incluindo *Sombra de uma Dúvida*, de 1943, dirigido por Alfred Hitchcock (supostamente inspirado no estrangulador em série Earle Leonard Nelson); *Barba Azul*, de 1944, dirigido por Edgar G. Ulmer e com um John Carradine horripilante no papel principal; e *O Beijo da Morte*, de 1947, dirigido por Henry Hathaway. Embora não seja tecnicamente um serial killer, o vilão do último filme – um sarcástico assassino de aluguel chamado Tommy Udo, interpretado de forma inesquecível por Richard Widmark – é um dos sociopatas mais aterrorizantes da história do cinema. Outro filme de 1947, *Monsieur Verdoux*, de Charlie Chaplin, é uma comédia de humor negro sobre um Barba Azul parisiano inspirado em Henri Landru (que também foi o tema de um filme de 1963 do ator francês Claude Chabrol).

O psicopata mais assustador do cinema nos anos 1950 foi sem dúvida o pastor maníaco interpretado por Robert Mitchum no filme *Mensageiro do Diabo*, de 1955, com direção de Charles Laughton. (O ator voltaria a se destacar em outro papel inesquecível como o implacável Max Cady na versão original de *O Círculo do Medo*, de 1962). Outro importante filme de psicopata é *Volúpia de Matar*, de 1952, com direção de Edward Dmytryk, sobre um atirador em série que substitui o sexo pela matança. Nada menos que três filmes sobre Jack, o Estripador, surgiram nos anos 1950: *Room to Let* (*Quarto para Alugar*), 1950; *O Estranho Inquilino*, 1953; e *Jack, o Estripador*, 1959. O Atrevido Jack continuaria a ser o mais popular de todos os psicopatas do cinema, aparecendo em inúmeros filmes nas décadas seguintes, incluindo o inventivo thriller de 1979 *Assassinato por Decreto* (que põe o Estripador e Sherlock Holmes frente a frente); a fantasia de viagem no tempo *Um Século em 43 Minutos*, também lançado em 1979, no qual H.G. Wells persegue Jack até os EUA dos dias de hoje; e, mais recentemente, o filme baseado nos quadrinhos de Alan Moore e Eddie Campbell, *Do Inferno* (2001).

A década de 1960 foi inaugurada com o lançamento de dois filmes seminais sobre serial killers, um deles um triunfo para seu diretor, o outro um completo desastre. Nos EUA, o impressionante sucesso comercial de *Psicose*, de Hitchcock, abriu caminho para a moda dos filmes *slasher*[5] dos anos 1970. A história foi diferente na Inglaterra, onde o hoje aclamado filme de Michael Powell, *A Tortura do Medo*, de 1960 – sobre um sádico voyeur que filma suas vítimas enquanto as empala com um letal tripé de câmera –, despertou tanta indignação que pôs fim à carreira do ilustre diretor. O primeiro longa-metragem dedicado inteiramente a um famoso caso verídico de assassinato apareceu perto do fim da década: o realista *O Homem Que Odiava as Mulheres*, de 1968, dirigido por Richard Fleischer e estrelado pelo antigo ídolo das matinês Tony Curtis no papel de Albert DeSalvo.

Dois filmes em preto e branco igualmente sombrios sobre notórios assassinos em série foram lançados por volta dos anos 1970: *The Honeymoon Killers* (*Lua de Mel de Assassinos*, em tradução livre), de 1969, sobre o sinistro casal de assassinos Martha Beck e Raymond Fernandez, conhecidos como "Lonely Hearts Killers";[6] e *O Estrangulador de Rillington Place*, de 1971, sobre o necrófilo psicopata britânico John Reginald Christie. Conforme a década avançava, o assassino psicopata tornava-se uma presença cada vez mais familiar nas telas. Filmes notáveis incluem *Frenesi*, de 1972, dirigido por Alfred Hitchcock (livremente baseado no ainda não identificado assassino sexual conhecido como "Jack, o Stripper"); *Terra de Ninguém*, de 1973, dirigido por Terrence Malick (baseado na sequência de assassinatos promovidos pelo casal Charles Starkweather e Caril Ann Fugate, cujas façanhas homicidas também inspiraram *Assassinos Por Natureza*, de 1994, com roteiro de Quentin Tarantino e direção de Oliver Stone; e *Eaten Alive* (*Comidos Vivos*, também em tradução livre), de 1976, dirigido por Tobe Hooper (inspirado no dono de taberna homicida Joe Ball, que alimentava seus crocodilos de estimação com suas vítimas). Menção especial também deve ser feita a *Perseguidor Implacável*, de 1971, dirigido por Don Siegel, que, embora seja um filme de ação estrelado por Clint Eastwood, conta com a inesquecível atuação de Andy Robinson como um sádico psicopata (baseado no assassino do Zodíaco de São Francisco), tão absolutamente detestável que é difícil não levantar de um pulo e aplaudir Dirty Harry quando finalmente consegue acertá-lo com sua Magnum .44.

Não foi senão a partir dos anos 1980 que o termo "serial killer" passou a fazer parte do vocabulário comum e os filmes sobre esses assassinos se tornaram um gênero cinematográfico distinto. Exemplos desse boom vão desde grandes e ágeis produções hollywoodianas, como *Kalifornia*, de 1993; *Copycat: A Vida Imita a Morte*, de 1995; *O Colecionador de Ossos*, de 1999; e *A Cela*, de 2000; até a recente avalanche de *mockumentaries*[7] baratos sobre infames assassinos psicopatas, como Ted Bundy, Jeffrey Dahmer e John Wayne Gacy.

---

5   Subgênero de filmes de terror de violência explícita e baixo orçamento caracterizado
     pela presença de um serial killer mascarado cuja identidade só é revelada no final. [NT]
6   A expressão *lonely hearts* ("corações solitários") refere-se aos
     então populares classificados de namoro dos jornais. [NT]
7   Falso documentário. Do inglês *mock* (zombar) + *documentary* (documentário). [NT]

CINEMA PSICOPATA

Embora julgamentos críticos sejam altamente subjetivos, aqui vai uma lista com alguns filmes sobre assassinos psicopatas, cada qual com um mérito particular.

1931 M, O VAMPIRO DE DÜSSELDORF *M | Fritz Lang* * M, de *mürder* (assassino, em alemão), é a letra que o protagonista do filme de Fritz Lang carrega nas costas, marcada a giz. É também um símbolo público de seus horrores: Hans Beckert (Peter Lorre) é um matador de crianças. Estigmatizado e perseguido pela polícia, ele revolta até os criminosos da cidade, que se unem na caçada. Primeiro longa sonoro de Lang, é considerado uma de suas obras-primas. Supostamente inspirada no psicopata Peter Kürten, o Vampiro de Düsseldorf, a trama na verdade une características de serial killers alemães. Em vez de chocar o público com a visão dos crimes, o diretor faz uso de jogos de sombras e elipses para deixá-los implícitos, causando um impacto profundo – em uma das cenas, o balão de uma vítima é mostrado voando, sem dono. Com seus olhos esbugalhados, Peter Lorre consegue transmitir ao mesmo tempo a maldade e a humanidade do personagem. Em 1951, foi refilmado por Joseph Losey, com o título *O Maldito*.

1960 PSICOSE *Psycho | Alfred Hitchcock* * Mais que um mestre, Alfred Hitchcock era um lorde do suspense, com obras-primas elegantes no currículo, quando resolveu se dedicar a *Psicose*, baseado no romance barato de Robert Bloch. A obra literária original era uma montanha russa para as massas, distante dos estudos de tensão controlada do diretor. A Paramount, que bancaria a aventura, acabou desistindo. Hitchcock então partiu para uma produção com recursos próprios, que o estúdio apenas distribuiria. Levemente inspirada no assassino Ed Gein, a história é famosa por uma guinada: a morte de sua (aparente) protagonista no primeiro terço de filme. Para conseguir dinheiro a fim de se casar com o amante, Marion Crane (Janet Leigh) rouba um maço de dólares no trabalho e foge. Em uma noite chuvosa, procura refúgio no Motel Bates, administrado pelo bizarro Norman (Anthony Perkins). Acaba morta no chuveiro, golpeada por uma faca, em uma das cenas mais memoráveis do cinema, graças à montagem e aos acordes cortantes da trilha de Bernard Hermann. É quando Norman e sua mãe dominadora assumem a narrativa. Em 1998, Gus Van Sant resolveu homenagear o clássico com uma refilmagem, fiel quase quadro a quadro, sem grande repercussão. Também foi diluído em três continuações.

1960 A TORTURA DO MEDO *Peeping Tom | Michael Powell* * Hoje um dos filmes mais lembrados do britânico Michael Powell (*Os Sapatinhos Vermelhos*), *A Tortura do Medo* teve um efeito tóxico sobre a carreira do diretor. Execrado pelos críticos, só foi reabilitado dez anos depois, graças ao culto de gente como Martin Scorsese. Na trama, o recluso Mark Lewis (Karlheinz Böhm) mora na casa do falecido pai, enquanto aluga o andar de baixo para uma família. De dia, ele se divide entre pequenos trabalhos, tirando fotos sensuais de garotas ou como assistente de estúdio de cinema. Voyeur inveterado, ele começa a assassinar mulheres enquanto registra suas expressões de terror com uma câmera 16mm. Recheado de tomadas subjetivas e filmado com um distanciamento gélido – ainda que com o requinte visual habitual de Powell –, o longa parece fazer questão de trazer o espectador para a mente do assassino, em posição de cumplicidade, o que explica em parte o incômodo do público.

1969 A.K.A. SERIAL KILLER *Ryakushô Renzoku Shasatsuma | Masao Adachi* * Retrato do assassino real Norio Nagayama, que baleou e matou quatro pessoas no Japão em 1968, aos 19 anos. Um dos representantes da *new wave* que renovou o cinema japonês a partir dos anos 1950, o diretor Masao Adachi buscou politizar o caso, mostrando as paisagens empobrecidas que moldaram a vida de seu personagem e acabaram definindo seu destino. Com linguagem experimental, o filme se apoia na trilha de *free jazz* e na narração em *off* para injetar crítica social ao caso, com munição extra para a mídia sensacionalista. Julgado diversas vezes, em uma série de contorcionismos jurídicos, Nagayama acabou executado em 1997.

1972 FRENESI *Frenzy* | *Alfred Hitchcock* *

Eis um Hitchcock que honra sua imagem consagrada de sádico bufão. Nesta pérola de humor macabro, o cineasta inglês conta a trajetória atrapalhada de Robert Rusk (Barry Foster), o assassino da gravata. Expulso de um serviço de classificados amorosos, ele começa a violentar e enforcar mulheres. Embora brutais, os crimes são retratados com contornos cômicos. Em um deles, a vítima esbugalha os olhos e põe uma caricata língua para fora. Em outro momento, o assassino procura um cadáver em um carregamento de batatas, como se fosse uma gincana. O deboche serve como contraponto para a única cena de assassinato verdadeiramente inquietante: em vez de mostrar a ação, a câmera desce as escadas e observa de longe a fachada do prédio, deixando para o espectador completar o horror em sua imaginação. Penúltimo filme do cineasta, *Frenesi* não radicaliza apenas na ironia, mas na abordagem sexual: é o único título de sua carreira a conter cenas de nudez.

1974 O MASSACRE DA SERRA ELÉTRICA *The Texas Chainsaw Massacre* | *Tobe Hooper* *

Quando o filme estreou, em meados dos anos 1970, o público de cinema ainda não tinha estômago para as fartas doses de sangue e violência hoje corriqueiras. Por isso, muita gente deixou as salas horrorizada com a crueldade da trupe de assassinos. Na trama, eles aterrorizam um grupo de jovens que viaja pelo Texas em um furgão. Empunhando a serra elétrica do título, o demente mascarado Leatherface (Gunnar Hansen) persegue Sally (Marilyn Burns) pelas matas até finalmente capturar sua presa e entregá-la ao grupo de maníacos, que inclui um senil bebedor de sangue humano. Supostamente baseado nos crimes de Ed Gein, o roteiro quase não tem relação com o caso real. Pioneiro na vertente mais sanguinolenta do terror, o longa de Tobe Hooper (*Poltergeist: O Fenômeno*) também antecipou em mais de vinte anos a estratégia de marketing de *A Bruxa de Blair*, usando um letreiro inicial para ludibriar os espectadores, apresentando a história como verídica. Teve uma continuação dirigida por Hooper, seguida de cinco filmes derivados, sendo o mais recente de 2013, em formato 3D.

1978 HALLOWEEN – A NOITE DO TERROR *Halloween* | *John Carpenter* *

Este pequeno filme independente, de US$ 325 mil, fez a carreira do diretor John Carpenter e pavimentou o caminho de mil imitadores. Michael Myers é mau como um pica-pau desde criancinha, quando assassina a irmã a facadas. Internado em um sanatório, consegue escapar às vésperas do Dia das Bruxas e volta para sua vizinhança, escondido atrás de uma máscara branca, onde passa a matar jovens que insistem em fazer sexo. Embora tenha virado um ícone *slasher*, o longa de Carpenter investe mais na atmosfera, com jogos de sombras expressionistas, do que na violência explícita. A trilha assinada pelo diretor, com um tema repetitivo de piano, virou um clássico. Estreia no cinema de Jamie Lee Curtis, que mais tarde ganhou a alcunha de Rainha do Grito, o longa deu origem a seis continuações. Em 2007, sofreu um *reboot* assinado por Rob Zombie, que ainda comandou uma continuação dois anos mais tarde.

1980 PARCEIROS DA NOITE *Cruising* | *William Friedkin* *

Um mergulho no submundo gay fetichista de Nova York pré-AIDS. Adaptação de um livro do repórter do *New York Times* Gerald Walker, a trama também usa como base uma série de assassinatos acontecidos nos bares sadomasoquistas do West Village entre os anos 1970 e 1980. Nos cantos escuros desse gueto, um assassino está à solta, perfurando homens com sua lâmina, como se praticasse uma forma ultraviolenta de perversão sexual. Nesse terreno de proteção do anonimato, sua identidade é um enigma mais difícil ainda de se desvendar. É essa a missão que o agente Steve Burns (Al Pacino) recebe. Zanzando por bares de música alta e sexo farto, vestido com roupas de couro como isca, ele conhece alguns tipos estranhos o suficiente para se transformarem em suspeitos. O diretor William Friedkin (*O Exorcista*) se entrega ao tema sem nenhuma cerimônia, usando figurantes bastante desinibidos – os quarenta minutos cortados da versão final, recheados de sexo explícito, estão entre as cenas nunca vistas mais famosas do cinema.

1980 SEXTA-FEIRA 13 *Friday the 13th* | *Sean S. Cunningham* * Com sua máscara de hóquei no rosto e facão nas mãos, Jason Vorhees é o embaixador pop do terror. Tudo começou em 1980, com um filme de baixo orçamento, criado para pegar carona no sucesso de *Halloween*, lançado dois anos antes. Na história original, o acampamento para jovens Crystal Lake é o cenário de misteriosos assassinatos em série. A fúria homicida nasce de um incidente acontecido anos antes, quando hóspedes do lugar deixaram o pequeno Jason se afogar no lago. A vingança de sua mãe (Betsy Palmer), no primeiro filme, dá lugar às maldades do filho nas 11 continuações. Em sua longa trajetória sangrenta, o matador silencioso já usou arpão, corneta, flecha e outros instrumentos perfurantes, enfrentou uma médium, viajou para o espaço e mediu forças com Freddy Krueger, de *A Hora do Pesadelo*. Em 2009, um *reboot* chegou aos cinemas. A franquia já acumula quase meio bilhão de dólares.

1984 CIDADE DO MEDO *Fear City* | *Abel Ferrara* Um thriller infelizmente negligenciado sobre um assassino psicopata que persegue dançarinas de topless em Nova York. O diretor Abel Ferrara consegue capturar com extrema competência a alma sórdida do centro de Manhattan antes de se tornar um destino turístico esterilizado e "disneyficado".

1986 CAÇADOR DE ASSASSINOS *Manhunter* | *Michael Mann* Elegante versão de Michael Mann do *Dragão Vermelho* de Thomas Harris (refilmado em 2002 por Brett Ratner), com Brian Cox no papel discreto porém arrepiante de Hannibal, o Canibal.

1986 HENRY, RETRATO DE UM ASSASSINO *Henry: Portrait of a Killer* | *John McNaughton* * Filmes sobre assassinos costumam procurar o caminho da estilização ou sanguinolência extrema, o que acaba surtindo o mesmo efeito sobre o espectador: o distanciamento saudável de temas doentios. Quando John McNaughton (*Garotas Selvagens*) resolveu levar para as telas a história real da diabólica dupla Henry Lee Lucas e Otis Toole, preferiu um caminho sujo e realista. Filmado em 16mm com módicos US$ 110 mil, o longa é centrado na figura de Henry, um ex-detento que se junta a um antigo colega de prisão para vagabundear e cometer assassinatos. Eles dividem um apartamento com Becky, irmã de Otis, por quem Henry acaba se afeiçoando. Dono de um rosto abrutalhado, Michael Rooker tem uma interpretação memorável como protagonista, conjugando ameaça e um ar patético. McNaughton filma as vítimas mutiladas da dupla com um deleite evidente, buscando a beleza plástica. Difícil de ser enquadrada em um gênero, a produção teve problemas no lançamento: finalizada em 1986, só conseguiu chegar às telas quatro anos depois. Hoje figura em todas as listas de melhores filmes sobre serial killers.

1988 SÍNDROME DO MAL *Rampage* | *William Friedkin* Baseado nas atrocidades de Richard Chase, o "Vampiro de Sacramento", e dirigido por William Friedkin, este filme acaba degenerando em uma cansativa polêmica contra a pena de morte. A primeira metade, entretanto – que recria os crimes incrivelmente macabros de Chase –, é algo bem poderoso.

1988 O SILÊNCIO DO LAGO *Spoorloos* | *George Sluizer* * Da Holanda (de todos os lugares, na verdade) vem esse filme profundamente perturbador sobre um jovem obcecado em localizar sua namorada, raptada por um dos psicopatas mais sinistros já vistos no cinema – um homem de família aparentemente amável, de fala mansa e com um gosto indescritível por tortura. O final é absolutamente devastador. **Atenção**: não confundir com a fraca refilmagem americana de 1993 estrelando Jeff Bridges e Kiefer Sutherland.

1989 VÍTIMAS DE UMA PAIXÃO *Sea of Love* | *Harold Becker* *
Em Nova York, corpos com as mesmas marcas de ferimentos começam a aparecer. Eles têm algo em comum: são de homens que publicaram anúncios nos classificados amorosos. No encalço do assassino, o detetive Frank Keller (Al Pacino) mergulha cada vez mais fundo no universo das vítimas. Ajudado pelo parceiro Sherman (John Goodman), finge ser um dos pretendentes. Surge então a misteriosa e sedutora Helen (Ellen Barkin), com quem ele acaba tendo um romance, contrariando os mandamentos da investigação. O thriller de Harold Becker tem um roteiro engenhoso e prima pela atmosfera.

1991 O SILÊNCIO DOS INOCENTES *The Silence of the Lambs* | *Jonathan Demme*
Apesar do tema indigesto, *O Silêncio dos Inocentes* conquistou um raro feito para o gênero (e para o cinema em geral): acumular estatuetas nas cinco principais categorias do Oscar, incluindo a de melhor filme. Seu lugar no *mainstream* pode ser creditado à qualidade impecável da produção inspirada no best-seller de Thomas Harris e dirigida por Jonathan Demme, que realizou a espantosa proeza de transformar um psicopata canibal em um ícone pop da atualidade, tão bizarramente cativante. Jodie Foster vive a agente novata do FBI Clarice Starling, que recorre à ajuda de um maníaco canibal encarcerado, Hannibal Lecter (Anthony Hopkins), para encontrar um serial killer à solta. Mais afeito à leveza, Demme (*Totalmente Selvagem*) encontrou o tom exato para a história, filmada com sobriedade e picos de tensão – principalmente no cerco final ao psicopata, captado com câmera de visão noturna. Irônico e assustador, o Lecter de Hopkins ganhou lugar na galeria de grandes assassinos do cinema, imitado e parodiado *ad nauseam*. E ofuscou por completo a verdadeira força motriz da trama, Buffalo Bill, maníaco de pendores transexuais que aprisiona garotas em um poço.

1993 KALIFÓRNIA – UMA VIAGEM AO INFERNO *Kalifornia* | *Dominic Sena* *
Uma espécie de metafilme, o longa alfineta e ao mesmo tempo festeja a obsessão contemporânea pelos casos de serial killers. Inicialmente concebido para ser uma comédia de humor negro, o roteiro do thriller mostra a viagem de carro do jornalista Brian (David Duchovny) e sua namorada Carrie (Michelle Forbes), que pesquisam material para um livro sobre assassinos. Enquanto visitam cenários de crimes, eles dão carona a outro casal, formado pelo ex-detento Early (Brad Pitt) e a jovem Adele (Juliette Lewis). A dupla não parece boa coisa. E as aparências, nesse caso, não enganam. Uma decepção nas bilheterias, embora tenha feito carreira em festivais, o filme criou um hiato de sete anos na carreira do diretor Dominic Sena.

1994 ASSASSINOS POR NATUREZA *Natural Born Killers* | *Oliver Stone* *
O diretor Oliver Stone partiu de um roteiro de Quentin Tarantino sobre uma dupla de serial killers para falar de fama, exploração midiática e atração humana pela violência. A inspiração veio de casos como o de O.J. Simpson e dos irmãos Mendes, obsessões da imprensa sensacionalista da época. Do texto original de Tarantino, pouco sobrou. Woody Harrelson e Juliette Lewis vivem o casal de degenerados que viaja pelos Estados Unidos tirando a vida de tudo o que se mexe. Depois de presos, eles são alvo do escrutínio da mídia. Stone fez do filme uma colagem nervosa de linguagens, com filtros, efeitos, animação, em um formato de *road movie* com trilha barulhenta de rock. Nem toda essa estilização convenceu o público de sua intenção, que era satirizar a cultura da violência. Muita gente viu nesse banho de sangue um videoclipe cheio de atitude – o filme chegou a ser acusado de ter inspirado alguns massacres famosos, como o de Columbine.

1995 COPYCAT – A VIDA IMITA A MORTE *Copycat | Jon Amiel* * Trancada em um apartamento de segurança máxima, a psicóloga criminal Helen Hudson (Sigourney Weaver) tenta se recuperar do ataque de um suspeito, Daryl Lee (o cantor de jazz Harry Connick, Jr., de dente quebrado e cabelo tingido), no banheiro de um auditório em que ela ministrava uma palestra sobre serial killers. O trauma fez com que desenvolvesse agorafobia, o medo de espaços abertos. Um dia, ela precisa confrontar seus fantasmas quando um assassino começa a cometer crimes inspirados em famosos maníacos, como David Berkowitz e Jeffrey Dahmer. Colaborando com a polícia, ela se coloca na rota do matador. O suspense de Jon Amiel parte dessa ideia para construir tensão de primeira, em um roteiro de interessantes contribuições para o tema. Com Holly Hunter e Dermot Mulroney.

1995 SEVEN – OS SETE CRIMES CAPITAIS *Se7en | David Fincher* O número sete do título representa os pecados capitais, inspirações do serial killer John Doe (Kevin Spacey) para seus crimes meticulosamente planejados. Para simbolizar a gula, ele faz um obeso comer até morrer. Uma modelo de rosto retalhado, na sua galeria macabra, exprime a vaidade. Designados para o caso, o veterano detetive William Somerset (Morgan Freeman) e o novato David Mills (Brad Pitt) perseguem uma trilha de pistas para tentar encontrar o assassino, em cenários sombrios da cidade. Egresso da publicidade e dos videoclipes, David Fincher (*Clube da Luta*) capricha no estilismo com uma fotografia neogótica que faz o grotesco parecer belo, tudo embalado por uma inusitada trilha sonora que vai de Johann Sebastian Bach, passando por Billie Holiday e culminando com David Bowie e Trent Reznor (NIN). O desfecho barra-pesada ajudou a solidificar a reputação do filme como experiência para os fortes.

1995 CIDADÃO X *Citizen X | Chris Gerolmo* Este instigante thriller feito para a TV – sobre a caçada ao russo Andrei Chikatilo, conhecido como "A Besta Louca" – mostra um cientista forense lutando para localizar o mais selvagem homicida sexual da era moderna, ao mesmo tempo que lida com todos os obstáculos que a burocracia soviética põe em seu caminho, começando pela recusa do governo de reconhecer a própria existência do assassino.

1995 O LIVRO SECRETO DO JOVEM ENVENENADOR *The Young Poisoner's Handbook | Benjamin Ross* O garoto assassino da vida real Graham Young foi a inspiração para esta macabra comédia de humor negro sobre um adolescente psicopata inglês que usa sua família como cobaia para seus experimentos letais.

1996 PÂNICO *Scream | Wes Craven* * Homenagem aos filmes de assassinos dos anos 1980, o longa de Wes Craven (*A Hora do Pesadelo*) revisita o gênero com a marca do deboche. Ghostface, um assassino com máscara de fantasma, tem o costume de telefonar para as suas vítimas e perguntar: "Qual é o seu filme assustador favorito?" Sua obsessão recorrente é a jovem Sidney Prescott (Neve Campbell), cuja mãe foi morta anos antes. O roteirista Kevin Williamson brinca com os clichês do terror nos diálogos dos personagens, que conhecem as regras dessas tramas e parecem sempre saber como agir – mas acabam mortos mesmo assim. Nem tudo aqui é gozação, no entanto. A sequência de abertura, com Drew Barrymore, arranca gritos do público. Raridade nas franquias, o diretor comandou todas as continuações – foram três até agora.

1999 O VERÃO DE SAM *Summer of Sam | Spike Lee* Spike Lee se afastou de sua característica comunidade negra para se dedicar a outro tipo étnico: os descendentes de italianos de uma comunidade nova-iorquina em 1979. É nessa vizinhança, durante um verão escaldante, que um homem misterioso começa a abater, a tiros de calibre .44, desconhecidos dentro de seus carros, na calada da noite. O assassino, que em suas cartas para a polícia se identificava como Filho de Sam, dizia obedecer a ordens de um demônio que havia possuído um cachorro. Em vez de fazer um retrato da caçada ao criminoso – na vida real, David Berkowitz, hoje preso –, Lee mostra os efeitos da paranoia sobre um grupo de amigos: o cabeleireiro Vinny (John Leguizamo), sua namorada Dionna (Mira Sorvino) e seu amigo Ritchie (Adrien Brody), um punk ensimesmado. A ameaça deslancha conflitos e revela facetas dos personagens, perdidos entre a falta de perspectivas e as noitadas embaladas com música disco.

1999 O FIO DA INOCÊNCIA *Felicia's Journey | Atom Egoyan*

Este artístico e subestimado filme do diretor Atom Egoyan – sobre uma fugitiva irlandesa grávida que cruza o caminho de um serial killer, um homem gorducho, obcecado por comida e aparentemente acolhedor (interpretado por Bob Hoskins) – consegue criar uma tensão de roer as unhas sem derramar uma única gota de sangue.

1999 O COLECIONADOR DE OSSOS *The Bone Collector | Philip Noyce* *

O tetraplégico cientista forense interpretado por Denzel Washington tem a mesma função de Hannibal Lecter (*O Silêncio dos Inocentes*) e Helen Hudson (*Copycat*): usar apenas a massa cinzenta para orientar uma policial a capturar um assassino em série. A personagem em questão, Amelia (Angelia Jolie), precisa encontrar um taxista que mata suas vítimas e retira uma lasca de osso delas. O australiano Philip Noyce (*Terror a Bordo*, *Jogos Patrióticos*) tem bagagem suficiente para navegar pelos clichês do roteiro com classe, mantendo o suspense em alta. Na pele de um policial, o onipresente Michael Rooker é uma espécie de Wilson Grey do subgênero de serial killers.

2000 O PSICOPATA AMERICANO *American Psycho | Mary Harron* *

Ambientado no ápice do yuppismo dos anos 1980, o filme satiriza o comportamento predatório dos jovens do mercado financeiro na figura de Patrick Bateman (Christian Bale), um investidor com impulsos de serial killer. Vaidoso, colecionador de discos, comprador de grifes, frequentador de restaurantes da moda, Bateman dança conforme a ciranda de ostentação de seus colegas de Manhattan. Com uma diferença fundamental: para ele, a afirmação de sua superioridade também passa pelo assassinato. O longa da diretora Mary Harron acentua o tom de sátira do livro de Brest Easton Ellis, sem economizar sangue. Em uma das cenas mais conhecidas, o protagonista mata um adversário a machadadas enquanto professa seus conhecimentos sobre a música "Hip to be square", da banda Huey Lewis and the News. Exibido no Festival Sundance, causou sensação.

2003 MONSTER – DESEJO ASSASSINO *Monster | Patty Jenkins* *

Aileen Wuornos foi executada um ano antes da estreia de sua cinebiografia, protagonizada por Charlize Theron. Conhecida pela beleza, a atriz sul-africana ganhou prestígio – e um Oscar – pelo papel, que exigiu enormes esforços de caracterização. Ela precisou engordar 13 quilos e usar uma prótese dentária para chegar perto da aparência maltratada de Aileen. A biografia recria a trajetória da assassina desde seu encontro com a amante Selby (cujo nome real era Tyria Moore), interpretada por Christina Ricci. Contrariando o título do filme, a diretora estreante Patty Jenkins não explorou apenas a faceta monstruosa da prostituta, que matou sete homens a balas na Flórida. Com um histórico de abusos, a protagonista também expõe a mulher atormentada que era. A recriação de época – a narrativa se passa no fim dos anos 1980 – é outro trunfo da produção.

2004 EVILENKO *David Grieco* *

Malcolm McDowell vive o professor Anton Romanovich Evilenko, responsável por mais de cinquenta homicídios na União Soviética, principalmente de crianças e jovens mulheres. Durante anos, um juiz e um psiquiatra tentam capturar o responsável, sem sucesso. O diretor italiano David Grieco comanda o filme, baseado no caso do serial killer Andrei Chikatilo, que por mais de uma década conseguiu escapar das autoridades soviéticas e deixa um rastro de estupros, mutilações e assassinatos. O mesmo personagem inspirou o telefilme *Citizen X*, de 1995, mais focado na longa investigação que levou à prisão do assassino. A trilha é de Angelo Badalamenti, conhecido por suas colaborações com David Lynch.

2004 JOGOS MORTAIS *Saw | James Wan* *   Sucesso independente inesperado, o longa do australiano de origem malaia James Wan deu partida à febre do "torture porn" (algo como "tortura pornográfica", isto é, cenas de violência e tortura explícitas), usa o sofrimento humano explícito como chamariz. A narrativa lembra o famoso game de internet *Crimson Room*, no qual um personagem tentava resolver um enigma para escapar de um quarto. Aqui, o fotógrafo Adam (Leigh Whannell) e o oncologista Lawrence (Cary Elwes) acordam em um banheiro desconhecido, algemados. Em um gravador, o assassino Jigsaw passa as instruções terríveis que suas vítimas precisam cumprir, incluindo assassinato e mutilação. Com um orçamento de pouco mais de US$ 1 milhão, a produção rendeu mais de US$ 100 milhões e disparou uma série de seis continuações, cada uma mais sangrenta que a anterior. E popularizou o boneco Billy, marionete de cara branca e terno escuro comandada pelo vilão.

1976 e 2004 HELTER SKELTER *John Gray (1976) / Tom Gries (2004)* *   Telefilme baseado em um livro do promotor público Vincent Bugliosi (com coautoria de Curt Gentry) sobre os assassinatos cometidos pelo clã de Charles Manson. O roteiro tomou como base para os diálogos transcrições do julgamento de Manson e seus seguidores. Dirigido pelo pouco conhecido Tom Gries, o filme ganhou elogios principalmente pela atuação de Steve Railsback no papel do maníaco, com a ajuda de uma caracterização bastante fiel. A mansão LaBianca, palco de parte dos crimes, foi usada como locação da trama, que também se passa em grande parte em um tribunal no qual os assassinos estão sendo julgados. Em 2004, o diretor John Gray comandou um *remake*, também para a TV, que ainda mostra a relação de Manson com Dennis Wilson, dos Beach Boys.

2005 O ALBERGUE *Hostel | Eli Roth* *   O filme de Eli Roth parece testar o limite da morbidez do espectador. Feito sob medida para o público predominantemente jovem do gênero terror, o longa se passa em um albergue do Leste Europeu onde nada é o que parece. Atraídos pela oferta de sexo fácil, dois garotos vão parar no lugar, que na verdade é uma usina de tortura e morte comandada por sádicos endinheirados. Revelado com *Cabana do Inferno*, Roth embarca na tendência extrema de *Jogos Mortais* para fazer um jogo de resistência com o público. A câmera não evita nenhuma atrocidade, de unhas arrancadas a tendões de Aquiles cortados, em cenas com teor explícito até pouco tempo atrás relegado ao underground. Gerou duas sequências.

2007 SWEENEY TODD – O BARBEIRO DEMONÍACO DA RUA FLEET *Sweeney Todd: The Demon Barber of Fleet Street | Tim Burton* *   Antes de virar filme, o barbeiro assassino Sweeney Todd teve uma trajetória versátil: nasceu como romance barato da era vitoriana e então foi vertido para balé e musical. Foi esta última versão, assinada por Stephen Sondheim em 1979, que originou o filme de Tim Burton. As canções em nada amenizam o horror da história. Falsamente incriminado por um juiz corrupto que cobiçou e depois violentou sua mulher (que em seguida se envenenou), Todd (Johnny Depp) volta de um exílio para trabalhar como barbeiro em Londres. Em sua barbearia, põe em funcionamento uma máquina mortal: depois de cortar a garganta dos clientes, puxa uma alavanca que despeja os cadáveres no porão, onde a ajudante Nellie Lovett (Helena Bonham Carter) usa a carne das vítimas para rechear tortinhas (!). Sob medida para o fascínio gótico de Burton, o projeto acabou se revelando um dos mais originais do seu currículo, com uma mistura de música, romance e terror.

2007 ZODÍACO *Zodiac | David Fincher* *   A adaptação cinematográfica do diretor David Fincher para a investigação dos crimes do Zodíaco, assassino real que aterrorizou a Califórnia no fim dos anos 1960, é um retrato da frustração. A narrativa acompanha os esforços de dois jornalistas, o repórter criminal sabichão Paul Avery (Robert Downey Jr) e o cartunista obstinado Robert Graysmith (Jake Gyllenhaal), e dos detetives encarregados do caso. O filme constrói sua tensão aos poucos, caminhando em direção a pistas falsas e becos sem saída, para confusão do espectador. Isso porque a identidade do serial killer, que enviava mensagens cifradas aos jornais depois dos crimes, nunca foi descoberta. Fincher e o roteirista James Vanderbilt conduziram sua própria investigação na pesquisa para o filme. Em uma cena do longa, Robert e o policial David Toschi (Mark Ruffalo) aparecem no cinema assistindo a *Perseguidor Implacável* (1971), com Clint Eastwood na pele do policial justiceiro Dirty Harry, que persegue um matador chamado Scorpio, inspirado na repercussão do caso.

1997 e 2007 VIOLÊNCIA GRATUITA *Funny Games | Michael Haneke* *   Dois jovens invadem uma bucólica casa de veraneio de um casal com filho e iniciam uma série de jogos sádicos com suas vítimas que culmina em assassinato. Desde o título, o filme do austríaco Michael Haneke mostra a que veio: uma reflexão sobre a exploração da violência e a fixação mórbida do espectador. Vestidos de branco e com aparência angelical, os algozes volta e meia interrompem sua tortura psicológica e física para se dirigir à plateia. Em determinado momento, um controle remoto reprisa a ação. Embora ultraviolento, o longa tem fartas doses de crítica implícita, à maneira de *Laranja Mecânica*. Em 2007, ganhou uma versão americana, comandada pelo mesmo Haneke, com Naomi Watts e Michael Pitt.

2011 OS CRIMES DE SNOWTOWN *The Snowtown Murders | Justin Kurzel* *   O australiano John Bunting pode não ter a fama de assassinos superstars como Ed Gein ou Jeffrey Dahmer, mas foi um colosso de crueldade. Sucesso no circuito de festivais, o filme do novato Justin Kurzel é fiel em seu retrato, o que pode fazer de algumas cenas um suplício para os mais sensíveis. O longa acompanha a iniciação do jovem James Vlassakis, filho da namorada de Bunting, que se torna seu discípulo na escola de maldade. Na pequena Snowtown, eles procuram como alvos pedófilos, homossexuais e drogados, em uma espécie de limpeza moral da vizinhança. Calcada no realismo, a produção tem como trunfo as interpretações inquietantes. Mesmo para fãs de *O Albergue* e afins, uma cena de tortura em particular pode ser bem difícil de encarar.

1980 e 2012 O MANÍACO *Maniac | William Lustig (1980) / Franck Khalfoun (2012)* *   Típico representante do *slasher*, com mortes a granel, o longa virou clássico entre os *midnight movies*, filmes de baixíssimo orçamento e produção barata. A trama é um fiapo: Frank Zitto (Joe Spinell), senhorio de um prédio de apartamentos para aluguel, tem como passatempo caçar mulheres indefesas pelas noites de Nova York. Depois de mortas, elas são escalpeladas e seus couros cabeludos usados para decorar a coleção de manequins que ele tem em casa. Um dia, conhece uma fotógrafa de moda que confunde sua cabeça esquizofrênica. Rodado com poucos recursos por William Lustig (da insana série *Maniac Cop*), o longa precisou de muita malandragem para ser produzido, com direito a filmagens clandestinas e fuga da polícia. Para delícia de uns e náusea de outros – alguns críticos se retiraram dos cinemas na estreia –, as cenas de violência são bastante gráficas. Na mais conhecida delas, o especialista em efeitos especiais Tom Savini recheou com restos de comida um molde de cabeça para depois explodi-lo com um tiro do maníaco. Em 2012, foi refilmado com Elijah Wood no papel principal, em uma versão quase inteiramente rodada com câmera subjetiva. Os dois filmes são tão eficazes na tarefa de evocar a realidade repugnante do homicídio em série quanto qualquer suspense policial de Hollywood.

"Arte" de
Richard Ramírez
Cortesia de Adam Parfrey

ASSASSINOS EM "SÉRIES"

A TV por assinatura tem duas armas infalíveis para encantar espectadores: tubarões e serial killers. Enquanto a primeira foi perdendo espaço depois de um lento esgotamento, a segunda aparenta ser uma fonte inesgotável. Primeiro foram os programas de investigação de crimes e os perfis criminosos da vida real, que se multiplicaram na televisão em formatos que misturam documentário e dramatizações. De tão forte, o filão chega a ter canais exclusivos, como o Investigation Discovery (ID). Depois, os assassinos tomaram as séries de ficção, em tramas como a de *Dexter*, um concentrado do gênero, com um protagonista matador que elimina outros como ele.

No imaginário dos EUA, os serial killers encarnam uma espécie de versão sombria do *self-made man*, o que os transforma em contraponto perfeito para o heroísmo dos mocinhos. É por isso que, mesmo nas atrações em que não são o foco, eles volta e meia povoam histórias. É o caso de seriados como *Bones, Nip/Tuck, Criminal Minds* e *House*, em que retalhadores de rostos e colecionadores de ossos funcionam como epítomes da violência, no limite do fantástico.

A última onda parece vir da atual obsessão derivativa de Hollywood, com *prequels* como *Bates Motel* (parente de *Psicose*) e *Hannibal* (irmão mais novo de *O Silêncio dos Inocentes*). Para atrair o espectador de TV bombardeado por estímulos e perdido na diversidade de opções, surgem formatos cada vem mais sanguinolentos, como *The Following*.

2000– | CSI * Uma das mais longevas séries de crimes, o programa serviu de inspiração para diversas cópias. A ação é focada em um grupo de investigadores de Las Vegas que vasculha cenas de crimes em busca de pistas forenses. Como todo grupo de heróis precisa de vilões à altura, eles se deparam com figuras das trevas como o Assassino da Miniatura, que deixa modelos dos ambientes em que mata; dr. Jekyll, que usa técnicas cirúrgicas para lentamente eliminar suas vítimas; ou Paul Millander, acostumado a forjar seus assassinatos como suicídios.

2005– | CRIMINAL MINDS * Agentes do FBI especializados na análise comportamental de assassinos investigam as mentes doentias por trás de crimes. Durante as nove temporadas da série, eles se depararam com alguns serial killers cascas-grossas. Nessa galeria, estão Floyd Feylinn Ferrell, que tem o hábito de induzir suas vítimas ao canibalismo, e Earl, que extrai os olhos dos cadáveres que coleciona para implantá-los em seus animais empalhados. Outro deles, George Foyet, o Ceifador, conduz um duelo no escuro com o agente Aaron Hotchner (Thomas Gibson) durante duas temporadas, que termina em um tenso confronto cara a cara.

2006– | DEXTER * Dexter Morgan (Michael C. Hall) é um assassino moral. Especialista forense da polícia de Miami, ele caça serial killers que a Justiça não conseguiu enquadrar e determina sua própria sentença – geralmente morte a facadas. Assombrado pelo fantasma do pai e com um histórico de violência familiar, leva uma vida dupla para nunca ser pego. Série preferida dos adoradores do tema, *Dexter* conseguiu ter uma sobrevida longa, apesar da fórmula repetitiva e das doses maciças de sangue, e chega agora à sua última temporada. As histórias se apoiam em supervilões, com apelidos que bem podiam vir das manchetes de jornal, como Assassino do Caminhão de Gelo e O Esfolador. O último capítulo da quarta temporada chegou ao ápice de audiência, com 2,6 milhões de espectadores, graças ao embate entre o protagonista e o terrível Trinity, interpretado por John Lithgow.

2011– | THE KILLING * Baseada em um formato dinamarquês, a série americana do canal AMC é uma das várias que exploram a investigação de crimes. A história é ambientada em Seattle, onde os detetives Sarah Linden (Mireille Enos) e Stephen Holden (Joel Kinnaman) investigam homicídios. As primeiras duas temporadas exploraram e desvendaram o assassinato da adolescente Rosie Larsen. Na terceira, Sarah retoma o trabalho no departamento, que tinha abandonado, para investigar uma série de crimes que parecem ter ligação com um caso antigo. As vítimas, garotas que fogem de casa, começam a morrer aos borbotões. Até que os corpos de 17 delas aparecem em um lago. É a prova definitiva de que os detetives estão diante de um serial killer.

2013 | THE FOLLOWING * O cultuado roteirista Kevin Williamson, da franquia *Pânico*, assina essa história de bem versus mal que opõe um agente do FBI e um psicopata que mobiliza um culto de fãs assassinos. Do lado da lei, Ryan Hardy (Kevin Bacon) tenta recapturar Joe Carroll (James Purefoy), levado à prisão anos antes e que acabou escapando. Culto e carismático como todo serial killer de estirpe, Carroll comete seus crimes inspirado nas histórias de Edgar Allan Poe. E inspira outros a fazer suas próprias maldades, no melhor (ou pior) estilo Charles Manson. A dinâmica protagonista/antagonista bebe na fonte de *O Silêncio dos Inocentes*, com um complicador: a mulher do assassino teve um caso com o policial. Outro lance melodramático é o alcoolismo do personagem de Bacon.

2013 | BATES MOTEL * Palco dos surtos psicóticos de Norman Bates no clássico de Alfred Hitchcock, o Bates Motel dá nome à série que mostra a adolescência do maníaco. Embora seja um *prequel*, na verdade a trama foi transposta para os tempos atuais. Recém-chegados à cidade de White Pine Bay, Norman (Freddie Highmore) e sua mãe, Norma (Vera Farmiga), abrem um motel de beira de estrada no qual bizarros acontecimentos se desenrolam. Os produtores se inspiraram em *Twin Peaks* para retratar um lugar onde nada é o que parece e todos escondem segredos.

2013 | HANNIBAL * Os personagens criados pelo escritor Thomas Harris são pródigos em subprodutos. Hannibal Lecter, o assassino canibal, ocupa lugar de honra nessa galeria. A série serve como *prequel* de *O Silêncio dos Inocentes*, que apresentou o vilão ao grande público. Vivido pelo dinamarquês Mads Mikkelsen, Lecter é mostrado antes da sua carreira de maldades desabrochar por completo, quando ainda ajuda a polícia como psiquiatra forense. A trama é centrada na sua relação com o agente do FBI Will Graham (Hugh Dancy), durante sua colaboração para capturar um serial killer. A qualidade das atuações e o requinte dos diálogos da série – que também sacia a sede de sangue dos espectadores mais empedernidos – são o ponto alto.

2013 | THE FALL * Ambientada na Irlanda do Norte, a série britânica acompanha, em paralelo, as vidas de um psicopata impiedoso e da detetive que luta para capturá-lo. Stella Gibson (Gillian Anderson) precisa descobrir a identidade de um assassino que está aterrorizando a cidade de Belfast, matando mulheres em série. Enquanto isso, Paul Spector (James Dornan) esconde sob a fachada de homem de família sua conduta monstruosa. Produzido pela BBC, o programa atingiu uma das maiores audiências de todos os tempos do canal, com 3,5 milhões de espectadores.

HUMOR

Não há nada de divertido em assassinatos em série. Da mesma forma, não há nada de intrinsecamente engraçado em bebês mortos, pessoas tetraplégicas e na morte da princesa Diana em um acidente de carro – todos tópicos que serviram de mote a piadas largamente difundidas. Psicólogos e outros especialistas dizem que esse tipo de humor negro funciona como um mecanismo de defesa – uma forma de se distrair dos medos provocados pelos horrores e tragédias avassaladoras da existência. "Onde houver ansiedade, haverá piadas para expressar essa ansiedade", diz o folclorista Alan Dundes, acrescentando: "A expressão 'rir para não chorar' possui bastante mérito".

De acordo com o professor Dundes no seu livro *Cracking Jokes* (*Fazendo Piadas*), de 1987, a tradição americana de humor negro data do início do século XX, quando versos macabros sobre um personagem chamado "Little Willie" ("Pequeno Willie") se tornaram populares ao redor dos EUA. Embora seja, às vezes, a vítima de horríveis acidentes ("Pequeno Willie, cheio de pinta/ Caiu no fogo e virou cinza" – tradução adaptada),[8] o incorrigível Willie era mais frequentemente caracterizado como um pequeno psicopata – um Dennis, o Pimentinha, com fortes tendências homicidas:

> Willie, tendo o chá do pai envenenado/ Viu-o morrer agoniado/ Veio a mãe, e amolada parecia./ "Puxa, Will", ela disse, "Quanta rebeldia!"// O pequeno Willie enforcou a irmãzinha;/ Quando fez falta já não mais vivia/ Esse Willie só apronta./ Não é um anjo? Só seis anos conta.[9]

Willie, é claro, era um personagem fictício. O costume hoje familiar de trocar piadas de mau gosto sobre serial killers da vida real parece ter começado no final dos anos 1950, quando charadas curtas e grosseiras sobre o carniceiro de Wisconsin Ed Gein ganharam popularidade no Meio-Oeste norte-americano. Os "Geiners" chamaram a atenção do psicólogo George D. Arndt, que escreveu um artigo sobre o fenômeno, "Community Reaction to a Horrifying Event" ("Reação da Comunidade a um Evento Aterrorizante"), no qual reproduz diversos exemplos:

> Por que deixaram Ed Gein sair da cadeia na véspera do Ano-Novo?
> Para que ele pudesse cavar um encontro.

> Por que ninguém queria jogar pôquer com Ed Gein?
> Eles tinham medo de que ele saísse com uma boa mão.

Quarenta anos depois, a descoberta das atrocidades de Jeffrey Dahmer desencadeou outra onda de piadinhas mórbidas:

---

8   "Little Willie, in bows and sashes/ Fell in the fire and got burned to ashes." [NT]
9   "Willie poisoned his father's tea/ Father died in agony./ Mother came, and looked quite vexed./ 'Really, Will,' she said, 'What next?'// Little Willie hung his sister;/ She was dead before we missed her./ Willie's always up to tricks./ Ain't he cute? He's only six." [NT]

O que Jeffrey Dahmer falou quando sua mãe disse que não gostava dos seus amigos?
"Tudo bem, mãe, coma só o macarrão."

O que Jeffrey Dahmer fazia quando terminava de comer os vegetais?
Jogava fora as cadeiras de roda.

Mais recentemente, o humor envolvendo serial killers tem sido um ingrediente básico do jornal satírico *The Onion,* que publicou matérias clássicas como WHY MUST THE MEDIA CALL MY RITUAL KILLINGS "SENSELESS"? ("POR QUE A MÍDIA CHAMA MINHAS MATANÇAS RITUAIS DE 'SEM SENTIDO'?"; "Será que a mídia não vê o orgulho e a arte que ponho em meu trabalho? Que tal a maneira como enrolo os intestinos das próprias vítimas em volta de seus pescoços não uma, não duas, mas três vezes, e depois amarro tudo em um nó?") e NEIGHBORS REMEMBER SERIAL KILLER AS SERIAL KILLER ("VIZINHOS LEMBRAM DE SERIAL KILLER COMO SERIAL KILLER"; "'Ele era um sujeito do tipo homocida, insano, meio serial killer', disse Will Rowell, 57, que era vizinho do homem preso pelo assassinato de 14 enfermeiras na Flórida e na Geórgia. 'Ele meio que ficava na dele, matando enfermeiras, fazendo sexo com os cadáveres e enterrando os corpos no quintal.'").

MURDERBILIA

Algumas pessoas colecionam autógrafos de estrelas do cinema. Outros investem em equipamentos esportivos autografados por seus atletas favoritos – um disco de hóquei de Wayne Gretzky ou uma camiseta de Derek Jeter. Outros ainda ficam conhecidos por dar lances de milhares de dólares em leilões para adquirir os tacos de golfe de John Kennedy ou um vestido de festa usado pela princesa Diana.
E uma pequena porém altamente controversa subcultura de colecionadores se dedica a adquirir artefatos ligados a serial killers.
Por que alguém iria querer – quanto mais gastar um bom dinheiro com – uma mecha do cabelo de Charles Manson ou o anuário de ensino médio de Ted Bundy parece um bocado desconcertante, quando não algo pura e simplesmente imoral para muitas pessoas ajuizadas. Tirando as mudanças na tecnologia, entretanto – o fato de itens do gênero serem tipicamente comercializados através da internet hoje em dia –, não há nada de novidade nesse fenômeno.
De criminosos crucificados ao longo da Via Ápia na Roma Antiga e traidores medievais deixados para apodrecer nas forcas a bandidos mortos a tiro e exibidos nas vitrines das lojas e funerárias no Velho Oeste – os cadáveres em decomposição de assassinos, ladrões e estupradores (e às vezes de vítimas inocentes de turbas de linchadores) sempre foram postos em exibição pública. E os tipos obedientes à lei e tementes a Deus que se aglomeravam para ver esses espetáculos macabros muitas vezes desejavam guardar uma lembrancinha.
Exatamente há quanto tempo essa prática ocorre é impossível precisar, embora – a inferir pelas evidências antropológicas (como o hábito de vários povos aborígines de

colecionar caveiras, escalpos e outras relíquias anatômicas) –, a resposta mais provável é: desde sempre. Quando o rei Carlos I foi executado, em 1649, por exemplo, seu sangue foi enxugado com trapos, que foram rasgados em pedaços e vendidos a ávidos espectadores. Até a serragem que foi polvilhada sobre o patíbulo para absorver o sangue foi varrido e posto à venda.

Descrevendo o "macabro apetite de caçadores de suvenires" como um fenômeno "atemporal", o historiador Michael Hollingsworth cita o caso de Maria Marten, uma jovem inglesa que desapareceu depois de supostamente fugir de casa com um homem chamado William Corder em 1827. Em abril seguinte, agindo a pedido da mãe, que havia sonhado que a garota estava enterrada sob o piso de um celeiro local, a polícia descobriu o corpo da jovem – exatamente onde a mãe dissera que estaria. O crime virou uma sensação nacional. Corder foi executado três meses mais tarde e a multidão estava tão ávida por suvenires que o nó da forca foi cortado em pedaços e vendido por um guinéu a polegada. A pele de Corder foi posteriormente esfolada, curtida como couro de vaca e vendida peça por peça em leilão. Um dos pedaços maiores acabou sendo usado para confeccionar uma bolsa para guardar fumo. O celeiro em si foi reduzido a lascas pelo proprietário, que fez uma pequena fortuna ao vendê-las individualmente como lembrancinhas.

Quando relíquias reais de um assassinato não estavam disponíveis, o público contentava-se com outros tipos de lembranças. Em 1889, um oficial de Justiça de Paris chamado Gouffé foi assassinado, metido em um tronco e transportado para Lyons, onde o cadáver terrivelmente decomposto acabou sendo descoberto. O assassino foi para a guilhotina em 2 de fevereiro de 1891 e uma multidão se aglomerou para assistir à decapitação. Para satisfazer a demanda por suvenires, mascates andavam no meio da multidão vendendo réplicas em miniatura do tronco com um pequeno cadáver de chumbo dentro.

A situação não mudou nos últimos cem anos. Vinte mil pessoas compareceram ao leilão de quinquilharias do carniceiro de Wisconsin Ed Gein na primavera de 1958. Um empresário, após arrematar e sair dirigindo o castigado Ford sedã de Gein, colocou-o imediatamente em exibição em feiras e parques de diversão. Durante os meses seguintes, mais de dois mil cidadãos do Meio-Oeste – homens, mulheres e crianças – pagaram de bom grado 25 centavos cada para dar uma espiada no "carro que arrastava os mortos dos túmulos".

Quarenta anos mais tarde, outra proposta de venda de pertences de um serial killer causou alvoroço em Wisconsin. O advogado representante das famílias das vítimas de Jeffrey Dahmer anunciou planos para leiloar variados itens do Canibal de Milwaukee, incluindo a broca que ele usava para executar suas lobotomias improvisadas e o congelador no qual ele armazenava partes de corpos humanos para consumo futuro. O interesse por esses artefatos macabros foi tão frenético entre colecionadores sérios de memorabilia de psicopatas que os organizadores do evento esperavam ter um lucro de US$ 1 milhão. No fim, entretanto, o leilão foi cancelado por intervenção de um grupo cívico, o qual, temendo que um evento tão mórbido fosse manchar a imagem de Milwaukee, comprou os tais bens e os destruiu (para desespero dos "dahmérfilos" por aí).

> Possuir um Gein, para alguns, é como possuir um
> Rembrandt para outros colecionadores.
>
> — Andy Kahan, comentando sobre o roubo da lápide de ED GEIN, em junho de 2000 —

Para além do bom e velho fascínio mórbido, o encanto exercido por itens tão macabros parece ter algo a ver com certo pensamento primitivo que os seres humanos nunca parecem abandonar. Há uma caráter demoníaco nesses objetos. Eles são a antítese das relíquias dos santos – artefatos que são imbuídos não do sagrado, mas do profano. Possuir algo que pertenceu a um serial killer proporciona um contato excitante com o tabu – o frisson do proibido. É também uma maneira de combater a ansiedade, como se o ato de se apoderar de algo pertencente a um monstro fosse magicamente manter o mal sob controle.

Claro, há muitas pessoas que não veem justificativas psicológicas para tal comportamento, que julgam apenas errado. Uma delas é Andy Kahan, diretor da Secretaria Municipal de Assistência a Vítimas de Crimes em Houston, Texas. Atuando em nome das famílias das vítimas de assassinos em série, Kahan liderou uma cruzada contra esse tipo de material, que ele rotulou memoravelmente de "*murderbilia*". Até agora, seus esforços têm sido fundamentais na adoção de uma Lei "Filho de Sam" no Texas – que impede criminosos de lucrar com a venda de seus bens – e no banimento de memorabilia de serial killers do site de leilões on-line eBay.

PONTOS TURÍSTICOS

No domingo de 28 de julho de 1895 – seguindo relatos dos horrores que supostamente haviam ocorrido no "Castelo da Morte" do dr. H.H. Holmes em Chicago –, cinco mil pessoas tomaram o prédio de assalto, na esperança de ter um vislumbre do que os jornais descreveram como "calabouço de tortura", "câmara de asfixia" e "depósito de cadáveres". Percebendo quanto dinheiro poderia lucrar com essa fascinação mórbida, um ex-policial empreendedor chamado A.M. Clark não perdeu tempo em garantir a locação do edifício. Duas semanas mais tarde, jornais anunciaram que, sob a gestão de Clark, o Castelo seria transformado em uma atração turística – um "museu da morte" com ingresso a 15 centavos por pessoa e visitas guiadas conduzidas por um detetive de Chicago chamado Norton. Infelizmente, para Clark, esse esquema de enriquecer depressa não deu em nada. Poucos dias antes de o renovado "Castelo dos Horrores" abrir as portas, ocorreu um misterioso incêndio que devastou o edifício por completo.

Algo similar ocorreu sessenta anos mais tarde com a decrépita quinta em que Ed Gein praticara suas abominações necrofílicas: o lugar foi reduzido a cinzas por um incêndio aparentemente provocado por cidadãos indignados, decididos a impedir que o lugar profano fosse transformado em um "museu do mórbido". A destruição da moradia de Gein, no entanto, não impediu que incontáveis curiosos peregrinassem até sua cidade natal ao longo das décadas seguintes, para desgosto dos moradores de

Plainfield, fartos de ter sua comunidade para sempre associada pela opinião pública ao mais notório psicopata dos EUA.

Os locais de crimes notórios, de grande repercussão, sempre exerceram uma atração magnética no público. Em 1908, a descoberta de uma dúzia de corpos esquartejados na fazenda de Belle Gunness, a "Lady Barba-Azul", no estado de Indiana, atraiu milhares de habitantes do Meio-Oeste à propriedade, onde podiam pasmar-se diante das covas abertas e examinar os cadáveres em decomposição expostos na cocheira. Noventa anos depois, o lago John D. Long em Union, Carolina do Sul – local em que Susan Smith, na noite de 25 de outubro de 1994, jogou o carro com seus dois filhos pequenos por uma rampa para barcos, afogando-os –, tornou-se uma atração turística para visitantes vindos de tão longe quanto o Alasca. Em 1996, ao visitar o local, uma família tornou-se vítima de sua curiosidade mórbida quando – em um eco bizarro do crime de Smith – a caminhonete em que estavam acidentalmente rolou pela mesma rampa, afogando a mãe, o pai e três crianças pequenas.

Nem todo mundo, é claro, acha divertido excursionar a um lugar no qual crianças foram assassinadas, adolescentes foram torturados ou corpos femininos foram exumados e esquartejados. Algumas pessoas acham a ideia abominável. A casa dos horrores de Ed Gein não foi o único lugar do tipo a ser posto abaixo por cidadãos indignados. A casa de subúrbio na qual John Wayne Gacy cometeu suas abominações foi derrubada. O mesmo ocorreu com o edifício de Jeffrey Dahmer, que um grupo comunitário comprou com o único propósito de demolir. Em dezembro de 2002, a antiga residência de Ted Bundy seguiu o mesmo destino da quinta de Gein e do Castelo de H.H. Holmes: incendiários desconhecidos puseram fogo na casa de Tallahassee, na Flórida, onde ele vivia na época que cometeu sua sequência final de atrocidades.

Para os interessados em visitas turísticas macabras, o escritor Neal S. Yonover compilou o *Crime Scene USA* (*Cena do Crime EUA*), um guia de viagem, publicado em 2000, organizado por estados e com descrições, endereços e outras informações pertinentes sobre famigerados locais que foram palcos de assassinatos em todo o país.

Para aqueles que têm aversão à ideia de "turismo psicótico" (como chama o autor), reproduzimos na página seguinte trecho da sátira mordaz de Peter Schuller sobre o fenômeno. (O ensaio completo pode ser encontrado no site de Jeff Vogel, Ironycentral.com.)

"TURISMO PSICÓTICO" *por Peter Schuller*

Vocês já ouviram falar de ecoturismo? É quando um bando de hippies pés-rapados vai para o campo e "se harmoniza com a Mãe Terra", como se ela fosse um enfadonho Estado socialista. Cacete! Mais gente preferiria dirigir por dez horas para ver o rosto da Virgem Maria derramando lágrimas de óleo na garagem de um sujeito do que remar um caiaque por dez minutos para ver o último casal reprodutor de perdiz-do-bosque-de-crista em seu habitat natural.

Ecoturismo uma ova! Turismo psicótico é o que há. As pessoas não querem ver fetos esquisitos ou predadores em risco de extinção. Eles querem ver predadores humanos! Querem ver o porão da casa de John Wayne Gacy, no qual Pogo, o Palhaço, enterrou trinta vítimas. Querem ver o restaurante popular em que Henry Lee Lucas e Ottis Toole deram início a sua bem-sucedida parceria necrofílica-canibal. Querem sentar no Volkswagen que Ted Bundy dirigiu.

Querem abrir a geladeira de Jeffrey Dahmer. É este o tipo de coisas que interessa às pessoas.

[...] Dada a obsessão da América pelo crime, o turismo psicótico é uma oportunidade única e imperdível de negócio. Os imóveis de assassinos são inexplicavelmente baratos. O assassino gera publicidade gratuita e uma base de fãs para explorar. Excursões podem ser organizadas a um custo quase zero. Só seriam necessários alguns guias e ônibus.

Vamos usar Dean Corll como exemplo. Poderíamos comprar sua casa, a fábrica e a garagem de barcos por uns US$ 100 mil. Ônibus de excursão deixariam turistas vindos dos Motéis 6 e Holiday Inns ao redor. Eles fariam uma visita à fábrica de doces e poderiam comprar um autêntico doce de Corll. Talvez oferecessem um pouco às crianças no playground ao lado.

Então é subir de volta no ônibus e partir para a casa do Dean. Lá um diorama ao estilo Disney nos aguarda. Primeiro, caminhamos pela sala de estar; um Dean-robô induz meninos-robôs a cheirar cola e tinta. Em seguida, passamos ao quarto em que os meninos são algemados à cama de tortura. Cuidado para não tropeçar no plástico que forra o chão. Na sala ao lado, vemos o corpo ensanguentado e crivado de balas de Dean estendido. Henley, o vira-casaca, ergue-se sobre ele com uma arma recém-disparada. Em uma mesa próxima, repousam os pênis colecionados por Dean.

Depois disso, partimos para a garagem de barcos e nos deparamos com outra cena. Há um par de escavadeiras lá. O piso da garagem de barcos foi escavado, revelando réplicas dos corpos. Henley está lá também, debruçado sobre a porta da viatura policial, falando com sua mãe pelo rádio.

"Mamãe, estou com a polícia... Mamãe, eu matei Dean." A polícia gravou a conversa real e ela será reproduzida em loop para os turistas conforme transitam pelo local.

De lá serão encaminhados para a lojinha de presentes, que tem vários bibelôs inspirados em Corll. Entre eles temos: boias salva-vidas, algemas, cola, lonas de plástico e camisetas com a frase "Eu visitei Dean Corll e sobrevivi". Também à venda estão: barcos de brinquedo com o capitão Dean e o imediato Henley, sacolas de pênis e uma variação do jogo de tabuleiro infantil *Candymanland* (*A Terra do Homem dos Doces*).

Com os bolsos vazios e as sacolas de compras cheias, os turistas deixam a loja de presentes, pegam uma barca e flutuam tranquilamente pelo rio. Isto simboliza as vítimas do homem dos doces navegando pacificamente para a outra vida enquanto conduzimos nossas vítimas de volta ao estacionamento e aos ônibus.

Isto é um exemplo do que pode ser feito com serial killers menos conhecidos. Imagine o que você poderia fazer com o apartamento de Jeffrey Dahmer ou o esconderijo de Leonard Lake e Charles Ng nas montanhas. No mínimo, o turismo psicótico superaria os shows aéreos militares, as recriações das batalhas da Guerra Civil e excursões a Graceland ou à Casa Branca.

TIETES

É fato sabido que – na ficção, pelo menos – as mulheres parecem preferir os *bad boys*. A fórmula do romance de protagonismo feminino, seja na literatura ou no cinema, envolve uma mulher respeitável, bem-educada, que é casada, noiva ou apenas namora firme um sujeito superbacana, embora meio sem sal, de sua própria classe e nível social. De repente, um estranho (ou talvez um ex-namorado) perigosamente sedutor, muitas vezes de "classe inferior", aparece em sua vida e os dois vivem uma aventura apaixonada e proibida.

A grande maioria das mulheres contenta-se em restringir este enredo sensual e eletrizante ao reino da fantasia. Algumas, no entanto, sentem a necessidade de ir além, buscando um relacionamento com os piores *bad boys* de todos – os assassinos em série.

É essa propensão feminina de flertar com o perigo que por certo justifica a atração, de outra forma inexplicável, que mesmo os mais repugnantes psicopatas têm reconhecidamente exercido sobre as mulheres. Homens que, antes de ser presos, nunca conseguiriam um encontro – que às vezes se tornaram assassinos em série para se vingar de todas as mulheres que os rejeitaram –, de repente se veem objeto da atenção desmedida do sexo oposto.

Não há nada de novo a respeito desse fenômeno. Por mais de um século, observadores têm se impressionado tanto com o número de espectadoras que afluem aos julgamentos de notórios assassinos como pelo comportamento descaradamente enamorado de algumas dessas mulheres. Em 1895, por exemplo, durante o julgamento do assassino sexual de São Francisco Theo Durrant, uma jovem chamada Rosalind Bowers aparece na sala do tribunal todas as manhãs com um buquê de ervilhas-de-cheiro, que oferecia ao "demônio do campanário" como um símbolo de sua admiração. Em pouco tempo, os jornais tinham transformado a "Garota da Ervilha-de-cheiro" em uma pequena celebridade, prenunciando o tipo de atenção midiática conferida às tietes de serial killers de hoje, cujas estranhas paixões são o tópico favorito de tabloides vendidos em supermercados e talk shows baratos na TV.

Embora perverso e profundamente perturbado, Durrant era ao menos um jovem bonito. O mesmo é válido em relação a outros serial killers mais recentes que se tornaram galãs homicidas – Ted Bundy, por exemplo, bem como Paul Bernardo, do infame casal de psicopatas canadenses conhecidos como "Ken e Barbie". Mas boa aparência não é de forma alguma um pré-requisito para jogar nesse bizarro time e ganhar o coração de uma tiete. Criaturas de aspecto tão repulsivo como John Wayne Gacy e Henry Lee Lucas tornaram-se objetos de adoração feminina depois de parar atrás das grades. Até Eddie Gein – um homem que, antes de ser preso, tinha que desenterrar mulheres dos seus túmulos para ter companhia – foi assediado por admiradoras apaixonadas, implorando por uma mecha de seu cabelo.

Nem a pior atrocidade no comportamento de um assassino desencoraja certas mulheres de persegui-los. Edmund Kemper – cuja vida sexual consistia em violar os cadáveres de jovens mulheres assassinadas – não teve dificuldades para atrair namoradas depois de se tornar famoso. Outro assassino psicopata com gostos similarmente abomináveis, Douglas Clark – o "Assassino de Sunset Strip", cujas perversões incluíam fazer sexo oral com as cabeças decapitadas de suas vítimas – tornou-se objeto amoroso de uma mulher que claramente o via como uma alma gêmea, escrevendo-lhe uma carta melancólica: "Eu me pergunto por que os outros não veem os aspectos necrofílicos da existência como nós".

Enquanto algumas tietes contentam-se em corresponder-se com seus ídolos, outras desejam levar o relacionamento muito além, chegando ao ponto de casar. Richard Ramírez, o "Perseguidor da Noite", casou-se na prisão, assim como ambos os Estranguladores de Hillside. Um dos casos mais bizarros ocorreu em 1980 durante a fase de atribuição de pena do julgamento de Ted Bundy pelo assassinato de Kimberly Leach, de 12 anos. Quando sua namorada, Carol Ann Boone, sentou-se no banco das testemunhas para implorar por sua vida, Bundy – que estivera servindo como seu próprio advogado de defesa – pôs-se de pé como se fosse questioná-la. Em vez disso – para o assombro de todos os presentes – ele a pediu em casamento, tirando proveito de uma obscura lei da Flórida que permitia que uma declaração pública em tribunal constituísse um casamento legal. Boone aceitou imediatamente, com uma risadinha alegre, e se tornou a sra. Ted Bundy. Mais tarde ela deu à luz uma filha que alegou ser de Bundy, tendo sida inseminada com esperma supostamente contrabandeado da prisão.

O que está por trás do comportamento das tietes de serial killers? É possível que essas mulheres sofram de uma síndrome de "bela e a fera", que as leva a fantasiar que seu amor é tão poderoso a ponto de transformar um monstro feroz em um ser humano decente. Ou talvez o oposto seja o caso – elas são tão desprovidas de qualquer senso de autoestima que, em certo nível, acreditam que só um monstro poderia amá--las. Talvez gostem de brincar com fogo – aproximando-se de uma tremenda fonte de risco à sua integridade física, sabendo que estão protegidas por barras de aço e paredes invioláveis. Vai saber. Como disse o romancista D.H. Lawrence, a alma humana é uma floresta escura.

Em um sentido mais amplo, a frase "tiete de serial killer" é por vezes aplicada a qualquer um, homem ou mulher, que desenvolva uma fixação obsessiva por assassinos em série. Dois livros interessantes, escritos por pessoas que se viram trocando intensas correspondências com infames assassinos psicopatas encarcerados, são *The Serial Killer Letters* (*As Cartas de Serial Killers*), de 1998, de Jennifer Furio, e *The Last Victim* (*A Última Vítima*), de 1999, de Jason Moss.

RECURSOS DA INTERNET

Tal como qualquer outro assunto que se possa imaginar, há uma abundância de informações sobre assassinatos em série na internet, embora estas variem consideravelmente em qualidade.

O único bom site para biografias de figuras individuais – bem como para artigos meticulosamente documentados sobre temas específicos (como "Assassinos em Equipe" e "Necrofilia") – é o da Biblioteca do Crime do canal a cabo norte-americano TruTV (www.crimelibrary.com). Muito útil também é a listagem de serial killers em Mayhem.net. Embora seu tom alegremente mórbido flerte com o mau gosto, esse site constantemente atualizado contém biografias sólidas e concisas de centenas de serial killers (organizados de acordo com o número de vítimas fatais), incluindo muitos assassinos obscuros amplamente ignorados pelo *mainstream*.

O site Serial Killer Central (www.angelfire.com/oh/yodaspage) traz biografias curtas, bem ilustradas, ao lado de uma seleção de obras de arte e poemas de assassinos em série, e há inclusive uma loja on-line na qual entusiastas do *gore* podem comprar de tudo, de canecas de café a bonés de beisebol decorados com o logotipo do site. The Crime Web (www.crimeweb.net) complementa seus verbetes biográficos com recursos como "Este Dia na História do Serial Killer" e o atualizado "Notícias de Serial Killers". Talvez por ser um empreendimento conjunto com a Austrália, The Crime Web também dedica atenção especial aos serial killers internacionais, uma boa mudança na orientação da maioria desses sites, quase sempre centrados nos EUA. Bom material também pode ser encontrado no site mantido pela autora Sondra London (www.sondralondon.com), cujo relacionamento com os assassinos sexuais Gerard Schaefer e Danny Rolling, "o Estripador de Gainesville", conferiram-lhe certo grau de notoriedade.

Dos vários sites dedicados a serial killers específicos como Charles Manson e Ted Bundy (facilmente encontrados a partir de uma busca pelos seus nomes em qualquer mecanismo de busca), o melhor é, sem dúvida, a página de Tom Voigt sobre o Assassino do Zodíaco (www.zodiackiller.com), uma página minuciosa e com um belo design dedicado a este lendário psicopata exaustivamente procurado.

Aqueles que nutrem particular interesse pelo serial killer mais célebre de todos – Jack, o Estripador – não devem deixar de conferir o site chamado Casebook: Jack the Ripper (www.casebook.org). Afirmando justificadamente ser "o maior repositório público de informações relacionadas ao Estripador", este site divide-se convenientemente em capítulos extensos e bem documentados sobre vítimas, suspeitos, testemunhas, cartas do Estripador, oficiais da polícia, relatórios da impressa e outros temas-chave. Um site indispensável para ripperologistas iniciantes ou avançados.

LEITURA RECOMENDADA MARTHA GRACE DUNCAN. Romantic Outlaws, Beloved Prisons | 1996. ROBERT I. SIMON. Bad Men Do What Good Men Dream | 1996. LIONELLO PUPPI. Torment in Art: Pain, Violence, and Martyrdom | 1991. ROBERT SIMON. "Cézanne and the Subject of Violence", Art in America | maio 1991. MARIA TATAR. Lustmord: Sexual Murder in Weimer Germany | 1995. PHILIP L. SIMPSON. Psycho Paths: Tracking the Serial Killer Through Contemporary Film and Fiction | 2000.

BIBLIOGRAFIA LETAL: HISTÓRIAS REAIS, ASSASSINOS REAIS

Desde a década de 1970, quando o fenômeno serial killer explodiu na cena cultural, houve uma avalanche de livros de crimes verídicos sobre o assunto. A bibliografia a seguir lista mais de cem obras sobre o assunto e destina-se a leitores que gostariam de saber ainda mais sobre o universo dos assassinos em série abordados ao longo deste livro.

JOE BALL Radin, Edward D. *Crimes of Passion*. New York: Putnam Books (1953)

ELIZABETH BATHORY McNally, Raymond. *Dracula Was a Woman*. New York: McGraw-Hill (1983) | Penrose, Valentine. *The Bloody Countess*. London: Calder & Boyars (1970)

HERB BAUMEISTER Weinstein, Fannie e Wilson, Melinda. *Where the Bodies Are Buried*. New York: St. Martin's Press (1998)

MARY BELL Sereny, Gitta. *The Case of Mary Bell*. London: Methuen (1972) | Sereny, Gitta. *Cries Unheard: Why Children Kill – The Case of Mary Bell*. New York: Henry Holt/Owl Books (1998)

FAMÍLIA BENDER Adleman, Robert H. *The Bloody Benders*. New York: Stein & Day (1970) | James, John T. *The Benders in Kansas*. Wichita: Kan-Okla Publishing (1913)

ROBERT BERDELLA Jackman, Tom e Cole, Troy. *Rites of Burial*. New York: Pinnacle (1998)

DAVID BERKOWITZ Abrahamsen, David. *Confessions of Son of Sam*. New York: Columbia University Press (1985) | Calohan, George H. *My Search for the Son of Sam*. New York: Universe.com (2001) | Carpozi, George. *Son of Sam: The .44-Caliber Killer*. New York: Manor Books (1977) | Klausner, Lawrence D. e Klausner, Larry. *Son of Sam: Based on the Authorized Transcription of the Tapes, Official Documents, and Diaries of David Berkowitz*. New York: McGraw-Hill (1981) | Terry, Maury. *The Ultimate Evil*. New York: Doubleday (1987)

PAUL BERNARDO E KARLA HOMOLKA Burnside, Scott e Cairns, Alan. *Deadly Innocence: The True Story of Paul Bernardo, Karla Homolka, and the Schoolgirl Murders*. New York: Warner Books (1995) | Davey, Frank. *Karla's Web*. Toronto: Penguin (1995) | Pron, Nick. *Lethal Marriage: The Unspeakable Crimes of Paul Bernardo and Karla Homolka*. New York: Bantam Books (1996) | Williams, Stephen. *Invisible Darkness: The Strange Case of Paul Bernardo and Karla Homolka*. New York: Bantam Books (1996)

JOÃO DA BÍBLIA (Bible John) Crow, Alan e Damson, Peter. *Bible John: Hunt for a Killer*. New York: First Press Publishing (1997) | Stoddart, Charles. *Bible John: Search for a Sadist*. Edinburgh: Paul Harris (1980)

LAWRENCE BITTAKER E ROY NORRIS Markman, Ronald e Bosco, Dominic. *Alone with the Devil*. New York: Doubleday (1989)

IAN BRADY E MYRA HINDLEY Goodman, Jonathan. *Trial of Ian Brady and Myra Hindley: The Moors Case*. London: David & Charles (1973) | Harrison, Fred. *Brady & Hindley: Genesis of the Moors Murders*. London: Ashgrove Press (1986) | Johnson, Pamela. *On Iniquity: Some Personal Reflections Arising Out of the Moors Murder Trial*. New York: Scribner (1967) | Potter, J. D. *The Monsters of the Moors*. New York: Ballantine (1966) | Sparrow, Gerald. *Satan's Children*. London: Odhams (1966) | Williams, Emelyn. *Beyond Belief*. New York: Random House (1968) | Wilson, Robert. *Devil's Disciples*. Poole, U.K.: Javelin Books (1986)

JEROME BRUDOS Rule, Ann. *Lust Killer*. New York: Signet (1983)

TED BUNDY Humphries, William. *Profile of a Psychopath*. Batavia, IL: Flinn (1999) | Kendall, Elizabeth. *The Phantom Prince: My Life with Ted Bundy*. Seattle: Madrona Publishers (1981) | Keppel, Robert. *The Riverman: Ted Bundy and I Hunt for the Green River Killer*. New York: Pocket Books (1995) | Larsen, Richard W. *The Deliberate Stranger*. Englewood Cliffs, NJ: Prentice Hall (1980) | Michaud, Stephen, Aynesworth, Hugh e Hazelwood, Roy. *The Only Living Witness: The Story of Serial Killer Ted Bundy*. New York: Penguin Books (1989) | Michaud, Stephen e Aynesworth, Hugh. *Ted Bundy: Conversations with a Killer*. New York: New American Library (1989) | Nelson, Polly. *Defending the Devil: My Story as Ted Bundy's Last Lawyer*. New York: William Morrow (1994) | Rule, Ann. *The Stranger Beside Me*. New York: Norton (1996) | Winn, Steven e Merrill, David. *Ted Bundy: The Killer Next Door*. New York: Bantam (1980)

ANGELO BUONO E KENNETH BIANCHI O'Brien, Darcy. *Two of a Kind: The Hillside Stranglers*. New York: New American Library (1985) | Schwarz, Ted. *The Hillside Strangler*. Garden City, New York: Doubleday (1981)

HARVEY CARIGNAN Rule, Ann. *The Want-Ad Killer*. New York: New American Library (1999)

DAVID CARPENTER Graysmith, Robert. *The Sleeping Lady: The Trailside Murders Above the Golden Gate*. New York: Dutton (1990)

RICHARD TRENTON CHASE Biondi, Lt. Ray e Hecox, Walt. *The Dracula Killer*. New York: Pocket Books (1992) | Markman, Ronald e Bosco, Dominic. *Alone with the Devil: Famous Cases of a Court Psychiatrist*. New York: Doubleday (1989)

ANDREI CHIKATILO Conradi, Peter. *The Red Ripper*. New York: Dell (1992) | Cullen, Robert. *The Killer Department: Detective Viktor Burakov's Search for the Most Savage Serial Killer in Russian History*. New York: Pantheon Books (1993) | Krivich, M. e Ol'gin, Ol'gert. *Comrade Chikatilo: The Psychopathology of Russia's Notorious

Serial Killer. New York: Barricade Books (1993) | Lourie, Richard. Hunting the Devil: The Pursuit, Capture and Confession of the Most Savage Serial Killer in History. New York: HarperCollins (1994)

JOHN CHRISTIE Eddowes, John. The Two Killers of Rillington Place. London: Little, Brown (1994) | Furneaux, Rupert. The Two Stranglers of Rillington Place. London: Panther (1961) | Kennedy, Ludovic. 10 Rillington Place. London: Gollancz (1961)

DOUGLAS CLARK E CAROL BUNDY Farr, Louise. The Sunset Murders. New York: Pocket (1992)

HADDEN CLARK Havill, Adrian. Born Evil: A True Story of Cannibalism and Sexual Murder. New York: St. Martin's (2001)

CARROL EDWARD COLE Newton, Michael. Silent Rage: The 30-Year Odyssey of a Serial Killer. New York: Dell (1994)

JOHN NORMAN COLLINS Keyes, Edward. The Michigan Murders. New York: Pocket Books (1978)

DEAN CORLL E ELMER WAYNE HENLEY Gurwell, John K. Mass Murder in Houston. Houston: Cordovan Press (1974) | Hanna, David. Harvest of Horror: Mass Murder in Houston. New York: Belmont Tower (1975) | Olsen, Jack. The Man with the Candy: The Story of the Houston Mass Murders. New York: Simon & Schuster (2001)

MARY ANN COTTON Appleton, Arthur. Mary Ann Cotton: Her Story and Trial. London: Michael Joseph (1973) | Whitehead, Tony. Mary Ann Cotton, Dead, but Not Forgotten. London: Whitehead (2000)

DR. THOMAS NEILL CREAM McLaren, Angus. A Prescription for Murder: The Victorian Serial Killings of Dr. Thomas Neill Cream. Chicago: University of Chicago Press (1993)

JEFFREY DAHMER Baumann, Edward. Step into My Parlor: The Chilling Story of Serial Killer Jeffrey Dahmer. Chicago: Bonus Books (1991) | Dahmer, Lionel. A Father's Story. New York: William Morrow (1994) | Davis, Don. The Milwaukee Murders: Nightmare in Apartment 213. New York: St. Martin's (1993) | Dvorchak, Robert e Howlewa, Lisa. Milwaukee Massacre: Jeffrey Dahmer and the Milwaukee Murders. New York: Dell (1991) | Jaeger, Richard W. e Balousek, M. William. Massacre in Milwaukee: The Macabre Case of Jeffrey Dahmer. Oregon, WI: Waubesa Press (1991) | Masters, Brian. The Shrine of Jeffrey Dahmer. London: Hodder and Stoughton (1993) | Murphy, Dennis e Kennedy, Patrick. Incident, Homicide: The Story of the Milwaukee Flesh-Eater. Boston, MA: Quimby World Headquarters Publications (1992) | Norris, Joel. Jeffrey Dahmer: A Bizarre Journey into the Mind of America's Most Tormented Serial Killer. New York: Windsor (1992) | Schwartz, Anne E. The Man Who Could not Kill Enough: The Secret Murders of Milwaukee's Jeffrey Dahmer. Secaucus, NJ: Carol Publishing. (1992) | Tithecott, Richard. Of Men and Monsters: Jeffrey Dahmer and the Construction of the Serial Killer. Madison: University of Wisconsin Press (1997)

GILLES DE RAIS Bataille, Georges. The Trial of Gilles de Rais. Tradução de Richard Robinson. Paris: Jean-Jacques Pauvert (1965) | Benedetti, Jean. The Real Bluebeard: The Life of Gilles de Rais. New York: Stein & Day (1972) | Winwar, Frances. The Saint and the Devil: The Story of Joan of Arc and Gilles de Rais. New York: Harper (1948) | Wolf, Leonard. Bluebeard: The Life and Crimes of Gilles de Rais. New York: Clarkson N. Potter (1980)

ALBERT DESALVO Banks, Harold. The Strangler!: The Story of Terror in Boston. New York: Avon (1967) | Frank, Gerold. Boston Strangler. New York: New American Library (1966) | Kelly, Susan. The Boston Stranglers: The Wrongful Conviction of Albert DeSalvo and the True Story of Eleven Shocking Murders. New York: Birch Lane (1995)

WESTLEY ALAN DODD Dodd, Westley Alan, Steinhorst, Lori e Rose, John. When the Monster Comes out of the Closet: Westley Alan Dodd in His Own Words. Salem, Oregon: Rose Publications (1994) | King, Gary. Driven to Kill. NewYork: Windsor (1993)

LARRY EYLER Kolarik, Gera-Lind. Freed to Kill: The True Story of Serial Murderer Larry Eyler. New York: Avon Books (1992)

ALBERT FISH Angelella, Michael. Trail of Blood: A True Story. NewYork: Bobbs-Merrill (1979) | Heimer, Mel. The Cannibal. New York: Lyle Stuart (1971) | Schechter, Harold. Deranged. New York: Pocket Books (1990) | Wertham, Frederic. The Show of Violence. Garden City, New York: Doubleday (1949)

KENDALL FRANCOIS Rosen, Fred. Body Dump. NewYork: Pinnacle (2002)

JOHN WAYNE GACY Cahill, Tim. Buried Dreams: Inside the Mind of a Serial Killer. New York: Bantam Books (1986) | Gacy, J.W. Question of Doubt: The John Wayne Gacy Story. New York: Craig Bowley Consultants (1991) | Kozenczak, Joseph e Henrikson, Karen. A Passing Acquaintance. New York: Carlton Press (1992) | Linedecker, Clifford L. The Man Who Killed Boys: A True Story of Mass Murder in a Chicago Suburb. New York: St. Martin's Press (1980) | Nelson, Mark e Oswald, Gerald. The 34th Victim. Westmont, Illinois: Fortune Productions (1986) | Rignall, Jeff. 29 Below. Chicago: Wellington Press (1979) | Sullivan, Terry e Maiken, Peter T. Killer Clown: The John Wayne Gacy Murders. New York: Pinnacle Books (1983)

GERALD GALLEGO Biondi, Ray e Hecox, Walt. All His Father's Sins. New York: Pocket Books (1990) | Flowers, R. Barri. The Sex Slave Murders. New York: St. Martin's (1996) | Van Hoffman, Eric. A Venom in the Blood. New York: Pinnacle (1999)

DONALD "PEE WEE"GASKINS Gaskins, Donald e Earle, Wilton. Final Truth: The Autobiography of Mass Murderer/Serial Killer Donald "Pee Wee" Gaskins. New York: Pinnacle Books (1993) | Hall, Frances S. Slaughter in Carolina. Florence, South Carolina: Hummingbird Publishers (1990)

ROBIN GECHT Fletcher, Jaye Slade. *Deadly Thrills*. New York: Onyx (1995)

ED GEIN Gollmar, Robert H. *Edward Gein*. New York: Pinnacle (1984) | Schechter, Harold. *Deviant: The Shocking True Story of the Original "Psycho"*. New York: Pocket Books (1989)

HARVEY GLATMAN Newton, Michael. *Rope: The Twisted Life and Crimes of Harvey Glatman*. New York: Pocket Books (1998) | Wolf, Marvin J. e Mader, Katherine. *Fallen Angels*. New York: Ballantine Books (1988)

BELLE GUNNESS de la Torre, Lillian. *The Truth about Belle Gunness*. New York: Gold Medal (1955) | Langlois, Janet. *Belle Gunness: The Lady Bluebeard*. Bloomington: Indiana University Press (1985)

JOHN GEORGE HAIGH Bryne, Gerald. *John George Haigh, Acid Killer*. London: J. Hill (1954) | Briffett, David. *The Acid Bath Murders*. Sussex: Field Place Press (1988) | Dunboyne, Lord. *The Trial of John George Haigh: The Acid Bath Murderer*. London: William Hodge (1953) | La Bern, Arthur. *Haigh: The Mind of a Murderer*. London: W.H. Allen & Co., Ltd. (1973)

ROBERT HANSEN DuClos, Bernard. *Fair Game*. New York: St. Martin's (1993) | Gilmour, Walter e Hale, Leland E. *Butcher, Baker: A True Account of a Serial Murderer*. New York: Onyx (1991)

NEVILLE HEATH Selwyn, Francis. *Rotten to the Core: The Life and Death of Neville Heath*. London: Routledge (1988)

GARY HEIDNIK Englade, Ken. *Cellar of Horror*. New York: St. Martin's (1989) | Apsche, Jack. *Probing the Mind of a Serial Killer*. Morrisville, Pennsylvania: International Information Associates (1993)

WILLIAM HEIRENS Downs, Thomas. *Murder Man*. New York: Dell (1984) | Freeman, Lucy. *Before I Kill More*. New York: Crown (1955) | Kallio, Lauri E. *Confess or Die: The Case of William Heirens*. New York: Minerva Press (1999) | Kennedy, Dolores. *William Heirens: His Day in Court*. Chicago: Bonus Books.

(1991) | Lindberg, Richard. *Return to the Scene of the Crime*. Nashville: Cumberland House Publishers (1999)

ESTRANGULADORES DA COLINA (Hillside Stranglers) O'Brien, Darcy. *Two of a Kind: The Hillside Stranglers*. New York: New American Library (1985) | Schwarz, Ted. *The Hillside Strangler*. Garden City, New York: Doubleday (1981)

H.H. HOLMES Ver **HERMAN MUDGETT**

JOSEPH KALLINGER Downs, Thomas. *The Door-to-Door Killer*. New York: Dell (1984) | Schreiber, Flora R. *The Shoemaker: The Anatomy of a Psychotic*. New York: Signet (1983)

ED KEMPER Cheney, Margaret. *The Co-Ed Killer*. New York: Walker and Co. (1976) | Damio, Ward. *Urge to Kill*. New York: Pinnacle (1974)

PAUL JOHN KNOWLES Fawkes, Sandy. *Killing Time: Journey into Nightmare*. London: Peter Owen (1977)

RANDY KRAFT McDougal, Dennis. *Angel of Darkness*. New York: Warner Books (1991)

PETER KÜRTEN Berg, Karl. *The Sadist*. London: Heinemann (1945) | Wagner, Margaret Seaton. *The Monster of Düsseldorf*. London: Faber and Faber (1932)

LEONARD LAKE E CHARLES NG Harrington, Joseph e Burger, Robert. *Eye of Evil*. New York: St. Martin's (1993) | Harrington, Joseph e Burger, Robert. *Justice Denied: The Ng Case, the Most Infamous and Expensive Murder Case in History*. New York: Plenum Press (1999) | Lasseter, Don. *Die for Me: The Terrifying True Story of the Charles Ng and Leonard Lake Torture Murders*. New York: Pinnacle Books (2000) | Owens, Greg e Henton, Darcy. *No Kill, No Thrill: The Shocking True Story of Charles Ng*. Calgary, Canada: Red Deer Press (2001)

HENRI LANDRU Bardens, Dennis. *The Lady Killer: The Life of Landru, the French Bluebeard*. London: P. Davies. (1972) | Papa, Juliet. *Lady Killer*. New York: St. Martin's (1995) | Wakefield, Russell. *Landru: The French Bluebeard*. London: Duckworth (1936)

BOBBY JOE LONG Flowers, Anna. *Bound to Die: The Shocking True Story of Bobby Joe Long, America's Most Savage Serial Killer*. New York: Pinnacle Books (1995) | Ward, Bernie. *Bobby Joe: In the Mind of a Monster*. Boca Raton, Florida: Cool Hand Communications (1995) | Wellman, Joy, McVey, Lisa e Replogle, Susan. *Smoldering Embers: The True Story of a Serial Murderer and Three Courageous Women*. Far Hills, New Jersey: New Horizon Press (1997)

HENRY LEE LUCAS Call, Max. *Hand of Death: The Henry Lee Lucas Story*. Lafayette, Louisiana: Prescott Press (1985) | Cox, Mike. *The Confessions of Henry Lee Lucas*. New York: Pocket Books (1991) | Norris, Joel. *Henry Lee Lucas: The Shocking True Story of America's Most Notorious Serial Killer*. New York: Zebra (1991)

CHARLES MANSON Baer, Rosemary. *Reflection on the Manson Trial: Journal of a Pseudo-Juror*. Waco, Texas: Word (1972) | Bishop, George. *Witness to Evil*. Los Angeles: Nash Publishing (1971) | Bugliosi, Vincent e Gentry, Curt. *Helter Skelter*. New York: Norton (1974) | George, Edward e Matera, Dary. *Taming the Beast: Charles Manson's Life Behind Bars*. New York: St. Martin's (1998) | Gilmore, John e Kenner, Ron. *Manson: The Unholy Trail of Charlie and the Family*. Los Angeles: Amok Books (2000) | Gilmore, John e Kenner, Ron. *The Garbage People: The Trip to Helter-Skelter and Beyond with Charlie Manson and the Family*. Los Angeles: Amok Books (1996) | Livsey, Clara. *The Manson Women*. New York: Marek (1980) | Manson, Charles e Emmons, Nuel. *Manson in His Own Words*. New York: Grove Press (1986) | Sanders, Ed. *The Family*. New York: Dutton (1971) | Schiller, Lawrence e Atkins, Susan. *The Killing of Sharon Tate*. New York: New American Library (1970) | Schreck, Nikolas. *The Manson File*. New York: Amok Press (1988) | Watkins, Paul e Soledad, Guillermo. *My Life with Charles Manson*. New York: Bantam (1979)

HERMAN MUDGETT (Dr. H.H. Holmes) Boswell, Charles e Thompson, Lewis. *The Girls in Nightmare House*. New York: Gold Medal (1955) | Eckert,

Allan W. *The Scarlet Mansion.* New York: Little, Brown (1985) | Franke, David. *The Torture Doctor.* New York: Hawthorn Books (1975) | Schechter, Harold. *Depraved: The Shocking True Story of America's First Serial Killer.* New York: Pocket Books (1998)

HERBERT MULLIN Lunde, Donald T. e Morgan, Jefferson. *The Die Song: A Journey Into the Mind of a Mass Murderer.* New York: W.W. Norton (1980) | Damio, Ward. *Urge to Kill.* New York: Pinnacle (1974) | West, Don. *Sacrifice Unto Me: The 21 Santa Cruz Murders.* New York: Pyramid (1974)

EARLE LEONARD NELSON Anderson, Frank. *The Dark Strangler.* Calgary: Frontier (1974) | Schechter, Harold. *Bestial: The Savage Trail of a True American Monster.* New York: Pocket Books (1998)

DENNIS NILSEN Masters, Brian. *Killing for Company: The Story of a Man Addicted to Murder.* New York: Stein and Day (1986) | McConnell, Brian e Bence, Douglas. *The Nilsen File.* London: Futura (1983)

CARL PANZRAM Gaddis, Thomas. *Panzram: A Journal of Murder.* Los Angeles: Amok Books (2002)

MARCEL PETIOT Grombach, John. *The Great Liquidator.* New York: Doubleday (1980) | Maeder, Thomas. *The Unspeakable Crimes of Dr. Petiot.* Boston: Little, Brown (1980)

JESSE POMEROY Schechter, Harold. *Fiend: The Shocking True Story of America's Youngest Serial Killer.* New York: Simon & Schuster (2000)

DOROTHEA PUENTE Blackburn, Daniel. *Human Harvest.* Los Angeles: Knightsbridge (1990)

RICHARD RAMÍREZ Carlo, Phillip. *The Night Stalker: The Life and Crimes of Richard Ramírez.* New York: Kensington Books (1996) | Linedecker, Clifford. *Night Stalker.* New York: St. Martin's (1991)

ÁNGEL MATURINO RESÉNDIZ Clarkson, Wensley. *The Railroad Killer: The Shocking True Story of Angel Maturino Resendiz.* New York: St. Martin's (1999)

JOEL RIFKIN Eftimiades, Maria. *Garden of Graves: The Shocking True Story of Long Island Serial Killer Joel Rifkin.* New York: St. Martin's (1993) | Mladinich, Robert. *The Joel Rifkin Story: From the Mouth of the Monster.* New York: Pocket Books (2001) | Pulitizer, Lisa Beth e Swirsky, Joan. *Crossing the Line.* New York: Berkley (1994)

DANNY ROLLING Fox, James e Levin, Jack. *Killer on Campus: The Terrifying True Story of the Gainesville Ripper.* New York: Avon Books (1996) | Philpin, John e Donnelly, John. *Beyond Murder: The Inside Account of the Gainesville Murders.* New York: Onyx (1994) | Rolling, Danny e London, Sondra. *The Making of a Serial Killer: The Real Story of the Gainesville Student Murders in the Killer's Own Words.* Portland, Oregon: Feral House (1996) | Ryzuk, Mary S. *The Gainesville Ripper: A Summer's Madness, Five Young Victims, the Investigation, the Arrest, and the Trial.* New York: St. Martin's (1995)

CHARLES SCHMID Gilmore, John. *Cold-Blooded: The Saga of Charles Schmid, the Notorious Pied Piper of Tucson.* Portland, Oregon: Feral House (1996) | Moser, Don e Cohen, Jerry. *The Pied Piper of Tucson.* New York: New American Library (1967)

ARTHUR SHAWCROSS Norris, Joel. *Arthur Shawcross: The Genesee River Killer.* New York: Pinnacle Books (1992) | Olsen, Jack. *The Misbegotten Son: A Serial Killer and His Victims: The True Story of Arthur Shawcross.* New York: Delacorte (1993)

DR. HAROLD SHIPMAN Clarkson, Wensley. *Good Doctor.* London: Blake Publishing (2001) | Sitford, Mikaela. *Addicted to Murder: The True Story of Dr. Harold Shipman.* London: Virgin Publishing (2000) | Whittle, Brian e Ritchie, Jean. *Prescription for Murder.* New York: Warner Books (2000)

CHARLES STARKWEATHER Allen, William. *Starkweather: The Story of a Mass Murderer.* Boston: Houghton Mifflin (1967) | Newton, Michael. *Waste Land: The Savage Odyssey of Charles Starkweather and Caril Ann Fugate.* New York: Pocket Books (1998) | O'Donnell, Jeff. *Starkweather: A Story of Mass Murder on the Great Plains.* Lincoln, Nebraska: J&L Lee Publishers (1993) | Reinhardt, Jim. *Murderous Trail of Charles Starkweather.* Springfield, Illinois: Charles C. Thomas (1960)

PETER SUTCLIFFE Beattie, John. *The Yorkshire Ripper.* London: Quartet (1981) | Burn, Gordon. *Somebody's Husband, Somebody's Son.* New York: Penguin (1990) | Cross, Roger. *The Yorkshire Ripper.* New York: Dell (1981) | Jones, Barbara. *Evil Beyond Belief.* London: Blake Publishing (1992) | Jouve, Nicole. *The Street Cleaner: The Yorkshire Ripper Case on Trial.* London: Marion Boyars (1986) | Yallop, David. *Deliver us from Evil.* New York: Coward, McCann (1982)

MICHAEL SWANGO Stewart, James. *Blind Eye: How the Medical Establishment Let a Doctor Get Away with Murder.* New York: Simon & Schuster (2000)

FRED E ROSEMARY WEST Burn, Gordon. *Happy like Murderers.* London: Faber & Faber (1999) | Masters, Brian. *She Must Have Known: The Trial of Rosemary West.* London: Transworld Publishers (1996) | Sounes, Howard. *Fred and Rose: The Full Story of Fred and Rose West and the Gloucester House of Horrors.* London: Warner (1995) | Wansell, Geoffrey. *An Evil Love: The Life of Frederick West.* London: Headline (1996) | West, Anne. *Out of the Shadows.* London: Pocket Books (1996) | Wilson, Colin. *The Corpse Garden: The Crimes of Fred and Rose West.* London: True Crime Library (1998)

CHRISTOPHER WILDER Gibney, Bruce. *The Beauty Queen Killer.* New York: Pinnacle (1990)

WAYNE WILLIAMS Baldwin, James. *The Evidence of Things Not Seen.* New York: Holt (1995) | Dettlinger, Chet. *The List.* Atlanta: Philmay Enterprises (1983) | Headley, Bernard. *The Atlanta Youth Murders and the Politics of Race.* Carbondale, Illinois: Southern Illinois University Press (1998)

AILEEN WUORNOS Reynolds, Michael. *Dead Ends.* New York: Warner Books (1992) | Russell, Sue. *Lethal Intent.* New York: Pinnacle (2002).

para
Joe e Whitney

HAROLD SCHECHTER é professor de literatura e cultura americana na Queens College, na Universidade da Cidade de Nova York. Renomado por suas obras sobre crimes verídicos, ele é autor dos livros de não ficção *Fiend, Bestial, Deviant, Deranged, Depraved* e, com David Everitt, *The A to Z Encyclopedia of Serial Killers*. Também é autor da aclamada série sobre Edgar Allan Poe, incluindo *Nevermore, The Hum Bug, The Mask of Red Death* e *The Tell-Tale Corpse*. Schechter mora no estado de Nova York. Mais informações em Haroldschechter.com.

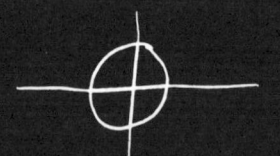

DARKSIDE
CRIME SCENE®

Do you, don't you want me to love you
I'm coming down fast but i'm miles above you
Tell me, tell me, tell me, come on tell me the answer
You may be a lover but you ain't no dancer

PRIMAVERA DE SANGUE . 2014

DARKSIDEBOOKS.COM